唐蘭全集

八

甲骨文自然分類簡編稿本

上海古籍出版社

目録

甲骨文自然分類簡編稿本（手稿一）

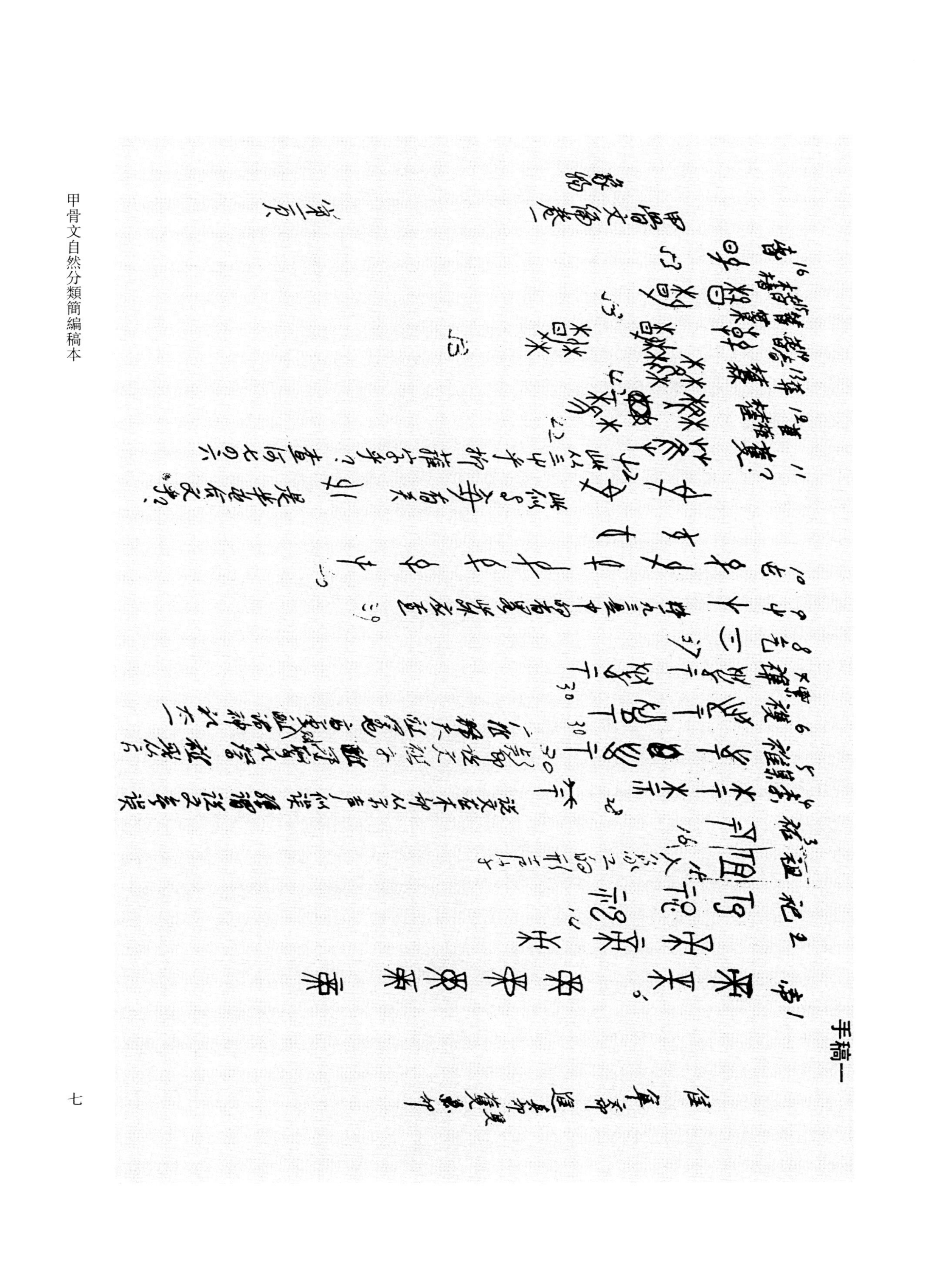

手稿一

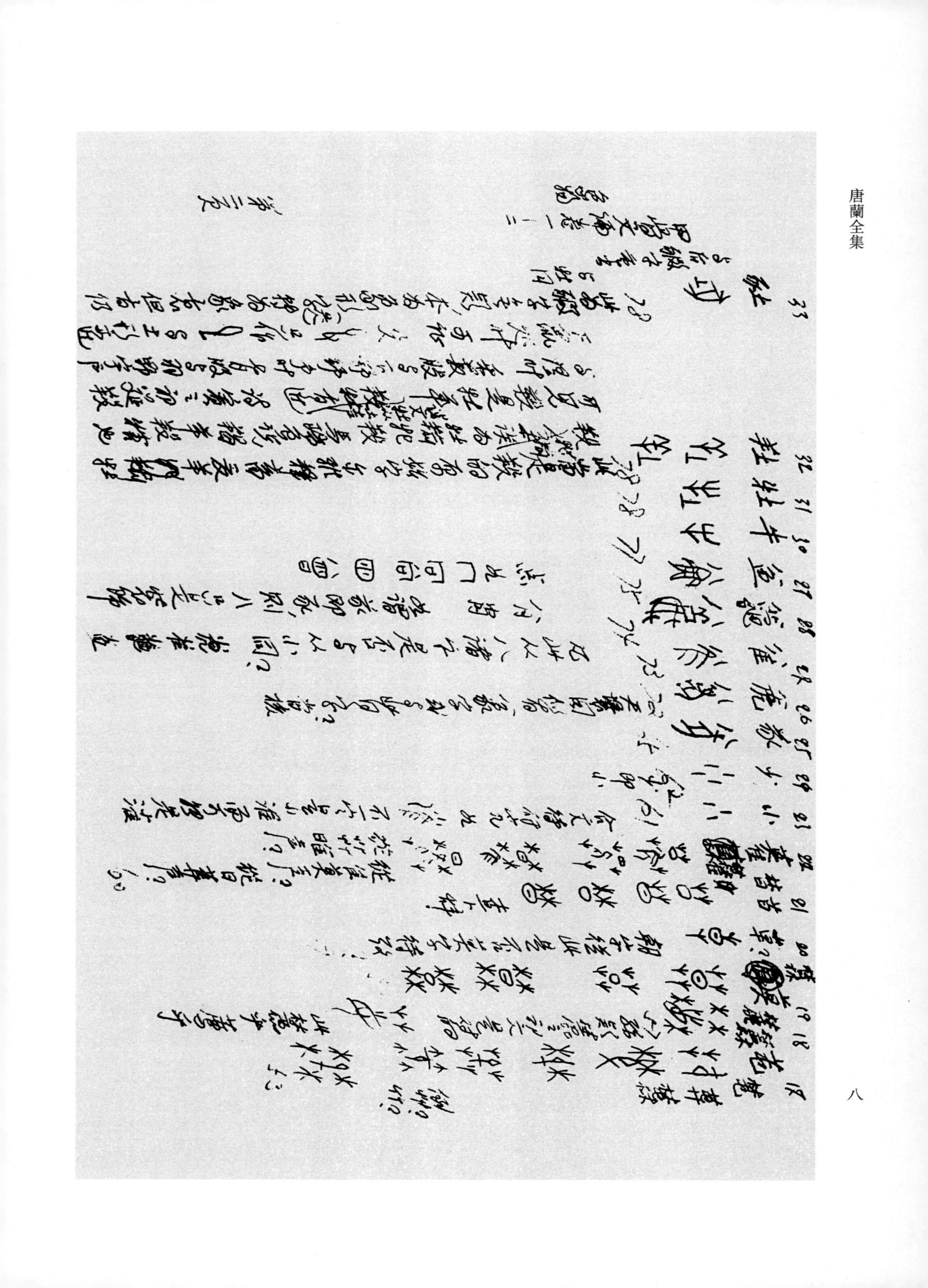

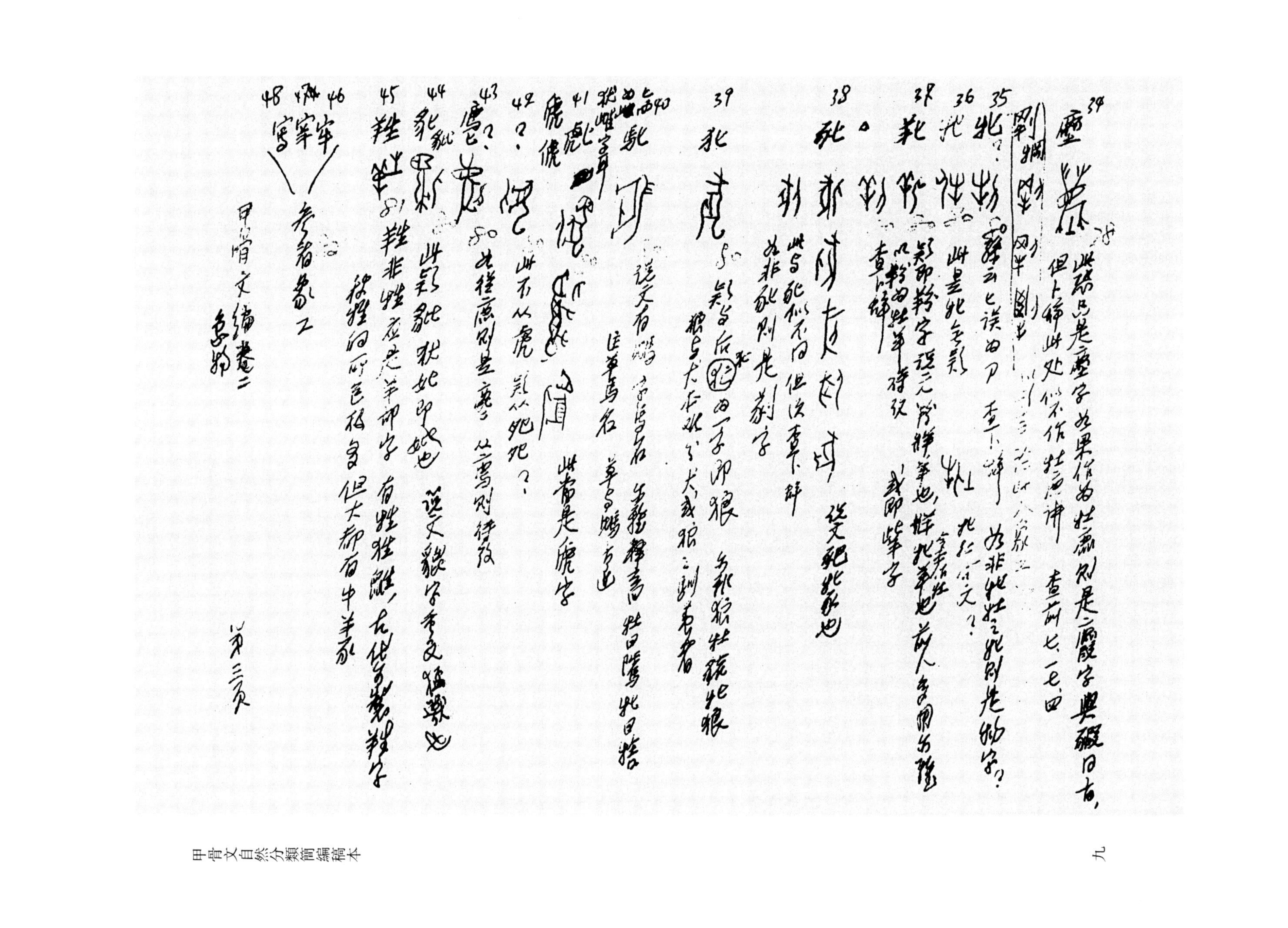

49 楷 [illegible]

50 告 [illegible] V 肴象工

51 唯 [illegible] 此字本亦作佳

52 唐 告 [illegible] 105 此與虎字狀虓嗾鳴吠，呦亦字。

53 賜 [illegible] 106 [illegible] 或是照字 [illegible] 此似是國 [illegible] 此釋為賜 [illegible] 是 [illegible]

[illegible] [illegible] 似是 [illegible] 字 見 [illegible]

[illegible] 暑 [illegible] 一字。

54 [illegible] [illegible]

55 [illegible] 119 疑是戠字 [illegible] 卜辭 [illegible] 即戠

56 叶 叶 121 [illegible] 也 漢書 [illegible] 反

57 虎 虘 122 說文虎聲也 孫云說文所無 誤 此从虎（虘）？

58 [illegible] 122 說文 [illegible] 孫云 [illegible] 非

59 [illegible] 123 待考 [illegible]

60 [illegible] 124 [illegible] 是一字 待考 [illegible]

61 [illegible] 125 冤甲即沃甲 羌甲即陽甲 卜辭羌甲及冤甲的位置 [illegible] 沃甲陽甲的序次之例 冤於羌 [illegible]

[illegible] 孫云說文所無 誤

62 沚 [illegible] 說文 [illegible] 水也（水流兒）

63 訶 習 [illegible] 說文訶大言也 孫云說文所無 誤

64 [illegible] 132 [illegible] 二十二 [illegible] 亦作 [illegible]

65 [illegible] 133 說文 [illegible] 从 [illegible]

[illegible] 卷二

[illegible]

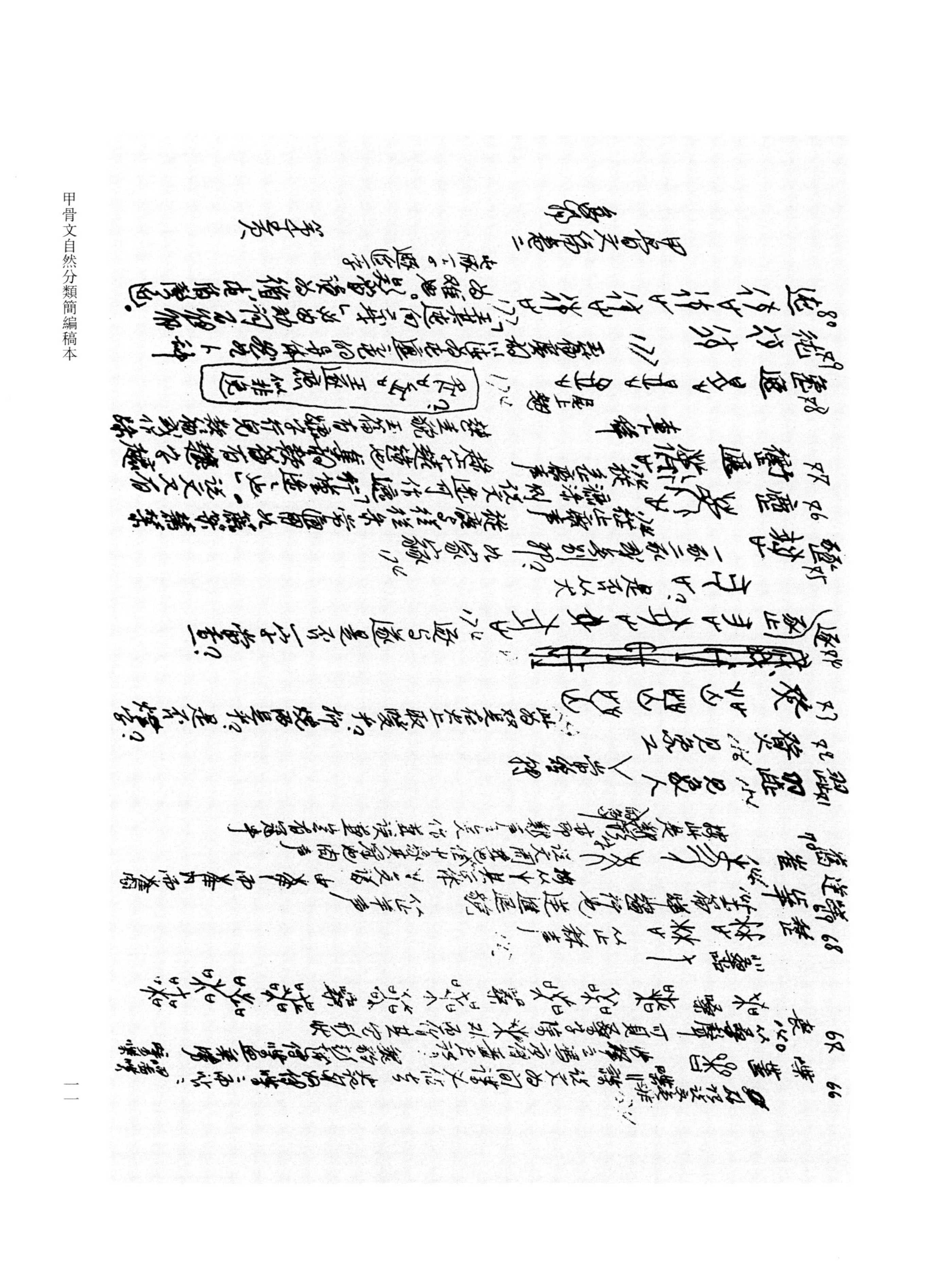

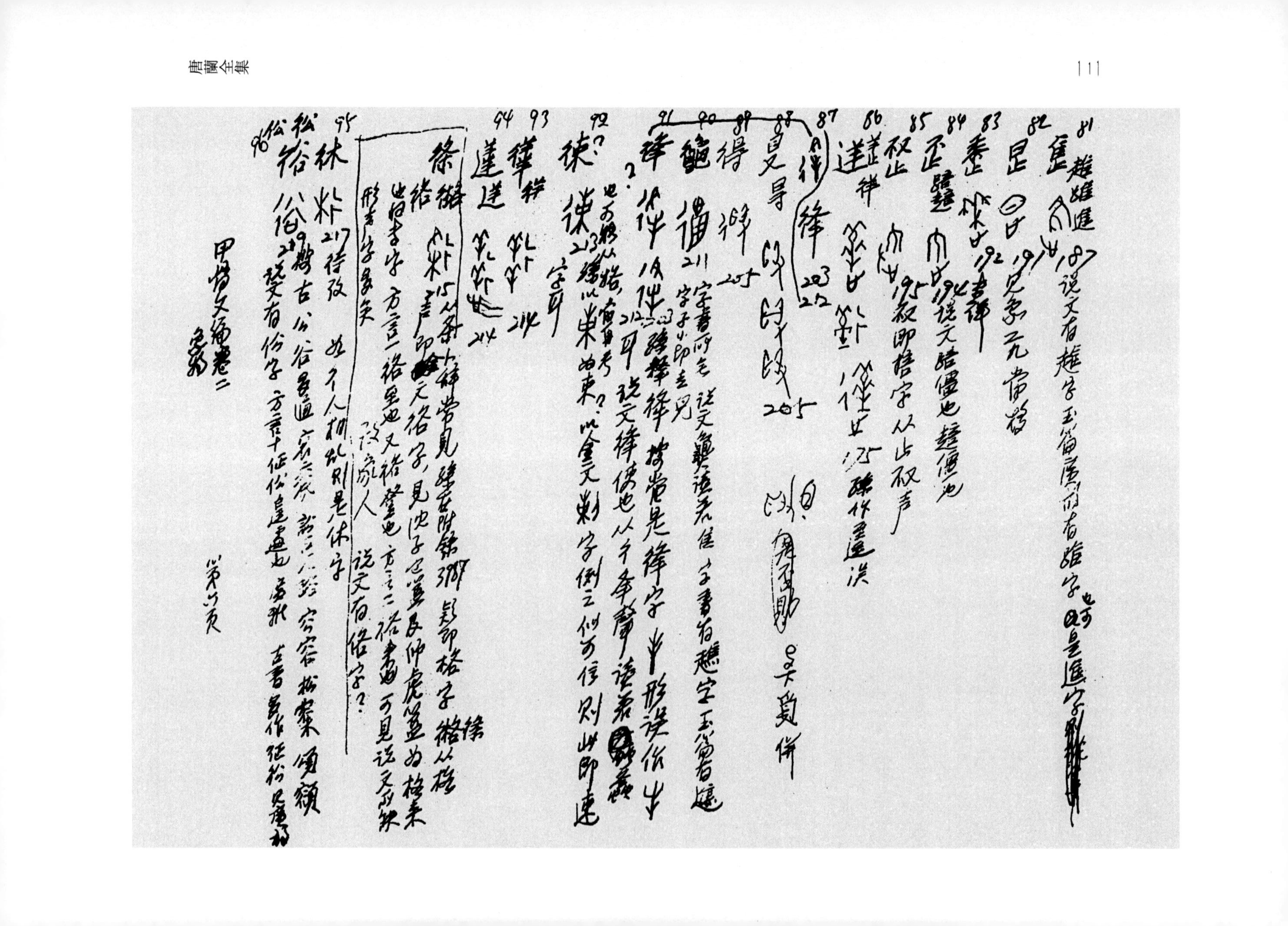

甲骨文編卷二

第六頁

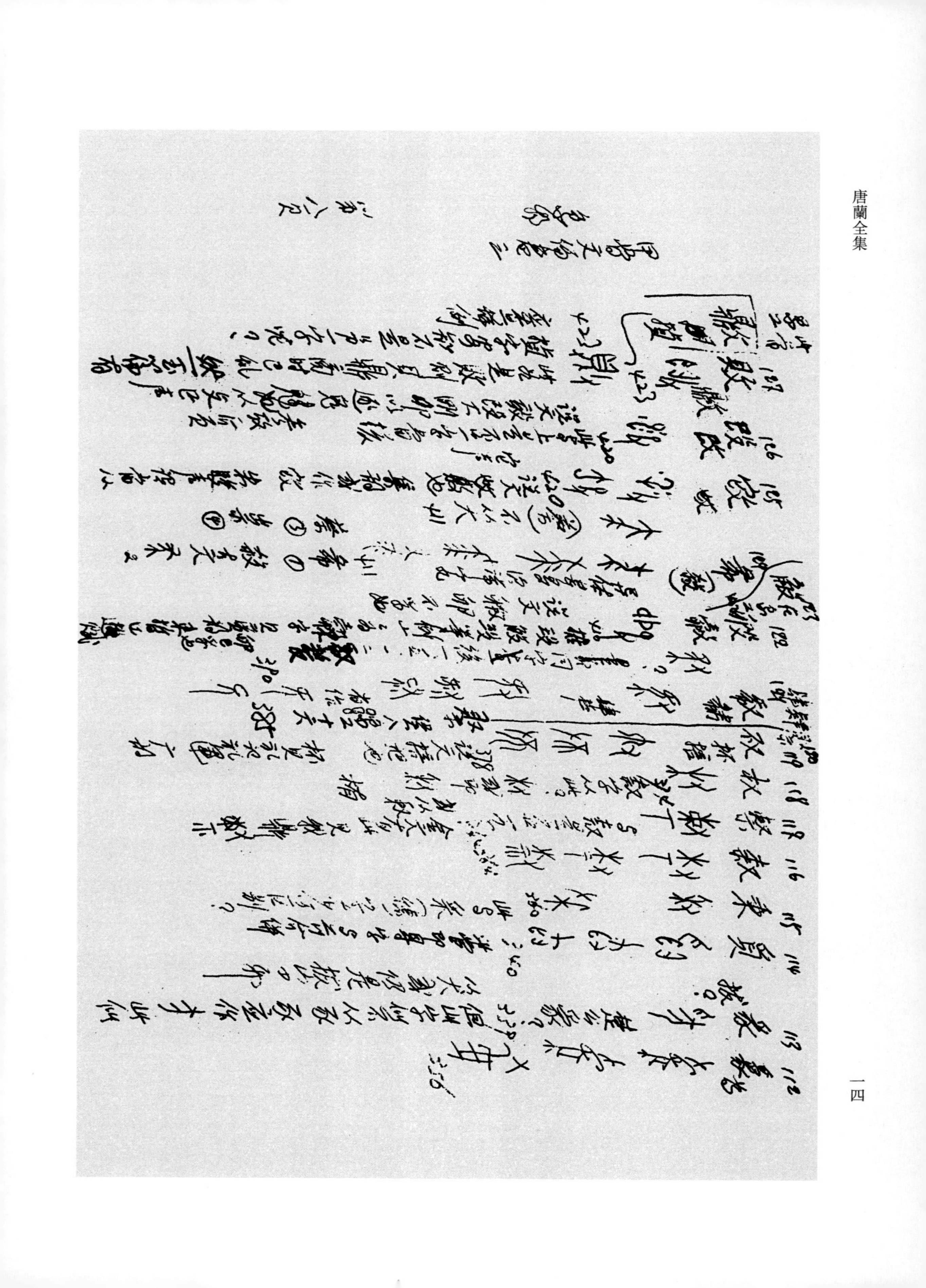

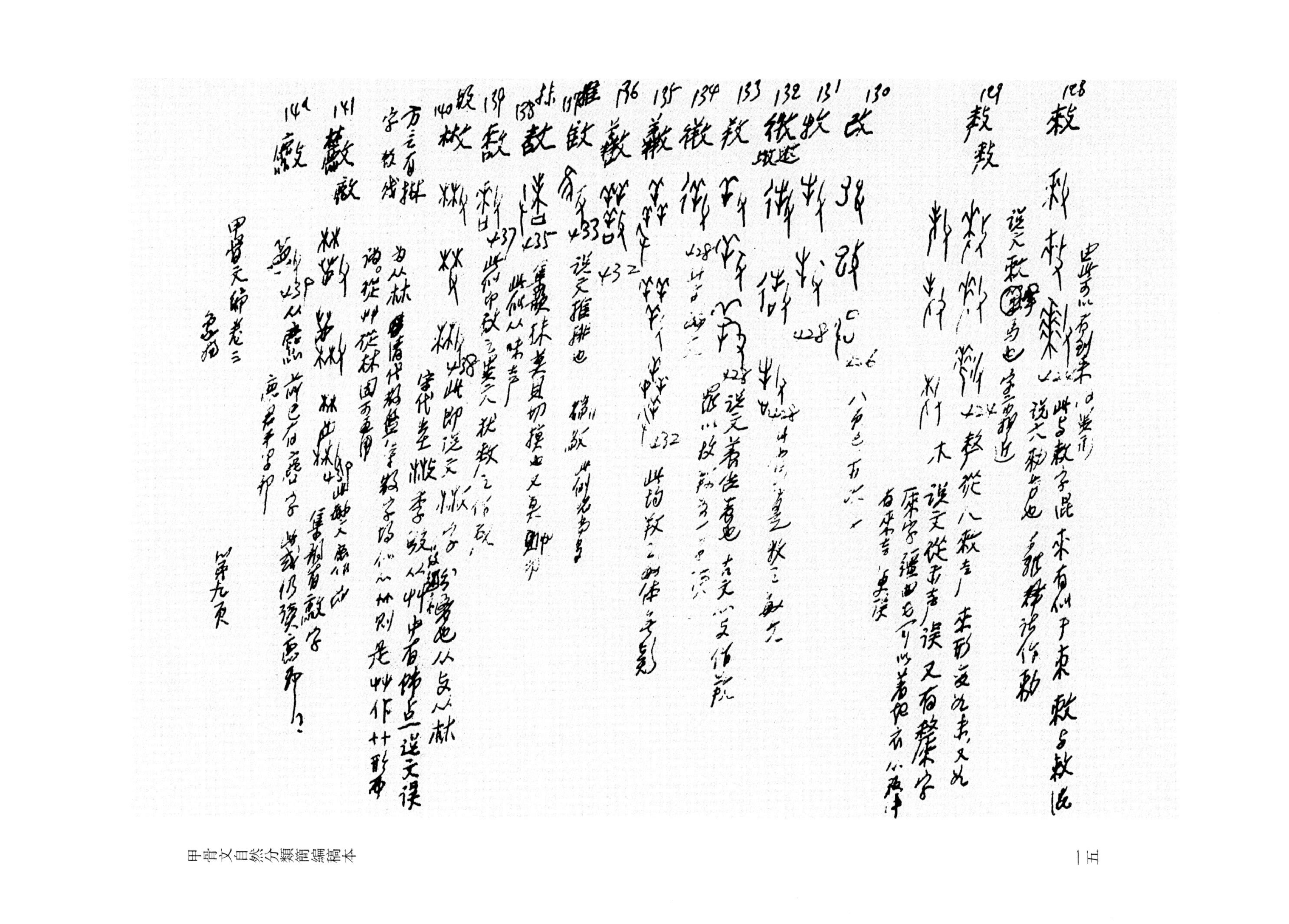

128 敉

129 敕 敹

130 改

131 敊

132 攸

133 敉

134 徹

135 𢿥

136 𢿥

137 歞

138 敨

139 敨

140 敝

141 𢿥

142 𢿥

說文從攴束聲

此即說文

說文著從著也

甲骨文錄卷三

第九頁

143 款 敪 [illegible] 442 參看兇字 黴註 說文[illegible] 古文亦作[illegible]者

144 黴 [illegible] 442

145 斝 提 [illegible] 442 擇見[illegible]王國維[illegible]前字 說文"提"[illegible]也

146 魯 [illegible] 說文从白

147 [illegible]

148 習

149 羽 并見金文 [illegible]

150 翊 [illegible] 不詳 [illegible] 438

151 [illegible] 不詳列

152 隻 不詳列 [illegible]

153 雀 [illegible] 是否一字？ 不詳列 491

雉 [illegible] 奇[illegible] 492 从[illegible] 不雉[illegible] 隻雉 [illegible]之

154 [illegible] 說文[illegible]是[illegible]的 此為[illegible]的[illegible]形 [illegible]从[illegible] 鄭[illegible]見[illegible]人

155 雉 [illegible] 說文[illegible]鳥也 古[illegible]二十[illegible]公子者雉

156 [illegible] [illegible] 說文所無 不知[illegible]說文[illegible]？

157 萬 [illegible] 羅釋[illegible] 或是[illegible] 說文以[illegible] [illegible]

158 [illegible] [illegible] 隻[illegible] [illegible] 从[illegible]

159 雀 [illegible] 異形甚多 [illegible]例

甲骨文編卷四 [illegible]

第十頁

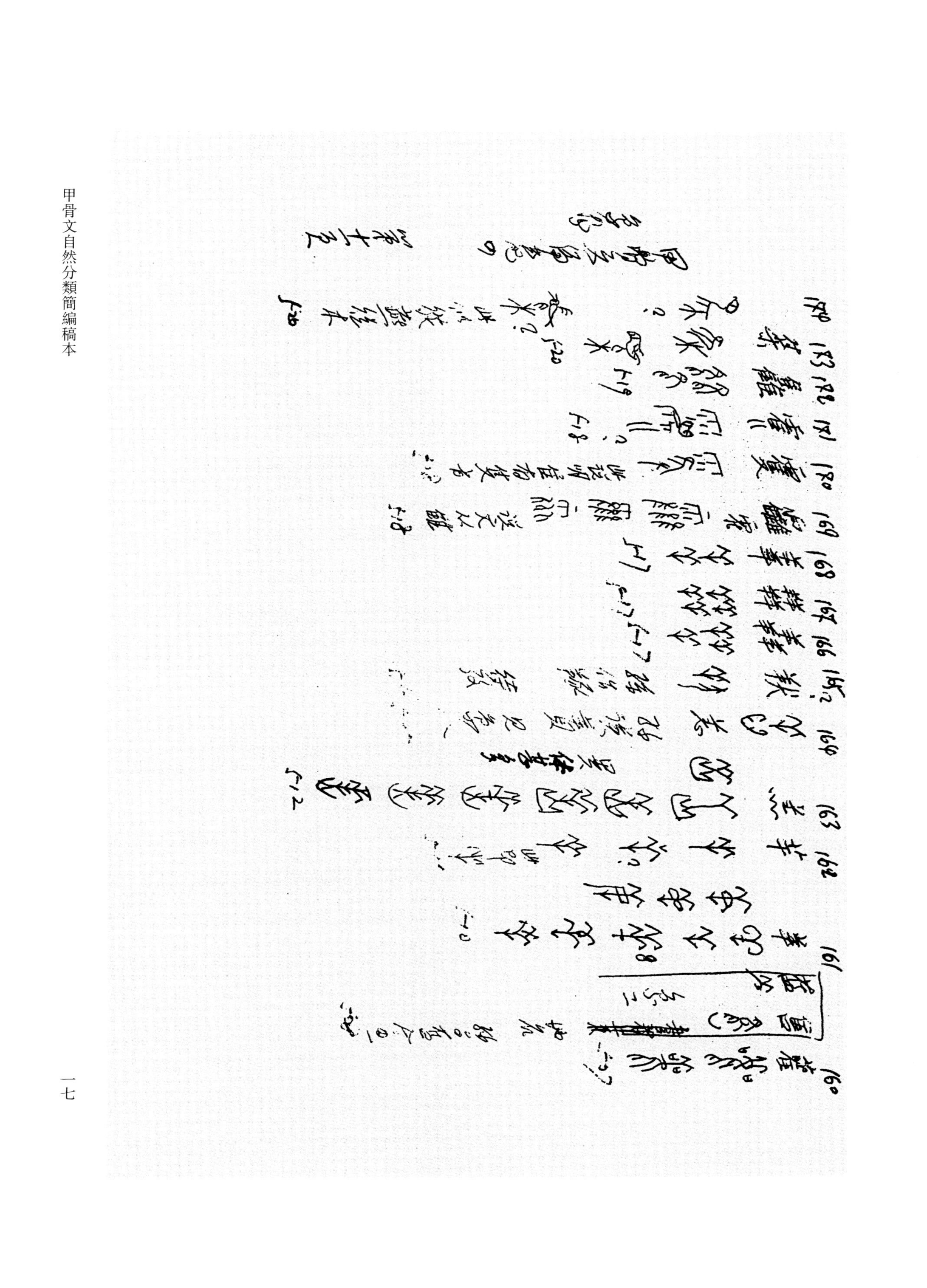

175 烏 烏星 烏星 5.21

176 此叢似是金也?

177 右字左似仍是雋偽字 5.20

178 此崔翟字邪? 此何字? 5.20

179 雈 奇形甚多 不備錄 凡有五 何文? 5.22

180 雚 5.22

181 觀 5.22

182 讙 5.22

183 飢 鳳 5.22

184 鳴 凡有實均是鳴 5.24

185 唯 此奠名當是唯 說文唯諾也 此當是鳴之省 鳴字以沿切又羊水切 此疑鳴之 兄弟有古書 有噓鳴謹鳴 5.24

186 利 說文古文作𥝢 5.12 疑使人字之誤

187 黎 說文履黏也从黍 古文利省聲 按以刀割黍與用刀割黍 同文𥝢說誤也 卜辭王作黎即西伯戡黎之黎 疑此後釋剝而作黎[illegible] 黎在黍部 亦不說 黍与黍之別 又不知 羅氏釋剝 亦不說黍与黍之別 又不知

188 利 當即利字 5.62 某云一字利也。

189 剝 5.62

190 利 說文作𥝢 料也 5.67

甲骨文編卷四

第十三頁

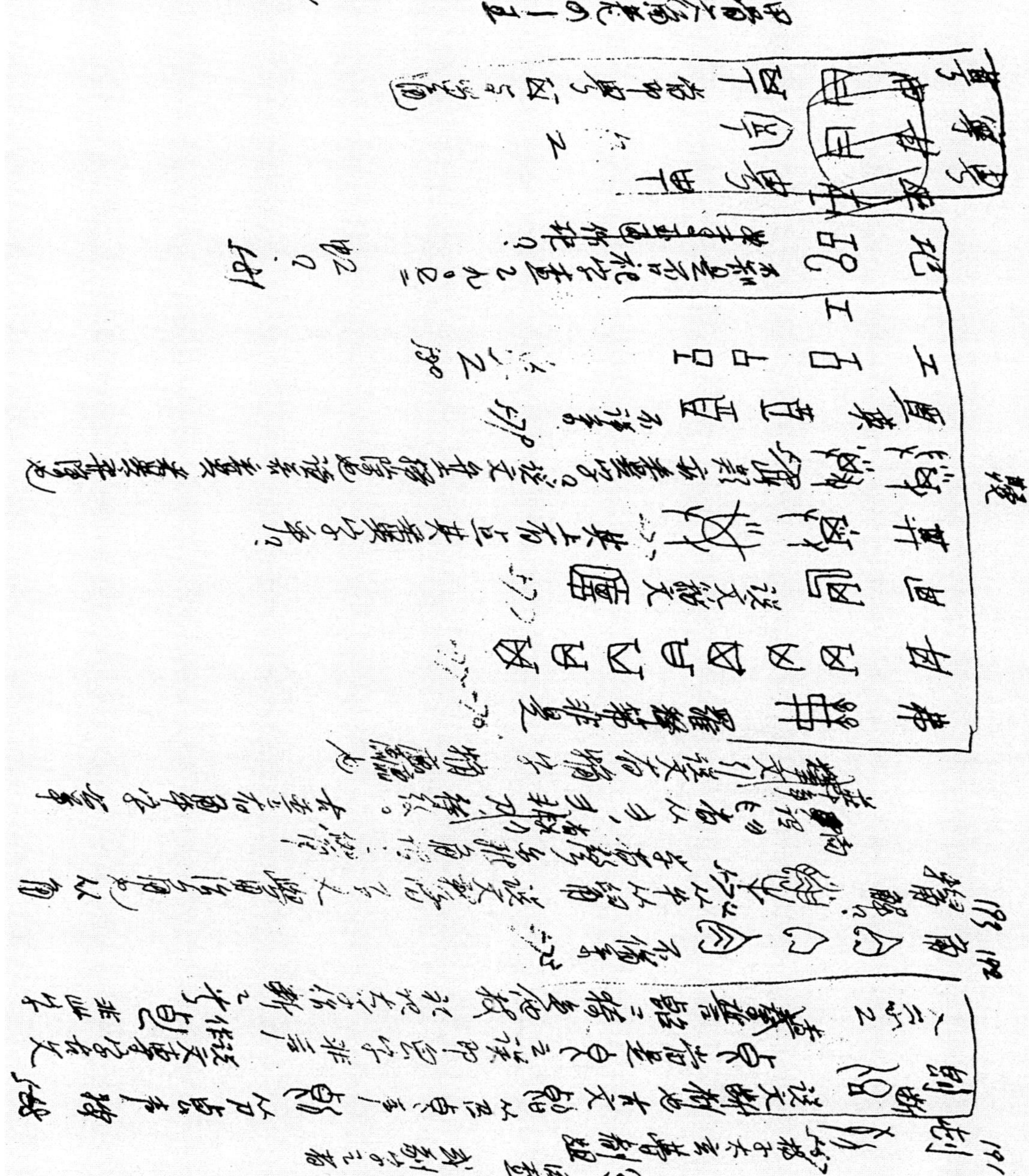

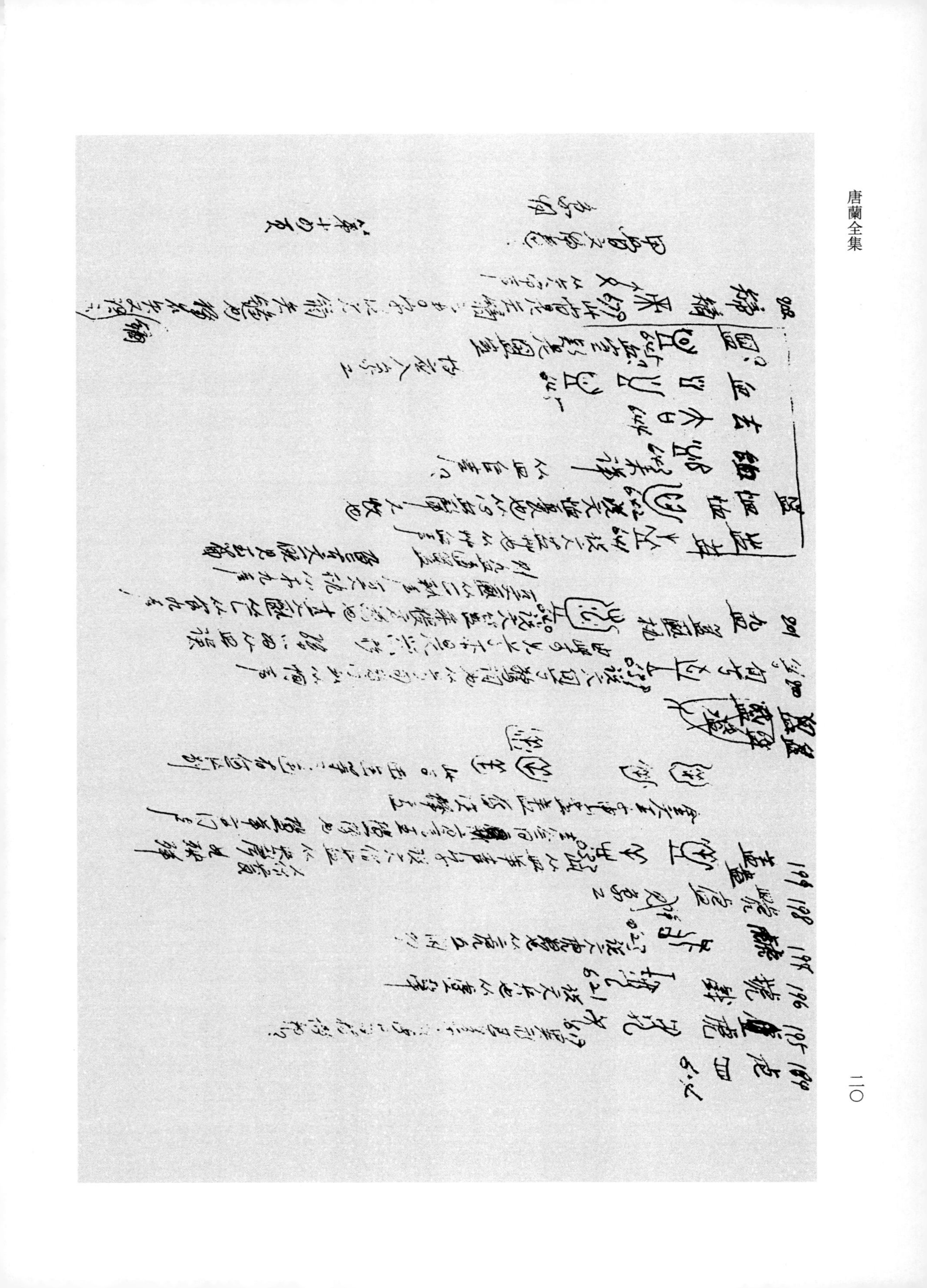

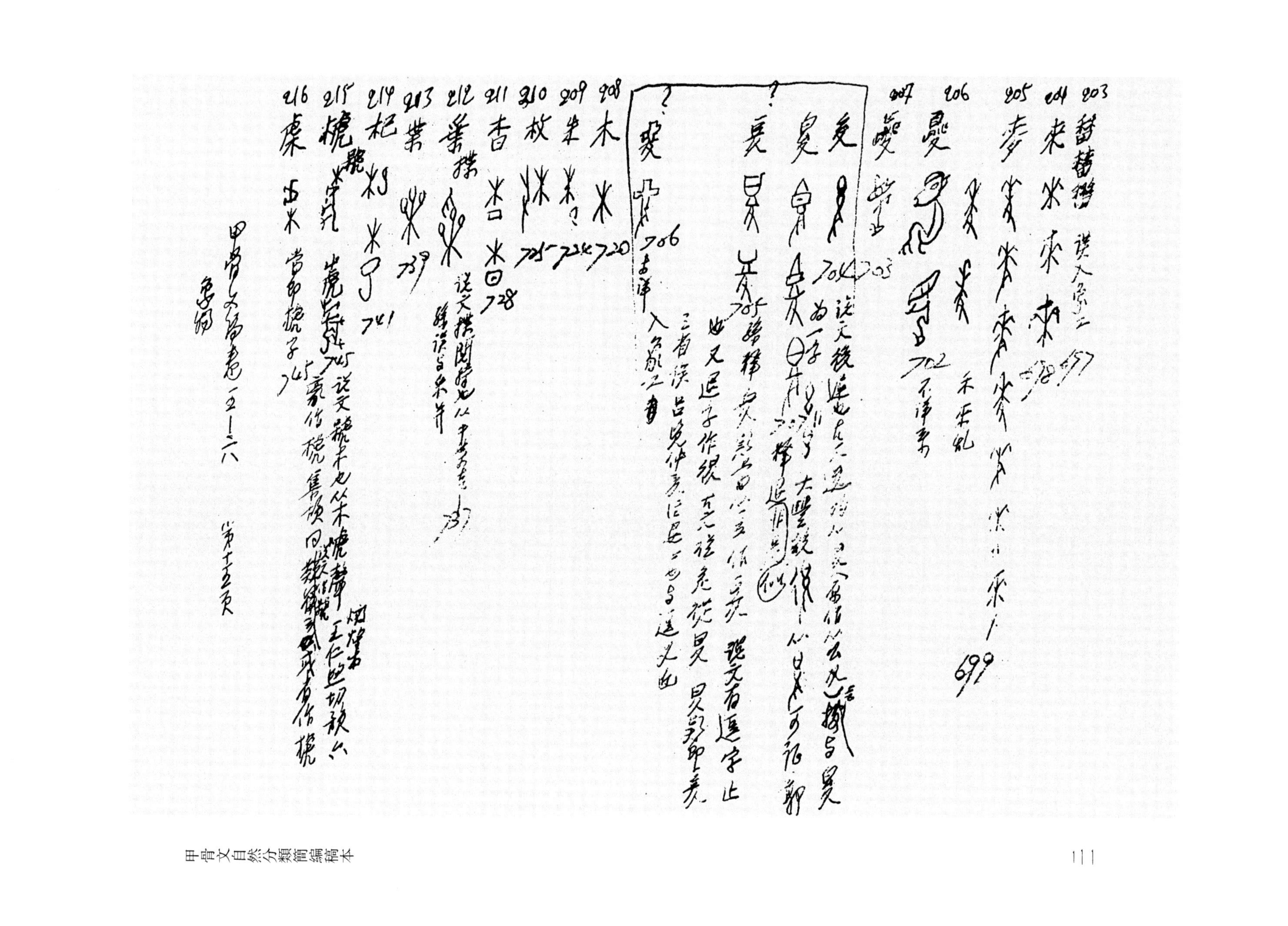

903 䕻 說文所無 697

904 來 698

905 麥 699

906 [illegible] 禾采 [illegible]

907 夔 702 不 [illegible]

? 夋 703

? 𡕥 704 說文 [illegible]

? 夏 705 [illegible]

? 𡕥 706 [illegible]

908 木 720

909 朱 724

910 枚 725

911 杏 728

912 𣟒 [illegible] 說文 [illegible] 737

913 業 737

914 杞 741

915 [illegible] 745 說文 [illegible]

916 [illegible] 745

甲骨文編卷六一五一一二八

第十五頁

217 貞 集韻有貞字 748 [illegible]

218 檉 楓 750 從又楓木也 [illegible]

219 林 756

220 麓 758

221 禁 758

222 [illegible]

223 莽 [illegible]

224 森 759

225 焚 棥 763 說文棥從也 大从爻 [illegible]

226 杞 765 杞已見十五頁

227 桑 768

228 之 769

229 止 769 之字究應从中抑从止？与出何区别？

230 帀 不 772 是否从反之 与不字有无关系？

231 師 773 [illegible] 帀 [illegible]

232 生 777 [illegible] 生月 [illegible]

233 丰 778

234 艮 792

235 日 806

236 明 812 不詳 [illegible]

甲骨文編卷六 卷七 [illegible]

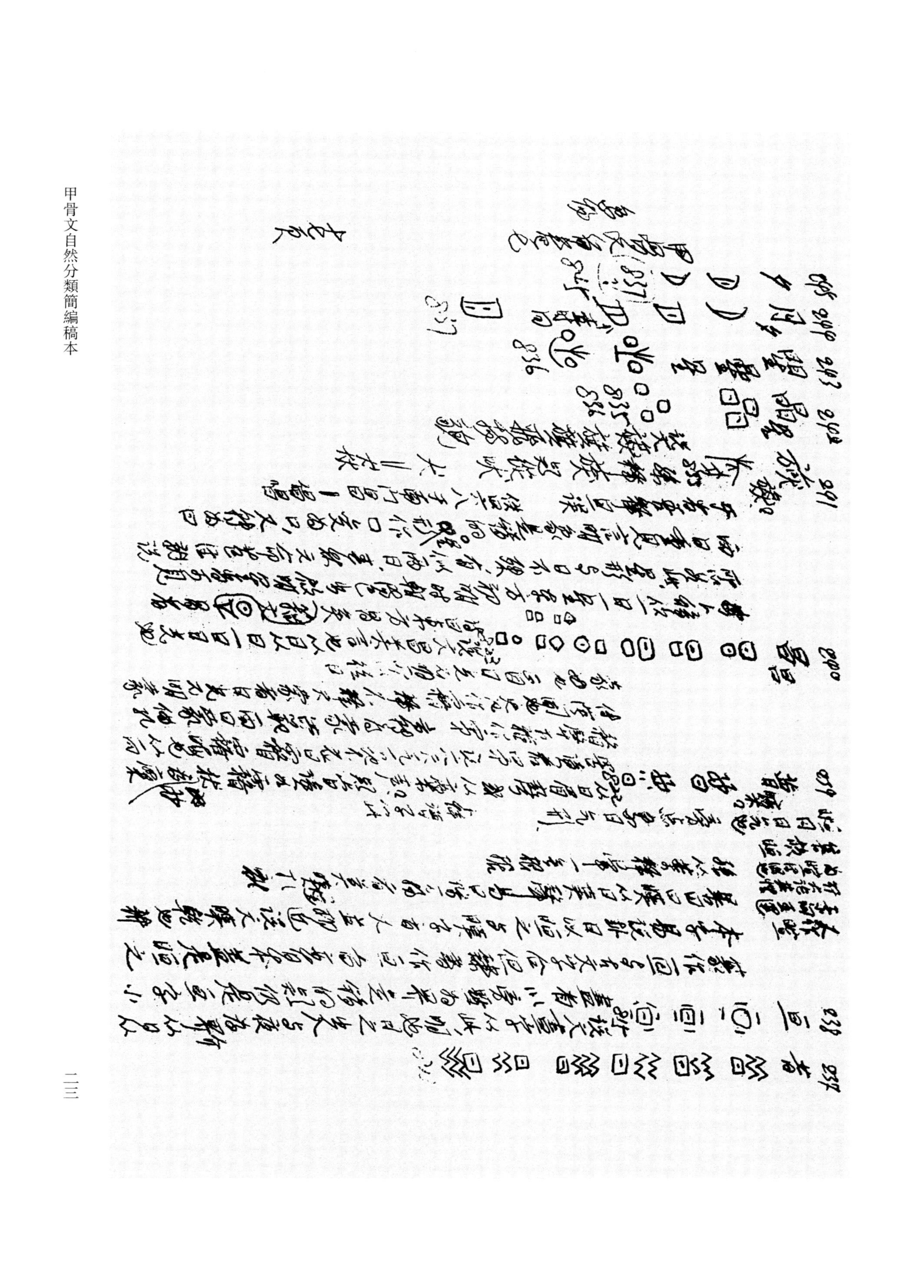

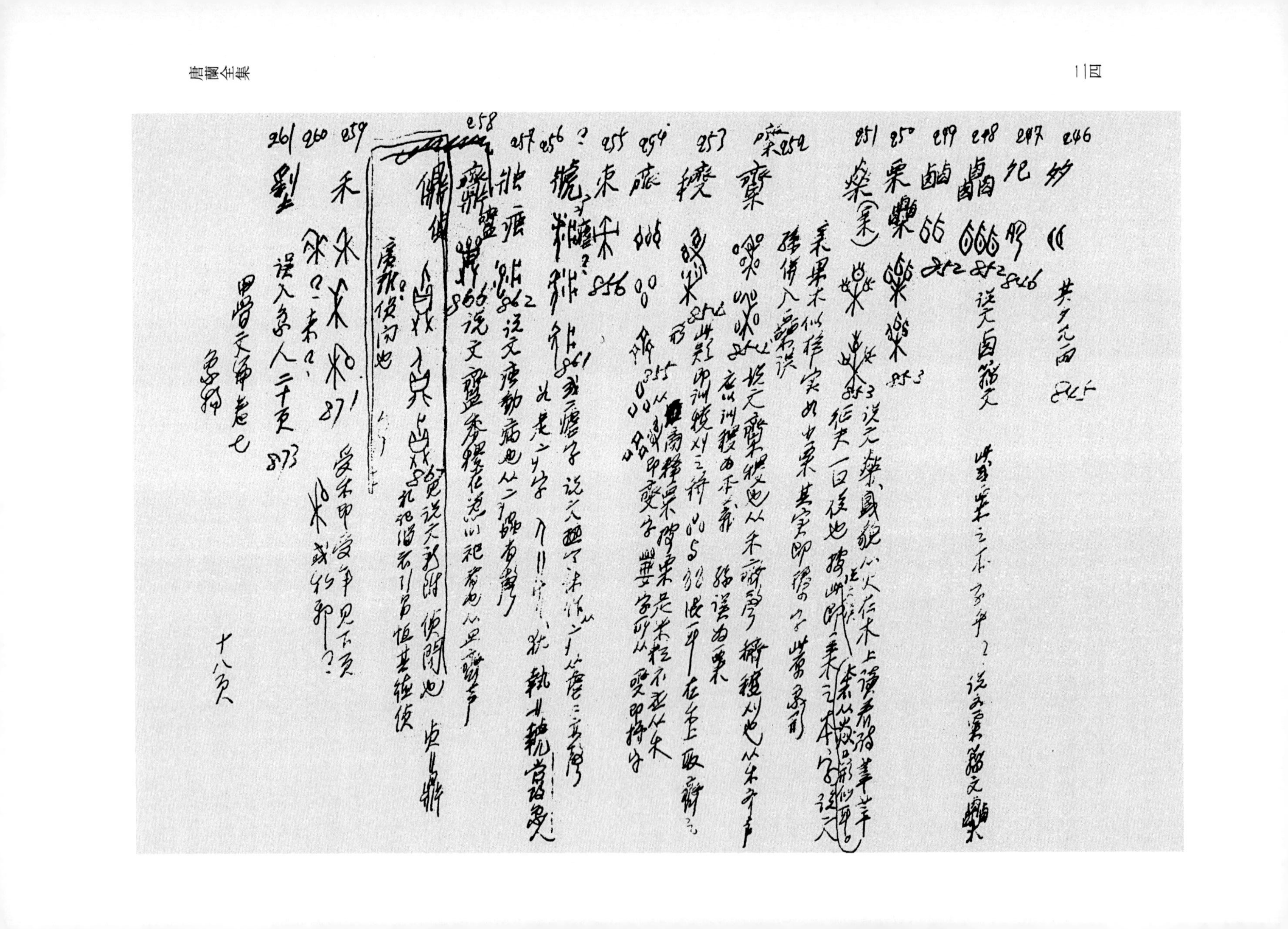

246 247 248 249 250 251 252 253 254 255 256 257 258 259 260 261

說文卣籀文

說文桑……从火在木上讀若……

說文……从禾……

說文……

說入豕人二十頁 873

甲骨文編卷七

十八頁

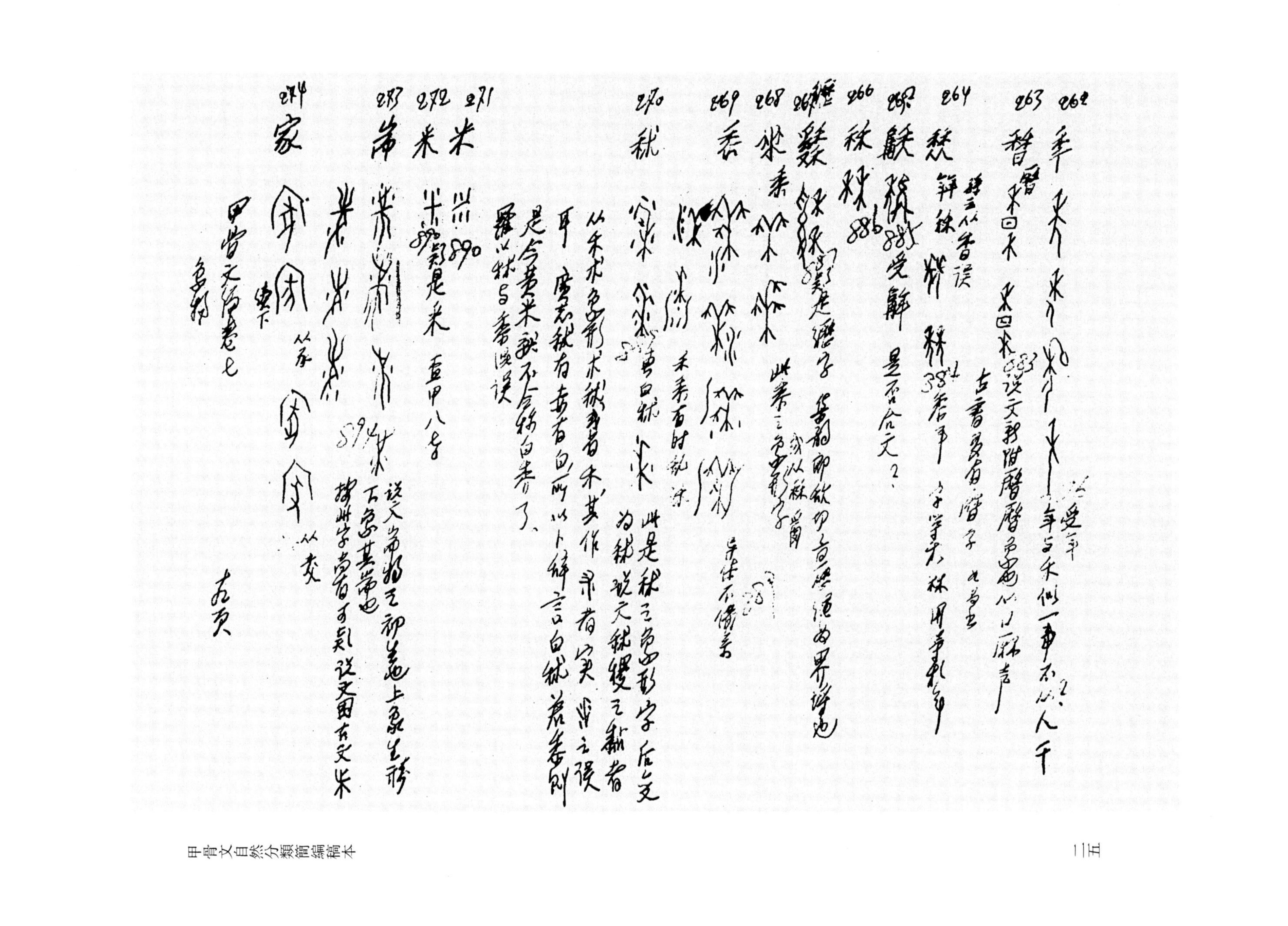

262 秊 受年 年字从禾从人 千

263 曆 說文新附曆 曆為曆从日麻声 古書多有曆字

264 嵆 [illegible]从香误 [illegible]

265 穌 886 885 受穌 是否合文之

266 秝

267 [illegible] 是繼字 [illegible]

268 来 黍 此黍之異形字 或从秝省

269 香 未詳 不備考

270 秋 此是秋之異形字 後文為秋 說文秋从禾 [illegible]

271 米 889 890 是米 [illegible]

272 来

273 [illegible] 894 說文 [illegible] 古文 [illegible]

274 家 从豕 [illegible] 古文 [illegible]

275 家 堂 光宗、家?

276 𡩬 入象二卅二頁

277 實 實 寶玉、

278 宝 从此可見非玉 乏玉

279 宰 宰

帚 寑

憂 寝 908 入系二

908 説文寝 貼也 从宀 㝵聲 寝 寢 寑 篆文 侵省聲

279 宕 909

280 宋 910

281 寇 完 説文 完 全也 从宀元聲 古文以為寬字

282 宕 此即宄字 此似誤 待查

283 寅 933

284 宀 宕 從穴从瘍省聲 非 940

285 突 944 説文突 犬從穴中暫出也 从犬从穴 穴

286 家 945 此字説文為 …

287 嬪 952 从女 宜聲 …

288 宎 961 此仍从 … 不從穴 …

289 鄉 963 …

甲骨文編 … 下頁續

二十頁

290 郅 ?堡 [illegible] 卻 [illegible] 或作为从[illegible]木 宁声 从卝宁声 从木安声

291 姝 [illegible] 是从女宋声 亦似書中字

292 寉 [illegible] 968 說文寉高至也从隹上欲出冂 鐸釋舍误 當是京都二六の

293 徇 徇 [illegible] 991 說文徇疾也从人旬声

294 倡 倡 倡 [illegible] 1009 說文倡樂也从人昌声 殷釋但误 見十七頁

295 仯 仯 [illegible] 1014 廣韵三十六效 仯初教切 仯二小子 [illegible] 又[illegible] 不知所出

296 佀 似 [illegible] 1018 見第二四十頁 釋為佾大误

297 丘 [illegible] 1031

298 仇 仇 [illegible] 1078 說文仇讎也从人九声 仇讎也从人九声

299 碣 [illegible] 1080 說文[illegible]

300 彡 彡 1051 彡 說文彡毛飾畫文

301 力 勻 旬 [illegible] 因而误为彤 [illegible]

302 叻 吻 [illegible] 1109 [illegible] 說文[illegible]

圖 [illegible] 1110

甲骨文編[illegible]

二十一頁

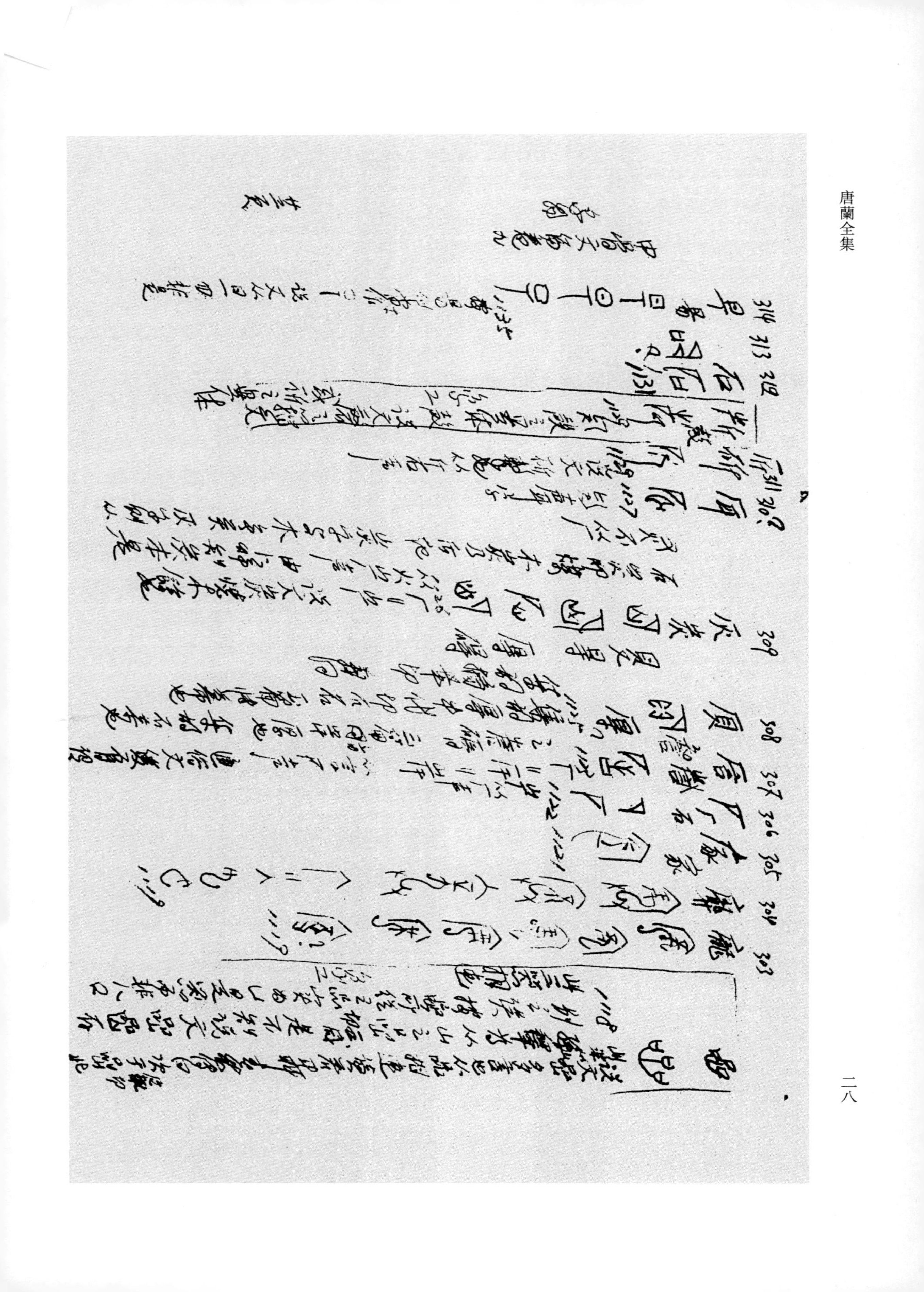

315 冉 說文毛冉也象形 金文作 [illegible]

316 豕 [illegible] 此与豕同

317 [illegible] [illegible] 豕 [illegible] 作 [illegible] [illegible]

318 [illegible] 說文豬豕而三毛叢居者

319 犾 [illegible] 見字人 荒頁

320 [illegible] 說文 [illegible] [illegible] 从犬 [illegible] 反声 讀若 [illegible] [illegible] 說文

所之非

321 犾 說文兩犬相齧也 从二犬 廣韻語斤切

322 豩 說文二豕也 豳从此 伯貧切

323 [illegible] 說文 [illegible] 豩与豩同

324 [illegible]

325 [illegible] 說文 [illegible] 从 [illegible] 古文

326 象 說文象 [illegible] 豕也 从彑从豕 讀若弛

327 [illegible]

328 豚 不具 148

甲骨文編卷九

卅四頁

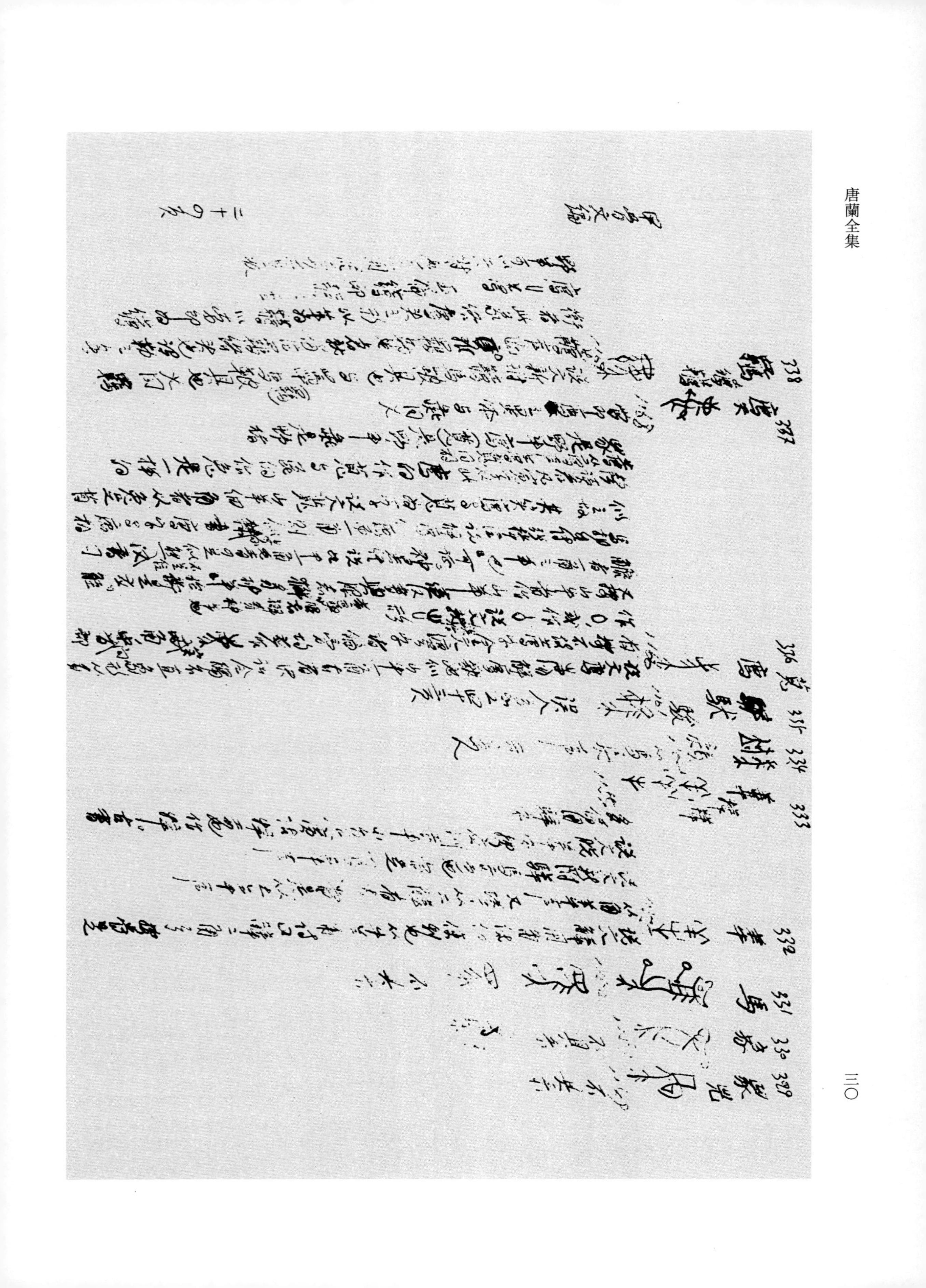

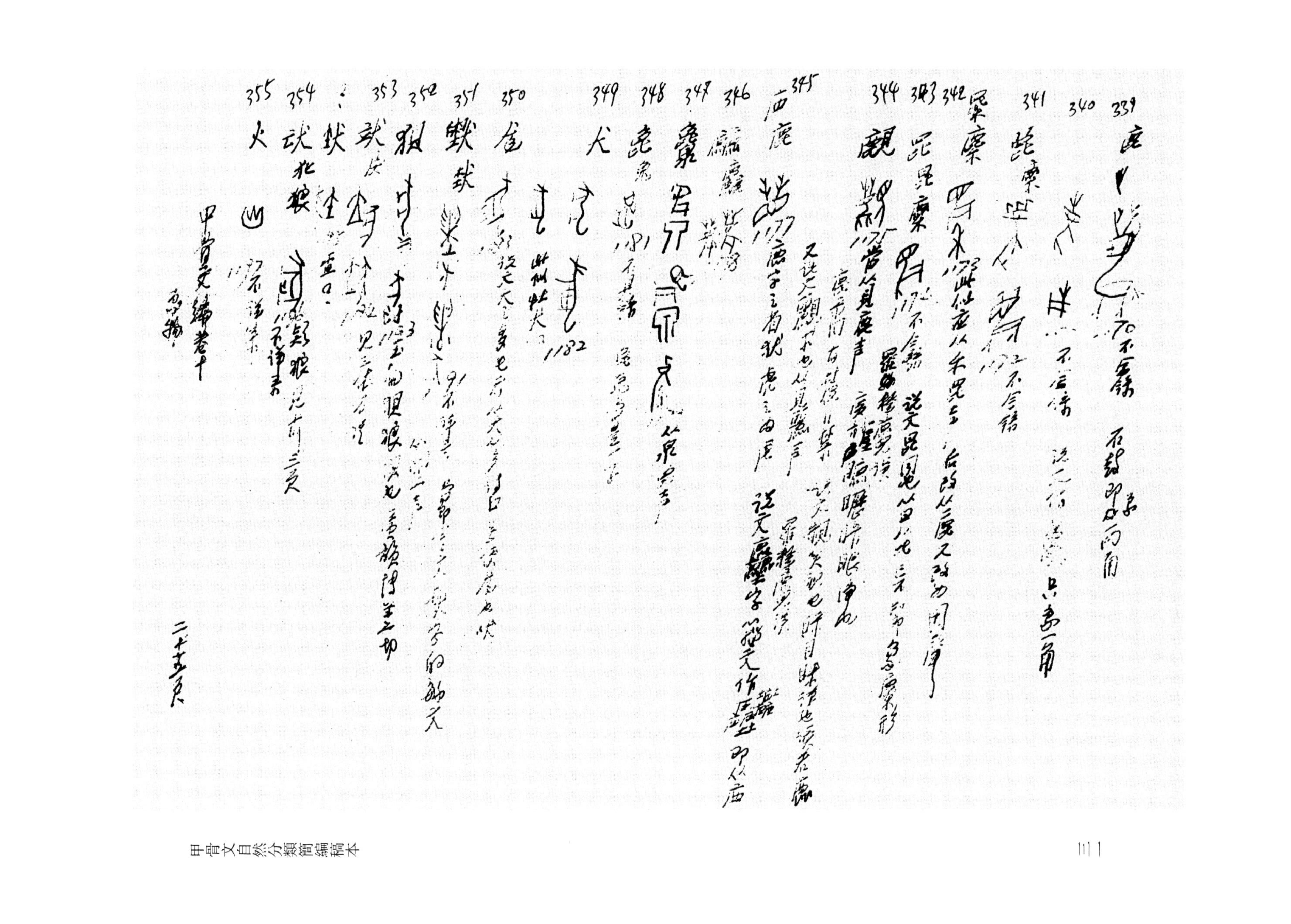

339 麀 [illegible] 不全錄 不錄即[illegible]兩角

340 [illegible] 廿 不全錄 [illegible] 只畫一角

341 麂 麋 [illegible] 不全錄

342 麋 麇 [illegible] 不全錄 [illegible]從禾兒聲 [illegible]從鹿又[illegible]用[illegible]

343 麑 麇 [illegible] 不全錄 說文麑[illegible] [illegible]象麋形

344 麗 [illegible] 不全錄 說文麗[illegible] [illegible] 說文[illegible] [illegible]

345 鹿 麃 [illegible] 鹿字之省 [illegible] 說文麃字[illegible] 即从鹿

346 [illegible]

347 [illegible] [illegible] 从泉[illegible]

348 兔 [illegible] 1181 不全錄 [illegible]

349 犬 [illegible] 1182

350 [illegible] [illegible]从犬[illegible]

351 [illegible] [illegible]

352 狽 [illegible] [illegible]狽[illegible]

353 [illegible] [illegible]

354 狀 [illegible] [illegible]三頁

355 火 [illegible] 不全錄

甲骨文編卷十 [illegible]

二十五頁

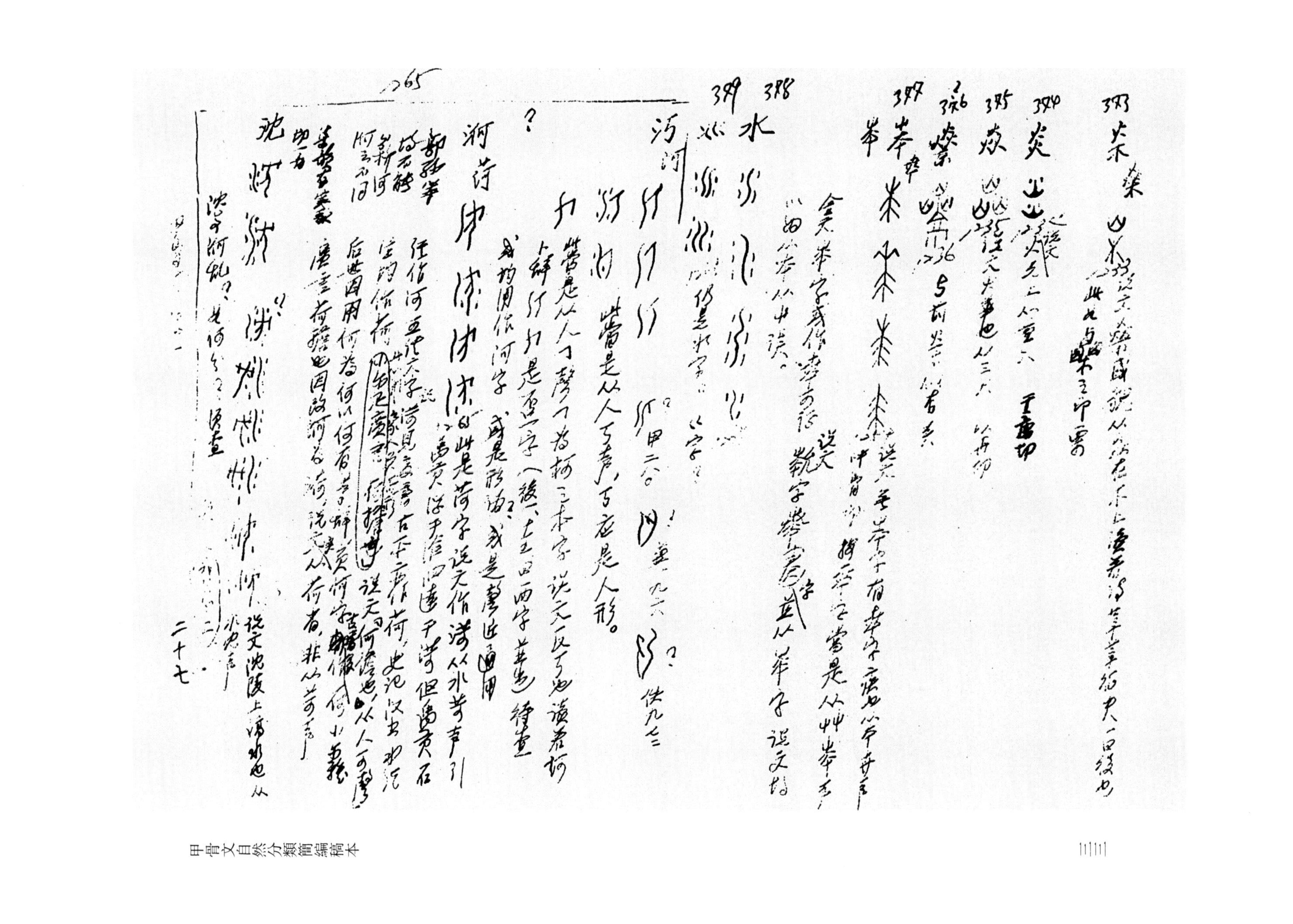

265

393 桒

394 炎 說文……从二火

395 焱 說文……从三火

396 燊

397 苿 說文……

398 水

399 河

當是从人丂聲丂為柯之本字 說文丂反丂也讀若呵

疑丂是𠀠字（後一.廿五.四兩字並見）待查

或是形訛或是聲近通用

或指用作河字

？

河 苛 ……當是苛字說文作菏从水苛聲……

沈 ……說文沈陵上滈水也从……

二十七

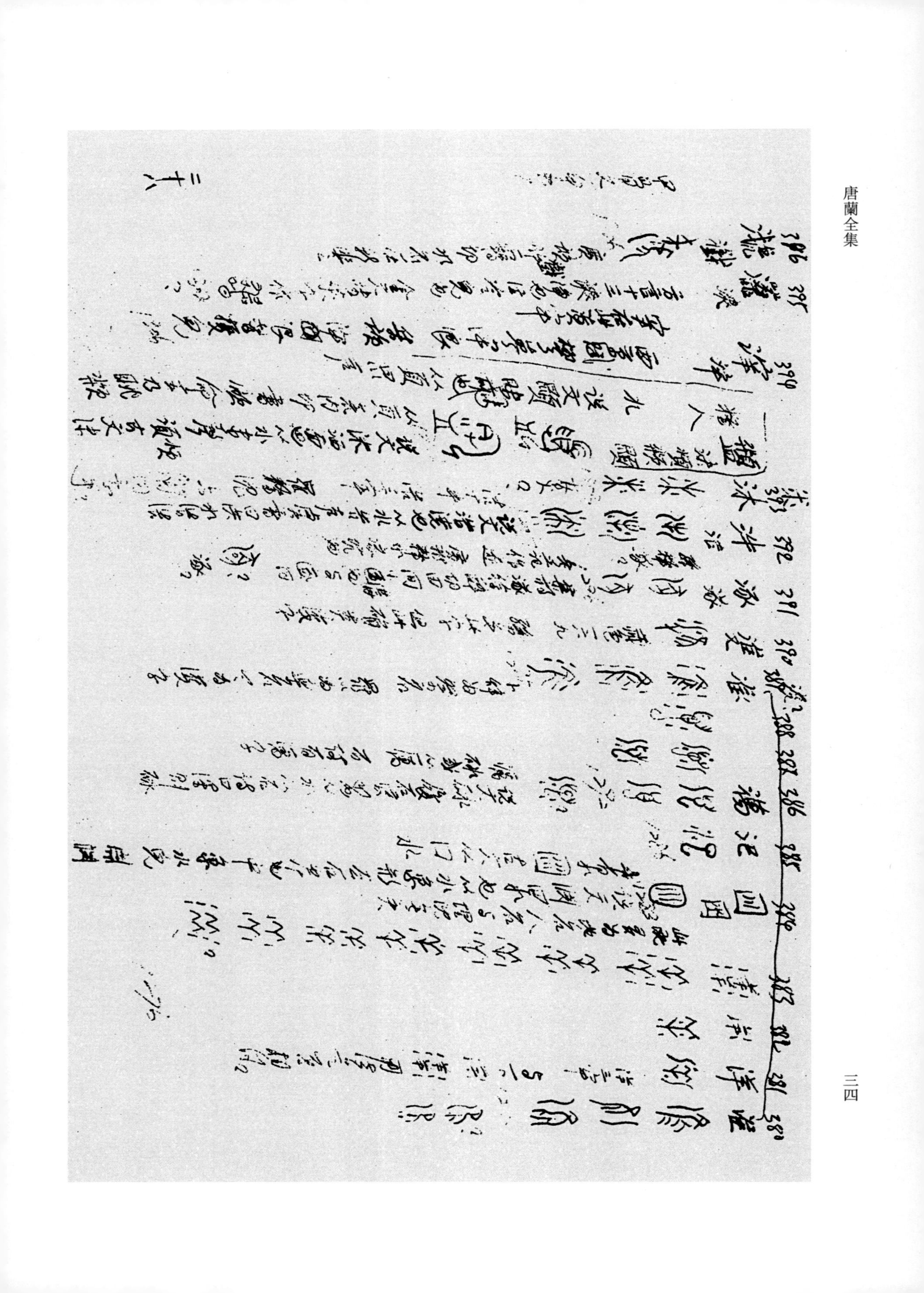

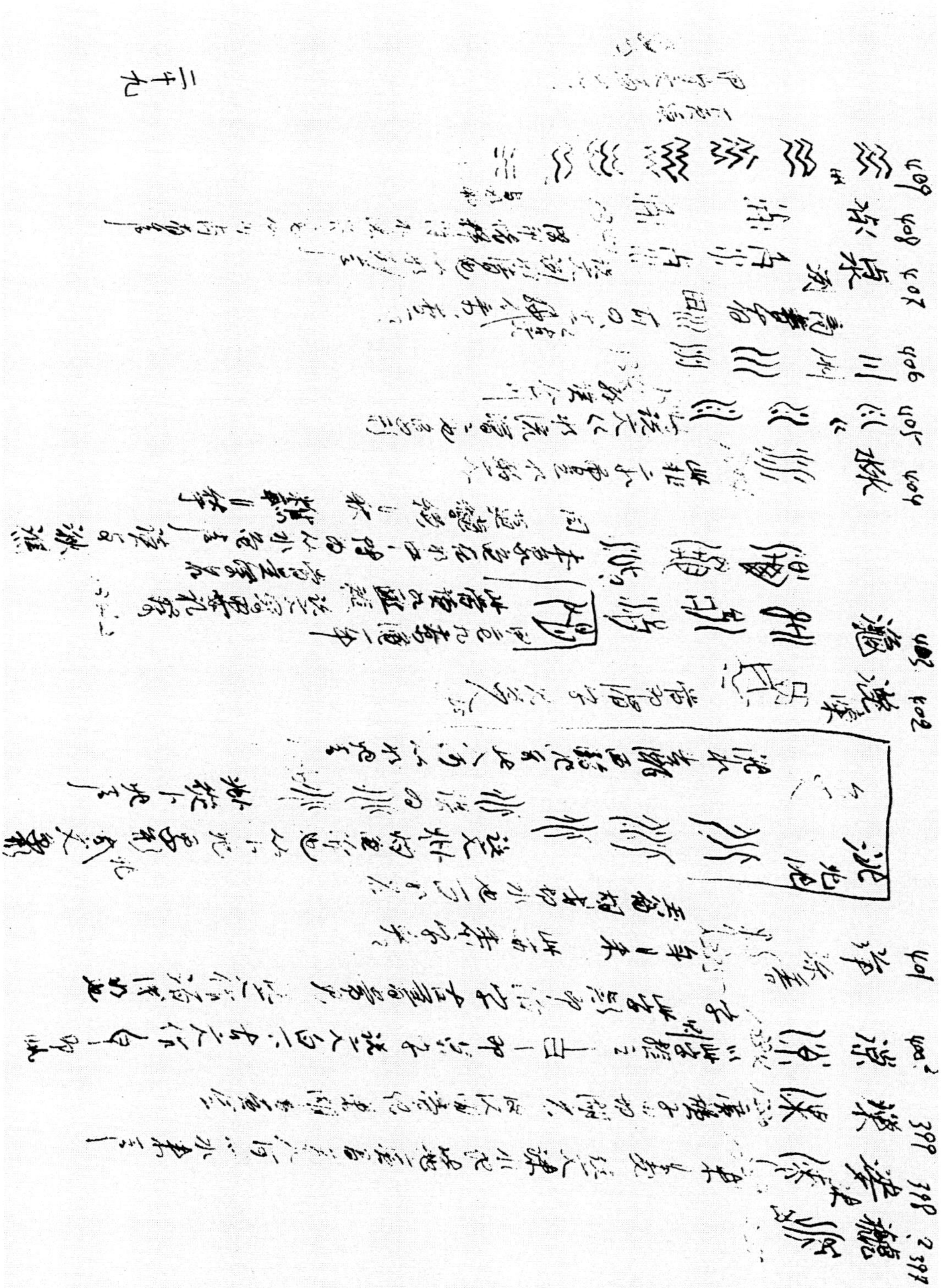

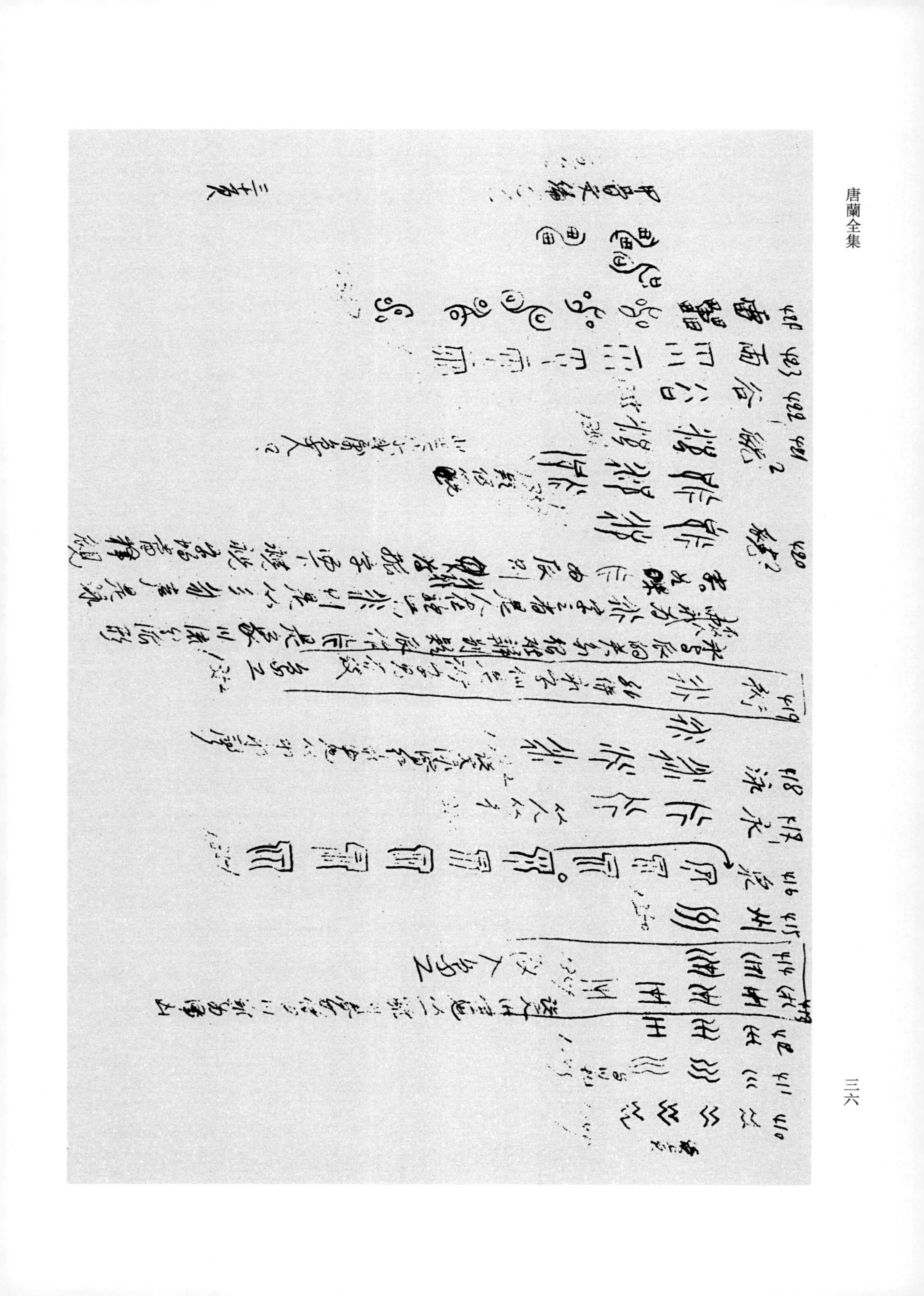

425 426 427 428 429? 430 431 432 433 434 435 436 437 438 439 440 441 442 443 444

甲骨文編卷十一

三十頁

445

446

447

448

449

450

451

452

453

454

455?

456

457

458?

459

甲骨文編卷十二

三十三頁

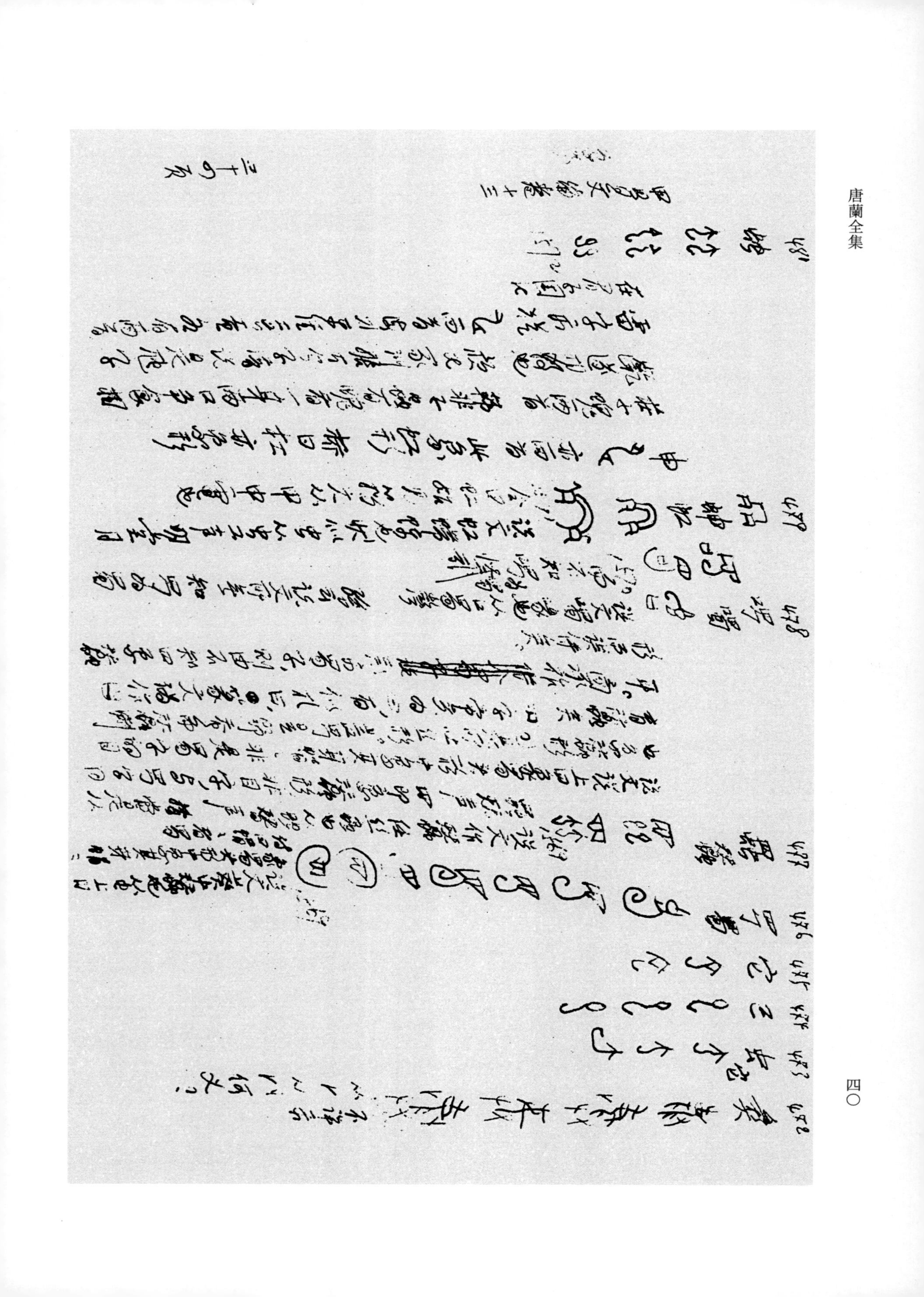

481 盤
482 盅
1513
483 它 蛇
說文：它，虫也。从虫而長，象冤曲垂尾形。上古艸居患它，故相問無它乎。
廣韻：蛇，託何切，蛇。說文新附
此蛇之俗字，說文：蛇，它或从虫。
蓋也字而後人所加以別之，从也言，蛇从它聲，它也古文。
卜辭它字所从，蛇字本義當為蛇，借為故卜辭它字。
九隱攫書四年中坂隱蛇
前二九七
可見
484 黃
說文：黃，蟲也。从虫之声。
大后文為之声
說文：此本象形字，蛇若較
485 𨔶
1576
486 㣇
487 䵷
488 鼄
說文古文黽作
489 䵹
不詳其形
1578
490 黽
此作黽之異体，疑為黽。
491 ? 鼅
1580
492 𪓿
493 鼉
1582
不合信
甲骨文編卷十三
三十五頁

494 亙 恆 說文三九頁

495

496 [illegible]

497

498 [illegible]

499 新

500 新

501 斷

502

503

504

505

506

507 陽

508

509

510

二十六頁

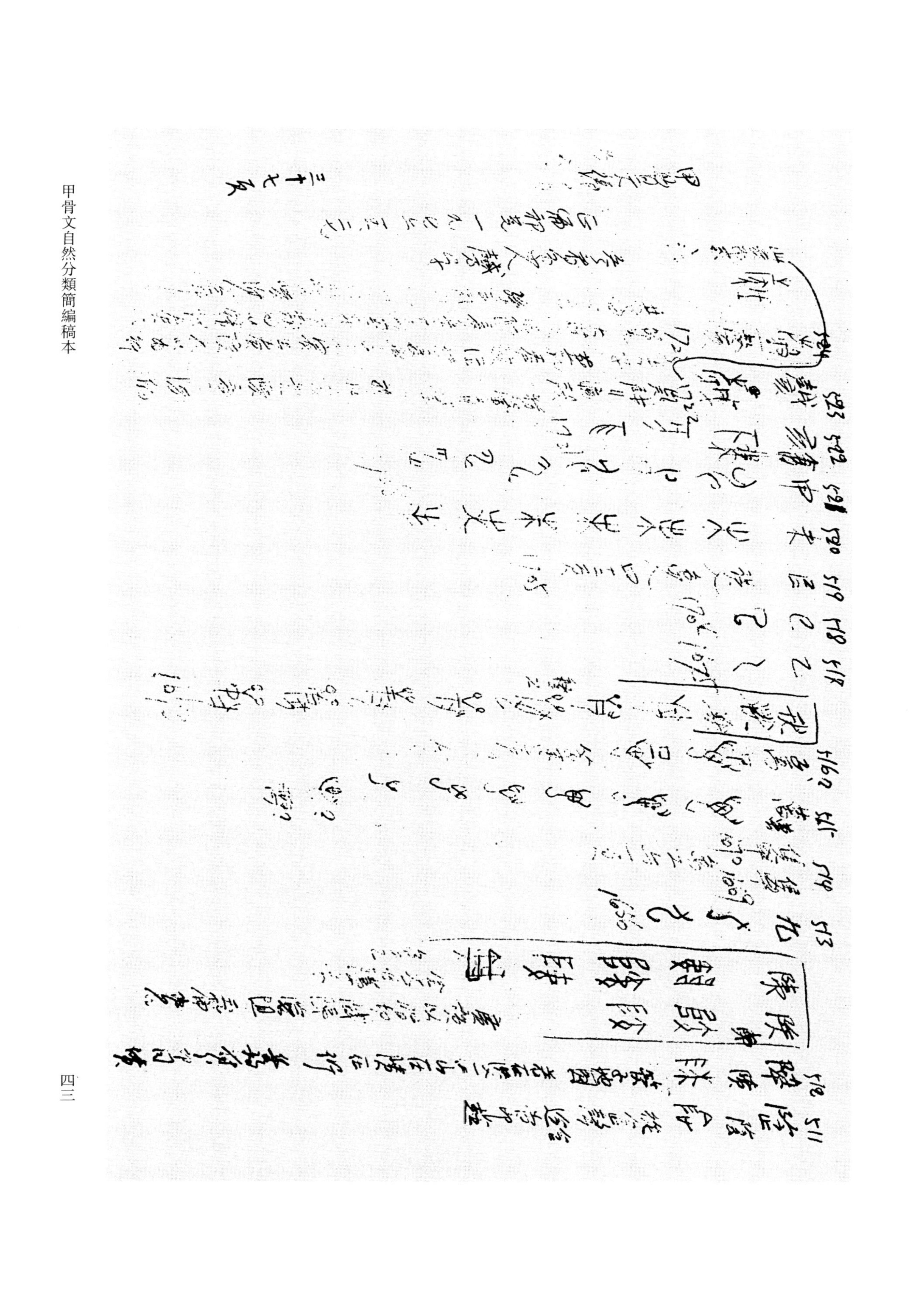

525 2102

526 2133

527 2132

528 2138 2134

529 妃 2135 玉篇妃古文姓字

530 2136 玉篇娓女心侵尋也

531 2137

532 2140

533 2252

534 2259 說文歸字 休从舟歸字

535 有信 廣韻杜奚切 2074

536 采 受采 2492

537 叔 2338

538 2323 2324

三十八頁

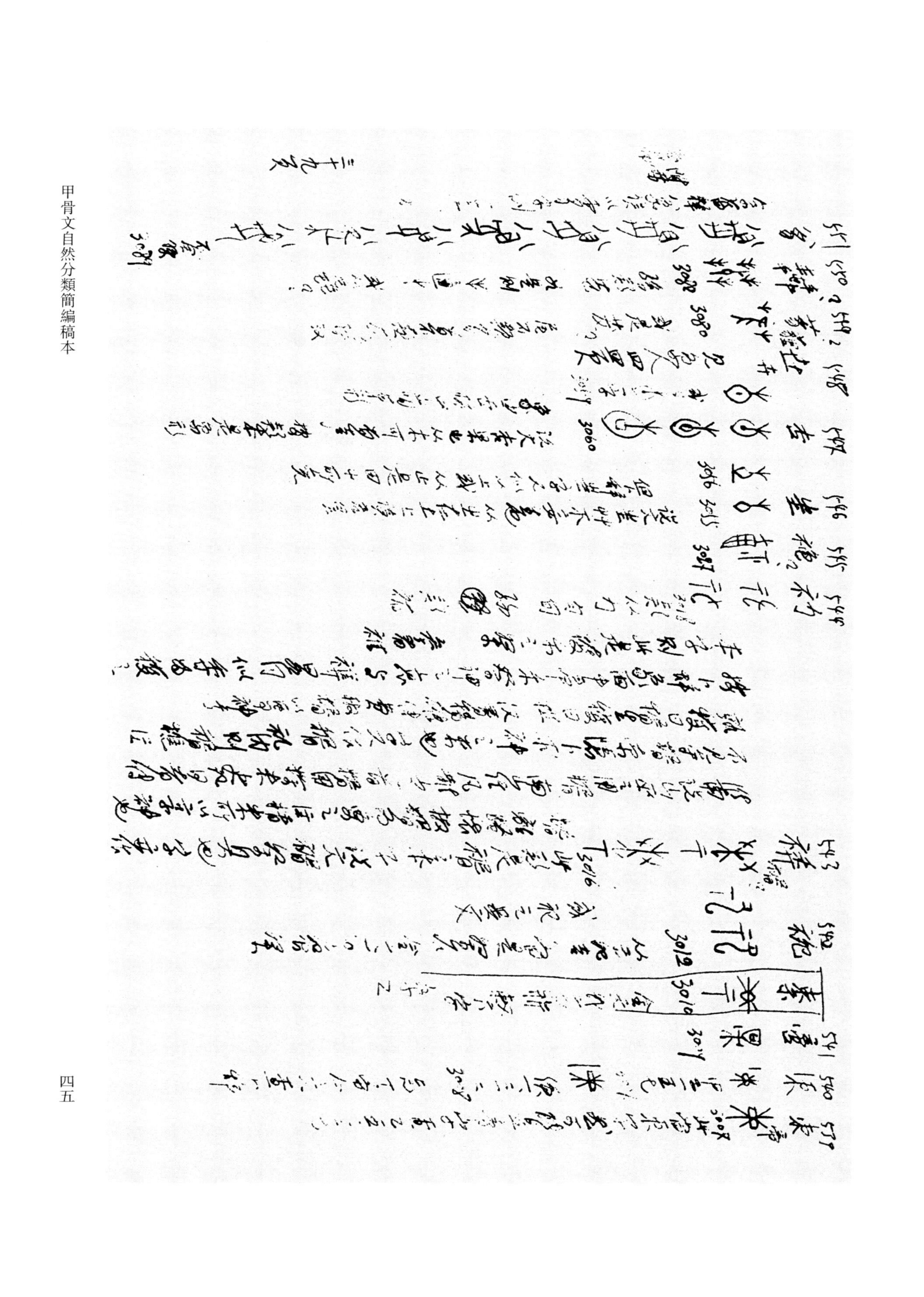

552 帝 3109

553

554 [illegible] 3110

555 邕 3112

556 吉 3125

557 [illegible] 3126

558 3188

559 麋 3130

560 3131

561 3132 3153

562 台 3154

563 味 3166

564 吪 3169

565 [illegible] 3185

566 [illegible] 3187

567 味

568 杏 3190

四十頁

春

春疑通歲 存在九年曹劌，史記刺客傳作曹沫，史記索隱云：曹沫則从未似省，从未莫貝切，[illegible]識[illegible]

[illegible]合切則[illegible]也，劌[illegible]

[illegible]劌切[illegible]字[illegible]切[illegible]

可以證明[illegible]

是劌字之人

569 香味

570 香 [illegible] 3193 說文：芳也，从黍从甘。春秋傳曰：黍稷馨香。

[illegible] 3192 玉篇[illegible]

春 [illegible] 3195 [illegible]字 入第二

581 徙 [illegible] 3302 述? 進?

582 [illegible] 3314 說文：敗也，从支[illegible] 留之[illegible]从[illegible]貝

583 乇 [illegible] 3347 [illegible] 口[illegible]文[illegible] 也非一字。[illegible]

584 沼 治 [illegible] 3355

585 [illegible] 3387 [illegible]字 [illegible]古文[illegible] [illegible]

[illegible] 3389 [illegible]

卯 勺 [illegible] 是[illegible]矣

[illegible]

[illegible] 3388 从鹵 鹵? [illegible] 是人名

四十一頁

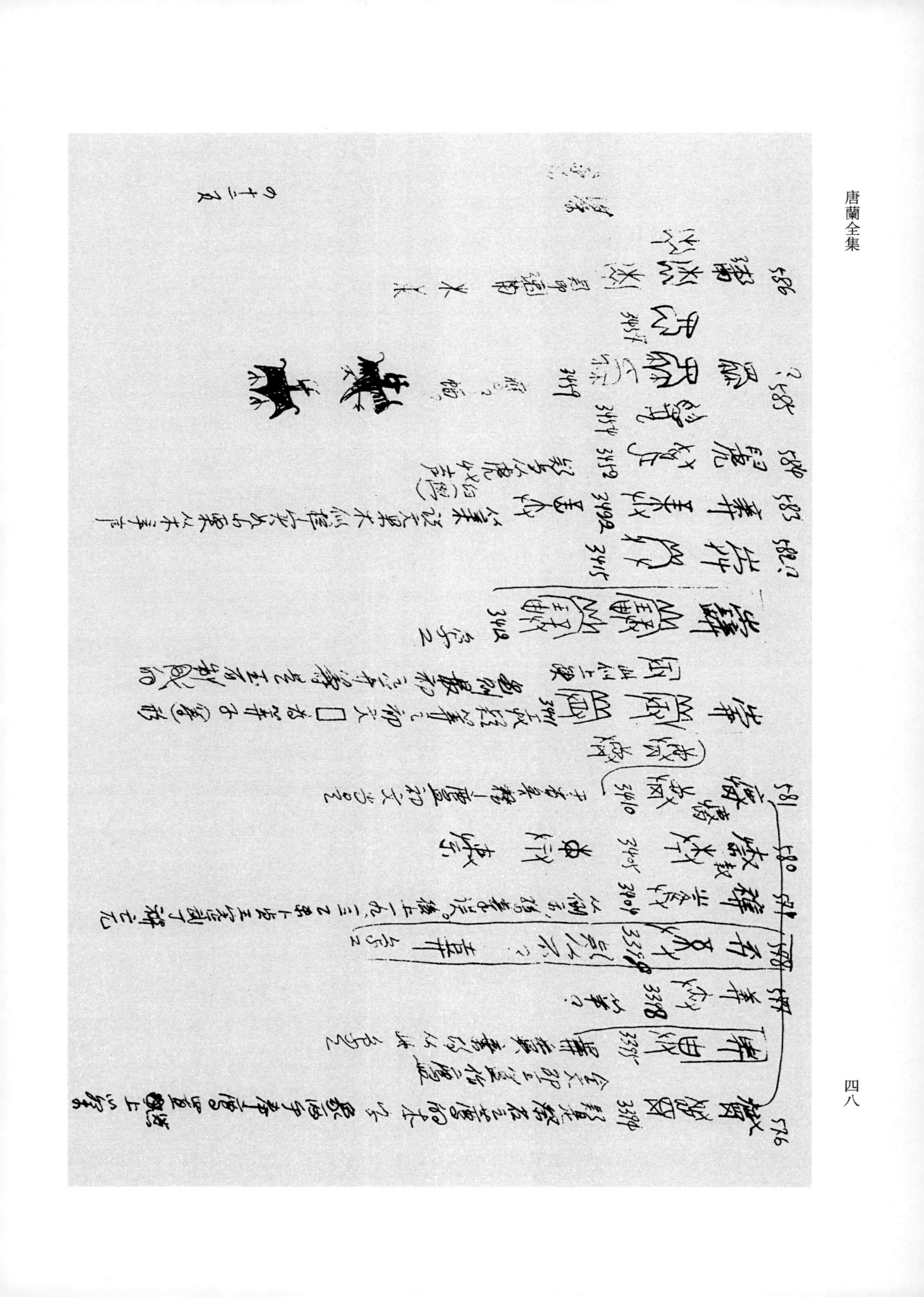

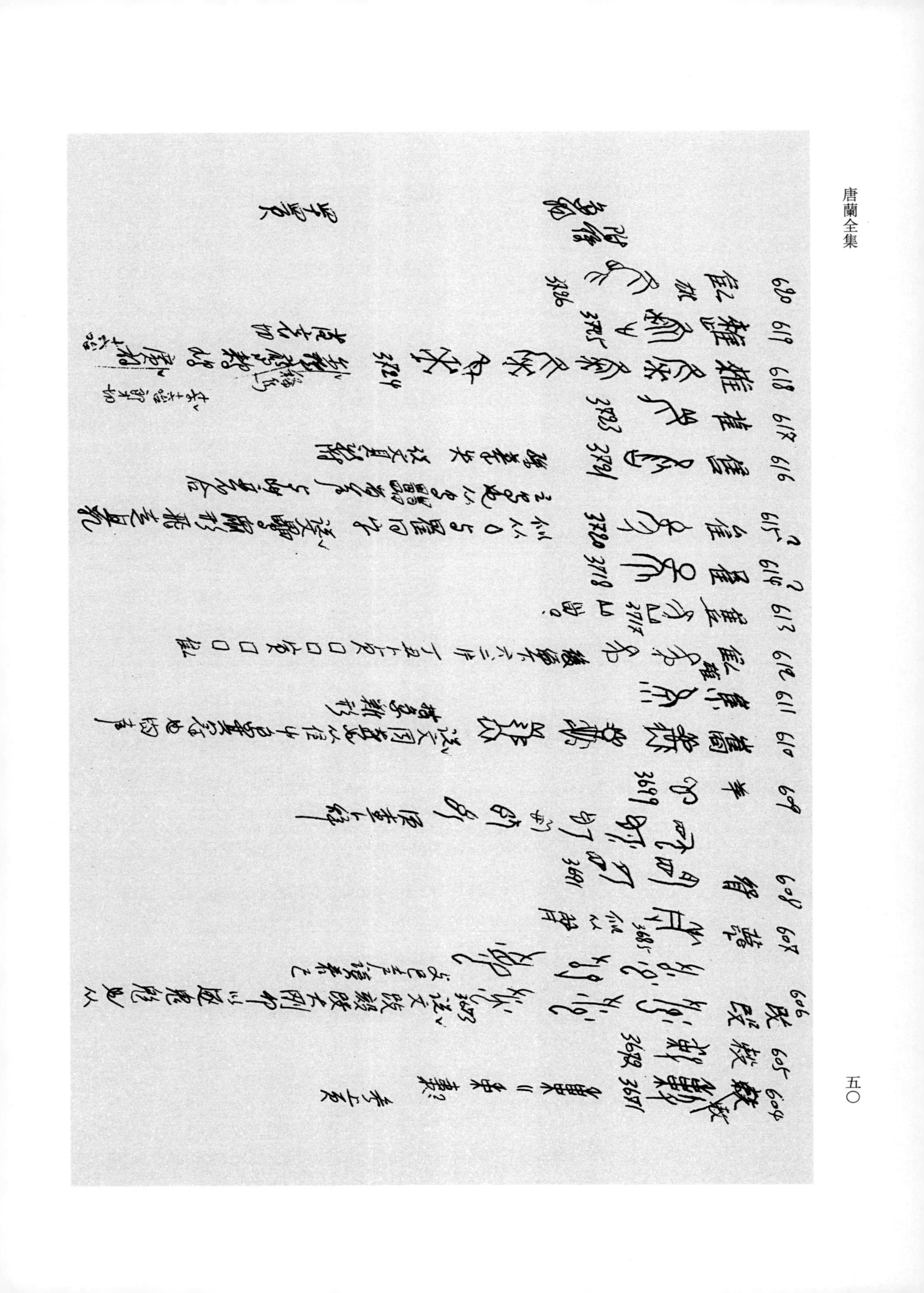

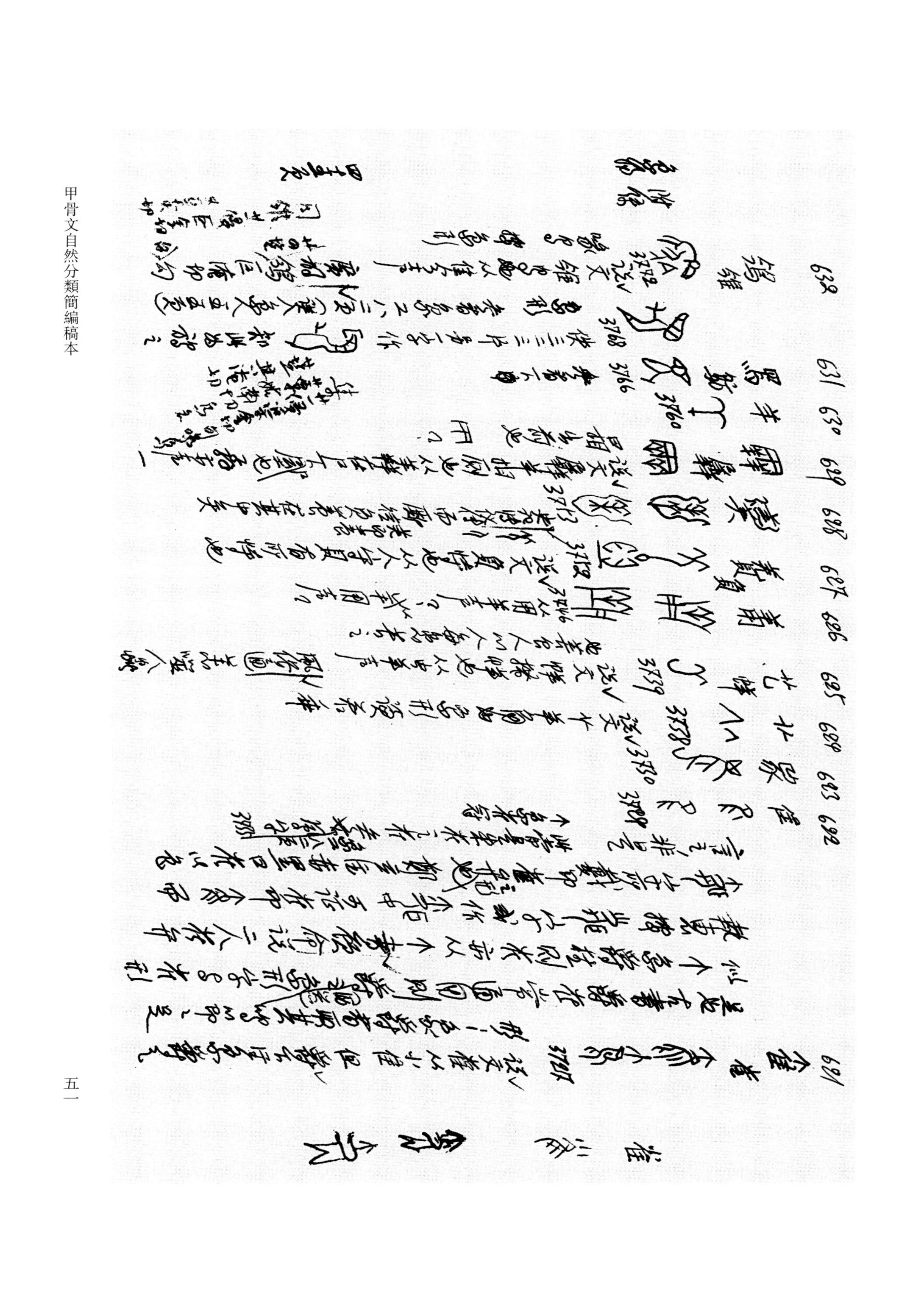

甲骨文自然分類簡編稿本

見上頁

竹簡之書 此字為畐字則畀字卯既，本書曰丁權畐為非

畐从人与白字等可相印證

後編上七，十二片貞其盥

亦言再盥猶也

649 盤 [glyph] 3868 當為盤字通此說形或作盜

後下五，二片貞王宓盤亡尤 參乙

650 罍 [glyph] 3882 說文罍龜目酒尊刻木作雲雷象象施不窮也从木畾聲 罍或从缶 罍或从皿 籀文罍

651 唫 [glyph] 3897 說文口急也从口金聲

? 紷 [glyph] 3899 說文衣系也从系今聲

652 [glyph] 3900 說文 [illegible] 从木合聲 鉛或从金

653 今 邑 鉛 [glyph] 3902 或食之省 參乙 合例の

654 [glyph] 3980 說文 [illegible] 者也

655 [glyph] 3986 說文梏也从木告聲

656 [glyph] 3987 此或是梓之省說字從文從木 梓也

657 [glyph] 3988 或是格字 則此未為木 說文木上曰末从木一在其上 作 [glyph] 者正參

木上之末

後編上二九，十片丁子卜今來方其大出 三月

粹編一二四三片

658 [glyph] 3989 [glyph] 3990 附 法可證。此或辛之异体，或是柰字所从，是本字，參4040 4041 4042

四十七頁

659 帀木 木 木 3995 疑木之異体 [illegible] 字作

660 梠 梠 柖 柗 [illegible] 4000 或說文檷之古文柅从木爾聲 說文檷（𣝣）絡絲柎也 說文梠楣也从木呂聲

661 丕 極 亟 4003 當為極之本字 說文極棟也从木亟聲 亙 亟 亟 極

662 朿 [illegible] 4004 疑与束為一字 說文作朿 [illegible] 由 [illegible] 決為 [illegible]

663 [illegible] 4006 [illegible] 4040 4041 4042 後上十五·一 其田于 [illegible] 地名

664 朱 [illegible] 4007 疑當是朱字

665 [illegible] 4008 說文桑木也从木 [illegible] 聲

666 栗 [illegible] 4009 說文栗木也从木其實下垂故从卤 古文从木 从二卤从西

667 [illegible] 4010 說文樹木也从木尌聲 象工

668 市 市 4012 說文市止也从米盛而一横止之也 市買賣所之也市有垣从冂从乁 乁古文及象

669 [illegible] 4016 物相當也之省聲

670 [illegible] 4017

671 [illegible] 4018

672 [illegible] 4020

673 丰 [illegible] 4023

674 [illegible] 4024 疑槩？ 臬？

675 [illegible] 4025

676 業 [illegible] 4026

附 [illegible]

四八

677 利 4033

678 之 生 4034 後上二〇、十五片 庚辰卜……之明年也

679 帝 4036

680 椽 4037 說文椽榱也从木彖聲

681 本 4039 說文木下曰本从木一在其下

682 𣎳 4040 當是桒之省文

683 4041

684 4042 說文本進取也从十大十猶兼十人也讀若滔 金文皋作 可証 即

685 者 4043 說文者別事詞也从白𣥃聲 𣥃古文旅字

686 4044 之而從古之字 4006 3990

687 4045 粹九四五片 口……卜……

688 說文香芳也从黍从甘 即香字

689 4046 說文香……

690 4046 同書……

691 4047 說文……

東 4048 說文東動也从木官溥說从日在木中

橐 4049 4050 說文……从束

692 楚 [illegible] 4063

693 楚 [illegible] 4064

694 [illegible] 楚 歷 4065 楚?

695 [illegible] 4069

696 貞 [illegible] 4074 鄭 歖 等字所从

697 責 [illegible] 4076 [illegible]

698 念 [illegible] 4078

699 慶 [illegible] 4081 說文：慶，行賀人也，从心从夊，吉禮以鹿皮爲贄，故从鹿省。

後上十六、二片 乙未卜行貞王其田亡災才二月才慶卜

丙申卜行貞王其田亡災才慶

700 囲 [illegible] 4105 疑囲字 說文：囲，田网也，古文作囲，从口水

701 東 [illegible] 4107 說文：[illegible]，从重束

702 旗 [illegible] 4108 [illegible] 4111 市 古字 吠（从犬言）相 [illegible] 从市 [illegible]

703 [illegible] 說文：[illegible] 从日 [illegible]

704 [illegible] 4117 說文：[illegible] 市 [illegible] 校尾 [illegible]

705 [illegible] [illegible] 字 [illegible] 形 [illegible] 字?

706 早? [illegible] 4118 說文作早 从日在甲上 [illegible]

707 [illegible] 4126 [illegible]

五十頁

708 𪉩 [glyph] 4135 从霝声 金文以霝爲晴爽字 此从月 吳當同 晴爽時月尚在日將出也

709 朙 [glyph] 4141 說文（朙 明也从冏月声 [illegible]兵切）

710 柟 [glyph] 4142 [illegible]柟 烏感切 柟 [illegible]切 古樹皮又柟 柟柱 吳木 [illegible]（[illegible]木 [illegible]曰柟 一曰柟柱 [illegible]木）

711 乇 [glyph] 4143

712 束 [glyph] 4148 說文 束 木垂華實也 从木从丂 丂亦声 [glyph] 束 丂（[illegible]）

713 杳 [glyph] 4150 早？

714 𥁕 [glyph] 从人 [illegible]

715 台 [glyph] [glyph] 4162 說文 說也 从口目聲

716 ?𡨦 [glyph] 4189 从山从广？ 象人

717 𡧊 [glyph] 4192 卡 𡧊 [illegible]

718 𡨴 [glyph] [glyph] 4194 从𡨴 [glyph] [illegible] 皆白[illegible] [illegible]之石言又引說文有此字 但此非形声字 而示豕亥 [illegible]見亥 豕屬 从[illegible]屋下 [illegible] 家字有[illegible]

719 宰 [glyph] [glyph] 4198 开 宰？

[glyph] [glyph] 4199 [glyph] [glyph] 吳 五 之 [illegible]文 說文 宮 寫也 从 [illegible] 東海[illegible] 故 [illegible] 之 邑也

宀 吾声 光木 4215

[glyph] [glyph] 4200 从 吾声 吳从戌声 4203 [illegible]

720 𡩐 [glyph] 4209 不从文吧？

P4 [illegible]

[illegible]

五一頁

721 家 [illegible] 4819 宊？

722 宊 [illegible] 4221 家？

723 [illegible] 4222 [illegible]

724 秊 [illegible] 4830 [illegible]五片 二オト 年ト

725 秉 [illegible] 4832 説文古籀補云甫坂簠作秉但金所見甫反

字 一簠常宊作秉 凡宊門字則爲稱之字然

上第60 又[illegible]切 [illegible]之稱 [illegible] 廣韻稱 尺證切 秉持也 52

[illegible] 説文秉[illegible] 又[illegible] 秉也 又[illegible]

後編下六、六片 [illegible] 弱[illegible]秉 當指[illegible]收穫

726 米 [illegible] 4233

727 [illegible] 兴 4237

728 乇 [illegible] 4241 木||未 説文[illegible]也从[illegible]

729 沭 [illegible] 4242 [illegible] 有[illegible]声 集[illegible]

730 [illegible]？ [illegible] 4243 [illegible]下四三、九片 才沭 [illegible] 户犬切

[illegible]一九六片 其[illegible] 于[illegible]

其[illegible] [illegible] 于[illegible]

[illegible]

731 穆 [illegible] 4283 説文穆禾也从禾[illegible]

732 [illegible] [illegible] 4303 説文[illegible] [illegible]

附錄

五二頁

733 苑 苑 [illegible] 4308 [illegible] 龍 苑 說文所以養禽獸囿也 从艸夗声

734 夕 [illegible] 4340

735 犾 畎 [illegible] 4387 [illegible]畎字 說文くく水小流也 象形 畎 篆文从田

甫是小流也

粹一三八六片 口南犾犾 [illegible] 六八 犬声 从水 水旁兩犬 是兩岸 大吉相

736 [illegible] 4361 虹 [illegible]之本字 金文虹字

737 [illegible] 說入急乙九丸頁

738 [illegible] 4381

779 [illegible] 4384

舟 4388 林二、二六、四片 乙未口口貞毋弔歸 [illegible] [illegible]引歸 乙丑子卜貞 [illegible] 歸 [illegible] 貞 [illegible]

[illegible] 4390 [illegible] 說文[illegible] [illegible]

也 [illegible] 舟在中流 舟旋 [illegible] 粹八四三片 [illegible] 今日王[illegible] 不風(風)

[illegible] 4391 4392 說文 [illegible] 从舟 [illegible]

741 冉 4411 [illegible] 冉 [illegible]

742 [illegible]

743 [illegible] 說入[illegible]

五三

744 禹 [illegible] 4435 疑誤作[illegible] 後上二六·三片 丁酉卜貞王宓禹自上甲至于武乙衣亡尤

745 豕 [illegible] 4443

746 縫 [illegible] 4451 說文縫 系屬也 从糸封聲

747 邦 誤入第二一百一頁

748 飲 [illegible] 4502 說文歙 歠也 从欠酓聲 㱃古文从今食今聲 㱃古文从水今聲

749 魚 [illegible] 4505 疑是魚字

750 勹 句 勺 [illegible] 4519

751 佝 [illegible] 4519 鐵二六·五片 甲寅卜卯貞王宓佝亡尤 王國維誤作丁 孫从之

752 地 屯 誤入第二一百頁

753 云 [illegible] 4521

754 [illegible] [illegible] 4522 从此列于苦四異

755 [illegible]

756 国 [illegible] 4523

757 夢 [illegible] 4526 疑蝴之異体 說文蝴 蟥蝴也 从虫乎聲

758 頪 [illegible] 4530 說文頪 視也 从見 釆聲 類 見上彌 誤釋 頪 𩓞力頪切 類 難曉也

759 [illegible] [illegible] 4539

760 [illegible] [illegible] 4544 从眉从尾 疑是鬽之異体 說文鬽 从鬼从彡 从尾 者亦从非此 說文鬽 籀文 作彔 彖从尾省聲 附錄 直列 鬽屬 魚部

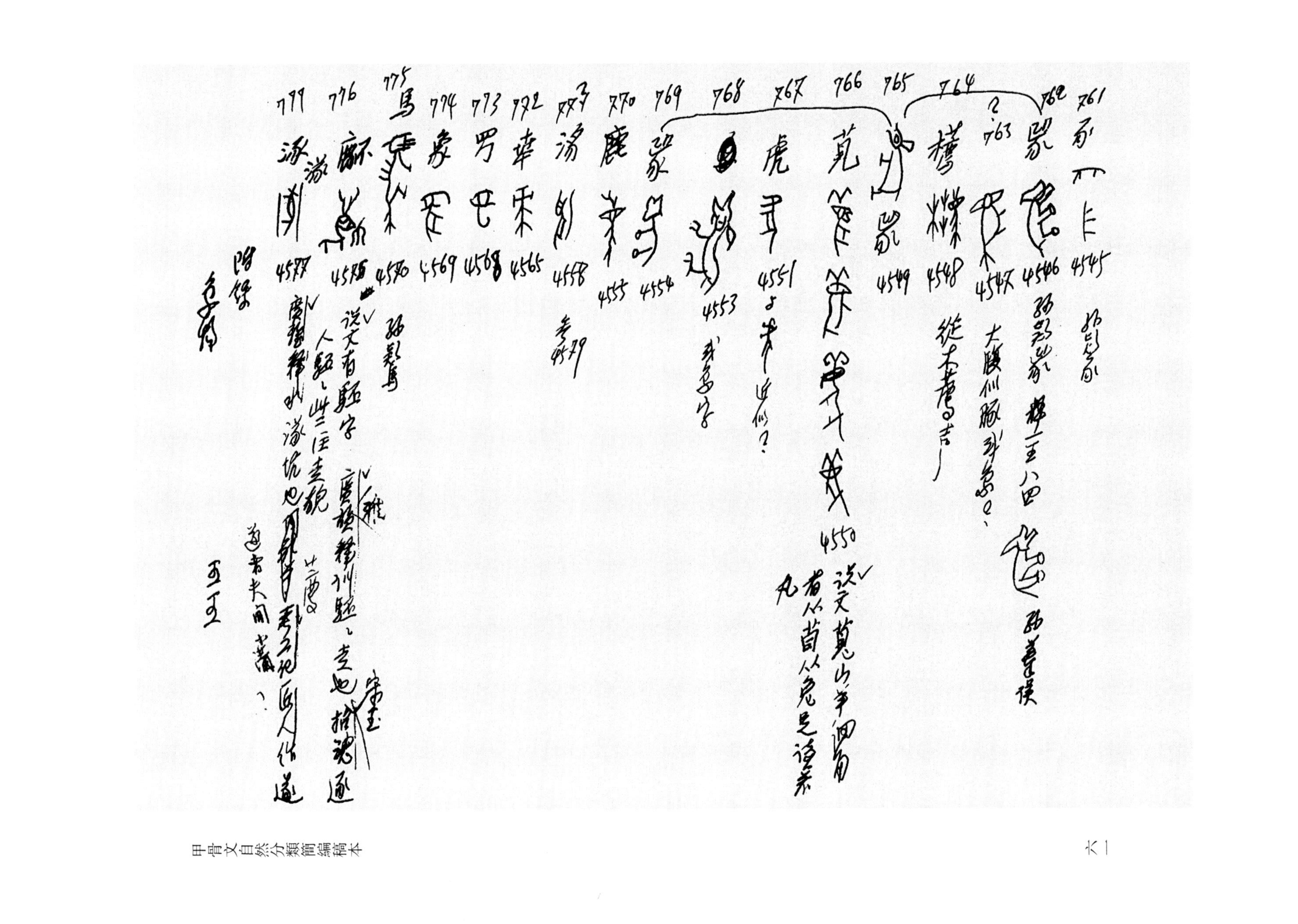

761 豕 [illegible] 4545 [illegible]

762 豖 [illegible] 4546 [illegible]

763 ? [illegible] 4547 大腹似豚 [illegible]

764 [illegible] [illegible] 4548 從木[illegible]

765 [illegible] 4549

766 莧 [illegible] 4550 說文 莧山羊細角者 从兔足 苜聲 凡[illegible]

767 虎 [illegible] 4551 [illegible] 近似？

768 [illegible] 4553 [illegible]

769 豕 [illegible] 4554

770 鹿 [illegible] 4555

771 [illegible] [illegible] 4558 [illegible] 4579

772 [illegible] 4565

773 [illegible] 4568

774 [illegible] 4569

775 馬 [illegible] 4571 [illegible]

776 [illegible] [illegible] 4576 說文有[illegible]字 [illegible]

777 [illegible] 4577 [illegible]

778 湠 [illegible] 4577 湠 說文水厓也从水𢽳声

~~779~~

780 [illegible] 4578 4577

781? [illegible] 4579 [illegible] 4580

782 [illegible] 4583 歬下十三、十七 壬寅卜貞羽癸卯王 亦東[illegible]

783 犬 疑犬 犬[illegible]

784 [illegible] 4587 說文[illegible]獸也似兔青色而大 [illegible]

785 [illegible] 4588

786 [illegible] 4589 疑作卜 或[illegible]

787 [illegible] 4594

788 789 790 791 792 [illegible] 說入[illegible]二 一〇二

793 [illegible] 4604 此[illegible]上[illegible]長似非[illegible]

794 795 [illegible] 4605 [illegible] 4606 後下十三、二 [illegible]丁酉卜[illegible]

[illegible]王曰[illegible]口王[illegible]

[illegible]

796 龜 [glyph] [glyph] 4608

797? 泥 [glyph] 4609 鴻 [illegible] 也

798 龜 [glyph] 4610

799 鼉 [glyph] 4612 从黽、說文鼉 [illegible] 也从黽 [illegible]

800 兕 [glyph] 4615 口部大而角小 兕？

801 麀 [glyph] 4617

802 龜 [glyph] [glyph] 4620

803 夔 [glyph] 4621

804 龜 [glyph] 4622 孫作 [glyph] 非 參4619

805 虎 [glyph] 4625 [illegible] 林二、二九、九片 虎衛

806 龜 [glyph] 4628

807 馬 [glyph] 4629 似龜但尾上翹 似龜

808 龜 [glyph] 4631 有披尾 但象鼠

809 象 [glyph] 4634

810 兕 [glyph] 4635 [glyph] [glyph] 4636 [illegible] 兕？

811 象 [glyph] [glyph] 4639 [illegible]

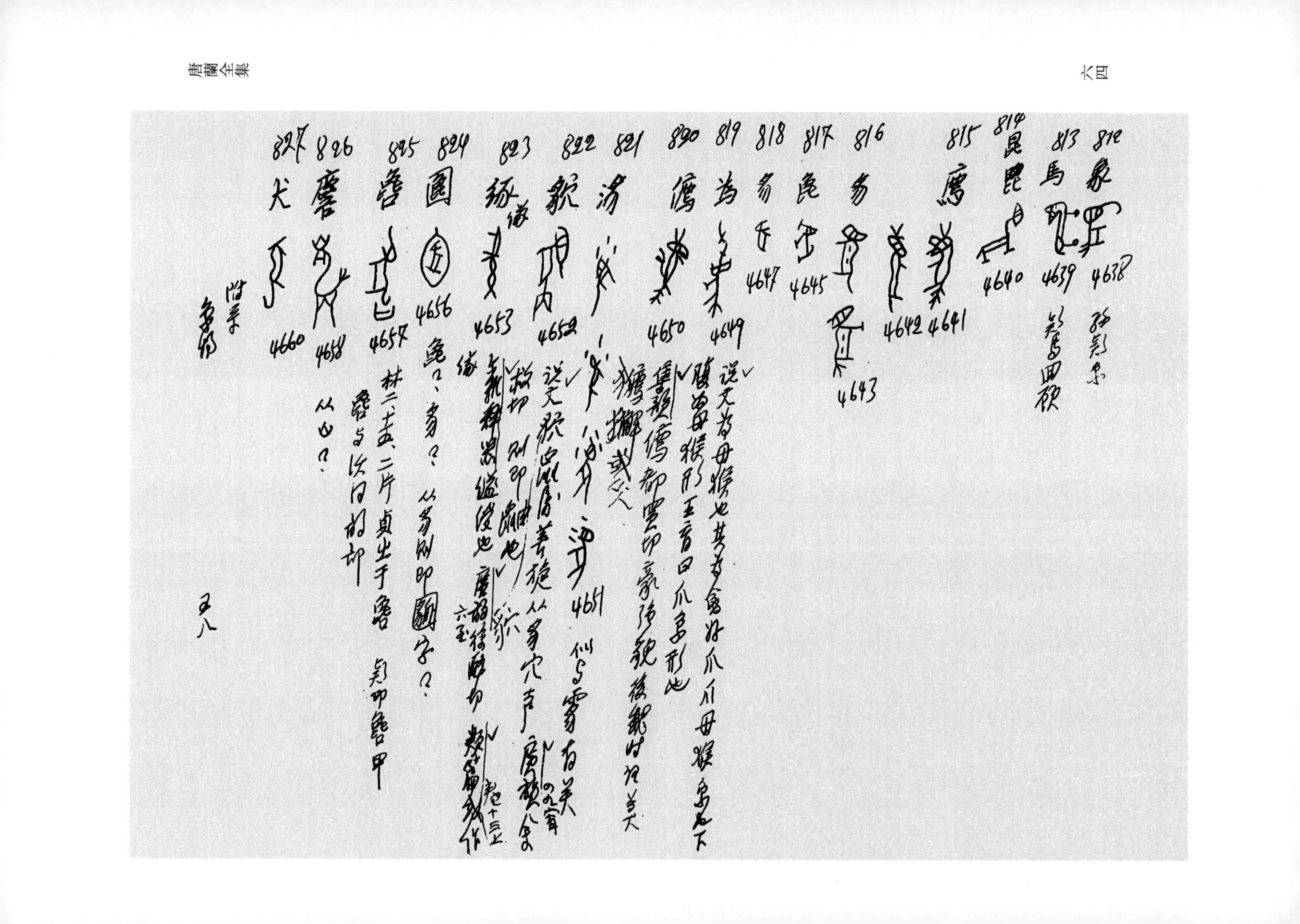

812 象 4638 孫[illegible]

813 馬 4639 [illegible]田獵

814 䮝 4640

815 [illegible] 4641 4642

816 [illegible] 4643

817 兔 4645

818 [illegible] 4647

819 為 4649

說文：為，母猴也，其為禽好爪，爪，母猴象也，下腹為母猴形，王育曰：爪，象形也。

890 [illegible] 4650

[illegible]

821 [illegible] 4651

說文：[illegible]，似豕而大。

822 [illegible] 4652

說文：[illegible]，[illegible]從豸穴聲。

823 [illegible] 4653

[illegible]

824 圜 4656

兔？、豸？從豸從卯，[illegible]字？

825 [illegible] 4657

林二、十五、二片，貞：出于[illegible]。

[illegible]卯[illegible]甲

826 [illegible] 4658

[illegible]與[illegible]

從山？

827 犬 4660

附录

[illegible]

五八

828 希 4661 之本形

829 4663 倚竉 4665 4666

830 驫 4667 說文：馬深黑色，从馬

831 漉 4668 說文：漉，浚也，从水鹿聲

832 麓 4669 說文：守山林吏也，从林鹿聲。一曰林屬於山為麓。春秋傳曰：沙麓崩。彔山足大林中若麓之處，引申為山林之官吏，即此處之官

833 ? 炎 4695

834 4815 口 六月。 甲午卜貞

835 4730 說入多之 4733 從火從希說文所謂倚竉獸也

836 煤 4739

837 出 4750 說文 从入山之深也

838 4758

附錄

五九

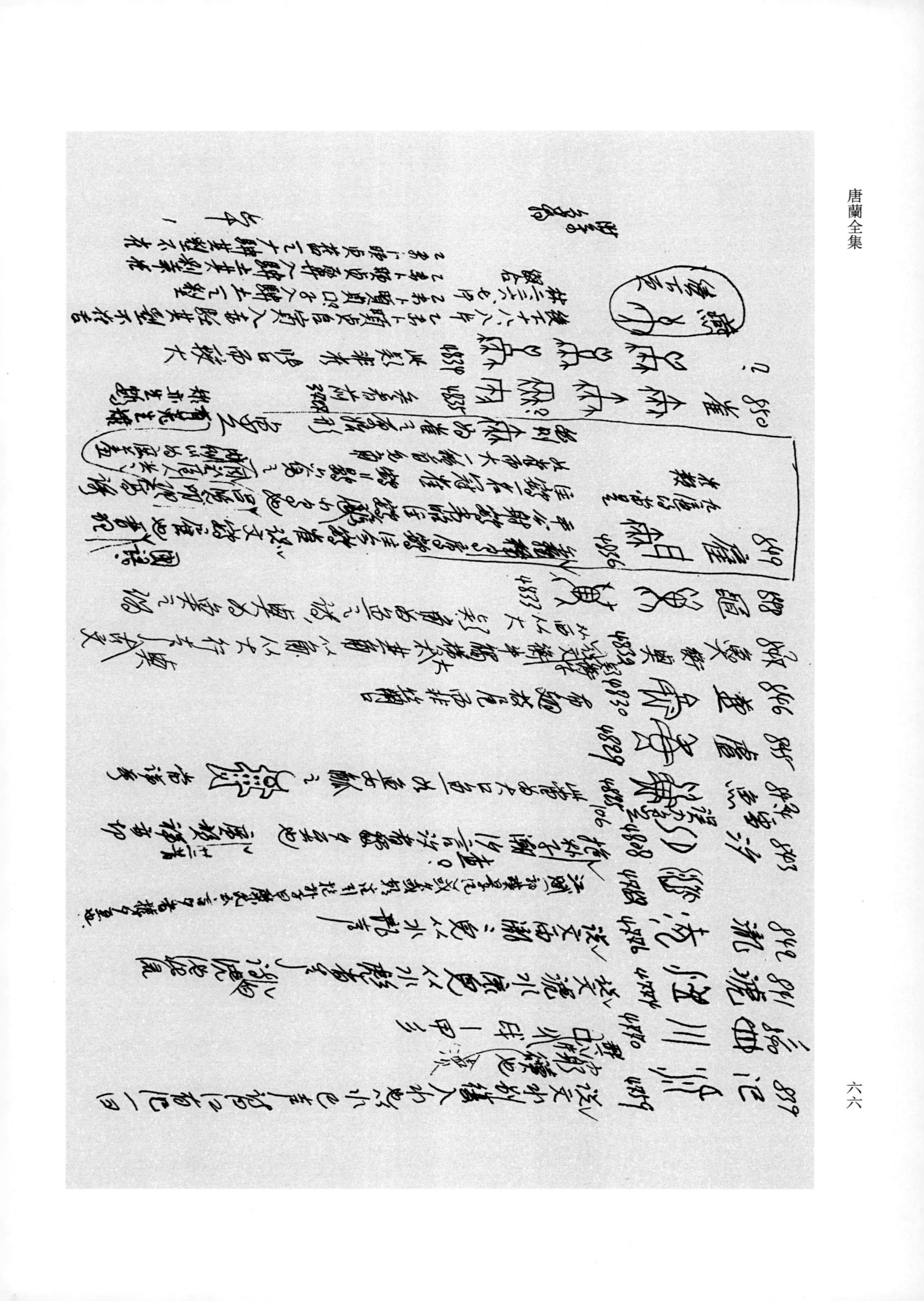

851 燕 4830 4837 燕字可以𤊽字
林二、十六、十三 貞重
十五 □□允坐
廿二 壬辰卜允貞王
貞王重吉不冓雨
从匕

852 ?

853 力 4839

854 九 4841

855 力 4841

前六、出、後二、三、九、二 未見

856 4842 林二、三、十七 庚子卜宗貞
前一、二六、六、一片貞
林二、十六
粹二三一片 貞帝好

857 夗 4843 存疑

858 巳 4845

859 龟 4831

860 藴 4846

861 4847 可与金文字对照

862 龏 4848 後下六、十四片 說文 从开

863 肖 4855 說文肖骨肉相似也 从肉小声 不似其先

864 不 4858

865 帝 4859 珠 帝 其帝

866 配 4866 4868 說文配 从酉己声 粹508

附录

六一

867 戲 [illegible] 由此可見朱可定也 [illegible] 4887 从手从[illegible]

[illegible]字从戈从[illegible] [illegible]料上同 [illegible] 卿料 [illegible]列

後下卅三、七片 癸亥卜其彭[illegible]于[illegible] 料 [illegible]也 一曰戈也

粹三〇二片 弜 [illegible] 其又[illegible] 其又[illegible]先王受又 其中王受又

方言 [illegible] 之間 [illegible] 或曰[illegible]

868 [illegible] 4941

869 [illegible] 4945

870 [illegible] 4946 粹五七八片 在婦卜 [illegible]

871 [illegible] 4948

872 [illegible] 4951

873 [illegible] 4952 [illegible]

874 [illegible] 4962 [illegible]

875 [illegible] 从[illegible]从[illegible]

876 妃 4986 [illegible]

877 [illegible] 誤入[illegible]

878 [illegible]

879 妭 4998 [illegible] 說文妭婦人[illegible]从女友声

880 巳 [illegible] 示三字[illegible]

附錄 [illegible] 5085

六二

881 攺 5097

882 蛇 5098

883 [illegible] 5033

884 [illegible] 5034 [illegible]文

885 [illegible] 兄[illegible]二[illegible]一[illegible]下

886 [illegible] 5038

887 黽 5039 说文作[illegible] [illegible]

888 [illegible]

889 [illegible] 5040 日

890 [illegible] 5042 5041 [illegible]

891 [illegible] 5043 金文有黽字[illegible]

892 [illegible] 5047 [illegible]

893 它 5048 [illegible]

894 [illegible] 5049 说文[illegible]

二六三

895 [illegible] 別上 後下三八、一片 貞[illegible]口尹令从[illegible] [illegible] 當是之物 [illegible] 山卯[illegible]之本字 似應[illegible]

896 [illegible] [illegible] 5051 [illegible]字 說文 馬[illegible]也 从[illegible]聲 四[illegible] [illegible]

897 [illegible] [illegible] 後下三六、二片 [illegible]卜 [illegible]來尹[illegible] 牧 [illegible]形

898 [illegible] 籀 [illegible] 5053 [illegible] [illegible] 5052 呂 = 金 說文 錫 [illegible]也 从金[illegible]聲 當是[illegible]之簡體 [illegible]

899 土 △ △ ⊥ 5054 後上十九、七 己未卜貞[illegible]元示又（有）戚 甲一九片 [illegible]卜[illegible] 貞[illegible]乙子 自甲廿示一牛 二 示羊土 [illegible]（社）[illegible] 相土

900 [illegible] [illegible] 5058 [illegible] 三示 [illegible] 四巫 犬 [illegible] [illegible] [illegible]

901 [illegible] 說入[illegible] 二一二

902 陕 [illegible] 5106 說文 陸 高平地 从阜从坴 坴亦聲 [illegible] 籀文

903 [illegible] [illegible] 5107 甲一九二片 [illegible] [illegible]

904 [illegible] [illegible] [illegible] 5107 九九片 貞[illegible]四[illegible]不[illegible]

巫 [illegible] [illegible] 5108 巫五 帝[illegible]一字 [illegible]

905 申 [illegible] 5111 [illegible]

906 [illegible] [illegible] 5112 [illegible] [illegible]

907 日 ○ ○ 5112 丁？

[illegible]

六〇

908 豕? 5159 後上廿一、十三 癸卯卜貞 弜巳高祖王亥 [illegible]

909? 𢦏苟土 弜巳 東朱? 甲辰卜貞來甲寅又伐上甲 [illegible] 卯

甲辰卜貞又伐于上甲九羌卯牛 乙卯卜

5164 酒彡于父丁 [illegible] 一

910 洋 5165 說文：瀙水出南陽舞陽中陽山入潁 从水

911 柰? 5169 親聲?

912 5169 一

913 5183 [illegible]?

914 5184 旬?

915 5232 卜辭 [illegible]

916 5234

917 5255

918 5261

919? 5264

920 5272

921 5287 後下九、二片 五見下 [illegible] 二六、十六片 一 [illegible]

922 5290

923 5301 5306 粹一五三〇片 一 [illegible] 三自 [illegible]

說文：淵水 [illegible] 从水 [illegible] 聲 [illegible] 从川 [illegible]

940 犬 5551

941? 中 5562

942 璧 5565

943 卣 5589

944 虎 5623

945 龏 5626

946 雀 5637

947 雚 5641

948 舊 5653

949 象 5654 長鼻似象但擺尾？

950 昆 5655 戩四九、二片 丙光一昆一

951 虎 5656

952 茁 5658

953 前 5661

954 蕉 5663

955 杏 5684 誤入豕乙一二三

956 林 5690 孫詒讓說

957 斌 5699

958 川

959 市 5727

960 5739

編號	字	出處
961	維	參二一三
962	朿	5741
963	余	5745　參之
964	虎	5754
965	土	5769
966	巳	5784
967	鷹	5801　金文
968	饗	5812
969	戲	5815
970	屯	5828
971	列	5830
972	亥	5833
973	犬	5834
974	霽	5836
975	沙	5837
976	虛	5838
977	喬	5869
978	杞	5874
979	屯	5875
980	巜（水水）	5877

附錄　參看

六八

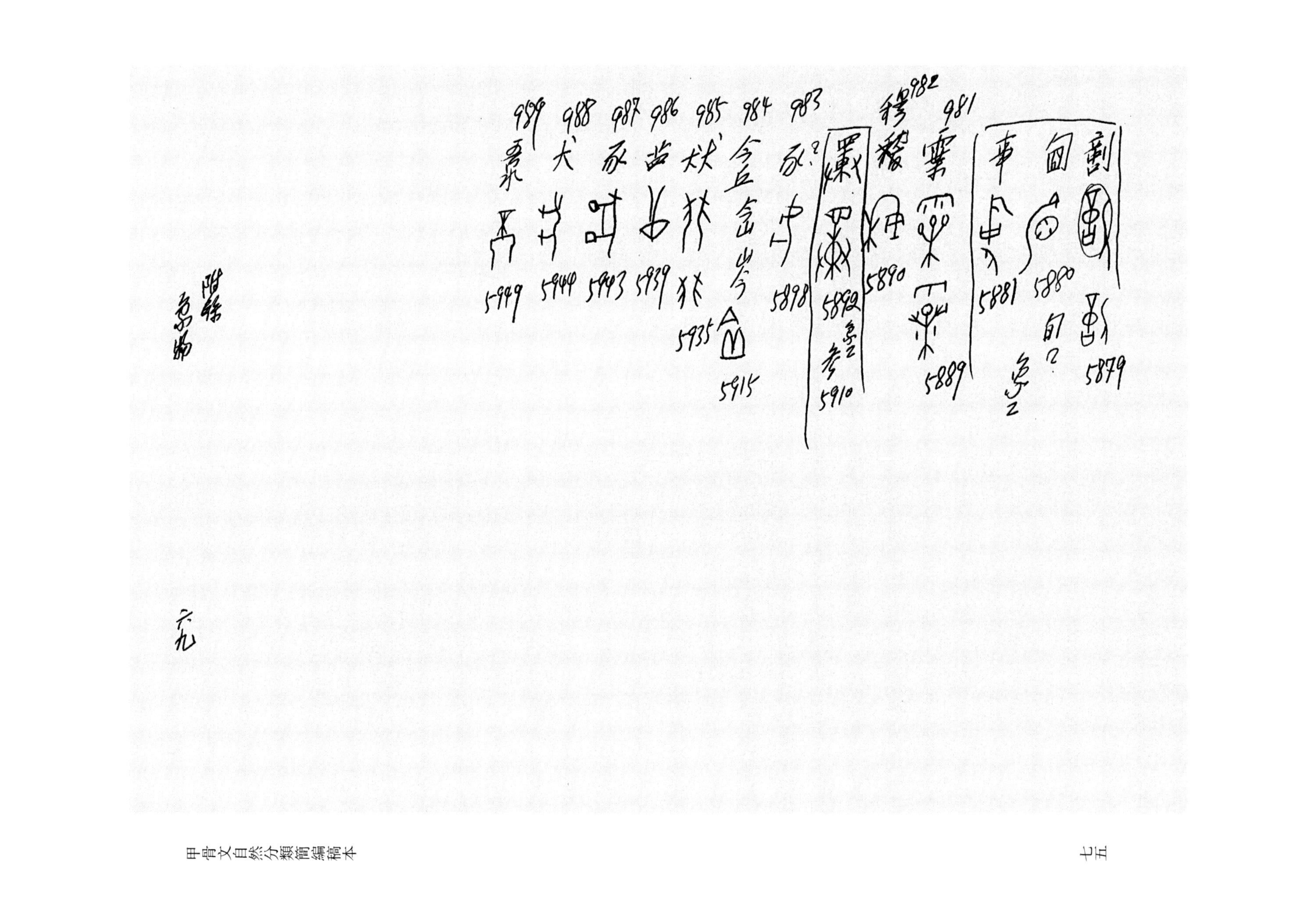

981 劃 5879 囪 5880 車 5881

982 霽 5889 穆 5890

983 㦰 5892 5910 豖? 5898

984 侌 5915

985 㹜 5935

986 𠙵 5939

987 豕 5943

988 犬 5944

989 焚 5949

附錄

六九

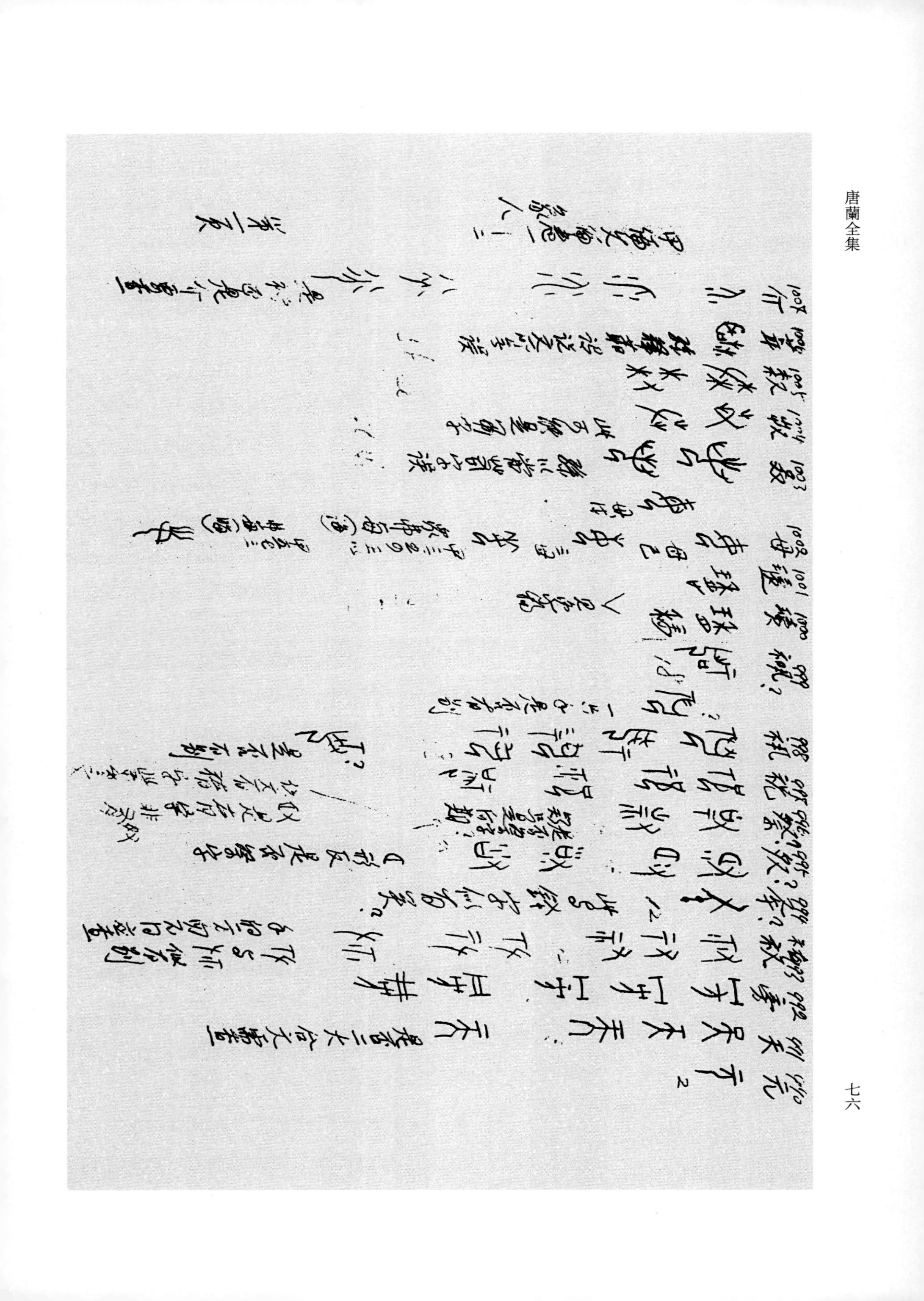

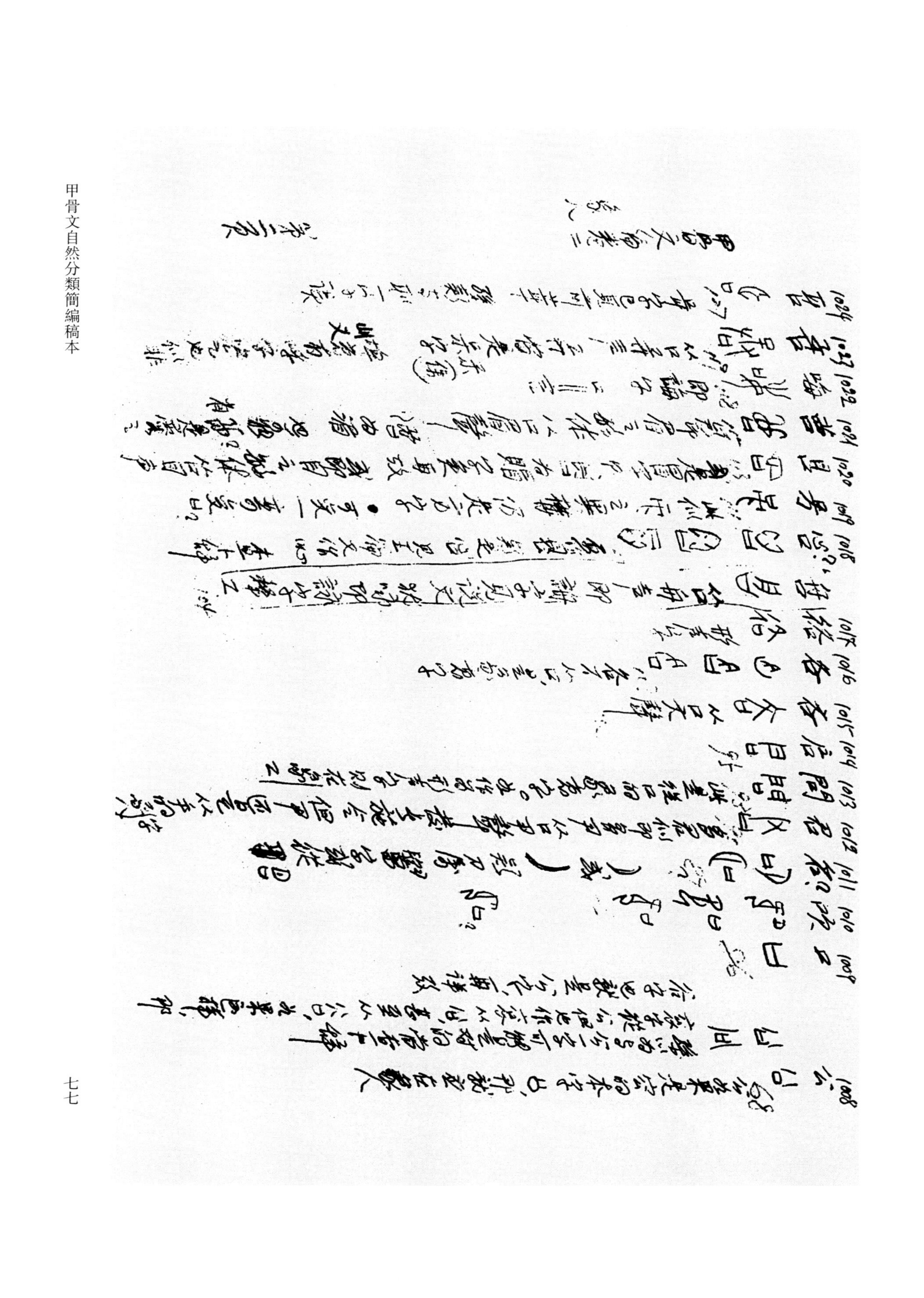

1025 晩 說文脱孔字即揩 吼=嘂 說文為虐之古文

1026 咏 說文詠的或体 說文所未識 此字人所未識以大

1027 止

1028 歬 字當是陟的異体 說文陟古文作 从日不可解

〔蓋口之省 所以或誤為日

各 正 陟 杏

1029 此 此有时寫為此

1030 徒為赫前 玉篇

1031 此从人 說文 上車誤

1032 說文登字籀文 如作為豆的意義 則在象工

1033 發 說文以是蹋第 說文所不 其未說之矣。

1034 說文有本是 以枚 說文之義

1035 步 查辞 倒是不相同？

1036 從 在字內大誤 說文作 從

1037 銜 可能是從之繁文

甲骨文編卷二

第三頁

1038 韋 違

1039 衛

1040 ⿰ 160

徙 162

疑即步字之誤 此為韋字 指韋字所從之止 皆兩足皆向人立時兩足指出此 所以從止而今形的大而有足必是外字 韋字則行於方而的不同

說文以為韋字(圍和衛的原始字)而脫韋字

所以違從之違 就反從韋聲矣 集韻有偉字

西周切 行貌。

此貨卷改圖形文字

新書卷八有合字

1041 此 162

1042 正

1043 征

1044 定 衛 從止采聲 罪是洎

1045

1046

1047 逆 168

1048 168 說文 據此則 徙也是徙 168

1049 秋 172

1050 徙 172 說文 達或作达

1051 違 176 說文 韙遠也 違遠也 踔踔也 集韻 韙同韙

1052 逆

1053 延 當即此字 197 逆字之 當然也

1054 逆 197 說文 游古文 學即字 是

1055 德 衛 197

甲骨文編卷二

象人

第の頁

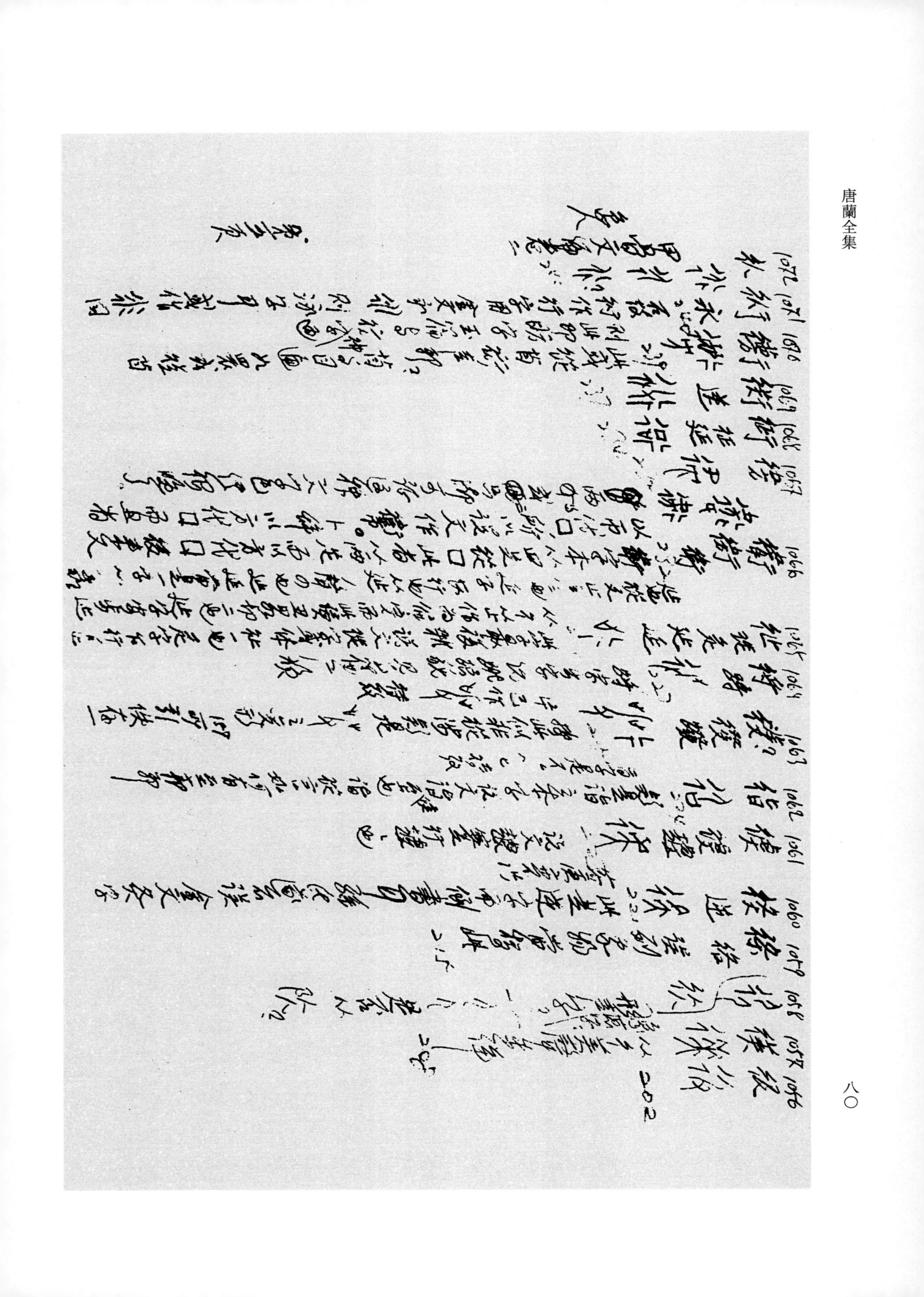

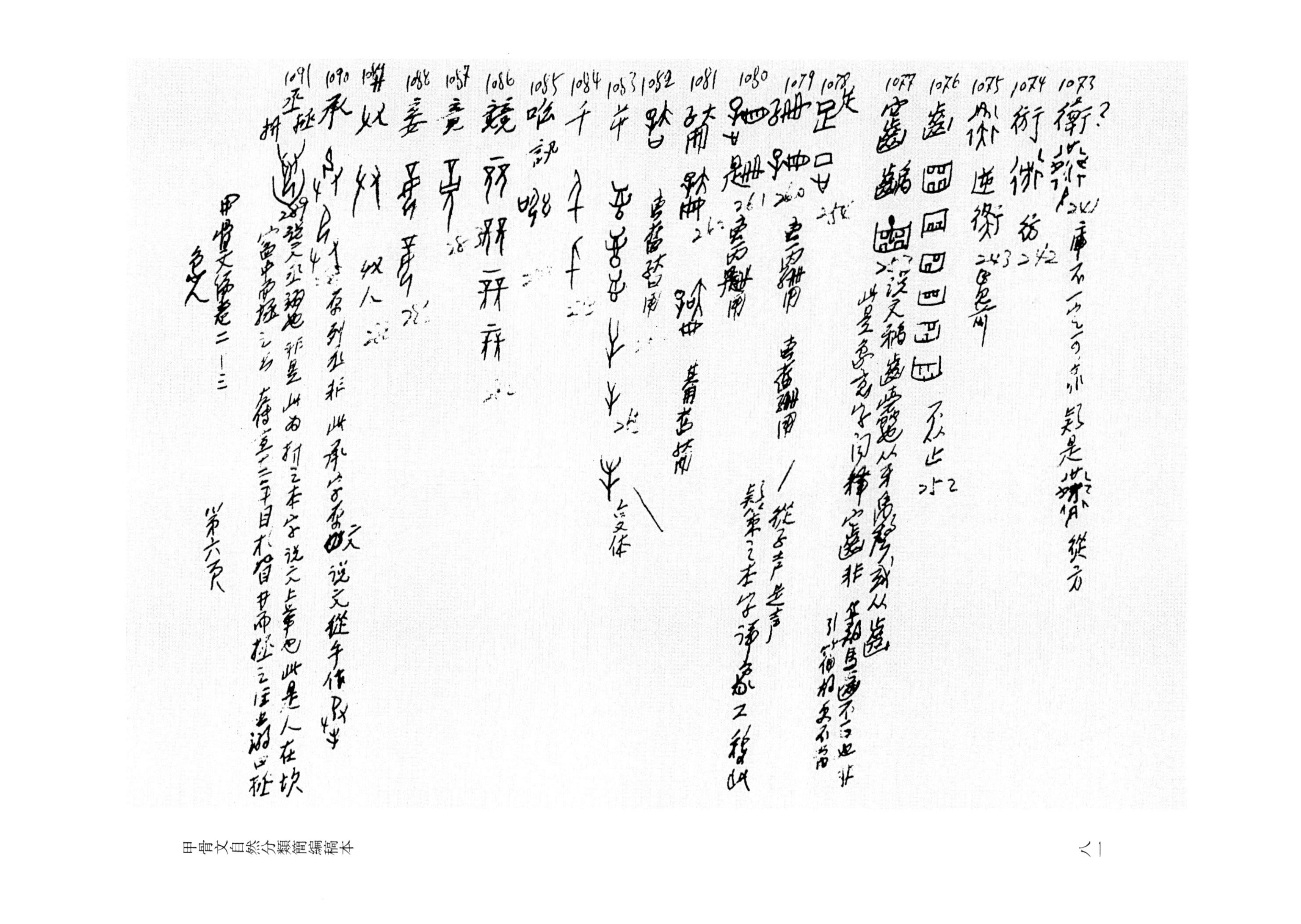

1073 衛？ [illegible] 242 重見一九二〇示 疑是此[illegible] 從方

1074 術 [illegible] 242

1075 [illegible] 243 [illegible]

1076 [illegible] 不从止 252

1077 [illegible] 說文 [illegible] 从[illegible] 或从[illegible] 此是[illegible]字 [illegible] 非 [illegible] 不[illegible]也 非

1078 足 [illegible]

1079 [illegible] [illegible] 從[illegible]声 [illegible]

1080 [illegible] 疑[illegible]之本字 [illegible]

1081 [illegible]

1082 [illegible]

1083 [illegible] 古文体

1084 千 [illegible]

1085 [illegible] 說 [illegible]

1086 [illegible]

1087 [illegible]

1088 [illegible]

1089 [illegible] 以人

1090 承 [illegible] 說文從手作[illegible]

1091 [illegible] 說文 [illegible] 此是人在坎 [illegible]

甲骨文編卷二 一三

第六頁

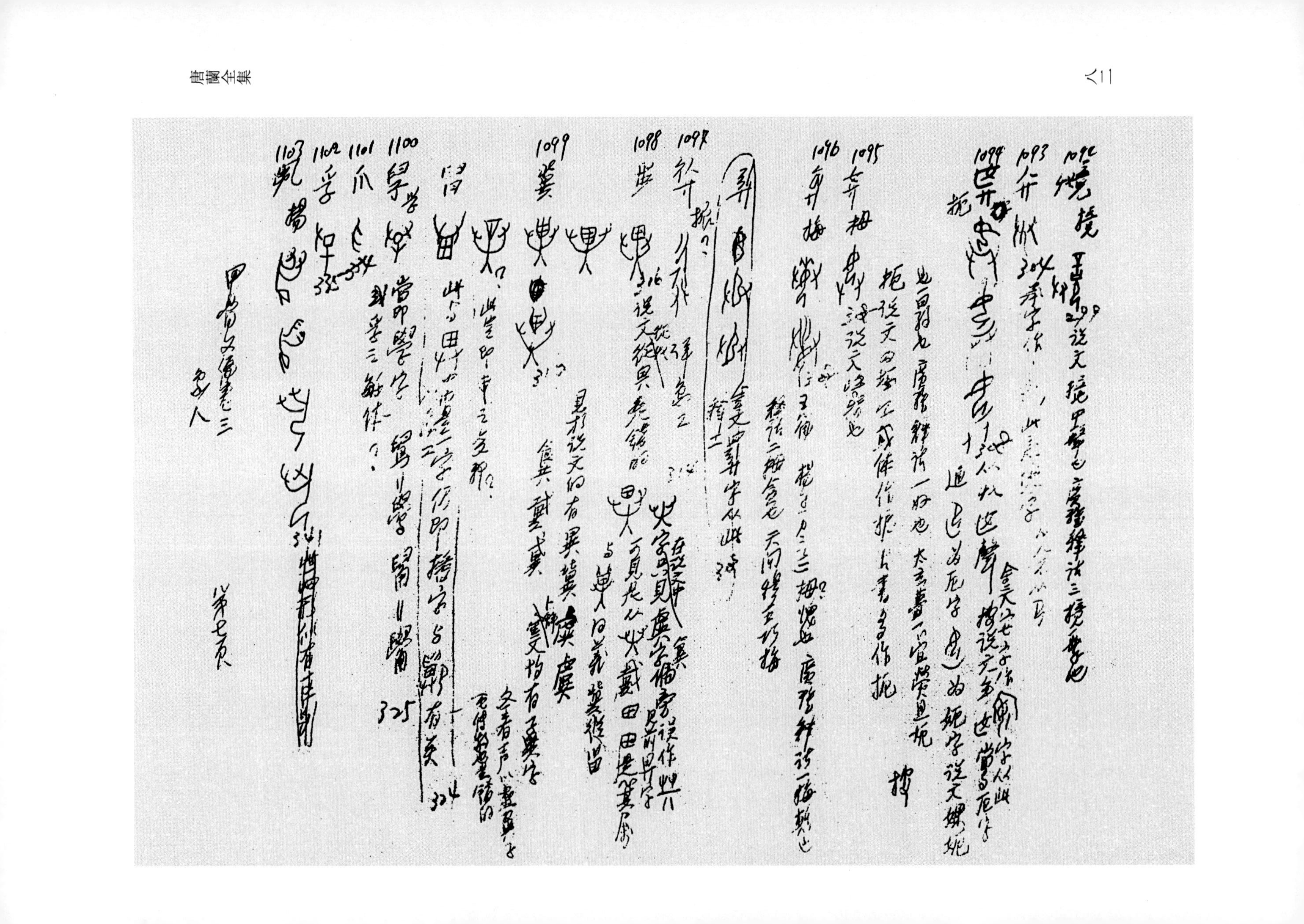

1092 嬈 撓 [illegible] 說文：撓，擾也。廣雅釋詁三：撓，亂也。

1093 [illegible] [illegible] 304 [illegible]

1094 [illegible] [illegible] 從止 [illegible] 聲 [illegible] 金文 [illegible] 說文 [illegible]

抛 說文 [illegible] 廣雅釋詁一 [illegible] 太玄 [illegible]

1095 [illegible] 梅 [illegible] 說文 [illegible]

1096 [illegible] 梅 [illegible] 廣雅釋詁一 [illegible]

[illegible] 金文 [illegible] 字从 [illegible]

1097 [illegible] [illegible]

1098 [illegible] [illegible] 說文 [illegible]

1099 [illegible] [illegible] 說文 [illegible] 金文 [illegible]

[illegible] [illegible] 田 [illegible]

1100 學 [illegible] [illegible]

1101 爪 [illegible]

1102 孚 [illegible]

1103 [illegible] [illegible]

[illegible] 第七頁

1104 㲋？ 344 此字……前六.五四.八

1105 兇？ 344 此似非風字待考

1106 ……从木？ 342

1107 ……

1108 ……此字初本是一字 执火炬之形 而執之本字……則是从土……声

……似有关 自为劓 鼻……

……此字双手奉鼻以獻……

1109 門 ……

1110 又 ……

1111 又 ……351

1112 ……352

1113 ……353 ……金文……从火 或从此来？ 从火

1114 ……

1115 ……

1116 ……此从……

1117 尹 ……356

1118 ……此字……

1119 ……

甲骨文編卷三

……頁

1120 反 [illegible] 361

1121 艮 [illegible] 362

1122 印 抑 [illegible] 孫釋艮，當查辭例

1123 䟴 [illegible] 363 艮字於辭作？或是㩳字？

1124 取 [illegible] 366

1125 夋 [illegible] 367

1126 右 [illegible] 說文云 [illegible]

1128 [illegible] [illegible]

1128 [illegible] 說此字所从出似是罷字之省，但字形與罷不甚合，[illegible] 从又 [illegible] 或讀為出（之）與前有关部、

1129 [illegible] 此甚右中左字用之一般仍作為又可詳考

1130 [illegible] 373

1131 [illegible] [illegible]

1132 [illegible] 說文 [illegible] 孫釋 [illegible] 非 [illegible] 375

1133 [illegible] 377 [illegible] 字 [illegible] 更考

1134 役 [illegible] 說文役，戍边也，古文从人作 [illegible] 方言 [illegible]

1135 [illegible] 414

1136 [illegible] 415

1138 [illegible] 415 前八·一三·二 [illegible] 415

甲骨文編卷三

第九頁

1138 妓 [illegible] 417 此是妓字非敏字 說文好也從女支聲引詩靜女其妓

1139 敏 [illegible] 蓋同妹 據此當是女字 [illegible]

1140 效 [illegible] 417

1141 跂 [illegible] 418 419 六書失說

1142 伎 [illegible]

1143 敉 [illegible] 又[illegible] 是否一字 金文有伇 又有攸 似非一字

1144 吠 [illegible] 424 此字从八 救省 [illegible] 此是攸字 ... 此是役字 [illegible]

1145 敕 [illegible] 說文扣牽馬也 [illegible] 說文有吠字 [illegible] 此是以扑责诰

1146 [illegible] 說文 [illegible] 是從从[illegible] 聲 [illegible]

1147 [illegible] 說文[illegible] 說文[illegible] 說文敗 [illegible]

1148 [illegible] 說文 [illegible] 古書三 [illegible]

1149 [illegible] 說文 [illegible]

1150 [illegible]

1151 [illegible]

1152 昊 [illegible] 說文[illegible] 人也 [illegible]

1153 [illegible] 乙二八 乙四五五 [illegible] 明一六三三 說文[illegible] 古文 [illegible]

甲骨文編卷三一〇 [illegible]

第十頁

1167 睍 睍 [illegible] 475 說文睍出目也从目見聲 廣雅釋詁一睍視也
見已訓視更加目旁又蓋原為从兩目猶聦[illegible]
如品形此為側面形后世了亂目遂為形聲字

1168 眉 [illegible] 474

1169 苑 [illegible] 478 眚字的原形

1170 自 [illegible] 476

1171 鼻 [illegible] 476 方言二 臮息也 十三 臮息也 字彙息部 廣雅正補[illegible]

1172 魯？ [illegible] 待考 以為魯 從魚自聲

1173 百 [illegible]

1174 雞 [illegible] 雞字本不从隹而从[illegible]

1175 鈍 [illegible] 此字為北則為[illegible] 后定為此字耶

1176？ 雉 集 [illegible] 501 此字未詳 或是夊字異体耶 或為古近 [illegible]

1177 [illegible] 井 蔑之中

1178 美 [illegible]

1179 羌 [illegible] 513

1180 [illegible] 514

羌 [illegible] 孫詒讓釋羌 見日說文所無 515
[illegible] 待考 516

甲骨文編卷四 [illegible]
第十二頁

1181 弄 罗释弄 古弄 5.25

1182 縣 5.25

1183 爯 5.28

1184 𠬪 乎 538 此是说文之𠬪字，撮也，从爪从又，乙声(小篆)。古隶作(从乙)力辍切

王国维据十六字辞释为此字，盖即撮，说文 𠭥是一字，後人分为两字，误为乙

字耳。说文又有寽字，五指持也，从爪从一，声读若律，则是由𠬪为寽

𠬪形之讹释，说文作寽，是错了。𠬪与寽实是一字两音。

撮持 捋取 义亦相近

1185 𡕥 撅 544 此或争字 卯 壹乙七〇〇一反

于释撅 读如蹶 当是

1186 创 剐 剆 剧 522

? 劚 此是从网刺声 从文有劚字刺也 55

似从朿从网 参附3886 3898 入名或乙

1187 允 此应是戊字 说文字 戒 盘也 从人持戈 会意

当是允字 又见从人 行见从人出 戈与允实

商释允字 不误 是一字 此读为 待攷

卜辞 行 为何(河)字 与 为 沈字 疑误

合为一 洛字 为 方字 大误

1188 何 此可能是何字 然须细考

1189 𢧁 乃是

1190 昫 是 一字

1191 吊 甲骨文编 四 一五

第十三页

1197 旨 似从口匕声（旨） 602 似是旨字

1183 稽 603

1184 䭫 604

[illegible] 不詳 605

[illegible] 606

[illegible] 不詳 608

1186 虎 610

1187 䖒

1188 血 632

1199 盛

1201 1200 盡 629—631

1202 盧 636

1203 益

1204 盥 661

1205 兵

第十四頁

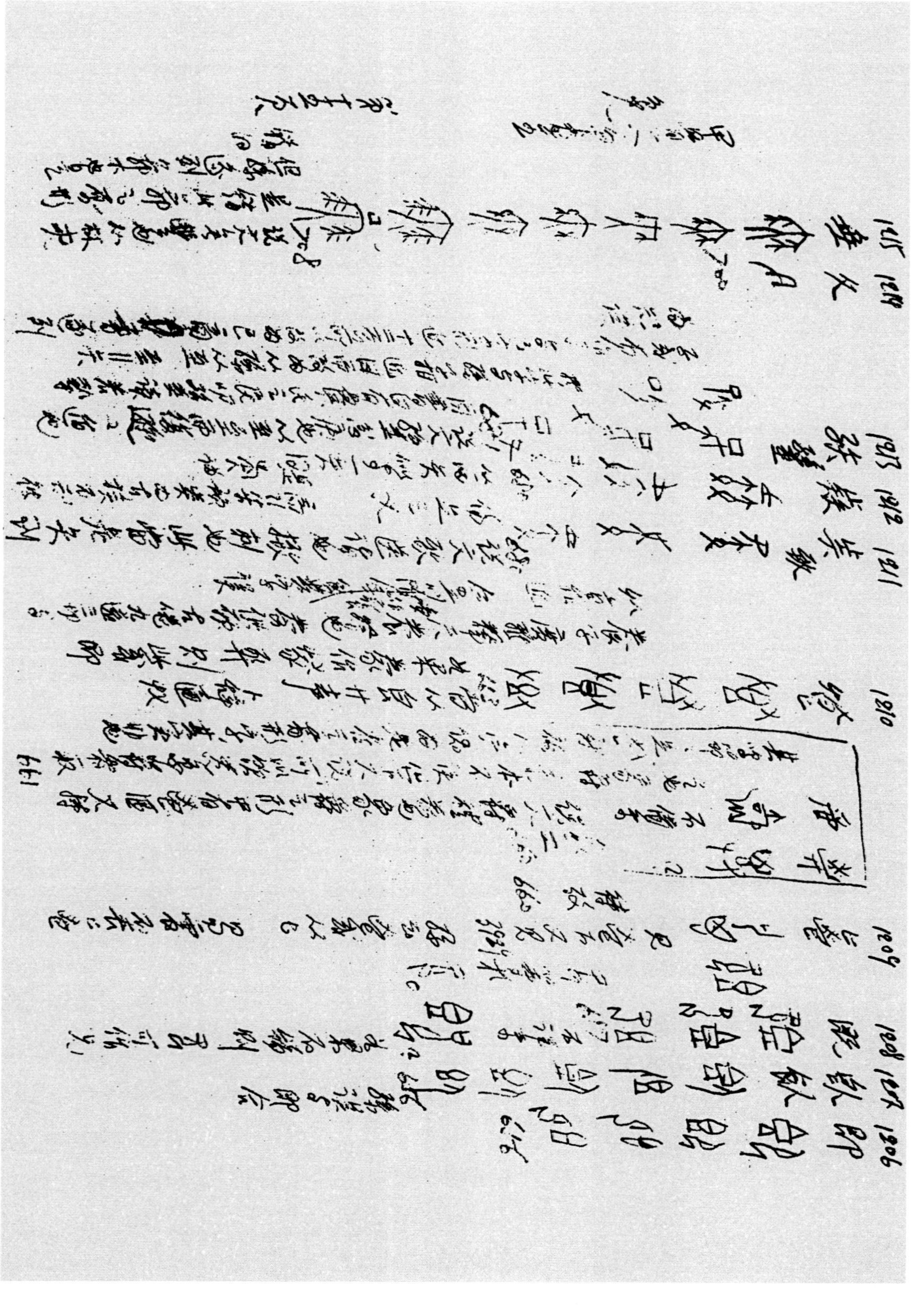

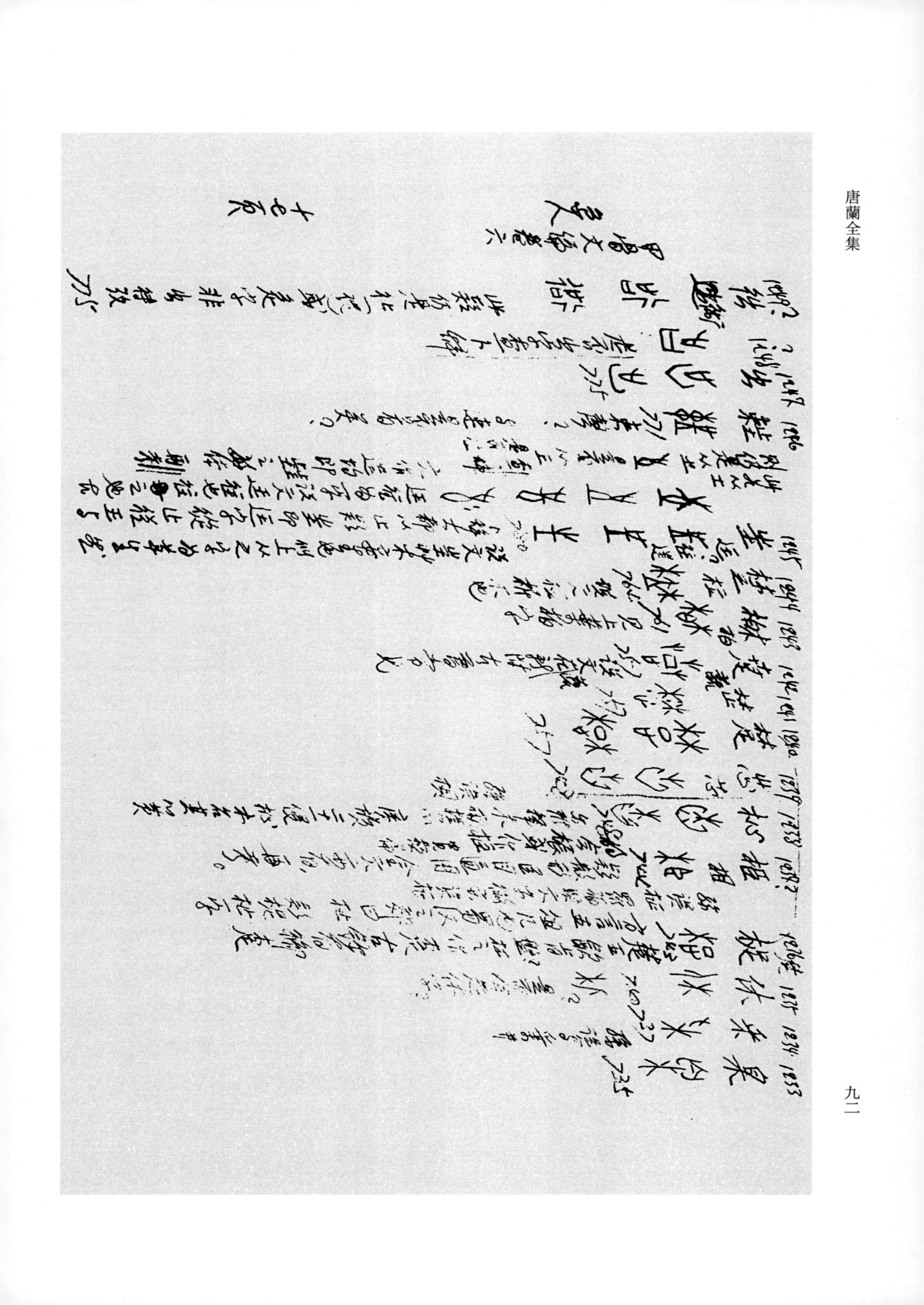

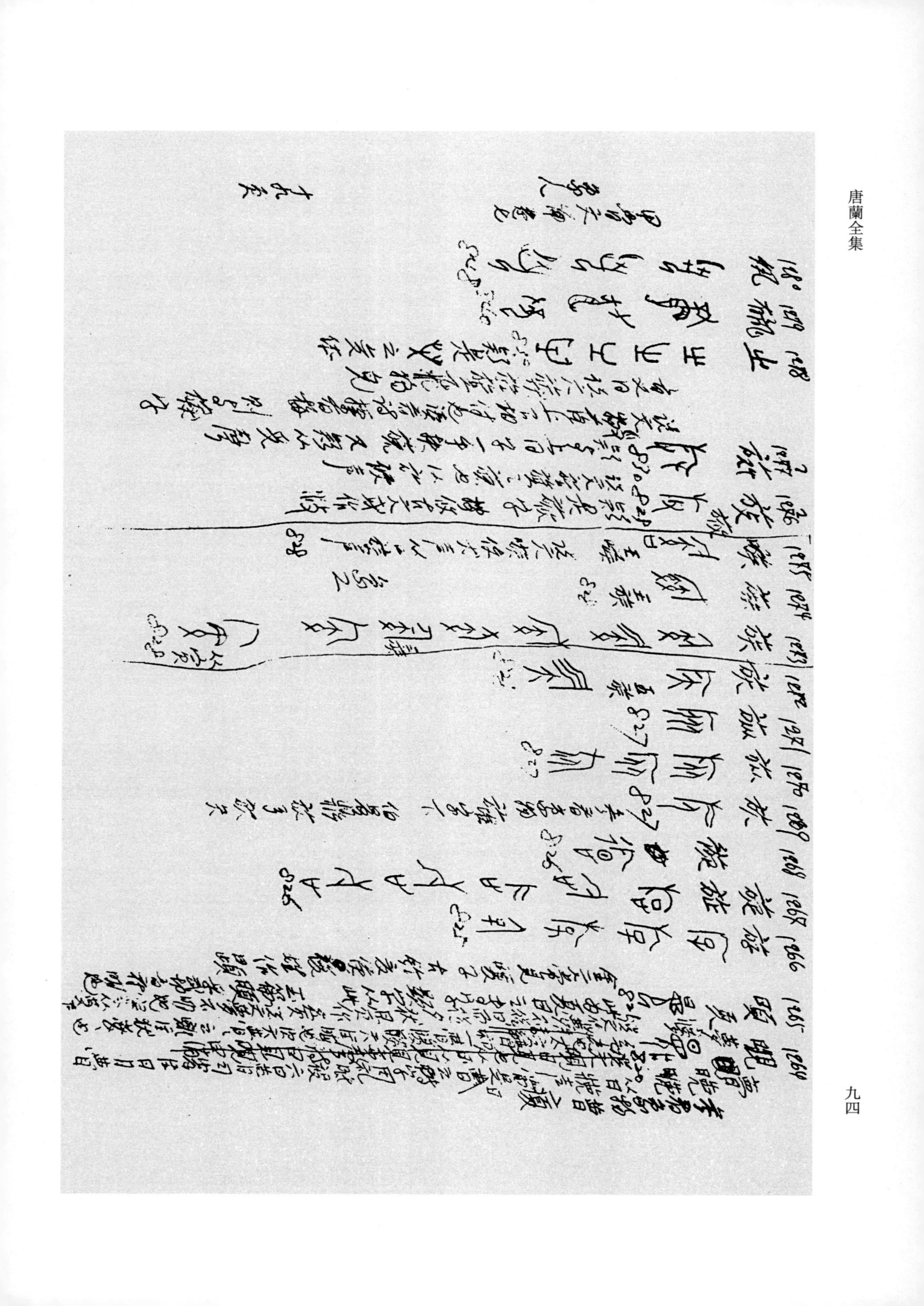

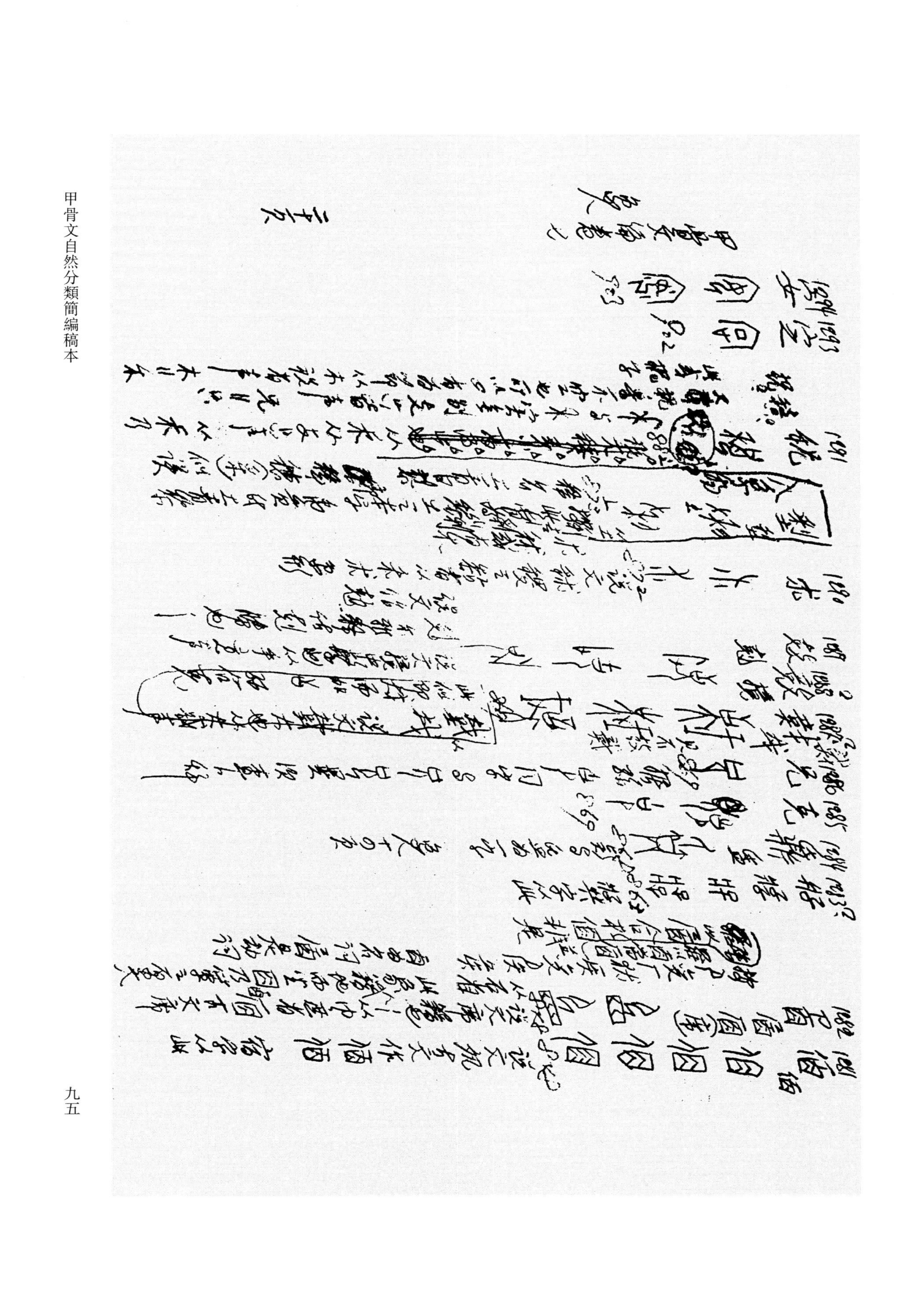

1895 宿 [illegible] 从宀宿声

1896 窋 [illegible] 乙三二九七 癸丑卜，殻贞：翌甲申王婝上甲

1897 婝 [illegible] 是宾矣。待更详考 [illegible] 则似从女宀止声 宜即

1898 宦 [illegible] 918 此或定之古文？ 是即是夏，则即廈矣

1899 寂 [illegible] 922 说文：寂，积也。从宀从取，取亦声。汉隸作㝡

1900 宜 [illegible] 923 从宀艮声 艮与付为一字，则是府

1901 㝔 寇 [illegible] 931 说文：容，盛也。从宀谷声 此从外，即㝔

1902 寛 [illegible] 935 [illegible] 为宾，而此为人名 特仍

1903 宄 [illegible] 说文：宄，姦也。从宀九声

1904 [illegible] [illegible] 936 [illegible]

1905 宊 [illegible] 942 疑即宊字，见玉刀柲 [illegible] 宊，天古文

1906 宊 [illegible] 943 从大 [illegible] 说文：仄，侧倾也。从人在厂下

1907 寅 [illegible] 疑即宧字 说文：宧，养也。室之东北隅，食所居。从宀臣声

甲骨文编 [illegible]

廿一页

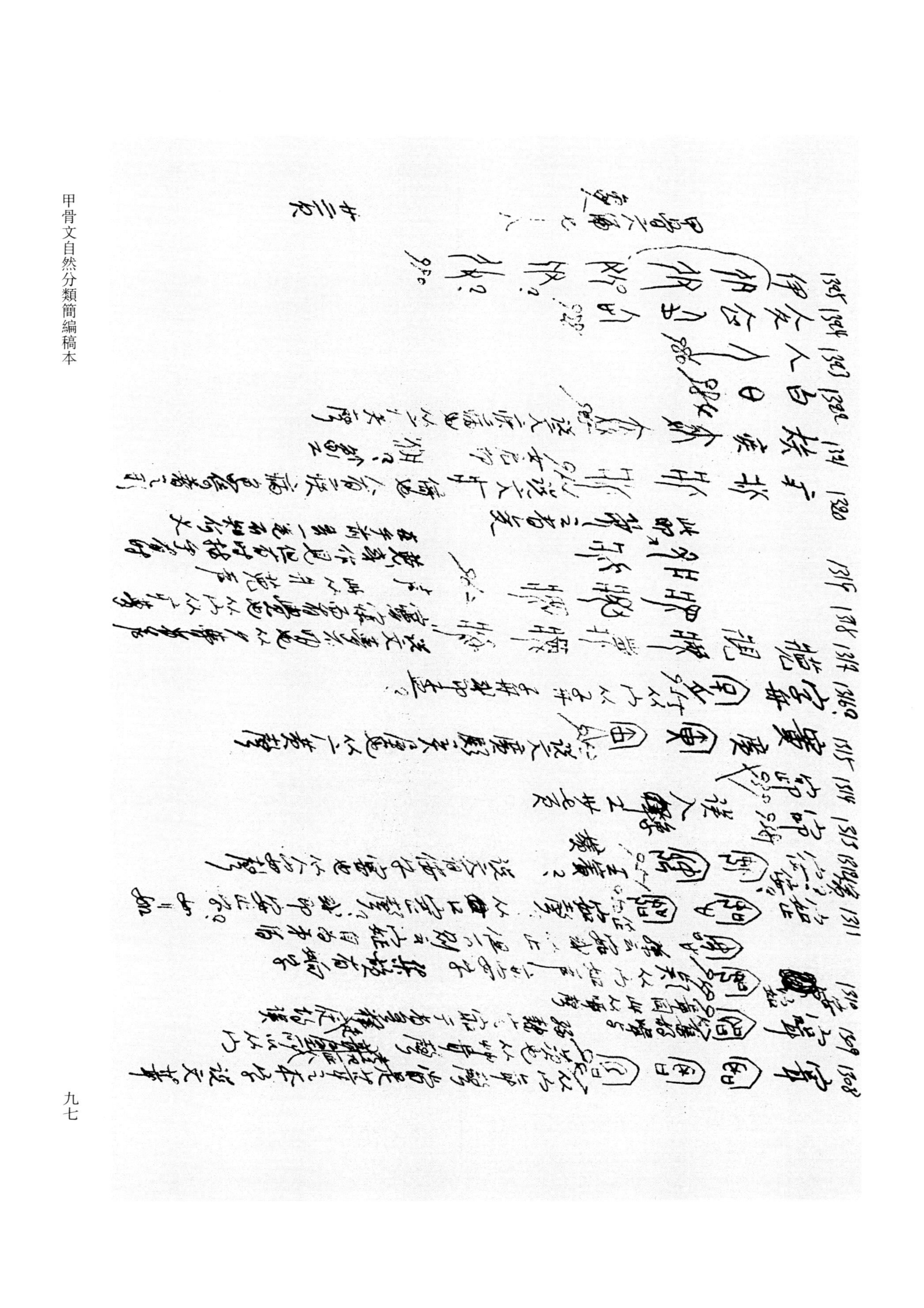

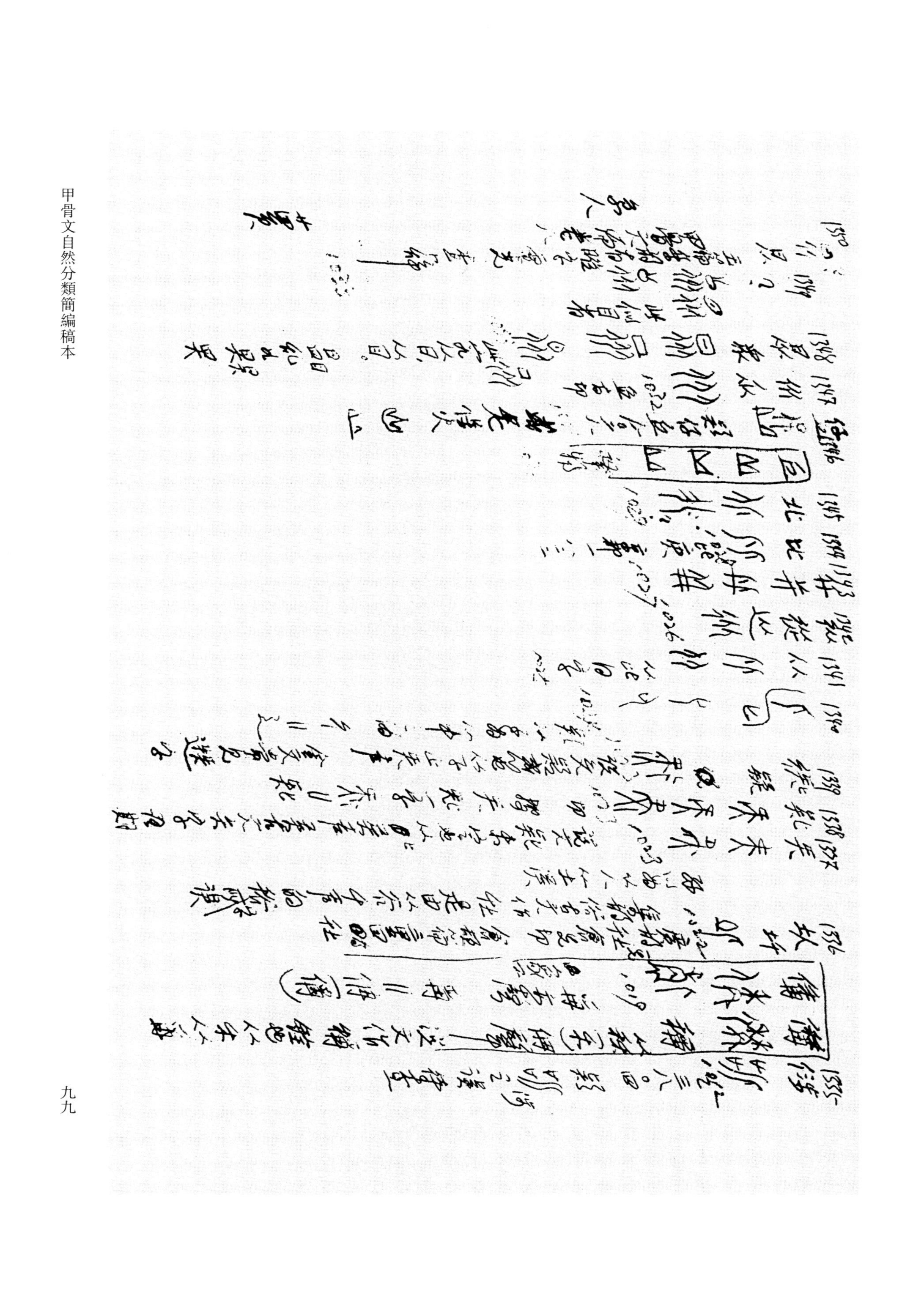

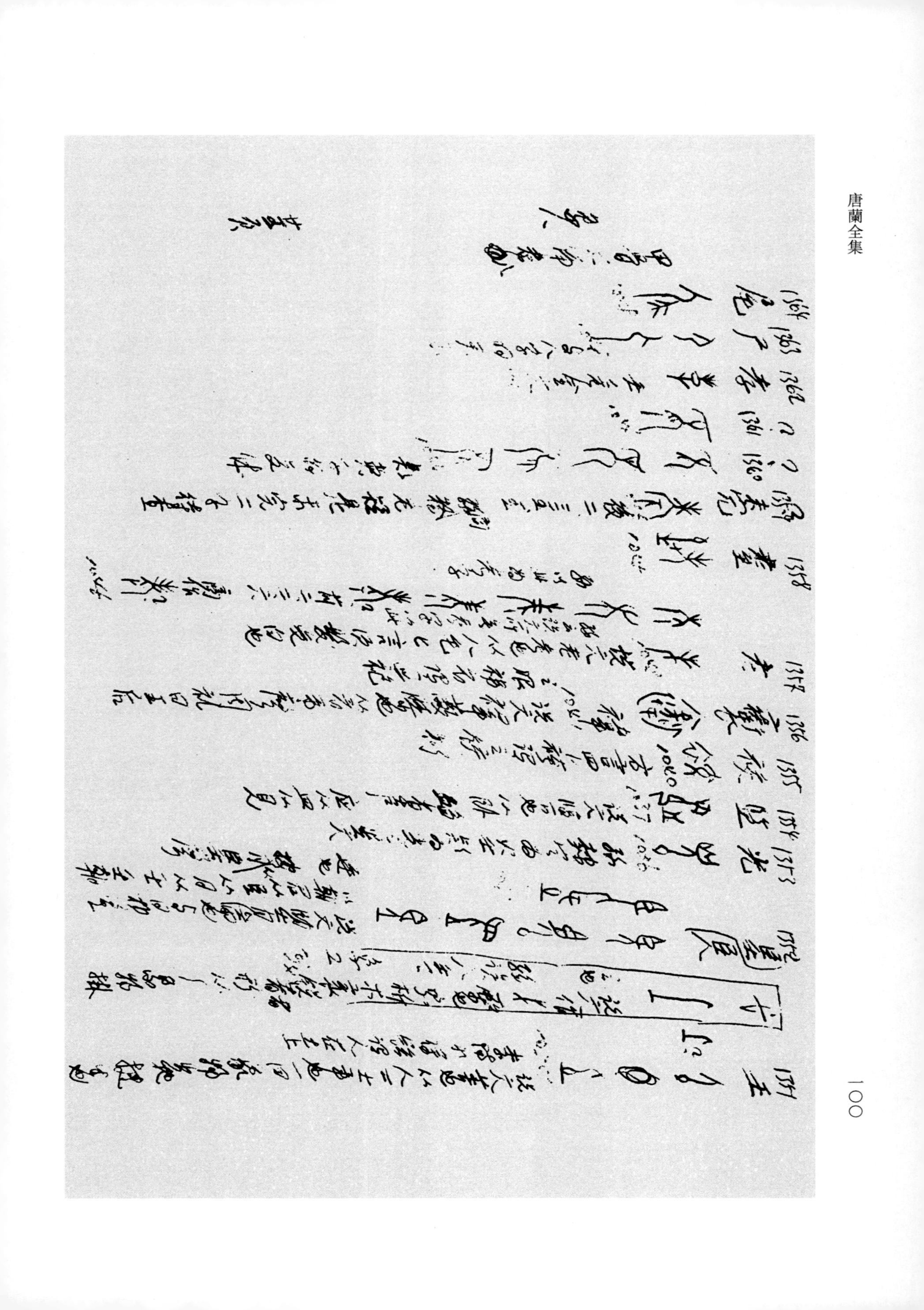

1365 服 服 [illegible] 1054

1366 [illegible] 艒 1055 方言九 艒艒之艒 [illegible] 艒 [illegible]

1367 兀 [illegible] 1056 [illegible]

1368 杌 从 [illegible] 1057 [illegible]

1369 兕 [illegible] 1060

1370 允 [illegible] 1061 说文允信也从人[illegible]声 [illegible]

1371 [illegible]

1372 允 [illegible] 1062 [illegible]

1373 宄 沈 [illegible] 1063 [illegible] 说文作沈 [illegible]

1374 兄 [illegible]

1375 [illegible] 1065

1376 [illegible] 一二三四 [illegible]

1377 [illegible] 1066 [illegible] 说文作 [illegible]

1378 呪? [illegible] 1068 [illegible] 但似既不从儿也不从兄 查乙一二三五 ?

1379 兑? 第? [illegible] 1069 此字从尸从皆即皆字 说文 [illegible]

甲骨文编卷八 [illegible]

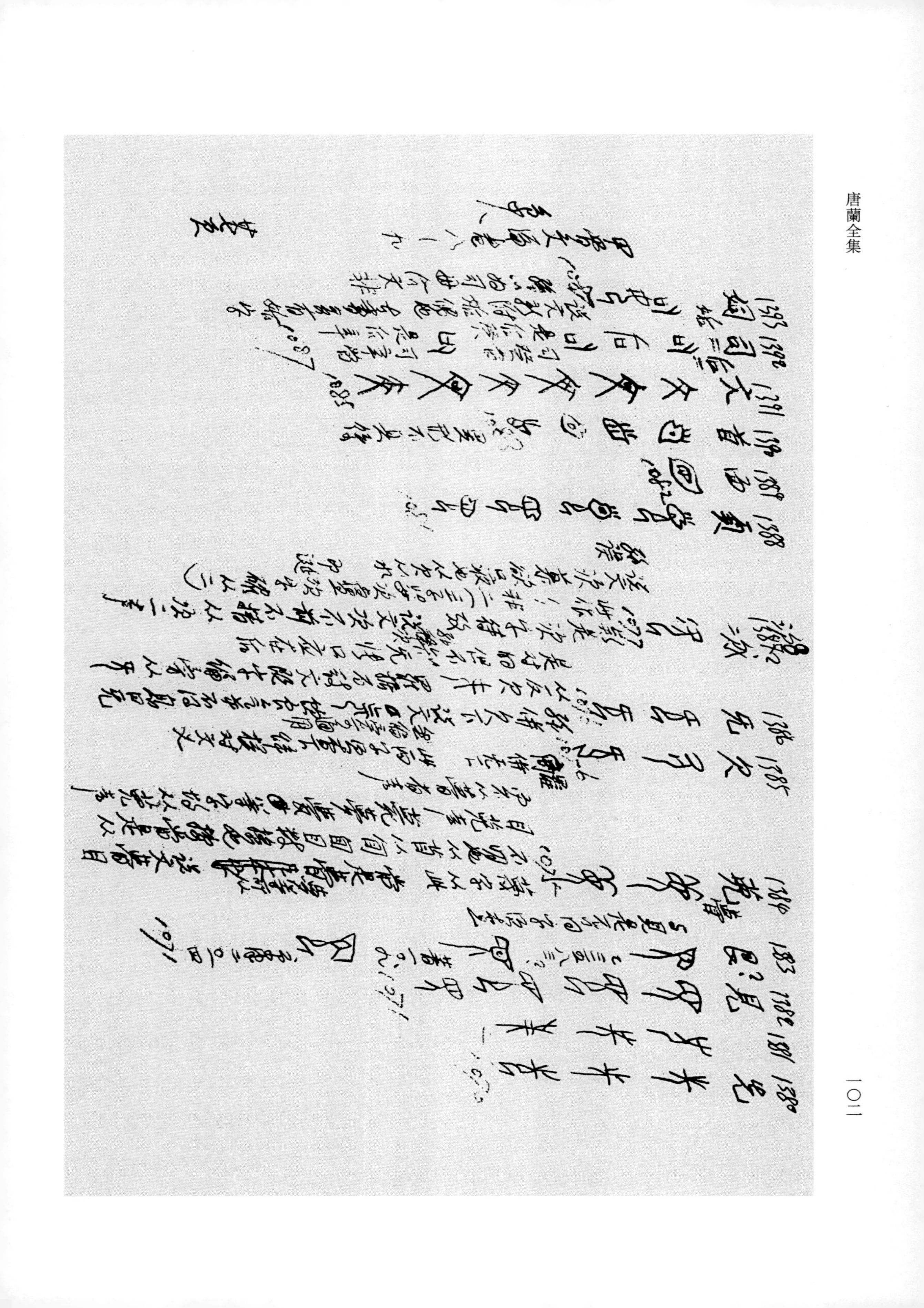

1394 1395 1396 辭 [illegible] 从辛(辛)司(司)聲 說文辭不受也从辛从受

受辛宜辭三 籀文作辭从辛台聲

金文辭字或作[illegible] 司 辭字或作[illegible]

1397 卩 [illegible]

1398 令 [illegible]

1399 巴 [illegible] 說文三卩也闕从[illegible]

? 皀 [illegible] 疑非一字?

1401 卲 伯 [illegible] 說文伯長也从人白聲

1402 [illegible] [illegible] 与[illegible]字的关系 待考

1403 [illegible] 說文[illegible]

1404 印 抑 [illegible]

1405 卯 [illegible]

1406 卿 [illegible]

1407 [illegible]

1408 [illegible] ? 既?

1409 卿 配 [illegible] 說文配酒色也从卯从

[illegible] [illegible] [illegible] 卷二

1410 因 [illegible] 說文因就也从人在口中 [illegible]

人在水中 說文泅浮行水上也从水从汓或从水囚聲

商承祚同誤

甲骨文編卷九

廿八頁

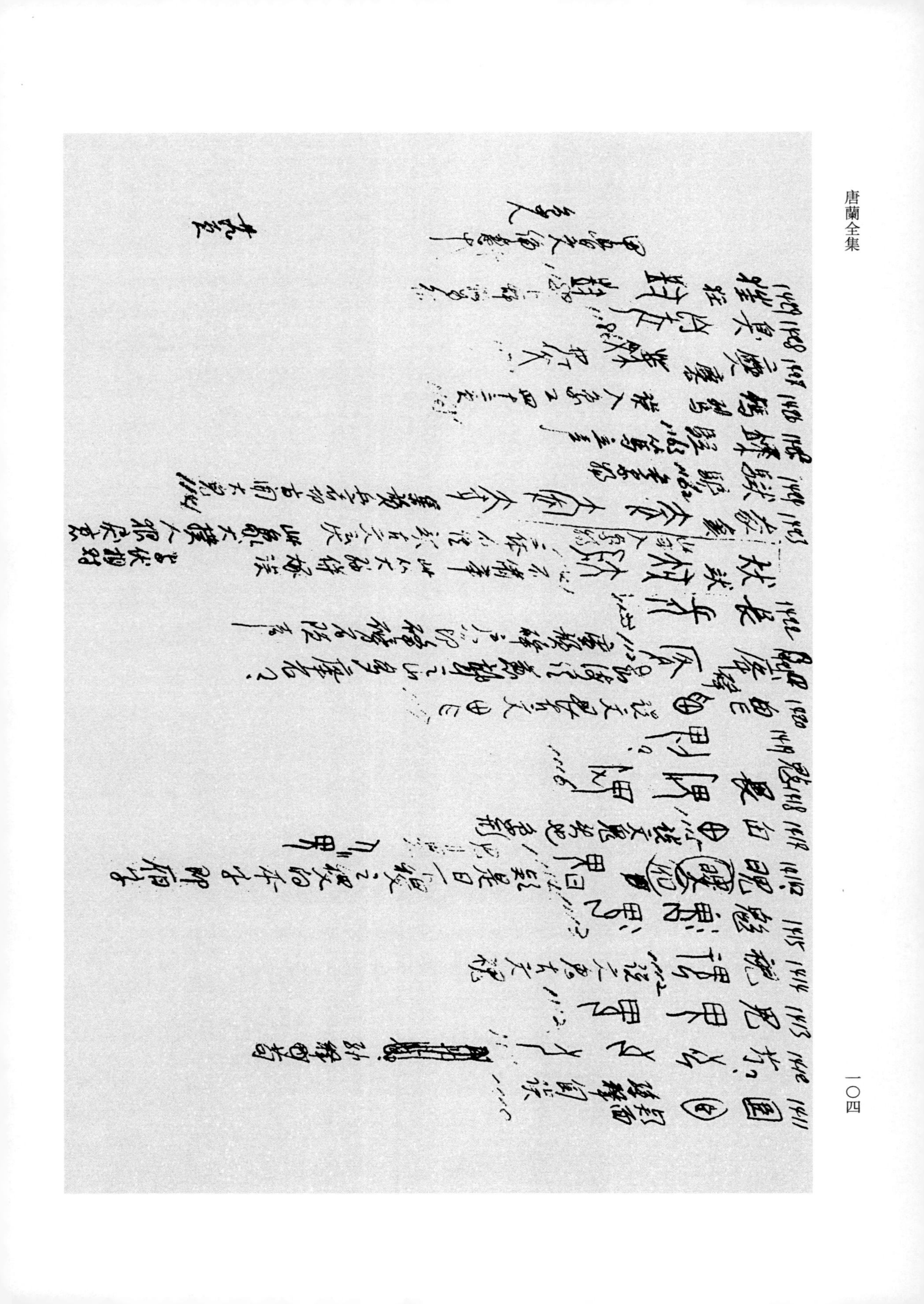

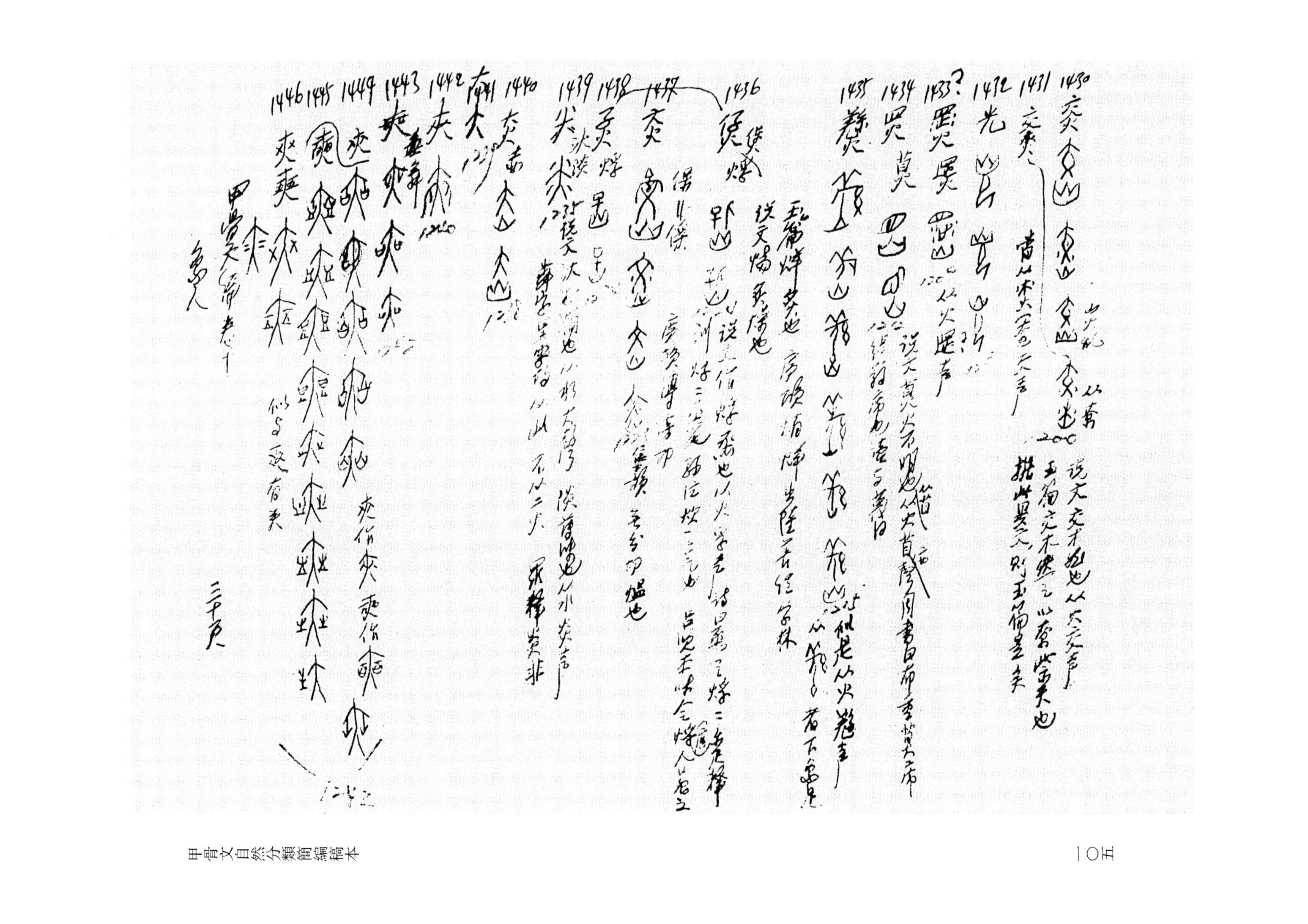

1430 [illegible] 說文交木然也从火交聲 玉篇交木然之以尞柴天也

1431 [illegible]

1432 [illegible]

1433? [illegible]

1434 [illegible]

1435 [illegible]

1436 [illegible]

1437 [illegible]

1438 [illegible]

1439 [illegible]

1440 [illegible]

1441 [illegible]

1442 [illegible]

1443 [illegible]

1444 [illegible]

1445 [illegible]

1446 [illegible]

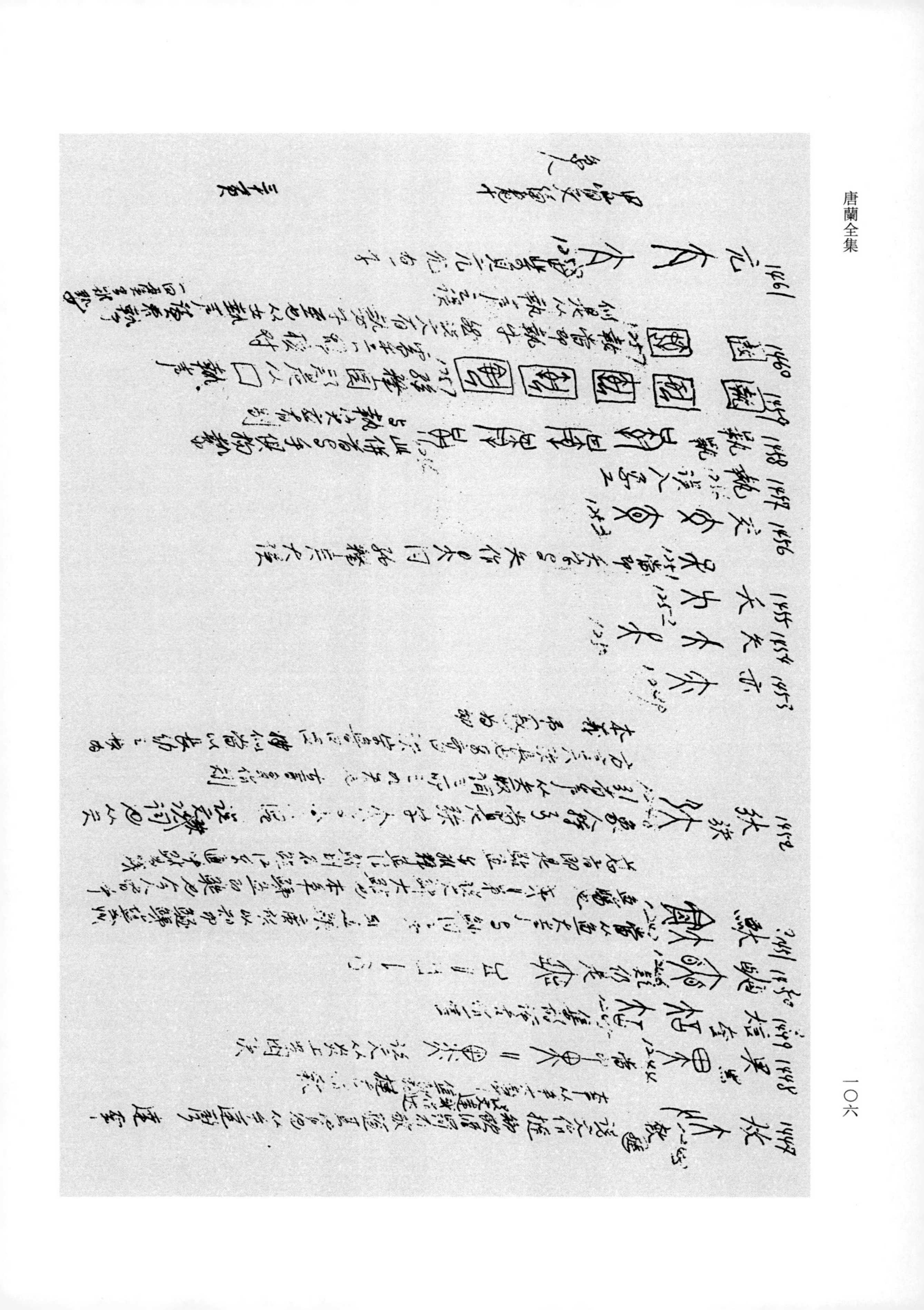

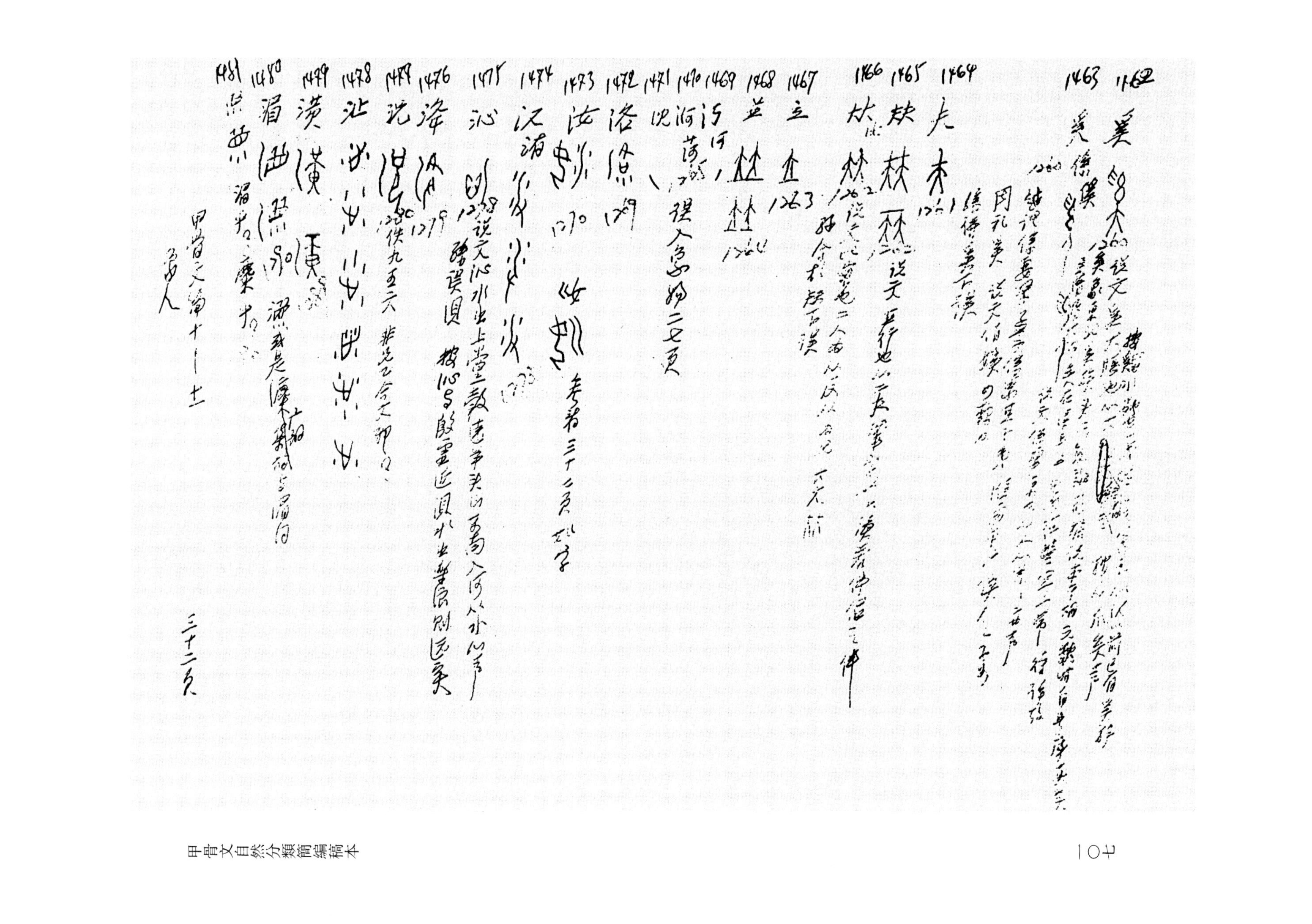

1462 美 1260 說文美[illegible]

1463 羌 [illegible]

1464 夫 1261 [illegible]

1465 炔 林 [illegible]

1466 炊 林 1262 [illegible]

1467 立 1263

1468 並 1264

1469 汚

1470 河 [illegible] 詳人名部二七頁

1471 沈

1472 洛 1269

1473 汝 1270 參看三十六頁女字

1474 汜 [illegible]

1475 沁 1278 說文沁水出上黨穀遠羊頭山東南入河从水心聲 按沁与殷虛近 [illegible]

1476 洚 1279

1477 洗 1280 佚九五六 非先公舍之祖也

1478 沚

1479 潢

1480 湄 [illegible]

1481 [illegible]

甲骨文編十一·十二

三十二頁

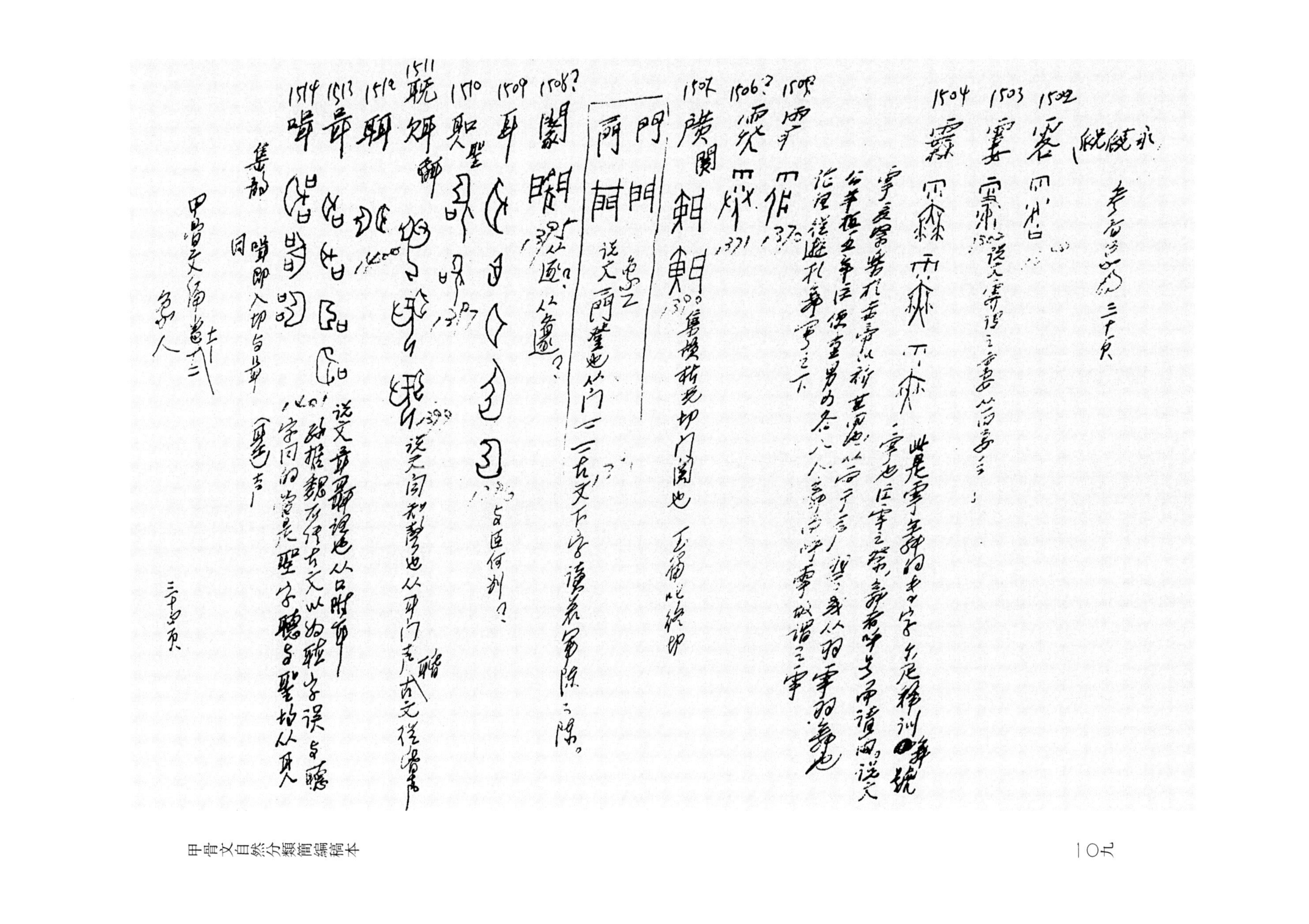

1502 [illegible] 紀號求 參看[illegible]二十頁

1503 霎 [illegible] 1502 說文霎小雨也 [illegible]

1504 [illegible] [illegible] [illegible] 此是[illegible]字 [illegible]

1505 [illegible] 作 1370 從[illegible]

1506? [illegible] 1371

1507 [illegible] [illegible] 1370 [illegible]

門 門 兩 [illegible] 說文[illegible] 二古文下字 讀若[illegible]

1508? [illegible] 1372 從[illegible]

1509 耳 [illegible] 与臣何别？

1510 聖 [illegible] 1377

1511 [illegible] 1390 說文[illegible]从耳門[illegible] 古文從昏

1512 [illegible] 1400

1513 [illegible] 說文[illegible] 古文以為聽字 誤 与聽字同的當是聖字 聽与聖均从耳人

1514 [illegible] 集韻 [illegible] 即入切 [illegible] 同

甲骨文編卷十二 [illegible]人

三十五頁

1530

1531 如

1532

1533

1534

1535

1536

1537

1538

1539?

1540

1541?

1542

1543

1544

甲骨文編卷十二

女人

三十八頁

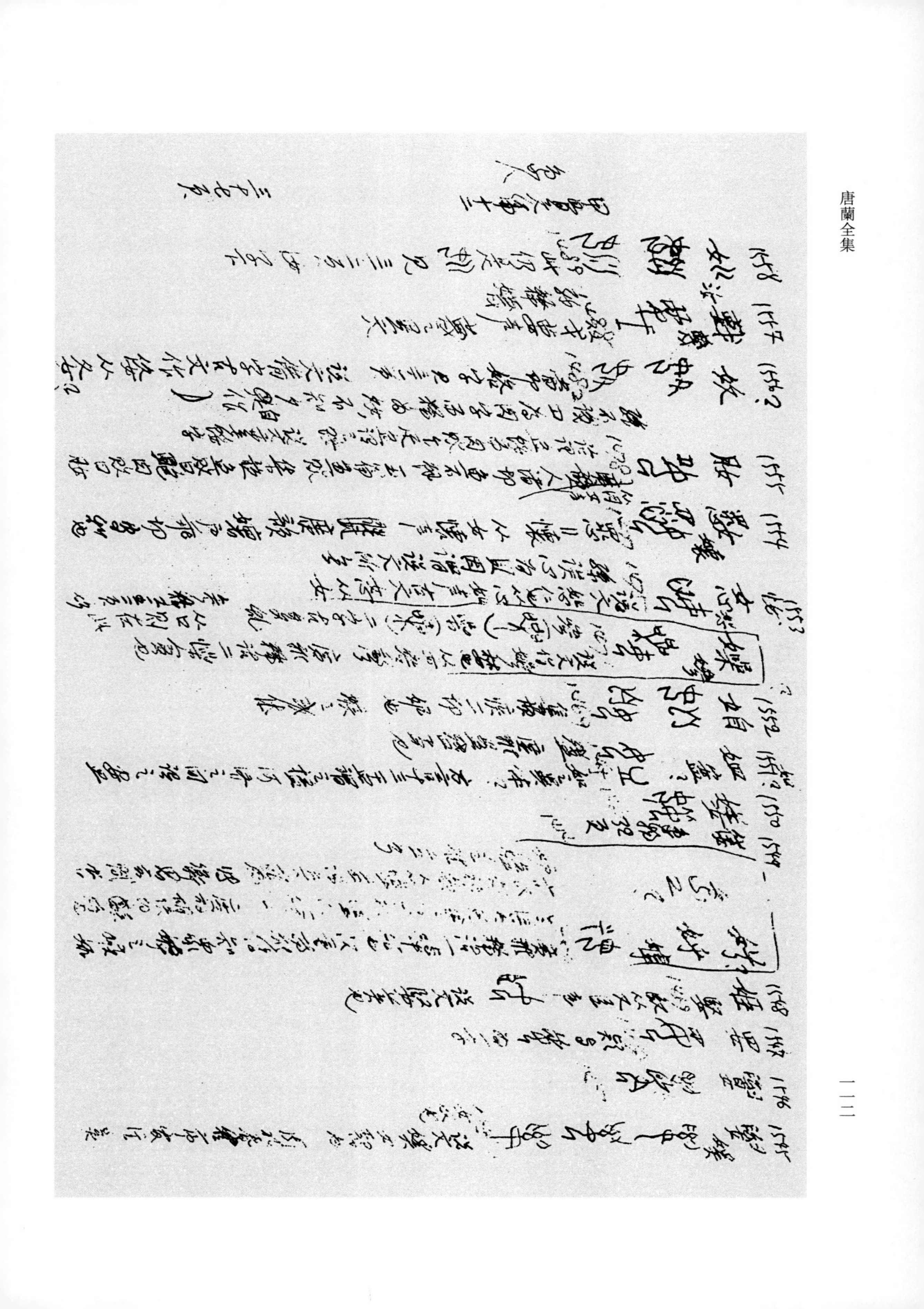

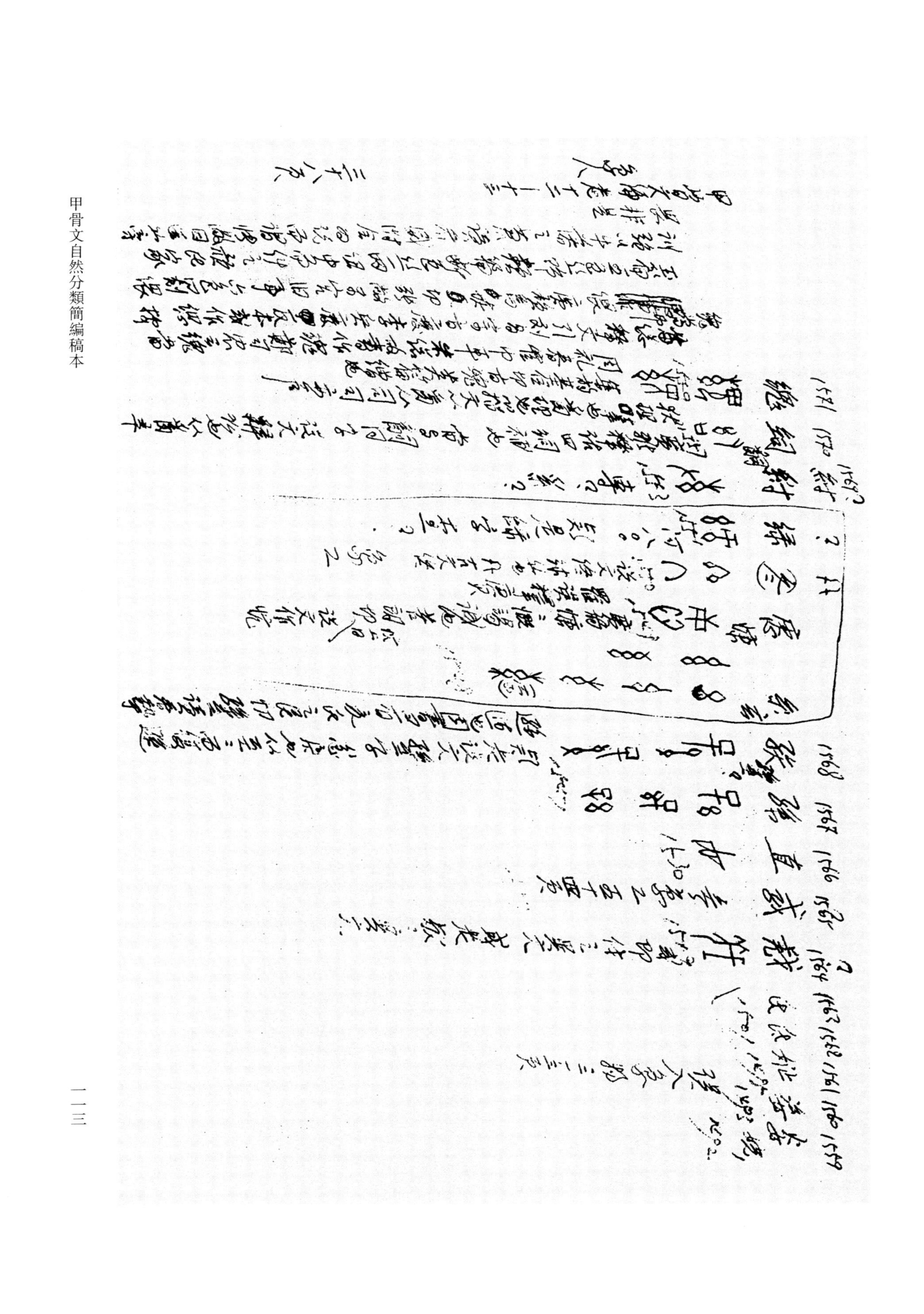

緫 廣雅釋詁四：緫，[illegible]也。廣韻[illegible]玉篇[illegible]

1572 聯 說文：連也。从耳，耳連於頰也；从絲，絲連不絕也。

1573 縶 說文：馽，絆馬也，从馬，〇其足。讀若[illegible]。或从糸執聲。西[illegible]縶[illegible]左傳成公九年：南冠而縶者[illegible]

1574 紟 說文：紟[illegible]金文有紟字

1575 [illegible] 廣[illegible]說文[illegible]

1576 [illegible] 廣韻[illegible]玉篇[illegible]

1577 亙 亙 說文：亟，敏疾也。从人从口从又从二。二，天地也。

1584 恆 說文：恆，常也。从心从舟在二之間上下。[illegible]古文恆从月，詩曰：如月之恆。

亟在金文

外[illegible]　古文[illegible]月

1578 [illegible]　1597 說文[illegible]

1579 [illegible]　1598 說文[illegible]

1580 [illegible]　1591 [illegible]

甲骨文編卷十三

三十九頁

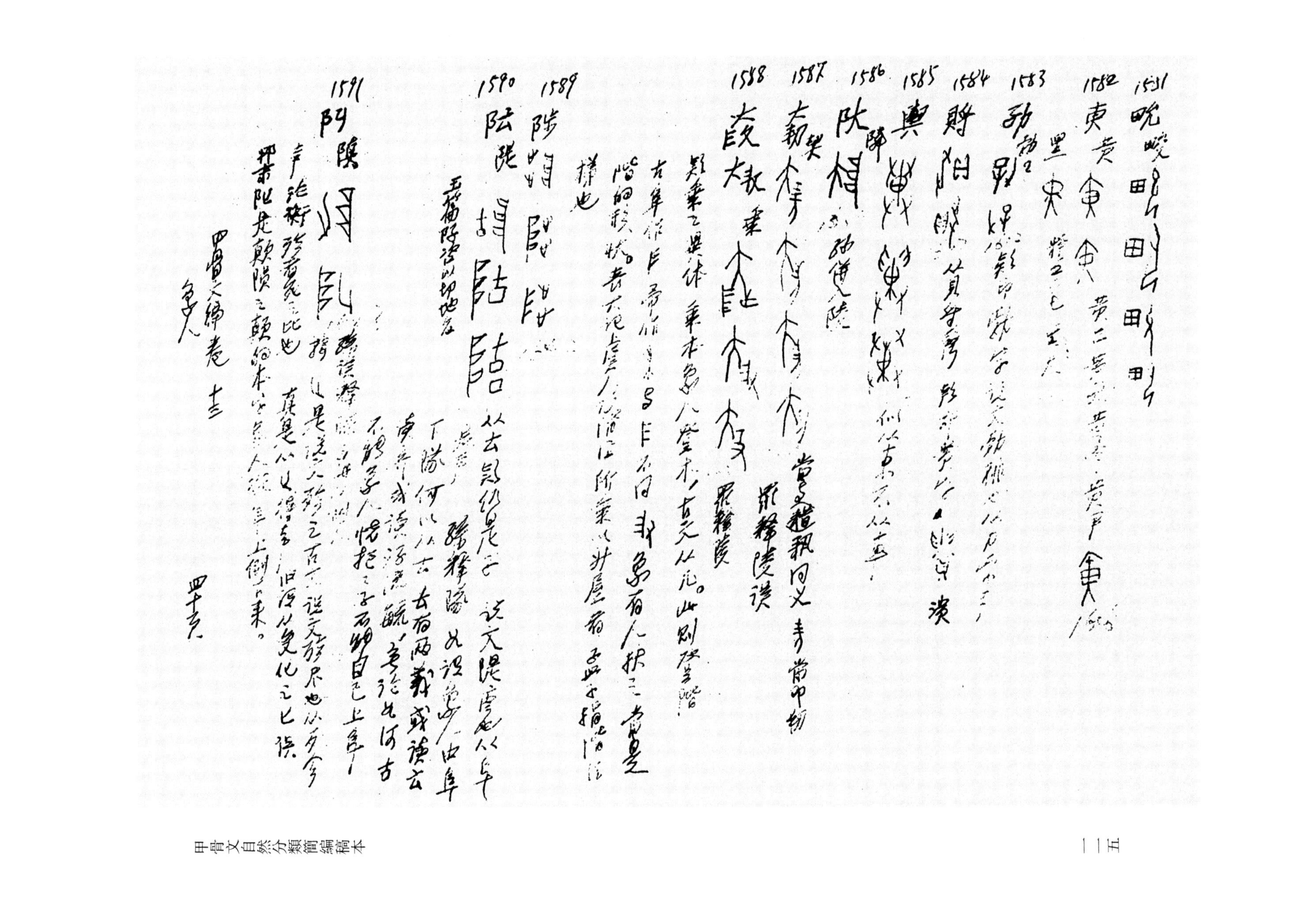

1581 晚 晚 [illegible]

1582 東 黄 [illegible] 黄二器 [illegible]

1583 勁 勁之 [illegible]

1584 [illegible] [illegible]

1585 [illegible] [illegible] 从木 [illegible]

1586 陕 [illegible] 或釋陸

1587 [illegible] [illegible] 當是 [illegible] 同文 [illegible]

1588 [illegible] 大 [illegible] 柔 [illegible] 舊釋陵

[illegible] 古 [illegible] 从 [illegible] [illegible] 是

[illegible]

1589 陟 [illegible]

1590 陆 陡 [illegible] 从去 [illegible] 說文 [illegible]

[illegible] 古 [illegible]

1591 阴 隰 [illegible] 說文 [illegible]

[illegible] 从 [illegible] 之 [illegible]

[illegible] 卷 十三

四十六

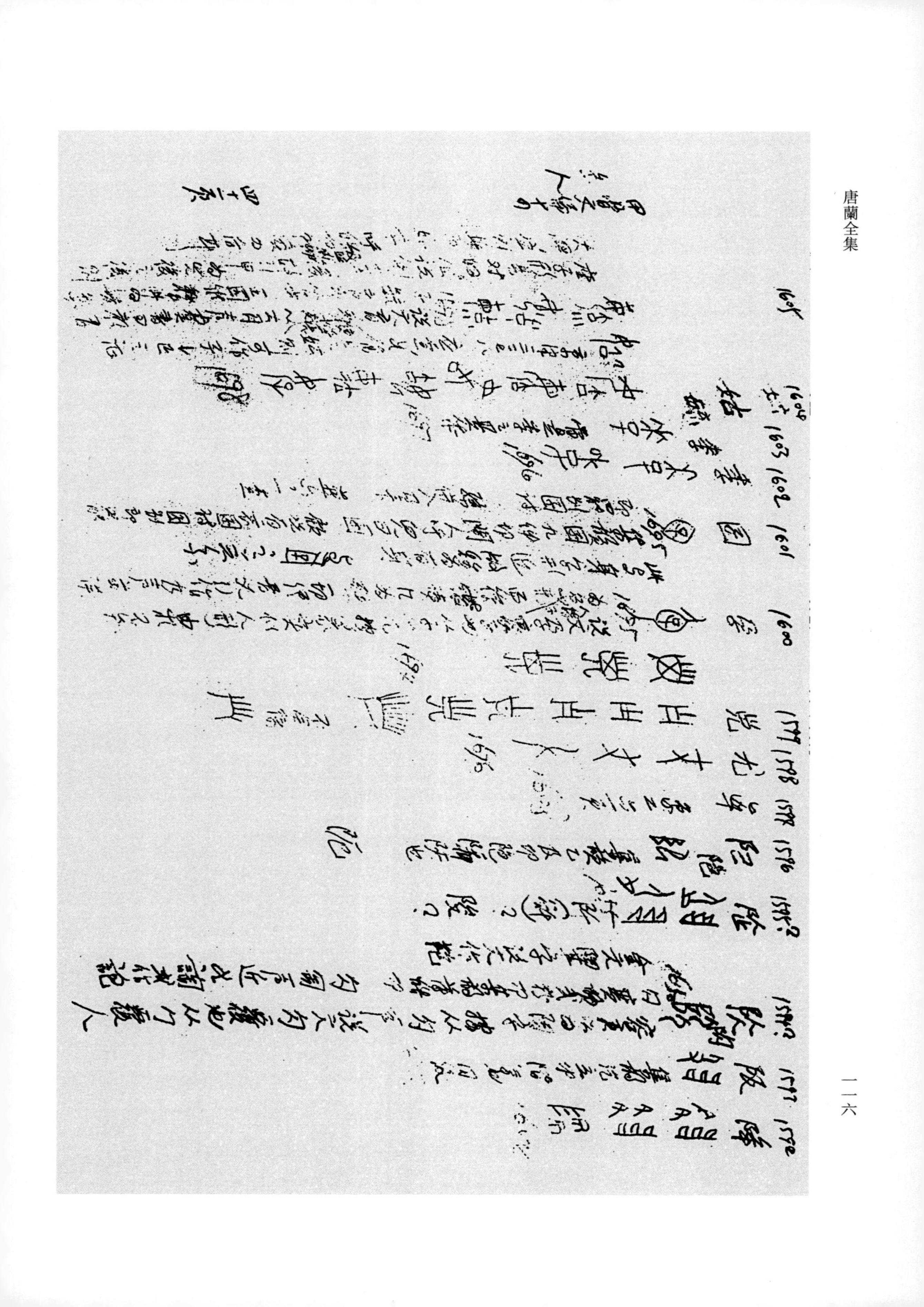

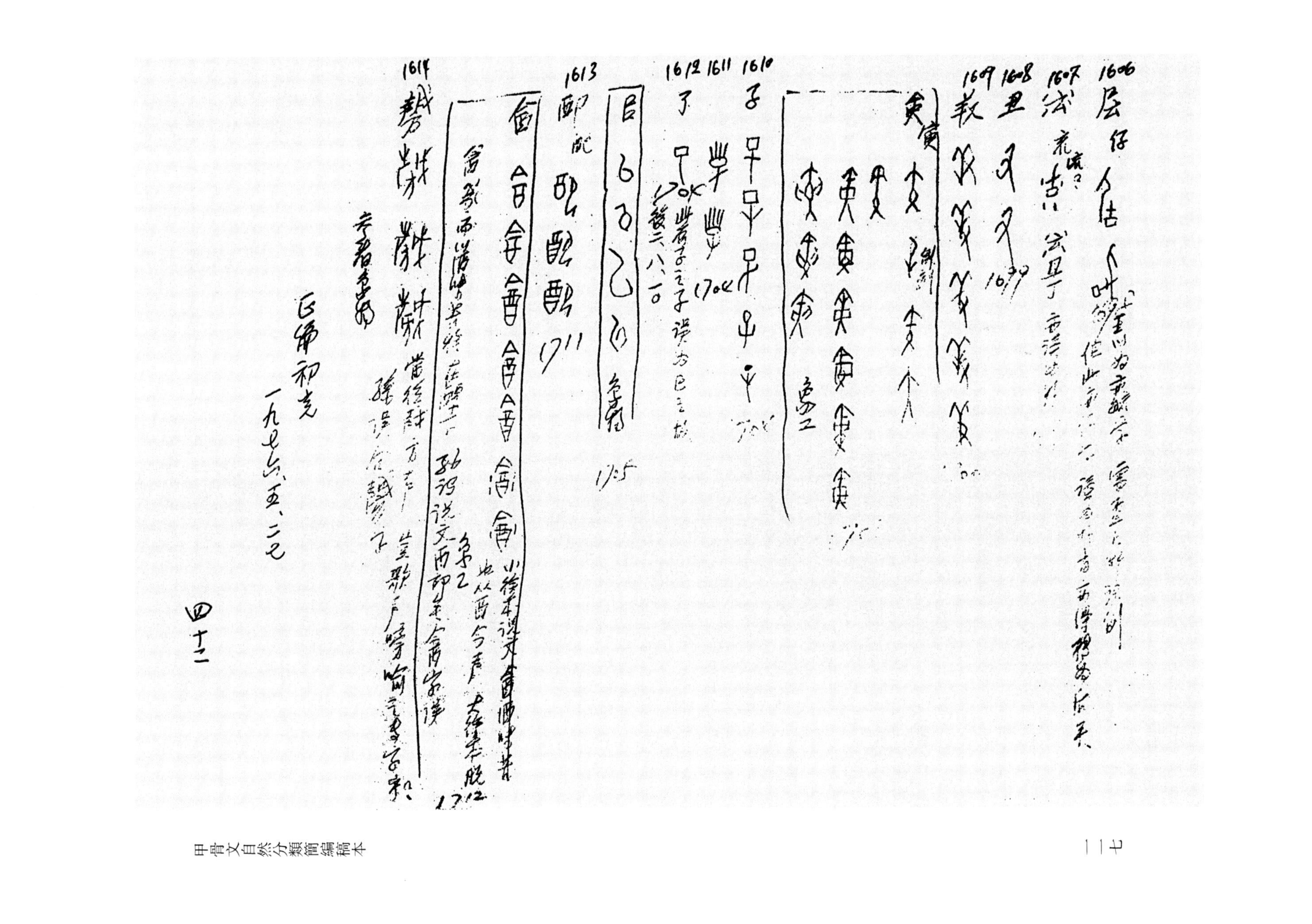

1606

1607

1608 丑

1609 教

寅

1610 子

1611

1612 了

1613 卯

巳

1614 戠

一九七六、五、二七

四十二

1615 合文 2025 [illegible] [illegible]？

2042 [illegible] [illegible] [illegible]？

1616 [illegible] 合文 2047 [illegible]

1617 [illegible] [illegible] [illegible] 2090 2091 2092

1617 [illegible] 合文？文字？ 2101

1618 [illegible] [illegible] 合文？文字 2105

1619 [illegible] [illegible] 疑是文字非合文 前六、三八、四 2117

1620 [illegible] 十[illegible] 2120 [illegible]女 [illegible] 2127

1621 [illegible] [illegible] [illegible] 2127

1622 [illegible] [illegible] 疑非合文 2131 説文[illegible] [illegible] 金文有[illegible]字

1623 [illegible] [illegible] [illegible] 2145 [illegible]可[illegible]合文非 説文[illegible]

1624？ [illegible] [illegible] 2154

[illegible] [illegible]文 2307 [illegible]

[illegible] [illegible] 2320

[illegible] [illegible]？ 2347

[illegible] 合文

四[illegible]頁

1625 吳 [illegible] 3001 何承天云當从口吾大故魚之大口者名吳 胡化反
王筠云譍也 [illegible] 化 [illegible] 大口也

1626 [illegible] [illegible] 3002 [illegible] 狀 [illegible] 說文 [illegible] 从大在[illegible]內
大聲人也 [illegible] 字同意 [illegible] 之也

1627 [illegible] 3003 疑是虎之異体

1628 [illegible] 3004 3005 大‖三 金文 [illegible] 即大字
此形示一人与另一人 [illegible]
[illegible] [illegible] 金文 [illegible] 字 [illegible]

1629 士 上 3006 [illegible] 士字不誤 說文壯从士 [illegible] 但士字 [illegible]
[illegible] 一字

1630 祝 [illegible] 3013 此形祝所从兄字 [illegible] 之 [illegible] 是
倒人

1671 [illegible] 祝 [illegible] [illegible] 3015 說文 [illegible] 从示 [illegible]

1632 [illegible] 3019 从示 [illegible] 或从又 [illegible]

1633 [illegible] 3022 [illegible] 二 [illegible] 視? [illegible]?

1634 [illegible] 3037 說文 [illegible] 从 [illegible]

1635 [illegible] 3038 [illegible] 此作 [illegible] 又似 [illegible] 說文 [illegible] 从 [illegible]
此字上是 [illegible] 字?
[illegible] [illegible] 古文 [illegible] 形 [illegible]

1636 光 [illegible] 3061 [illegible] 之異文

1637 [illegible] 3071 [illegible] 3073 [illegible]

附錄

[illegible] 人

四 [illegible]

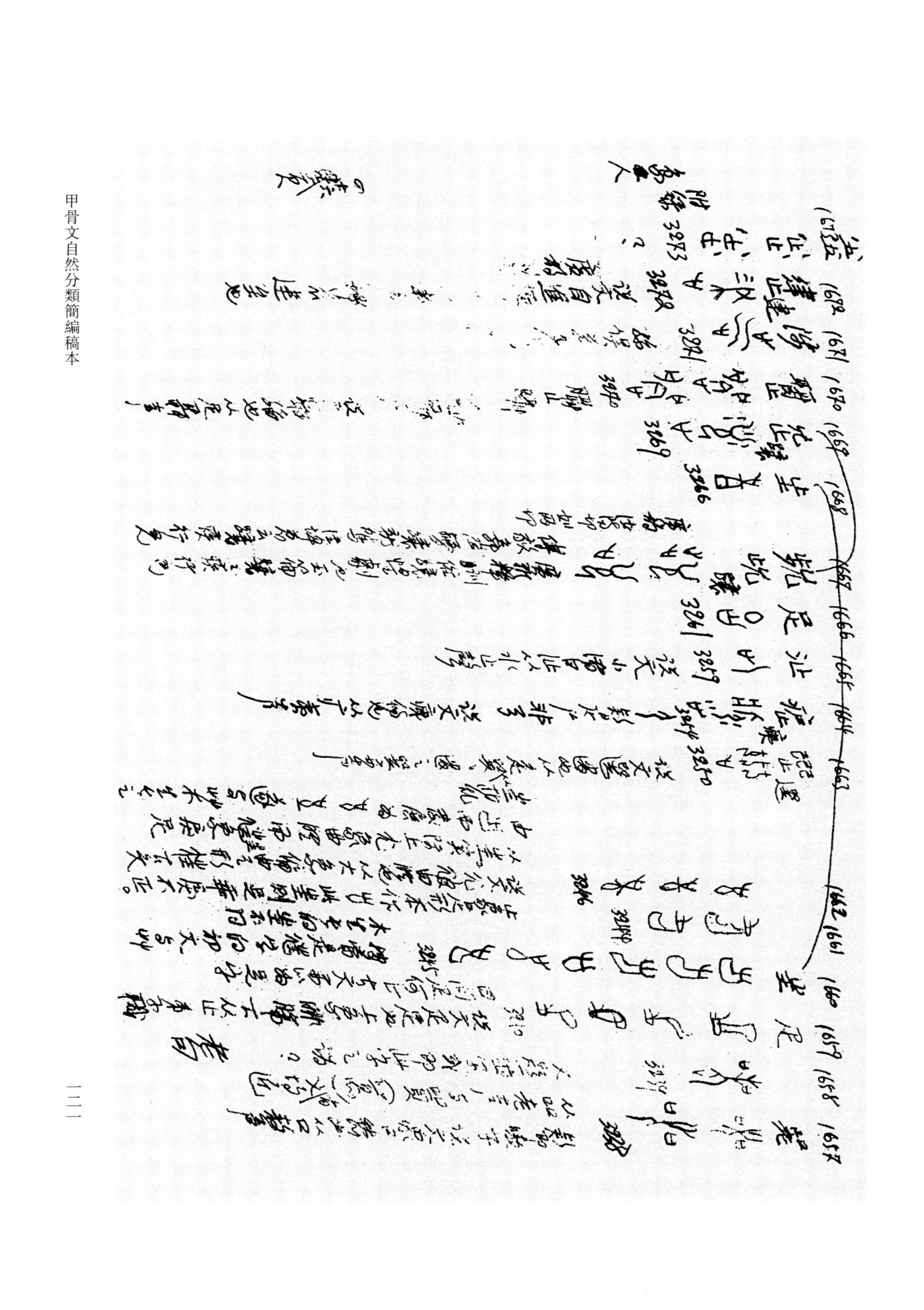

1674 步陟 [illegible] 3286 說文陟籀文從阜從步 [illegible]古文陟
三体石經作[illegible]
[illegible]作步陟(古文)為步[illegible]為步

1675 足 泥? [illegible] 3281 似不从土
後上十六·二 貞于庚申令足[illegible]
下八·十三 乙丑卜足[illegible]一月

1676 歬 [illegible] 3285
[illegible]在[illegible]中[illegible]形 安用為[illegible]与舟[illegible]似
說文歬云不行而進謂之歬 从止在舟上 羅釋此
後下六·八·二 貞歬[illegible]
粹四七 [illegible]
說以字論則非甚[illegible]
粹七四 貞[illegible]不若

1677 [illegible] 3287 似从肉也
3286 [illegible]即上字
[illegible]前方即歬方
粹一三三 貞[illegible]方

1678 [illegible] 3288

1679 [illegible] 3290 疑亦正字

1680 各 3291

1681 [illegible] 3292 [illegible]? 各?

1682 出 3293

1683 [illegible] 走 3296

1684 [illegible] 3298 粹九〇一 辛未貞不降[illegible] 郭[illegible]
下辭為不受禾 可知与农业有关

1685 [illegible] 3299

[illegible]

四七頁

1902 [illegible] 3331

1903 [illegible]

1904 衛 [illegible] 从入[illegible]七三頁

1905 [illegible] 从入[illegible]七三頁

1906 嚚 3341 說文嚚[illegible]

1907 若 3343 [illegible]

1908 身 3345 疾身

1909 子 3346 後下三〇、三片 [illegible]

1910 [illegible] 3348

1911 [illegible] 3349 3351 [illegible]

1912 [illegible] 3354 [illegible]

1913 [illegible] 3363 說文[illegible]

1914 [illegible] 3375 說文[illegible]

1915 [illegible] 3376 [illegible]

四十九頁

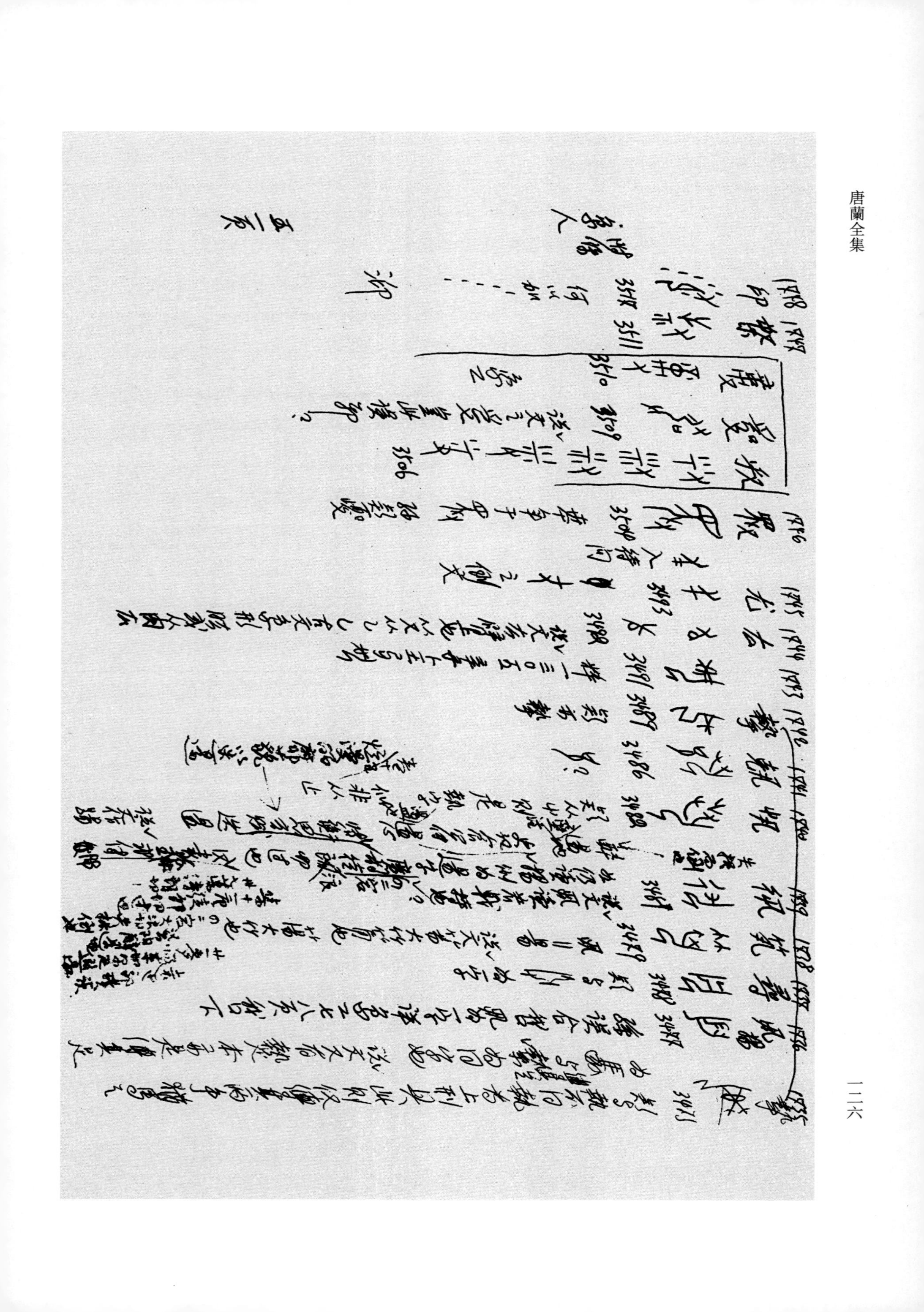

1849 技 [glyph] 3588 說文作攴 [illegible] 从攴卜聲 [illegible]

1850 賊 從入 [illegible] 九頁 [illegible] 手字僅見 [illegible]

1851 伐 伐 [glyph] 3531 後下三六.五 [illegible] 共伐 [illegible]

1852 及

1853 [illegible] [glyph] 3533

1854 拍 [glyph] 3549 3550 說文作拍 拊也从手百聲 [illegible] 金文有拍

1855 付 [glyph] 3556 [illegible]

1856 [illegible] [glyph] 3572 [illegible]

1857 尹 [glyph] 3573 [illegible] 五三頁

1858 区 因 [glyph] 3576 說文因下取物縮藏之从口从又讀若聶

1859 叉 [glyph] 3581 [illegible] 〇三頁

1860 大 [glyph] 3583

1861 [illegible] [glyph] 說文 [illegible] 使人也从目从 [illegible] 文讀若 [illegible] 後下二八.五 [illegible] 3608

1862 文 [glyph] 3591 說文 [illegible] 从手 [illegible]

1863 紉 [glyph] 3593 說文 [illegible] 从糸 [illegible]

1864 匈 [glyph] 3598 [illegible]

1865 [illegible] [glyph] 3599 [illegible] 說文 [illegible] 五二頁

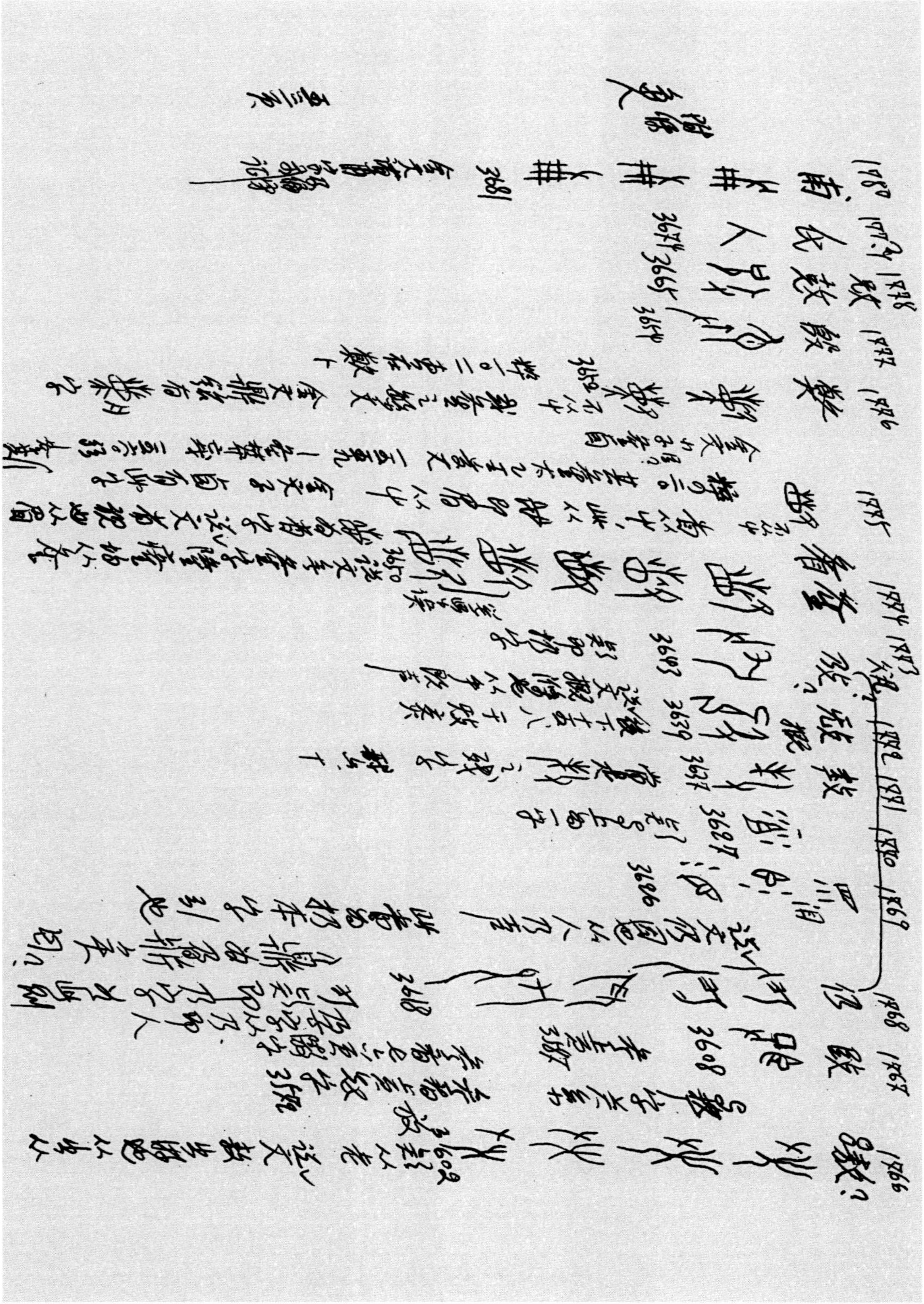

1966 數？ [illegible] 3602 說文 [illegible]

1967 跂 [illegible] 3608 [illegible] 3587 [illegible] 3592

1968 㑅 [illegible] 3618 [illegible]

1869 [illegible] 3626 說文[illegible]從人乃聲 此當為[illegible]本字[illegible]也

1870 [illegible] 3627 [illegible]上為一字

1871 [illegible] 3637 當是[illegible]之殘字 [illegible]

1872 [illegible] 3639 [illegible]下十五、八 說文[illegible]也從[illegible]聲 [illegible]

1873 [illegible]？ [illegible] 3643 [illegible]

1874 [illegible] 3650 說文[illegible] [illegible]

1875 [illegible] 不從中 [illegible] 金文[illegible] 一五五九 一[illegible] 一五六○ [illegible]

1876 [illegible] 3652 不從中 [illegible] 金文[illegible]

1877 [illegible] 3654

1878 [illegible] 3665

1879 氏 人 3674

1880 甫 [illegible] 3681 金文[illegible]

附[illegible] [illegible]

[illegible]

1781 目 3687

3688

3689

1782 明 3690

1783 看 3692

1784 [illegible]? 目 3694

[illegible]与明同字

1785 [illegible]? 3695

1786 相 3696

?

1787 晉 3697

1788 3698

1787 [illegible] 3701

1790 [illegible] 3702

1791 [illegible] 3703

當是皇之異文

說文大也从自自始也始生者三皇大君也自讀若鼻今俗以始生子為鼻子

大徐本作皇

又記

1792 百 3706

1793 [illegible] 3711

1794 [illegible]

說文罬捕鳥覆車也从网叕聲

叕

1795 [illegible] 3716

說文𡇒何也从口㕯聲

後上十二、十一 庚寅卜貞𡇒來其亡?

1796 [illegible] 3734

附錄

五の頁

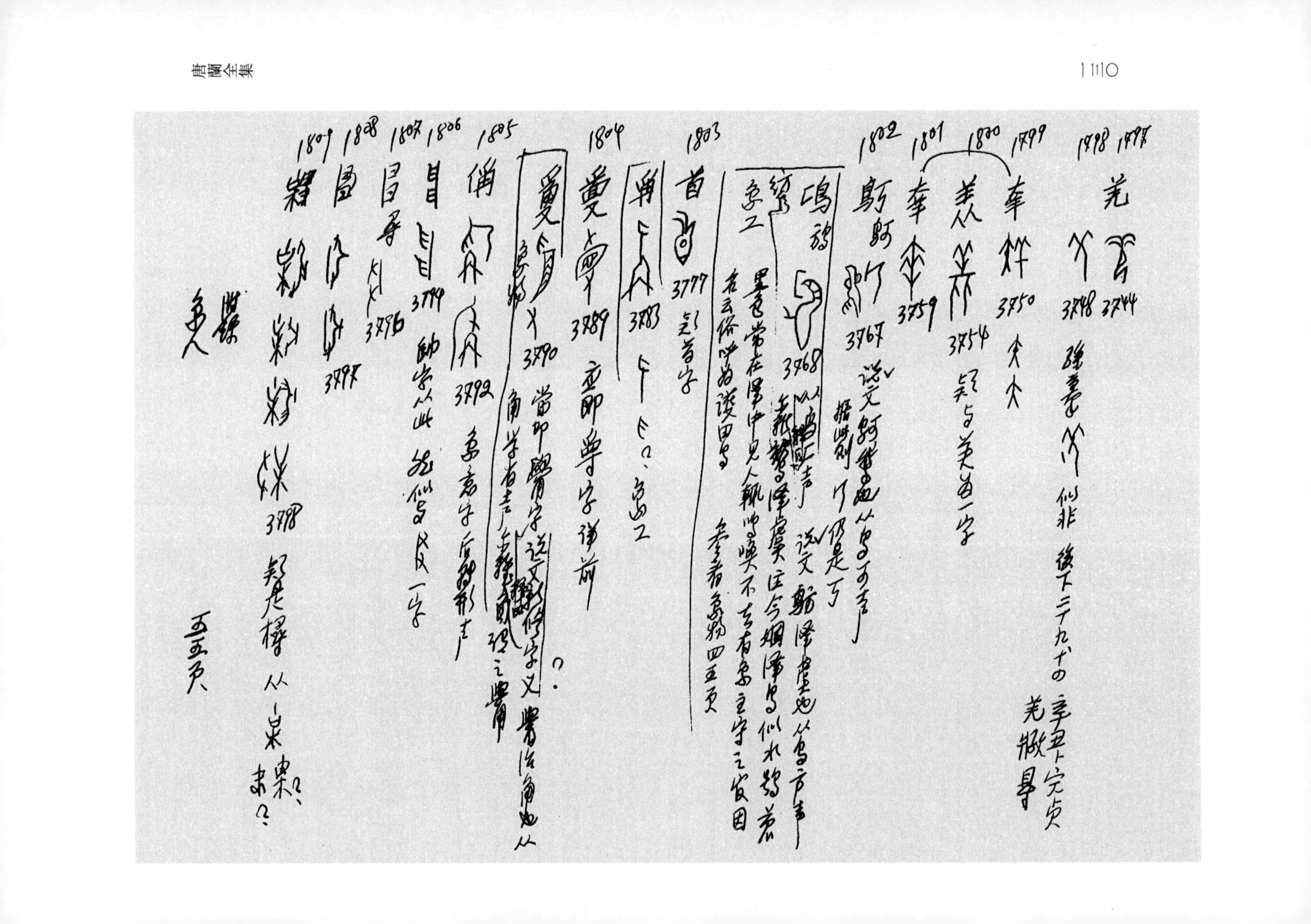

1797 1798 羌 [illegible] [illegible] 3744 3748 [illegible] 似非 後下二十九·十 辛丑卜宊貞 羌[illegible]

1799 [illegible] [illegible] 3750 [illegible]

1800 [illegible] [illegible] 3754 疑与羌為一字

1801 [illegible] [illegible] 3759

1802 [illegible] [illegible] [illegible] 3767 說文 [illegible] [illegible] 是[illegible]

[illegible] [illegible] 3768 [illegible] 說文 [illegible] [illegible] [illegible]

1803 首 [illegible] 3777 疑首字

1804 [illegible] [illegible] 3783 [illegible]

1804 夒 [illegible] 3789 [illegible]

[illegible] [illegible] 3790 [illegible] 說文 [illegible]

1805 [illegible] [illegible] [illegible] 3792 [illegible]

1806 1807 [illegible] [illegible] 3794 [illegible] 一字

1808 [illegible] [illegible] 3796

1809 [illegible] [illegible] [illegible] 3797 [illegible] 3798 [illegible] 从[illegible]

[illegible]

1810 [illegible] 3798 不識字 但似與睽字

1811 睽 [illegible] 3799 續上十二十一 三千出睽

1812 譯 [illegible] 3800 [illegible] 說文訓譯 試言不定

1813 轉 [illegible] 3806

1814 刲 [illegible] 此當是劓之本字 象形字 說文作劓 [illegible] 之刑也 从刀鼻聲 [illegible] 書曰 刵劓劅黥 當是大辟書 [illegible] 下引 [illegible] 鄭古文尚書作 [illegible] 刑劅刻 劅字見王篇 [illegible] 象男子生殖器 [illegible] 男子之勢 [illegible] 去男之勢 [illegible] 宮中不得出也 [illegible] 作劅者 [illegible] 男生殖器與 [illegible] 為下 [illegible]

1815 [illegible] 3820 此或為刲字 [illegible] 形似

1816 比 [illegible] 3825 [illegible] 注 [illegible] 廣韻 [illegible] 切 [illegible]

1817 虔 [illegible] 3849 [illegible]

1818 盈 [illegible] 3858 據此 ① 人 ② [illegible] 非

1819 哭 [illegible] 3874 說文 [illegible] 从人在血上

1820 [illegible] 3879 說文 [illegible] 从口 [illegible] 聲

1821 嗌 [illegible] 3880 [illegible]

1822 [illegible] 3881 [illegible] 血 [illegible]

[illegible]

1823 士 [illegible] 3827 契即[illegible] 3820 所從？ 四？ 𨸏？

1824 蘻 3928 見象之八八頁

1825 匕𨸏 3929 [illegible] 見卷五

[illegible]云 𨸏或

从匕蓋从[illegible]，[illegible]，而此以人名，[illegible]入附录

𨸏蓋从匕从𨸏，說文从匕所以[illegible]之，又不誤，但以𨸏下[illegible]為匕則誤

後下二七、十四 貞匕𨸏[illegible]幸

[illegible]四八、六 于辛卯[illegible]𨸏匕一

粹八七 庚申貞，王[illegible]匕𨸏于中 于宗[illegible] 郭釋

「匕𨸏于中」殆是人名

1826？ 𢦏 从[illegible] [illegible] 3937 象人登[illegible]之形 [illegible]

匕𨸏的异体？

說文就高也，从京从尤，尤異於凡也 或是[illegible]字？則就从[illegible]声

[illegible]

1827 [illegible] [illegible] 3939 [illegible]就字 [illegible]或是？

1828 [illegible] 3950 詳入象之八九

1829 皇 [illegible] 3964 說文皇大也，从自，自始也，始王者三皇

大[illegible]也，自讀若鼻，今俗[illegible]始生子為鼻子

1830 [illegible] [illegible] 3965

後上二四、一片 貞[illegible]一五牛

又 九片 [illegible]卜其[illegible]于[illegible]

後下[illegible]、九片 貞出[illegible]一[illegible]來[illegible]一卯[illegible]一牛

粹[illegible]片[illegible]貞[illegible][illegible]

牛 [illegible]片[illegible]于[illegible]九宰 十六片

[illegible]于[illegible][illegible]又大雨

附錄

[illegible]人

五七

1831 壁 3966 与壁是否一字？

1832 [illegible] 3967 此[illegible]之本字？从[illegible]声

1833 [illegible] 3968 說文[illegible]也从辵[illegible]声 見 [illegible]也 古書[illegible]

1834 貞 3969

1835 [illegible] 3970 [illegible]誤

1836 [illegible] 3971

1837 [illegible] 3972

1838 [illegible]

1839 [illegible] 誤入[illegible]91

1840 [illegible] 4029 說文[illegible]木[illegible]从木[illegible]声

1841 楚 4067 从大[illegible] 說文[illegible]

1842 [illegible] 4068

1843 [illegible] 4070 說文[illegible]

1844 自 4071

1845 [illegible] 4075

1846 坐 4084

1847 宣 4098 說文宣[illegible]

1848 [illegible] 4102

五八

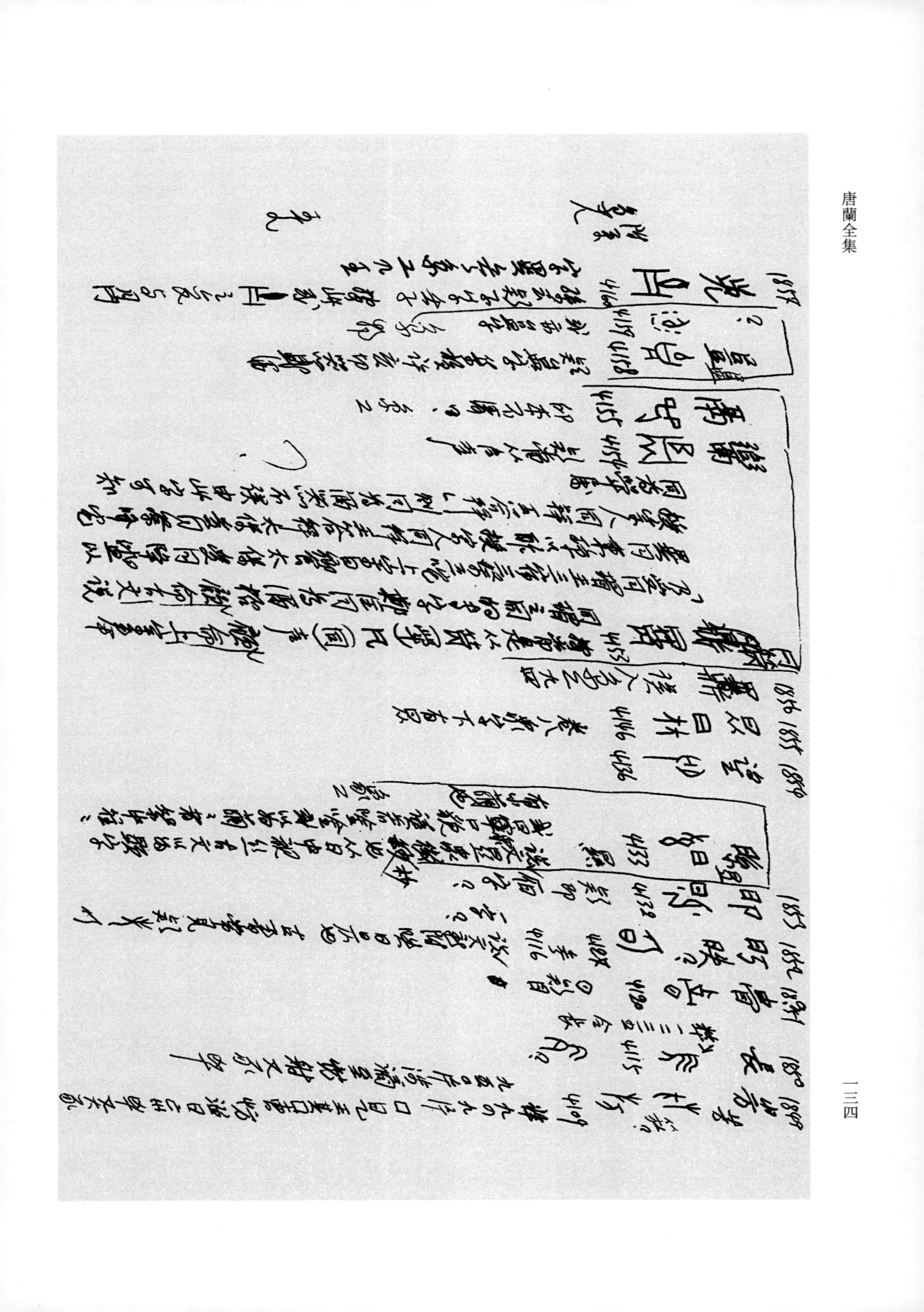

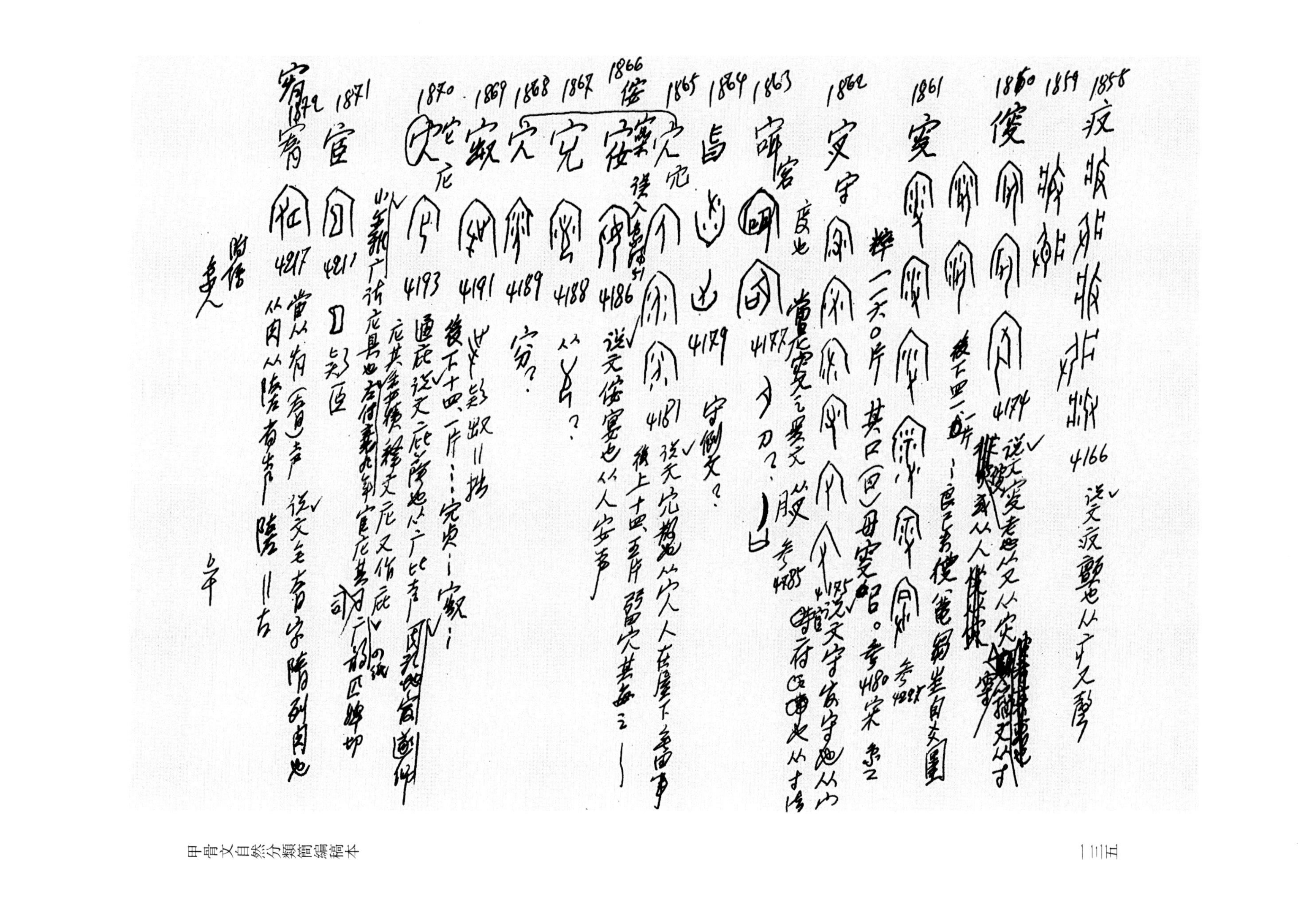

1858 [illegible]

1859 [illegible]

1860 [illegible]

1861 [illegible]

1862 [illegible]

1863 宮 [illegible]

1864 [illegible]

1865 [illegible]

1866 安 [illegible]

1867 [illegible]

1868 [illegible]

1869 [illegible]

1870 [illegible]

1871 宦 [illegible]

1872 [illegible]

附 [illegible]

1873 家 [illegible] 4218 粹 [illegible]

1874 完 完 [illegible] 4220

1875 寏 [illegible] 4227 考 4174

1876 秜 [illegible] 4231 說文 秜，今年落來年自生謂之秜，从禾尼聲

1877 穖 [illegible] 4234 [illegible] 粹 黃之異體 黃 睞 嫢之要 好时巫嫢黃彝始作 [illegible]

1878 叔 [illegible] 4236 說文 穫 从禾 聲 粹 [illegible]字即从又 丑 一 又

1879 [illegible] 4239 說文 粗 [illegible] 也 从米 丑聲 粹 [illegible] 人 身

1880 [illegible] 4245 說文 [illegible] 也

1881 㫃 [illegible] 4250 粹一五六八片 㫃歸于宗

1882 氏 [illegible] 4258 粹 氏之誤 大字作 可見字从大 非即 [illegible] 字

1883 启 [illegible] 4259 粹 启之象形字 [illegible] 今切 [illegible] 字

1884 [illegible] 此疑非字 尼下 [illegible] 也 今本 [illegible]

1885 休 [illegible] 4261 說文 没也 从水从人

1886 乙 [illegible] 4260 說文 殄 尽也 从歹 㐱声 古文 从人

1887 今 [illegible] 4262 4263 說文 㐱 稠髮也 从彡

伭 4273 說文 則 [illegible] 當 [illegible] 附 [illegible] 人

1888 旨 4260 彭是卜旨之異体 合?

1889 方 4265 林二三六片 以字言當是方字 參4311

1890 卜 4267 彭是方之殘筆乎?

1891 麥 4269

1892 敎 4270 矢中人是 至中丈

1893 夕 4273 參4262

1894 免 4275

1895 巴 4276 巴方受出 粹一三〇片 壬申卜爭貞令帚好从沚戛伐 印伊方

1896 4277

1897 伇 4278 說文人在从人殳聲

1898 光 4279 說文光明也从火从儿之

1899 甸 4280 參4286

附录 象人

1900 先 [illegible] 4286 [illegible] 4279

1901 倍 各 [illegible] 4284 口从一二？

1902 [illegible] 偁 偏 [illegible] 4285 說文偏頗也从人扁声 按此字是偏之字

此字舊釋員 則是 [illegible] 是足上 [illegible] 形本象人足穿踊 [illegible] 三字待證

1903 [illegible] 4286 說文 [illegible] 巧 [illegible] 高材也从女信省（錯本作声）

後下三六 [illegible] 甲

1904 [illegible] 4287 [illegible]

1905 長 [illegible] 4294 一字待考與 [illegible] 別

1906 [illegible] 4296

1907 [illegible] 4297 說文 [illegible] 从人从系 [illegible]

1908 [illegible]

人祀 [illegible] 形字 [illegible]

其子弟

1909 長 [illegible] 4299 說文長久遠也从兀从匕 兀者高遠意也 久則变化 匕声 [illegible] 者倒亡也

1910 長 [illegible] 4299 長髮飄之形

1911 長 [illegible] 4300

方言七 [illegible] 三 [illegible]

附錄

[illegible]

1912 住 4303 說文引申之左右謂之住从人主

1913 任 4305

1914 系
1915 兑
1916 伐
1917 尼 說入系二九八頁

1918 旨 4314 參4404

1919 尸 4316

1920 兑 4317 似是字 摭本三〇二 後下三六、六片乙丑卜貞 先令

~~1921~~ 勹 4318 後下三七、八片壬戌卜完貞乎取口勹森

~~1922~~ 兑 4320

1923 匕 4321

1924 佰 4322

1925 佽 4323 說文佽便利也从人次聲

1926 从 4327

1927 兇 4328 兇口、說文兇…从人白象人面形

1928 咎 4329

1929 伍 4334

1930 匕 4335 後下三十、五 口…貞匕…

1931 保
1932 臥
1933 北
1934 化 說入系二九八頁

附錄
象人 六四頁

1935 非 [illegible] 4348 粹一三五六 非[illegible] 郭釋[illegible]

1936 [illegible] 非? 甲四六十片 非[illegible] 王釋[illegible]

1937 化 [illegible] 4349 ?

1938 [illegible] [illegible] 4350 [illegible]化偏旁之一筆

1939 [illegible] [illegible] 4351 說文[illegible]獄司空也 从狀臣聲 [illegible]

1940 [illegible] [illegible] 4352 當从犬臣聲 空

1941 北 [illegible] 4354 北? 非? 或并之異体

1942 [illegible] [illegible] 4357 據此則[illegible]仍是矢

1943 [illegible] [illegible]

1944 [illegible]

1945 孜 [illegible] 4383 說文孜[illegible]也从攴子聲 [illegible]

1946 [illegible] [illegible] 4385

1947 舣 [illegible] 4388 說文服用也一曰車右騑所以舟旋从舟艮聲 [illegible] 古文服从人 [illegible]

1948 大舟 航 [illegible] 4389 字當為舫 方与人通 [illegible] 說文舫船師也 [illegible]

[illegible] 粹一一七三片 [illegible] 大舟見 [illegible] 4390 [illegible]

[illegible]人

六[illegible]貞

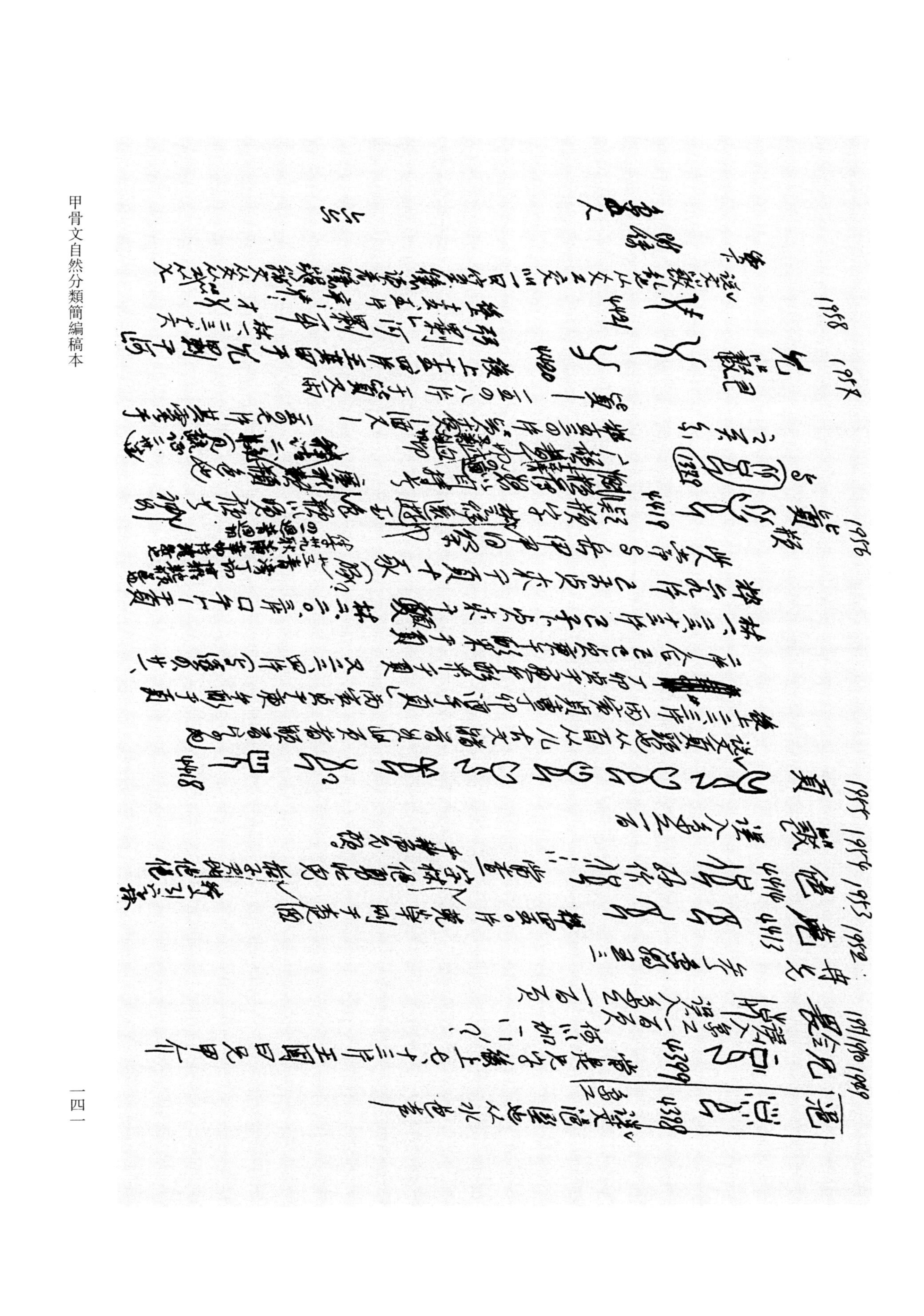

1959 沇 瀼 4422 說文新附：瀼，露濃皃。从水襄聲。 詩鄭風野有蔓草：零露瀼瀼。

1960 洗 4424 說文：洗，洒足也。从水先聲。

1961 克 4425 說文：克，肩也。象屋下刻木之形。 象人戴胄。

1962 光 4427

1963 仔 4429 說文：仔，克也。从人子聲。 詩敬之：佛時仔肩。傳：仔，肩任也。箋：仔肩，任也。 說文通訓定聲：字亦作… 跋下第五

1964 𦎫 4430 鄭𦎫之𦎫，作 查。 下臣今𦎫，負小兒于背，猶兒在肩上。 擇任負杖，任負杖皆是其異也。 虎。

𥃩 蟂 說文：𧷏，解𧷏獸也。似山牛，一角。古者決訟，令觸不直。象形。从豸省。 者 4431 此疑𧷏字之人化。 者非光字 㕊𧷏 4432 說文：薦，獸之所食艸。从𧷏从艸。古者神人以𧷏遺黃帝，黃帝曰：何食何處？曰：食薦，夏處水澤，冬處松柏。

1965 覓 4433 說文：覓，突前也。从見冃。 段注：徐鍇、𡆙…在目部，又有𡳝見字，犯而見也。 音冒，又莫報切，音帽。 莫北切，音墨。

1966 ?、 俔 4434 說文：俔，間見也。从人从見，見亦聲。 讀若…

1967 監 4436 釋監，查。

1968 𧷏 4440 象人撥火中餘燼形。 說文：𤇸，火餘也。 从火聿。聿者，人之所以書也。 盡火中空也。 从皿𤇸聲 粹二九四片：其𧷏𧷏曰又…，弜𧷏 其𧷏𧷏 于 𠀠…𧷏一 二九五片 口及羌伐𧷏… 附錄 象人 六七頁

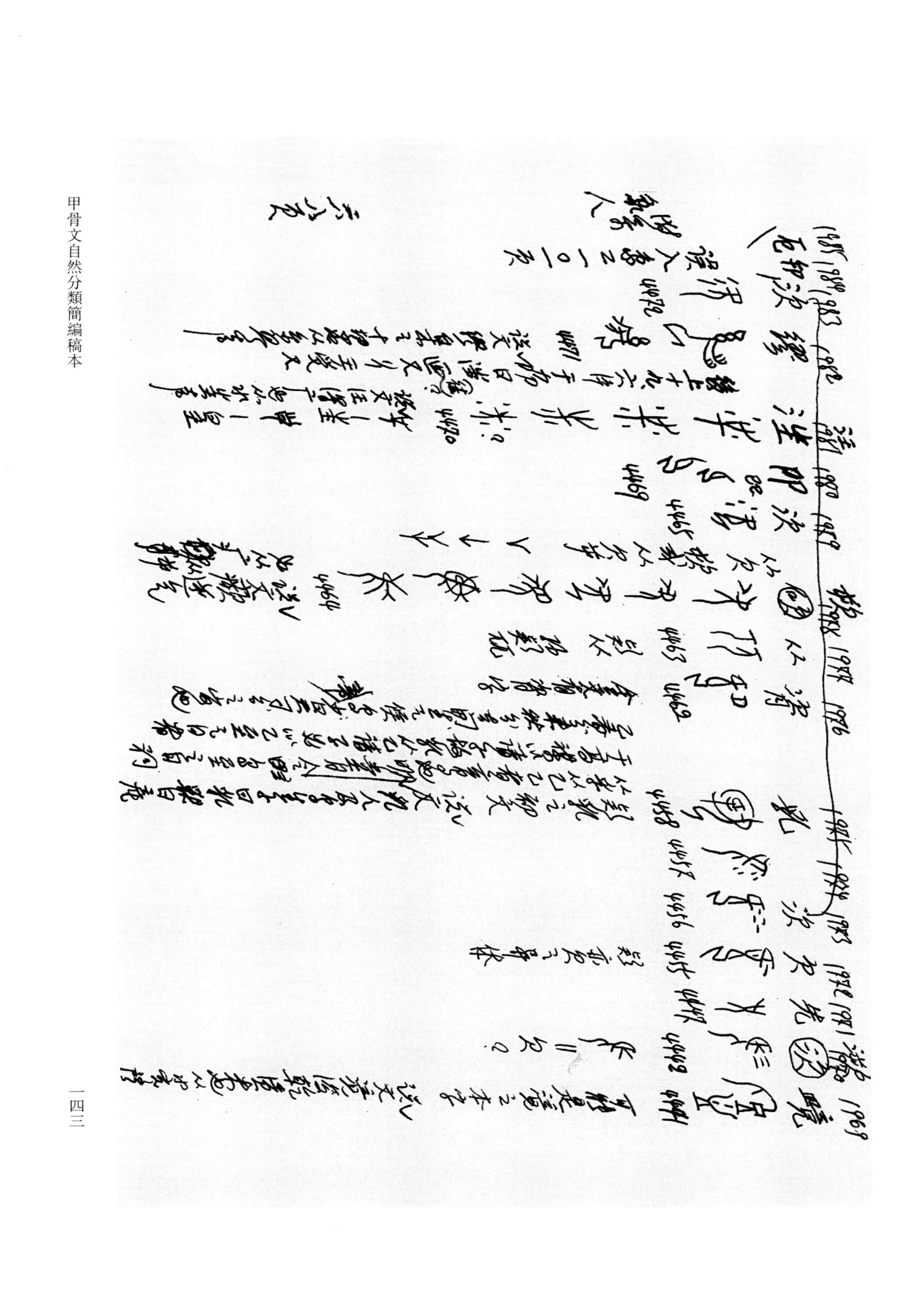

1986 ?卸 [illegible] 4480 後下十八、四片 壬戌卜貞吉 氏子令

1987 㐌 [illegible] 4482 酉?邢?

1988 僥 [illegible] 4485 邦?

1989 先 [illegible] 4486

1990 [illegible] 4489 頣之本字 狀見兒覓等字也 説文𦣞顧也象形 頤篆文𦣞 䫖籀文从首 我仍是頁字?

1991 尸 [illegible] 4490

1992 氾 説文多二一二

1993 伇 [illegible] 4500 从𢼄支

1994 坷 [illegible] 4504 丂一丂 説文坷坎坷也从土可聲

1995 [illegible] [illegible] 4506 説文亂也从𢆉文聲

1986 文 [illegible] 4507 文?、㚇?

1997 夌 [illegible] 4509 説文夌越也从夊从兴 兴高也 金文夌字偏旁如此

[illegible] 4510 後下六六 在夌

1998 文 [illegible] 4511 夌?

1999 吹 [illegible] 4513 説文吹嘘也从口从欠 説文嘘吹也从口虛聲

2000 吸 [illegible] 4514 後上九、五 貞出于吸 説文吸内息也从口及聲 从𢼄石

兔人

六九頁人

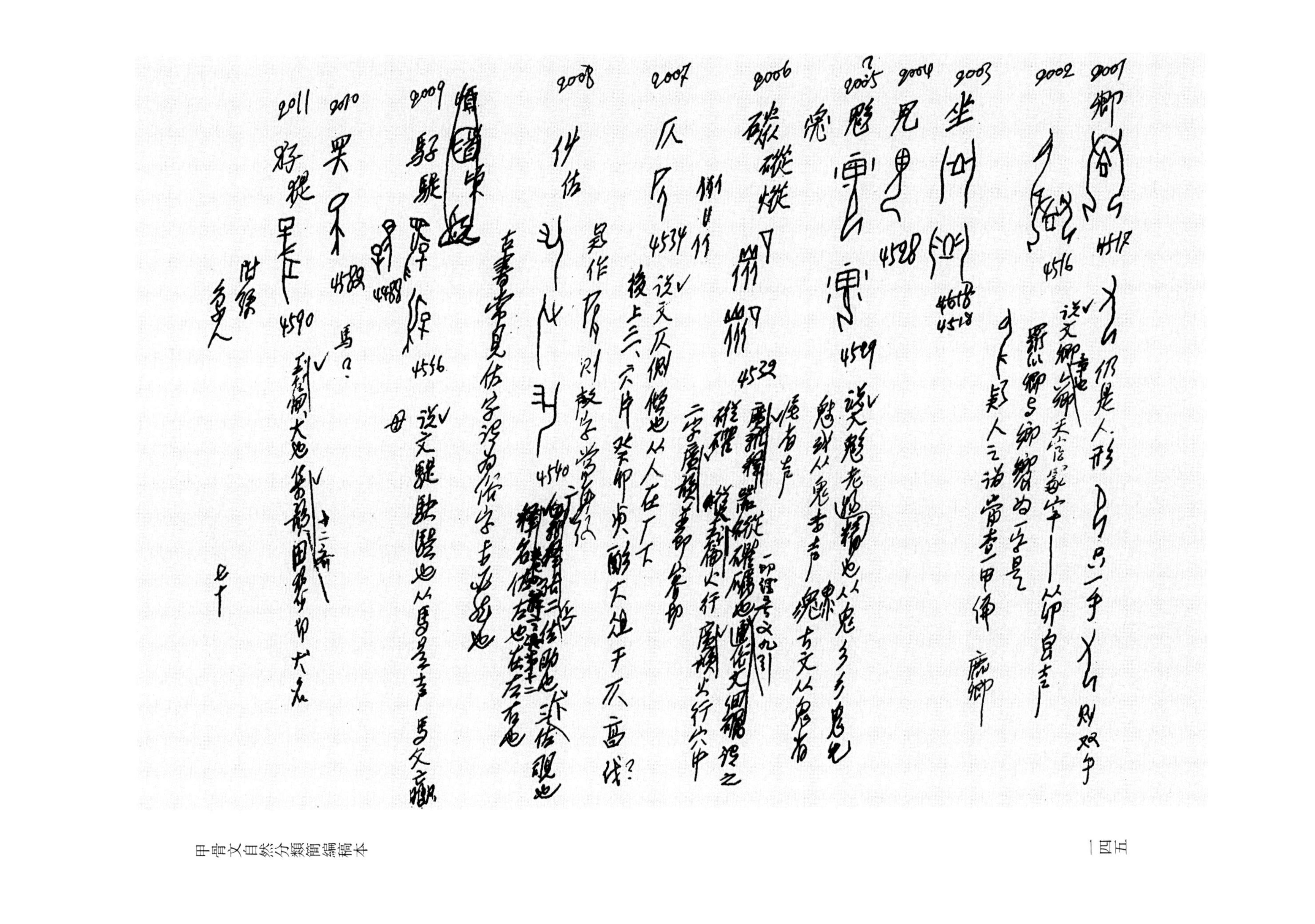

2001 鄉 [illegible] 4517 象人形 [illegible] 一手 [illegible] 双手

2002 [illegible] 4516 說文 [illegible] 鄉 [illegible] 一 从卩 [illegible] 人之 [illegible] 一甲 [illegible]

2003 坐 4618 4518

2004 兕 4528

2005? [illegible] 4529 說文 [illegible] 老 [illegible] 也 从人 [illegible] 古文从 [illegible]

2006 [illegible] 4532 [illegible]

2007 仄 4534 說文 仄 側傾也 从人在厂下 [illegible]

2008 佐 [illegible] 4540 古書常見佐字 [illegible]

2009 [illegible] 4556 說文 [illegible] 从馬 [illegible] 聲 馬 [illegible]

2010 [illegible] 4589 馬？

2011 [illegible] 4590 [illegible] 大 [illegible] 也 [illegible]

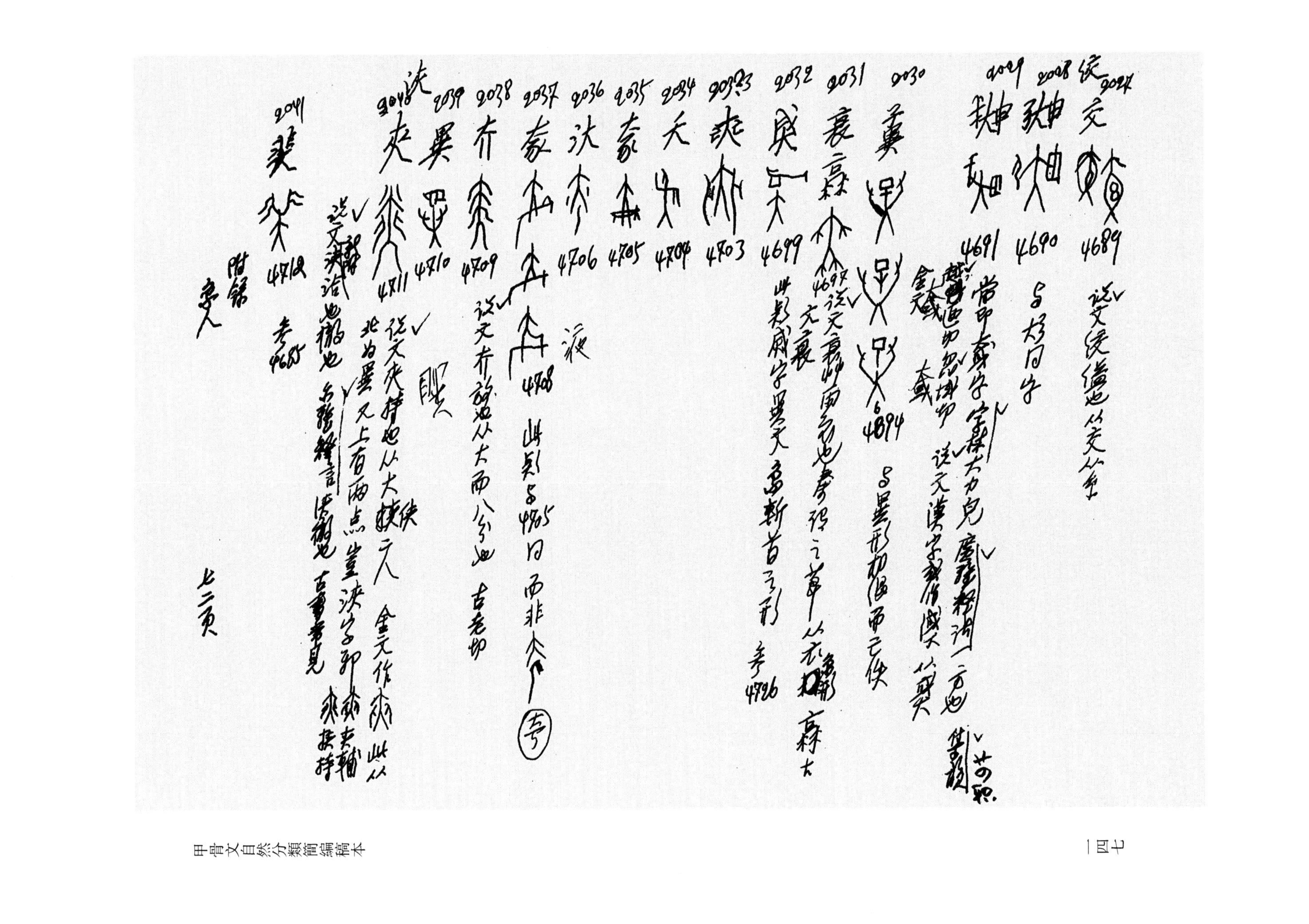

2024 交 4689 說文：絞，縊也。从交从糸。

2028 [illegible] 4690 [illegible]

2029 [illegible] 4691 [illegible] 說文：[illegible]

2030 [illegible] 4894 [illegible]

2031 衰 4697 說文：衰，艸雨衣，秦謂之萆。从衣，象形。

2032 [illegible] 4699 此疑[illegible]字[illegible] 參4726

2033 [illegible] 4703

2034 夭 4704

2035 [illegible] 4705

2036 [illegible] 4706

2037 [illegible] 4708 此疑與4705同，而非[illegible]

2038 夰 4709 說文：夰，放也。从大而八分也。古老切

2039 [illegible] 4710

2040 夾 4711 說文：夾，持也。从大，俠二人。[illegible]

2041 [illegible] 4712 參4685

附錄

七二頁

2042 美 4813 釋一三片□□美又于帝五臣又大雨

2043 宎 4717 疑宎从夫似非

2044 戴 4719 說文：戴，分物得增益曰戴，从異𢦏聲。籀文从弋聲

　　　　　　　　　　卅一七

2045 夫 4721 夰 4673

2046 棶 4786 夰 4699

2047 炕 4743 說文：炕，乾也，从火亢聲

2048 [illegible] 呈 呈？ 4761 于釋呈，非。應从火从子。郭是烰字。子与孚同是係

說文：保，古文作𠈃，孚古文作采。參看卷十保火字

2049 [illegible] 4913

2050 叉 4765 說文：叉，手足甲也。从又，象叉形

2051 湀 溞 此為從叉之文

渓當為溞字，於[illegible]。溞，淅也。注：淘米聲。詩云：[illegible]

釋文：溞又作溲，釋訓：溞溞淅也

2052 泲 4768 當从[illegible]聲，梁。梁字並从此。金文陳公子甗史

字從汈，[illegible]梁字[illegible]作汈

2053 污 4789 林二、二六、十二片 貞今日王田[illegible] 湝日不遘

2054 湝 4775 疑是作湝

2055 沉 4777 說文新附：濤，[illegible]。說文：[illegible]从水[illegible]聲

[illegible]

2056 洰 4783 [illegible]

說文：[illegible]

附錄

沮？

2057 [illegible] 4785 参4175

2058 汩 [illegible] 4796 [illegible]

2059 [illegible] 4798 林二.[illegible]

2060 [illegible] 4800 粹一五六一 [illegible]

2061 [illegible] 4805 [illegible]

2062 [illegible] 4809 粹九○五 [illegible]

2063 [illegible] 4816 [illegible]

2064 汗 4819 説文汗水也从水干声

2065 [illegible] 4826 説文新附文 [illegible]

2066 兄 [illegible] 4838 [illegible]

2067 [illegible] 4854 [illegible]

2068 廣 [illegible] 4863 [illegible]

2069 [illegible] 4869 [illegible]

2070 [illegible] 4871 説文[illegible]

七四页

2071 [illegible] 4878 冀？

2072 [illegible] 4896

2073 [illegible] 4917 當與秋同 [illegible]人持戈

2074 [illegible] 4925 或即[illegible]字 [illegible]

2075 戎 4926 此或即戎字耶？

2076 [illegible] 4936

疑與義同字

2077 [illegible]

2078 [illegible] 女 4938

[illegible] 4939 竟持戈，就人持戈為伊 疑通[illegible]，說文中擊也从手竟声 一說即於西切

[illegible] 也

2079 [illegible] 4947 [illegible] 說文[illegible]也从女[illegible]声

2080 2081 [illegible] 4949 [illegible]？[illegible]？

2082 2083 [illegible] 4958 4959 說文媞[illegible]也从女是声 一曰[illegible]

2084 2085 [illegible] 4966

[illegible]

七五頁

2086 毒 4968 說文毒人無行也从士从毋賈侍中說秦始皇母與嫪毐淫坐誅故世罵淫曰嫪毐讀若娭 粹一〇八八片 毒示二屯 古 林二、三、八片 己未毒 —

2087 奸 4969 粹四八八片 丙寅帚奸示五屯 受 說文奸犯淫也从女从干干亦声

2088 毒 4976

2089 [illegible] 4981 孑 子 孑

2090 [illegible] 4994

2091 [illegible] 5002 後上十二、五 癸未卜才娕貞王今亡猷

2092 [illegible] 5003 ［說文］娶 合 娶 姑 婦 女字（曰 宗也）

2093 [illegible] 5004 彔身 御 見 文

2094 [illegible] 5024 彔从土 蛇 彐 後上十、十片 乙丑 貞 今夕自石止才 古

2095 [illegible] 5026 [illegible] 同 字 十七 [illegible]

2096 [illegible] 5046 彔即若字 後下三九、二片 卜

2097 [illegible] 5061 說文 崴 毛 也 象 髮 在 囟 上 及 毛 髮 巤 之 形。

2098 [illegible] 5098 未詳

2099 [illegible] 5099 地名 伊丁 丘 卜 豭 通 纂 說

2100 [illegible] 5102 後上十、四 庚 寅 卜 口 䧅 貞 口 吉 从 阜 非 声 說文 陛 字 也 所以 拘 非 人 从 非 陛 省 声 從 阜 非 声 金文 非 从 非 字 楼 当

七六

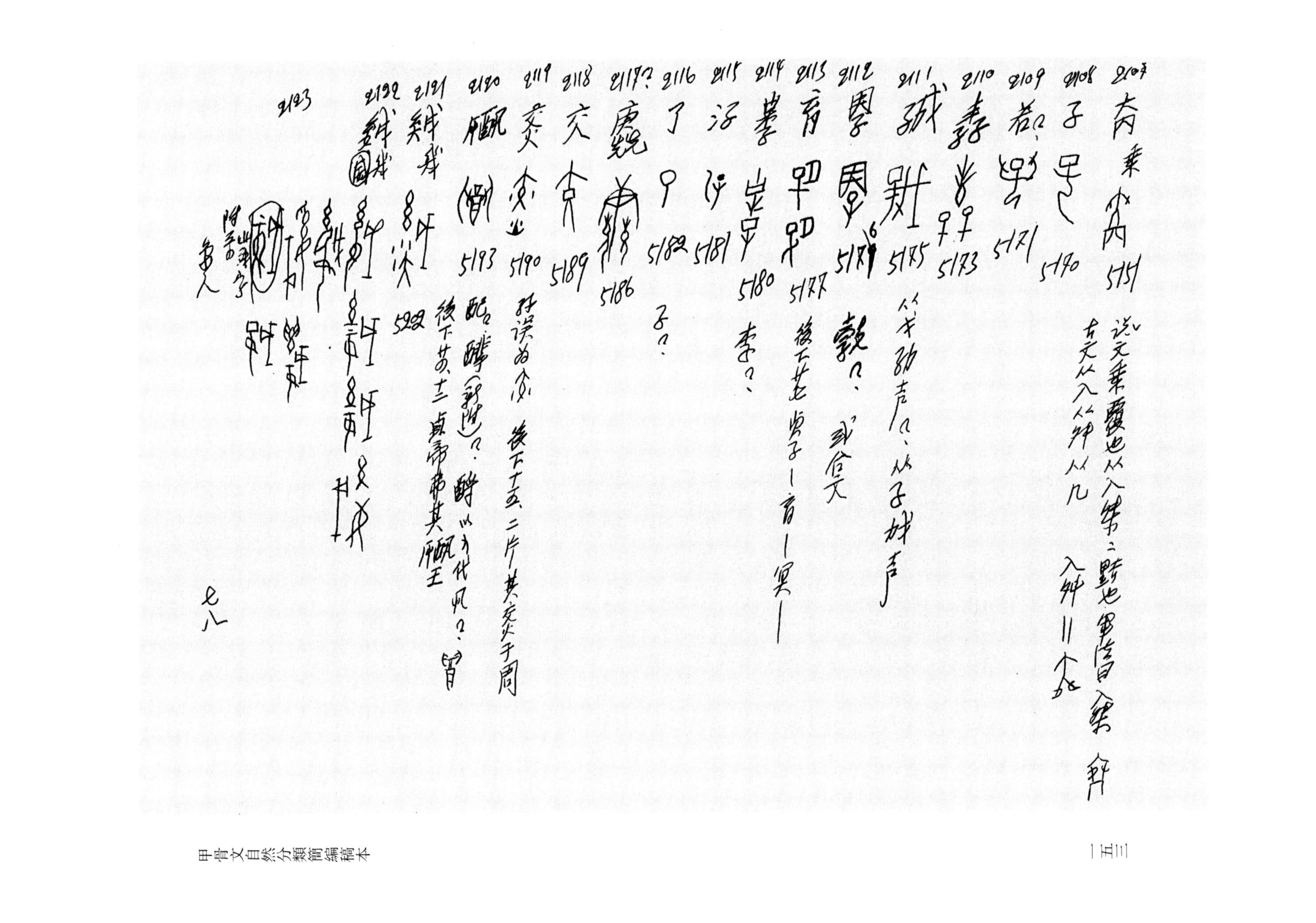

2107 [illegible] 5151 説文乘覆也从入桀桀黠也軍法曰乘 古文从入从舛从几 入舛川 [illegible]

2108 子 [illegible] 5140

2109 [illegible] 5171

2110 [illegible] 5173

2111 [illegible] 5175 从子[illegible]声 从子[illegible]声

2112 [illegible] 5176 [illegible] 或从大

2113 [illegible] 5177 後下廿 貞子一 育一 宜一

2114 [illegible] 5180 李?

2115 [illegible] 5181

2116 了 [illegible] 5182 子?

2117? [illegible] 5186

2118 交 [illegible] 5189

2119 [illegible] 5190 [illegible]誤為[illegible] 後下十五 二片 其[illegible]于周

2120 [illegible] 5193 [illegible] 後下廿三 貞帝[illegible]其[illegible]王 [illegible]以为代风? [illegible]

2121 [illegible] 5202

2122 [illegible]

2123 [illegible]

七八

2124 古 5209

2125 万 丂 說✓5212

2126 而 5215 說文而頰毛也象毛之形

2127 若 5217

2128 左 5223

2129 目 5226

2130 炎 5239

2131 5240 後下廿八、十五 其尤

2132 太 5248 是夾字

2133 首 5259

2134? 夾 5265

2135 黄 5267 从妥 郭釋先 前四七片 于[illegible]

二四七片 [illegible] 从山

[illegible]

2136 5285

丁 [illegible] 後下廿三、九 丁卯卜貞 [illegible] 白[illegible]用于

2137 子 5289 說✓

說文皃月 云白也从白 [illegible]

2138 朕 5309

2139 首 5336 後下十五、四片 [illegible]

2140 火子

2141 伏 5395 [illegible] 三九 从[illegible]

[illegible]

2140 出 5399

2143 㞷 5423

2144 乙 5432

2145 交 5435

2146 2147 驫

後上十八、六片 □□卜□貞勹亡猷□□□ 弜才三

月甲申敗小甲——信云東正西方白出

2148 而

艽葉 集卅葉 庚済切

廣韻而涉切 動驫 卅洽眼洽切

後下三八、七片 一 易帝芜貧廿出西而二

粹六六〇片 西于祖丁芜甲一芜，于且丁一。

5507

5559

2149 休 5573

2150 教 5575 姊？

5599 侗

2152 兄 5602

2153 盜 5608

2154 相 5614

2155 藝 5617

2156 𡗕 5619

2157 公 5621

2158 嘼 5627

2159 伙 5636

2160 出 5642 彭出之例文

2161 光 5643 陟 多人

八十

2162 叙 5645 後下三六、三片

2163 敃 5645

2164 5648 粹一二二〇片

2165 5650

2166 手 5660

2167 叕 5662

2168 須 5664

2169 婦 5693

嫂 5694 粹一三三七

2170 5695

2171 5695

2172 給 5696

2173 5707

2174 5711

2175 5712

2176 5713

2177 延 5715

2178 5720

2179 5724

2180 公 5726

附録

八十一

2180 伊 5735
2181 艁 5753
2182 渙 5758
2183 芍 5760 芭
2184 禮 5761
2185 丂 5764
2186 鼎 5766
2187 侖 5768
2188 安 5771
2189 沪 5772
2190 昊 5779
2191 剢 5781
2192 万 5792
2193 蜉 5794
2194 死 5795
2195 衩 5797
2196 [illegible] 5800
2197 哭 5817
2198 口 5821
2199 [illegible] 5822
人

八二

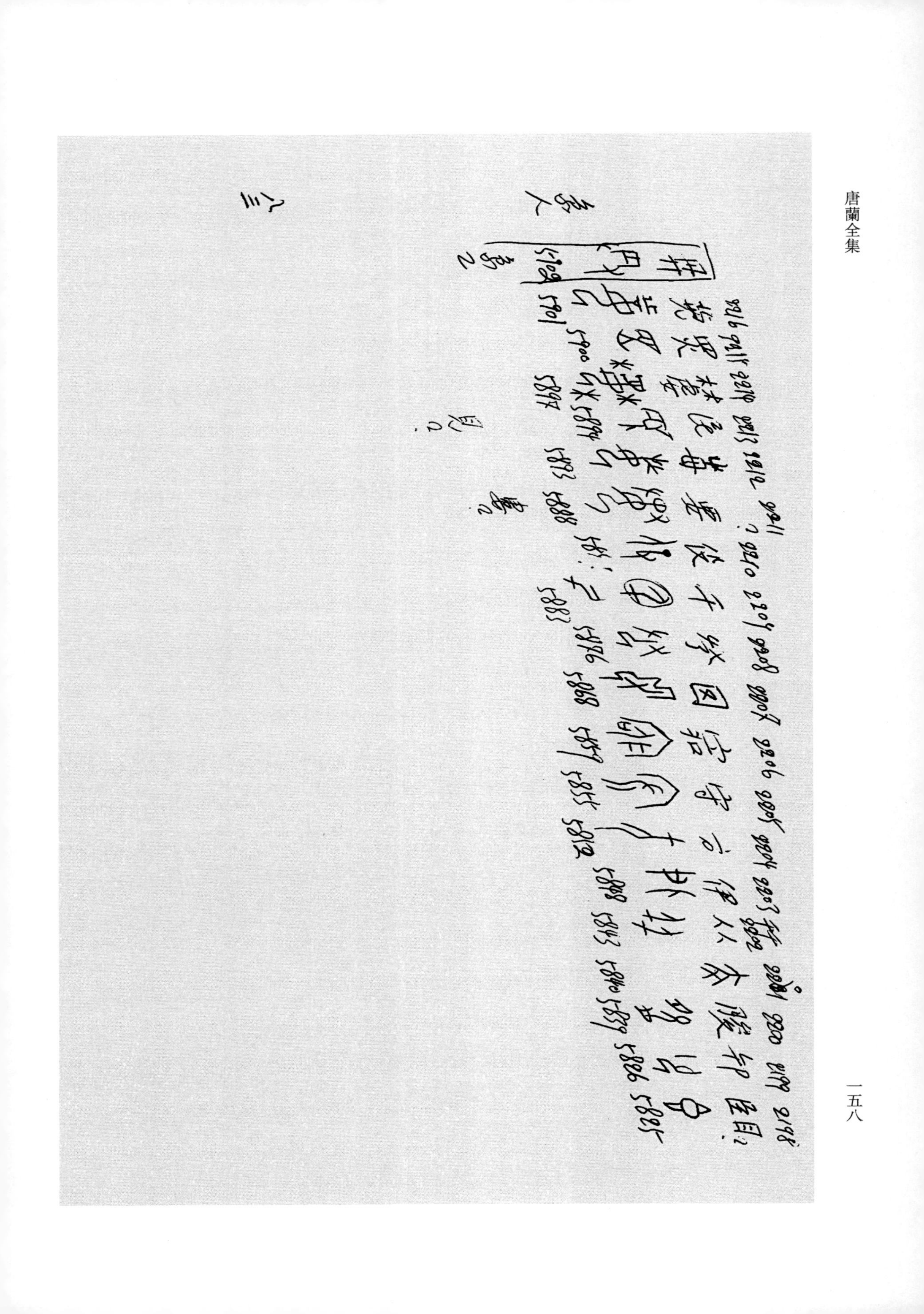

象人

八四頁

5907 5911 5912 5913 5916 5917 5919 5923 5924 5934 5936

刑

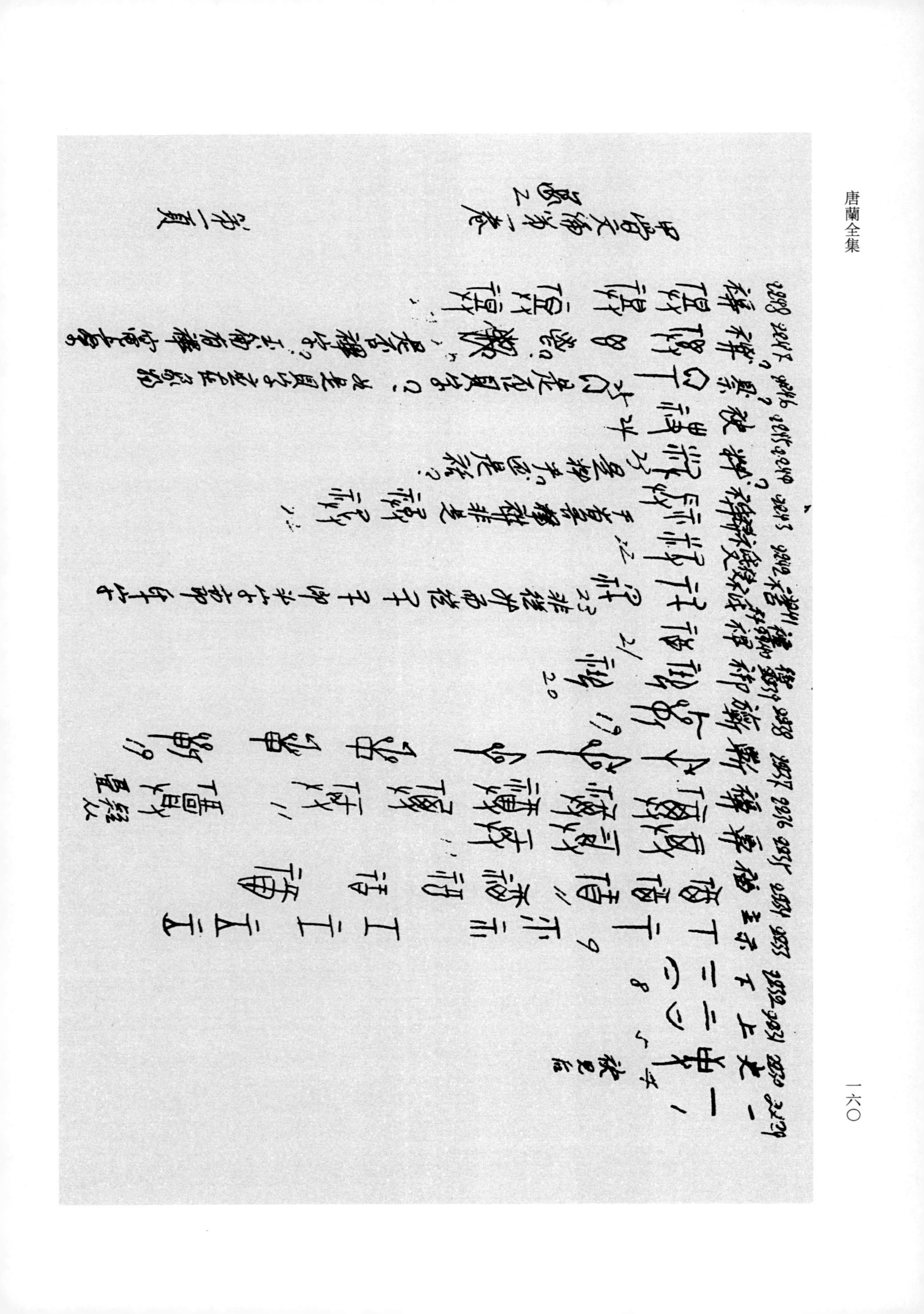

甲骨文編第一卷

第一頁

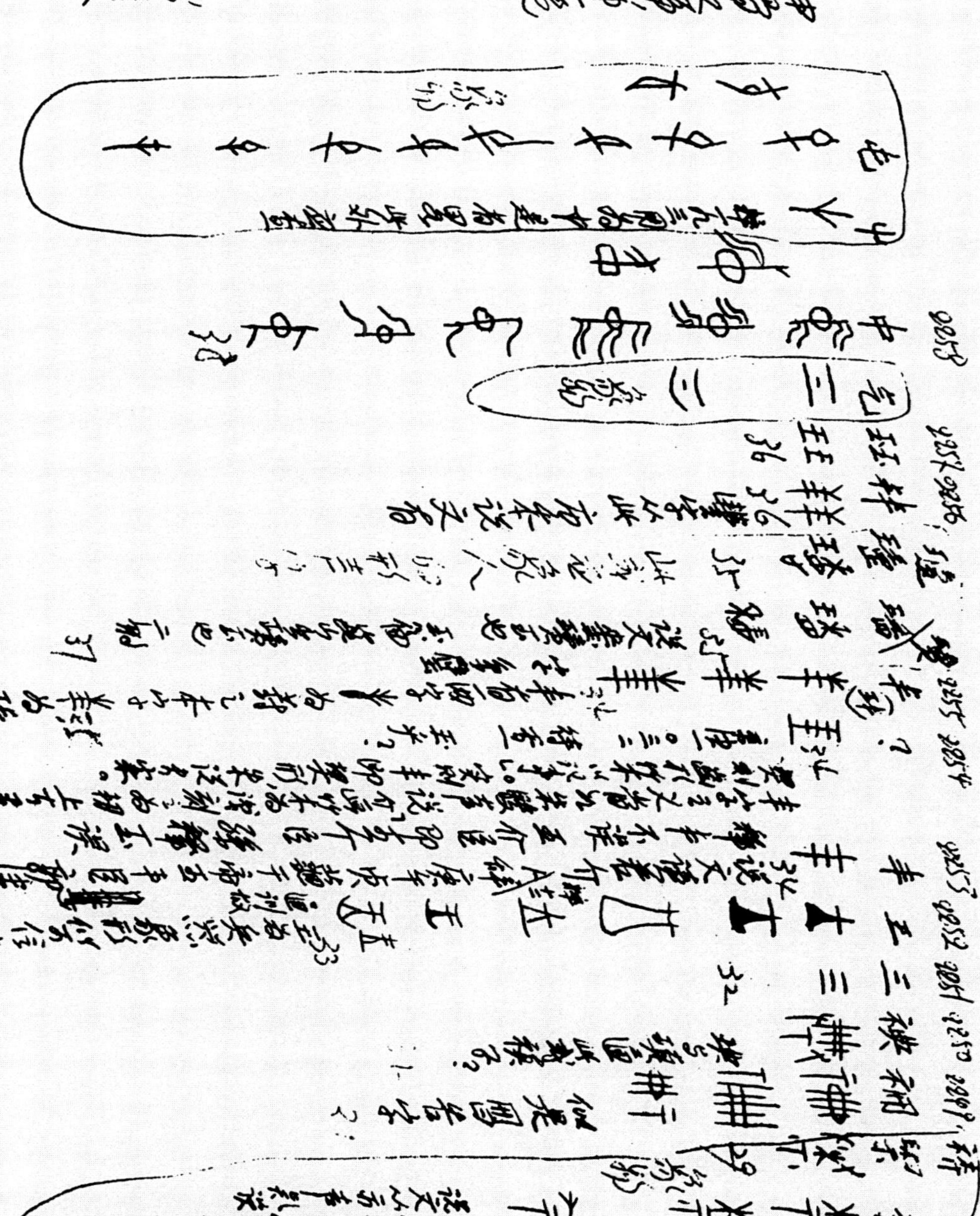

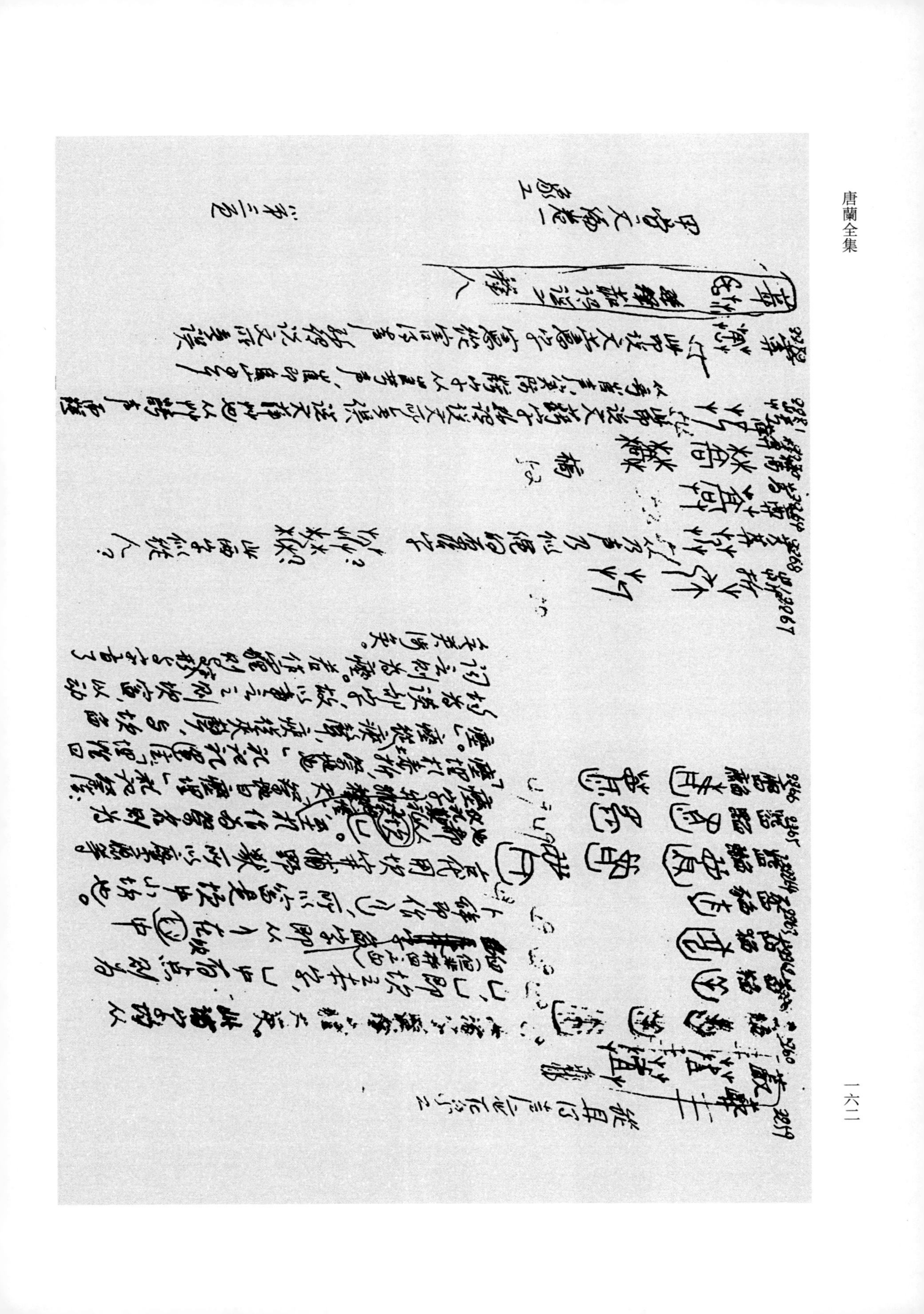

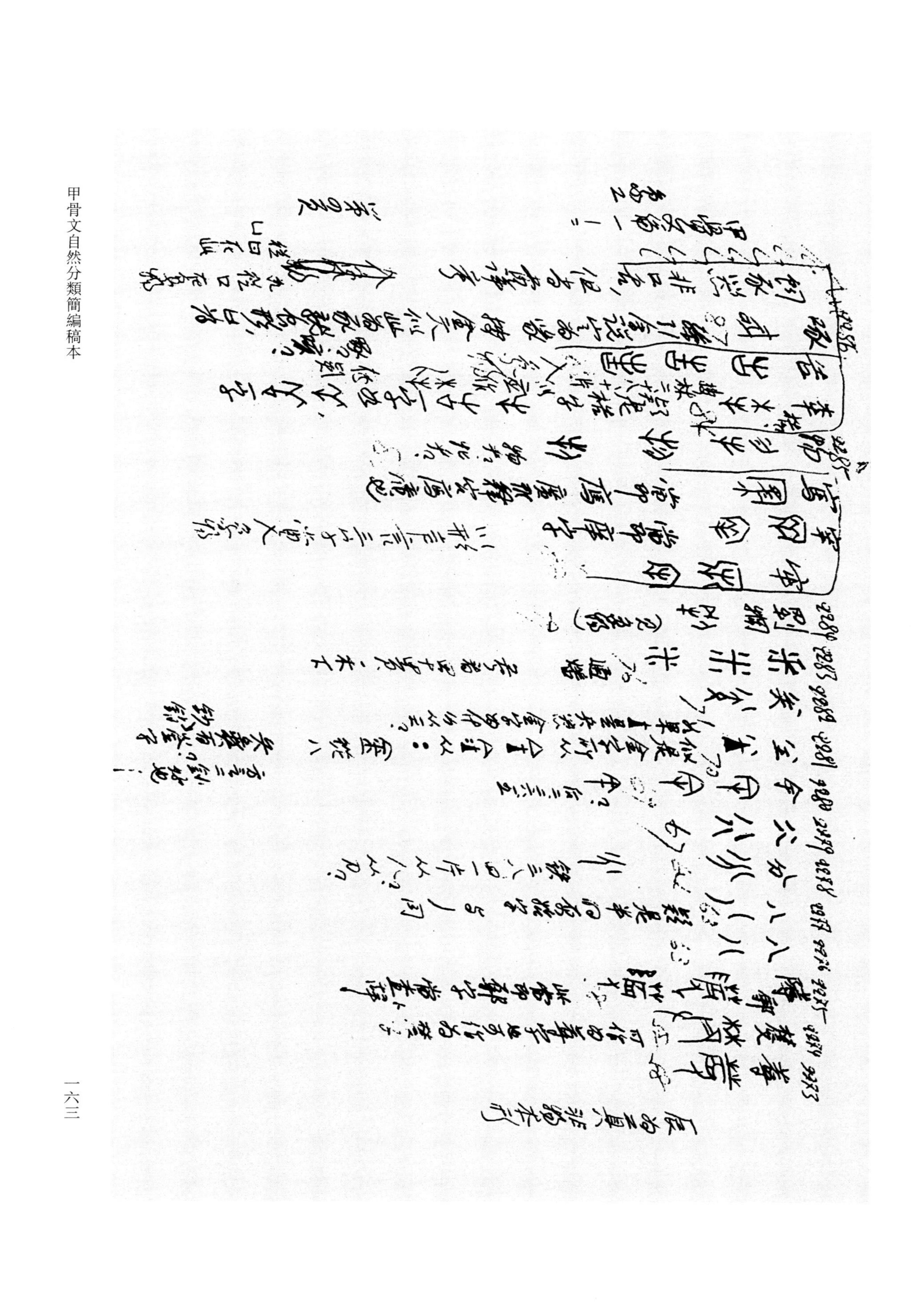

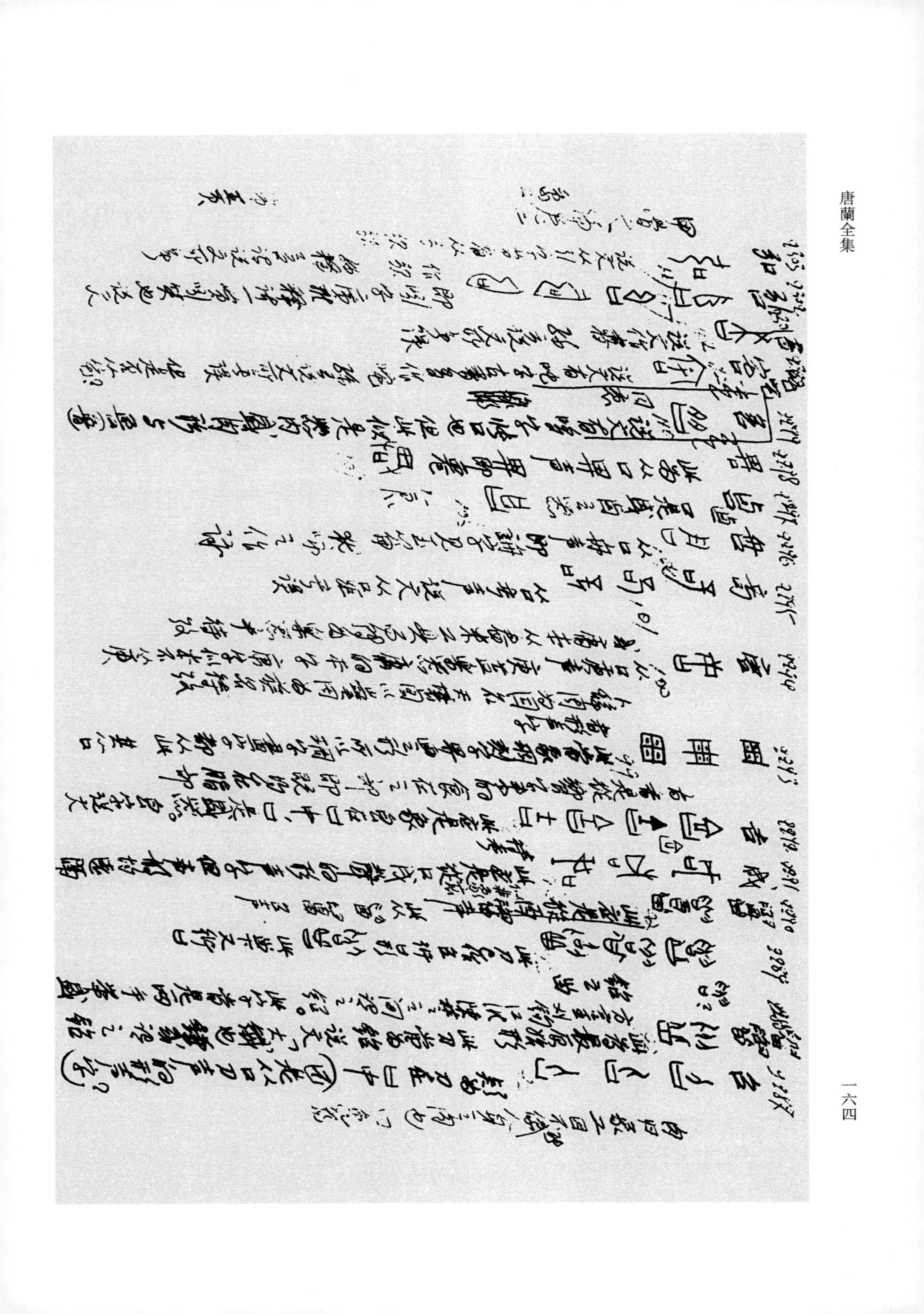

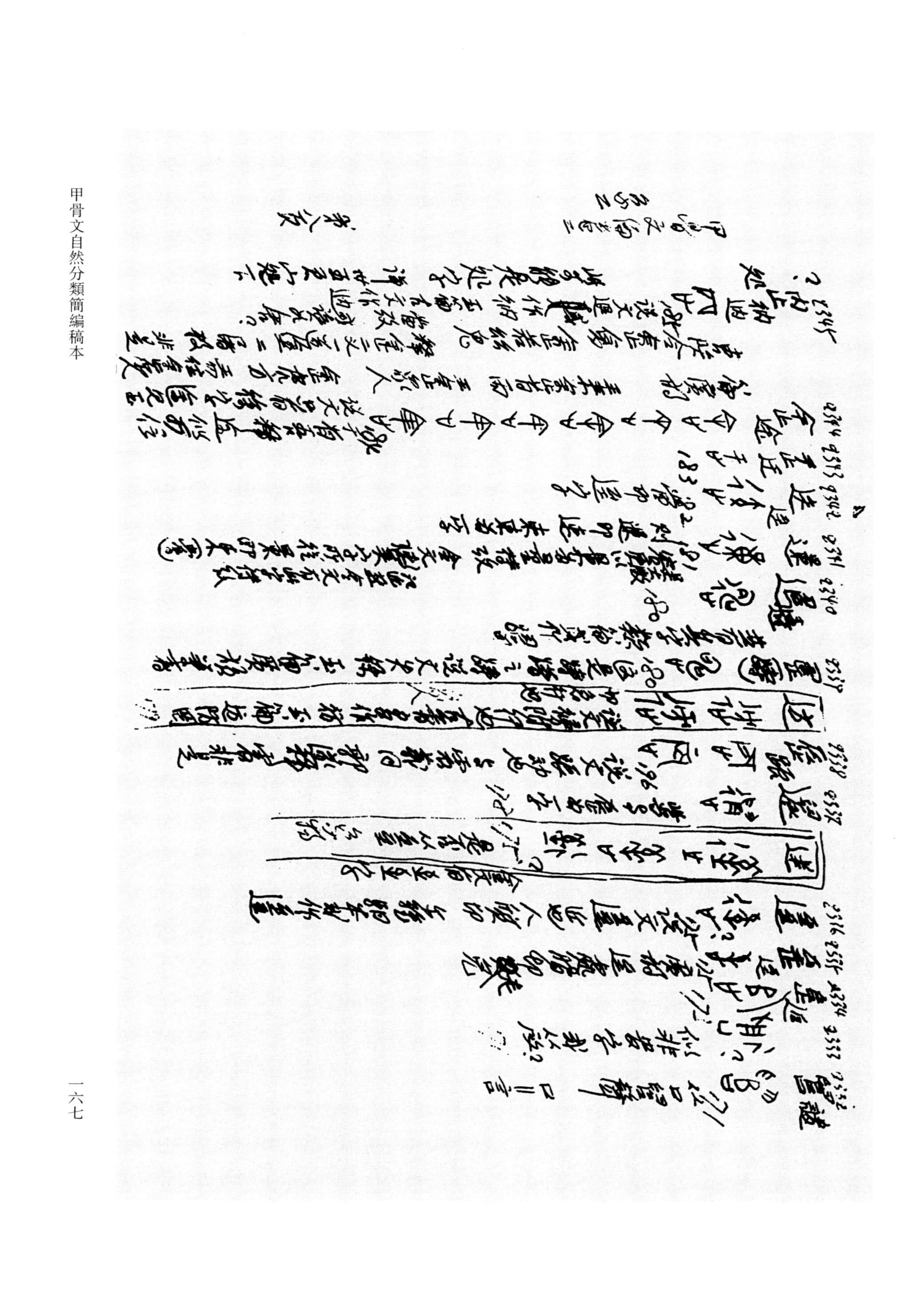

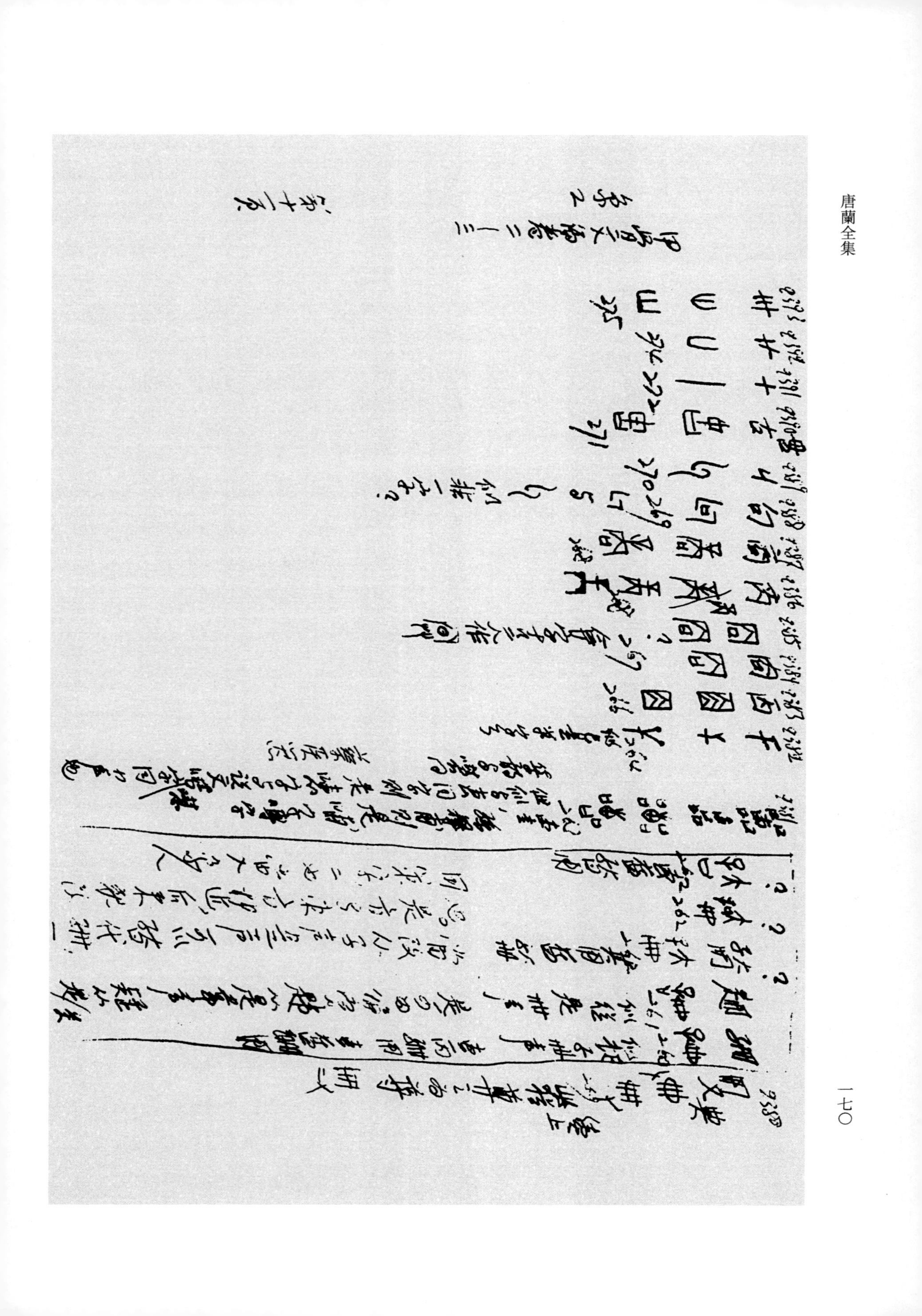

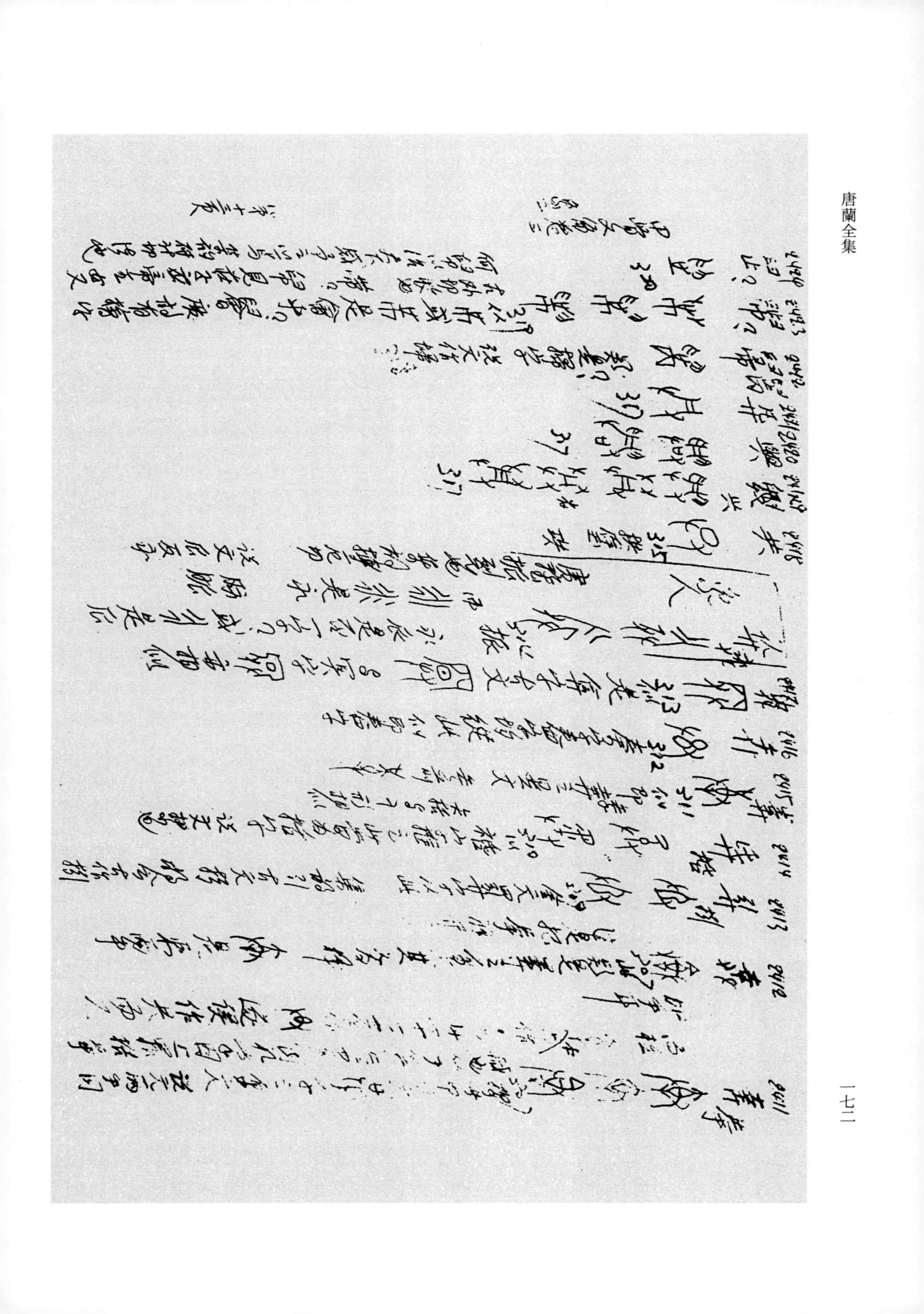

2425

2426

2427

2428

2429

2430

2431

2432

2433

2434

2435

2436

2437

2438

2439

2443

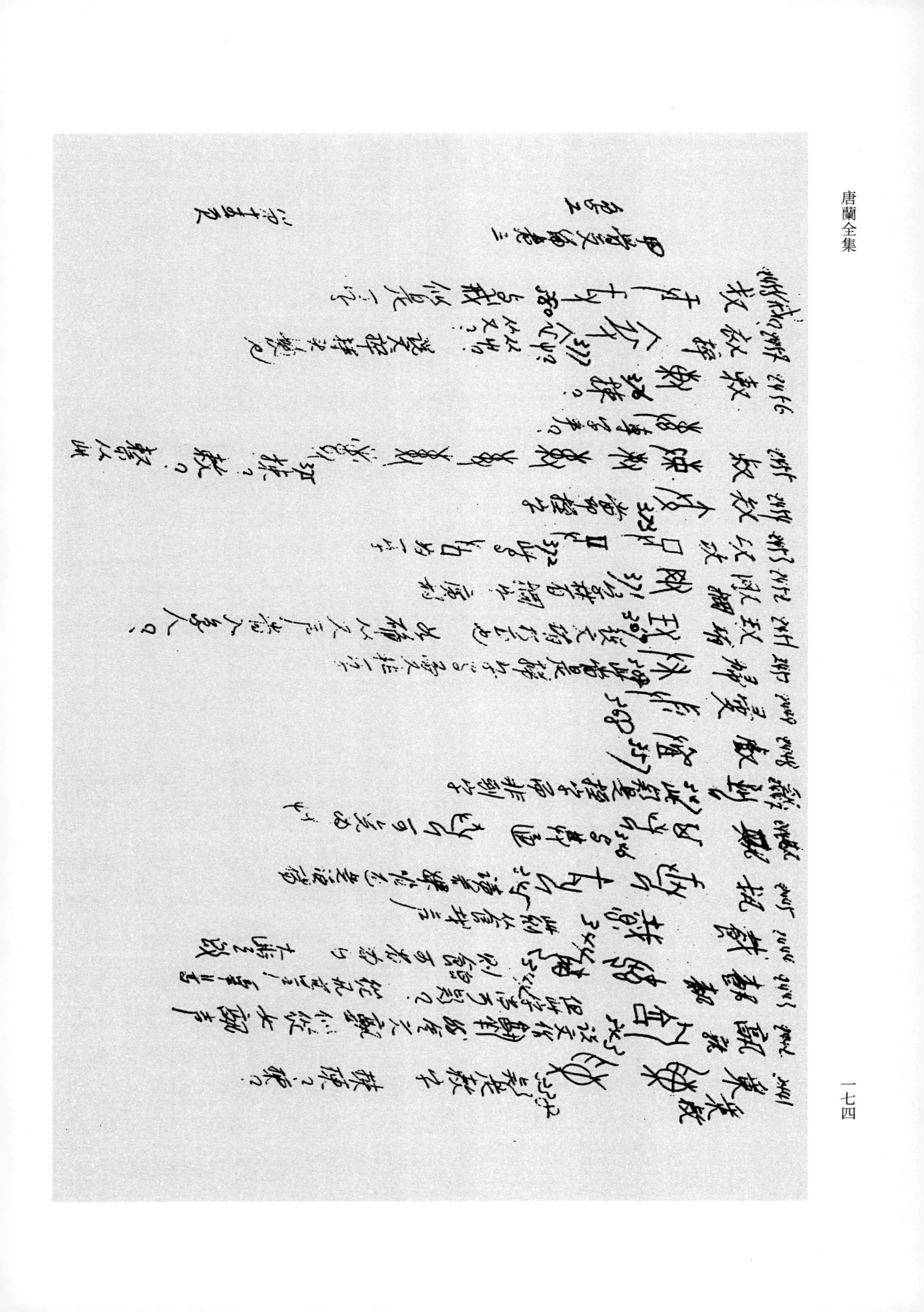

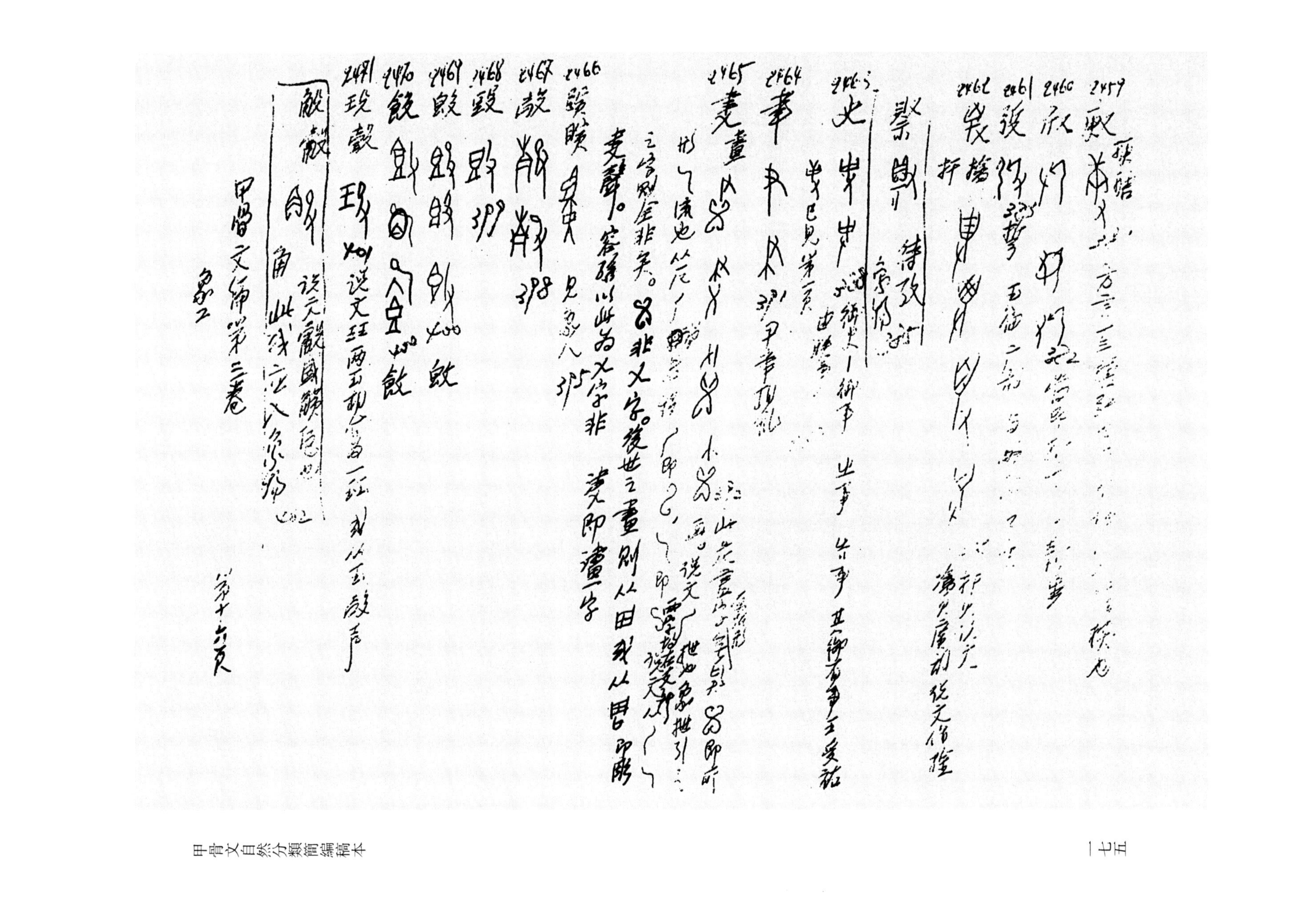

2459 [illegible] 方言 [illegible]

2460 [illegible]

2461 [illegible]

2462 [illegible]

2463 史 [illegible]

2464 事 [illegible]

2465 叏畫 [illegible] 形乚隸也 [illegible] 之字別全非矣。叏聲。審孫以此為文字非 [illegible] 非文字。後世之畫則从田我从畕 叏即畫字

2466 [illegible]

2467 [illegible]

2468 [illegible]

2469 [illegible]

2470 [illegible] 說文 [illegible]

2471 [illegible] 說文 [illegible]

甲骨文編第三卷

第十六頁

2472 殺 敉 糸在易乙之，在系務？

2473 殺 此是否一字需查 陳一〇九 应入后毀下？

2474 殺 是否从杏？待詳

2475 殺 405 此仅見戩四、七 疑是杸字 木字中也有一五三？ 説文杸軍中士所持殳也

2476 㱾 攺

2477 綏 㲉 409 從殳𣪊得例此為㲉 説文以縛也 …釋以𣪊謹也

2478 殺 409 此字…是… 説文…

2479 專

2480 專 412

2481 專 此字…從專 … 説文在某部作 … 疑當從…

2482 𢿱 非專字，孫誤。 416

2483 吏 421

2484 徹 423 兄易字

2485 畋 425

2486 歙 427 后字通以欽為歙之俗字

2487 敔 430 此字當即擇字説文擇也

甲骨文字編卷三 系工

第十七頁

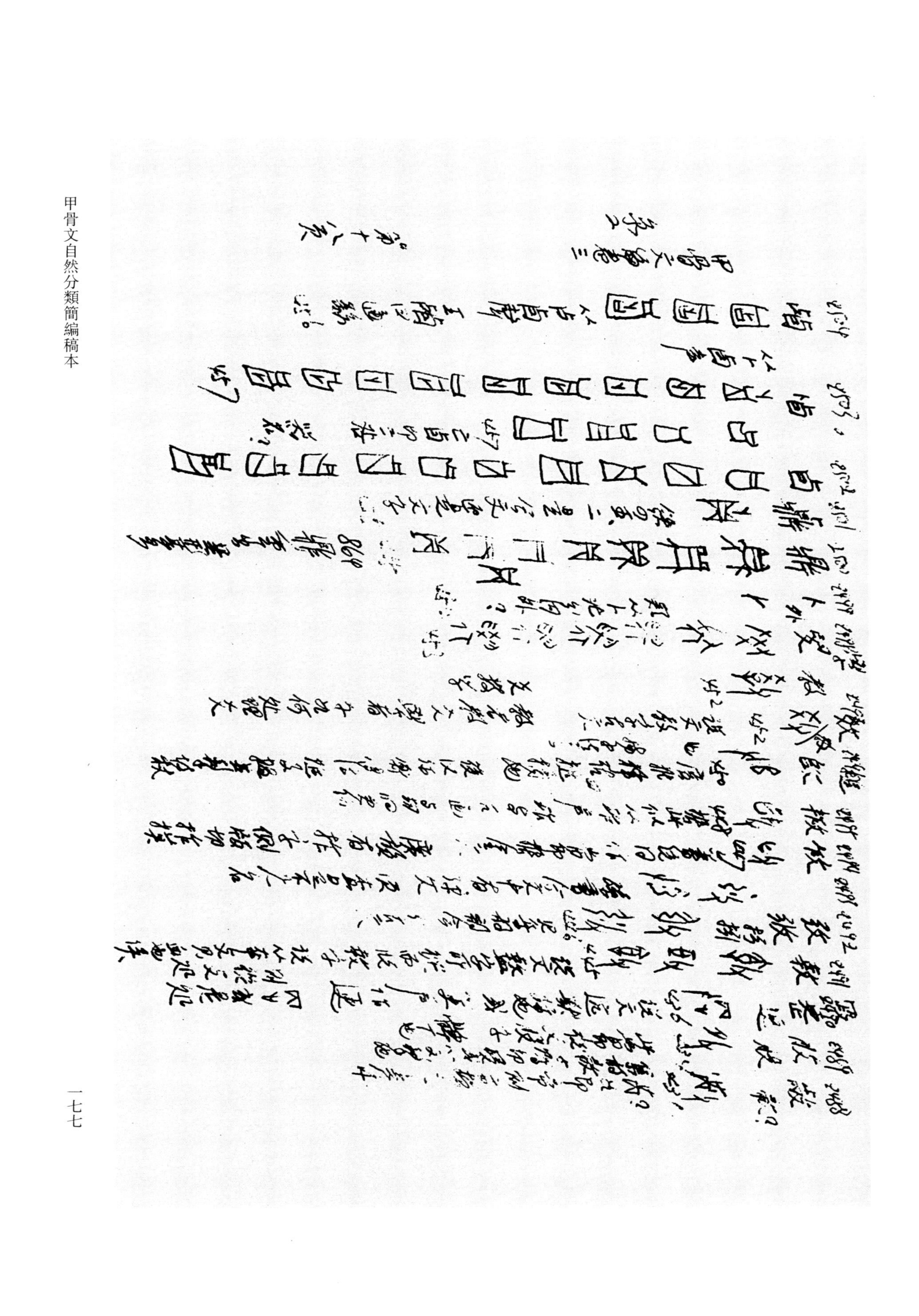

2516 雉 兄另見 不類象

鶉 此說非是 不从大西从矢 羅与雉併 說文鶉胡汙澤也又作鶘 雉亦作雞

2517 雞 不雞歟 玉篇 鶉鳥 此南方異鳥

2518 雉 从隹 王聲 從隹从隹 从疾声 左傳昭元年有雉 太宗閔閔貴疾作疾

2519 雝 从隹 从鄉 或作 說文雝渠也 雝从隹邕声 詩雝雝鳴雁 即雝字假爲名

2520 舊 說文舊鴟舊舊留也 从萑臼聲

2521 瞿 說文瞿 从隹从 从隹 二目

2522 2523 雀 从隹 从小 說文雀 依人小鳥也 从小隹

2524 雄 从隹 說文雄 鳥父也 从隹厷聲

2526 雔 說文 雙鳥也 从二隹 讀若醻 又雔 前人釋雙 說雔从二隹 雔从三隹 从雥 此字是

2525 瞿 此是驚字 从瞿从昍 从隹从目 說文瞿 鷹隼之視也 从隹从昍 昍亦聲 从人

2527 隻 从隹 从又 說文隻 鳥一枚也 从又持隹 田非田 此當是之本字

2528 隹 从隹 从女

2529 旌 此字旧釋鷹 从佳从於 从於从佳 於与旌 旌字相类 或是旌字 則是旌旂字 商承祚以此當釋爲旌 說之人自有旌字 朕字

甲骨文字卷四 第二十頁

2547 叟 插 [illegible] 廣韵一董 櫎 他孔切 [illegible] 見[illegible]

2548 敀 [illegible]

2549 [illegible]

2550 奴 [illegible]

2551 丙 [illegible]

2552 別 剐 [illegible]

2553 肉 [illegible]

2554 膏 喈嗐語 [illegible] 後从高者作膏

2555 [illegible] 谷膏聲即嗐字 [illegible]

商承祚釋此為卬

膏字從不知者 字說文云從口也 不應在骨下

2556 刀

2557 初

2558 剛

2559 [illegible] 說文剝或从卜声

2560 [illegible]

2561 [illegible] 制字从此 當是制字 [illegible] 字从此

2562 絕 說文絕斷絲也从糸从刀从卩 古文作[illegible] 本但从刀从糸 [illegible] 从刀斷絲

2563 [illegible] 商承祚釋劓 說見乙編 [illegible] 不誤。

2564 劉 見[illegible]

甲骨文編 [illegible]

[illegible] 二十二五八

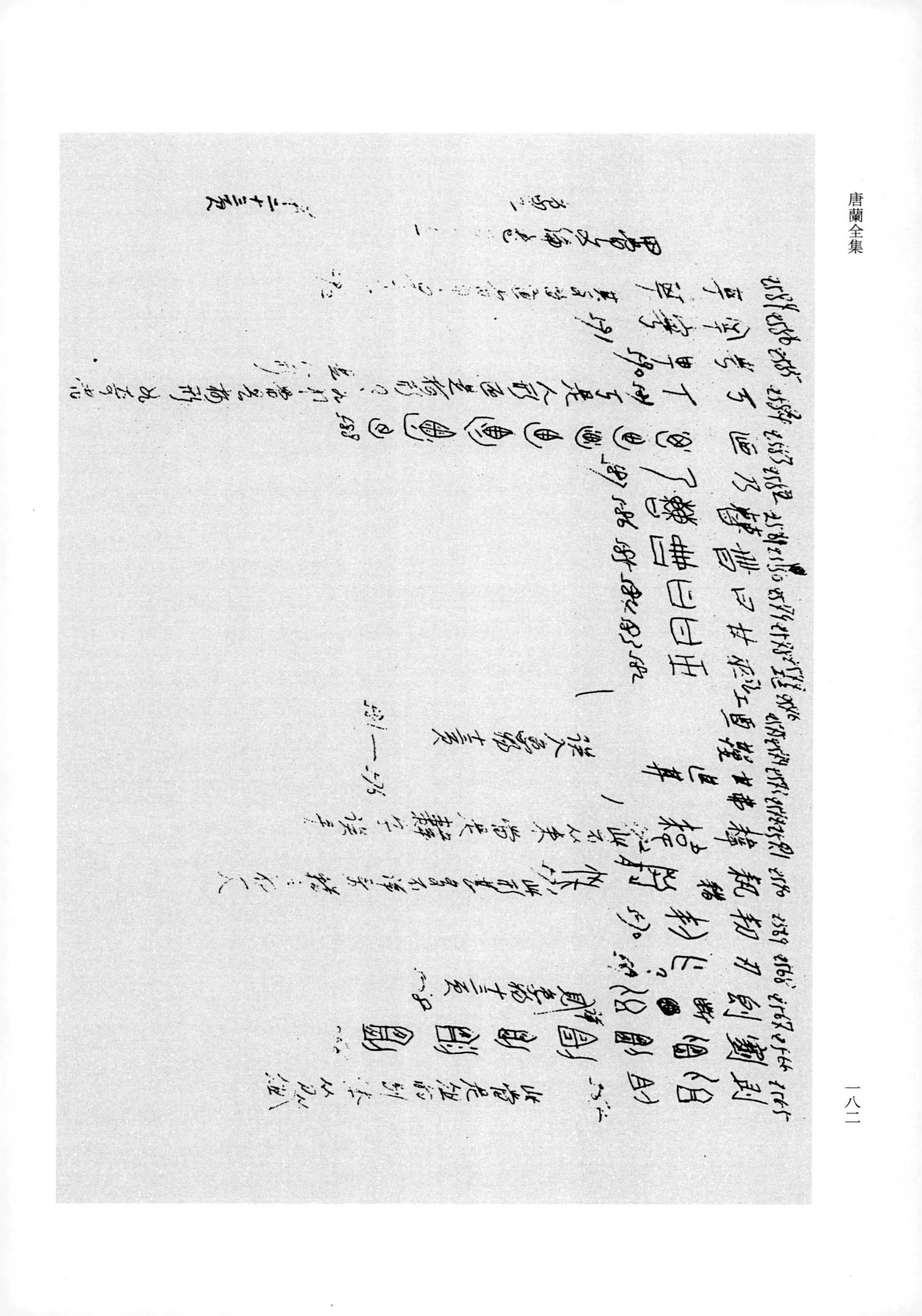

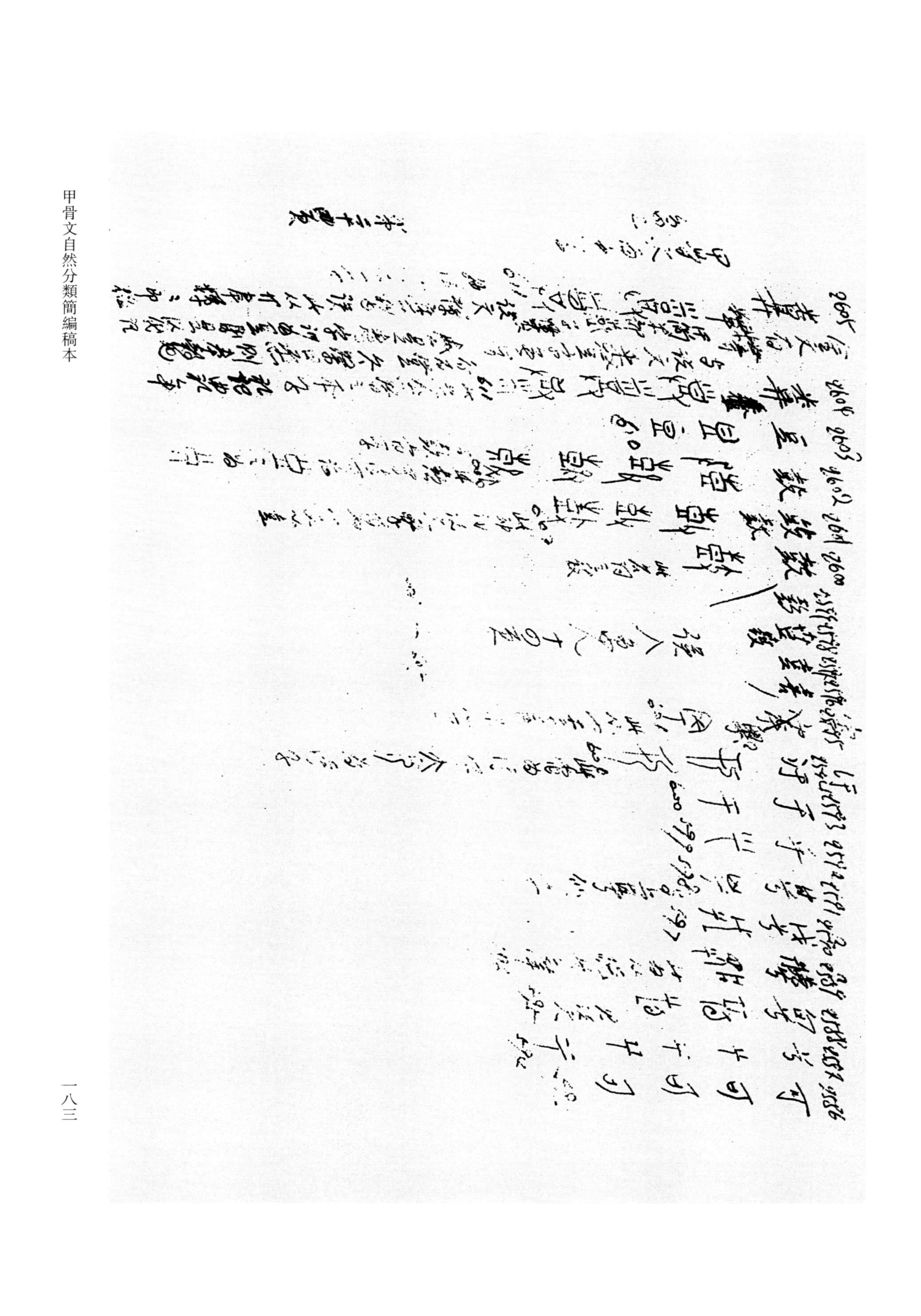

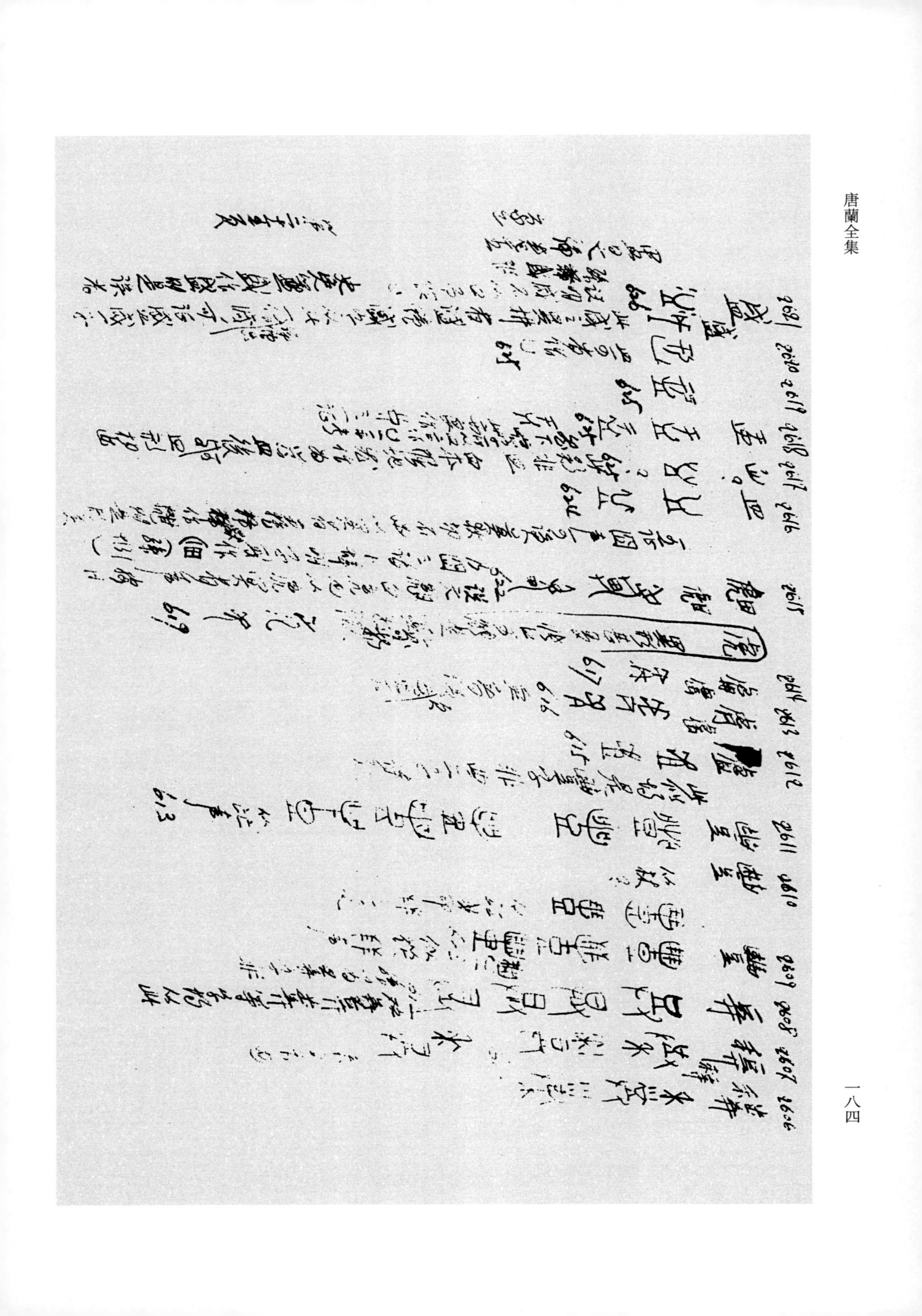

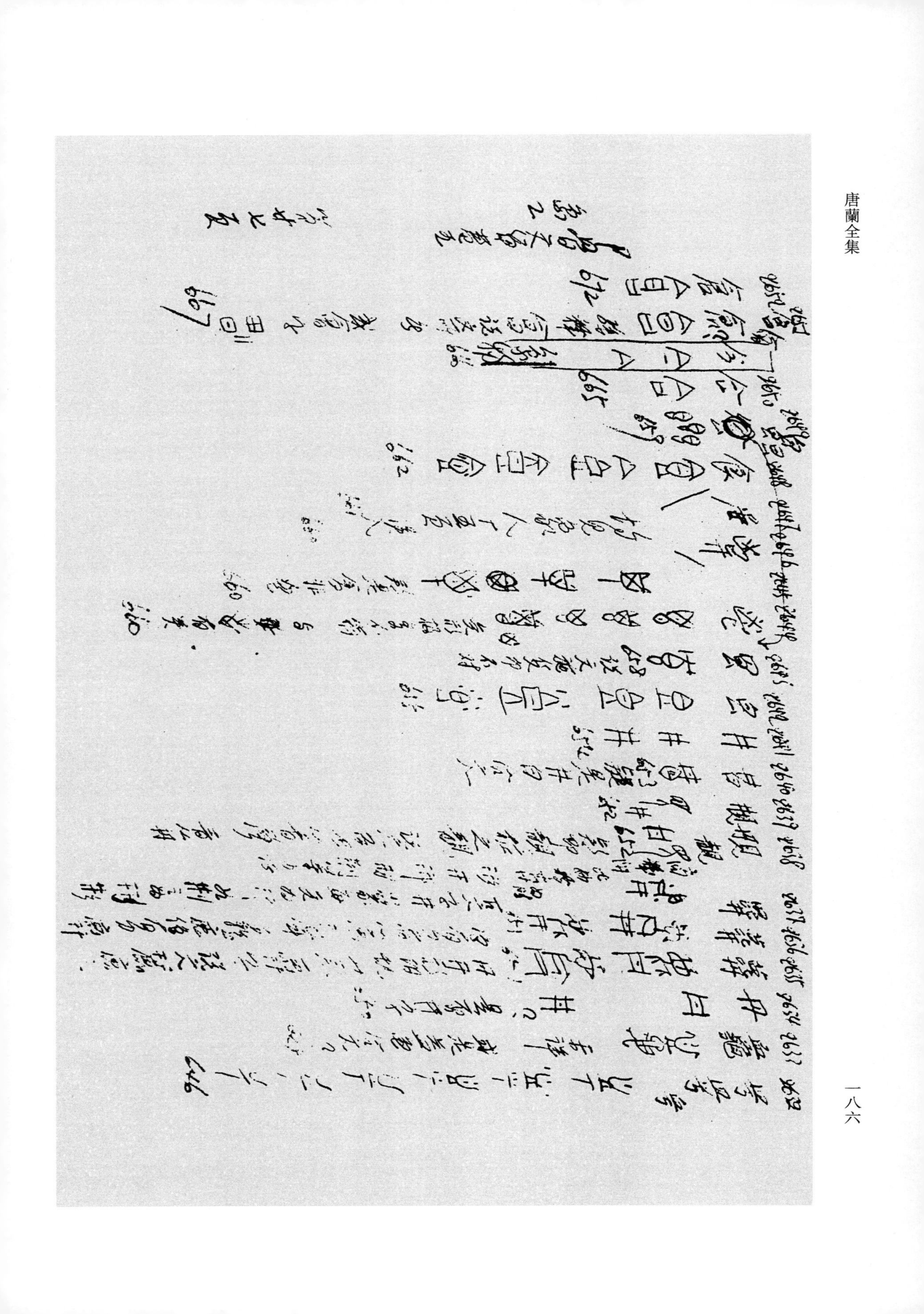

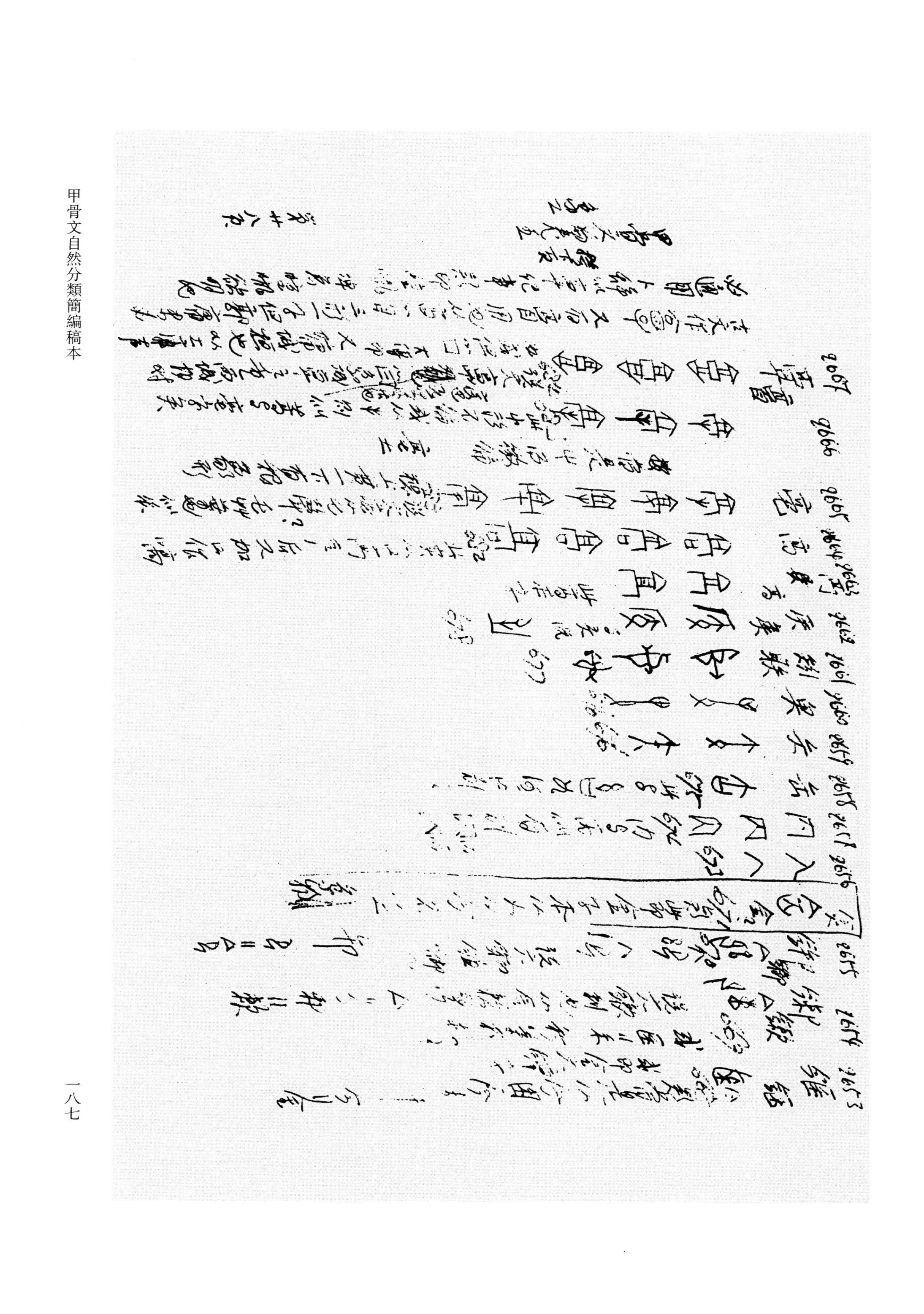

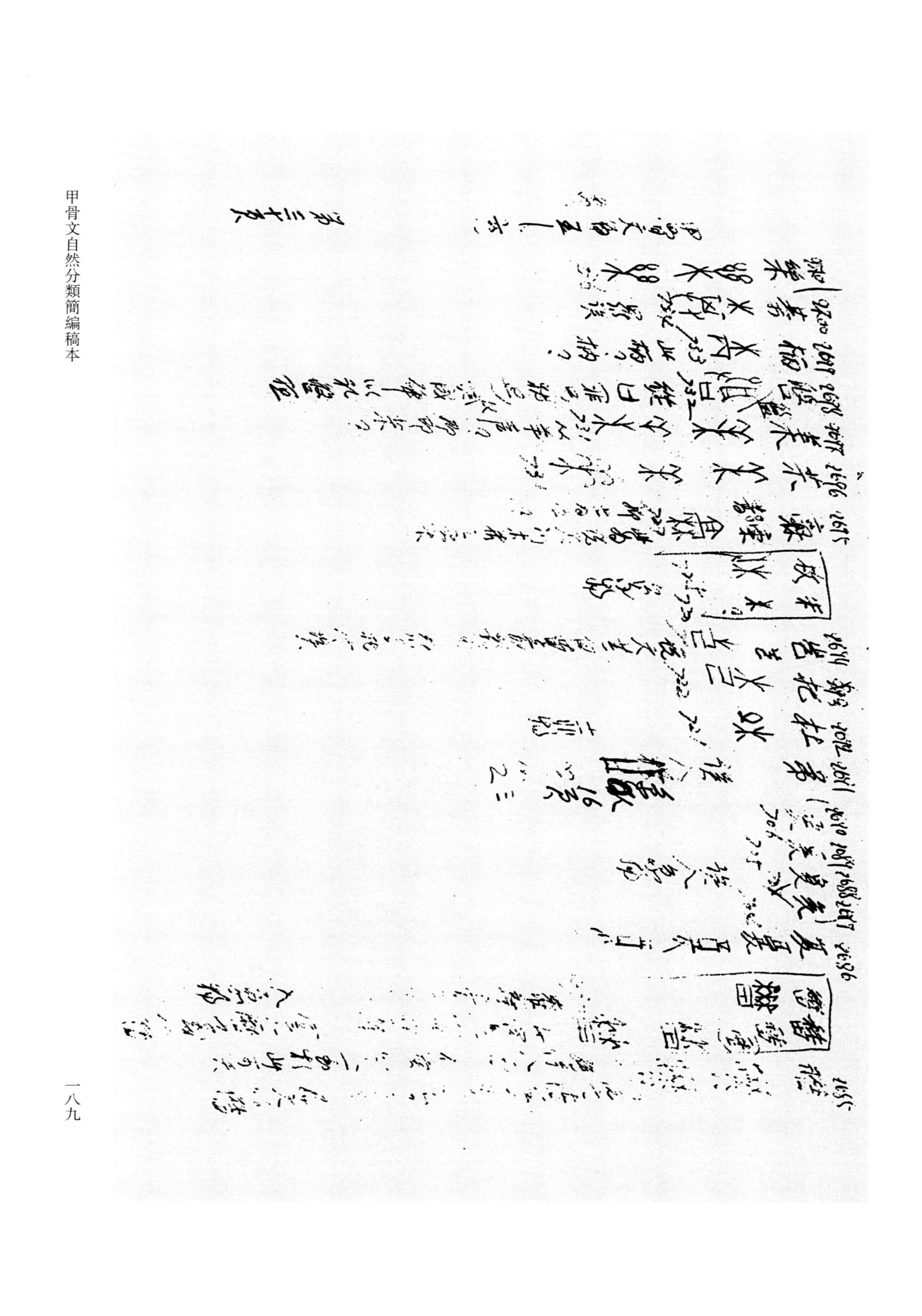

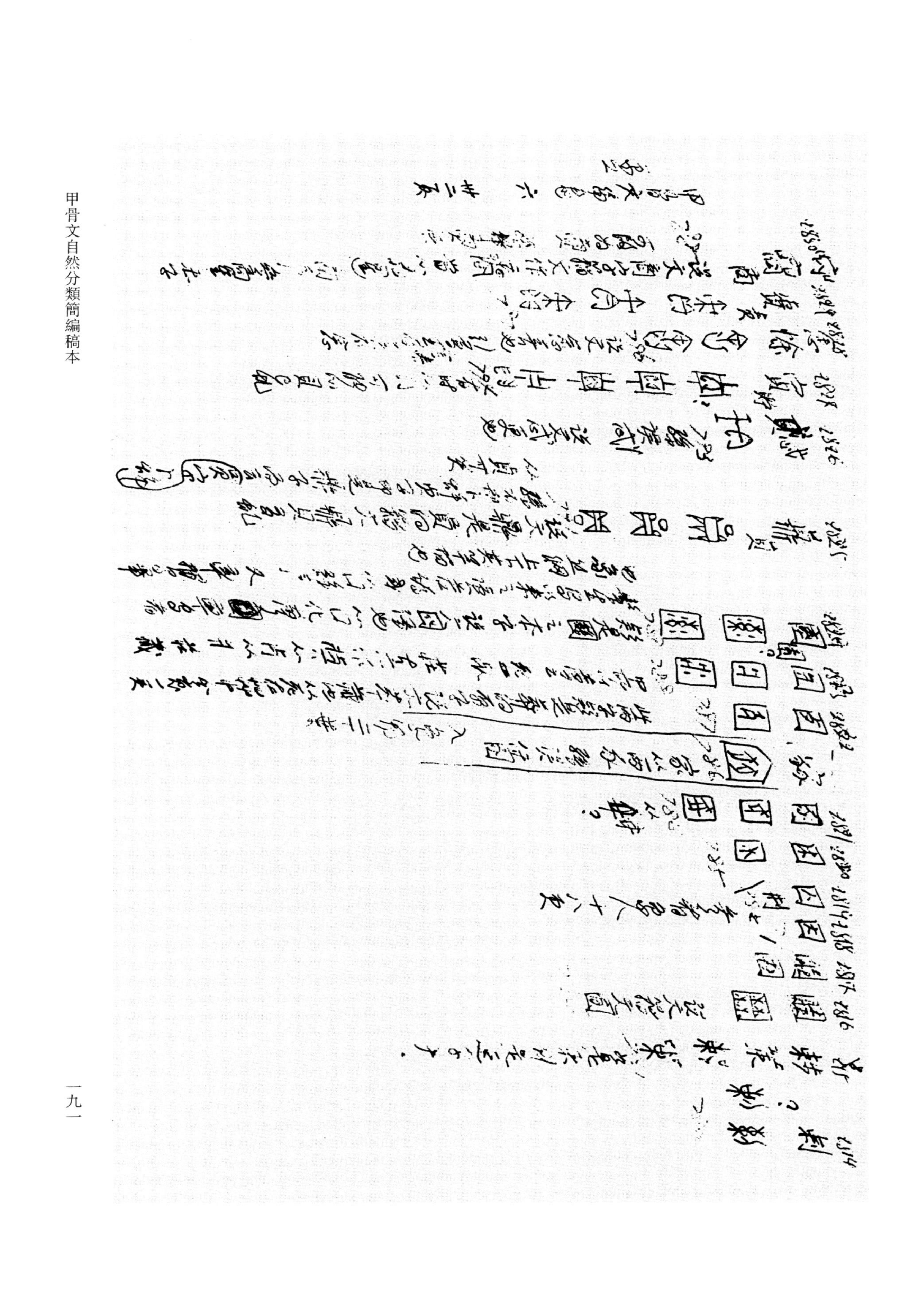

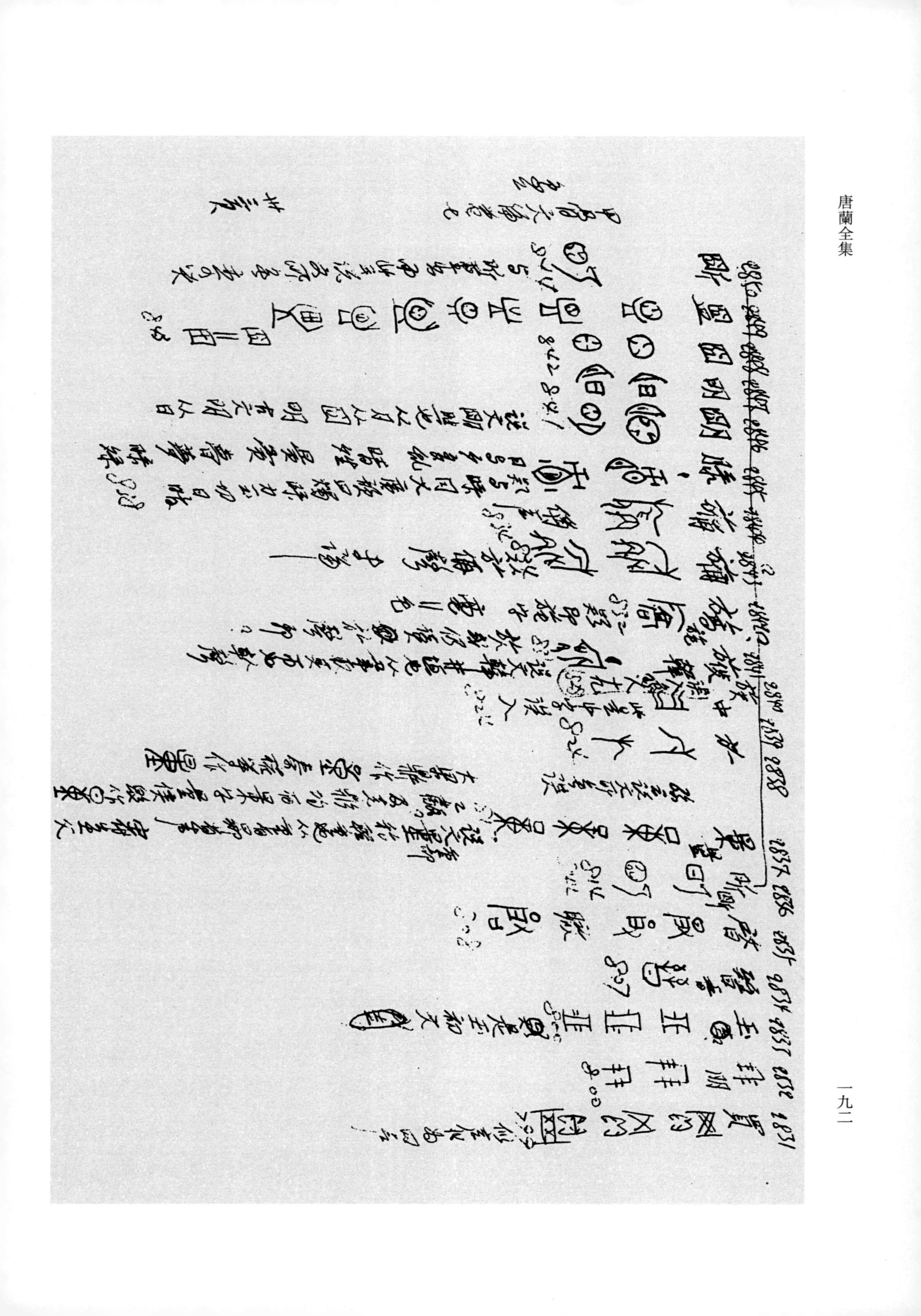

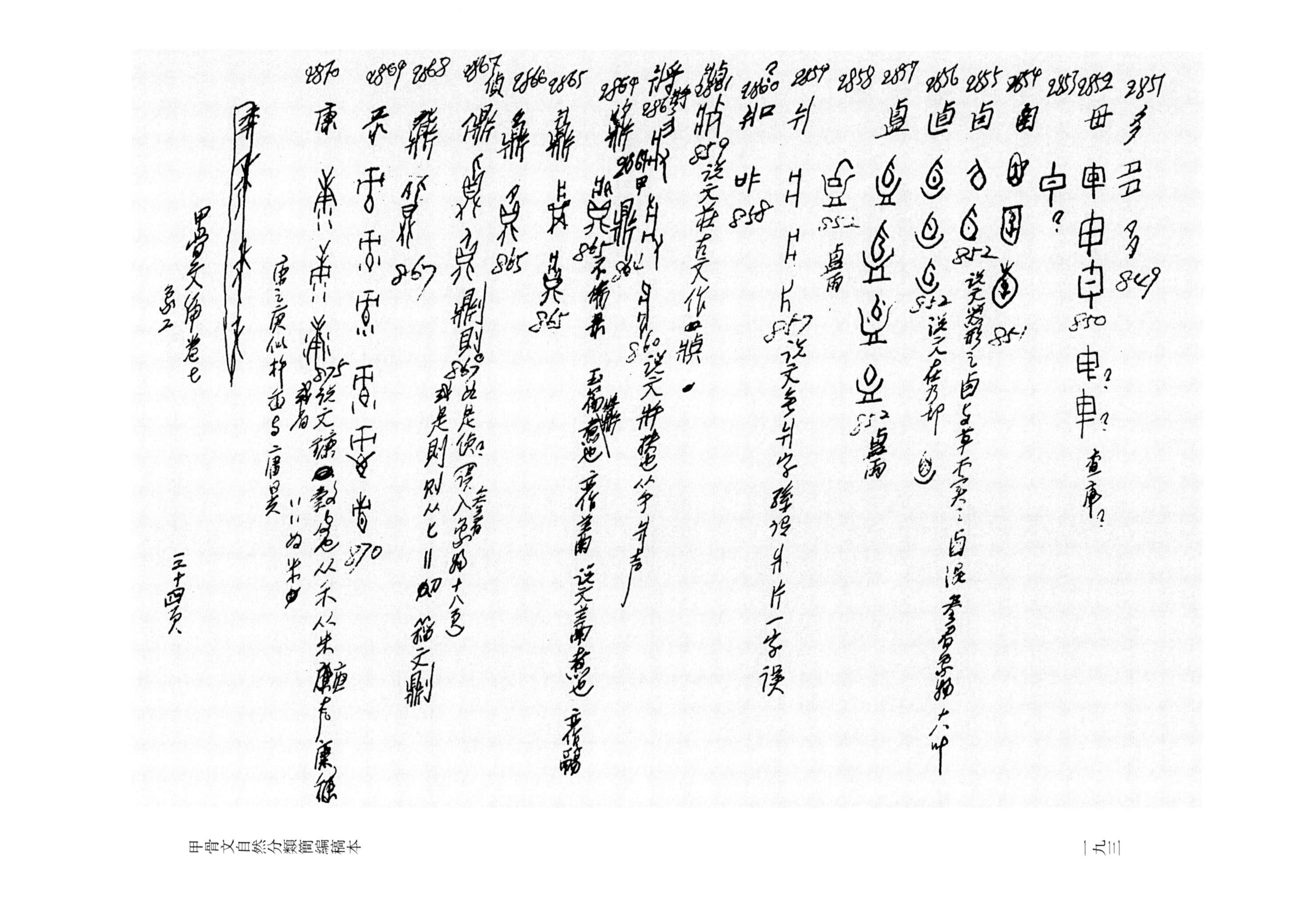

2851 多 [illegible] 849

2852 [illegible] 申 申 [illegible] 850 申? 申? 查庚?

2853 中?

2854 [illegible] 851 說文[illegible]

2855 卣 [illegible] 852 說文[illegible]卣[illegible] 參看[illegible]六八叶

2856 [illegible] 852 說文在乃部 [illegible]

2857 [illegible] 852 卣雨

2858 [illegible] 852 卣雨

2859 [illegible] 857 說文無爿字 疑爿片一字誤

2860? [illegible] 858

2861 [illegible] 859 說文[illegible]古文作[illegible]

2862 [illegible] 860 說文牂[illegible]从羊爿声

2863 2864 [illegible] 861 不備者 玉篇[illegible] 說文[illegible]

2865 [illegible] 865

2866 [illegible] 865

2867 [illegible] 866 說文[illegible]是[illegible] 參看[illegible]十八叶 是則[illegible] 籀文[illegible]

2868 [illegible] 867

2869 [illegible] 870

2870 康 [illegible] 875 說文穅[illegible]从禾从米 康[illegible]

唐[illegible] [illegible]

甲骨文編卷七 [illegible]

三十四頁

2871 黍 說文黍禾屬而黏者也从禾雨省聲 [illegible] 一曰屬禾名 [illegible] 从森

2872 𣡌 櫱 說文𣡌伐木餘也从木獻聲 櫱 或从木辥聲 不 古文从木無頭

棒 古文从木辛聲 木＝禾 辥＝辛

2873 柵 說文柵編樹木也从木从冊冊亦聲

2874 囷 說文囷廩之圜者从禾在囗中圜謂之囷方謂之京 [illegible] 匚即方(匚) 畜是方謂之囷

2875 [illegible] 此似从匚 [illegible] 聲 [illegible] 徐音 [illegible]

2876 析 析 即析字

2877 [illegible] 是 [illegible] 之異体

2878 [illegible] 說文 [illegible] 也从木 [illegible] 聲

2879 [illegible]

2880 [illegible]

2881 宀

2882 宅

2883 室

2884 宮 宣

2885 向

2886 宜

2887 [illegible]

2888 宰

2889 [illegible]

見 [illegible] 二十頁

甲骨文編卷七

[illegible]

三十五頁

2890 寴 [glyph] 911 說文屋傾下也从宀執聲

2891 䆑 [glyph] 从執疋聲 說文 [illegible] 之足也从足執聲

2892 宗 [glyph] [glyph] 912

2893 [illegible] [glyph] [glyph] 912

2894 宙 [glyph] 913 彭 垔（煙古文）字 卜辭以[illegible]為西 垔字或作陋 不往上
則 [glyph] [glyph] 等均是煙字 王國維 垔古文煙字
郭釋由 誤 由作 [glyph]

2895 福 [glyph] 914 福字 郭云金文有此

2896 [illegible] [glyph] 915 從宀 [illegible] 聲 即[illegible]字 說文 [illegible]
[illegible]

2897 [illegible] 宊 処 [glyph] [glyph] 說文処止也 得几而止 从几从夊 [illegible]
冂當即冂 此从宀処聲
処訓安訓[illegible] 在家將処女 [illegible] 从[illegible]

2898 [illegible] [glyph] 919 此當从宀 [illegible]

2899 [illegible] [glyph] 920 說文 [illegible] 室也 [illegible]
孫云 說文所[illegible] 此[illegible] 說文

2900 [illegible] [glyph] 921 [illegible] 則此即宀[illegible]字

2901 [illegible] 摧 [glyph] [glyph] 922 說文摧 [illegible] 也一曰 [illegible] 也从手 [illegible]

2902 [illegible] [glyph] 922 [illegible] 未切[illegible]
孫釋[illegible] 誤

2903 [illegible] [glyph] [glyph] [glyph] 923

2904? [illegible] [glyph] 924 从宀[illegible]聲 参看下頁[illegible]

甲骨文編卷七
[illegible]

卅六頁

2905 𡫳 [illegible] 930 从宀殸聲

2906 𡧍 [illegible] 932 郭是據三本字屋集

2907 宵 [illegible] 934 說文宀部十一字所從出 誤脫耳 在從宀月聲

? 宲 御？ [illegible] 938 此如从卩从向言，則是御字，說文也在古璽作卿御 向見廿五頁 如是从口从宀則應入象人 如是从止从向則在此 如是从口从宀止則入象人

節 [illegible] 937 詔从宀从止 入象人

2908 [illegible] [illegible] 948 从宀𢆶聲

2909 寴 宀新 [illegible] [illegible] [illegible] [illegible] 从宀新聲 寴宗 [illegible] 新聲 另見

2910 宰 [illegible] [illegible] 說文有寴字 [illegible] 从宀[illegible]聲 說文作宀吾 寤也 从宀吾聲 金文寴[illegible]即親 古[illegible]寴即親 午=吾 作午 說文有[illegible] 𢖍[illegible]言 [illegible] 寤也 [illegible]文[illegible] 說文有[illegible]字从午吾 [illegible]字从午吾聲 之字[illegible]為吾[illegible] 从午聲 古音[illegible] 石鼓以[illegible]為吾 則午吾之古音是接近之首 楚王[illegible]章鐘及[illegible]氏

2911 宦 宎 [illegible] 937 從宀𠂤聲 [illegible]聲 讀如宎 所謂商[illegible]有宎字

2912 宮 [illegible] [illegible] [illegible] 從呂(𠀬)聲 非金屬之呂 而是雍所从之〇〇 船亦从口

2913 呂 呂 959

2914 [illegible] 宷 [illegible] [illegible] [illegible] [illegible] [illegible] 說文作宷 古書亦作 寀 金文作[illegible]

2915 俯？ 伷？ [illegible] 966 說文佣有[illegible]也 从人冉聲 孫詒讓入二卅下 [illegible]八六三 又服古文舨

2916 同 [illegible] [illegible] 說文同合會也 从冂从口 [illegible]从口月聲

2917 [illegible] [illegible] [illegible] 說文[illegible] 水[illegible]也 从[illegible]聲 [illegible] 非 崔 [illegible] 甲骨文編卷七 [illegible]

廿七頁

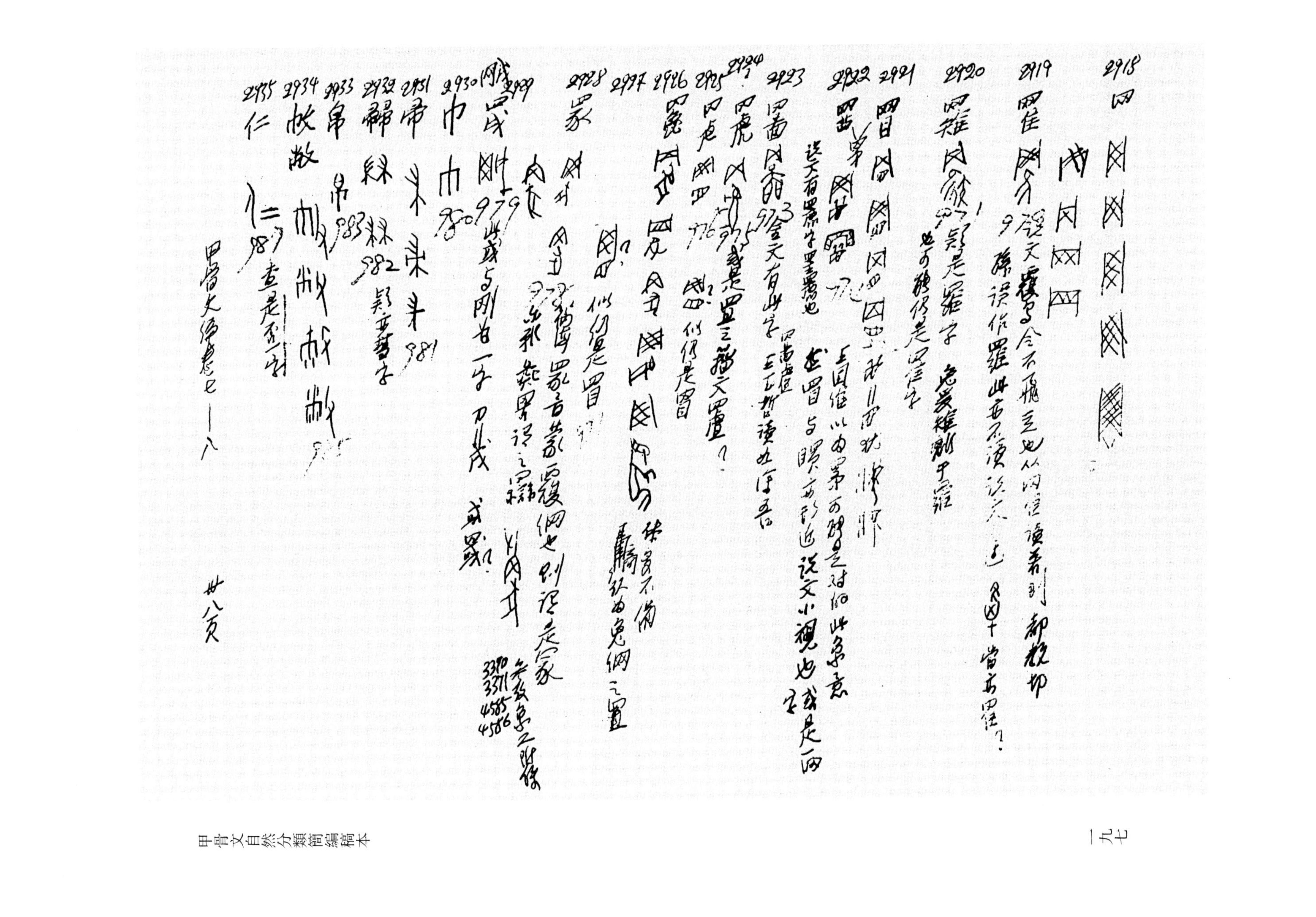

2918 网 [illegible]

2919 罹 [illegible] 說文羅以絲罟鳥也从网从維 [illegible]

2920 羅 [illegible] 是羅字 [illegible] 也可能仍是罹字 [illegible]

2921 罾 [illegible]

2922 罟 [illegible]

2923 罶 [illegible] 金文有此字 [illegible] 說文小視也 [illegible]

2924 虎 [illegible] 是罝之籀文罝？

2925 [illegible] 似仍是罟

2926 [illegible]

2927 [illegible] 似仍是罝

2928 冢 [illegible]

2929 [illegible]

2930 巾 [illegible] 980

2931 帚 [illegible] 981

2932 歸 [illegible] 982

2933 帛 [illegible] 983

2934 敝 [illegible]

2935 仁 [illegible] 987

甲骨文續編七·一八

廿八頁

2936 飾 說文飾，𠛬也，从巾从人食聲。孫誤釋倞

2937 㑶

2938 到 封

2939 依 孫誤合倗

2940 值 僖 說文僖，玉篇廣韵有值字 說文作𠊊，一至也

2941 嫭 嬉 說文嬉

2942 偯

2943 偁 說文偁，揚也，从人再聲

2944 𢾊

2945 𢱿

2946 𢹎

2947 𩣡 說文有騜字，馬行疾也，从馬𡘋聲

2948 任 仜 說文別有仜字，从工字似當以工為主

2949 刊 廣雅釋器鋌、𠛓、刊，廣韵𠛓也，古紅切

2950 傳

2951 代 查甲三一四

2952 弟 說文弟，韋束之次弟也，从古文之象。古文弟从古文韋省，丿聲。从弋从己（巳），篆文作 ……

2953 歖 歠 說文歠，言意也，从欠从鹵，鹵亦聲，讀若酉

2954 飲 說文㱃，歠也，从欠酓聲。从人食。金文常見，孫云說文所無，此從說文也，不懂金文

甲骨文編卷八

第二

2954 併 井 井 井 井 井 象人在井中 蓋書人形誤為刀

荣 說文在井部 罰辠也从井从刀易曰井者法也井亦聲 卜辭亦從

即三期(刱) 刑 刑 字 之 从人為人處刑之形 旧誤釋死 誤

殘 隸定從人刀之誤 殷之說文所象

併刑 ‖ 俐 狀 住(罰) ‖ 俐 礼刑 刑 者 俐也 [illegible]

2955 井 井 因 說文因就也从口从大 [illegible] 前从井 荆 刑 与 異 由 此 文入井

井 井 [illegible] 由 刑 [illegible] 由 [illegible] 与 [illegible]

由 酉(囚) 言之 [illegible] 非 是 酉 与 之 酉

人 刀 相 [illegible] 从 說 文 有 刑 字 脫 偏 字

2956 偪 偪 [illegible] 字 [illegible] 書 常 見

2957 使 使 1017 [illegible] 使 字 [illegible] 切 使 [illegible] 切

化 (屆) 說文已用也 从反巳 似 [illegible] 从 人 巳 [illegible]

似 似 [illegible] 二 似 [illegible] 者 [illegible] 是 以 似 之

入 [illegible] 斯 于 似 [illegible] 者 [illegible] 天 以 [illegible] 是 似 [illegible]

[illegible] 也 [illegible] 西 似 古 子 子 巳

2958 [illegible]

2959 備 1019 誤入 [illegible] 人 茧 頁

2960? 𠂤 从 人 鼻 声 卜辭 有 鼻 字 又 有 稱 字 [illegible]

2961 [illegible] 供 佃 ‖ 因 [illegible] 非 相 [illegible] 供 說文作 [illegible]

2962 弋 1034 誤入 [illegible] 人 [illegible] 頁 [illegible] 誤 入 [illegible]

2963 衣 1038

2964 [illegible] 1020? [illegible] 是 [illegible] 事 [illegible] 書

2965 [illegible] 甲骨文 [illegible] 卷 八 [illegible]

四十 [illegible]

2966 裘 1042 說文裘，皮衣也，从衣求聲，一曰象形，與衰同意

其所說象形即求，所以說與衰同意

又舀 舀字从又舟

2967 舟

2968 舶 1054

2969 般 1054

2970 1053

2971? 1055 當是从舟角聲

2972 方 1057 說文方，併船也，象兩舟省總頭形

按方並不象併兩舟，而似從刀形，方

與兇形易亂，……，但方从不作……可見

不从人形，此字象……之待考

2973 求 1057 當是从水方聲，可能與滂為一字，說文汸或从水

2974 汸

2975 1067 誤 說文，說餂也，从丮食才聲

2976 邢 1069 說文邢，周公子所封地，近河內懷，从邑开聲

按周公子實封井也，邢字此邢也別一地 井邢當相亂

2977? 祖

2978 視 1073 疑是……之誤 查前二、七、二

2979 歙

2980 邘 1092 說文……从人……聲

2981 鄣 1093 說文……从大从人……是……之……?

2982? 邛 1096 說文邛，地名，在濟陰，从邑工聲

2983 邛 卲 1097 說文卲，晉邑也，从邑召聲

2984 卭 卩 卩 卩也

甲骨文編八·一九

四十一頁

第二

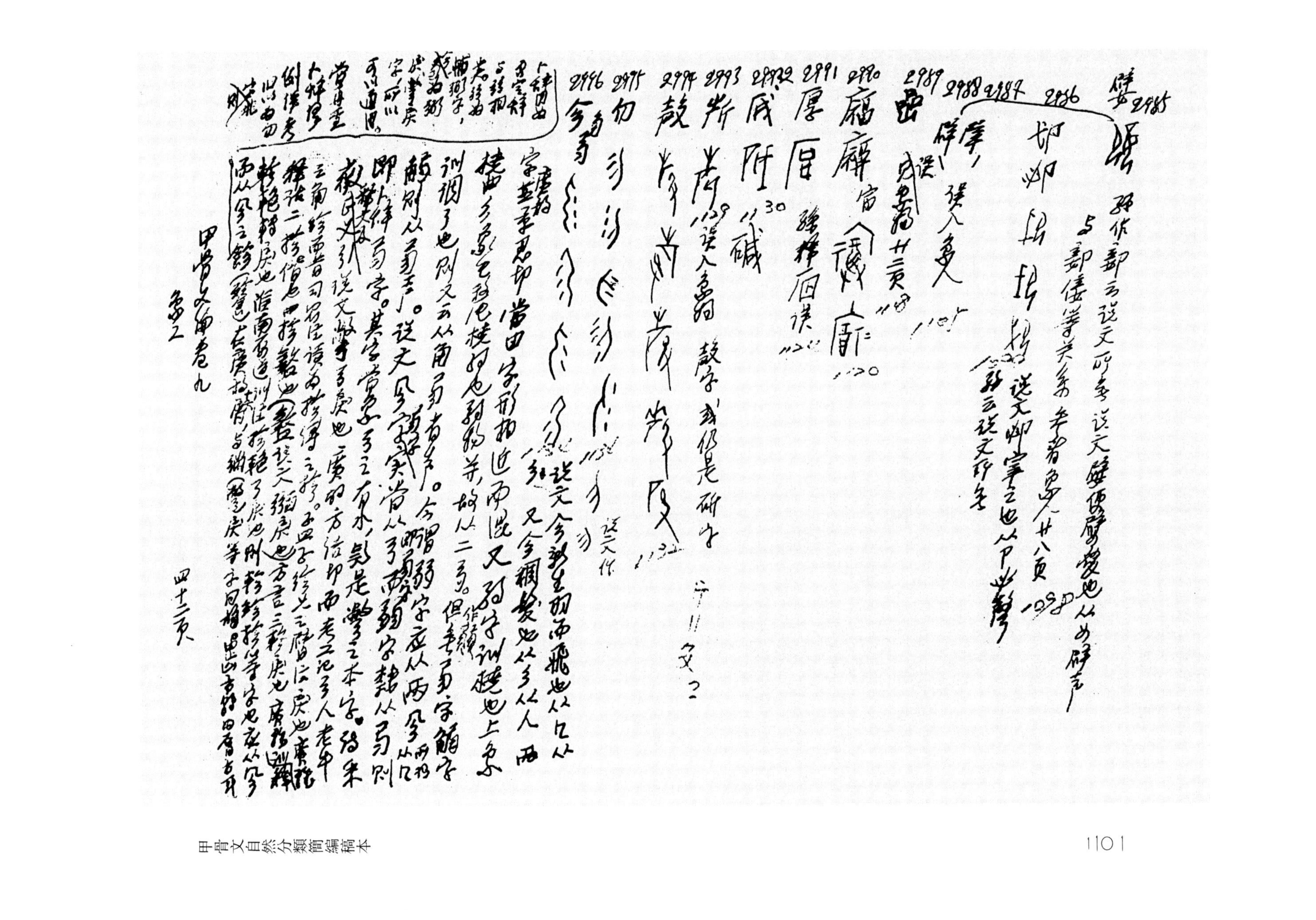

2985 辟 孫作鄗云說文所無 說文辟[illegible]也从[illegible]辟声

2986 [illegible] 与鄗[illegible]关系 今[illegible]八頁 1098

2987 卯 說文卯[illegible]也从卩[illegible]

2988 [illegible] 孫云說文所無

2989 [illegible] 从人[illegible] 1101

2990 [illegible] 从[illegible]廿三頁 1108

2991 [illegible] 當[illegible] 1120

2992 [illegible] [illegible] 1121

2993 [illegible] 30 [illegible]

2994 [illegible] 从入[illegible] 1129

2995 [illegible] 說文 1131

2996 [illegible] 說文[illegible]从人从[illegible] 又[illegible]也从[illegible]从人 [illegible]

[illegible]

[illegible] 說文 作[illegible] 但[illegible]字[illegible] 从[illegible]

[illegible]

甲骨文編卷九

第二

四十二頁

2997 [illegible] 1150 說文[illegible]廣雅釋[illegible]

2998 [illegible] 1150

2999 [illegible] 財 1150 [illegible]財字[illegible]

3000 易 沙 沙 沙 1150 抽 紬

3001 駁 1155 从馬交聲

3002 騮 1155 說文

3003 駡 [illegible] 从馬皆聲

3004 騂 1155 从馬辛聲

3005 [illegible] 1155 从馬[illegible] 廣雅釋[illegible] 玉篇[illegible]

3006 [illegible] 1155 从馬[illegible] 玉篇[illegible]

3007 駱 1155 [illegible]

3008 瑪 1160 [illegible]

3009 馮 1164 从馬各聲

3010 [illegible] 1164 說文[illegible]

3011 [illegible]

3012 [illegible] 1170

甲骨文編卷十

四十三頁

3013 [illegible]

3014 [illegible]

3015 [illegible]

3016 [illegible]

3017 [illegible]

3018 [illegible]

3019 [illegible]

3020 [illegible]

3021 [illegible]

3022 [illegible]

3023 [illegible]

3024 [illegible]

3025? [illegible]

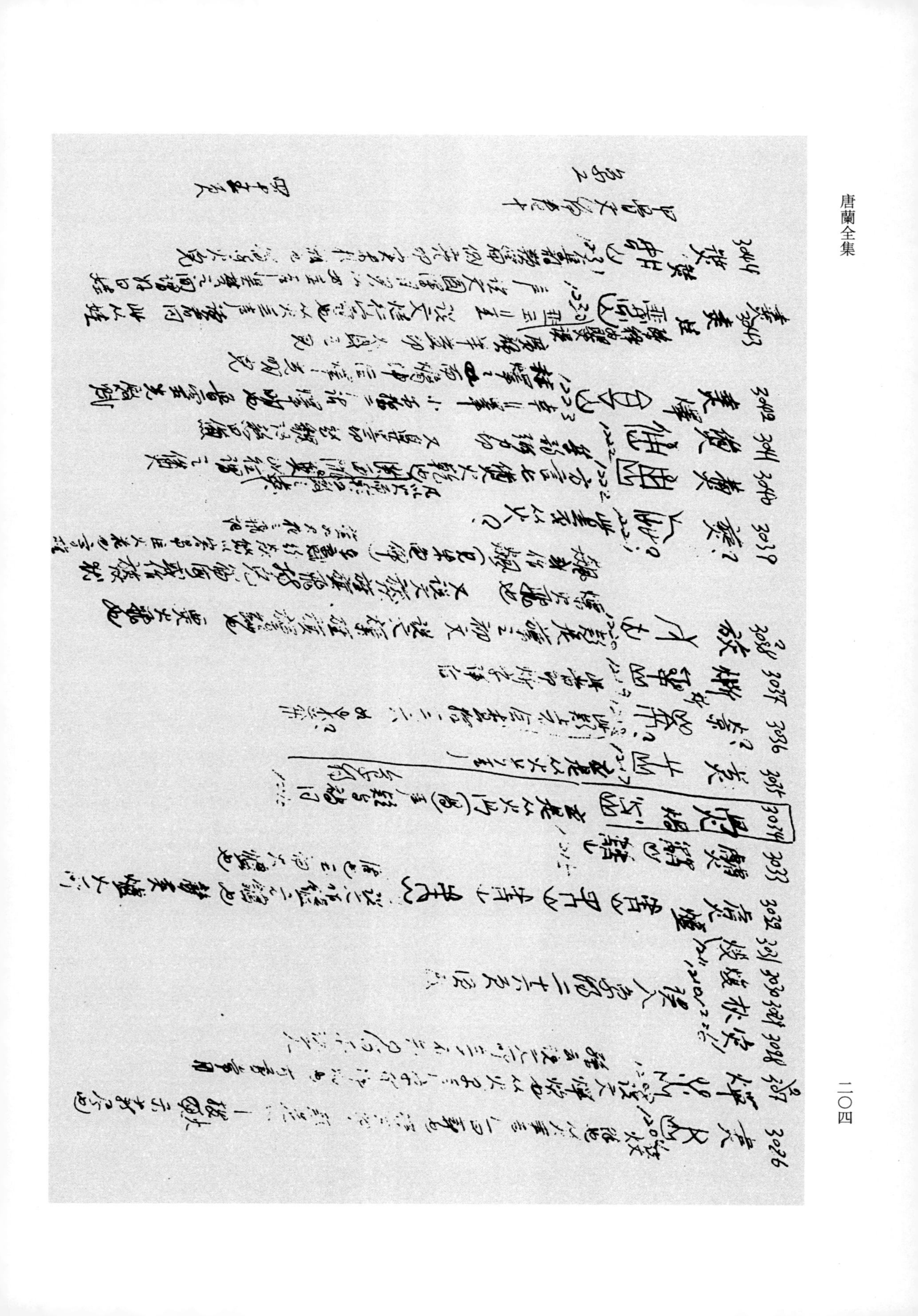

3045 烄

3046 奔?

3047 壺

3048 食?

3049 幸

執

3050 圉

3051 圉

3052 圉

3053 河?

3054 洹?

3055 涂?

3056 油

3057 湡?

3058 洹?

3059 洄

說文洄 溯洄也 从水回

3060 濘?

3061 沖

甲骨文編十一·十一

四十六頁

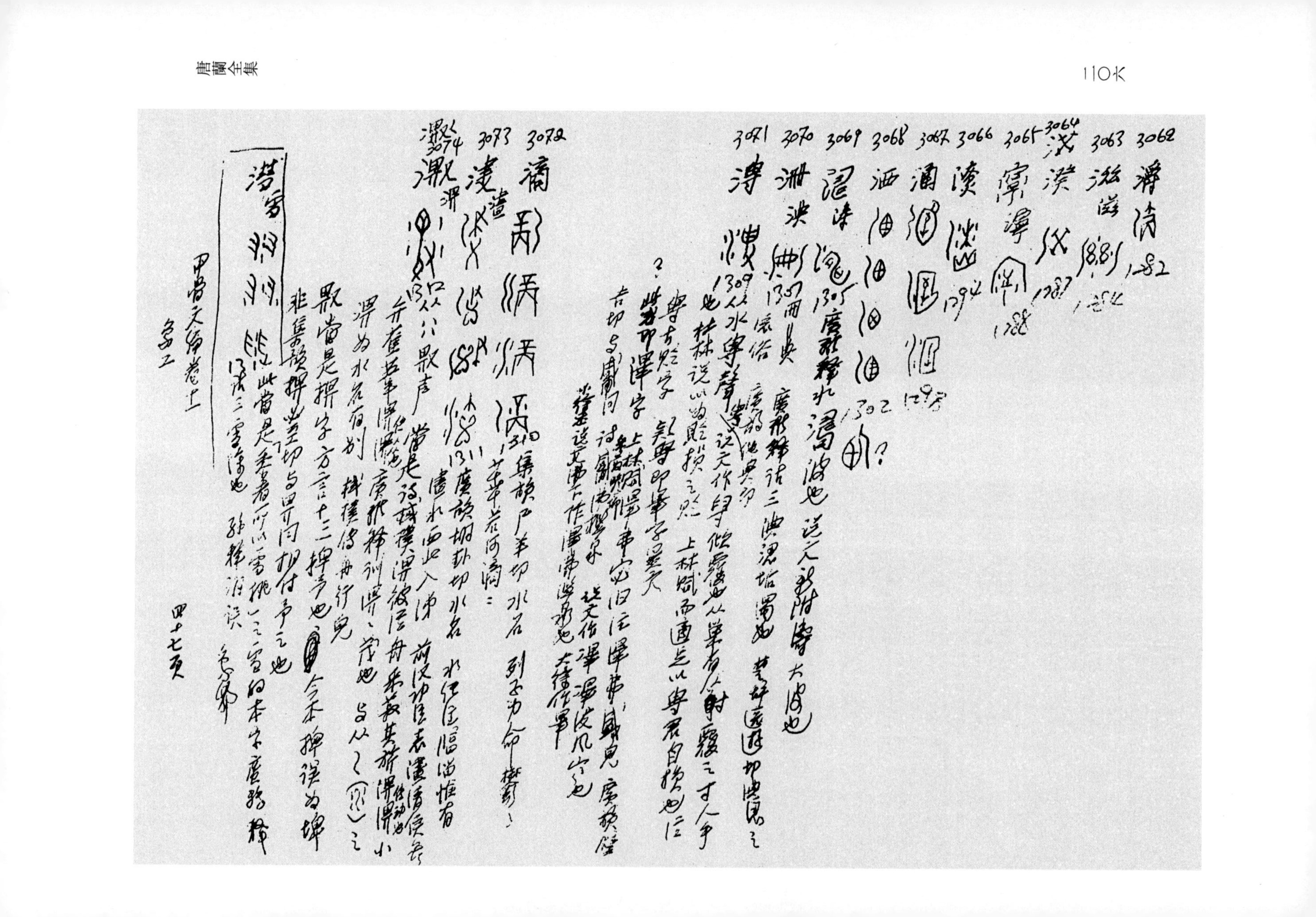

3062 滑 湝 1282

3063 滋 [illegible] 1284

3064 淺 [illegible] 1287

3065 [illegible] 濘 1288

3066 淡 [illegible] 1294

3067 [illegible] 1298

3068 洒 [illegible] 1302 ？

3069 [illegible] 1305 廣雅釋水 濁泥也 [illegible]

3070 [illegible] 淟 1307 冊 典 廣雅釋詁三淟涊垢濁也 [illegible]

3071 [illegible] 1309 从水[illegible]聲 [illegible]

？ [illegible]

3072 [illegible] 1310 [illegible]

3073 [illegible] 1311 [illegible] 水名 [illegible]

3074 [illegible]

[illegible]

甲骨文編卷十一

四十七頁

3075 湶 [illegible] 說文水暴至聲也

3076 汈 [illegible] 切是汈字 汈

3077 [illegible] 凜 [illegible] 1319 集韵力錦切凜清也 古書多作凜

3078 泓 [illegible] 1320 1321 弘 說文泓下深皃从水弘聲

3079 [illegible] [illegible] 从水[illegible]聲 [illegible]

3080 浪 滄 [illegible] 說文滄寒也从仌倉聲 或从倉从水 [illegible]

3081 粤 [illegible] 說文粤亏也審慎之詞也从亏从宷 [illegible]

3082 洿 [illegible] 从水亏聲 說文洿 [illegible]

3083 洪 [illegible] 說文阱陷也从𨸏从井 井亦聲 [illegible] 或从穴从井 [illegible]

3084 [illegible] 說文[illegible]也从水[illegible]聲 [illegible]

3085 [illegible]

3086 [illegible] 1328 [illegible]

3087 沭 [illegible] 說文[illegible]

3088 [illegible]

3089 [illegible]

3090 [illegible] 1329 [illegible]

3091 [illegible] 1339 [illegible]

3092 [illegible] 1341 集韵[illegible]

甲骨文編卷十 [illegible]

四十八頁

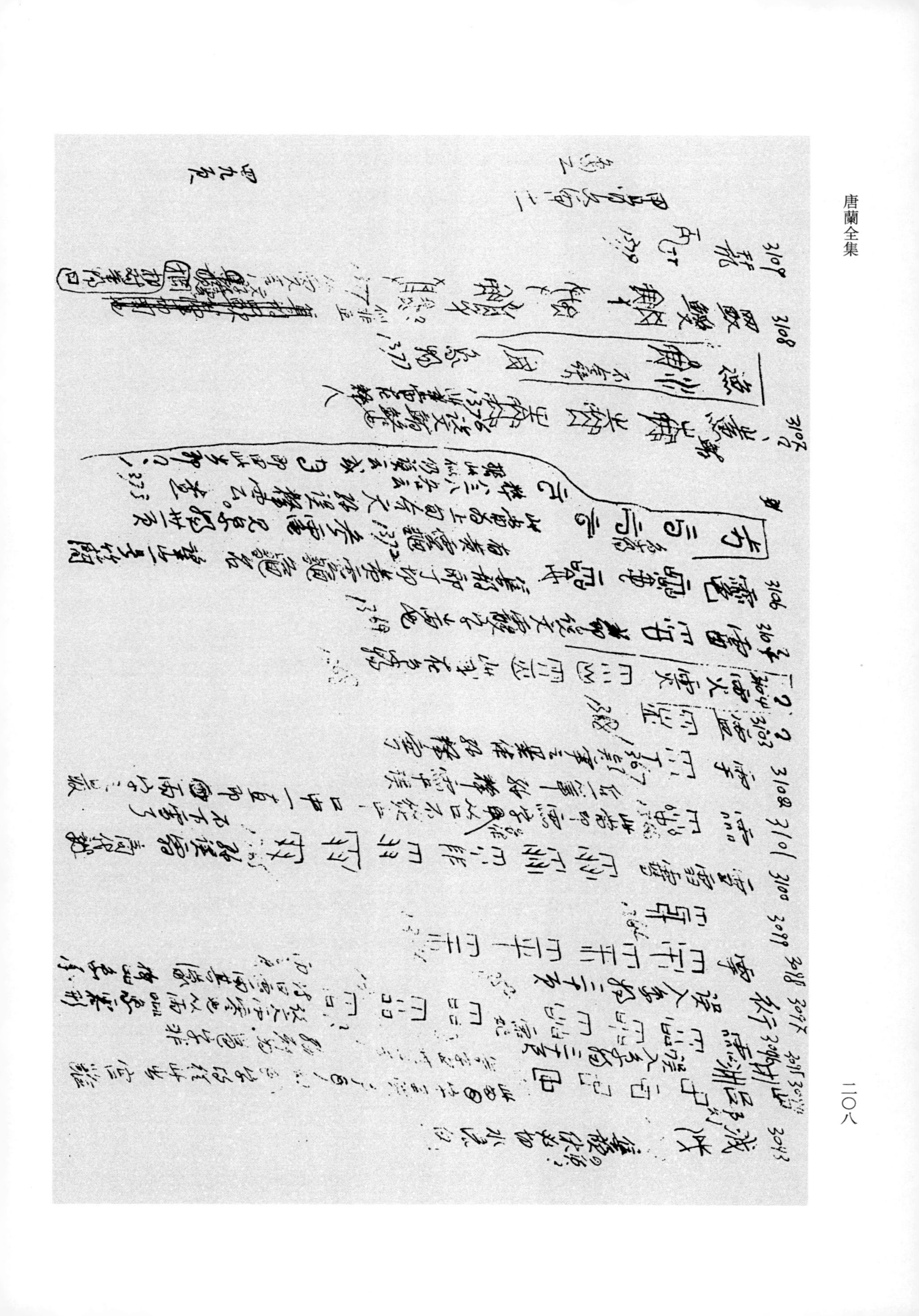

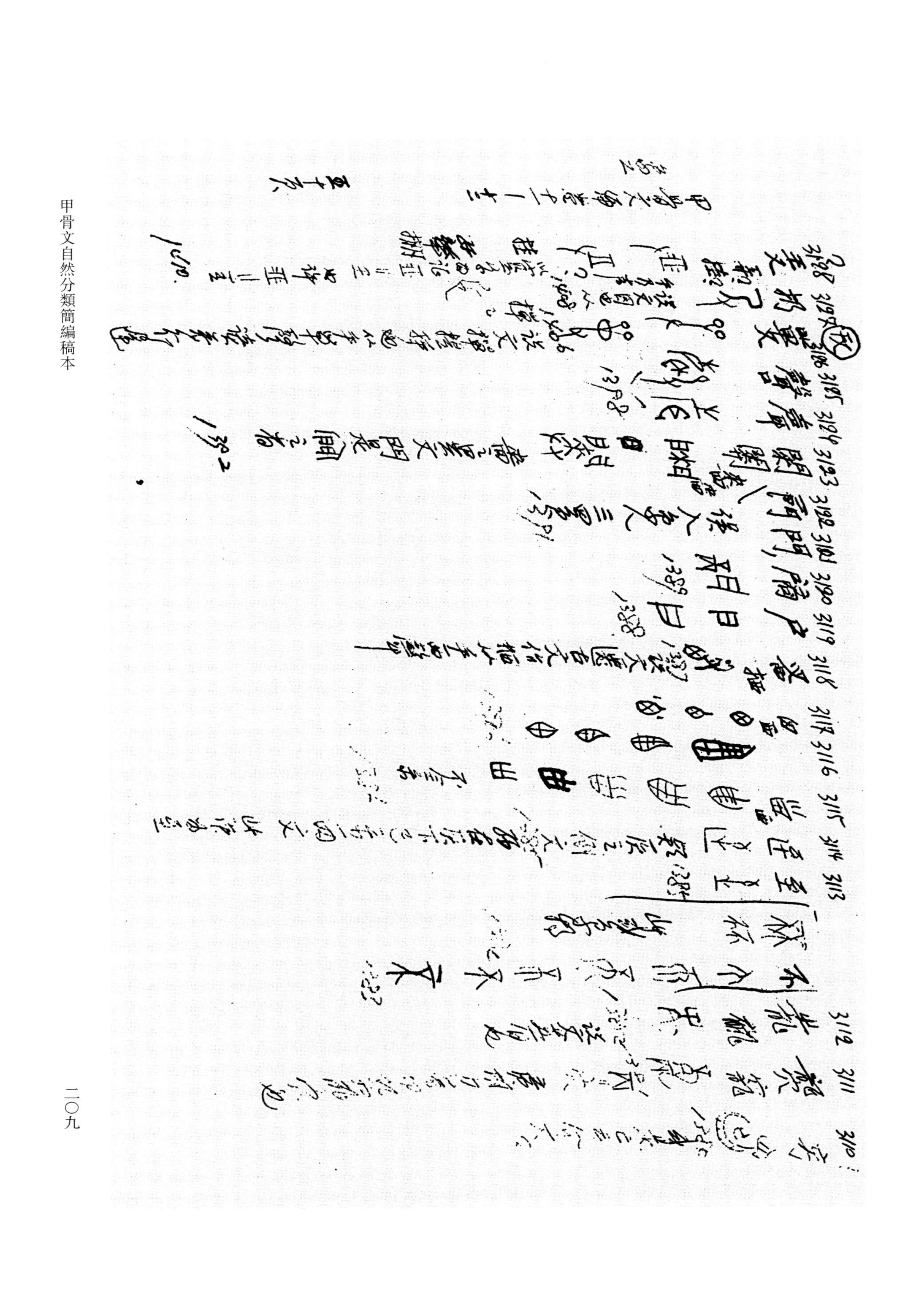

甲骨文編卷十二

五十一頁

3163 按 妭 犮 說文妭婦人美也 按也

3164 嬉 盆 說文盆讀若 从女

3165 妶 妶 說文妶有守也从女玄聲 又胡涓切女名

3166 乂 五 說文乂交也从丿乀相交 刈或从刀 五五行也从二陰陽在天地間交午也 乂古文五省 按乂實是五字古文 刈字从

3167 乂 8 文字 畫字从此 畫 咸 兩 四

3168 申 申 冊 冊 1500

3169 氐 乎 久 乙 子 1502

3170 戌 千 千 千 千 甲六二 東求西求南求北求 求 即求

3171 戈 并 1504

3172 伐 征 什 伐 1505 隸釋戍矣仍是伐字 王族伐先王族 伐 此 戍 後二 四三 九 伐二千 六百五十六人 但是 何有

3173 咸 石 可 可 可 1506 作咸 不从口 隸釋 从口

3174 戕 戕 1507

甲骨文編卷十二 第二

五十三頁

3189? [illegible] 1522 从交戈声？从戈交声？

3190 [illegible] 1523 [illegible] 說文 [illegible] 也 从心 [illegible] 聲

3191 戌 [illegible]

3192? [illegible] 1524 非戌字 罪釋誤

3193 我 [illegible] 1525 [illegible]

3194 義 [illegible] 1526

3195? [illegible] 1527

3196? [illegible] 1528

3197 亡 [illegible] 1529 1531 說文 亡 逃也 从入从乚

3198 乍 [illegible] 說文 止也 一曰亡也 从亡从一 1532 乍 似是鑿之本字 象鑿 [illegible]

3199 [illegible] 似丯字 1533 [illegible] 當是一字 說文 韧 巧韧也 从刀丯聲

3200 [illegible] 1533 王當是丰之變 聲

3201 匄 [illegible] 1534 說文 匄 气也 [illegible] 似从刀

3202 匡 [illegible] 1535

3203 匚 [illegible] 1536 說文 [illegible] 象形 讀若方 [illegible] 籀文

3204 [illegible] 1537 說文 [illegible] 从匚 [illegible] 今本作 [illegible]

3205 [illegible] 1538 說文作 [illegible] 金文 [illegible] 字从 [illegible]

甲骨文編卷十二 [illegible] 五十五頁

3906 匚 祊

司 1539 說文 彭 門内祭先祖所以徬徨从示彭聲 祊 或从方

3907 甾 1540

3908 弓

3909 引 1541

3910 彊 1542 1541 彊与弓合

3911 弘 1543

3912 弜

3913 弓 1544

3914 1544

3915 1545

3916 系 1546

3917 系 玄 1548

3918 1549 說文入系部 三十八頁

3919 1550

3920 1551

3921 編 說文入系部 三十九頁 金文有

3922 說文編

3923 六行 長兒

3924

3925 說文有繍字 同音 緩也

甲骨文編十二·十三 五十六頁

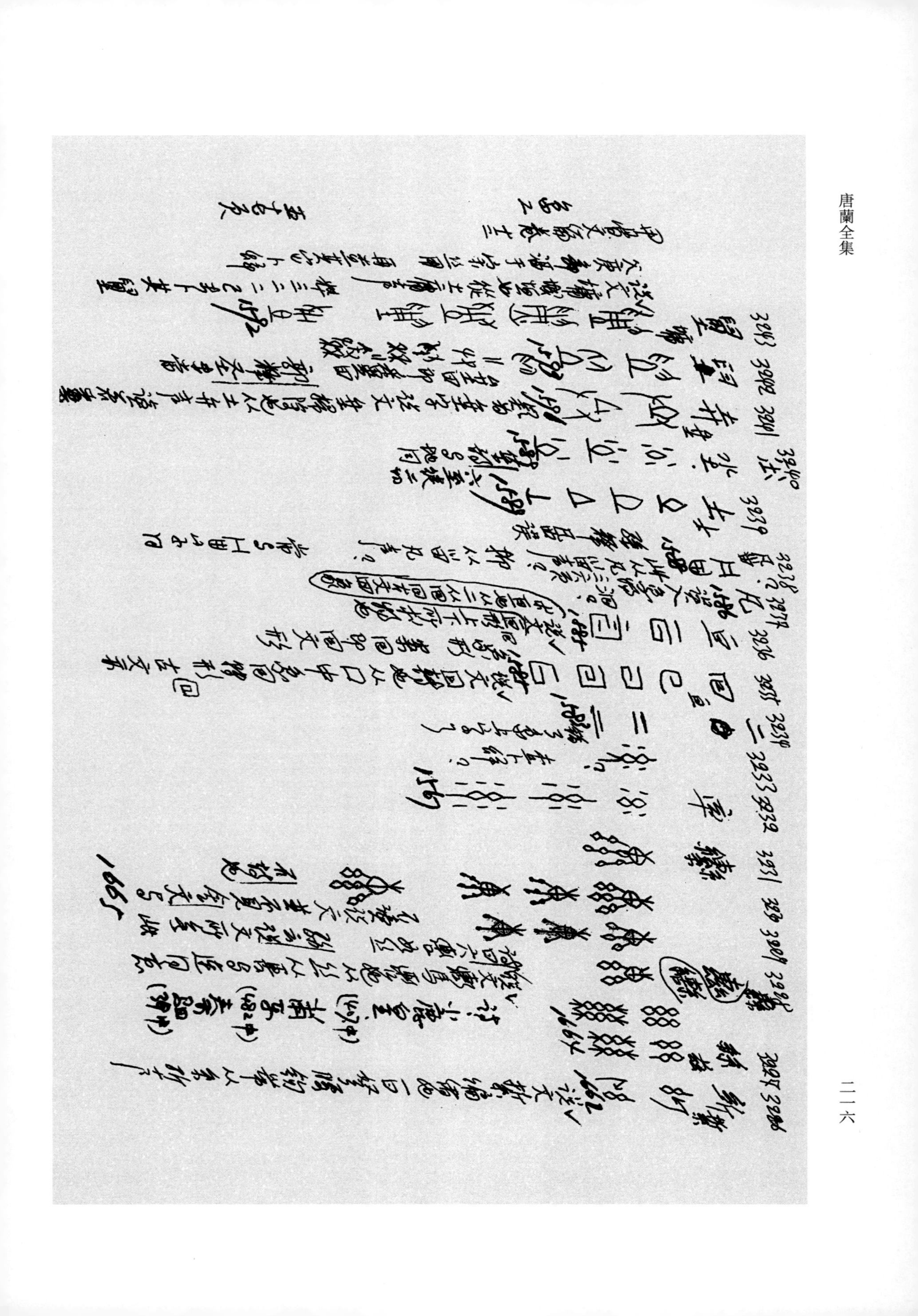

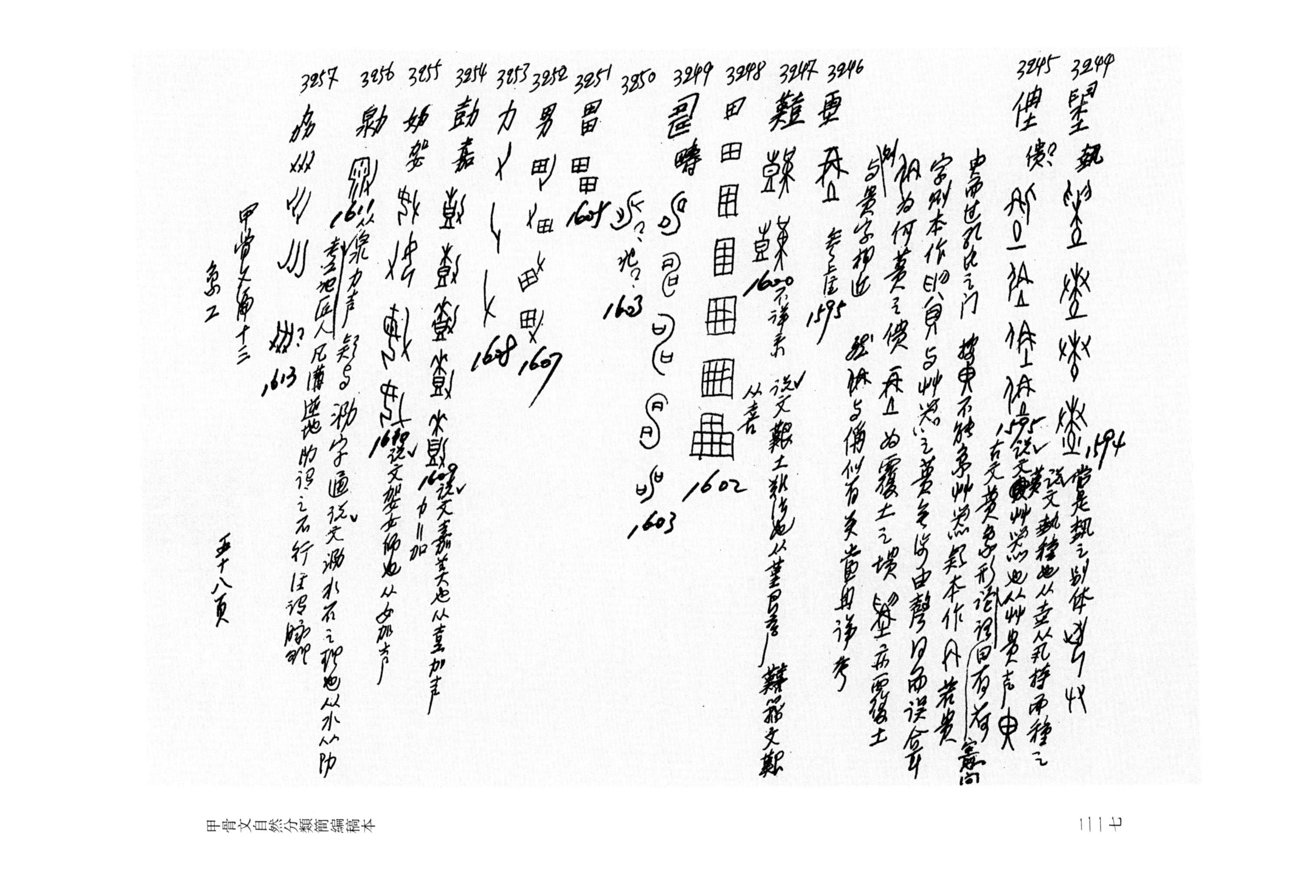

3244 埶 [illegible] 1594 當是埶之別体 [illegible]

說文埶種也从坴丮持亟種之 [illegible]

3245 僅 [illegible] 1595 [illegible]

3246 叀 [illegible]

3247 艱 [illegible] 1595

3248 田 [illegible] 1600 不詳 [illegible] 說文艱土難治也从堇艮声 [illegible] 1602

3249 [illegible] 1603

3250 [illegible] 1603

3251 畕 [illegible] 1604

3252 男 [illegible] 1607

3253 力 [illegible] 1608

3254 嘉 [illegible] 1609 說文嘉美也从壴加声

3255 妿 [illegible] 1610 說文妿女師也从女加声

3256 [illegible] 1611 从泉力声 [illegible]

3257 [illegible] 1613

甲骨文編十三

五十八頁

3278 官 1632

1634 从米𠂤声

1635 从由𠂤声

1637

1645

1646 說文陴从𠂤

1648 說文作限 水也从阜

1649

1652

1655 說文

1657

1660

1661

1662

1663

1664

1665

六十頁

3310 3311 咸 1685 1685

說文新附：晟，明也。从日成聲。

方言十三：晠，[illegible]也。[illegible]，晠也。按方言與說文新附[illegible]

[illegible]，[illegible]大人所成　九[illegible]

國差[illegible]國差立事歲，咸丁亥。咸舊釋成，誤

上辭「告于上甲、咸。」「自咸大丁、大甲、大庚。」「上甲、咸、大丁、大

甲、祖乙。」「上甲、咸、大丁、大甲、下乙。」[illegible]釋成，[illegible]

由是對的，但以為从戌从口(丁)則是錯了。咸字自作[illegible]，此

則咸字耳

由此可證其可讀成

3312 己 己 1686

3313 㠱 1687

3314 庚 1688

3315 庚

3316 辛 1689

3317 辪 1690

3318 壬 1691

3319 癸 1692

3320 1693

3321 卯 1701

3322 辰 1702

3323 午 1703

3324 1704

六十二頁

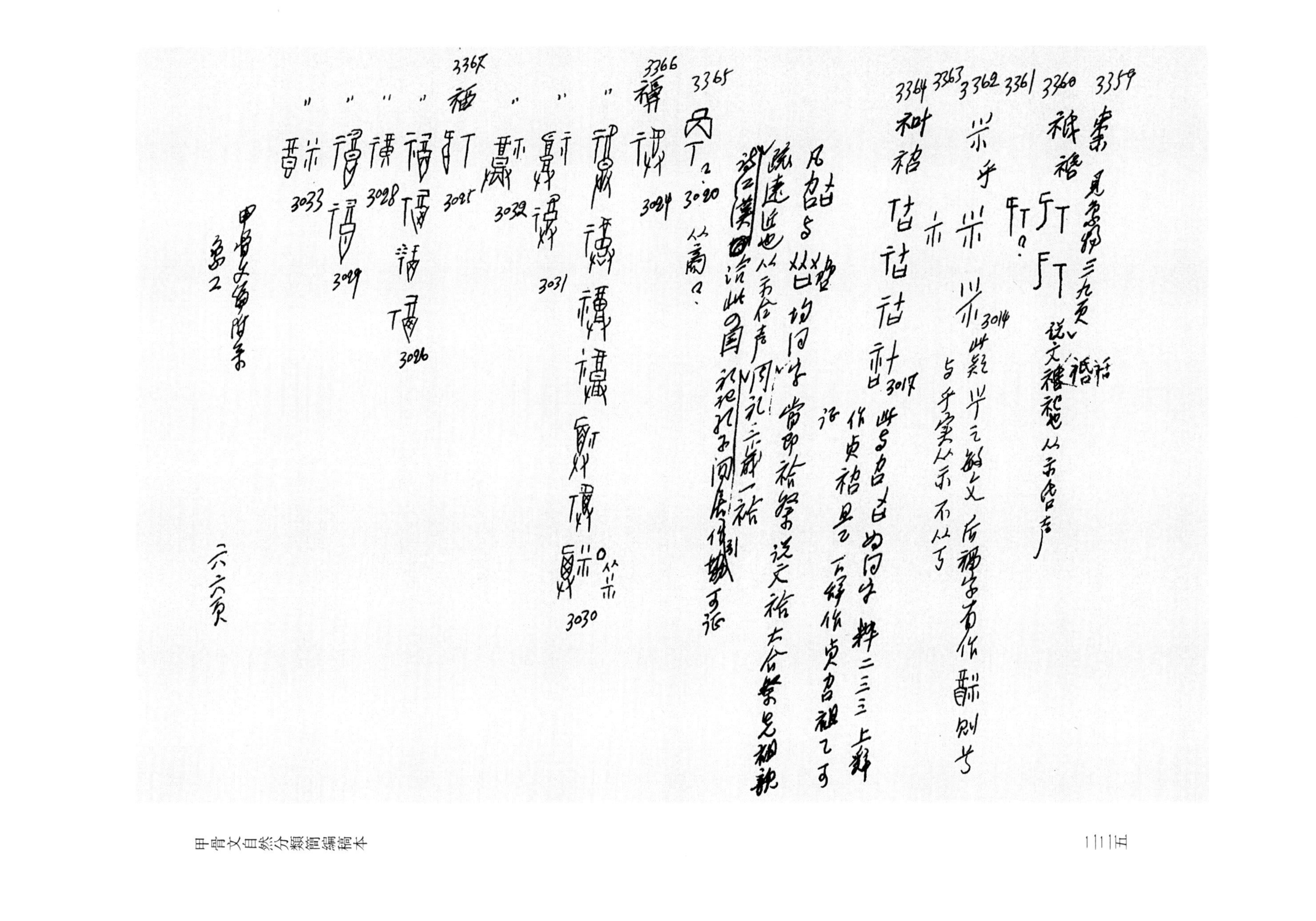

3368 芈 [illegible] 3034 疑芈之倒文 我字从此 說文芈叢生艸也象芈嶽相並出之形讀若浞

3369 廷 [illegible] 3035 疑廷之異文 說文廷往也从辵王聲

3370 [illegible] [illegible] 3036 說文[illegible]艸木[illegible]盛也从二[illegible] [illegible]讀若四貝

3371 中 事 中 3041 說文事職也从史之省聲 [illegible]古文之聲不省 搏[illegible]史字从此 但當作[illegible]其[illegible]卜辭 戩四六、三片為由王中 則中即事字 事（史）當从又持中 中亦聲

3372 [illegible] [illegible] 3044 珠七五一 [illegible]

3373 米 [illegible] [illegible] 3065 疑即[illegible]

3374 [illegible] 䁤 [illegible] 3067 从冃[illegible]聲 [illegible]即[illegible]字 說文䁤益州鄙言人盛諱其肥謂之䁤 从肉襄聲

3375 [illegible] [illegible] 3068 說文[illegible]也[illegible] [illegible]从[illegible]聲 [illegible]从田[illegible]也

3376 [illegible] [illegible] [illegible] 3069 疑為[illegible]之異文 說文[illegible]止也从宋盛而一橫止之

3377 [illegible] [illegible] [illegible] 3070 說文友古文[illegible] [illegible]方

3378 [illegible] [illegible] 3072 說文[illegible]艸生於田者从艸从田

3379 [illegible] [illegible] 3081 似从[illegible]从[illegible] 說文有[illegible]字 草葉多也从艸伐聲 伐=戈 [illegible]

3380 [illegible] [illegible] 3083 疑即[illegible]之異文

3381 八 八 八 3085 疑此与八非一字 當為半之本字 說文半物中分也从八从牛 牛為物大可以分也 胖半體肉也从肉半聲 一曰廣肉 周禮腊人膴胖 注胖之言片也析肉意也 又說文判分也从刀半聲 周禮朝士凡有責者有判書 注半分而合者 卜辭一丿當為一片 八為半則兩片

附錄[illegible]二

六七頁

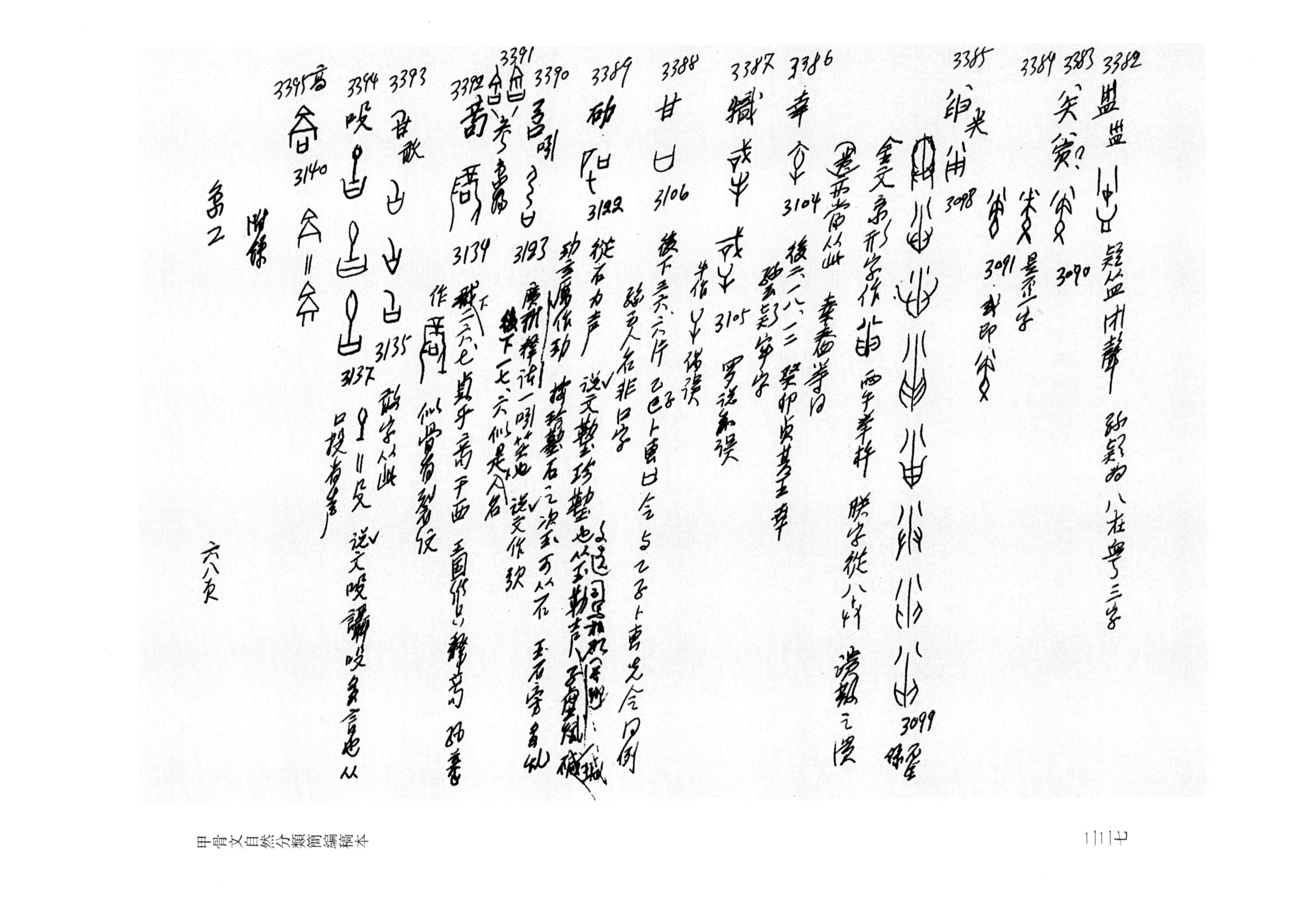

3382 盟 疑盟 冊聲 孫疑為八在血三字

3383 3384 矢 貧? 3090

3091 是亦字 或卬字

3385 卬 3098

3099 孫釋

金文字形作 西字 勝字從八 謂之誤

从

3386 幸 3104 後二、八、二 等字

3387 職 3105 羅說誤

3388 甘 3106 後下

3389 砂 3122 從石力声

3390 3123 說文

3391

3392 3134 作

3393 3135

3394 吹 3137 說文吹

3395 3140

附錄

象工

六八頁

3396 3397 吁？ 3144 3143 瞽？

說文有詽字 [illegible] 典切 又 形甸切 与𦣝同

3398 衢 3147 金文作 [illegible] 从 [illegible] 与暗字

3399 昏 3148

3400 3149

3401 3150 3151

3402 吾 3152

3403 𠮷？ 3155 可能从壴者 壴

3404 莫？ 3156 口=一

3405 會 3157 ㄴ=匸

3406 巨 3158 說文 [illegible] 巨不可也 从反可 一切經音義廿の引 又 [illegible] 上引

3407 [illegible] 3159

3408 宮 3160 說文 冂 [illegible]

3409 3170

3410 吷 3171 說文 [illegible] 从口 [illegible]

3411 3179

3412 3180 說文 [illegible] 引也 从 [illegible]

3413 [illegible] 說文 [illegible] 从 [illegible]

六九頁

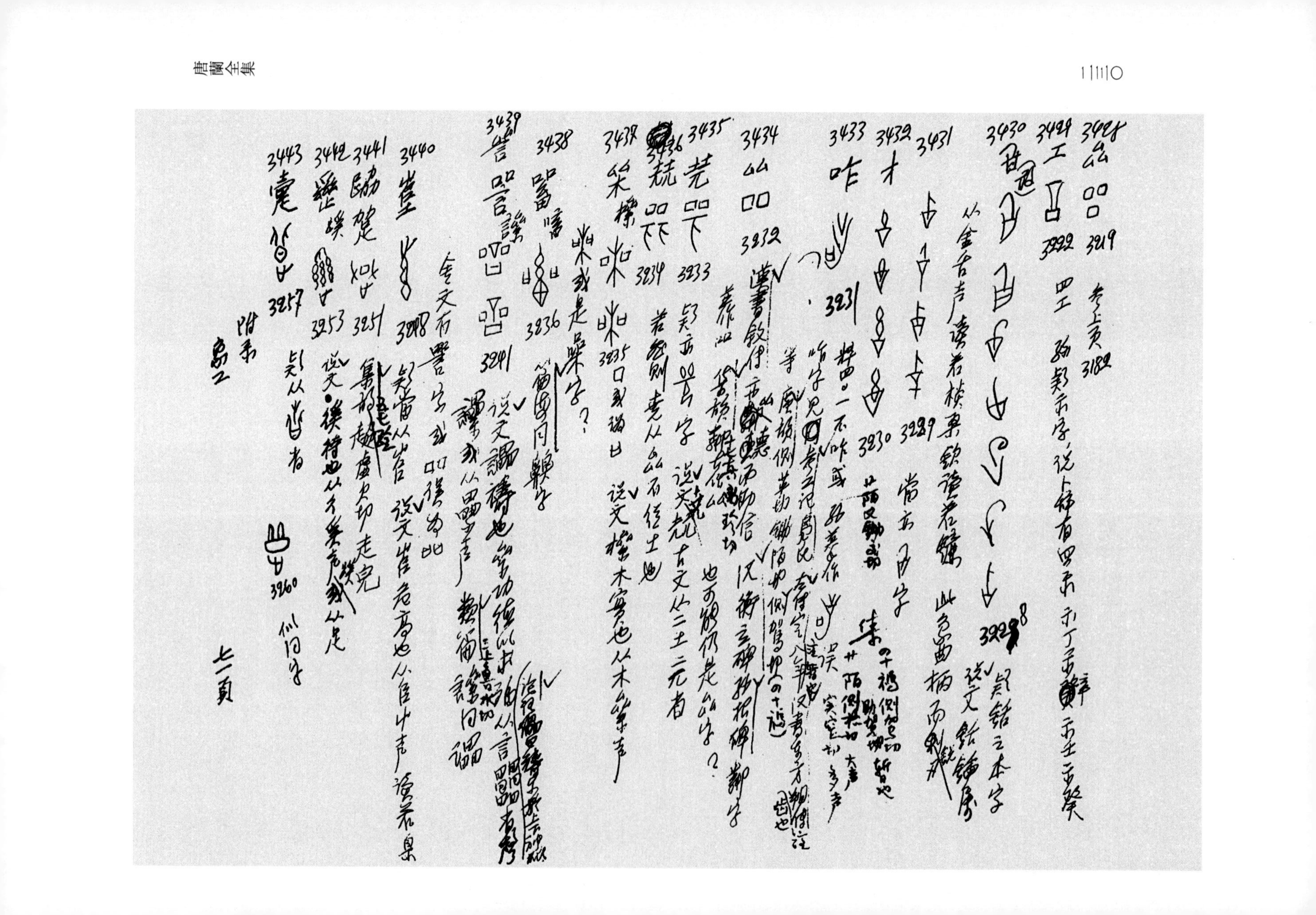

3428 [illegible] 3219 [illegible]上頁 3182

3429 工 [illegible] 3222 [illegible]

3430 [illegible] 從金古声 ……[illegible] 3228 [illegible] 說文 [illegible]

3431 [illegible] 3229 [illegible] 字

3432 才 [illegible] 3230 [illegible]

3433 咋 [illegible] 3231 [illegible]

3434 [illegible] 3232 [illegible]

3435 [illegible] 3233 [illegible] 說文[illegible] 古文从二 三 元者

3436 [illegible] 3234 [illegible] 若[illegible]从[illegible] 也

3437 [illegible] 3235 [illegible] 說文 [illegible] 木[illegible] 从木[illegible]声

3438 [illegible] 3836 [illegible] 字？

3439 [illegible] 3241 [illegible] 說文 [illegible] 从言 [illegible]

3440 [illegible] 3248 金文有 [illegible] 說文 [illegible]

3441 [illegible] 3251 [illegible]

3442 [illegible] 3253 [illegible] 說文 [illegible] 从[illegible]

3443 [illegible] 3257 [illegible]从[illegible] 者

附录 [illegible] 3260 [illegible] 字

七一頁

3458 衎 3328 中之事？

3459 衕 3332 說文衕 喜兒从行干声 ㄓ＝干

劇 滂 3333 洛？ 方＝口 冉＝各 遷 進也 讀若干

衛 3334 亍即亍 金文常見衛字 孫列在行部中似誤 衛人

3460 區 3336 孫彭區石誤

3461 沿 3335 㕣＝器 說文器水出丞門陸 陸 渦口 从水器声 又器 器水也 右北平浚靡縣東

3462 龠 3338 龠龠為一字

3463 侖 南入 介从穴 从 声

3464 品 3337

3465 喦 3340 說文 喦 多言也 从品相連 口卜口

3465 言音 3349 後下四一九 口卜口 是堅之本字 从 言 卜 聲 說文 堅 剛也 口卜 口卜 多 言音 亞

3466 訌 3350 口＝工？ 說文訌 潰也 从言工声 參看 人の九頁合字

3467 𧦝 3352 後下二十十 饒卜 畫釋 僅 誤 逼 㞷

3468 饒 3353 當即 饒字

3469 辛 平 3356 辛 帝？

3470 乎 ㄗ 3357

附錄 急

七三頁

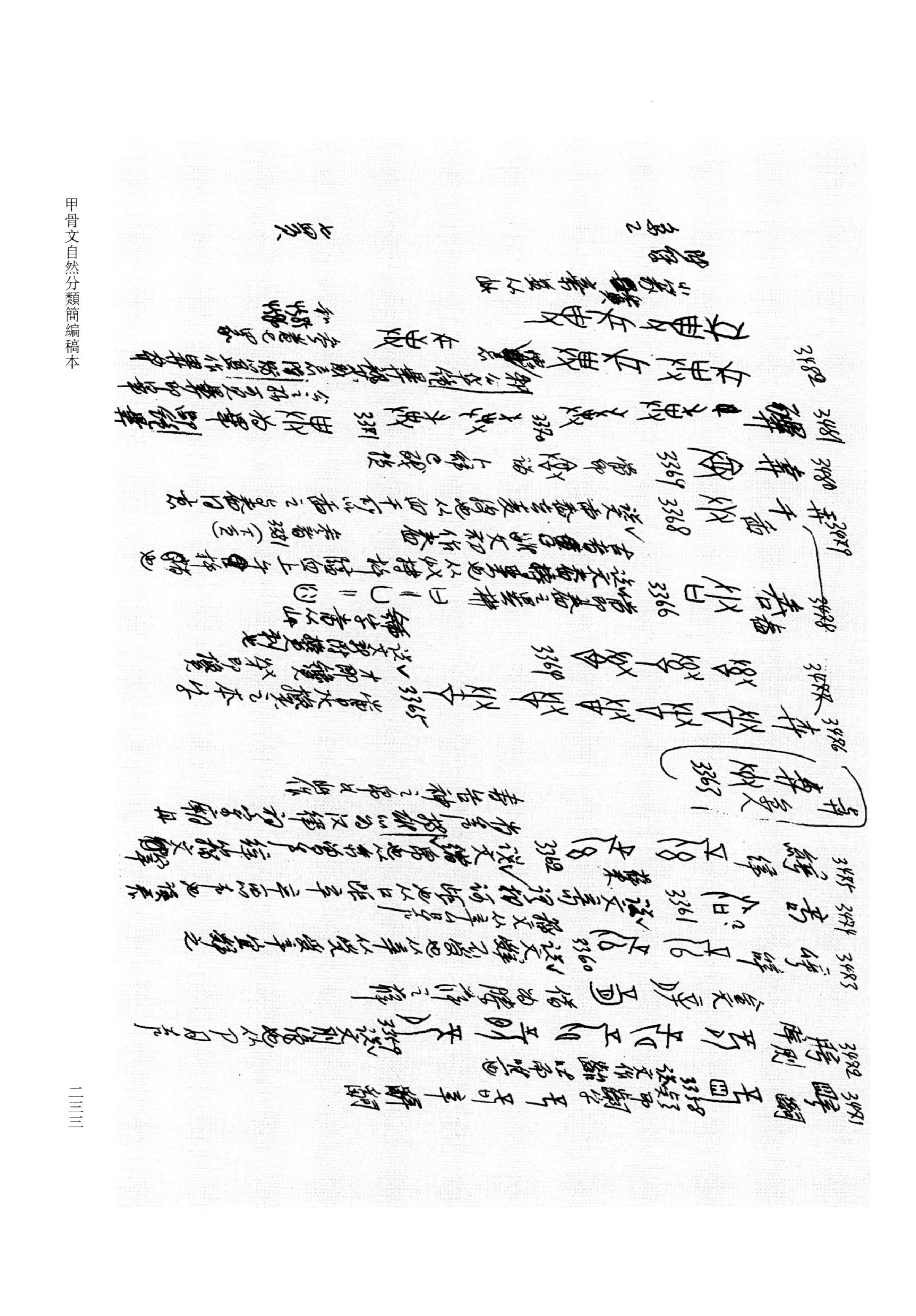

3483 [illegible] 3372 [illegible] 說文作 [illegible]

3484 [illegible] 3373 [illegible]

3485 [illegible] 3374 [illegible] 說文 [illegible]

3486 [illegible] 3377 [illegible] 金文 [illegible]

3487 [illegible] 3379 [illegible]

3488 [illegible] 3380 [illegible]

3489 [illegible] 3381 [illegible] 說文 [illegible] 一曰直視也 非此字

3490 [illegible] 3382 [illegible]

3491 [illegible] 3383 [illegible] 3385 此 [illegible] 之初文 [illegible]

3492 [illegible] 3386 [illegible] 金文 [illegible]

3493 [illegible] 3390 [illegible] 說文 [illegible]

3494 [illegible] 3392 [illegible] 說文作 [illegible]

七十五頁

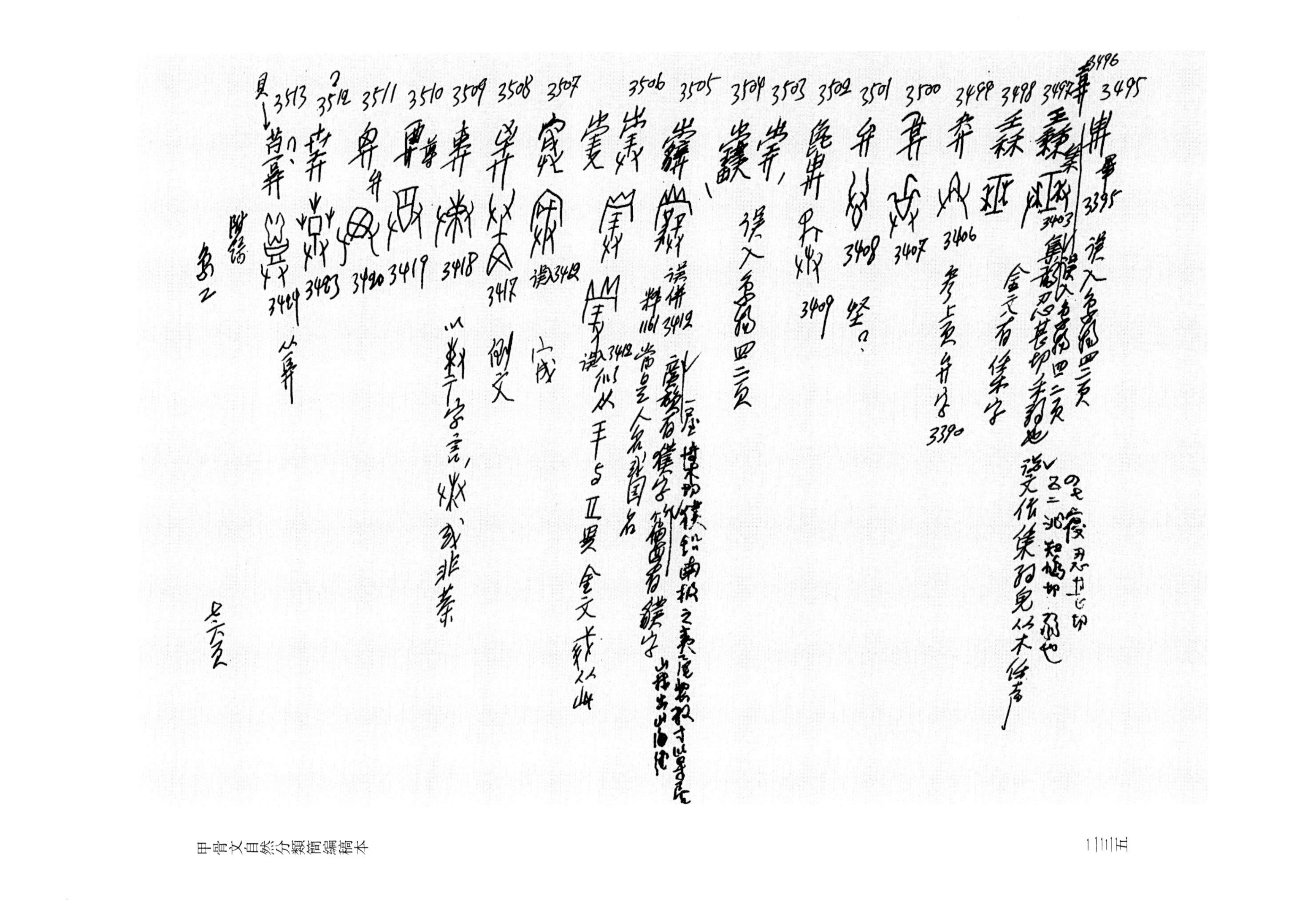

3495 [illegible] 3395 誤入多字類四二頁

3496 [illegible]

3497 [illegible] 3403 誤入名字類四二頁 [illegible]

3498 [illegible] 金文有[illegible]字 説文[illegible]

3499 [illegible] 3406 參上頁[illegible]字 3390

3500 [illegible] 3407

3501 [illegible] 3408 [illegible]

3502 [illegible] 3409

3503 [illegible]

3504 [illegible] 誤入多字類四二頁

3505 [illegible] 誤併 3412 [illegible] 1161 [illegible]人名[illegible]國名

3506 [illegible] 誤入 3412 [illegible]从手与[illegible] 金文[illegible]

3507 [illegible] 誤入 3412 [illegible]

3508 [illegible] 3417 [illegible]文

3509 [illegible] 3418 [illegible]

3510 [illegible] 3419

3511 [illegible] 3420

3512 [illegible] 3483

3513 [illegible] 3424 [illegible]

[illegible]

3514 异 3425 後下十八·八 似是騂字偏旁

3515

3516 3427 此是从弦从戈合文之误 2098

3517 冥 似误 3430 說文冥幽也从日从六冂聲 日數十 十六日而月始虧幽也

3518 3431 六當是ㄨ之误

3519 3432 亂郭說文同字 H 其外謂之郊 郊外謂之野 野外謂之林 林外謂之冂 象遠界也 古文从口象國邑 或从土从同

3520 3435

3521 3436 又一体入待问

3437

3441

3522 3443 舊房推(?)攀(?)說字亦从䜌

3523 3444

3445 多人

3524 3446 H ‖ 井

3525 3447 疑?

3526 3449

3528 3450 說文奔井兩手自甾也从収夫(?)声

3462 說文作蘭蘭 蘭蘭 蘭蘭 字林蘭肉有汁也 廣雅釋器蘭謂之脂(?) 此從丁言喪禮 儀禮

象之 儀禮士昏禮釋文引 七七頁

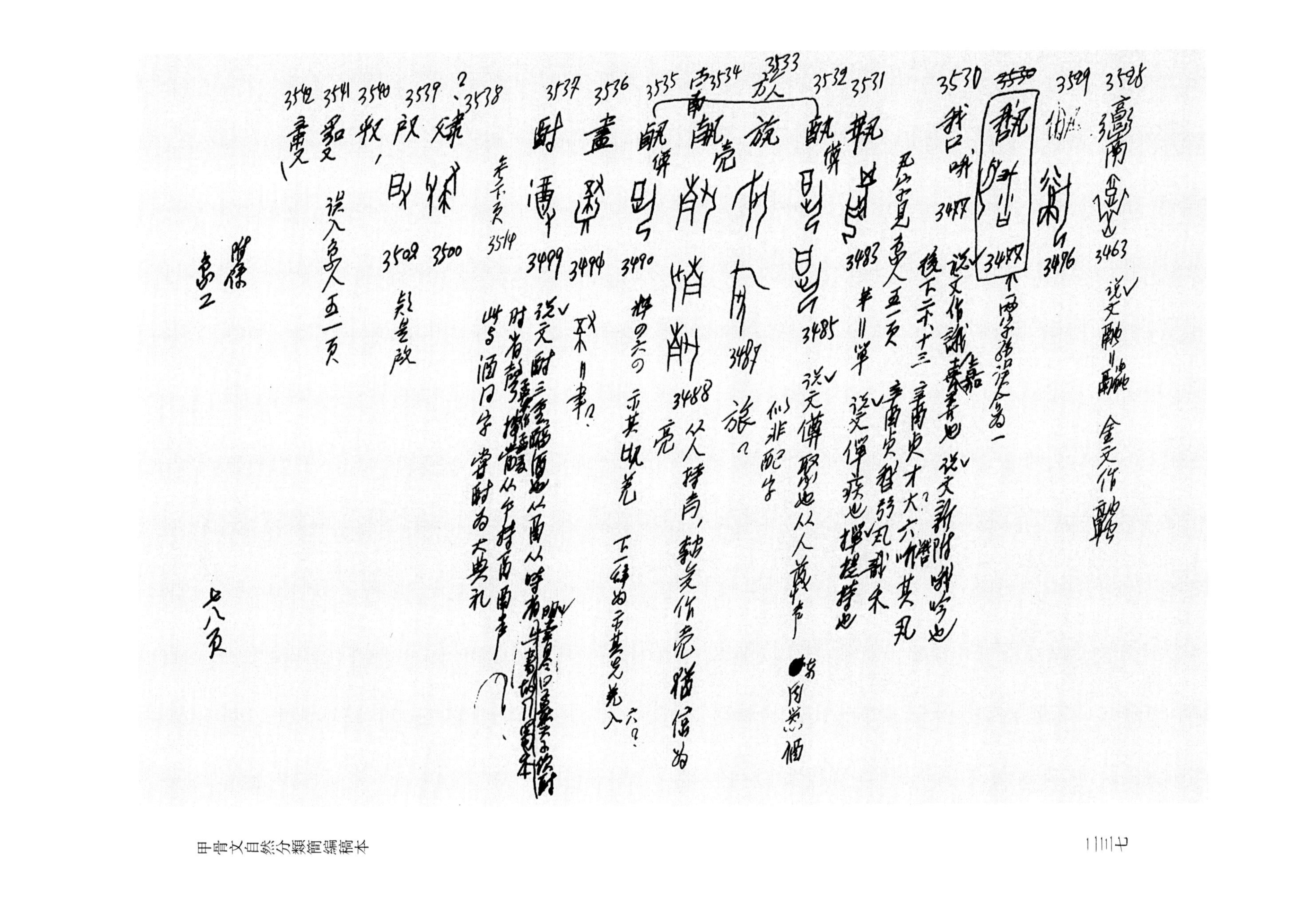

3528 [illegible] 3463 説文 融＝融 金文作[illegible]

3529 [illegible] 3496

3530 [illegible] 3477

3530 [illegible] 3477 説文作讌 [illegible] 也 説文新附 [illegible] 也

3531 [illegible] 人五一頁 後下六、十三 [illegible] 才大六 [illegible] 其丮

3532 [illegible] 3483 [illegible] 説文 [illegible] 也 [illegible] 也

3533 方人

3534 [illegible] 3485 説文 [illegible] 也从人 [illegible] 声 似非配字

3535 [illegible] 3487 旅

[illegible] 3488 从人持[illegible] [illegible] 作[illegible] 猶[illegible]為

3536 [illegible] 3490 [illegible] 亦其[illegible]

3537 [illegible] 3494 [illegible]

3538 [illegible] 3499 説文 [illegible] 从酉 从[illegible] [illegible] 从[illegible] 酉声 此字 [illegible] 為大典礼

3539 [illegible] 3514

3540 [illegible] 3500 [illegible]

3541 [illegible] 3502 [illegible]

3542 [illegible] 説文 [illegible] 人五一頁

[illegible]

七八頁

3543 [illegible] 3512 ▽[illegible]

3544 [illegible] 3514 [illegible] 參看上文

3545 [illegible] 3521 說文䤈 酒色也从酉弋声

3546 [illegible] 3524 說文搣 批也 一曰摇也 从手[illegible]声

3547 [illegible] 3526 [illegible] 象以手持自戕之形 后从[illegible]声耳

3548 [illegible] 3528 說文畋 平田也从攴田 田下所从何义？

3549 [illegible] 3534 [illegible] 3530 說文扔 捆也 从手乃声

3550 [illegible] 3536 粹一五七五 [illegible] 三指搯也 [illegible] 續五二八 二七 [illegible]

3551 [illegible] 3538 [illegible]

3552 [illegible] 3539 畫字形

3553 [illegible] 3540 說文夬 分决也从又中象决形

3554 [illegible] 3543 說文 [illegible] 字 象[illegible]形

3555 [illegible] 3546 說文縈 收韏也 从糸熒省声

3556 [illegible] 3548 [illegible]

3557 [illegible] 3551 說文攩 朋群也 从手黨声

七九頁

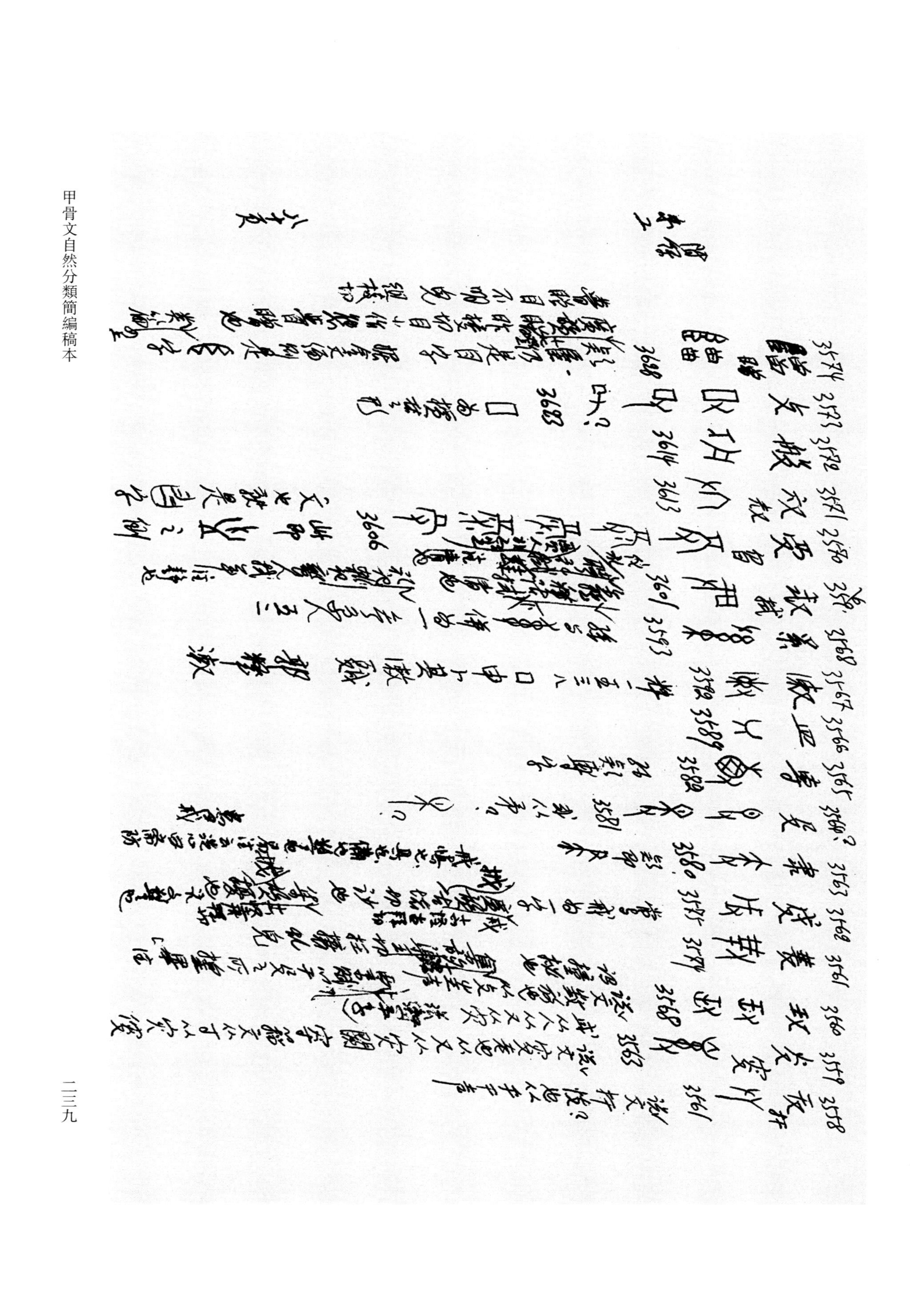

3575 扠 [illegible] 3629 說文

3576 毌殳 摜 [illegible] 3631 毌口中？ 說文摜習也从手貫聲

3577 敽 敿 [illegible] 3634 說文播穜也从手番聲 敽古文从攴 附例二5

3578 餕 饌 [illegible]

3579 [illegible] 此非饌字別為餕字 ……

粹四〇。十七乙亥卜允餕迺又且辛

粹三七〇丙午卜鼎 寅餕呂光酉

吉中三三王 餕乙亥日

癸卯貞 寅餕見于大子父丁

3580 敊 敀 [illegible] 3641 蒿餕 [illegible] 誤

3581 敬 [illegible] 3647 [illegible]

3582 慹 [illegible] 3648 說文慹怖也从心執聲 盤从殺 數=執

3583 服 [illegible] 3658 說文服……也从肉㞋聲

3584 殺 設 [illegible] 說文設施陳也从言从殳

3585 攴 扑 [illegible] 3664 粹五〇三口口卜口貞設六人 說文攴小擊也

3586 敁 [illegible] 3666 仌四

3587 毀 [illegible] 3668 毀字

3588 攺 [illegible] 3670 說文攺……也从攴巳聲 後下三五、二片……夕攺老 四六五片癸丑卜貞口方 [illegible]口攺二月

3589 逌 [illegible] 3676

3590 敽 [illegible] 3678

3591 宗？ 申 [illegible] 3688 粹二六、三 貞[illegible]

八十一頁

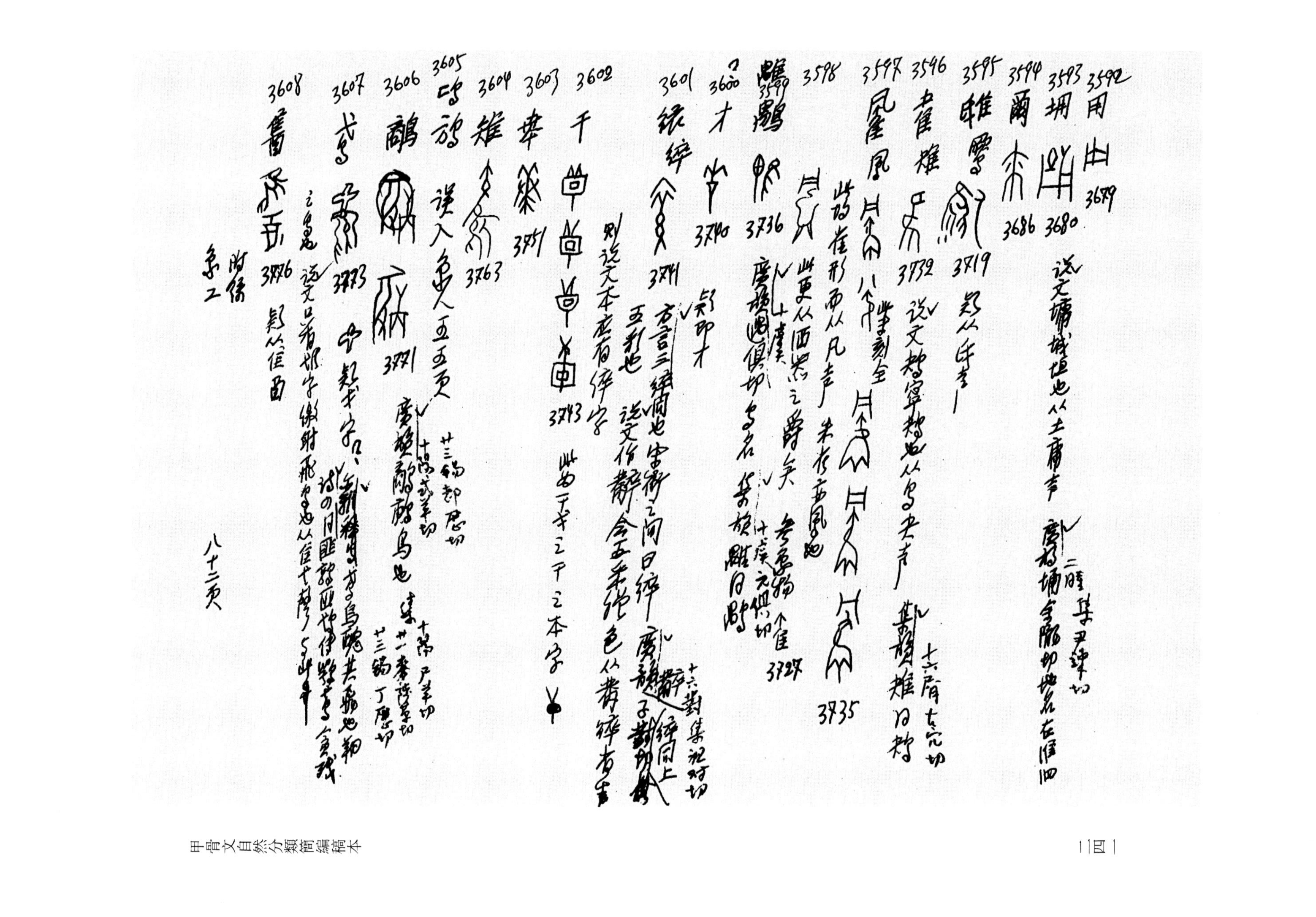

3592 用 [illegible] 3679

3593 墉 [illegible] 3680 說文墉城垣也从土庸声 廣韵墉余封切地名在淮泗 [illegible]

3594 爾 [illegible] 3686

3595 雝 [illegible] 3719 字从隹 [illegible]

3546 雚 雉 [illegible] 3732 說文 [illegible] 从隹 [illegible] 声 [illegible]

3597 風 鳳 [illegible] 此 [illegible] 形 [illegible] 从凡声 [illegible] 3735

3598 [illegible] 此 [illegible] 从 [illegible] 3727

3599 鸚 [illegible] 3736 廣韵 [illegible]

3600 才 [illegible] 3740 字即才

3601 綷 [illegible] 3741 [illegible] 說文作 [illegible] 廣韵 [illegible]

3602 干 [illegible] 3743 說文本應有 [illegible] 字 此 [illegible] 之本字

3603 桒 [illegible] 3751

3604 雉 [illegible] 3763

3605 [illegible] 誤入 [illegible]

3606 鵰 [illegible] 3771 廣韵 [illegible] 鳥也 [illegible]

3607 弋 [illegible] 3773 [illegible]

3608 舊 [illegible] 3776 字从隹 [illegible]

附錄 [illegible]

八十二頁

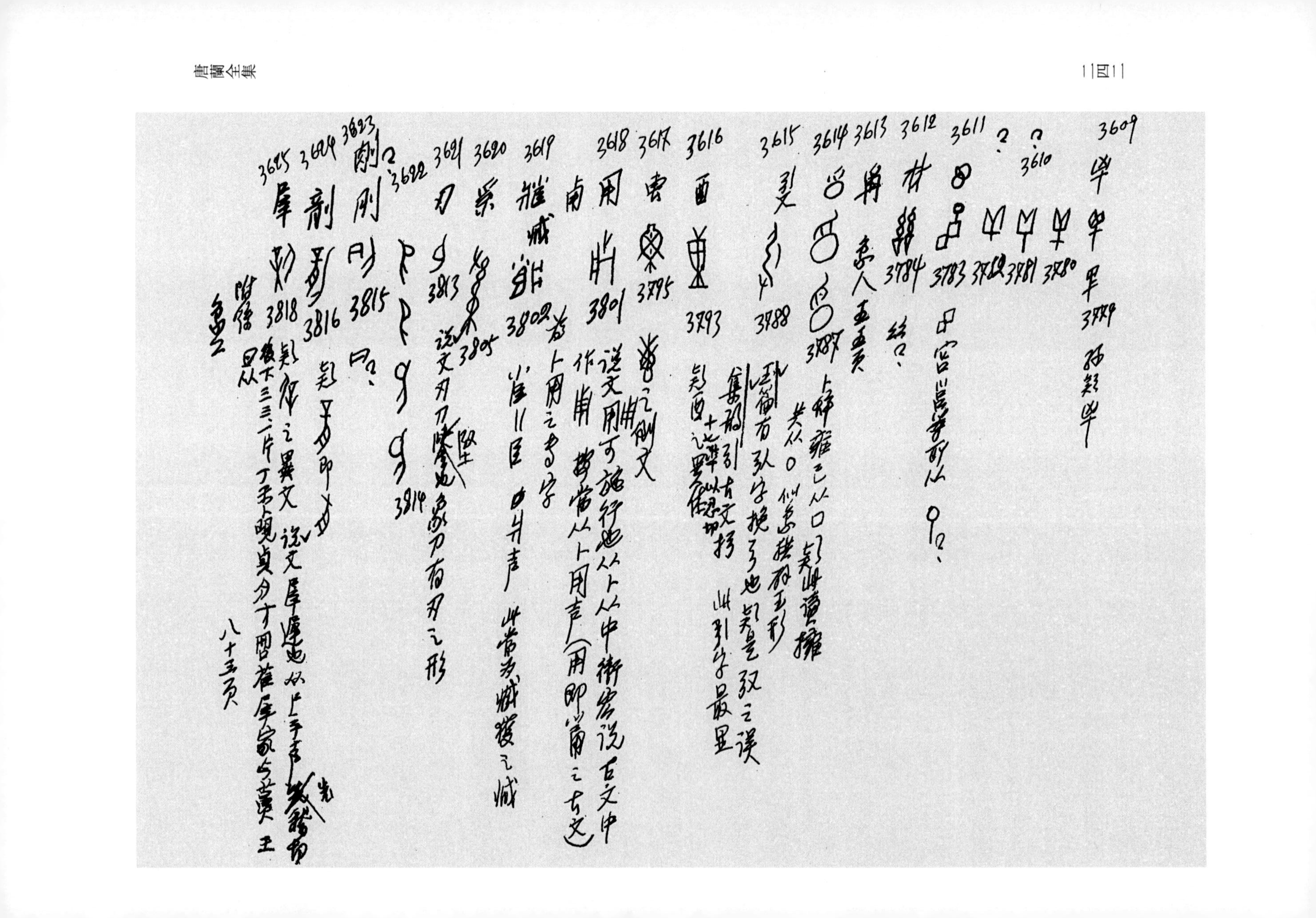

3609 3779 [illegible]

3610 ? 3780

? 3781

3611 3782

3612 3783 宮 [illegible] 所从 ?

3613 3784 [illegible]人 五貝 ?

3614 3787 上辭[illegible]从口 [illegible]

3615 3788 [illegible] 弘字 [illegible] 也 疑是[illegible]之誤

3616 3793 疑 [illegible] 古文 [illegible] 此引字最早

3617 3795 [illegible]之別文 說文 用可施行也 从卜从中 衛宏說 古文中

3618 3801 作甫 當从卜用聲（用即甫之古文）

3619 3802 卜用之本字

3620 [illegible] 聲 [illegible]之[illegible]

3621 3805 說文 刃 刀堅也 象刀有刃之形

3622 3813 3814

3623 3815 ?

3624 3816 [illegible] 即 [illegible]

3625 3818 [illegible]之異文 說文 [illegible]

附 後下三三·一片 丁未卜 貞 [illegible] 王

八十五頁

3626 剛 3822

3627 刊 此或从口从卄 3824 也 劉 廣韻釋器錐謂之刊 劉 廣韻古紅切 一本作鈍 [illegible]

3628 叩？似从人

3629 劉 3826 疑同罰 罪音 體作𠟭，即从幸。罰與罵同。說文罵从网馬，罵之或从詈，此从刀从罪。罵與詈音近，罰字从刀

粹二九七 弜劉于之者

3630 劉 3828 此見後上十五、四片 同片另兩辭均是罰字 [illegible]强生區別非也 劉，說文罰字从网，从罪与罪同 [illegible]

3631 初 祖 3830 [illegible]亞咸祖 [illegible]切 又[illegible]切

3632 芥 3832

3633 𦦨 3833

3634 垂 3835 士土？ [illegible]の、五 似是吉字

3635 音？ 3836

3636 彡 3842 說文彤 [illegible] 船行也从舟彡声 [illegible] 舟 盤

3637 盧 3845 [illegible]字當从皿

3638 [illegible] 3848 [illegible]字误。

3639 皿 3852 [illegible]从皿

3640 [illegible] 3853

3641 3854

附 [illegible]

八十の页

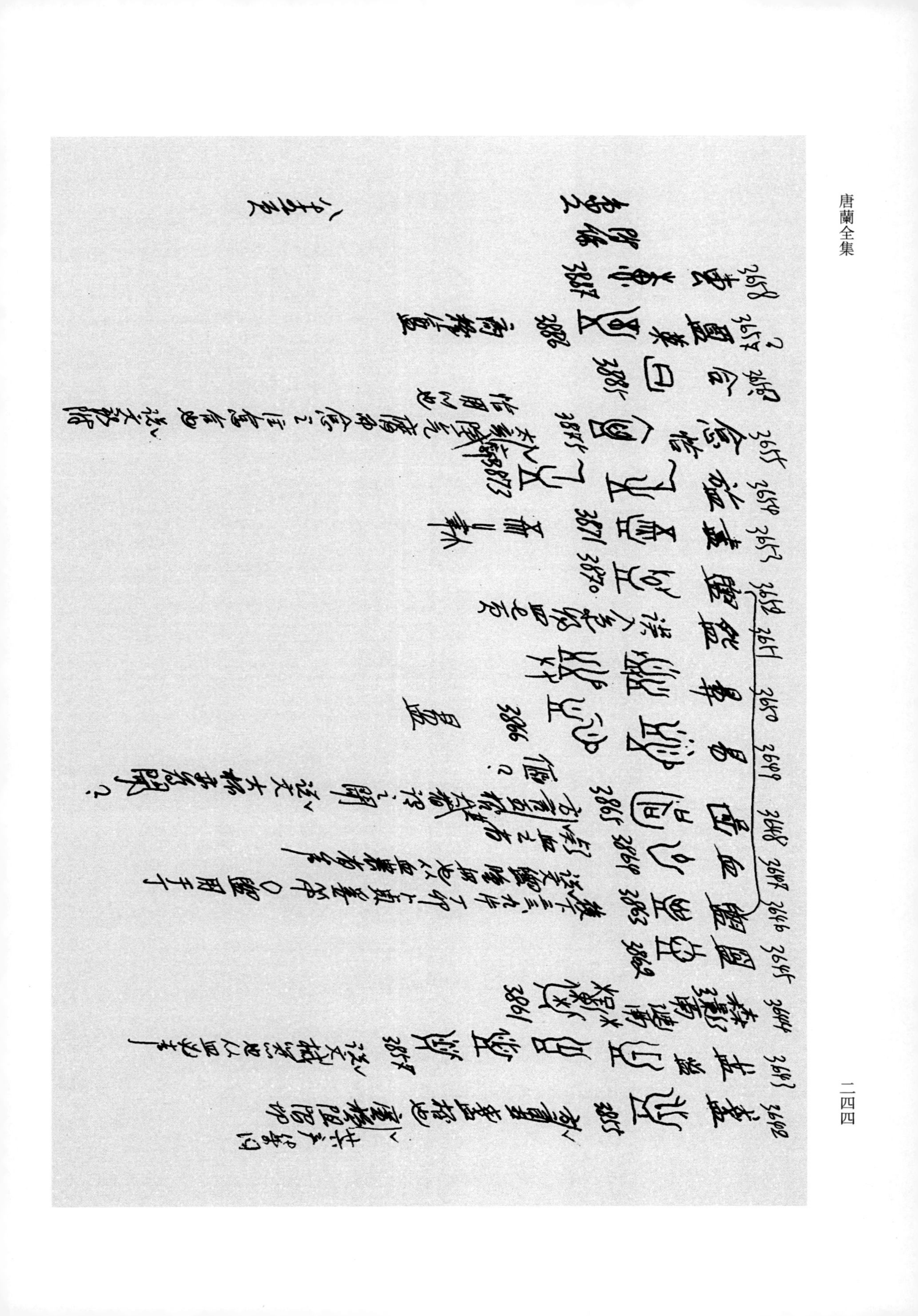

3659 [illegible]? 亘 3889

3663 卣 [illegible] 3890

3661 皀 [illegible] 3891

3662 [illegible] 3892 吉字从此

3663 [illegible] [illegible]? [illegible] 3894 說文[illegible]飯剛柔不調相箸从皀冂聲讀若[illegible]

卣皀者米之馨香也

[illegible]?

金文[illegible]

3664 俞 [illegible] 3896

3665 食 [illegible] 3898

3666 [illegible] [illegible]の也人

3667 [illegible] [illegible] 3903 [illegible]前人釋是錍之誤字非。

前四、八、六片 [illegible]卜[illegible]貞[illegible]

卷五下[illegible]人地名[illegible]禾人

3668 [illegible] [illegible] [illegible] 3904 說文作[illegible]列也从[illegible]

声讀若[illegible]

3669 [illegible] [illegible] 此古似鼓 [illegible]卜辭

3670 [illegible] [illegible] [illegible] 3905 後上八十三片丙申卜[illegible]貞[illegible]

說文[illegible]从米[illegible]

3671 鼓 [illegible] 3906 此與第五期[illegible]似一二期之[illegible]即此字矣

八十六頁

3677 3676 3675 3674 3673 3672

寅 㹊 医 矢

[glyph] [glyph] [glyph] [glyph] [glyph] [glyph]

3912 3911 3910 3909 3908 3907

說文：[illegible]

按虎彝鼎作[glyph]，由[glyph]變爲[glyph]，再變爲[glyph]

即爲[glyph]矣 存二七一 □寅卜

卜辭人名 林一、ㄊ二 甲寅卜貞[glyph]

林二、六、十三 貞[glyph]又[glyph]二月

3678 3679 3680 3681 3682

[glyph] [glyph] 3913 疑与[glyph]同

[glyph] 3915 說文：窗，以雜有所[illegible] 似是窗字 4830 [glyph] 与此[illegible]

3916 [illegible] 3983 向本字 [glyph]

3918 [illegible] 說文：[illegible]

3919 許作[illegible] 林二、七、七 [glyph] 白 新[glyph]

3683 3684 3685

[glyph] [glyph] [glyph] 3920 金文

[glyph] 3921 說文：[illegible] 八頁

後二、廿三、二 [illegible]

八十六頁

3686 [illegible] 3922 卜辭有疑字影摹 [illegible]

3687 [illegible] 3923 見卜辭 3915

3688 [illegible] 3924 [illegible]

3689 [illegible] 3925 粹一五九〇片 [illegible]

3690 [illegible] 3928 孫說 [illegible]

3690 [illegible] 孫誤為 [illegible] 3930 按粹三六、六五片原骨上缺刻 —— 貞史弗其 [illegible] 正被 [illegible] 字所掩。王國維考釋 [illegible] 原有卜辭，而不說明後加的 [illegible] 字，[illegible] 與弗其二字併 [illegible] 而為 [illegible]，[illegible] 王氏考釋而造成的笑柄。

3691 [illegible] 3931 說文：京，人所為絕高丘也，从高省，丨象高形。按 [illegible]

3692 [illegible] 3932

3693 [illegible] 3933

3694 [illegible] 孫依王國維作 [illegible] 3934 誤。按粹四五、二片是骨面刻辭「帚良示十」，王誤釋為「木」[illegible] 七十 [illegible]

3695 [illegible] 3935 从 [illegible] 或係？

3696 [illegible] 3636 說文：亯 [illegible] 从高省 [illegible]

八八頁

3697 椋 3938 說文：椋，即來也，从木京聲。

3698 槁 後下三九·五 鐵三五一 貞王出于 3938 後上二八·九 貞勿于 說文：槁，木枯也，从木高聲。

3699 3940 或即槁字 後下三一·七 然存此字不知上画有缺筆否

3700 豪 3941 說文：豪，豕鬣如筆管者，出南郡。从希高聲。籀文从豕作豪。

3701 膏 3942 說文：肥也，从肉高聲。

3702 䧺 3943 說文：䧺，鷻屬，从隹𦎧聲。 敦‖䨥

3703 亳 3944 說文毫字前人以豪字當之非是毫本 尚無細是此毛如細 似并 或 之误則是毫字

3704 亳 3946 後下十四·十 貞于亳 地名 說文：亳，京兆杜陵亭也，从高省乇聲。

3705 高 3947

3706 嗃 3949

3950 說文：鬵，鍑屬，从鬲兓聲。或从金父。 後下十六·六片 貞…于前

3707 侸 3951 說文：立也，从人豆聲，讀若樹。

3708 3952

3709 3953

3710 3954

3711 3955 續下五

八九

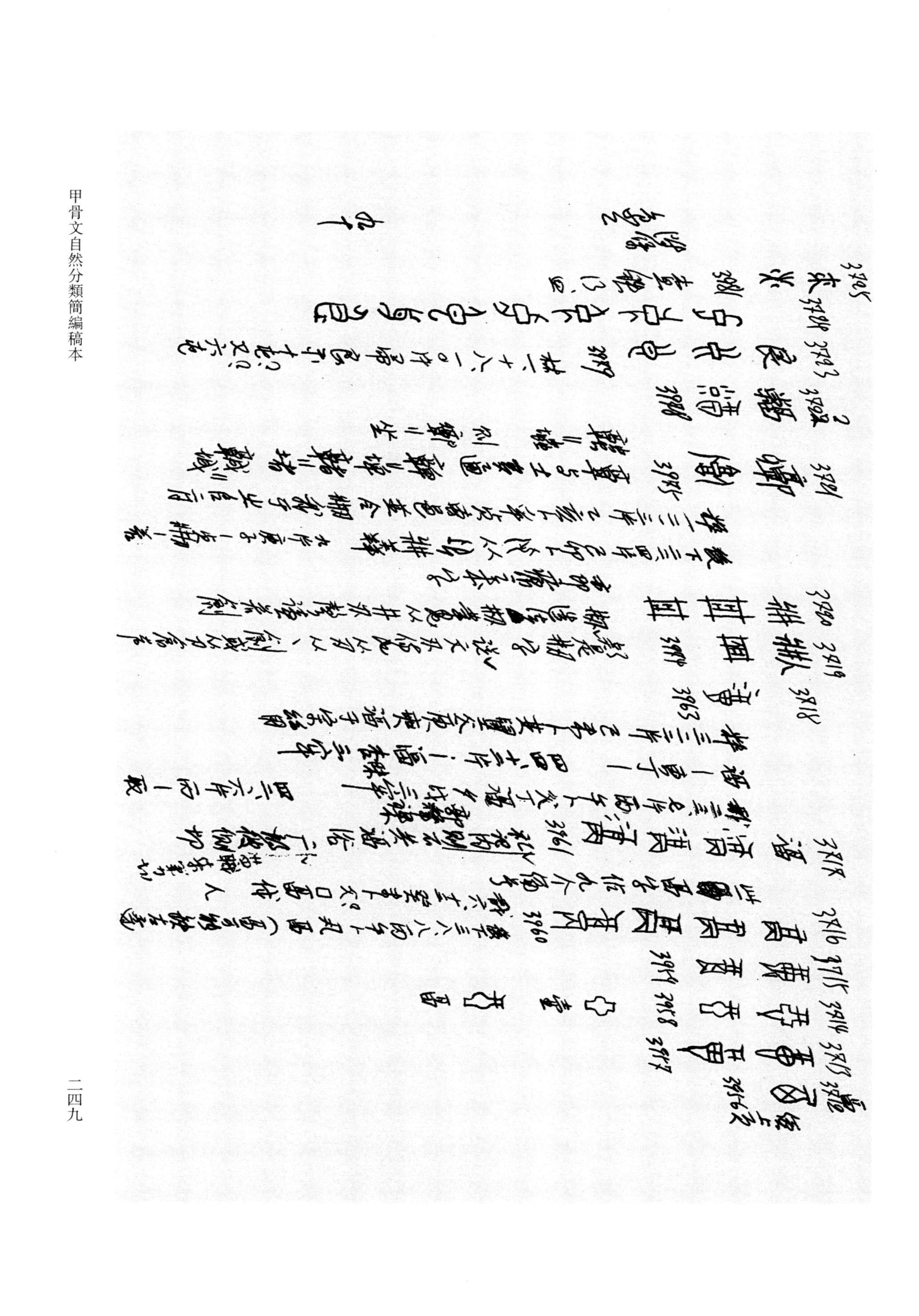

3986 穟 稑 [illegible] 3984 稑＝至 来＝禾 說文 銍 [illegible] 禾短鐮也 从金至聲

穫之挃挃 說文 挃 穫禾聲也 [illegible]

3987 [illegible] 秡 [illegible] 3983 来＝禾 說文 稵 禾相倚也 从禾多聲 一曰禾名 按 [illegible] [illegible] [illegible] 五質 [illegible] 同

3988 [illegible] [illegible] 3985 身＝勹 後上三五、一片 [illegible] 說文 匔 [illegible] 从勹 [illegible] 聲 从 [illegible] 聲 [illegible]

[illegible] [illegible] 3992 [illegible]

[illegible] [illegible] 3993 木＝木 丂？ [illegible] 人

3729 析 [illegible] [illegible] 3994 [illegible]

3730 [illegible] 3731 [illegible] 4013 說入 [illegible] 四八

3732 [illegible] 4014

3733？ 畀 [illegible] 4015

3934 壴 [illegible] 4019 [illegible] 之 [illegible]

3935 [illegible] [illegible] 4029 例文

3936 [illegible] [illegible] 4031 [illegible] ＝ [illegible]

3937 [illegible] [illegible] 4035 [illegible] 皇？

3938 東 東 說入 [illegible]

3939 [illegible] [illegible] 4051 後下二三，[illegible] 自 [illegible]

3940 [illegible] [illegible] [illegible] 4052 [illegible] [illegible] [illegible]

3941 東 [illegible] 4055 附 [illegible] [illegible]

[illegible]

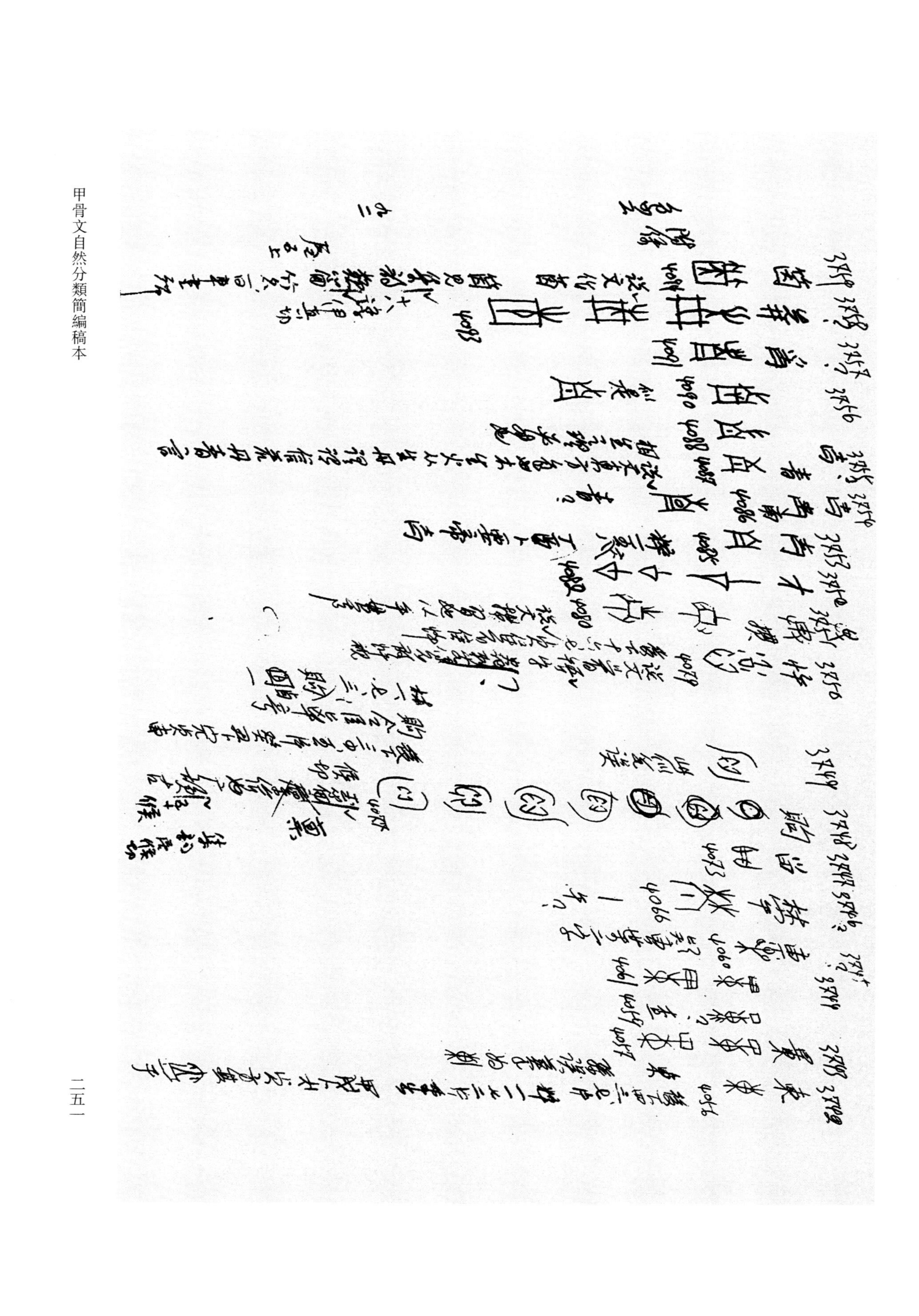

3760 囷（困） [字形] 4095 此字是子囷二字，孫誤為一字

3761 ? 囷 [字形] 4099 𢦏三〇、一片 乙子七囷 拓片不晰，王釋也非

3762 雈 [字形] [字形] 4100 之形 幵言與并聲相似 并 當是屏蔽

說文雈石鳥，一名雝鸔，一曰精列，从隹幵聲

3763 成 [字形] 4101 [字形]从臣从又

3764 荆 [字形] 4103 粹五八二片 說文荆楚木也，从艸刑聲

3765 卣 [字形] [字形] 4104 後編下九、五片……東卣……西卣犬木

白……出…… 卣也為色借通勁

3766 𠧪 [字形] [字形] 4106 後編上二三、七片 貞知卣于父乙

粹四六、十二片 方出不住卣口才囚

甶為卣，中有米粒，當為𠧪。說文「𠧪，草木實垂𠧪𠧪然，从……」西水本見於上，禮有大𠧪，當是酒器也。呂氏春秋仲冬乃命大酋，注「主酒官也」，臨縣釀米麴，使之化熟

故從之酋 據此則中是米麴之形

醆即獻字

3767 旋𧆑 [字形] [字形] 4112 把旗插在土上，當是𧆑之本字

說文𧆑 ……以為允

此也𧆑或从邕聲 其實𧆑與𧆑非一字，而當為

壝為一字（說文無壝），周禮地官有

封人掌設王之社壝，注「壝謂壇與堳埒也」。又

社壝用大罍，注「壝謂委土為壝壇，是地神當委土為

埒壇為壝，所插的旗幟為𧆑，等於壇上插旗

為旗（𣃔），𧆑字的象形字則為旋

附錄

九三頁

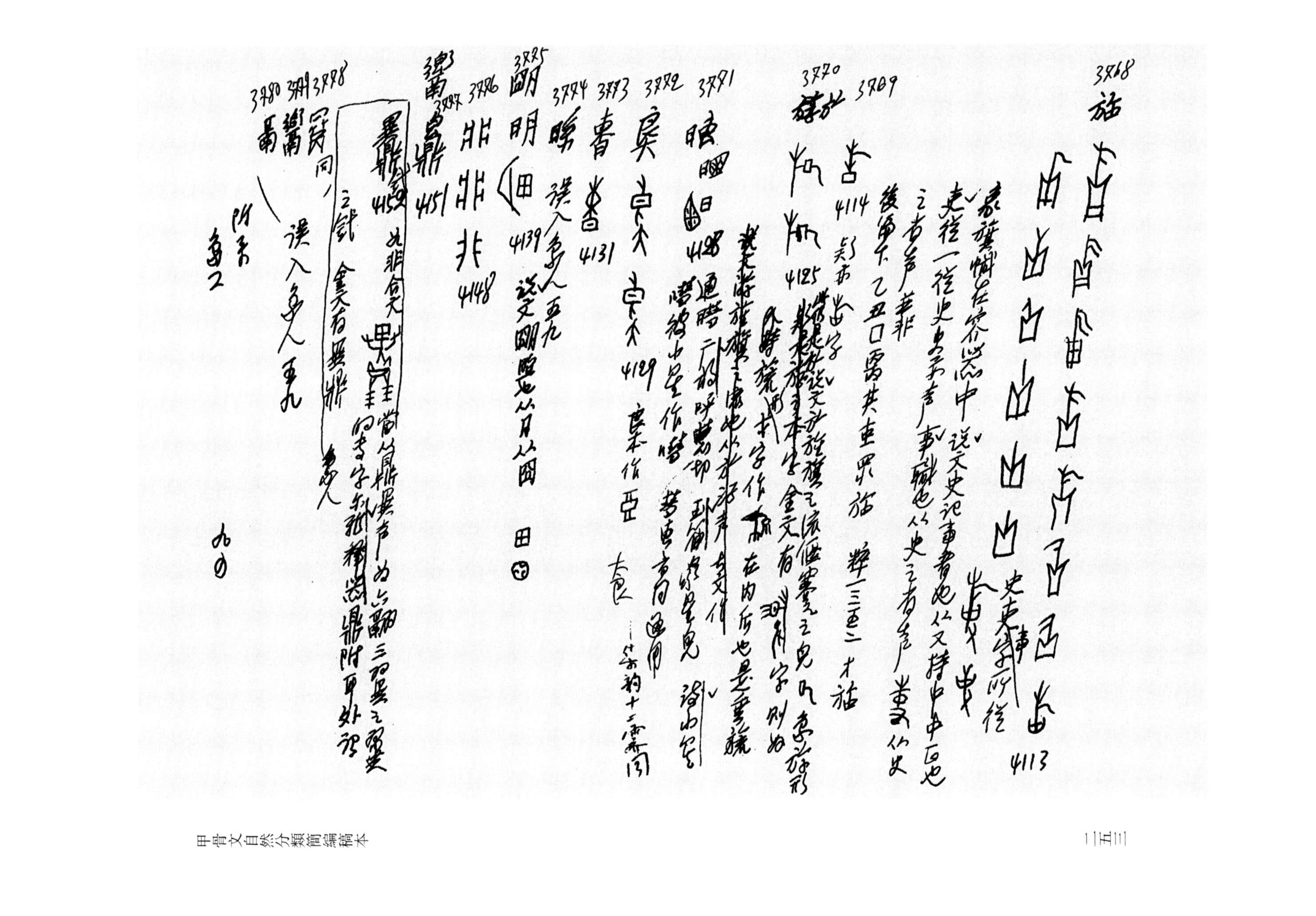

3781 蘼 4157 釋華 以𤰈而細 屯龍字從之 說文華讀若 [illegible] 蓋華 [illegible]

3782 冎 4160 剐 方言十三 胴 [illegible] 从肉冎聲 玉篇訓大腸之胴 別

3783 胸 4161 疑某子一例入多人

3784 [illegible] 4164 从㫗 𠦪聲 從說文 [illegible] 當為 [illegible]

3785 [illegible] 4167 [illegible]

3786 蒜 敫 4168 似為某猶二字

3787 示 4169

3788 [illegible] 4170

3789 吉 4171 可能是吉字倒文

3790 宇 4172 或即宙字 林一、六、一 貞弓乍宇

3791 富 4173 後下二七、一 其乍亞宗 其富 [illegible]? 說文 [illegible] 从宀 [illegible] 聲

3792 家 4180 說文 家 [illegible] 从宀从八从釆

3793 宓 密 4182 說文宓 [illegible] 从宀必聲

3794 向 4183 粹四二片 大乙史王鄉于向

3795 宗 4185

3796 宅 4195 或从力

3797 [illegible] 4206 [illegible]

附錄之

九五頁

3798 3799 3800 3801 3802 3803 3804 3805 3806 3807 3808 3809 3810 3811

4199 4207 4208 4210 4212 4213 4214 4215 4216 4223 4224 4238

一切經音義七引通俗文

九六頁

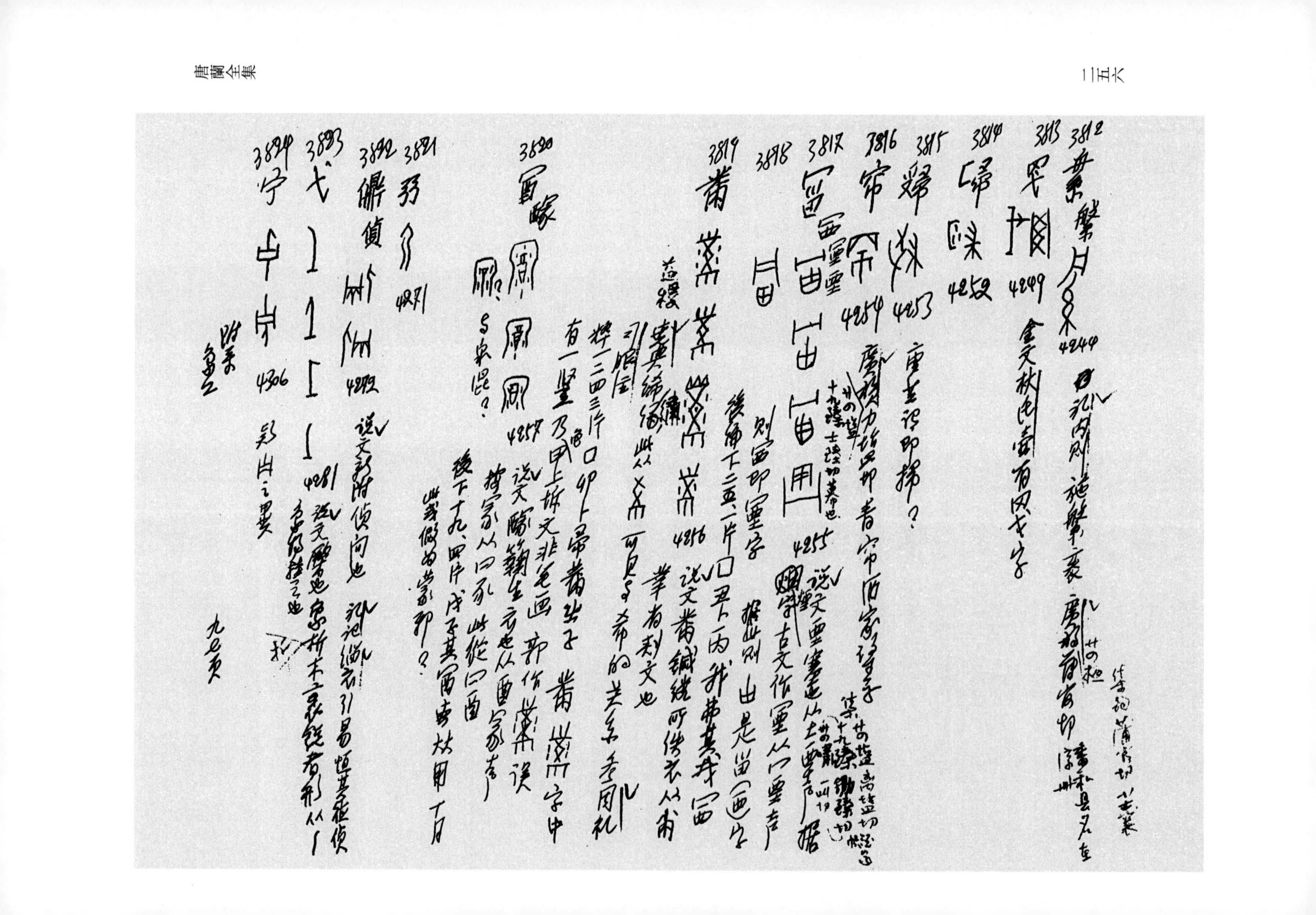

？ 并 [illegible] 4307 [illegible] 之异状 [illegible]

先 [illegible] 4310 [illegible] 4309

[illegible] 4311 象人

尼 [illegible] 4313 説文尼從後近之也从尸匕聲

3825 復 3826 [illegible] 4384 説文復 [illegible] 也从彳复声 [illegible] 或从人复声

作 [illegible] 4338 説文作起也从人从乍

[illegible] 4342 説文徙字古文 [illegible]

[illegible] 4343 [illegible] 4345 象人

北 [illegible] 4345

化 [illegible] 4346 説文教行也从人匕亦声 林二二四二十片 [illegible]

3827 [illegible] 4360 契作之異体

3828 衮 [illegible] 4362 説文 [illegible] 也从衣 [illegible] 亦声

[illegible] 冊九四片 貞衮 [illegible] 一三二五片 己子卜爭貞侯告 [illegible]

[illegible] 冊王弓？ 衮伐

3829 華 [illegible] 4363 説文 [illegible] 从艸 [illegible] 声

3830 [illegible] 4364 説文 [illegible] 也从 [illegible] 声

[illegible] 八頁

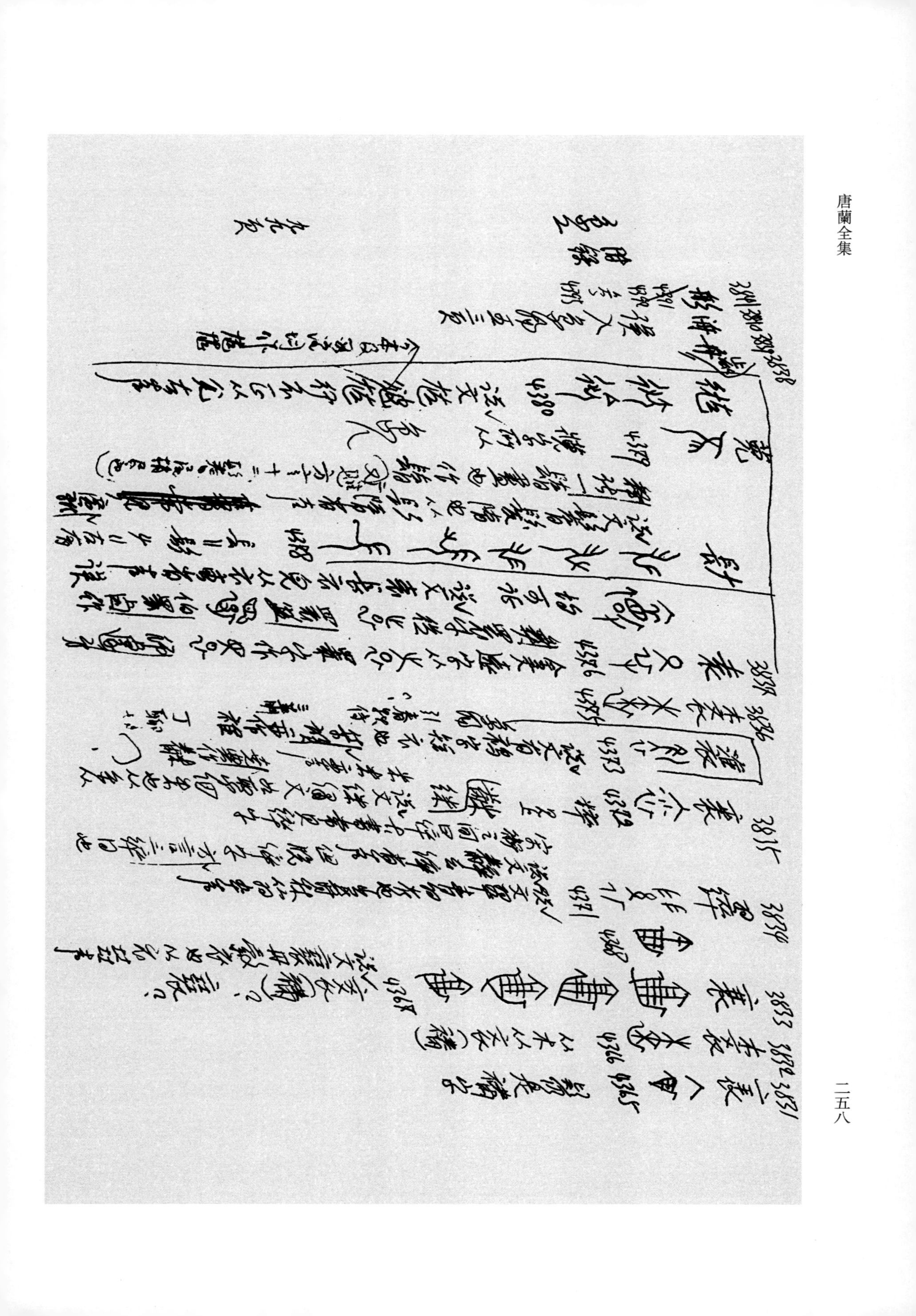

3842 俞 4393

3843 𦨶 4394 彡从今舟声与錭同 說文錭 鈍也从金周声

3844 般 4395 4391 4392 也可能作俞字者。

3845 朾 4397 說文朾 撞木也从木丁声 古省 作朾 以撞良也

3846 邮 4400 說文邮 左馮翊高陵 从邑由声

3847 邲 4401 後編下二六八片 邲田 亡𢦏 說文邲 宋下邑从邑必声 从 非

3848 3849 郳 4402 从入象人 66 說文 業切 漢陶也

邻 4403 王在 聿在 象 切

3850 䢃 4404 曐 晨 體 象形字

3851 䢒 4410 說文弟 从弟 纪

3852 郾 4411 說文郾 潁川縣 从邑匽声

3853 磬 4415 說文磬 石樂也 从石 象

3854 𣪊 4416 从殳 4438 說文 从殳从 𣪊 4444 說文歜 盛气怒也从欠蜀声 一曰歜 口 歜

一百頁

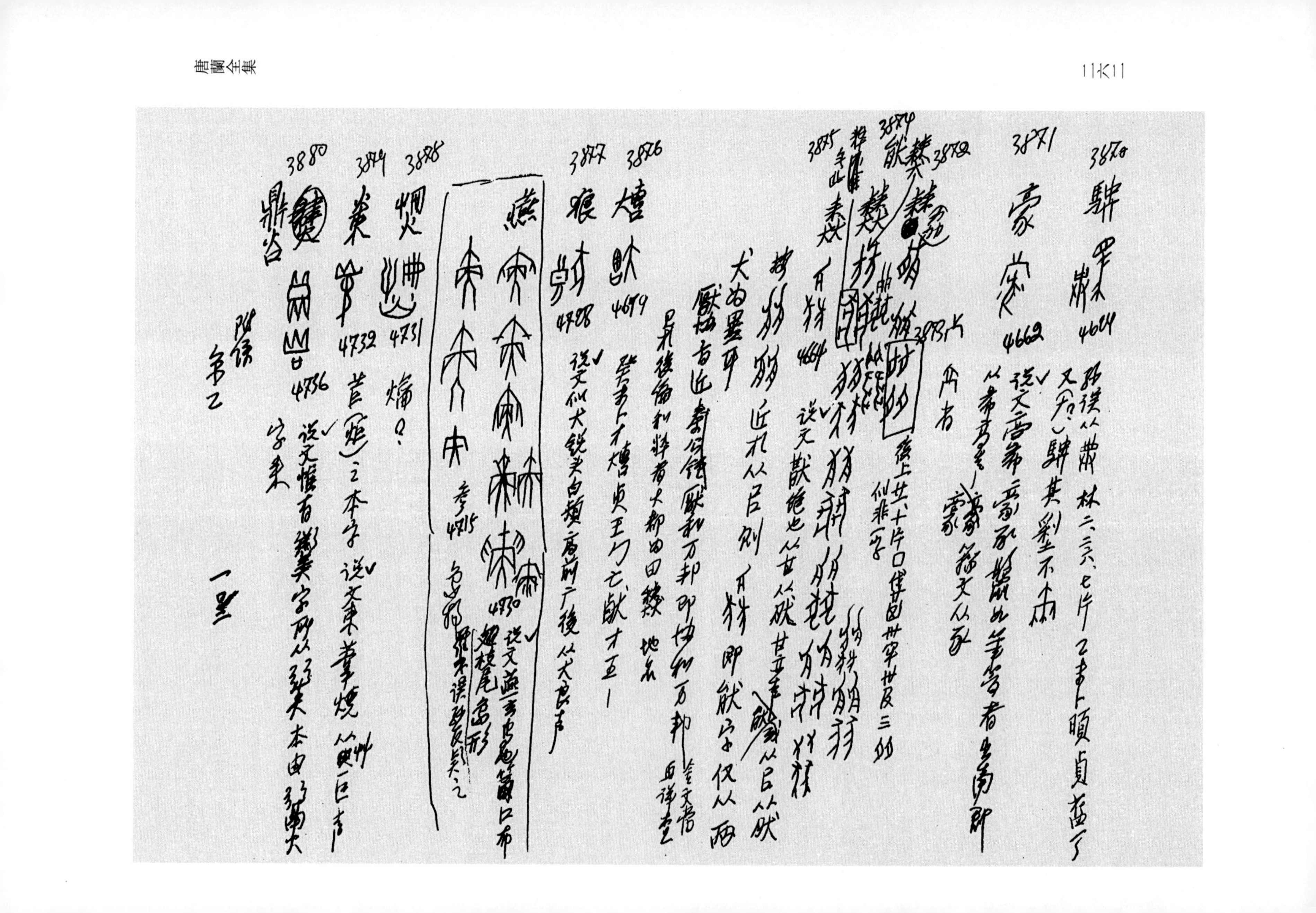

3870 騂 4664 从从𦍌 林二、六、七片 乙未卜暊貞 ……

3871 豕 4662 說文：豕…… 从豕…… 从豕

3872 3873 3874 3875 …… 4664 …… 後上廿六、十片 …… 似非字

犬…… 近…… 从吕 …… 即猒字 从吕从犬 ……

3876 ㈠ 4679 ……

3877 狼 4728 說文：似犬，銳头白頰，高前广後，从犬良声

3878 4731 ……

3879 4732 說文 …… 之本字 說文 ……

3880 4736 說文 …… 字 ……

3912 滢 [illegible] 4810 説文：滢，滎滢也。从水，𡩋声。此从𡩋声，説文作𡩋。

3913 盂 盞 [illegible] [illegible] [illegible] 4813 宁象从皿，忠省声，疑若𡩋，非是。説文：盞，械器也。从皿，𢦏声。粹一二三九片：丁亥卜，己貞，子商妾盞，娩，不其妨。

3914 [illegible] [illegible]？ 似从壬

3915 𩂣 [illegible] 4815

3916 霷 [illegible] 4821 多乃𩂣省。𩂣，説文：雷，𩂣也。从雨，𩂣声。

3917 雪 [illegible] [illegible] [illegible] [illegible] [illegible] 4803 彭由下卅字後期 疑人名 拓60 字或釋雪字，不確。 [illegible] [illegible]

3918 敨 [illegible] 4840 柳子 附黃𡪢所舍宗説宗廟中有黃𡪢，全宗𡪢或作𡪢

3919 𡪢 [illegible] 4857 大𡪢茜𡪢 此某人，又之例 或從字？

3920 [illegible] [illegible] 4862

3921 闇 [illegible] 4865

3922 乍 [illegible] 4870

3923 [illegible] 4873 似本作字 後上十八，二片 ……

3924 [illegible] [illegible] 4874 每示匕白……

3925 [illegible] [illegible] 4876 𥁕

3926 圂 [illegible] 4879 冒字往此 後上二三，一片 己未卜，貞，求……西 世大甲

改作 𩂣

一〇六

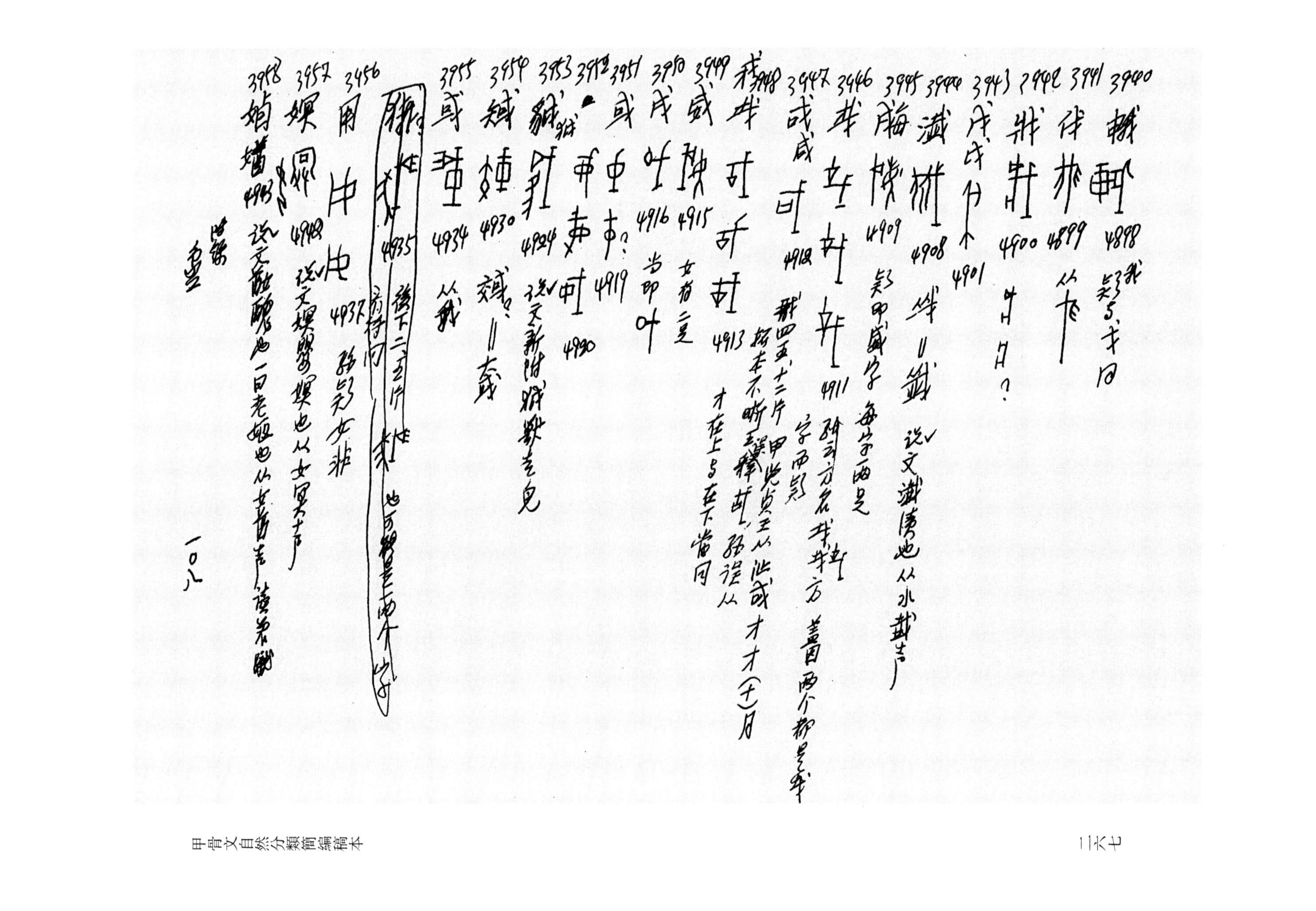

3940 4898 疑5，才日

3941 4899 从乍

3942 4900 ？

3943 4901

3944 4908 說文 灘也 从水 戠声

3945 4909 疑甲戌字 無此字而是

3946 4911

3947 成 4912 四五十二片 甲 貞王从 或 才才(十)月

3948 4913 才在上 在下 當同

3949 4915 女名 之

3950 4916 4919 叶

3951 4920

3952 4924 說文新附 數 見

3953 4930

3954 4934 从戠

3955 4935 後下二十五片 也

3956 4937 女

3957 4948 說文

3958 4983 說文

一〇八

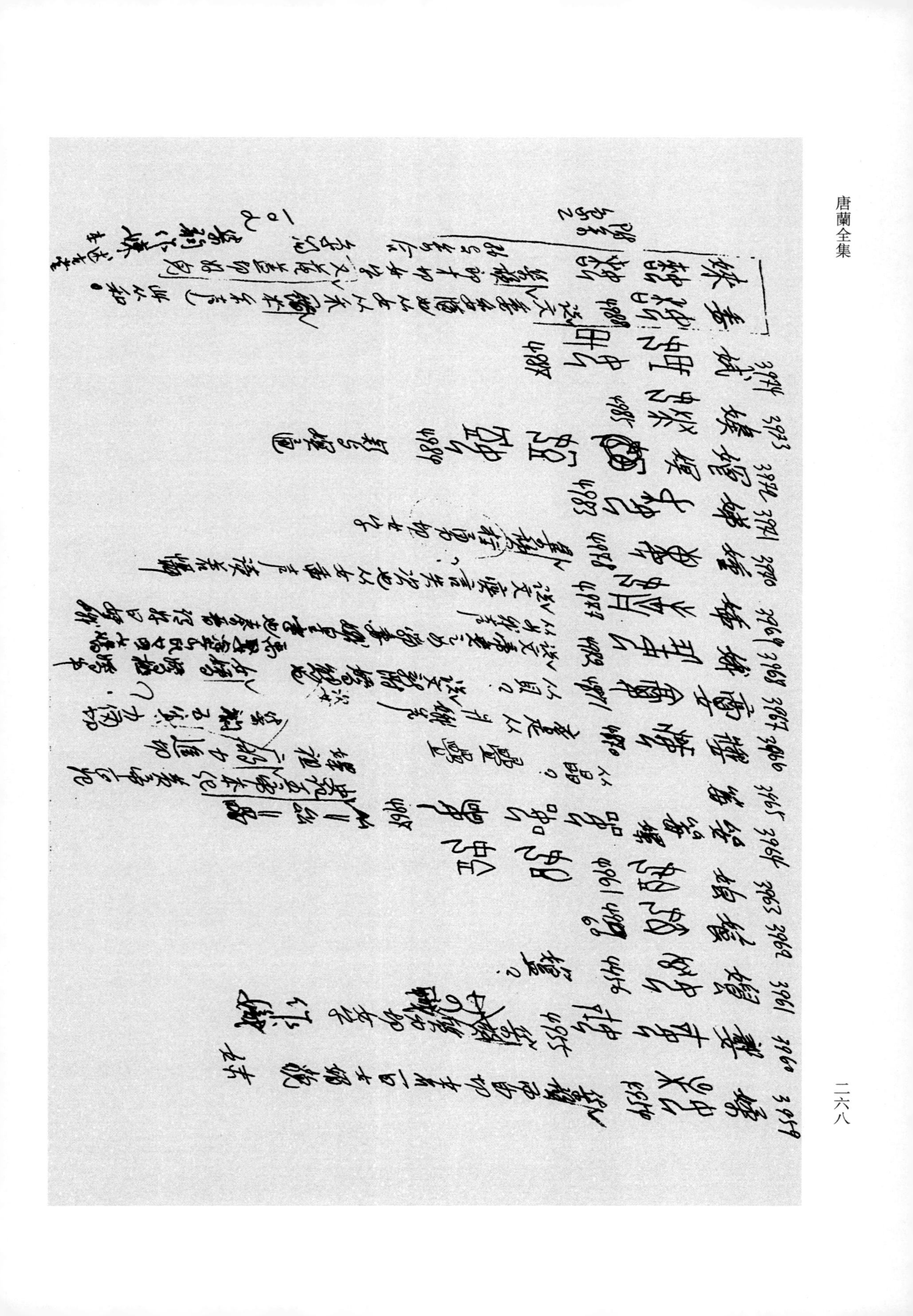

3975 3976 3977 3978 3979 3980 3981 3982 3983 3984 3985 3986 3987 3988 3989 3990 3991

4889 4891 4995 4996 5000 5001 5005 5006 5008 5009 5010 5011 5012 5013 5014

說文 婦也 从女昏聲

揚子方言 吳人謂女曰娃（吳人謂之娃）

廣韻 女良切 少女之號（集韻 女良切）

說文 姎 女人自稱 我也 从女央聲 讀若烟

說文 絲 蠶所吐也 从二糸

說文 絕 斷絲也 从糸从刀从卩 古文絕象不連體 絕二絲

說文 斷 截也 从斤从㡭 㡭 古文絕

後上十二、二片 辛丑卜行貞王其步自 于麻亡𢦏

从刀

說文 飲 歠也 从欠酓聲

3992 5015

3993 5016

3994

3995 5019

3996 5020

3997 5021

3998 5031

3999 5030

4000 5032

4001 5035

4002 5036

4003 5037

4004 5059

4005 5060

4006 5062

4023 畬 5080 說文：畬，三歲治田也，从田余聲。

4024 弘 5083

4025 良 5084

4026 𠷎 5086 5085 說文𠷎，耕治之田也，从田，象耕屈之形（疇或省田）。儘詰屈之形，或作𠷎者。

4027 田 5087 孫氏釋周字，即綢之本字。說文：綢，繆也，从糸周聲。

4028 冊 5089 後下十五、二片 其[illegible]于冊

4029 冉 5088 再？、冓？

4030 [illegible] 抒 5091 引古作抒者[illegible]

4031 沂 5092 [illegible]？

4032 所 5093

4033 [illegible] 5095 郭氏釋[illegible] 疑𠂤字 堆之省体

4034 𠂤 5097 从𠂤𠂤 以甘酉等字例之 仍是𠂤字

4035 初 5109 參見人飾字 後下四三、一片 戊卜[illegible] 初于河祀 孫氏[illegible]在此[illegible]

4036 治 5110 劉[illegible]同[illegible]

4037 巫 說文[illegible] 六の

4038 丹 5112

附錄 [illegible]

一一三

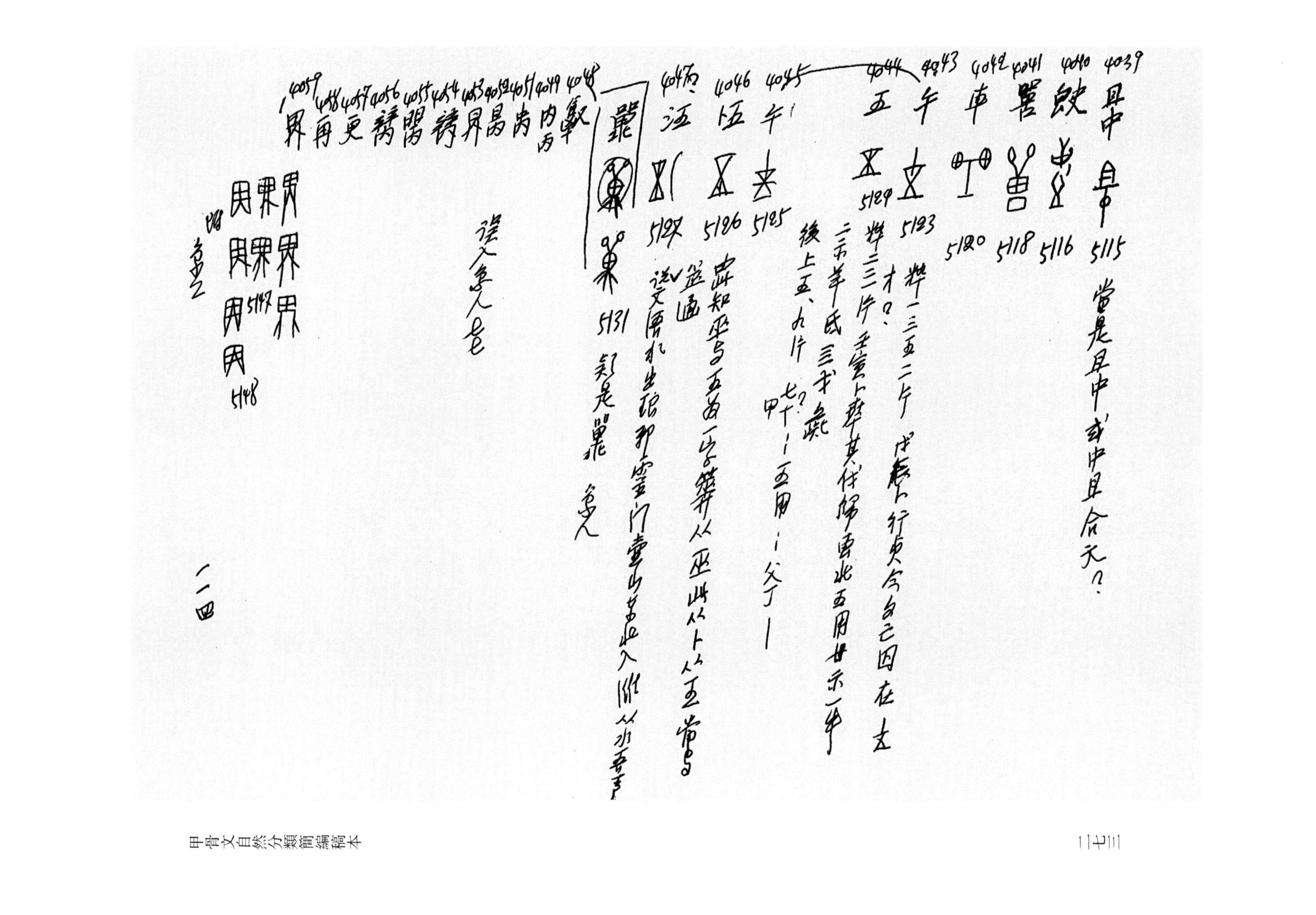

4039 4040 4041 4042 4043 4044 4045 4046 4047

5115 當是𠂤中，或中且合文？

5116

5118

5120

5123 粹一三五二片

粹三三八片

二示羊氏

後上五、九片

甲七十一五冊一父丁

5124 5125 5126 5127

說文

5131

4048 4049 4050 4051 4052 4053 4054 4055 4056 4057 4058 4059

說文

5147 5148

一一四

4060 尚 5149

4061 紀 5153

4062 庚 5154 宗伯簋的庚形 父庚觚

4063

4064 章 5155

4065 庚 5156

4066 聃 聘 5157 說文：聘，訪也，从耳甹聲。

4067 庸 5158

4068 諧 5160 說文：諧，加也，从言皆聲。

4069 癸 5168 从口、图。

4070 益 5178 後下十八、二 合文。

4071 殷 5187 前三、十片 癸亥貞子殷亡囚 說文作殷 [illegible]

4072 香 5191 說文：香，自辨也，从口。

4073 5192 後下十八、四片 甲子卜貞 [illegible]

4074 5194

4075 5195 林二、二五、十 甲子卜貞 [illegible]

4076 5196 說文 [illegible]

4077 [illegible] 5197 禁二五、十 辛卯王□小隹[illegible]□□其乍？圍□□乎東
對□□王固曰大吉

4078 醜 [illegible] 5198 說文醜可惡也从鬼酉聲

4079 酒 [illegible] 5199

4080 [illegible] [illegible] 5200 說文溪山瀆無所通者从水奚聲

4081 [illegible] [illegible] 5204 [illegible]

4082 [illegible] [illegible] 5208

4283 [illegible] [illegible] 5213

4084 ([illegible] 5214 後下三三、十 帚杏示七屯又一片 完

?
4085 厂 [illegible] 5214 後上十八、八 乙未卜賓貞臽子入騂牛乙[illegible]
林二、二六、七 乙未卜賓貞[illegible]厂[illegible]騂其[illegible]

4086 用 [illegible] 5221

4087 卣 [illegible] 5228

4088 羽 [illegible] 5229

4089 幸 [illegible] 5238 後下八、十三 乙未卜[illegible]

4090 午 [illegible] 5242

4091 [illegible] [illegible] 5245

4092 帚 [illegible] 5249

4093 [illegible] [illegible] 5252 廣雅釋詁[illegible]福[illegible]也

4094 良 [illegible] 5258 上[illegible]卜[illegible]

4095 [illegible] [illegible] 5262 後上七、九片[illegible] 癸亥卜貞丁[illegible]□

二六八

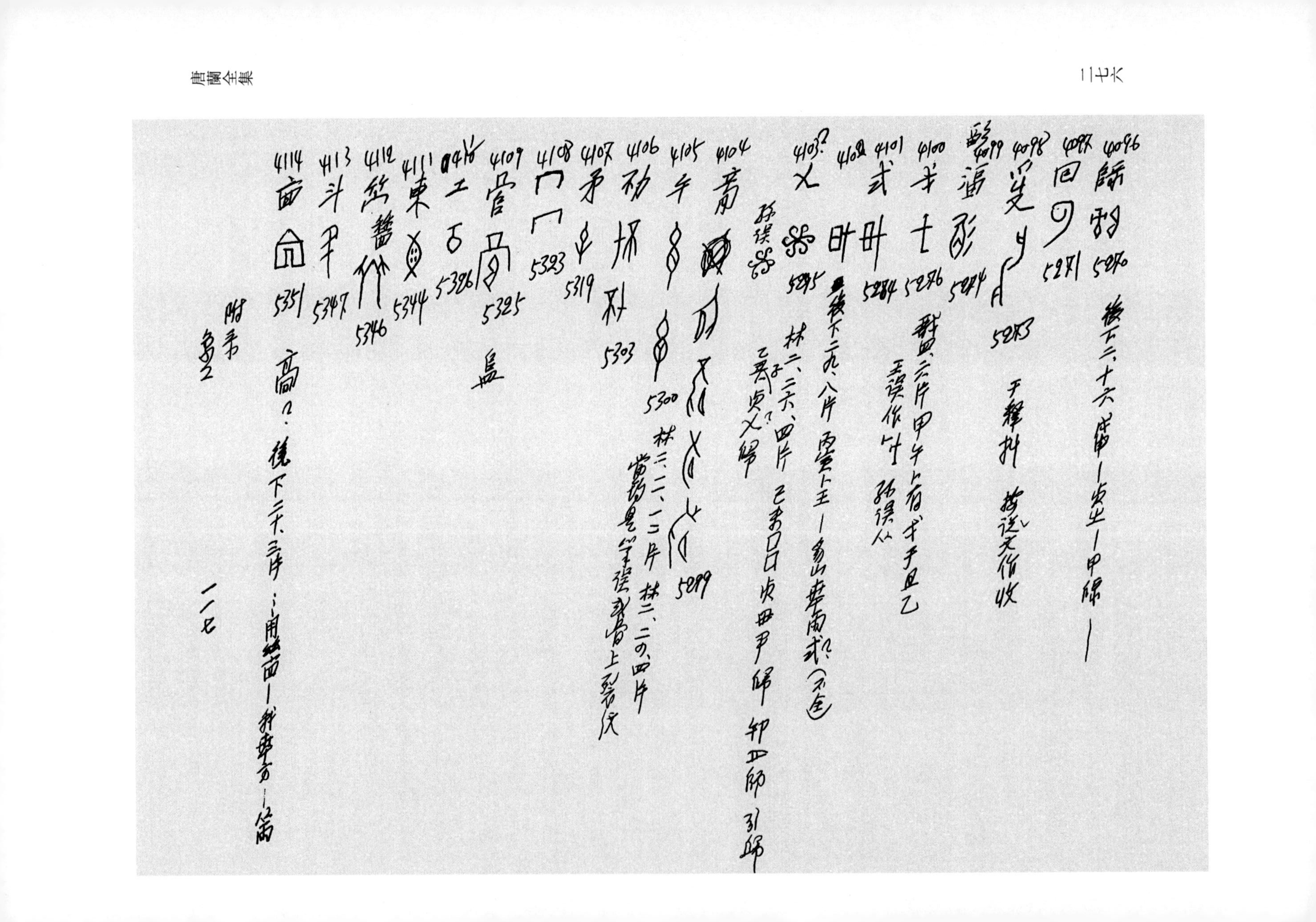

4096 [illegible] [illegible] 5290 後下二、十六 [illegible] 甲條 一

4097 回 [illegible] 5291

4098 [illegible] [illegible] 5283 于釋抖 按从又作收

4099 [illegible] 彡 5274

4100 [illegible] 士 5276 [illegible]六片 甲午卜 [illegible] 王誤作[illegible] 孫誤从

4101 式 冊 5284

4102 [illegible] 冊

4103? [illegible] [illegible] 5295 孫誤 後下二九、八片 [illegible] 王 [illegible](不全) 林二、二六、四片 乙[illegible] 貞父歸 乙[illegible] 貞[illegible]師 [illegible]師 引師

4104 [illegible] [illegible] [illegible] [illegible] [illegible] 5299

4105 [illegible] 5300 林二、二一片 林二、二〇、四片 當[illegible]是[illegible]上[illegible]

4106 [illegible] [illegible] 5303

4107 [illegible] 5319

4108 [illegible] 5323

4109 [illegible] 5325 [illegible]

4110 工 [illegible] 5326

4111 東 [illegible] 5344

4112 [illegible] [illegible] 5346

4113 斗 [illegible] 5347

4114 [illegible] [illegible] 5351 高? 後下二六、三片 用[illegible]一 [illegible]

附 [illegible]

一一七

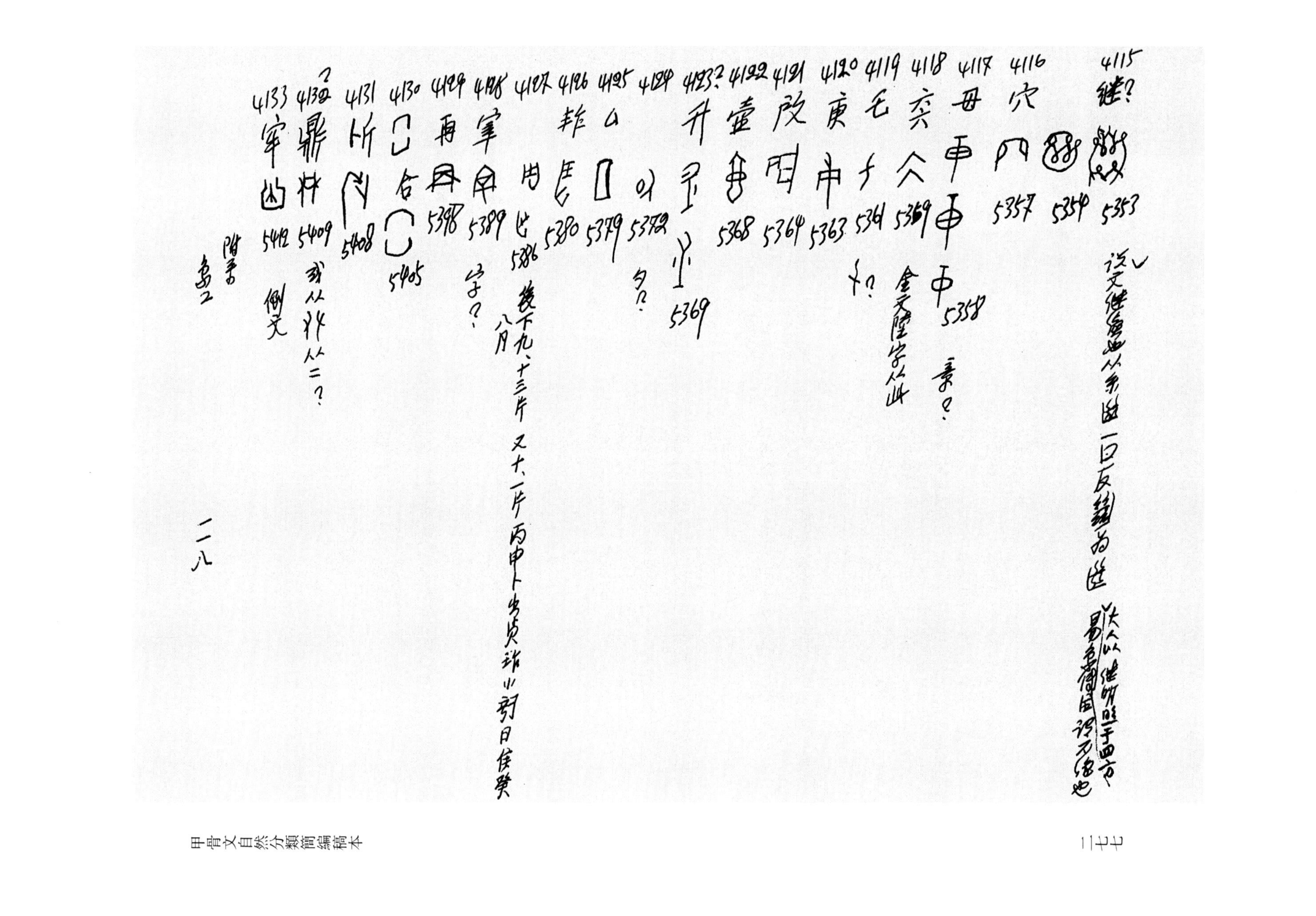

4115 繼? 4116 穴 4117 毋 4118 奔 4119 壬 4120 庚 4121 陵 4122 壺 4123? 升 4124 4125 厶 4126 非 4127 4128 4129 再 4130 4131 所 4132? 4133 牢

5353 5354 5357 5358 5359 5361 5363 5364 5368 5369 5372 5379 5380 5386 5389 5398 5405 5408 5409 5412

說文繼，續也，从糸𢇍。一曰反𢇍為繼

大人以繼明照于四方 易离傳曰：繼，不絕也

中 5358 彔?

金文陸字从此

5369

字?

後下九、十三片 又十、一片 丙申卜出貞

或从㸚 从二?

附錄

二八

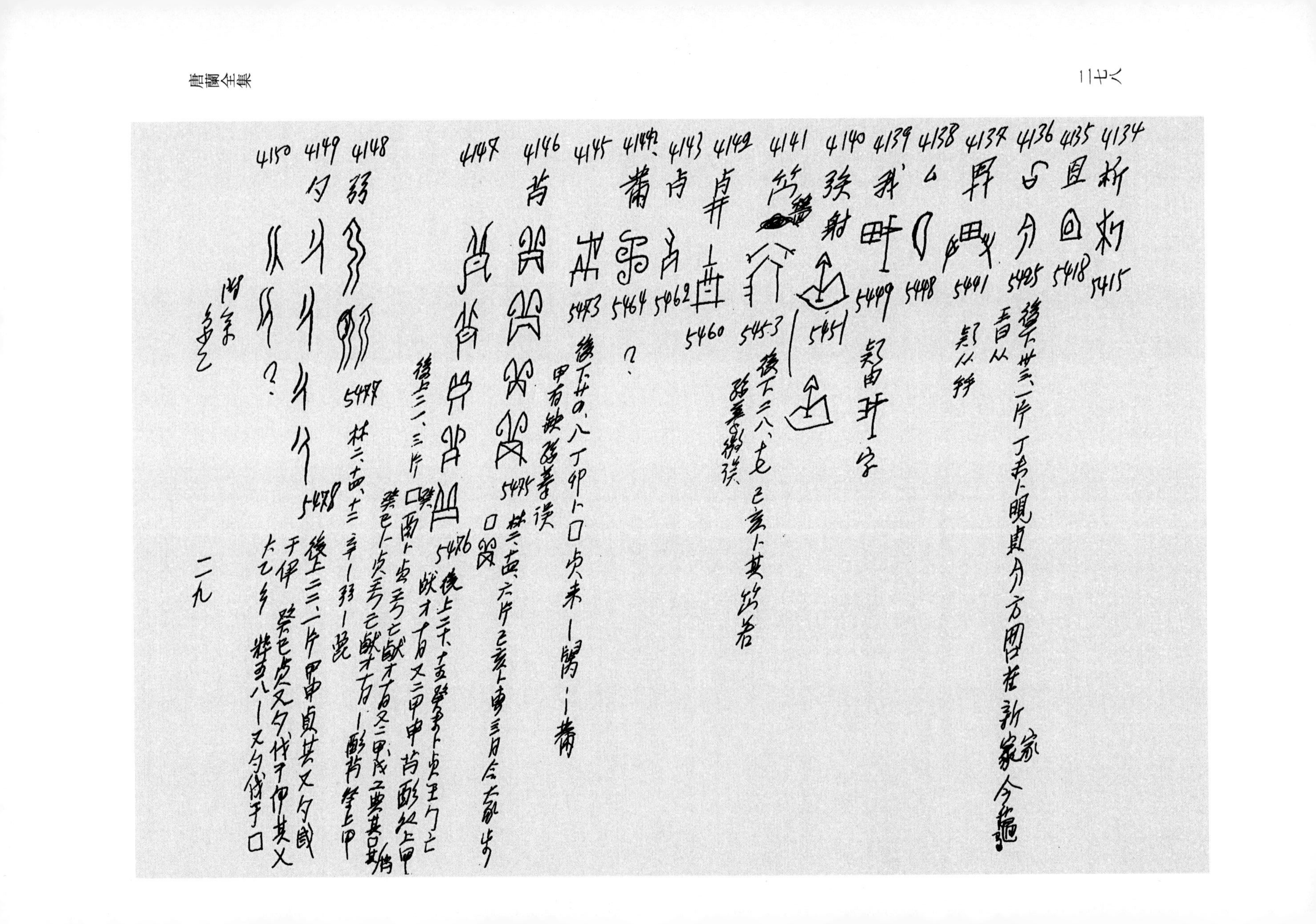

4134 析 [illegible] 5415

4135 亘 [illegible] 5418

4136 [illegible] [illegible] 5425 後上卅一片 丁未卜貞方方囧在新家 今[illegible]

4137 [illegible] [illegible] 5441 从 [illegible]从[illegible]

4138 厶 [illegible] 5448

4139 [illegible] [illegible] 5449 [illegible]甘斤字

4140 [illegible] 射 [illegible] 5451 [illegible]

4141 [illegible] [illegible] 5453 後下二八、七 己亥卜其[illegible]若 [illegible]

4142 [illegible] [illegible] 5460

4143 [illegible] [illegible] 5462

4144 [illegible] [illegible] 5464 ?

4145 [illegible] [illegible] 5473 後下卅四、八 丁卯卜口貞來[illegible] 甲[illegible]

4146 [illegible] [illegible] 5475 林二[illegible]六片 己亥卜[illegible]三月今[illegible] 口[illegible]

4147 [illegible] [illegible] 5476 後上三一、三片 口[illegible]酉卜貞[illegible] 後上二十[illegible]

4148 [illegible] [illegible] 5477 林二[illegible]十二 辛[illegible]

4149 [illegible] [illegible] 5478 後上二三、一片 [illegible]甲貞其又[illegible]

4150 [illegible] [illegible] ?

二九

4151 ? 5479

4152 ? 打 5480 从目？

4153 ? 5481 吝？

4154 ? 5485

4155 5487

4156 5487 复字从山

4157 5491

4158 5492

4159 5493

4160 4161 5496

4162 梓一五一六已一示五屯出一丿亘

4163 一五一七一屯一丿完

4164 5498

4165 5502 5501

4166 5503 吴三 萬之上 半一

4169 5504

4170 5505

4171 5506 後下 元 七 已 巳一 甘一 凹一

蓍？ 東一二〇

4172 唐 5509 後上三五、七片 丙申貞射□□羌汸用

4173 汸 5518 白上甲

□□ 貞—殻九下示汸— 山□它侑不从水 甲辰貞其大御王自

卜盟用白豭九下示汸十

乙亥貞又夕伐自上甲汸至父丁于乙酉

4174 肖 5518 孖ら汸俤 洞?

4175 青 5519 後下廿の、一 于青自

4176 4177 中 5521 中方 ら毋(中) 一字 串=串=中

良 後下四、一 良乙未 實 自文圖 林二六、三 己良 二十六、四 一良 甲一丁

4178 4179 4180 4181 4182 4183 4184 4185 4186 4187 4188

5543 5545 5547 5553 5554 5560 5566 5567 5569 5579 5556

附 存 各人名

孖云 貞人名

一二一

4189 壬? 5581 工?

4190 貞 5582

4191 才 5591

4192 夷 5592

4193 校 5593

4194 西? 由 5597 粹一七八片丁酉卜西卜单吕从学子由若 郭釋由

4195 壺 5603

4196 䔲 5607

4197 至 5613

4198 第 楚 5615

4199 弋 5618 隱彩卒字

4200 罢 5620

4201 䶈 5624

4202 名 5628 乙五〇〇八 父乙降凶

4203 凶 5629

4204 𢦏 5622 郯陵字别構

4205 戌 5635

4206 雉

5639

5640 鳥

一二二

4207 麥 5649

4208 埜 5670 說文埜野古文

4209 宦 5677

4210 亢 5679 左。

4211 宍 5688

卅

5689 多錄 孫云彩 非

4212 斛 5691

4213 嫠 八十

4214 內 5698

4215 宴 5704 粹一五八六片 庚午卜宴貞示千一

4216 古 5706

4217 5709 後二、八、十三 ……

4218 戚 5710 當是戚之異体

4219 5714

4220 宊 5723

4221 5726

4222 嚴 5733

4223 呂 5739

5740 多錄

4224 刪 5742 說文刪剟也从刀从冊 冊書也

附錄 象二

一二三

4244 4243 4242 4241 4240 4239 4238 4237 4236 4235 4234 4233 4232 4231 4230 4229 4228 4227 4226 4225

5802 5798 5790 5788 5787 5786 5782 5780 5777 5770 5767 5765 5756 5752 5751 5750 5749 5748 5746 5743

人名

缺

舊釋為文會字……釋言合曰說

系2

一二の

4264	4263	4262	4261	4260	4259	4258	4257	4256	~~4255~~	~~4254~~	~~4253~~	~~4252~~	~~4251~~	4250	4249	4248	4247	4246	4245
壴	山	冉	宓	乍	入	簪	卣	甘	憠	庡	工	剌	剢	甘	婁	婍	江	般	冑
5865	5861	5860	5856	5854	5853	5851	5850	5841	5832	5831	5827	5824	5823	5820	5818	5816	5809	5806	5804

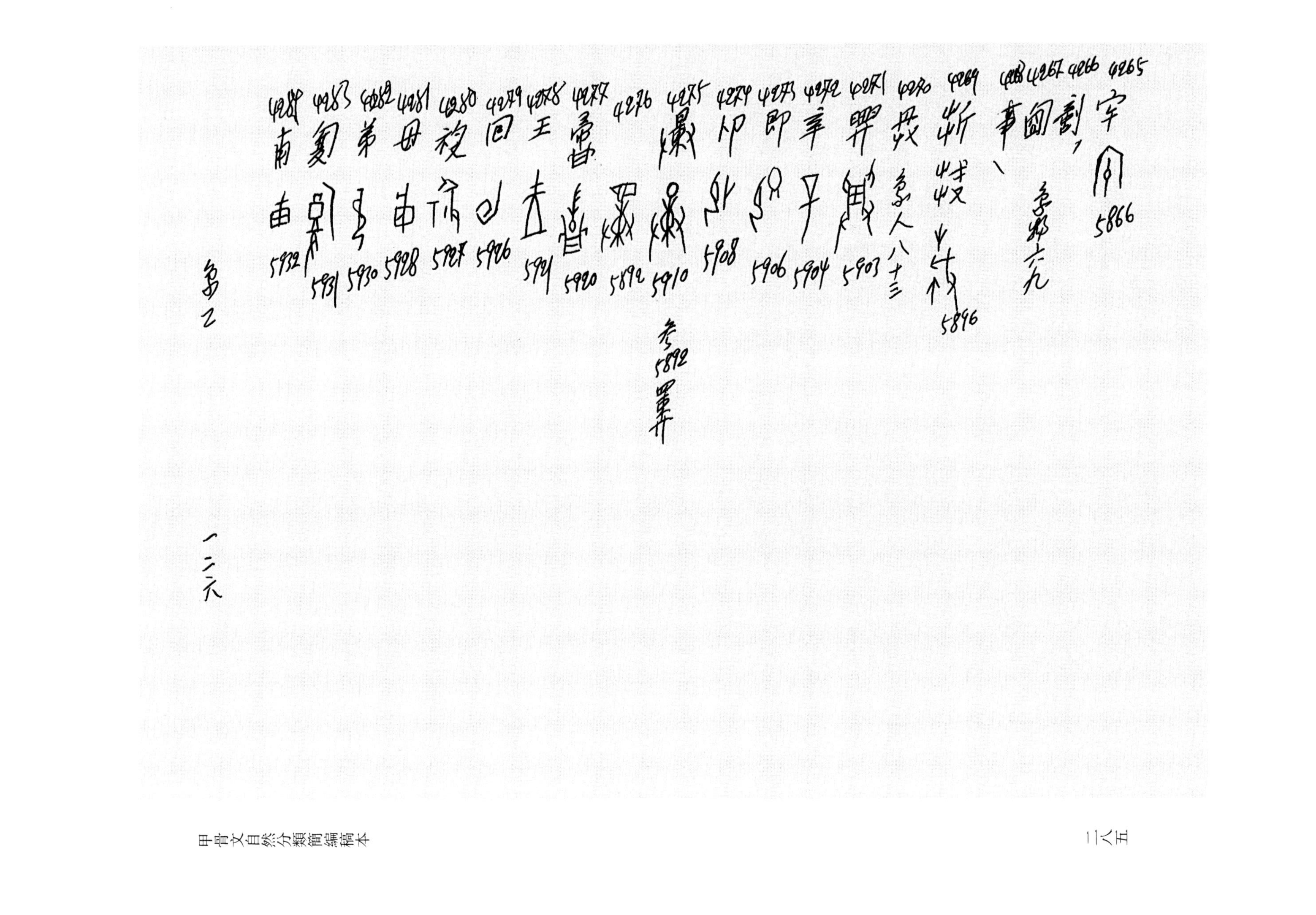

4265 宇 4266 [illegible] 4267 [illegible] 4268 事 4269 [illegible] 4270 [illegible] 4271 [illegible] 4272 辛 4273 即 4274 [illegible] 4275 [illegible] 4276 4277 [illegible] 4278 王 4279 冋 4280 [illegible] 4281 毋 4282 弟 4283 [illegible] 4284 南

5866 [illegible] 5896 [illegible] 5903 [illegible] 5904 [illegible] 5906 [illegible] 5908 [illegible] 5910 [illegible] 5892 [illegible] 5920 [illegible] 5921 [illegible] 5926 [illegible] 5927 [illegible] 5928 由 5930 [illegible] 5931 [illegible] 5932 由

5892 [illegible]

一二六

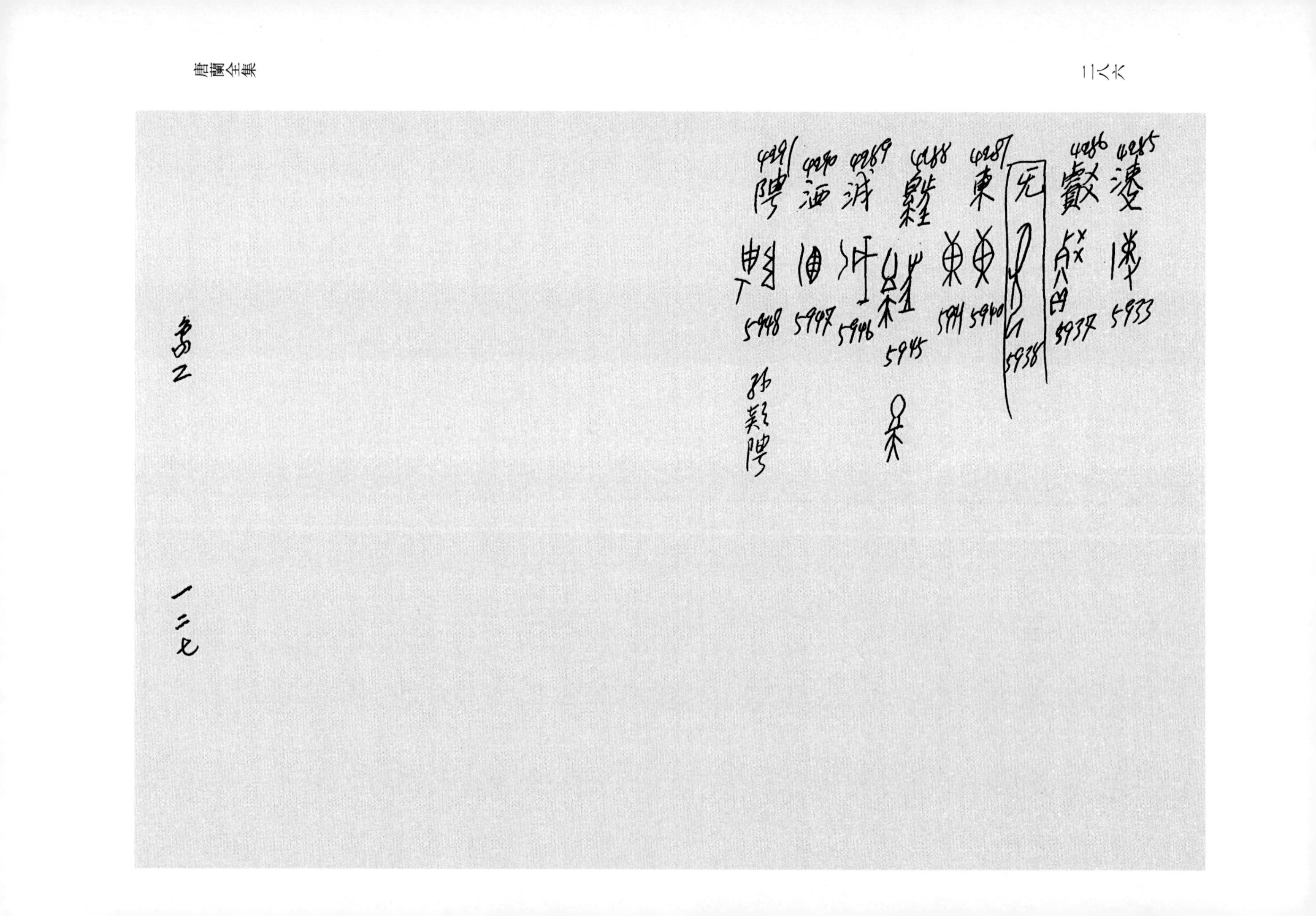

4285 湊 5933

4286 獻 5937

宄 5938

4287 東 5940

5941

4288 緈 5945

4289 洱 5946

4290 洒 5947

4291 陴 5948

孫 鄭 陴

嵩乙

一二七

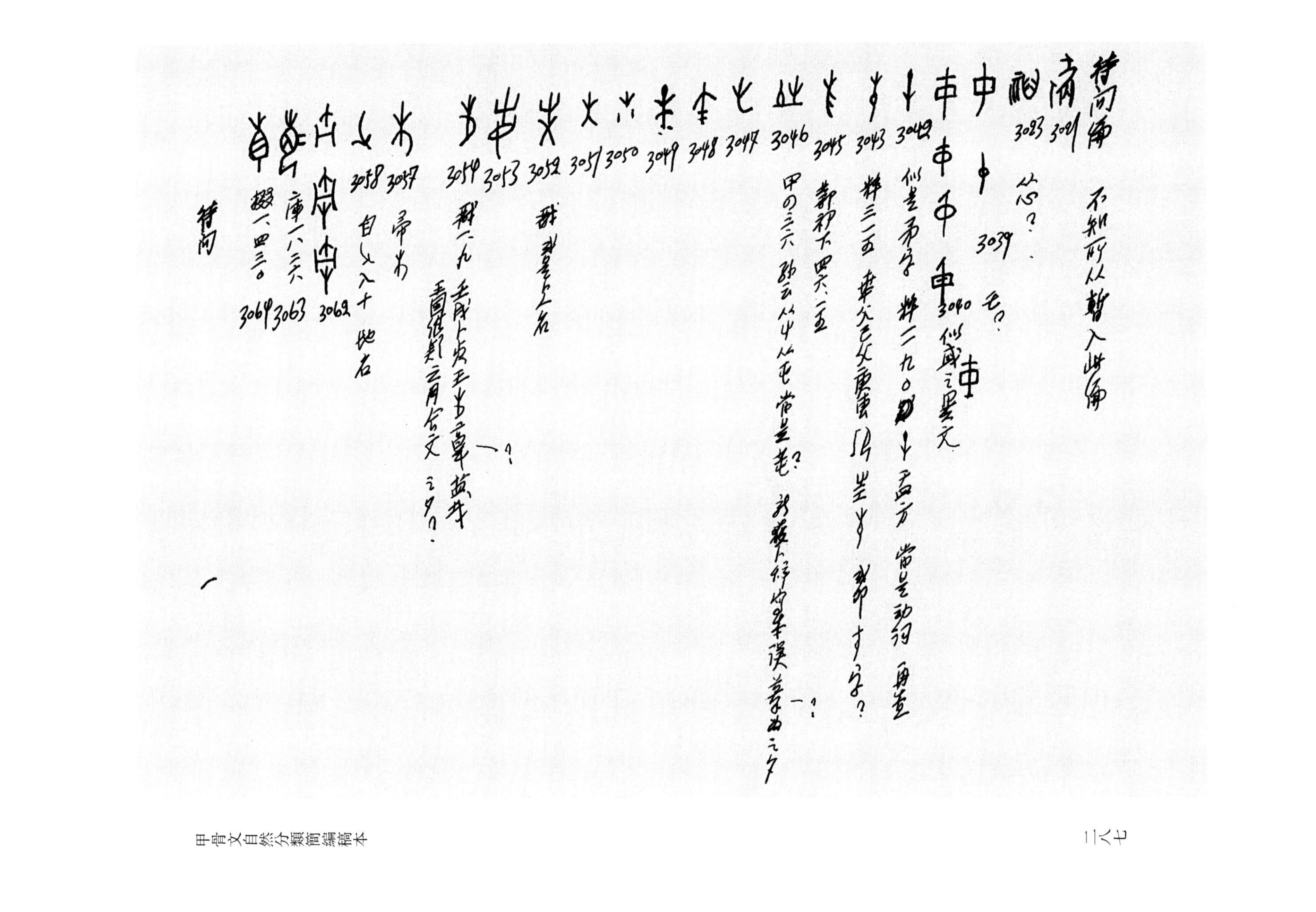

待問編

3023 3021 不知所从暫入此編

3039 从心？

3040 似戚之異文

3042 似……字 粹一九〇 …… 常是動詞 再查

3043 粹三一五 …… 字？

3045 鄴初下四六·一五

3046 甲の三六 郭云从屮从乇 常是乇？ …… 一？

3047

3048

3049

3050

3051

3052 …… 人名

3053

3054 …… 一？

3057 3058 白（百）又八十 地名

3062 3063 3064 掇一·四三〇 庫一八三六

待問

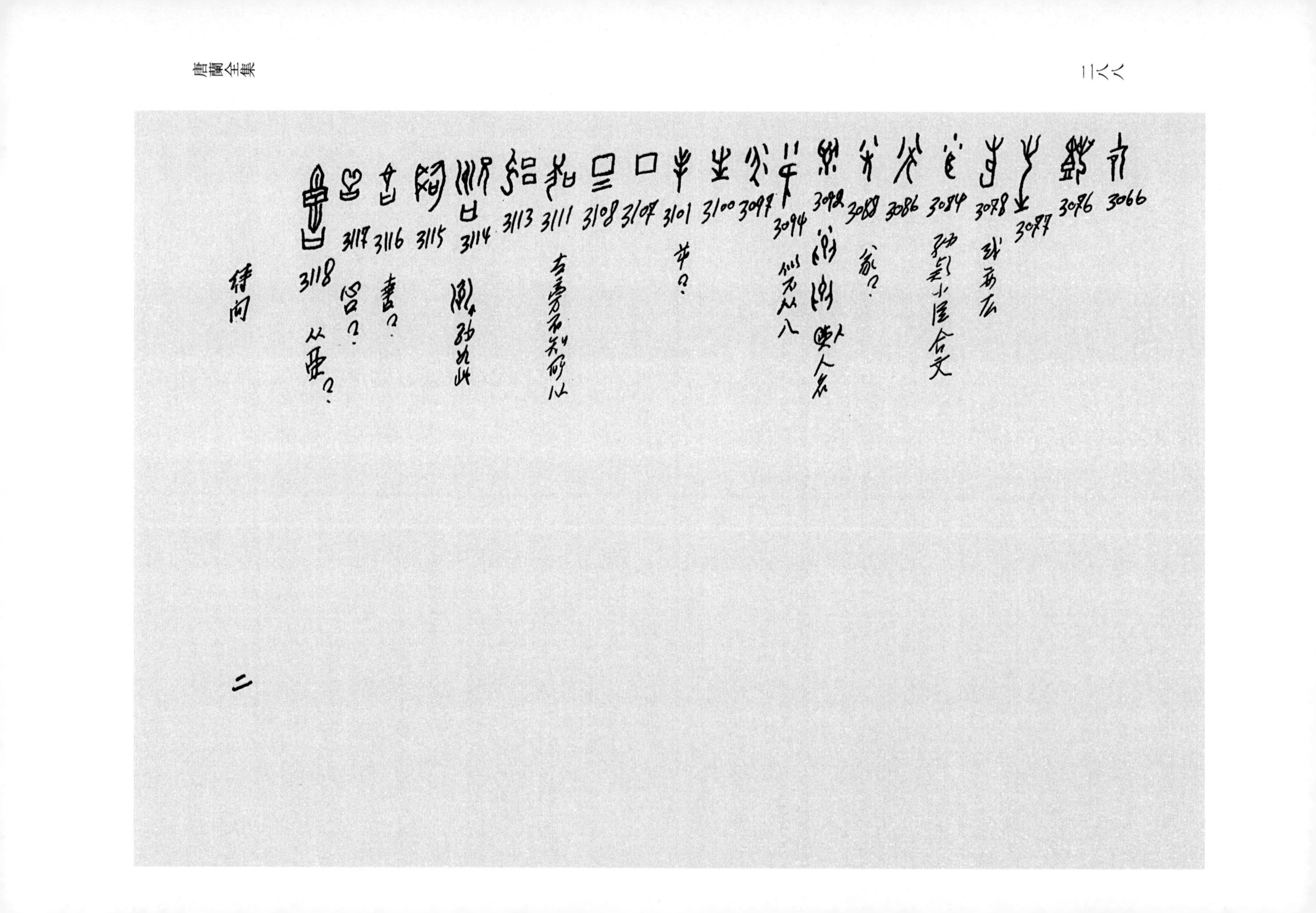

3066

3076

3077

3078 [illegible]

3084 [illegible] 小臣合文

3086

3088 [illegible]?

3092 [illegible] 人名

3094 [illegible] 从八

3097

3100

3101 [illegible]?

3107

3108

3111 古旁不知所从

3113

3114 [illegible]

3115

3116 書?

3117 呂?

3118 从[illegible]?

待问

二

3119 我从辛 刖即言字 ?

3120

3121 吹?

3124 孫華 A?
李著象形四十頁古字

3127 彭 [illegible]

3129

3133

3136

3141

3145

3146 从策?

3163 子 [illegible]

3164

3165

3167

3168 筍?

3172

3173 [illegible]

3175

3176 从角?

3178 地名 待问

三

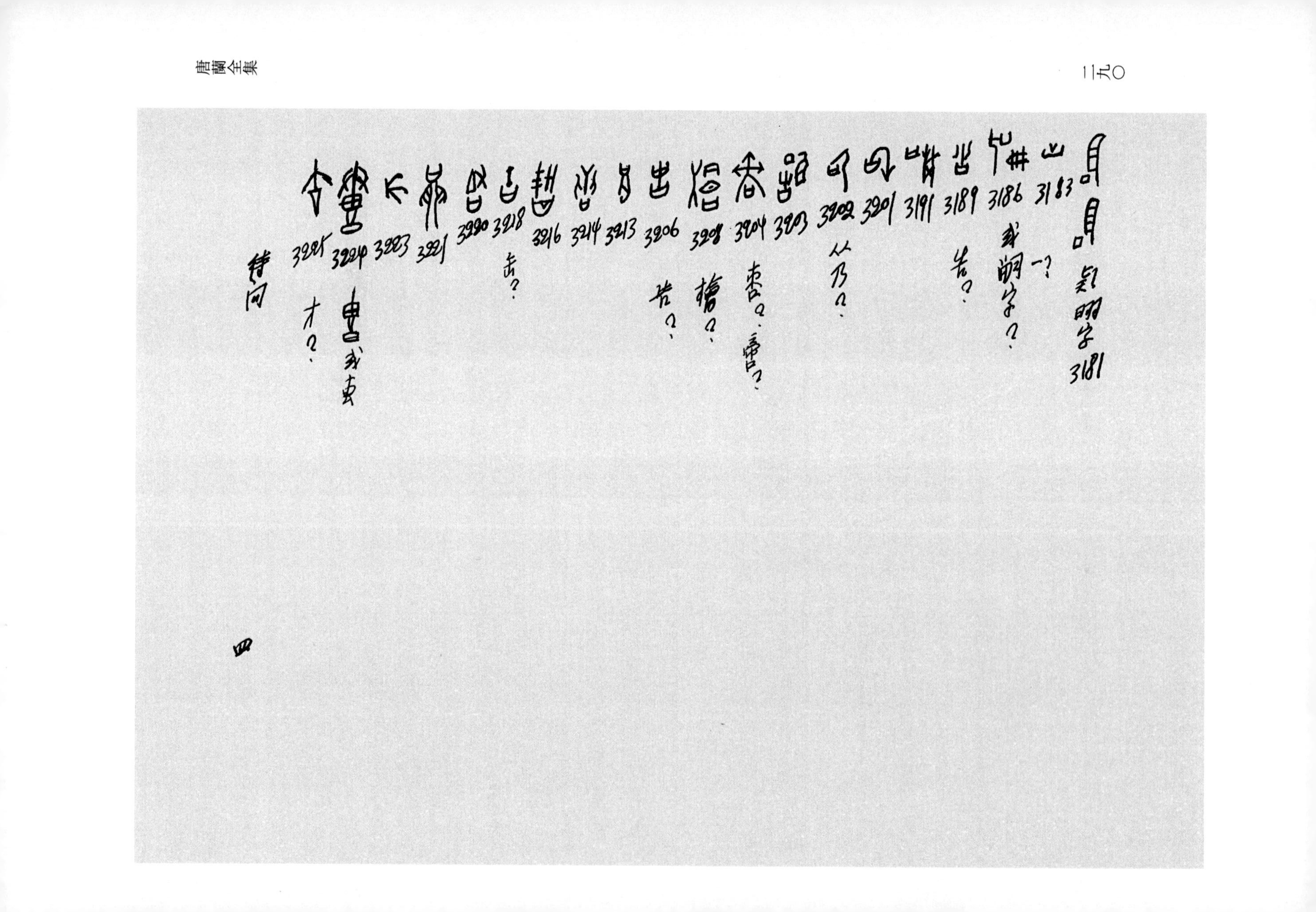

3181 知明字

3183 一?

3186 或明字?

3189 告?

3191

3201

3202 从乃?

3203

3204 杏?、晉?

3208 楷?

3206 告?

3213

3214

3216

3218 击?

3220

3221

3223

3224 由或東

3225 才?

待问

四

3303 [illegible]

3306 [illegible]?

3307 [illegible] 褛?

3308 [illegible]

3316 [illegible] 後上三．七 口戊口卯貞口方[illegible]口備

[illegible]

3318 [illegible] 不知是否即說文芈

3321 [illegible]

3325 [illegible]

3329 [illegible]

3335 [illegible]

3342 [illegible] 疑彩鹽一？

3344 [illegible] 與4？禾？ 鐵三八．二 口卯王 [illegible] 其[illegible]留

3367 [illegible] 命犬？

3378 [illegible] 似是[illegible]字 但臘后不知何字

3384 [illegible]

3391 [illegible]

3393 [illegible]

3400 [illegible]

3401 [illegible]

3402 [illegible] 似[illegible]字 但有表[illegible] 一？

3413 [illegible] 從酉從[illegible]？

[illegible]

六

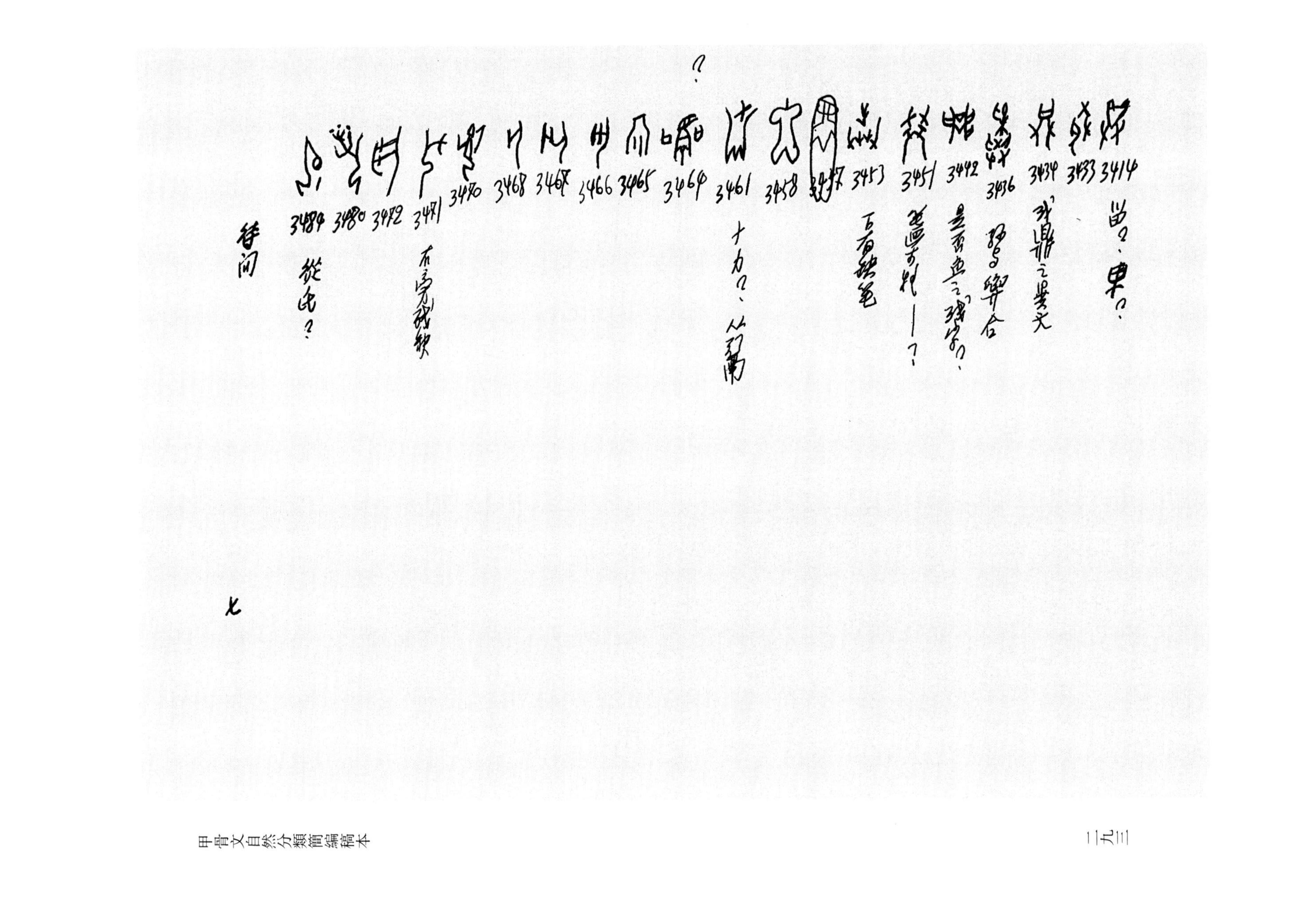

3414 曲？、東？

3433

3434 [illegible]

3436 [illegible]

3442 [illegible]

3451 [illegible]

3453 [illegible]

3457

3458

3461 十力？、从[illegible]

3464

3465

3466

3467

3468

3470

3471 [illegible]

3472

3480

3484 從氏？

待问

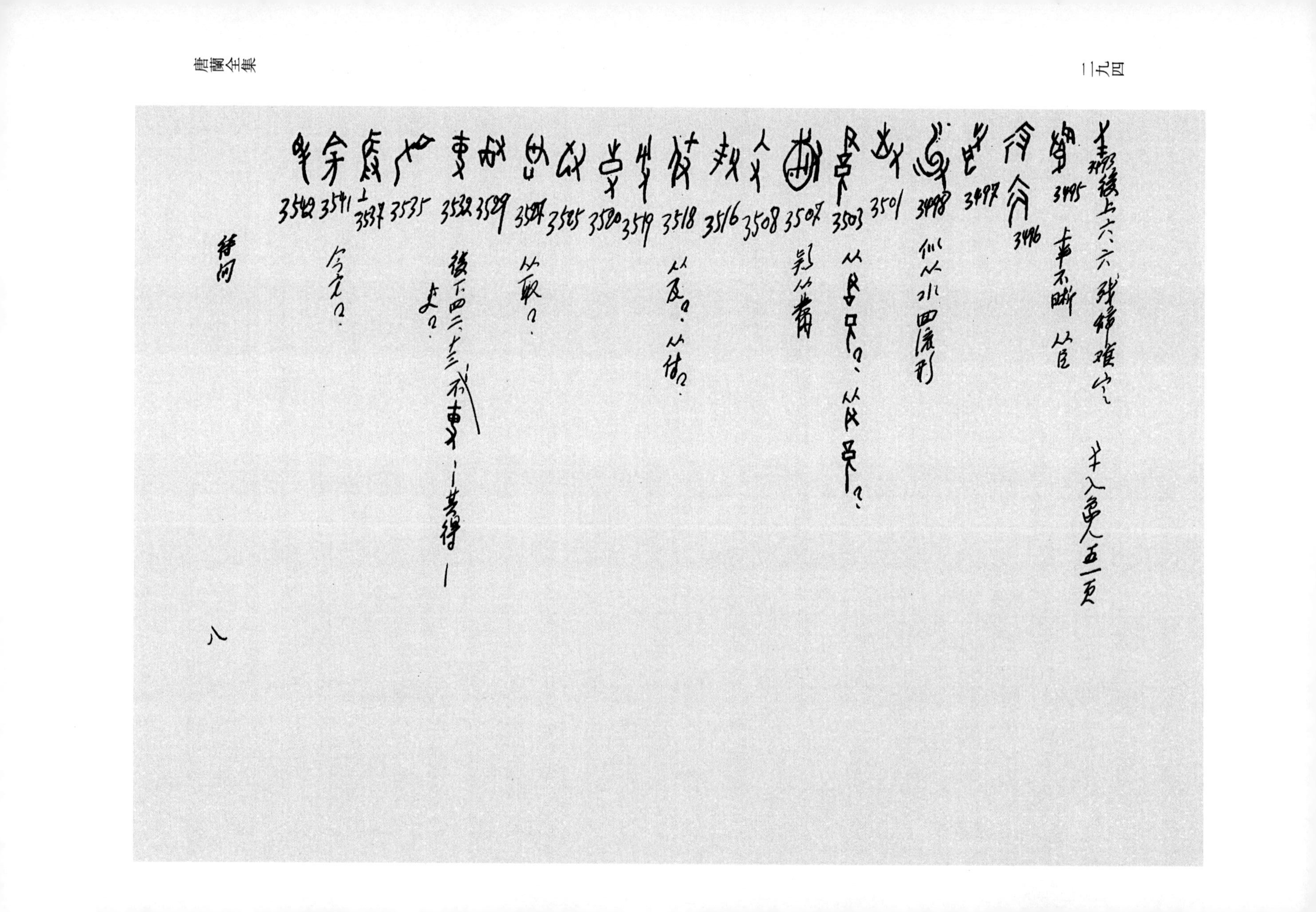

[illegible] 3493 後上六、六 殘缺難定 丰入兔人五一頁

[illegible] 3495 東不晰 从皀

[illegible] 3496

[illegible] 3497

[illegible] 3498 似从水四鹿形

[illegible] 3501

[illegible] 3503 从吕只。从又只。

[illegible] 3507 影从龠

[illegible] 3508

[illegible] 3516

[illegible] 3518 从及。从付。

[illegible] 3519

[illegible] 3520

[illegible] 3525

[illegible] 3528 从敢。

[illegible] 3529

[illegible] 3532 後下四二、十三 不識 東 莫得

[illegible] 3535

[illegible] 3537

[illegible] 3541 今之口。

[illegible] 3542

待問

八

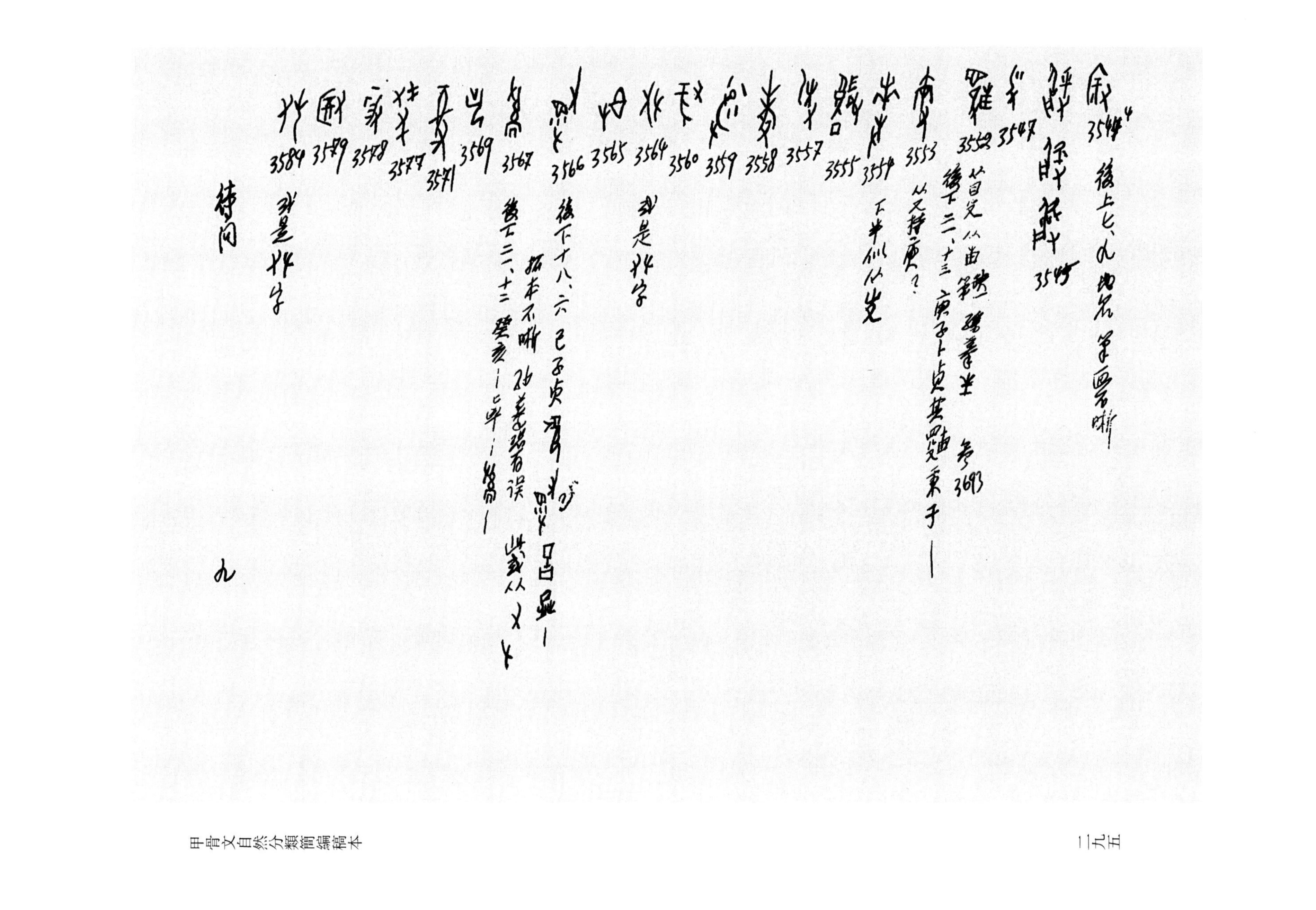

3544 後上七、九 地名 字畫不晰

3545

3547

3552 从自从曲 第一鉄 殘? 後下二、十三 庚子卜貞其[illegible]東子 參3693

3553 从又持[illegible]?

3554

3555 下半似从戈

3557

3558

3559

3560

3564 或是𣎵字

3565

3566 後下十八、六 己子貞 [illegible] 拓本不晰 此或从 [illegible]

3567 後上二、十二 癸亥卜[illegible] 或[illegible]誤

3569

3571

3577

3578

3579

3584 或是𣎵字

待問

九

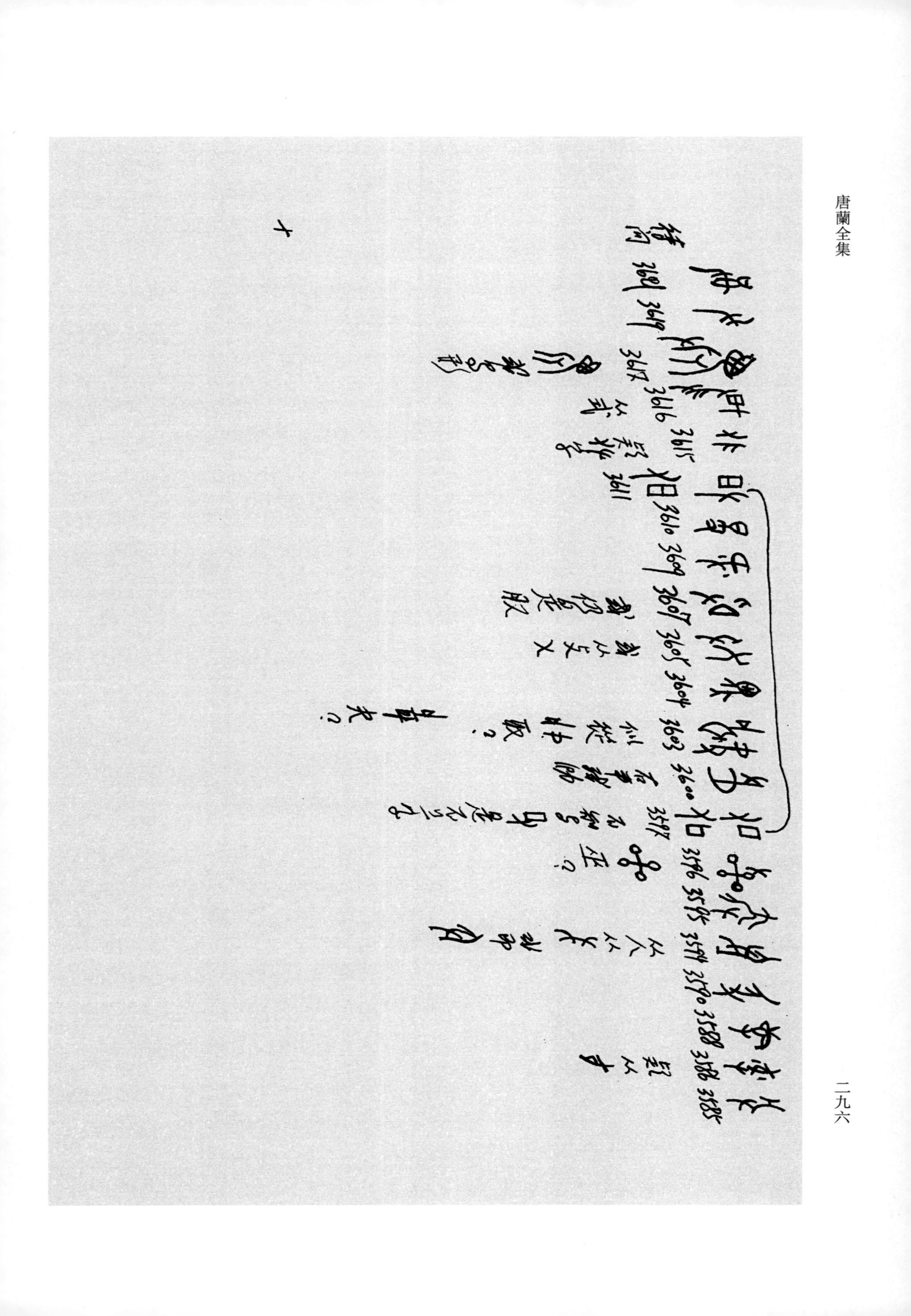

3692 3691 3685 3633 3635 3638 3638 3640 3649 3655 3656 3657 3659 3660 3662 3663 3667 3675 3682 3683 3684 待問

續下二六六

上似非一字 ?

中?

其?

土

3764 此字字[illegible]文

3765

3766

3768 [illegible]

3769

3770 古旁似从躲（珠）

3775

3778

3786 羽？ 册？

3804

3811 从冎

3812

3823

3827

3831 [illegible]从足从土 增

3834

3837

3838 [illegible]？

3839

3840

3843

待问

十三

3948 3962 3973 3977

从𠬝

粹一五七二 癸丑卜狀貞……至……祝

3983 从弓欠？

3991 3996 从桑？

3997 柄？

3998 3999 从木？朱？、匕？、刀？、杜？

4001 粹一三五乙片……作……誤

4002 4005 4011 4021 桒？

4027 4030 4032 4033 出？倒？

4038 合？俞？

4053 4054 斩？

4058

待问

十五

[illegible] 4062 从[illegible]从[illegible]？

[illegible] 4072

[illegible] 4083 香？ [illegible]〃火？

[illegible] 4089 从[illegible]，或兩字？ [illegible]善田中[illegible]下 似非
後下三、十片 [illegible]田[illegible]不[illegible]且三又[illegible]皆
後下十八、四片 壬[illegible]卜貞 [illegible]子今[illegible]？用[illegible]
[illegible]字[illegible]善用 似非

月 4092

[illegible] 4096

[illegible] 4097 [illegible] 伍？

[illegible] 4110 [illegible]？

[illegible] 4115 [illegible] 合文一

[illegible] 4116 [illegible]？人（伯）？ [illegible]？

[illegible] 4119 [illegible]？

[illegible] 4121 司？

[illegible] 4122 [illegible]？

[illegible] 4123 昆？ [illegible]？

[illegible] 4124 [illegible]？ [illegible]？

[illegible] 4130

[illegible] 4134

[illegible] 4137 [illegible]禾？

[illegible] 4138 [illegible]林二、八、三片似先刻三月后刻月字掩
甚非字

[illegible] 4140

[illegible] 4144

待問

十六

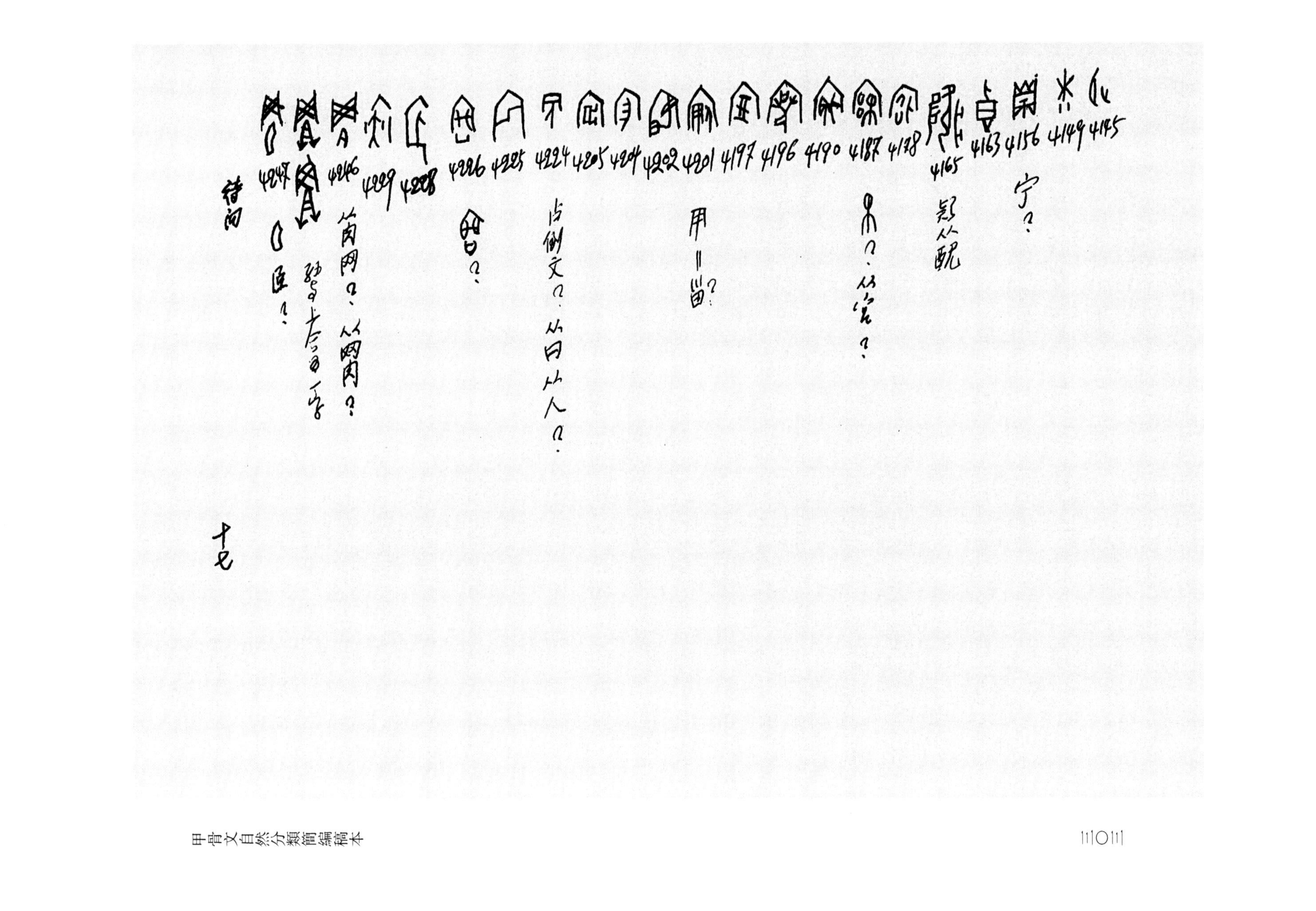

4145

4149

4156 宁？

4163

4165 彭从配

4178

4187 、从宀？

4190

4196

4197

4201 用‖？

4202

4204

4205

4224 例文？从日从人？

4225

4226 ？、

4228

4229

4246 网？、从网肉？

4247 ？

待问

十七

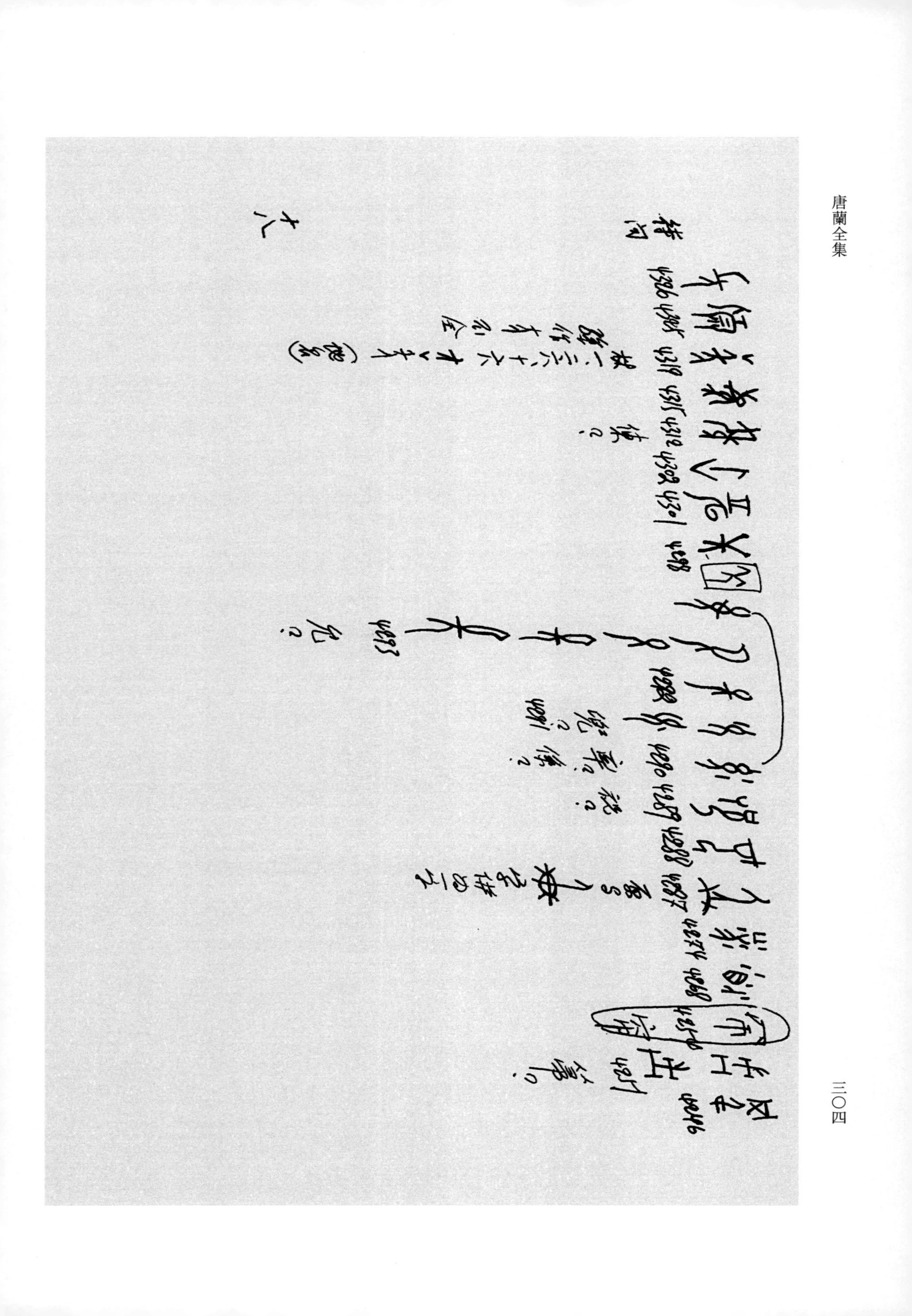

4246

4251 第?

4254

4268

4274

4287 字併如一字

4288

4289 祝?

4290 宰? 倲?

4291 兇?

4293 允?

4298

4301

4302

4312 倲?

4315

4319 林一、二六、十六（地名）

4325 疑作……不全

4326

待问

十八

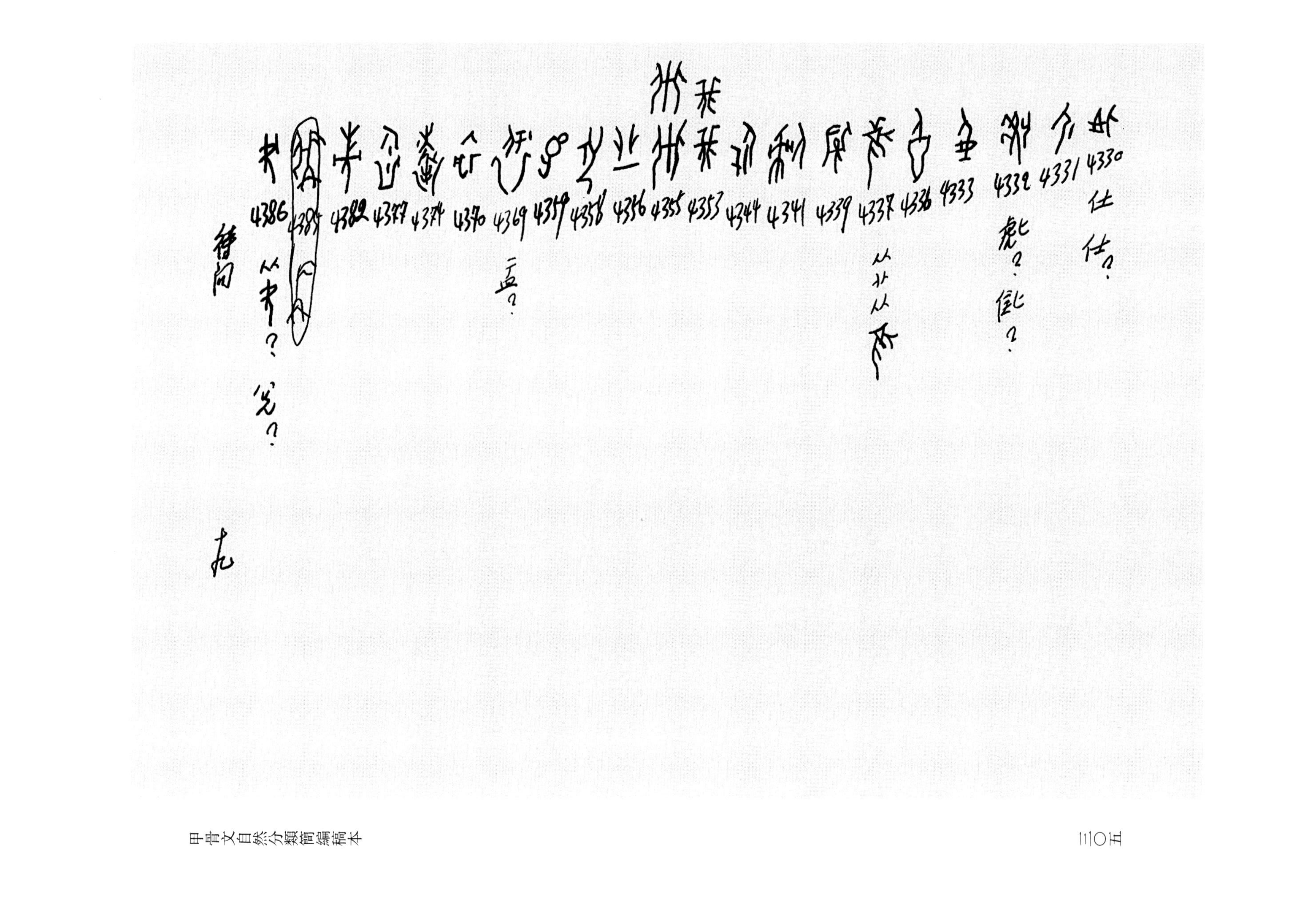

4330 仕 仕?

4331

4332 虎? 虒?

4333

4336

4337 从廾从

4339

4341

4344

4353

4355

4356

4358

4359

4369 亞?

4370

4374

4377

4382

4384

4386 从宋? 完?

待問

九

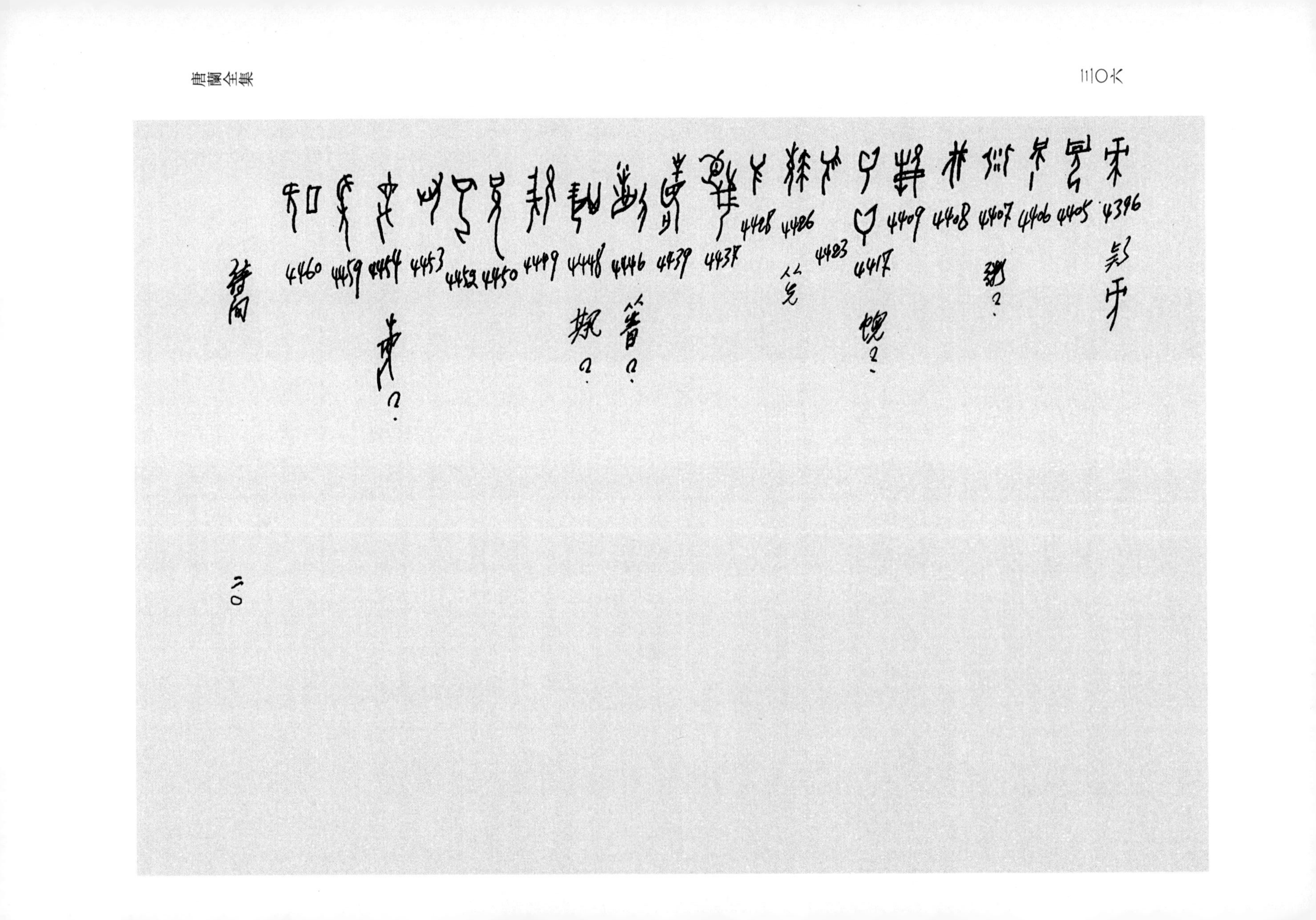

4396 4405 4406 4407 4408 4409 4417 4423 4426 4428 4437 4439 4446 4448 4449 4450 4452 4453 4454 4459 4460

二〇

4461 笪从卩？或[illegible]之误

4473 [illegible]？

4479 汈？孫门後二、九、一片未見？

4481

4483

4484

4487

4488 [illegible]？[illegible]？駁 参4556

4491

4492

4494

4496 [illegible]？

4498 从豕？从㝱？

4501 自户？自？

4503 [illegible]？[illegible]？

4508

4512

4515 血？盟？或从卯？

4524

4525 待问

二十一

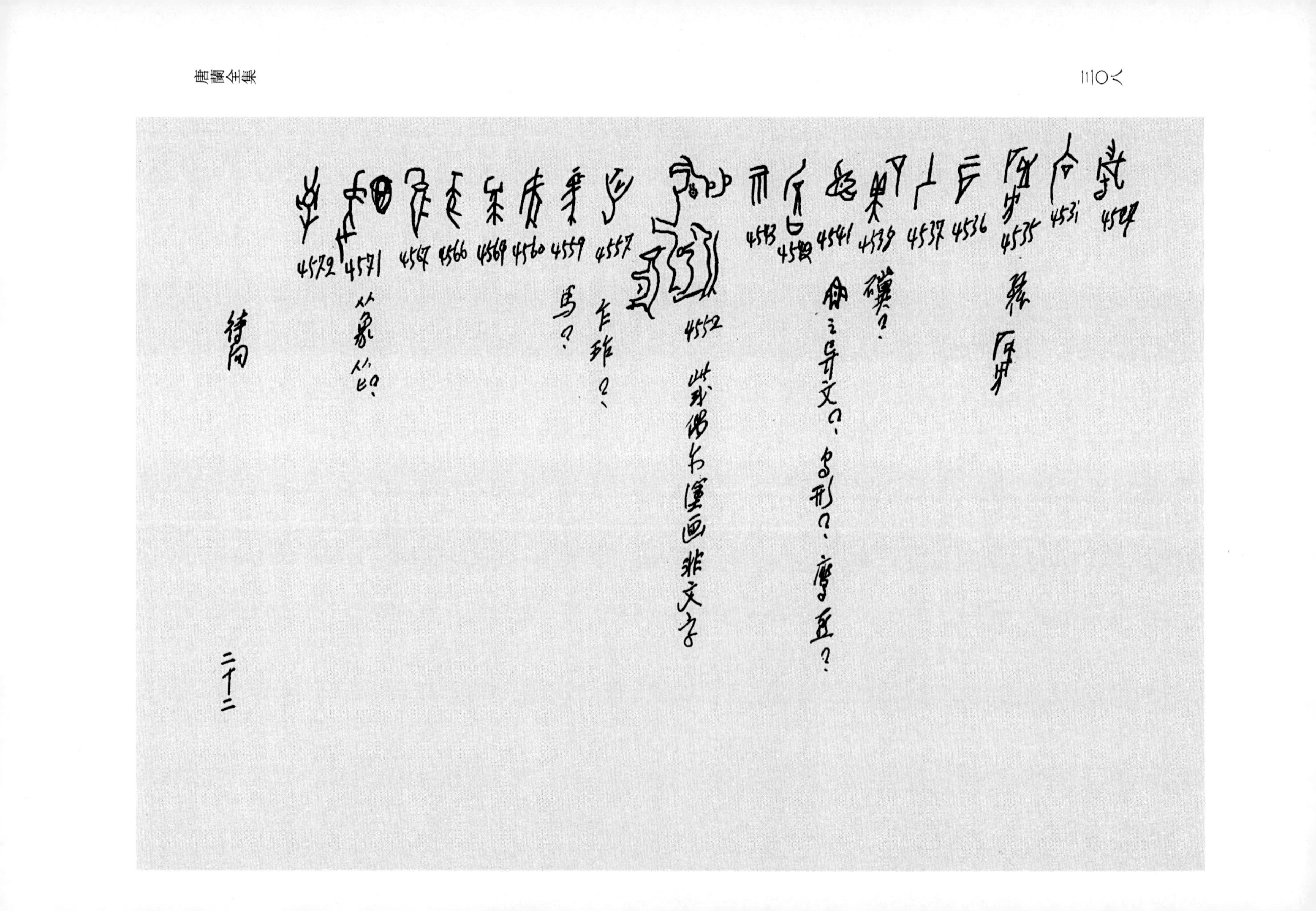

4544

4531

4535 孫 阱

4536

4537

4539 礸？

4541 龠之異文？象形？膺直？

4542

4543

4552 此或仍為圖畫非文字

4557 乍班？

4559 馬？

4560

4564

4566

4567

4571 从象从㠯？

4572

待問

二十二

4573 4574 4584 4591 4591 4598 4593 4599 4607 4611 4613 4614 4618 4619 4624 4626 4627 4630 4632 4633 4644

参4566

待问

廿三

4646 4648 4654 4655 4659 4669 4671 4675 4683 4684 4692 4693 4696 4698 4700 4701 4702 4707 4714 4716

4655 从壺？

4675 从內？

4692 疑有缺筆

4693 宋？

4702 文？

4707 象人荷戈

4718 4720 4722 4723 4724 4725 4727 4729 4734 4735 4738 4756 4757 4760 4761 4768 4771 4778 4781 4784

4786 非？

4788

4790

4791 訝？廾？

4797

4801 从 ？

4802

4803

4804

4806 朱？

4807 从 吋？从狀豹？

4811

4812

4814 黽？

4817 報？球？

4818 从面？

4820 雷？

4822 電？雨？辛？

4827 虐？盧？

4828 莫？

4831

待問

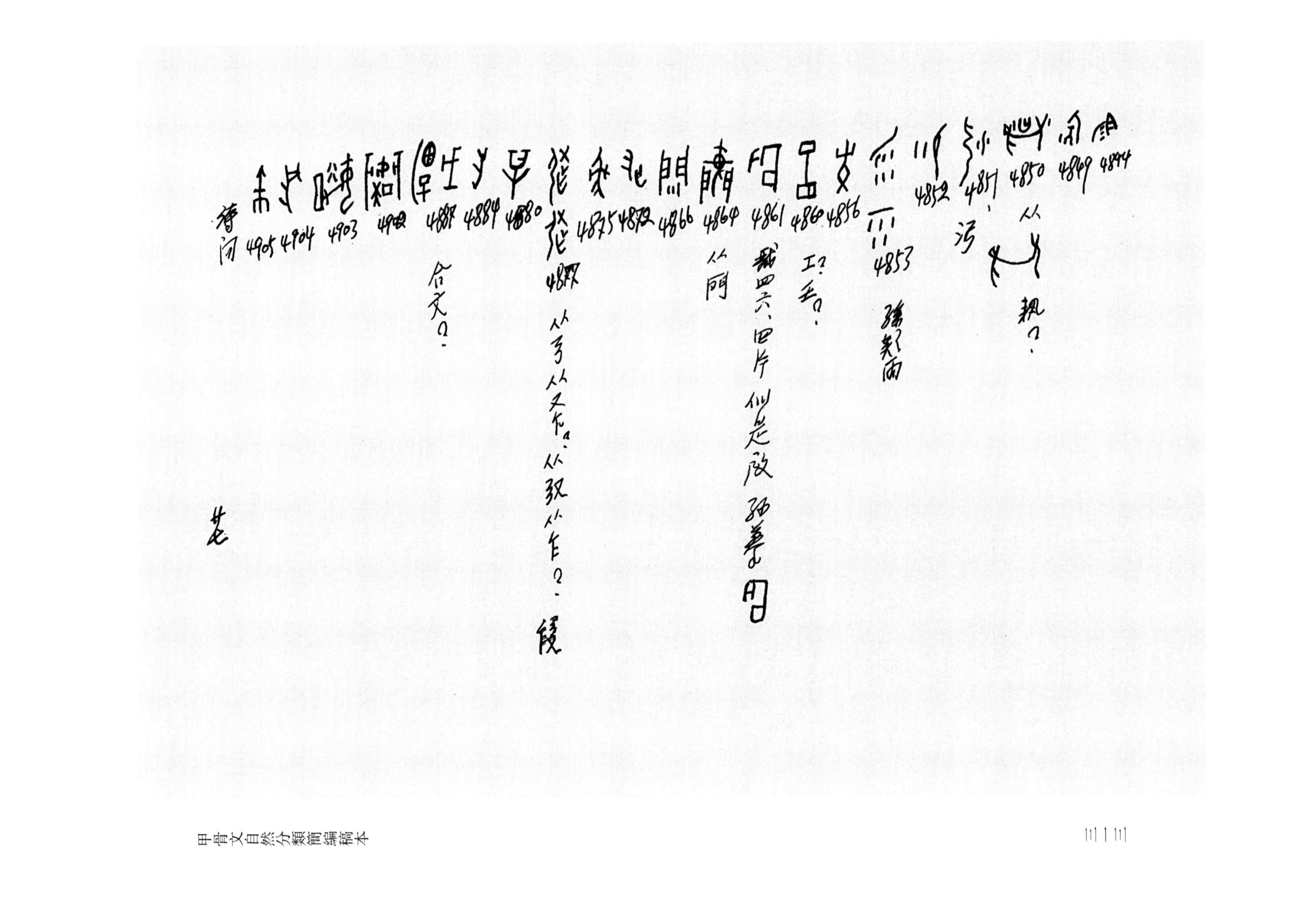

4844

4849

4850 从 … 執？

4851 汅

4852

4853 疑彡雨

4856

4860 工？壬？

4861 載四六、四片 似是啟 孫著 …

4864 从网

4866

4872

4875 4878 从弓从又？从丮从乍？

4880

4884

4888 合文？

4902

4903

4904

4905

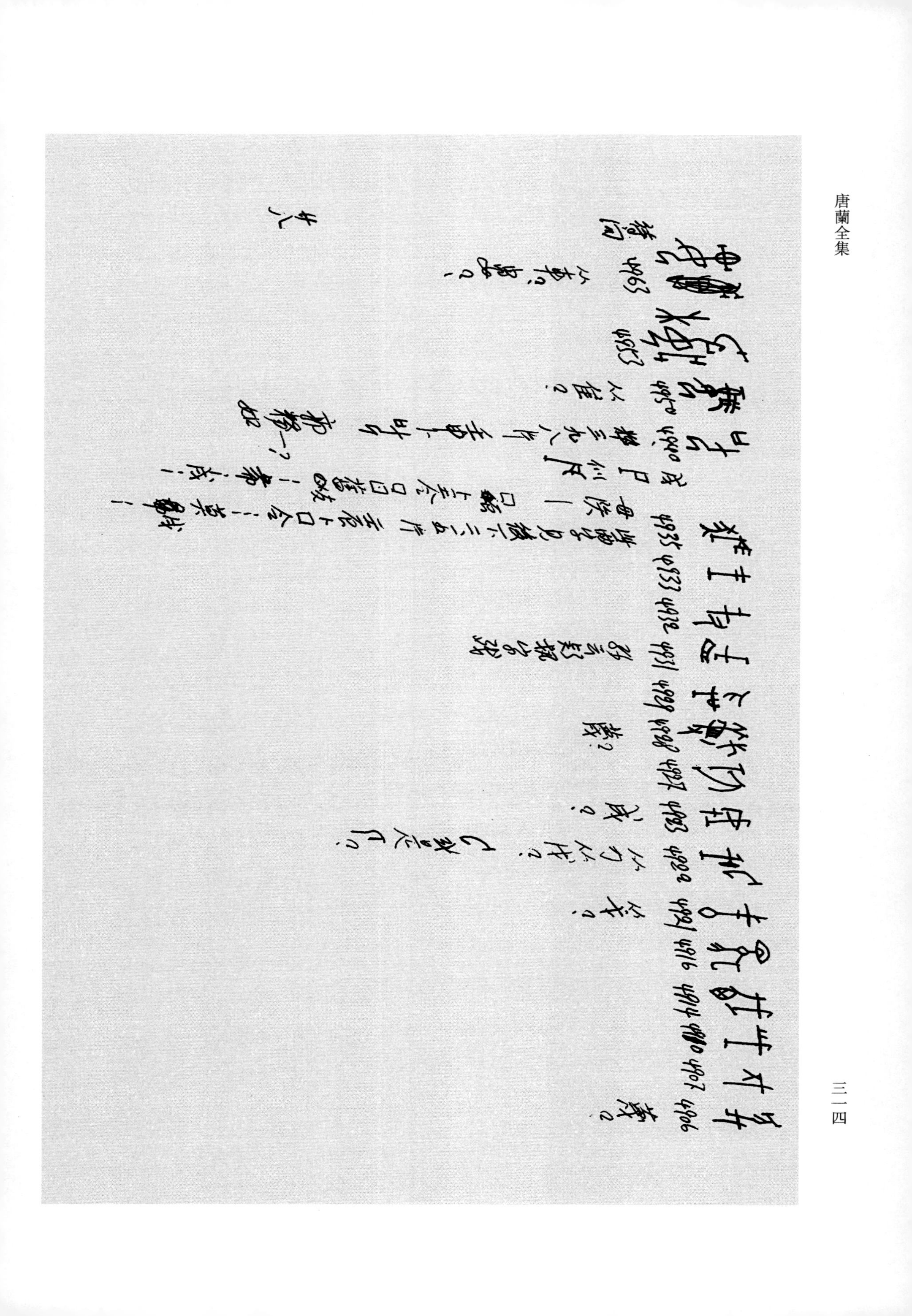

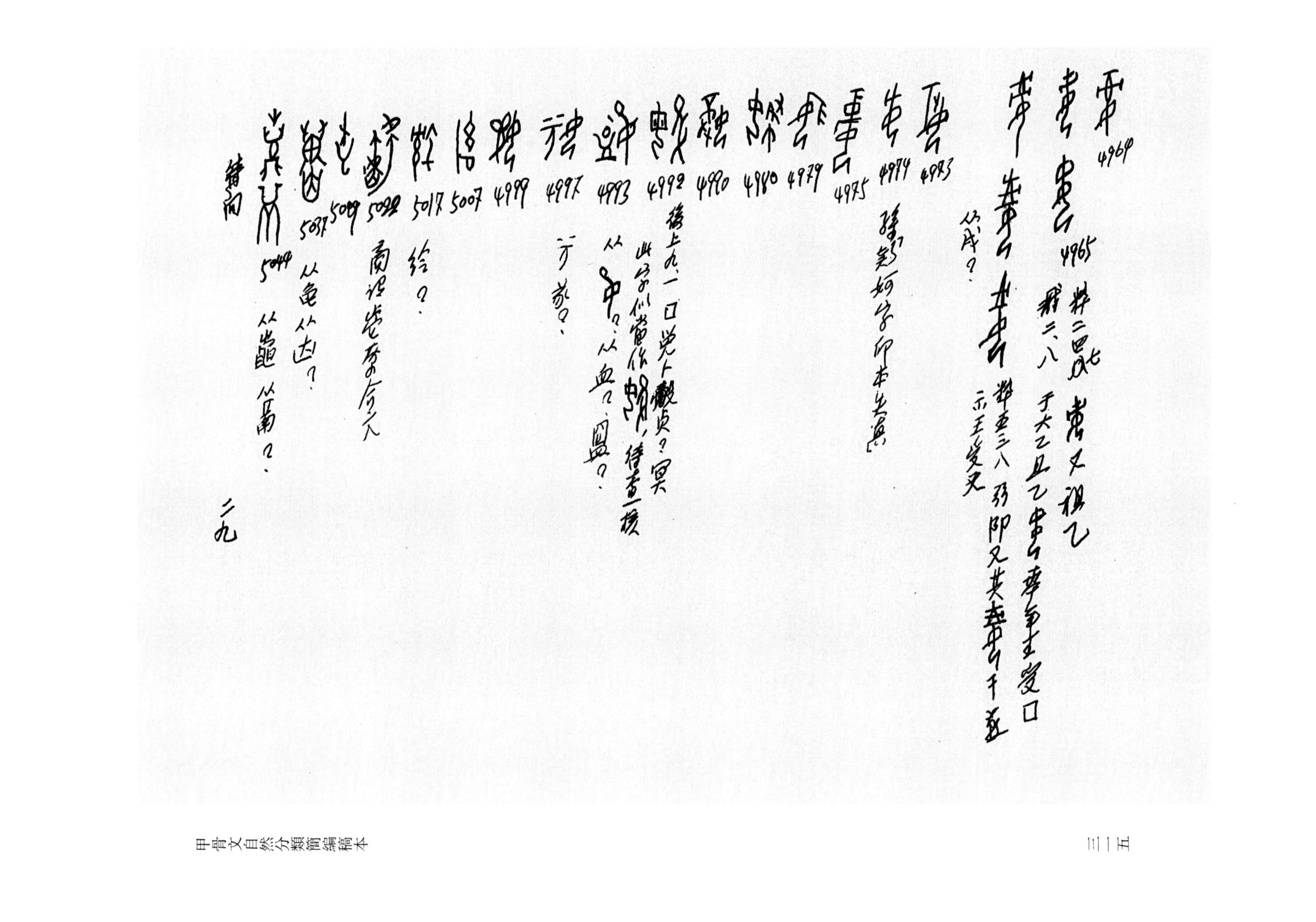

4964

4965 粹二四七 [illegible]又祖乙

粹二八 于大乙且乙[illegible]王受口

从戌？

粹五三八 羽卯又[illegible]千[illegible]

示壬受又

4983

4974 孫釋好字 印本失真

4975

4979

4980

4990

4992 後上九・一口光卜[illegible]貞？冥 此字似當作[illegible]，待考一核

4993 从中？从血？盟？

4997 于旅？

4999

5007

5017 紿？

5022 商釋若令入

5029 从龟从去？

5037

5044 从[illegible]从苗？

補[illegible]

二九

5045 5055 5056 5081 5082 5090 5094 5100 5101 5105 5113 5114 5117 5119 5128 5136 5137 5139 5150 〃

工？ 王？

从斤？ 言？ 从女？

帚？

待问

三千

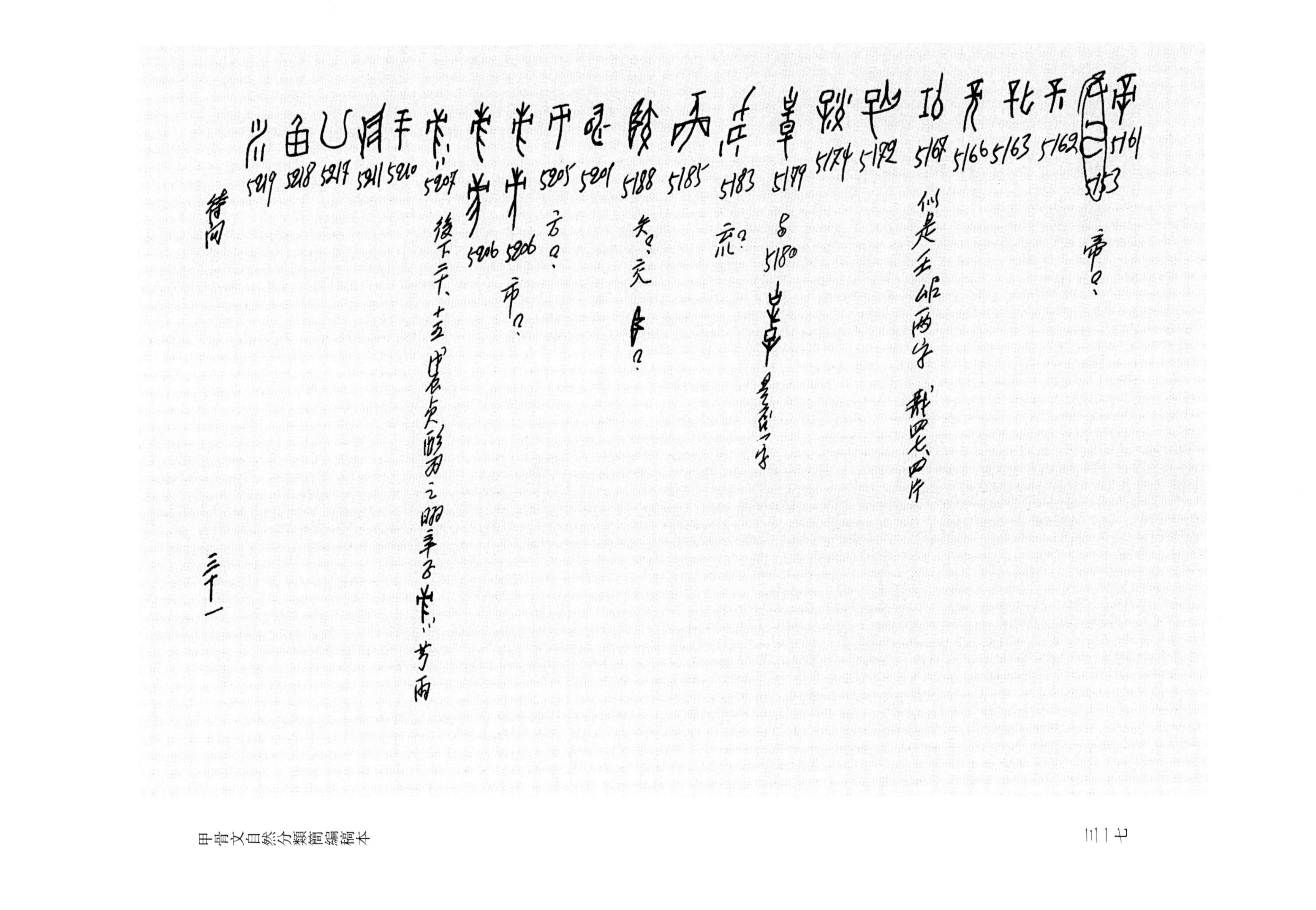

5161 5153 帝？
5162
5163
5166
5168 似是壬㞢兩字
5172
5174 粹四七四片
5179 5180 [illegible]字
5183 京？
5185
5188 矢？交？[illegible]？
5201
5205 方？
5206 市？
5206
5207 後下三六、十五 [illegible]之明辛子 [illegible] 雨
5210
5211
5217
5218
5219 待問

三十一

5220 [glyph] [illegible] 甲三六一十二 貞王疾

5222 [glyph]

5224A [glyph] 从旅？

5225 [glyph] 攸？、殷？

5227 [glyph] 此試字 [glyph] 上缺 誤讀

5230 [glyph] 从[glyph]

5231 [glyph]

5233 [glyph] 兆？、

5235 [glyph]

5236 [glyph]

5237 [glyph]

5241 [glyph]

5243 [glyph] 甲四十三 于[glyph]于自[glyph]

5244 [glyph]

5246 [glyph] 从宀从周？

5247 [glyph]

5250 [glyph]

5251 [glyph] 从勺

5253 [glyph] 从兄

5254 [glyph]

5256 [glyph] 俞？

[glyph]

三二

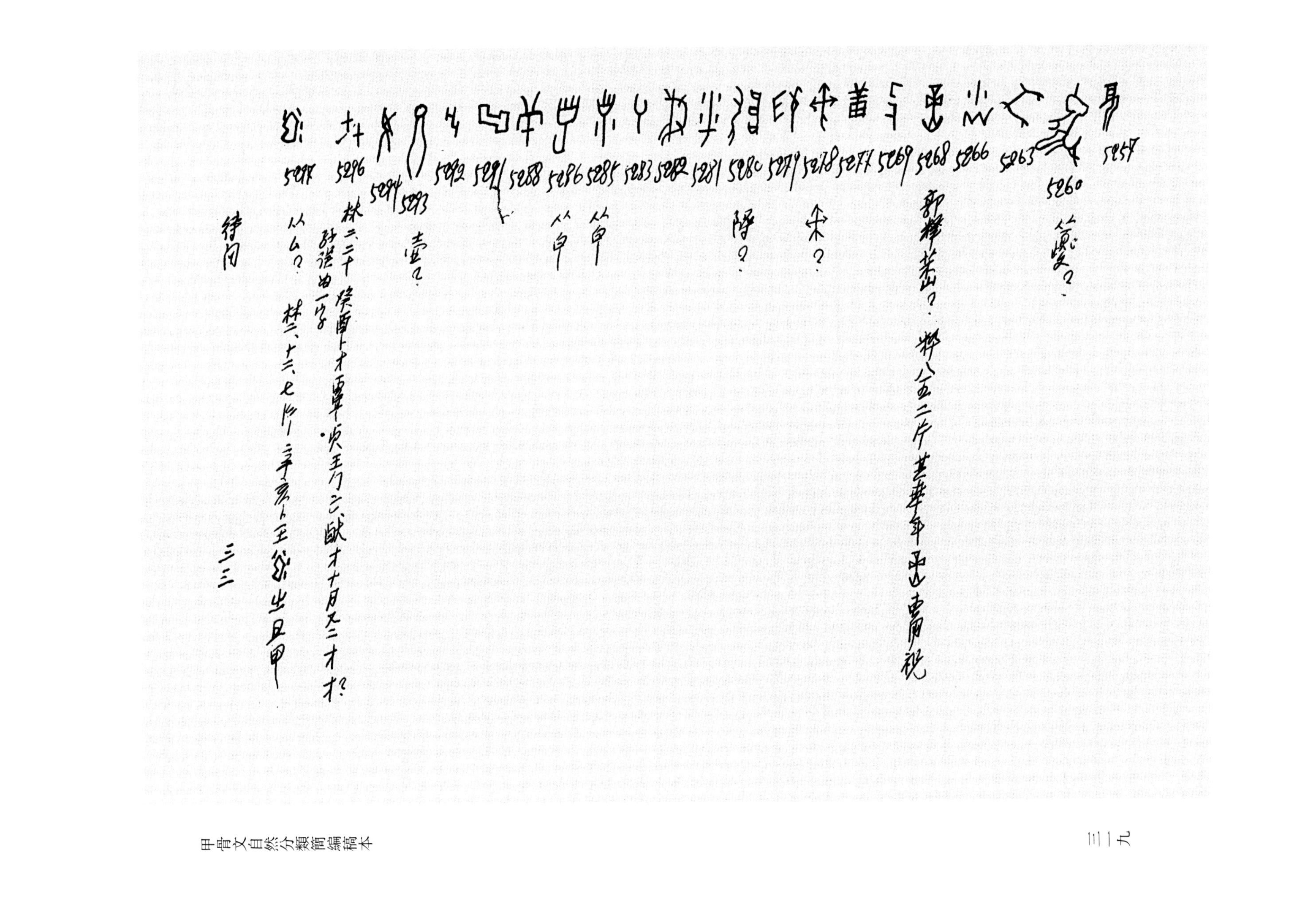

5257

5260 籆?

5263

5266

5268 郭釋芸? 粹八五二片 其芸年[illegible]惠用祝

5269

5277

5278 朵?

5279

5280 陟?

5281

5282

5283 从卓

5285

5286 从卓

5288

5291

5292

5293 壺?

5294

5296 林二、二十 癸酉卜才[illegible]貞王旬亡畎 才十月又二 才杞?

孫詒讓由一字

5298 从厶? 林一、十六、七片 辛亥卜王[illegible]出且甲

待問

三三

5298 5302 5304 5305 5307 5308 丁 5310 5311 5312 5313 5314 5315 5316 5317 5318 5320 5321 5322 5324 5327 5328 5329 5330

粹 寘其方又大雨

林一、二十、二片 丙申卜貞𢀛丁酉用子采畀于丁

丁上當有刻字，孫詒讓作出

此是當上刻字，故非文字

自上甲至于多毓衣亡尤

林一、二七、四片 口亥卜貞王宓祊

郭沫若釋祊字下 孫詒讓

待問

三〇

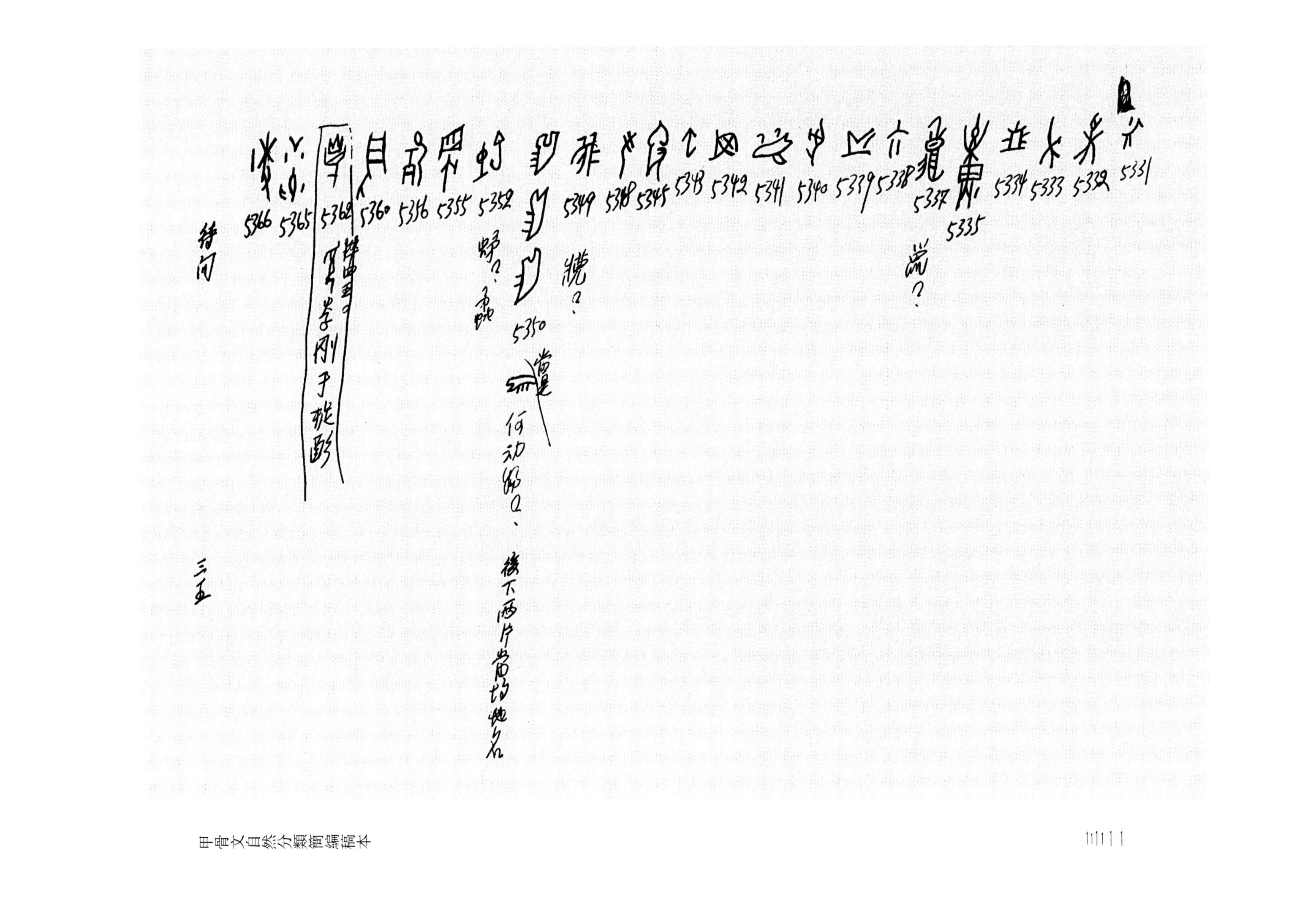

5331 5332 5333 5334 5335 5337 5338 5339 5340 5341 5342 5343 5345 5348 5349 5350 5352 5355 5356 5360 5362 5365 5366

何动物?、

接下兩片當均地名

待問

三五

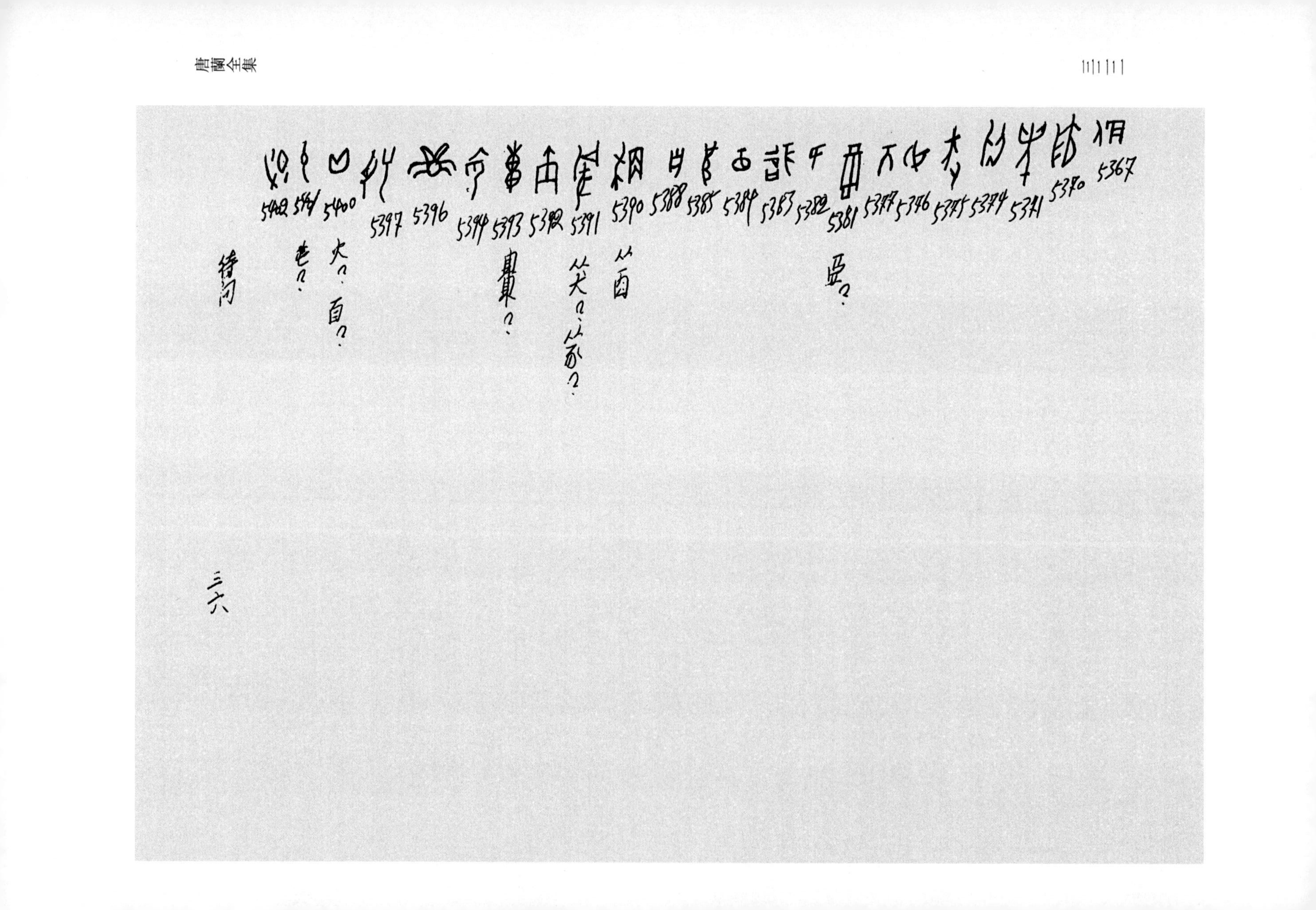

5367

5370

5371

5374

5375

5376

5377

5381 亞？

5382

5383

5384

5385

5388

5390 从酉

5391 笑？从笑？

5392

5393 鼎？

5394

5396

5397

5400 大？百？

5401 老？

5402

待問

三六

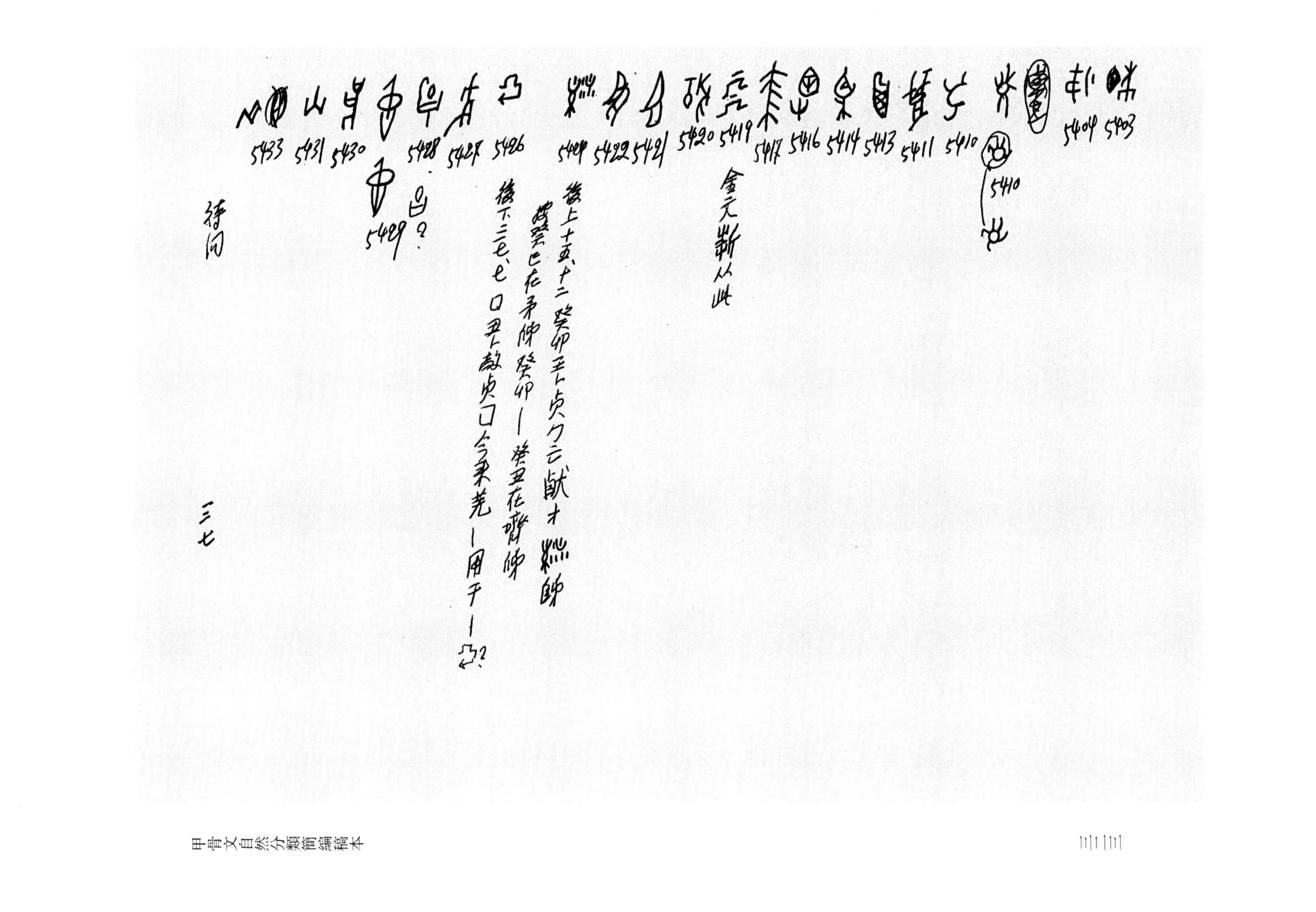

5403 5404 5410 5410 5411 5413 5414 5416 5417

金文新从此

5419 5420 5421 5422 5424

後上十五、十二 癸卯王卜貞旬亡畎才𤉲師

後癸巳在𢀛師癸卯卜 癸丑在𢀛師

後下三七、七 口王卜𢦔貞旬亡来艱 一用于一

5426 5427 5428 5429? 5430 5431 5433

待问

三七

5433 5436 5437 5438 5439 5442 5443 5444 5445 5446 5447 5450 5452 5454 5455 5456 5457 5458 5459 5461 5463

待問

象

後下廿八、四片

小

? —— ?

三八

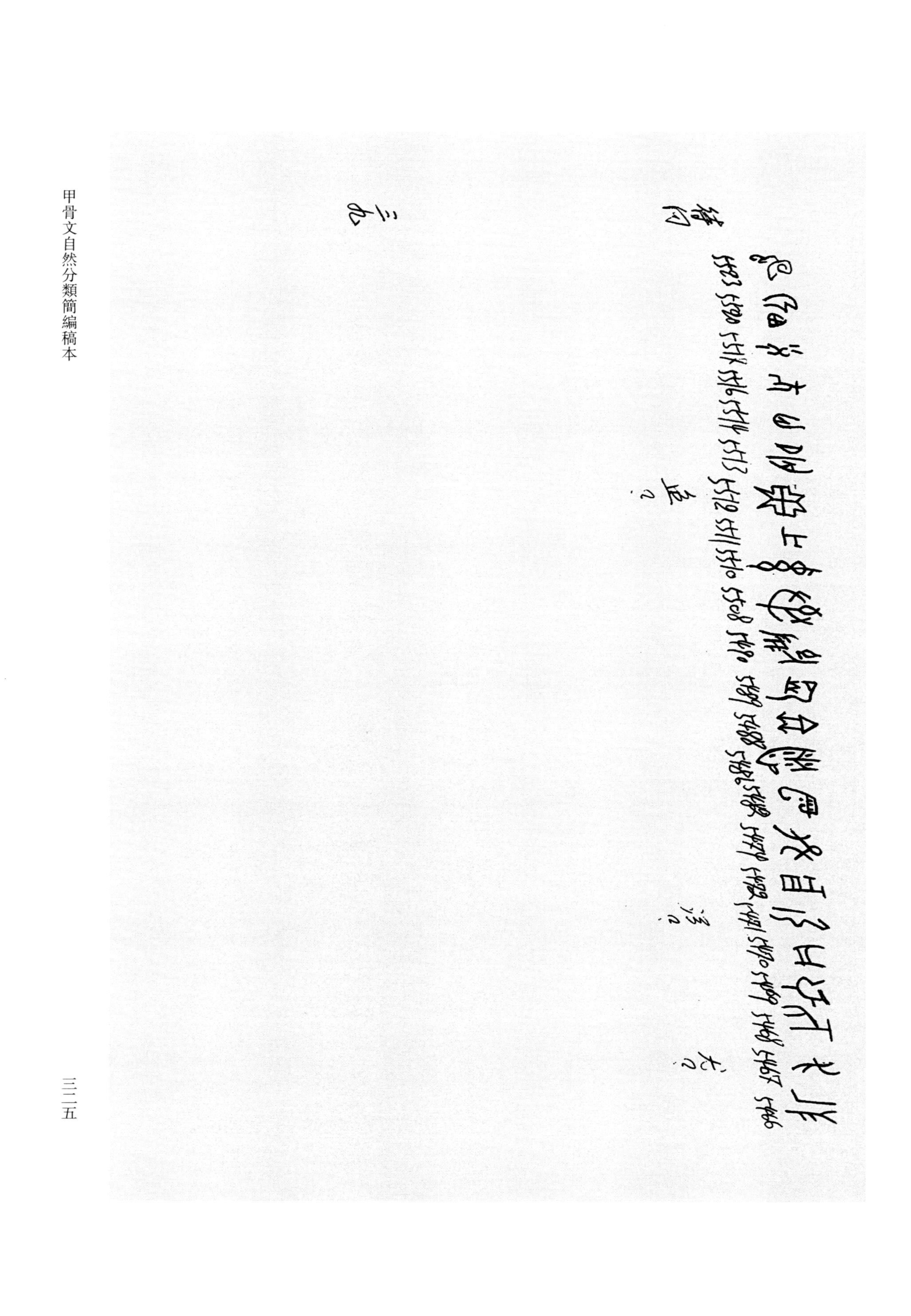

5466 5467 犬? 5468 5469 5470 5471 浮? 5472 5474 5482 5486 5488 5489 5490 5508 5510 5511 5512 追? 5513 5514 5516 5517 5520 5523

待问

三九

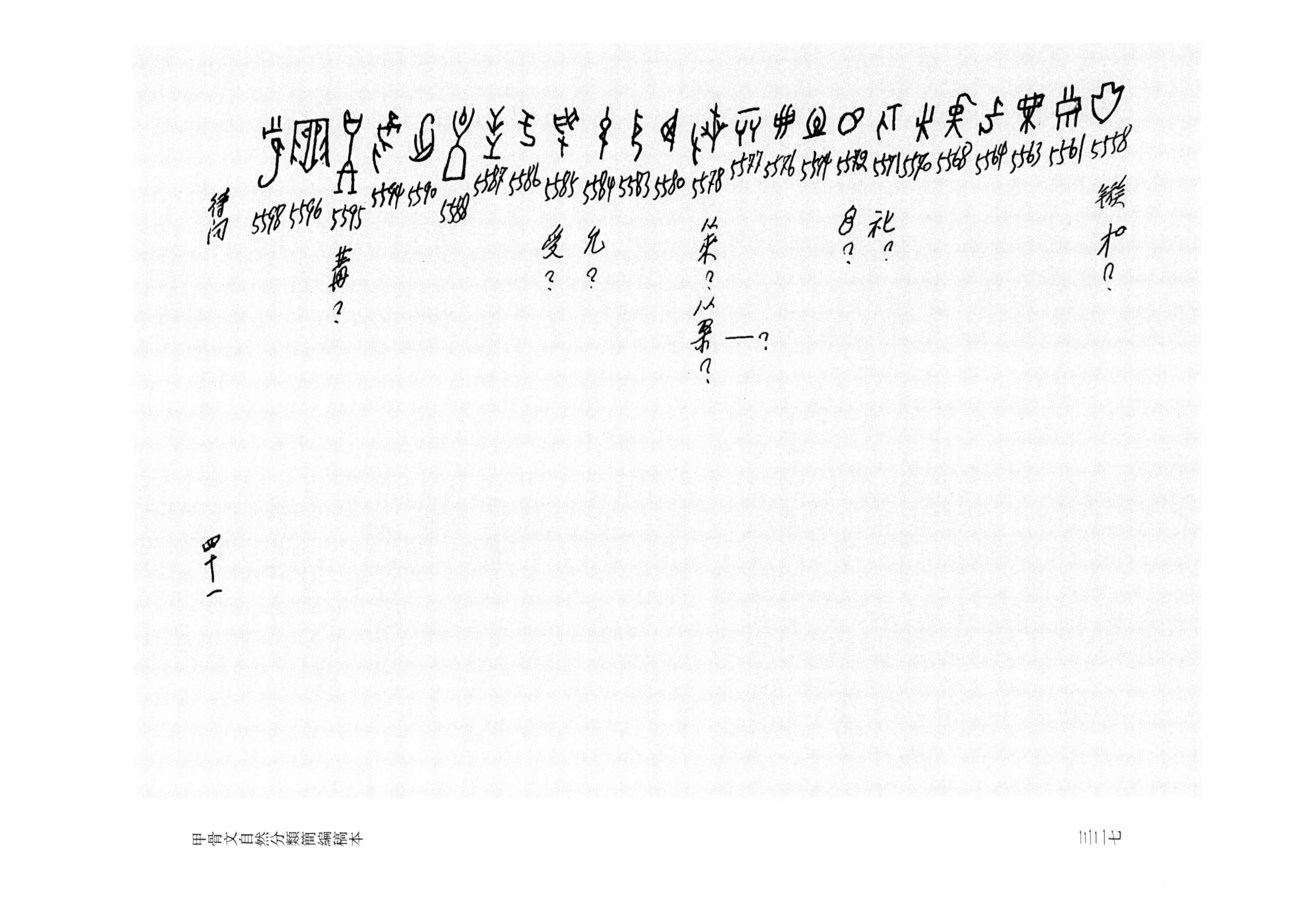

5558 5561 5563 5564 5568 5570 5571 5572 5574 5576 5577 5578 5580 5583 5584 5585 5586 5587 5588 5590 5594 5595 5596 5598

綫 扣?

祀?

自?

采? 从果一?

允?

受?

苗?

律同

四十一

5600 5601 5604 5605 5606 5609 5610 5611 5612 5616 5622 5625 5630 5631 5633 5634 5638 5643 5646 5647 5651 5652 5657 5659

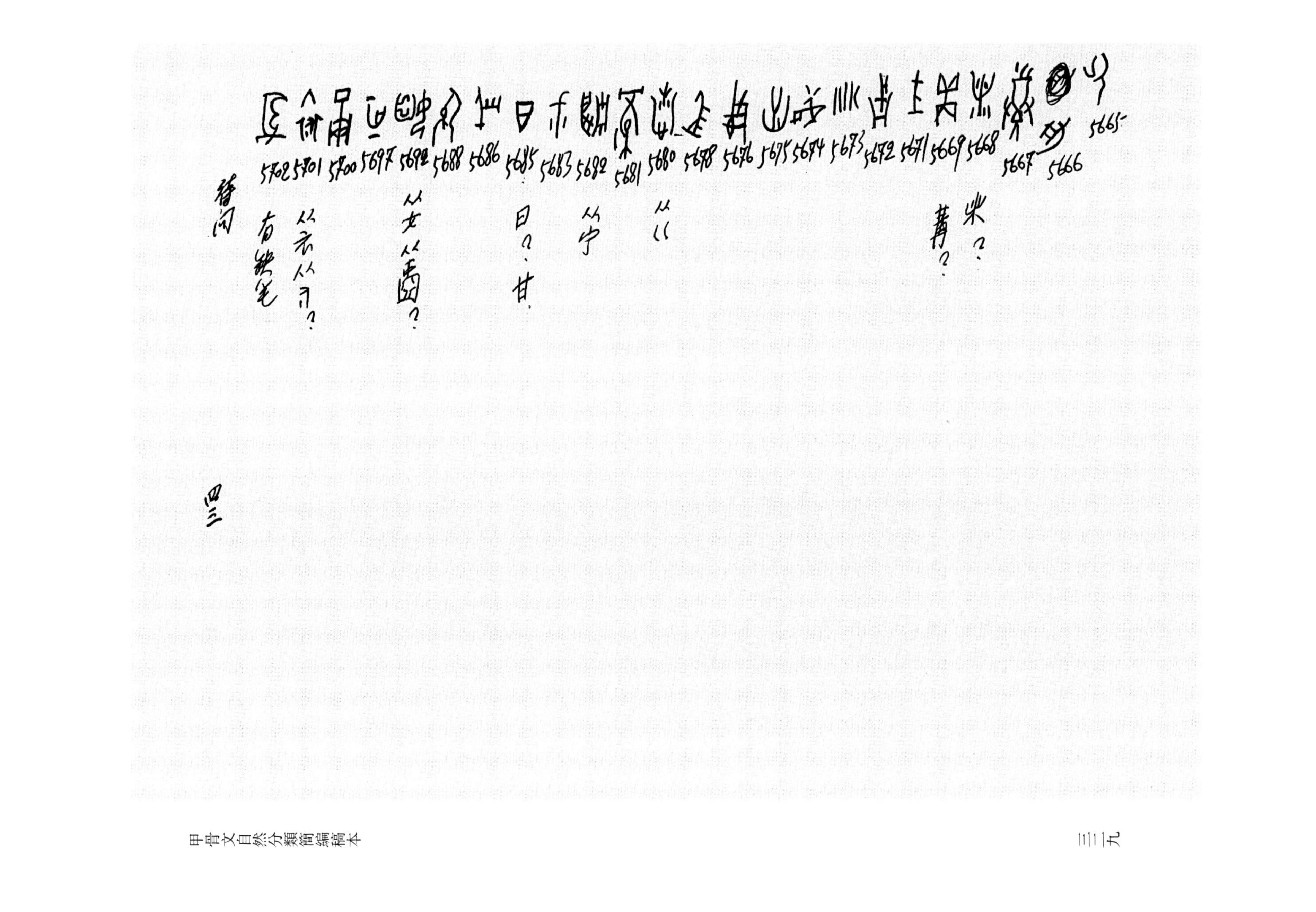

5665 5666 5667 米? 5668 冓? 5669 5671 5672 5673 5674 5675 5676 5678 5680 5681 从巜 5682 从宁 5683 5685 日? 甘 5686 5688 5692 从女从齒? 5697 5700 5701 从言从刀? 5702 有缺筆

待問

四三

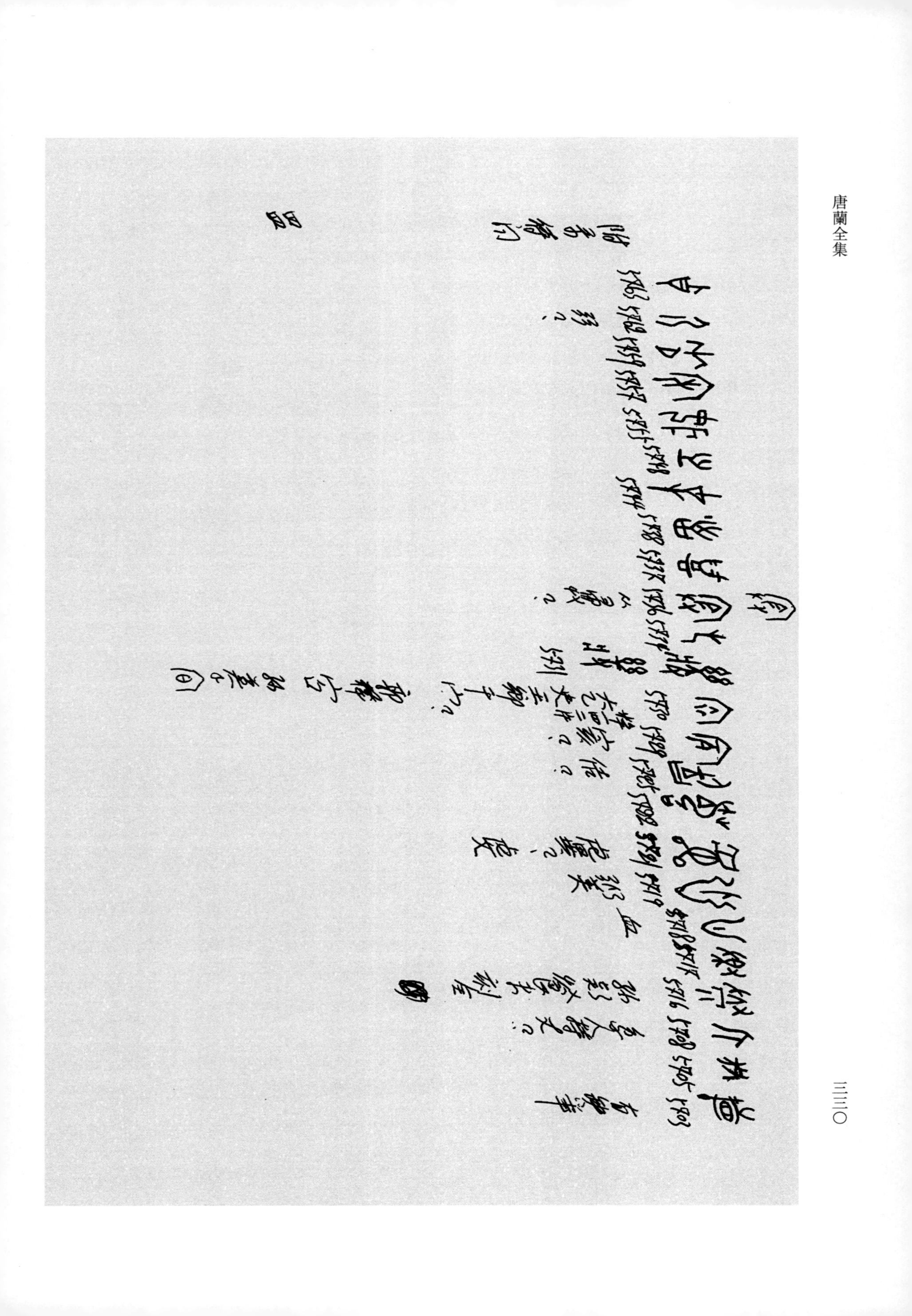

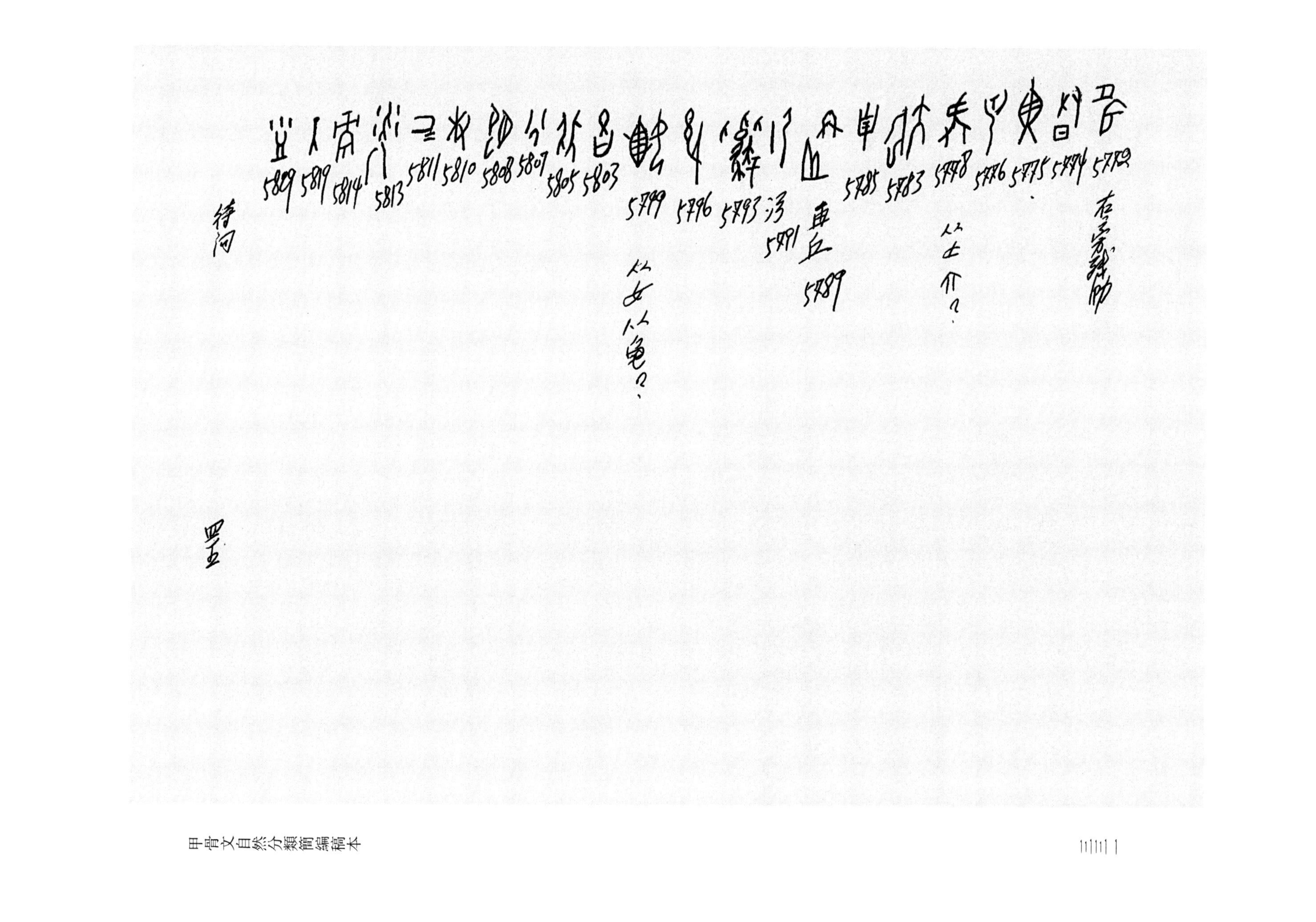

5772 5774 5775 5776 5778 5783 5785

5789 5791 5793 5796 5799

5803 5805 5807 5808 5810 5811 5813 5814 5819 5829

在多方錄助

从土介？

垂丘

泪

从女从黾？

待问

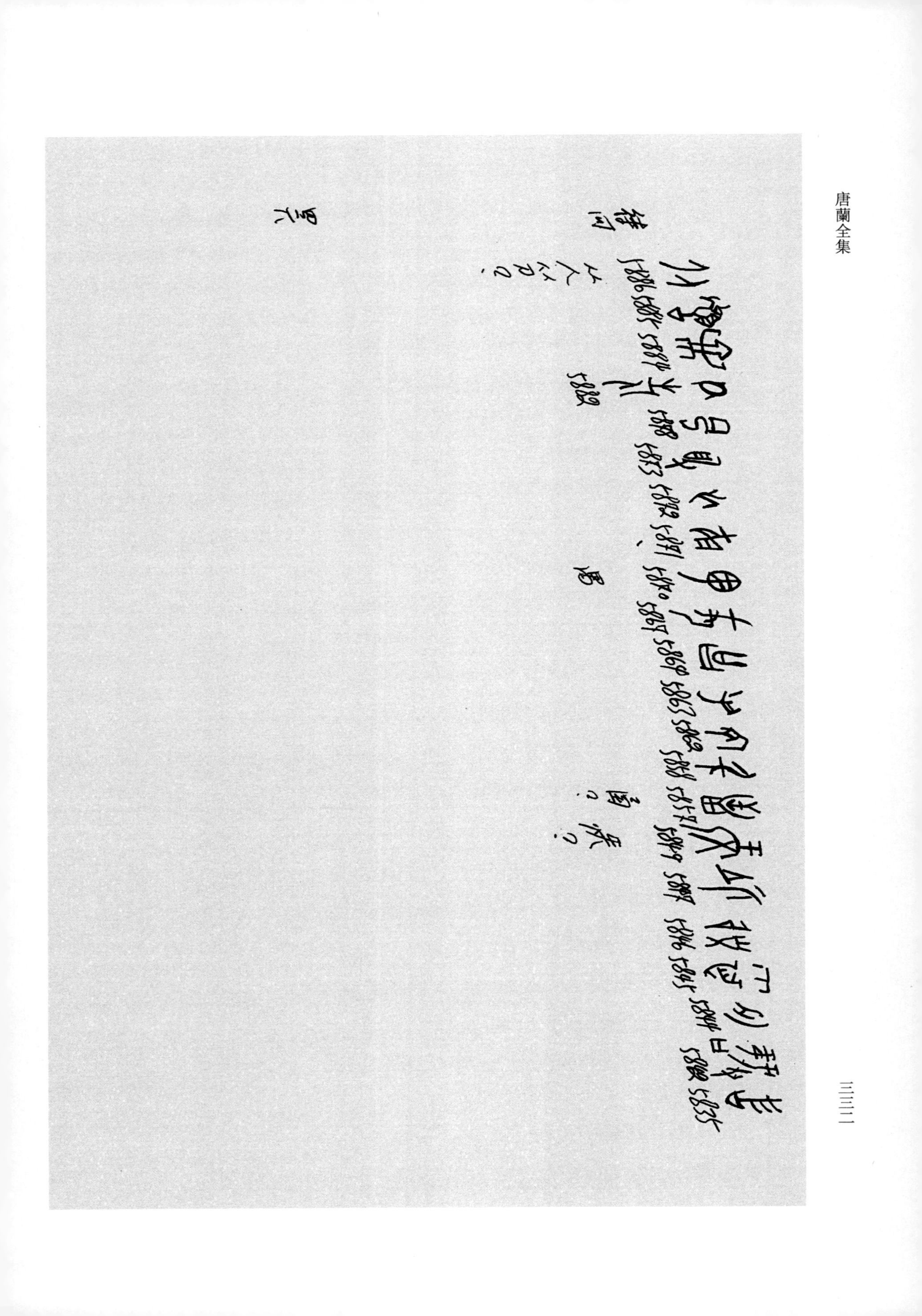

5835 5842 5844 5845 5846 5847 5849 5857 5858 5862 5863 5864 5867 5870 5871 5872 5873 5878 5882 5884 5885 5886

虎？

畐？

从人从刀？

待問

四六

5891 毋？ 5895 5899 5905 5909 5914 5918 卣？ 5922 5925 5929 5942

謹甲骨文第一遍完计

象形 六九頁

象人 八四頁

象工 一二七頁

待问 四六頁

共三百二十六頁

一九七六年八月七日十二时四十分毕

唐大震十一日今日大雨滂沱

待问 四八

甲骨文自然分類簡編稿本（手稿二）

手稿二

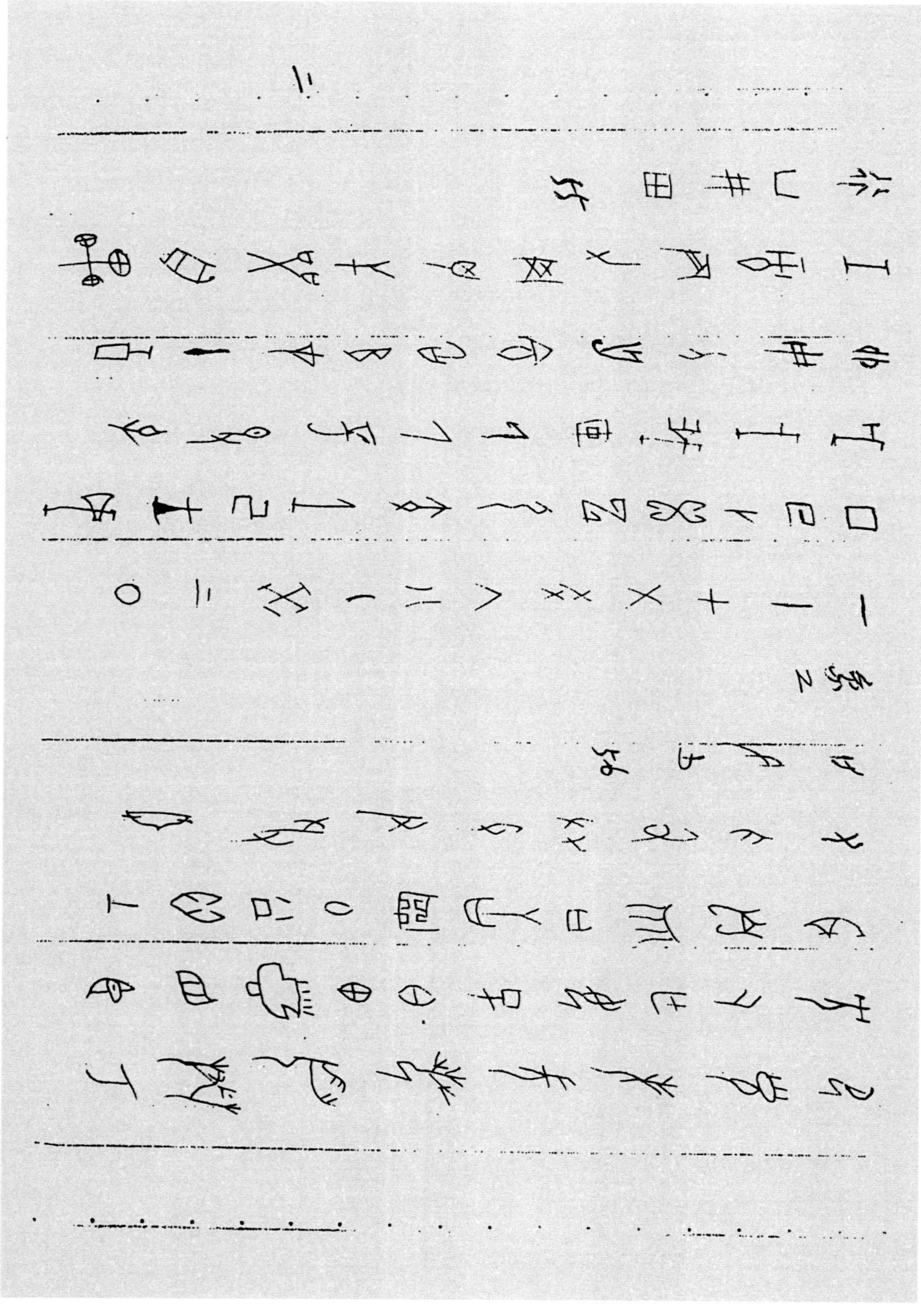

甲骨文自然分類簡編稿本（手稿三）

手稿三

象万物

日部

日 235 407

旦

早 706 713

昌 314 507

亘 238

中 932 905 933

400

皇 921 926

920

昌 240

倡 274

90

杳 211

21 21

莫 19 14

22 22

457 88 456

月部

月 244

夕 245

246 592 704 710 843

亙 494 495

505

晶部

晶 2442

頁

35

土部

4011 465 899 543 497 101 2682

3241 3240 3239

彡部

2549 300 840 3157

部

958 423

3242

水部

378 62 97 931 405 555 379 404 939 406 406

川

州

501 384 700 415 2370

980 3007 517 4085

2372 2371

二頁

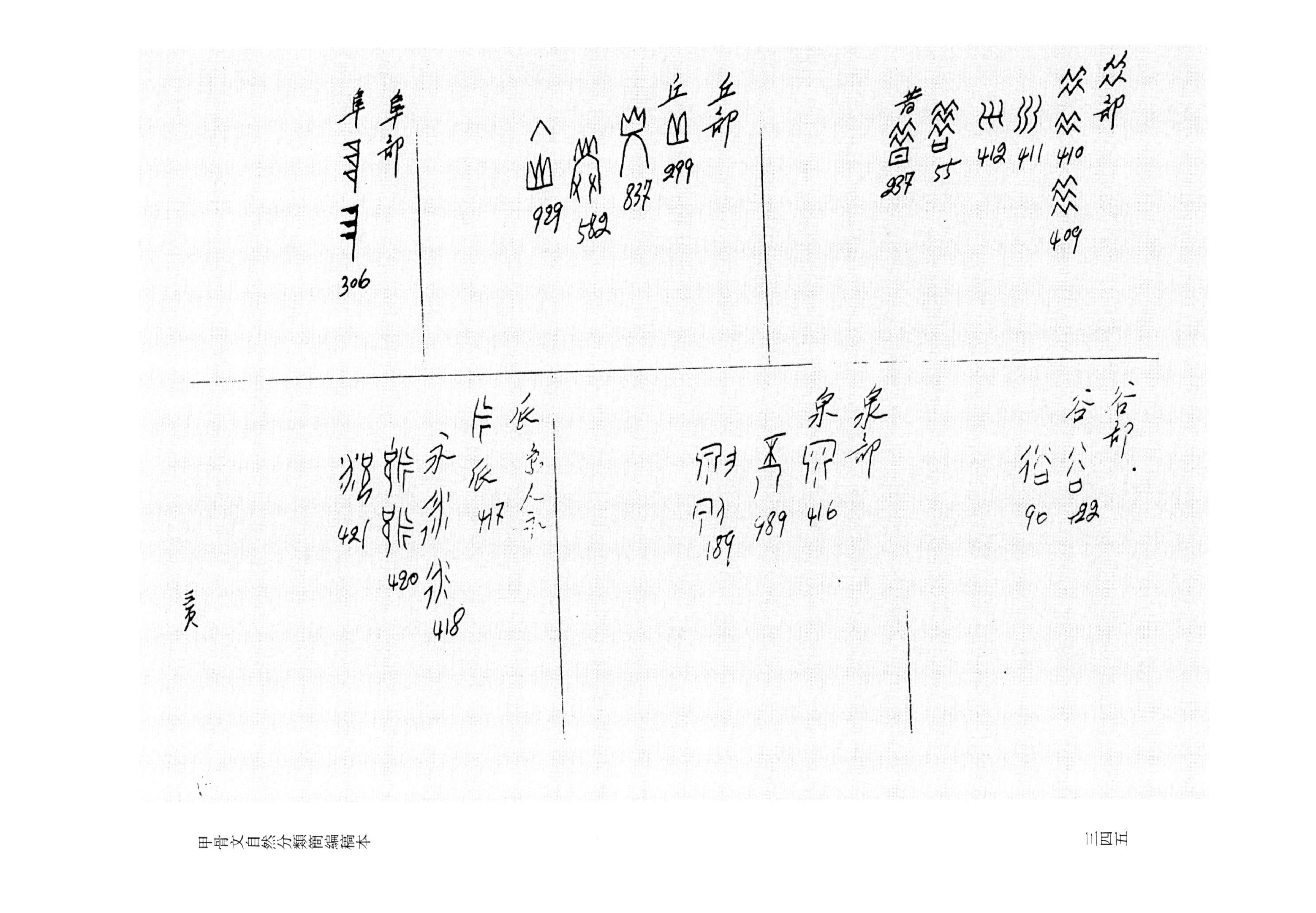

㳄部

410 409 411 412 55

昔

237

丘部

丘 299

837 582 929

阜部

阜

306

谷部

谷 22 90

泉部

泉 416 489 189

辰 象人氣

辰 417 418 480 421

貞

651 650 632 748 984

屮部

丰部

朿部

六頁

朿部

朿 255 679

697 2829

534 503

帝

棗 701

1 865

539 2809

541

福 540 202

2407

3469

不部

不 441 864

442

119

190

84

85

4406

羽部

羽 147

習 148

雪 3100

3003 3002

843

七頁

956

776

370

371 372

不 230

659

231

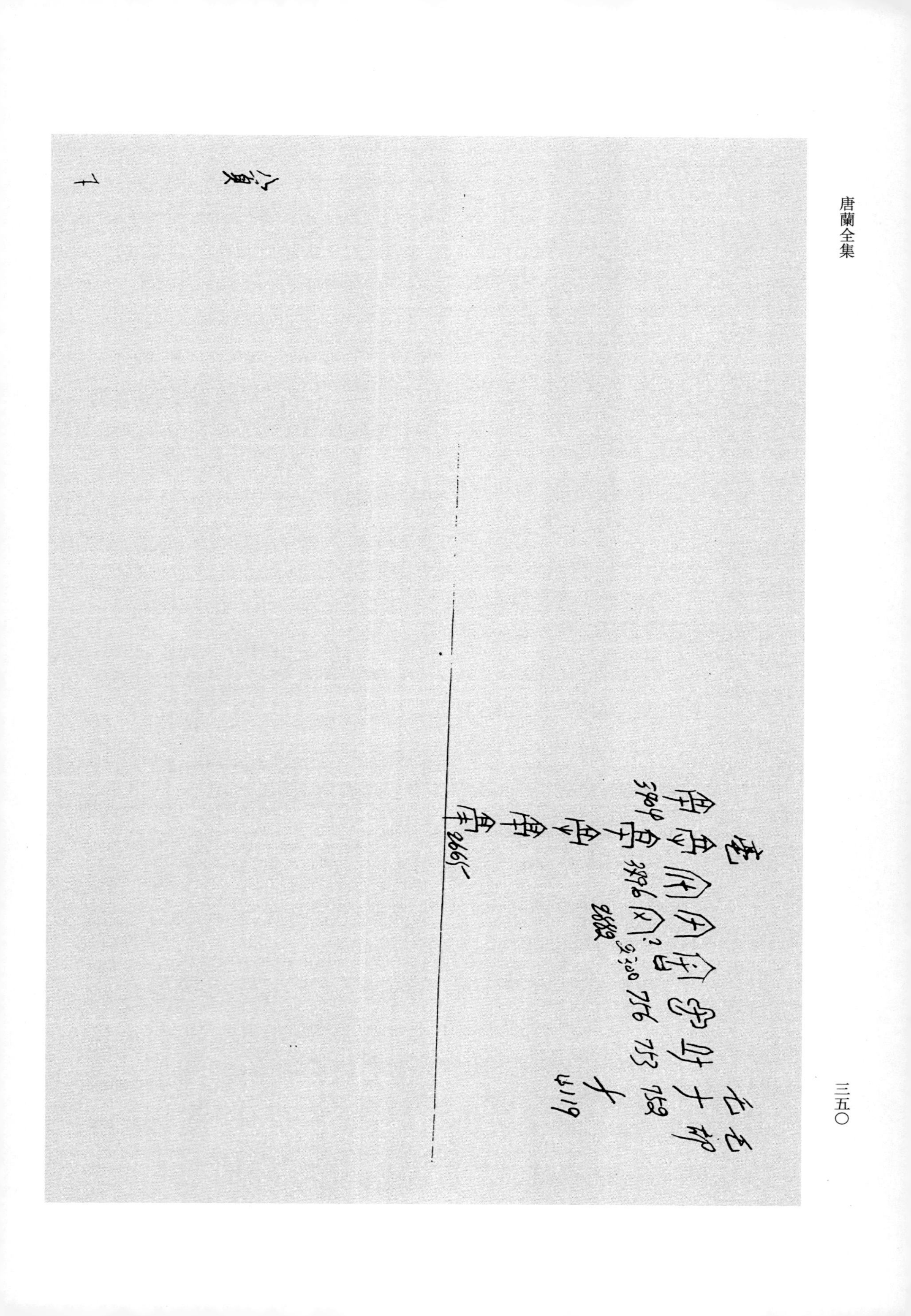

木部

木 本 末 朱

208 681 402 209 664 665 670 661 4 116 117 580 118 210 590 95 351 188 677 393 452 586 727

3254 2595 ?

森 林

977 280 289 290 291 453 867 888 691 219 224 64 68 140 427 459 694 695 2473 2696 2697

未

580 656 567 568 955 654 655 138 451

213 676 666 66 689 212 732 502 457 981 501 690

377 657 657 663 684 772 554 512 778 780 686 683 682 3603 1724

3933

十頁

36

287 669 672 687 395 708 919 67 675

250 251 901 373 674 597 583 836

2813 725 92 605 600 600 2814 2815 712 685 2901 599 2846 3058

辛 3316 499 499 500 537 910 3625 2909 4188 2887 942 399 4244

十頁

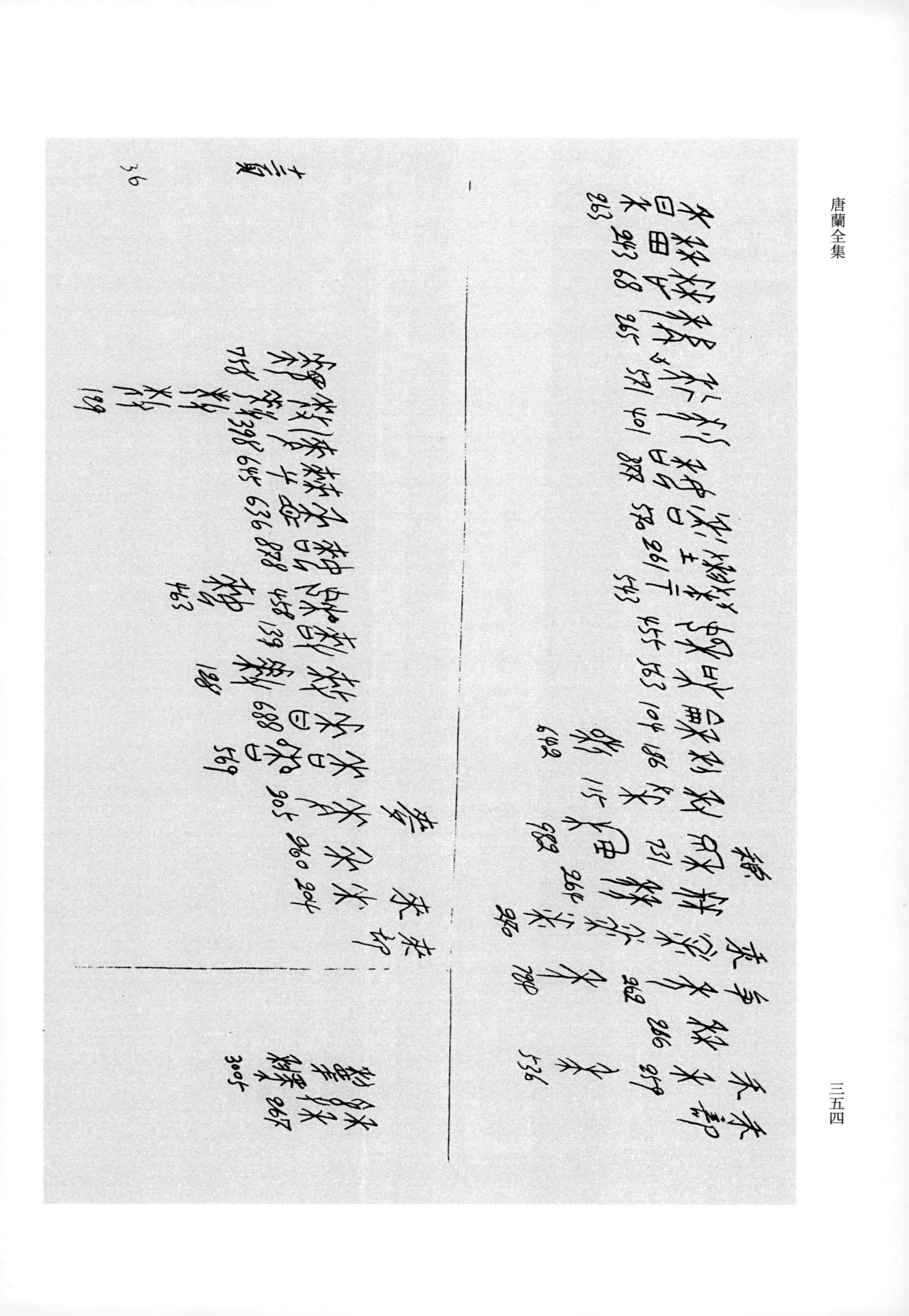

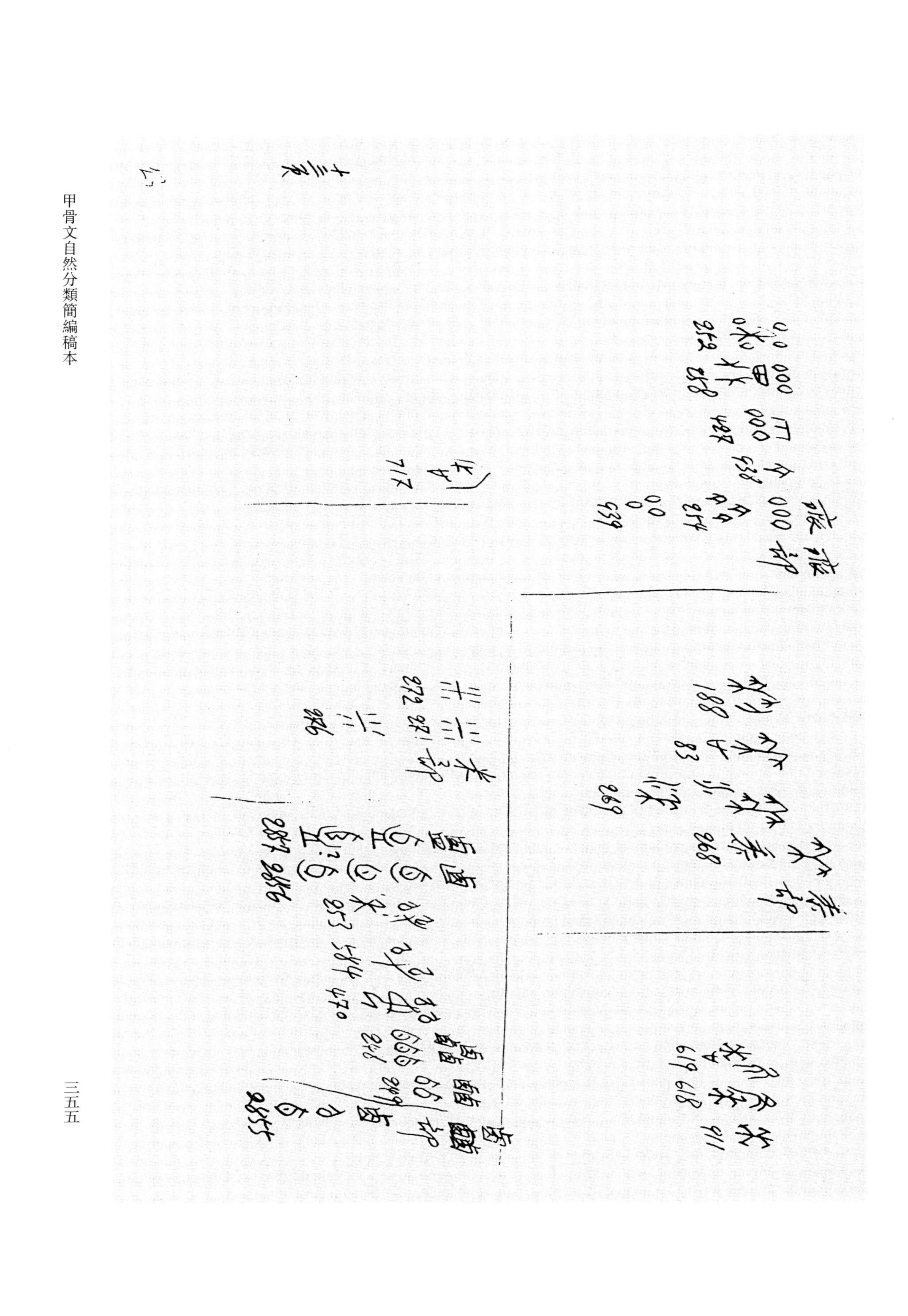

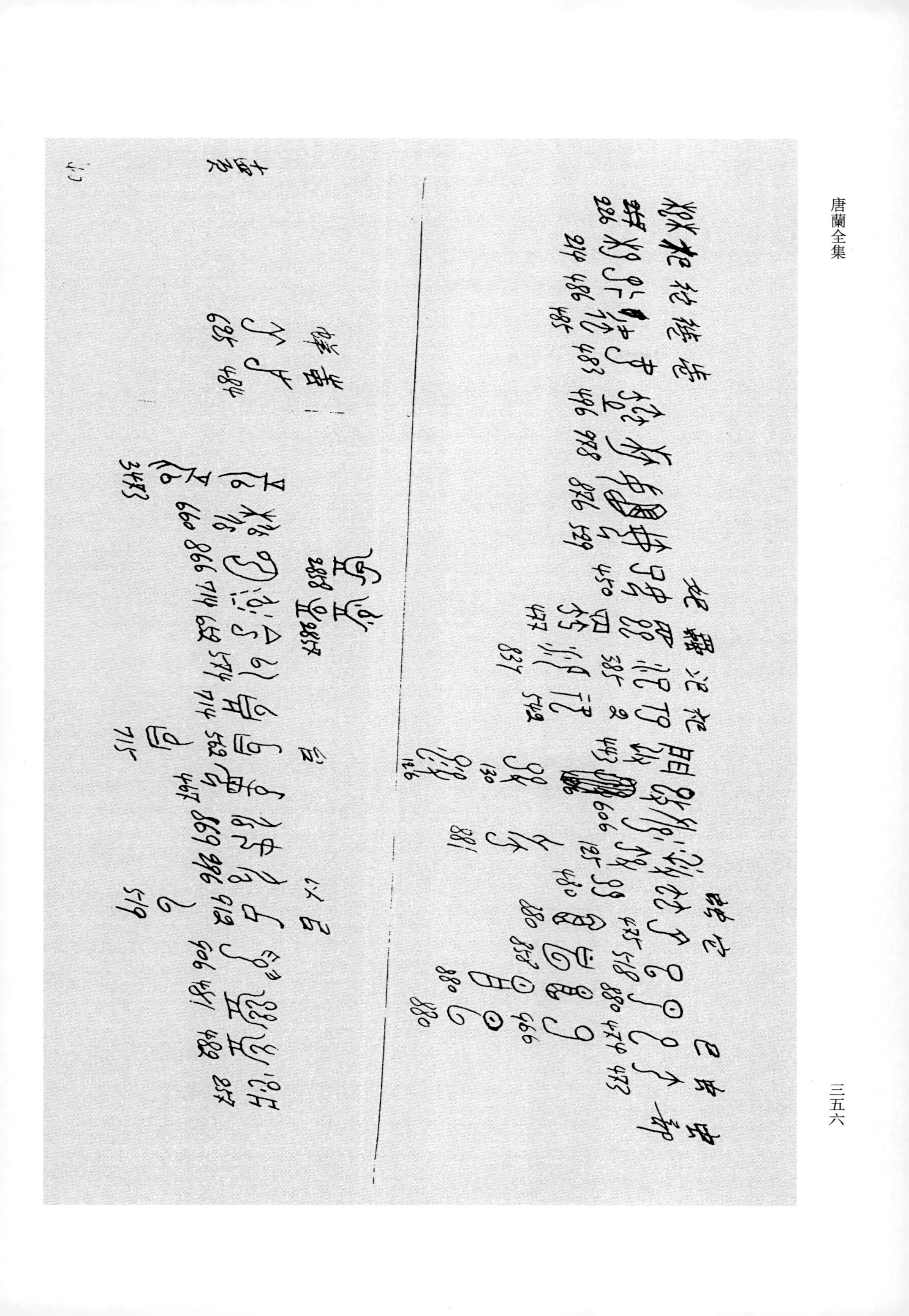

丂部

477 478 898 896 894 895

773

916

萬部

515 886 388 471 516

386

387

求

934

890

龍部

439 733 105 3031725 526 438 564

304 527 862 842

九部

513 854

440

23

598 281 298 201

勹部

301 431 855 855 861 861 293 302 367 445-544 913

750 754 853 856 437 751 200 755

720 368 635

申部

591 941 594 425 424 649

虹 蜺

479 736 882

27

祀

297

608

857

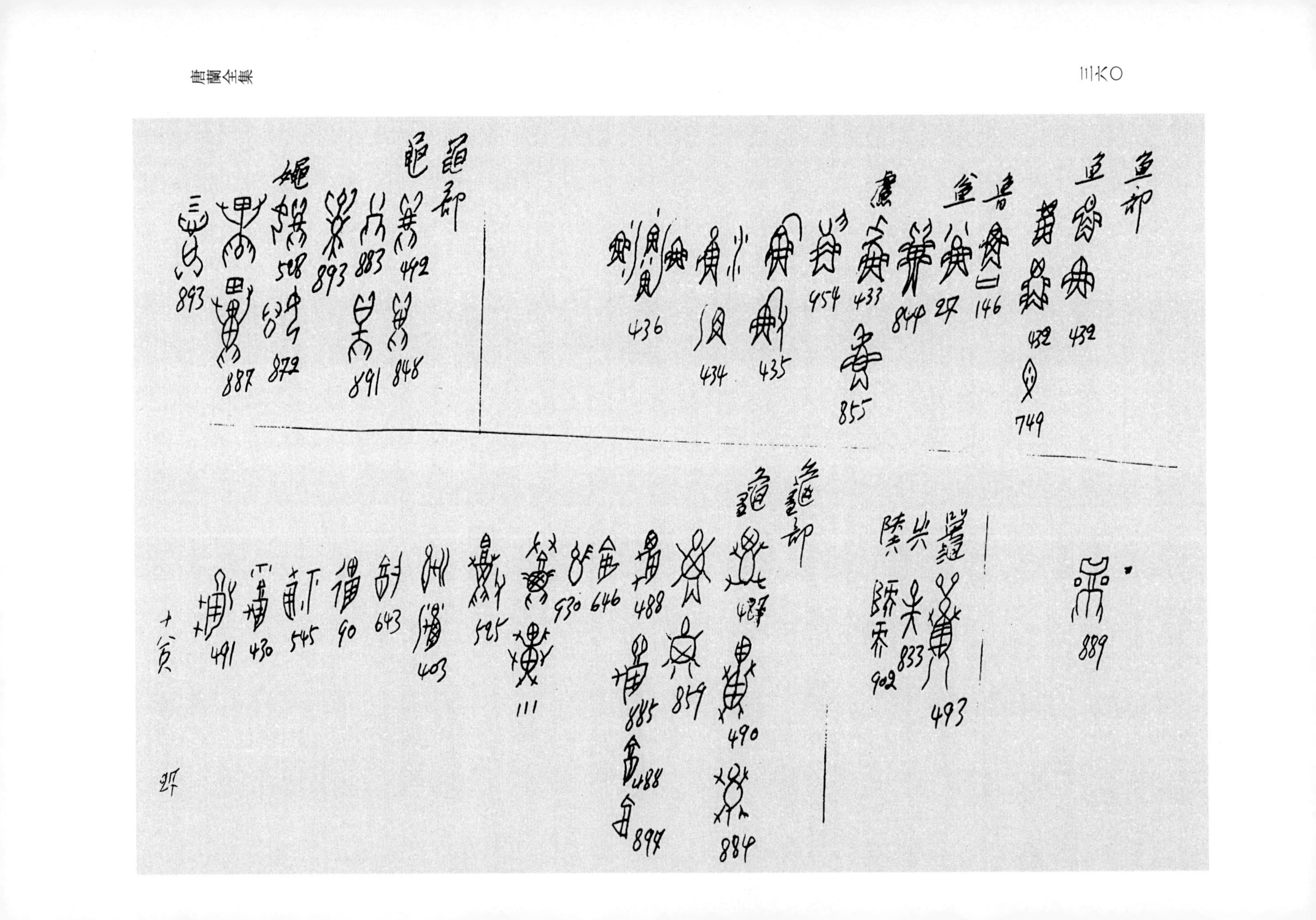

魚部

432 432 749 146 27 844 433 454 855 435 434 436

黽部

442 848 883 891 893 872 528 887 893

889

493 833 902

龜部

884 490 859 885 488 897 488 646 930 111 525 403 643 90 545 430 491

十頁

489 653 860 356 960 28

林部

315 741 454

貝部

234 53 88 53 89 180 88 114 572 114 2246

127 217 283 287 308 352 509 627

23

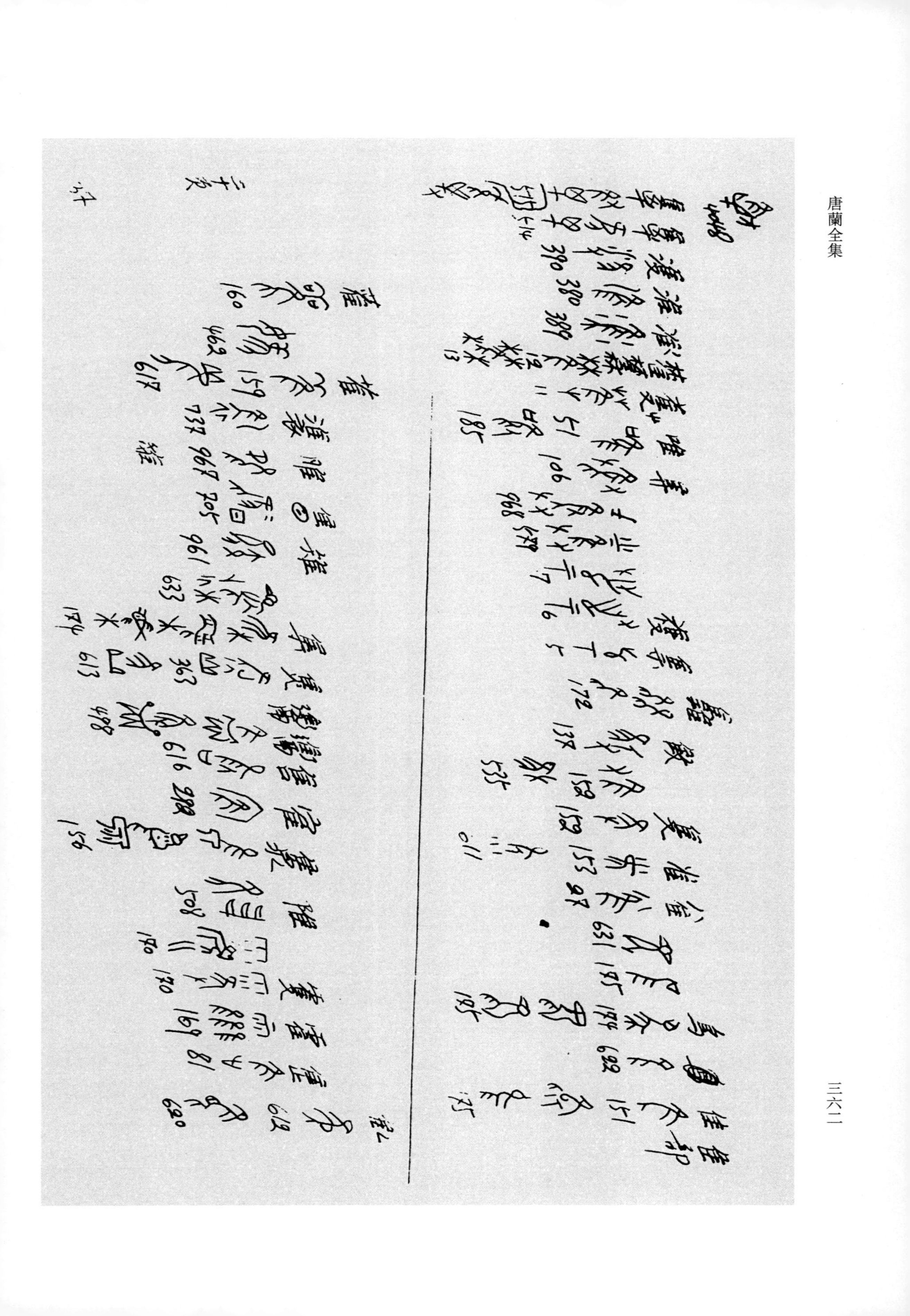

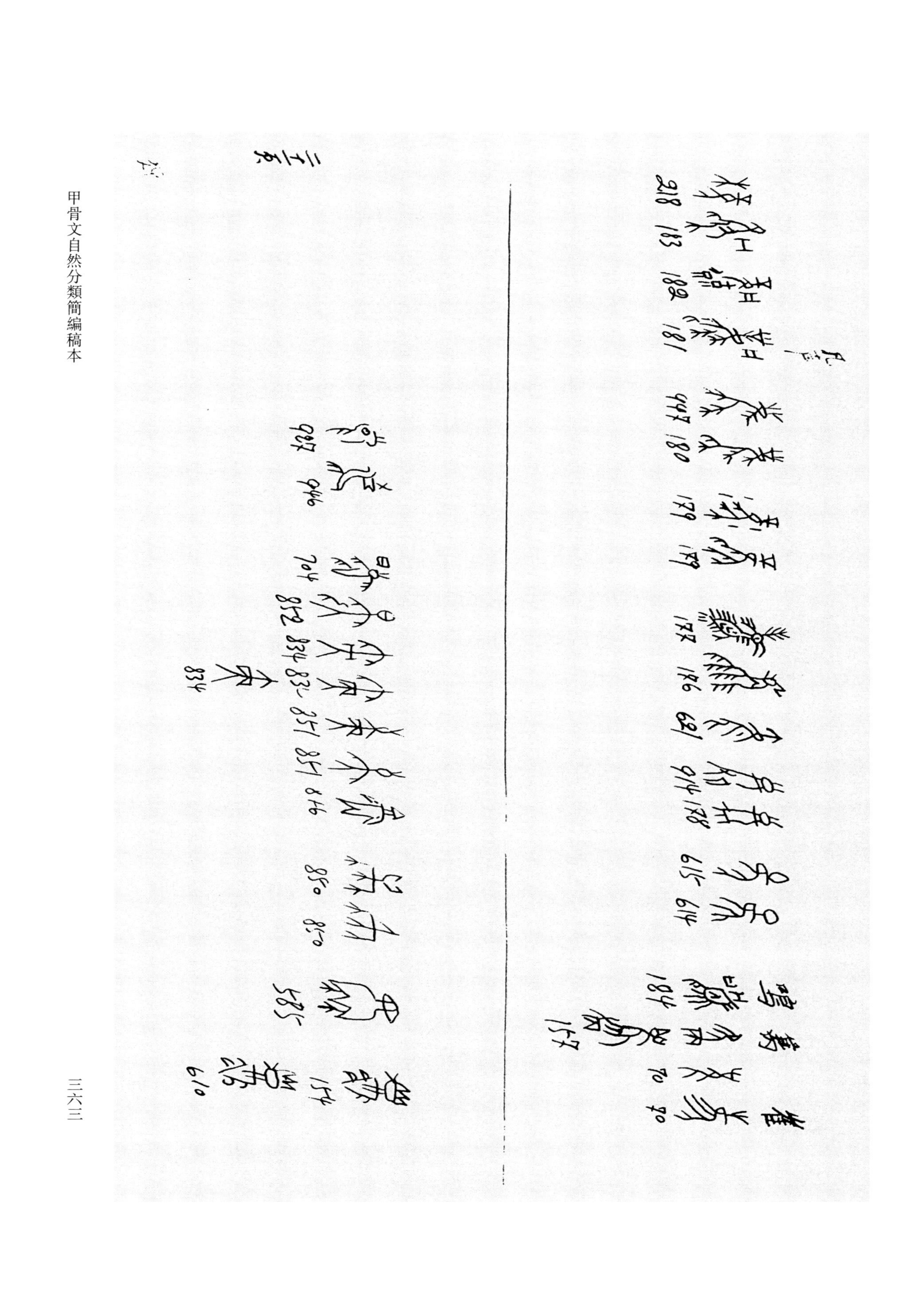

虎部

虎 805 195 964 790

虎 194 986 197 26

虒 彪 41 196 396 215 530 531 469 198 256 597 944 216 198 841 57 58 565

象部

象 329 774 812

787 949

為 112 819

家部

329 762 763 765 782 800 810 769 623 797 805 768 584 588

二十二頁

826

鹿部

326 815 742 327 699 820 328 743 799 764 474

萈部

766 815 948

豸部

781 793 809 818 917 791 816 793 802 428 551 566 759 771 811 788 821

希部

826 822 828 124 124 324 552

二千の頁

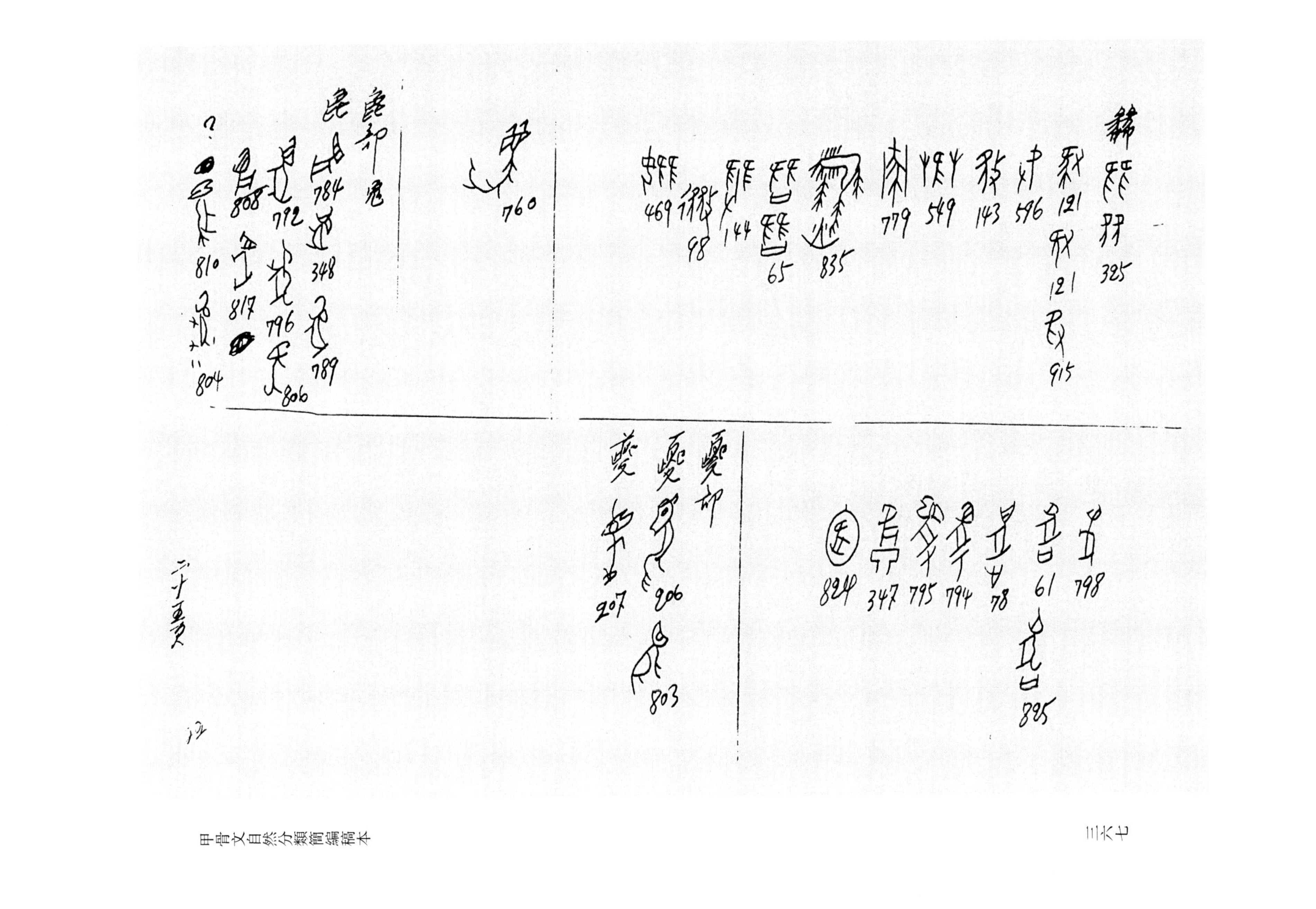

龢

325 121 121 915 596 143 549 779 835 65 144 98 469

760

邕 邕部 鼍

784 348 789 792 796 806 808 817 ? 810 804

夔部 夔 夔

906 803 207

798 61 825 78 794 795 347 824

二十五頁

12

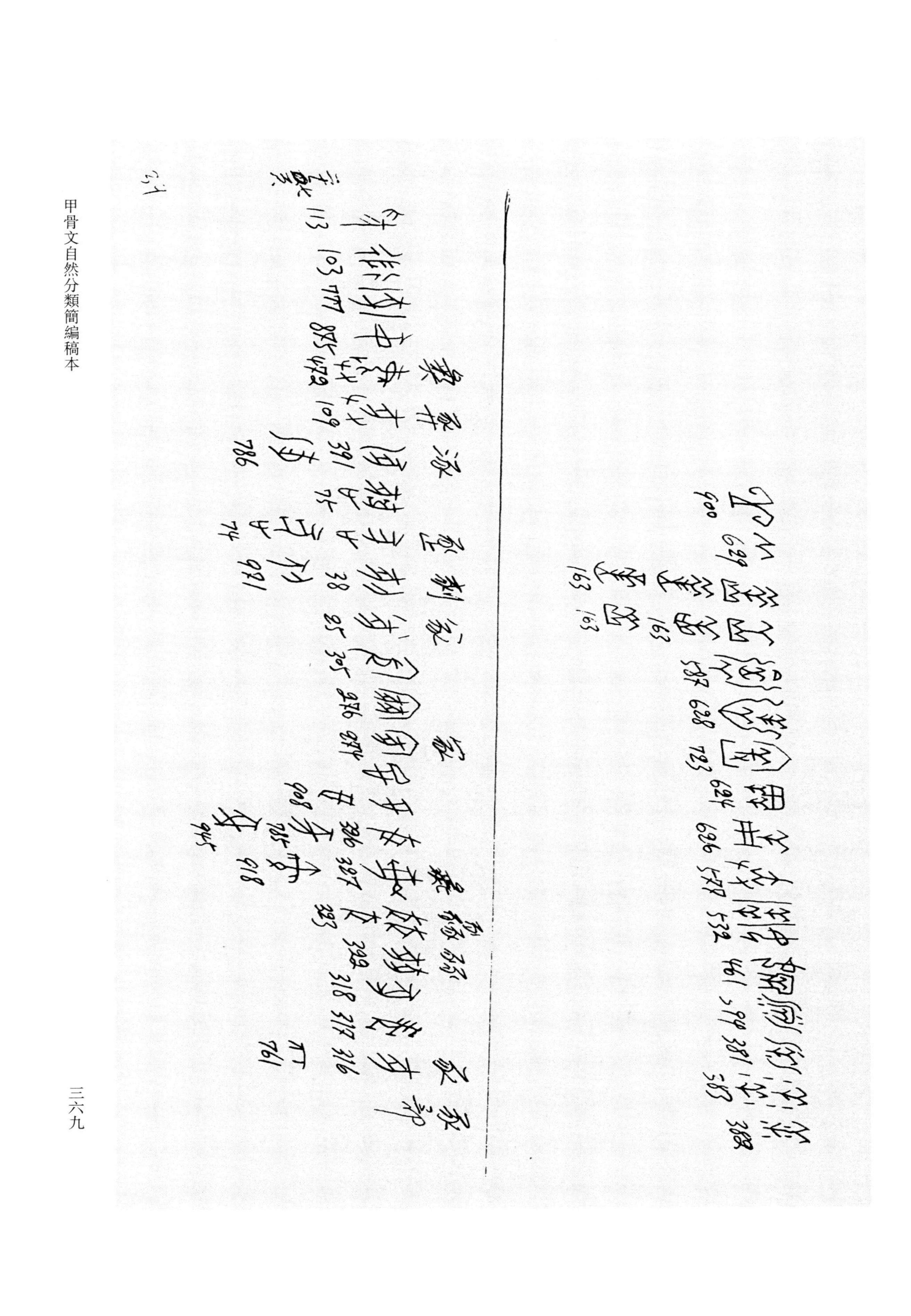

彘

彘　豚　家　亥

550 17 17 80 79 10 970 711 10 935 728 10 979 924 328 718 721 524 583 158 275 522 972 1826 745 987 983 444 823 680 533 1838

犬部

奔　䟣　尨　戾　狀　犾　犬

225 110 334 319 350 353 735 985 321 988 349 783 827 471

730 191 14 14 15 14 16 693 17 17 692

二十八頁

42

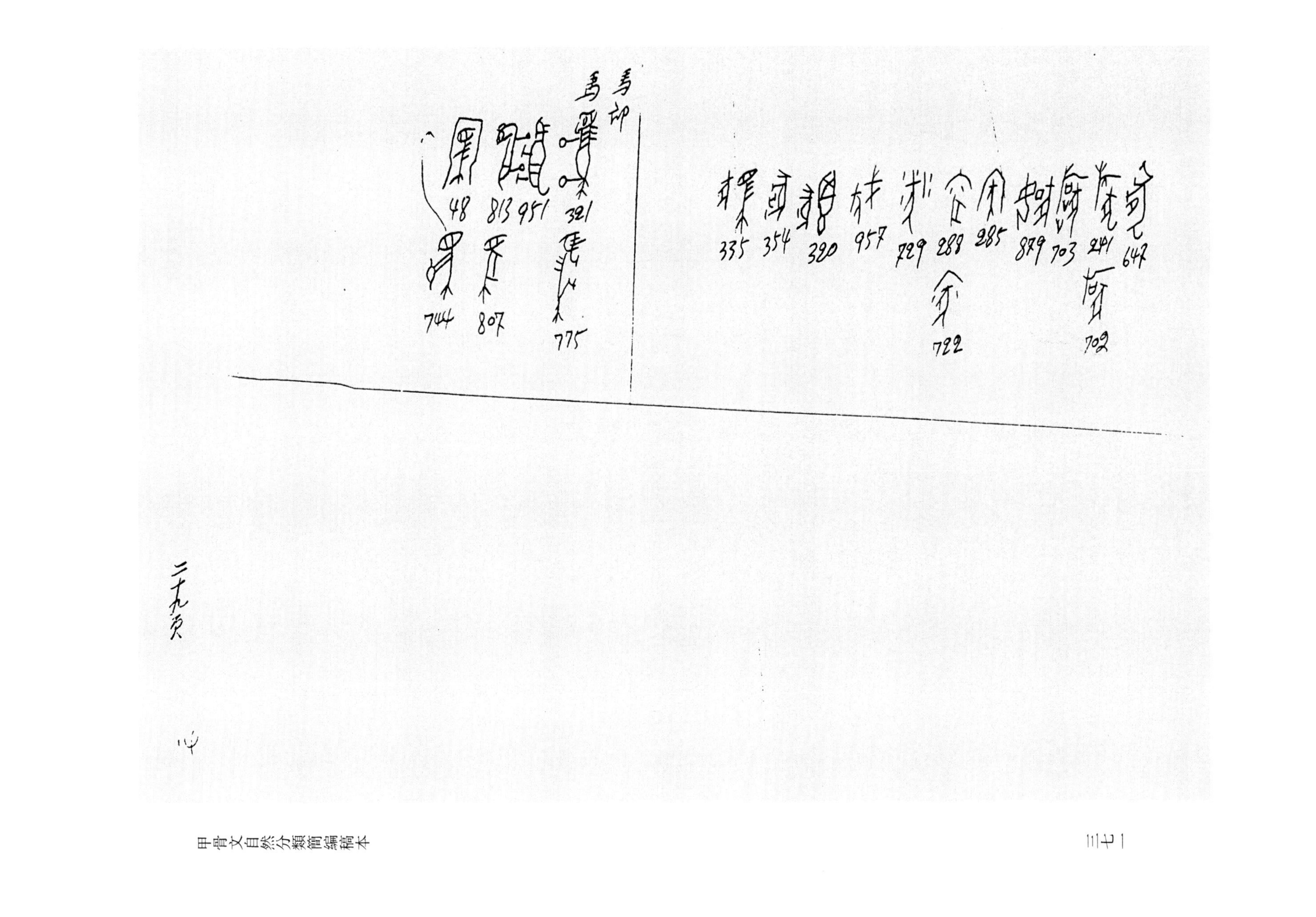

馬 馬卬

48 813 951 321

744 807 775

335 354 320 957 729 288 285 879 703 241 647

722 702

二九页

用部 149 63 71 236 150 538

毛部 928

冉部 参之 863 870

丙部 299 366 2551 2552

角部 192 936 108 107 123 634 193 2409

卣部 734 640 2549 4143 408 423 2544 407 2892 641 364 603 595 591 2548 2550 696 4286 59 1426 757 4146 4147

卵部 122

三十表

36

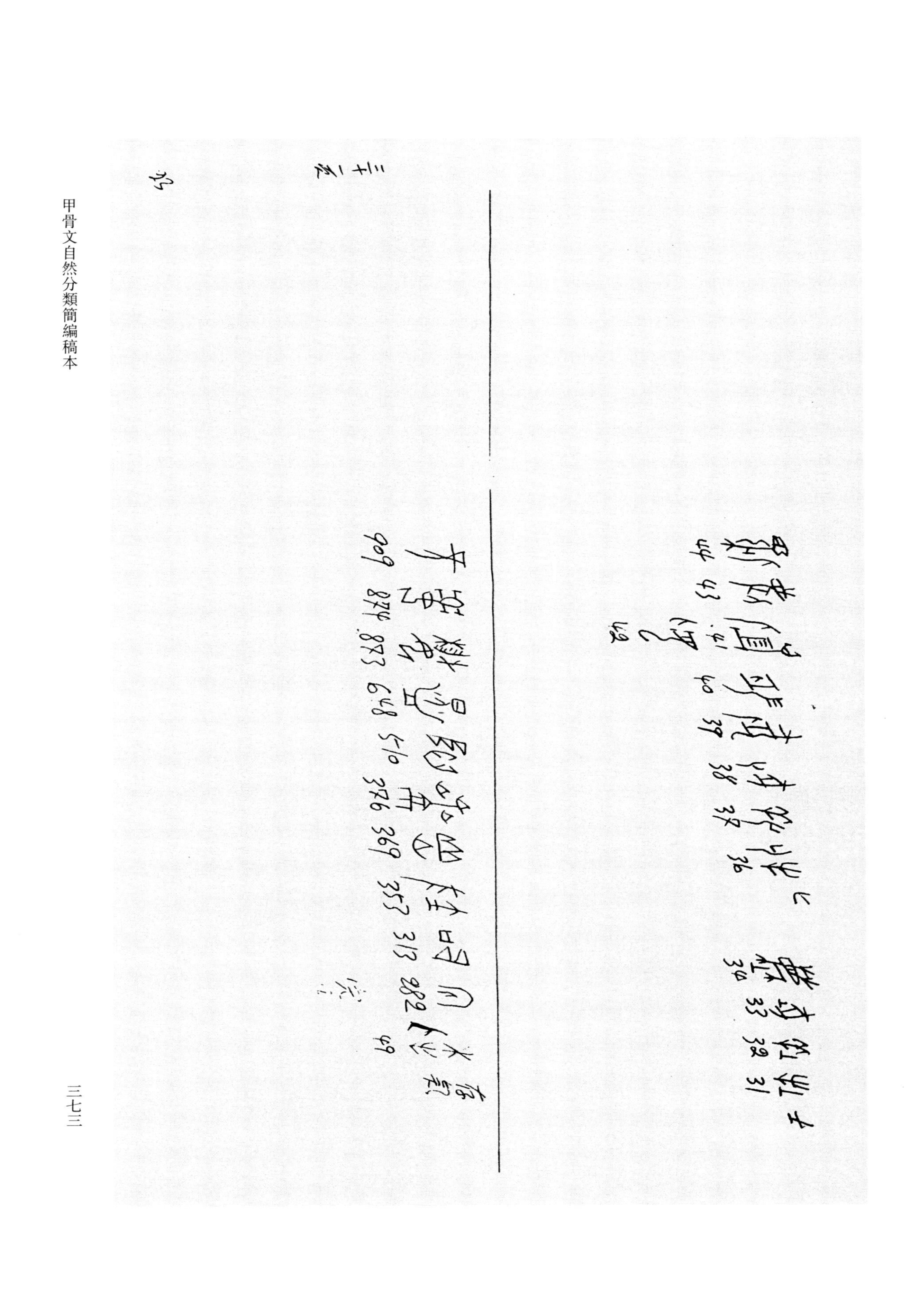

BEIJING

大部

大

1441 2990 2179 1466 1049 1050 1218 1306 1872 2190 1304 1321 1881 1423 1442 1928 2152 1449 1588 1459 2021 1912 9029 2032

夶

1586 1587 1588 2035 2037 2033 2177 1449 1451

天

991 1615 2042

[illegible]

9043 1698

夨

1454 1305

吴

1625 1780 9046

34

美 奂 𣏟 夫 果 臭 罘

1057 1178 1174 1462 2121 2182 2015 2045 1465 1464 1448 2016 1776 1222 1622 2197 2010 1159乙 2022 2018

炎 婓 嫈 罢 異 竟 宊 虔

2046 1487 1440 2196 2038 2017 2093 2041 2071 1819 1205 2014 2101 1711 1287 1712 1627 1626 1061 1197 1817

二页

35

矢

1337 2067 1339 1338 1582 2026 1580 1580 1098 1098 1099 1999 1856 2030 2039 2049 1880 1774 2062

文

1391 1996 1998 2029 1997 2020 1997 1015 1995 1437 1428 1491 1582 1315 1479 1575 1507 2068 1877 1456 2118 2145 2087 1430 2119 1431 1355 1845 2138

交

40

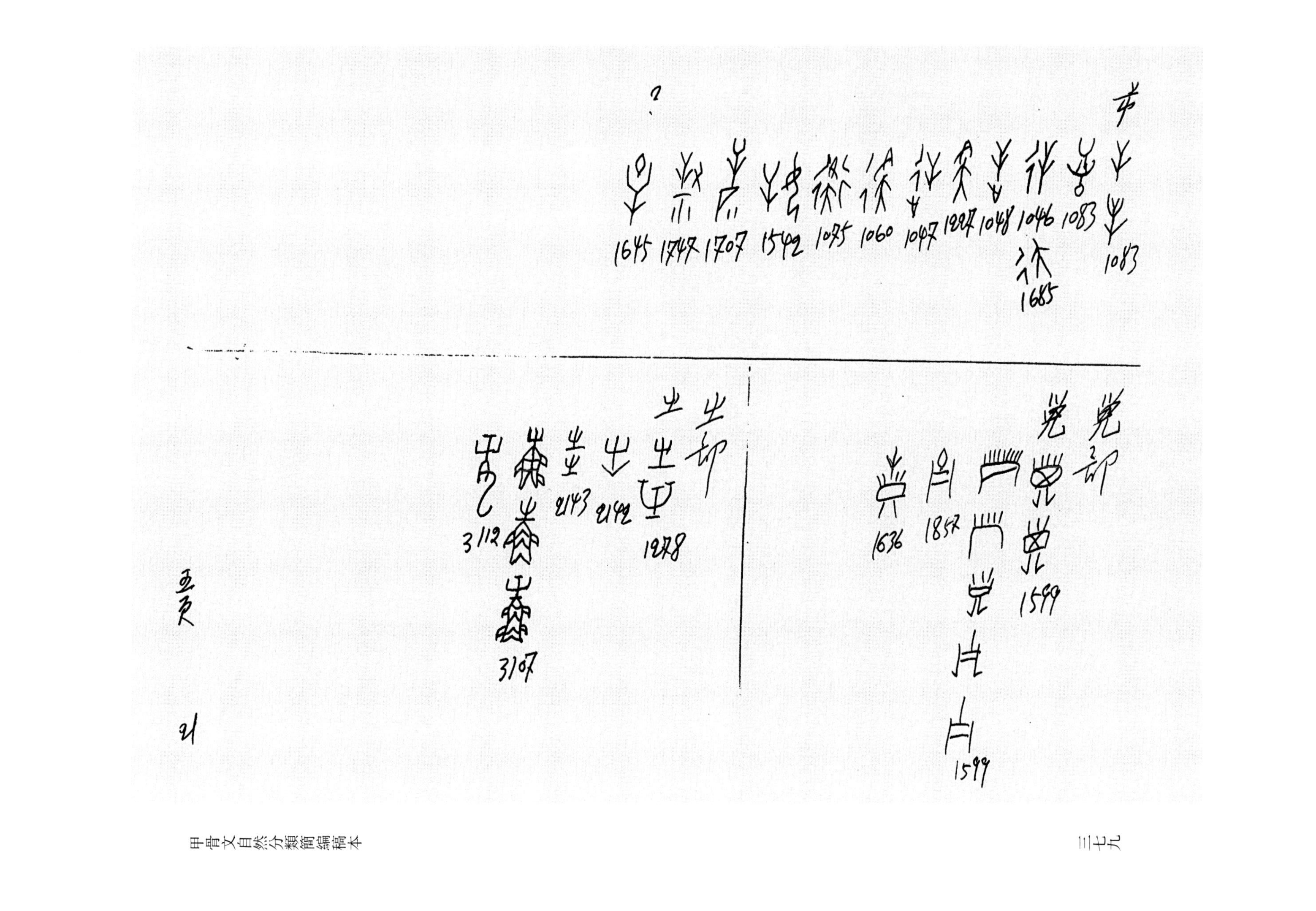

屰

1083 1083 1083 1046 1685 1048 1227 1047 1060 1075 1542 1707 1747 1645 ?

光部

光 光 1599 1599 1857 1636

㞢部

1278 2142 2143 3112 3107

五頁

21

乳　尼　尾　居　令　弔　身

2052 1975 1886 1693 1692 1917 1364 1701 4008 1883 1893 1887 1334 1333 1777 1879 1600 1708 2221 1884

永　公　壬

2063 1097 1684 1026 1071 419 1072 2106 1818 1827 1892 1941 1595 1324 1351

九頁

32

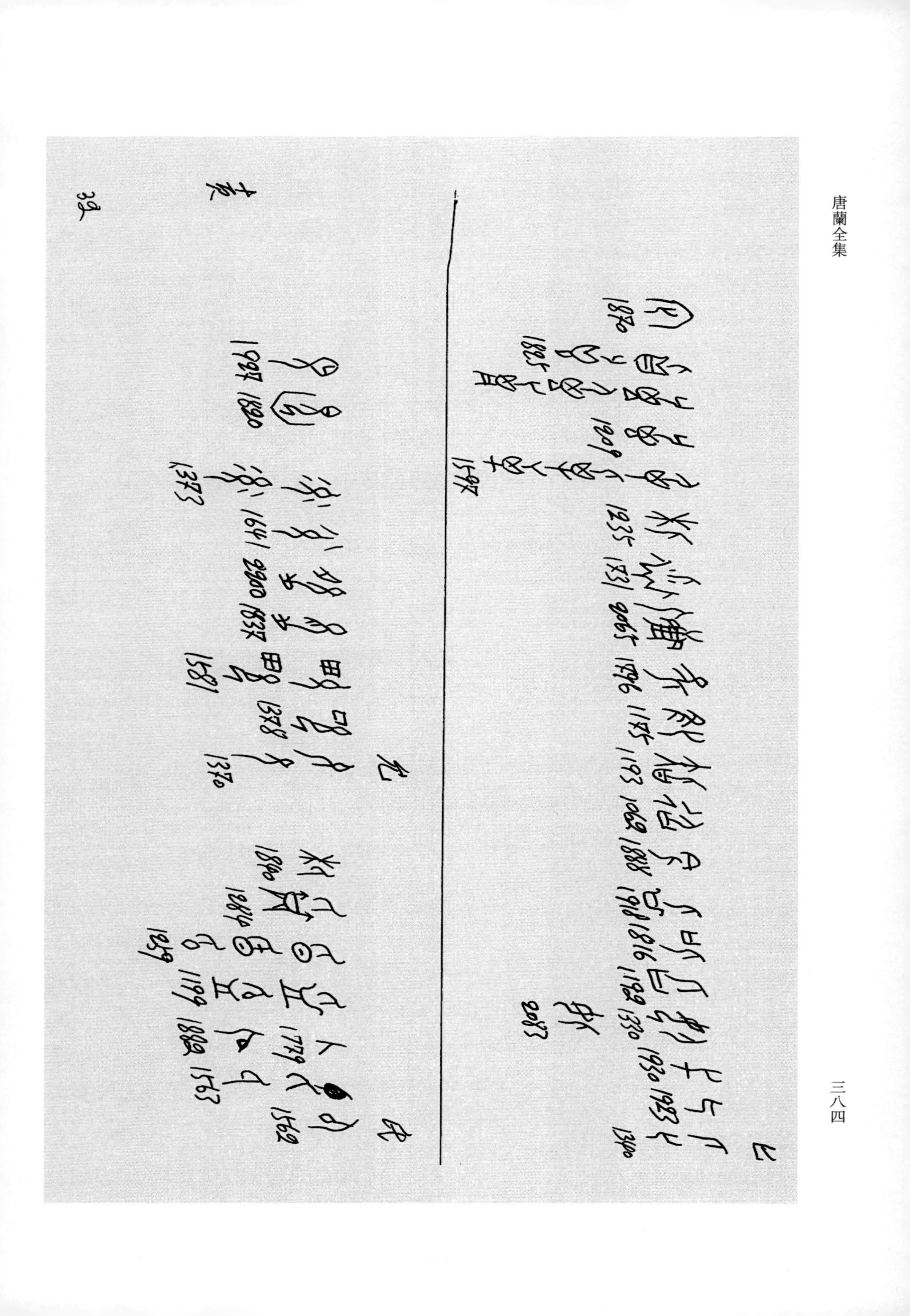

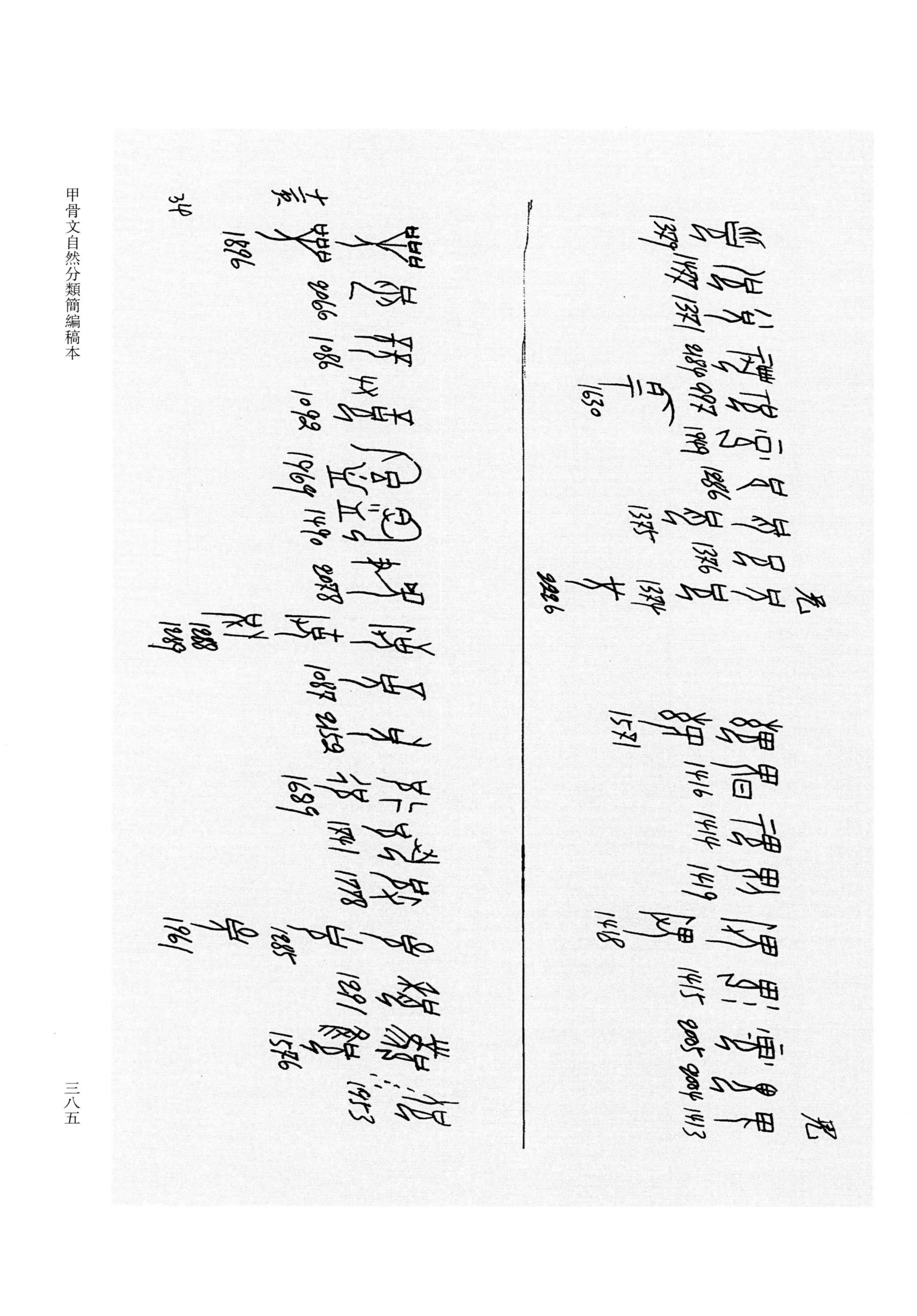

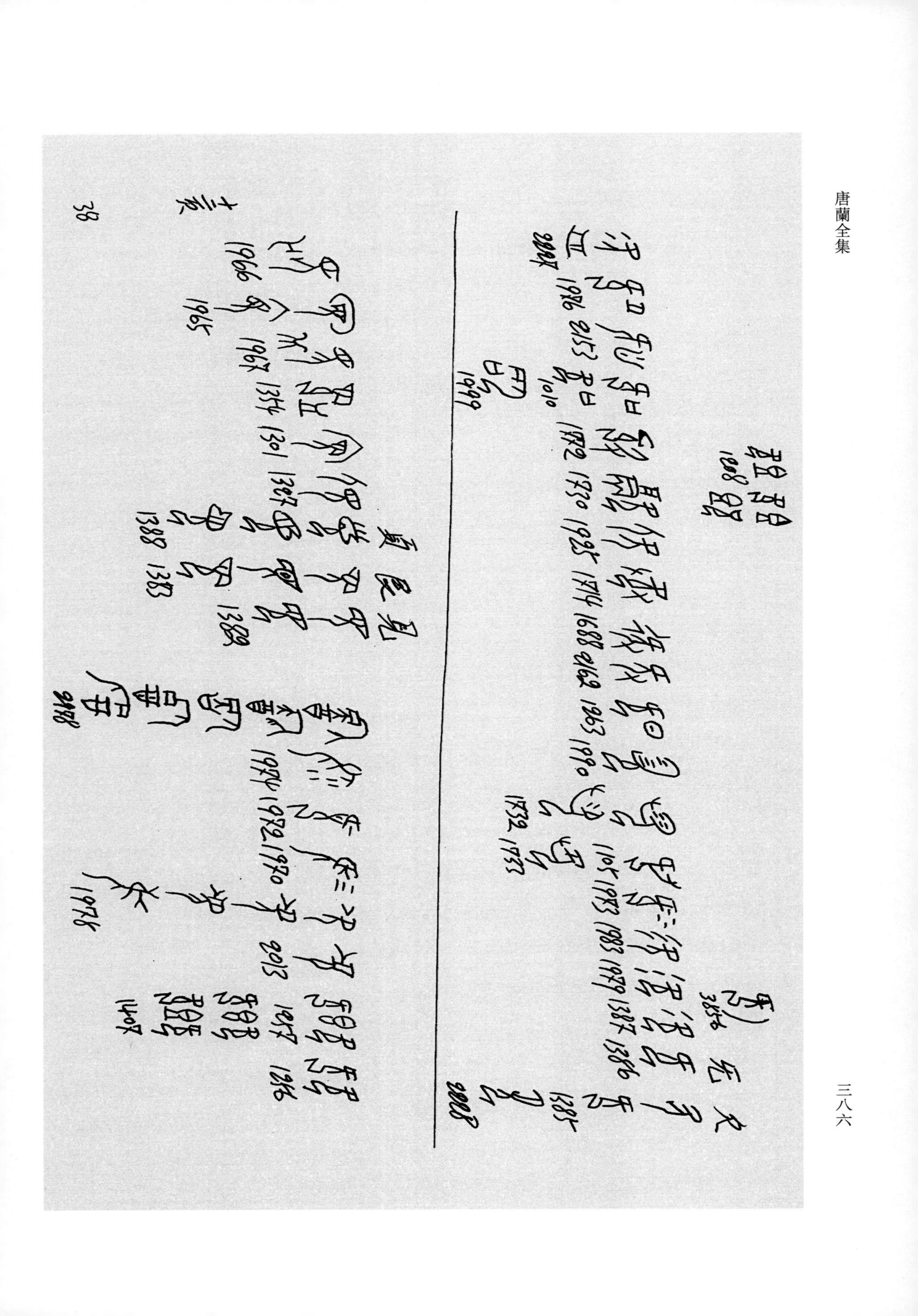

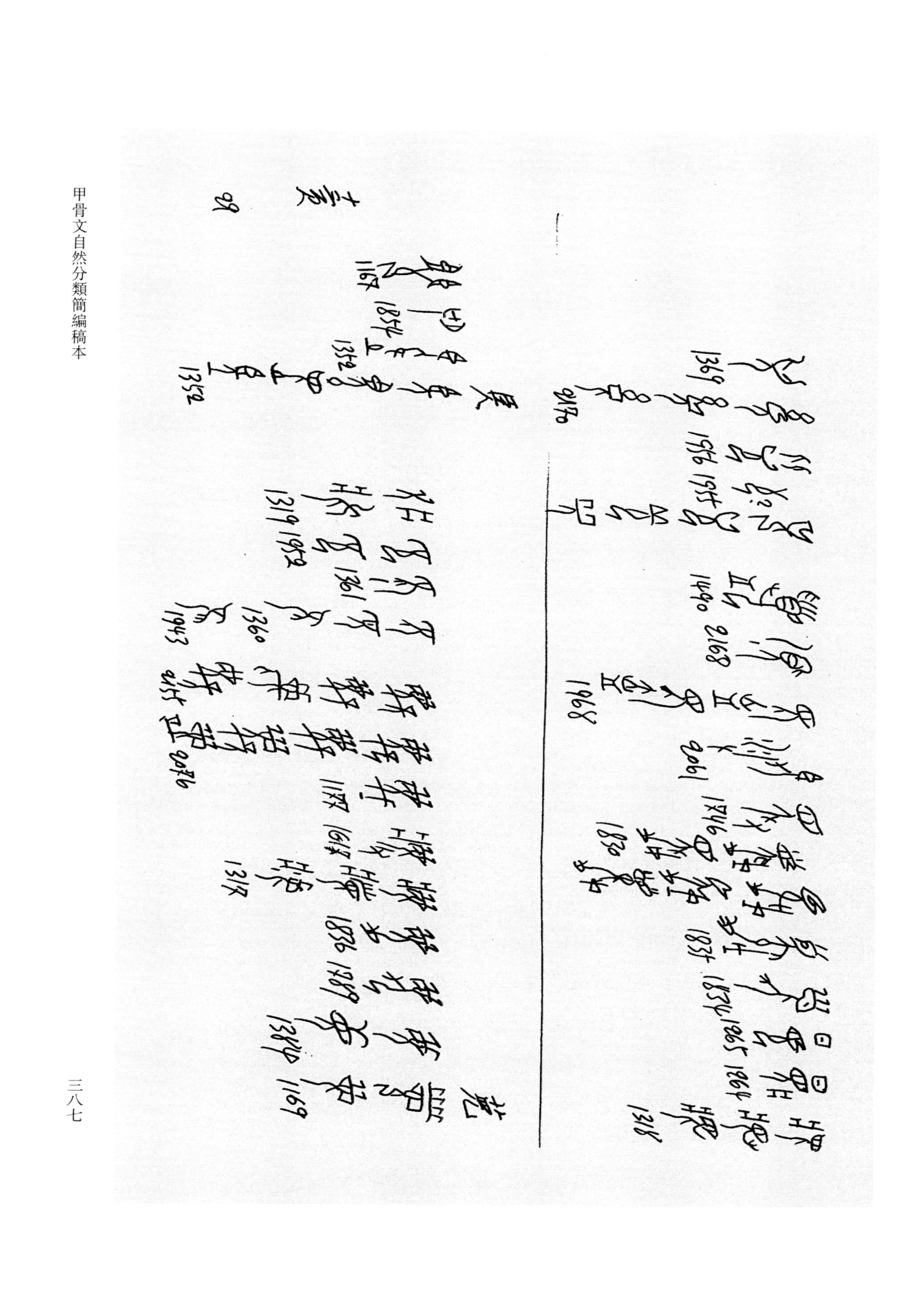

夏 1515 1515 1510 2163 1511 1516

光 1353 2161 1472

兕 1369

允 1957 1954 1958 1959 2055 1669 1667 1867

方 1889 2204 2124 匕? 1890 1019 2993 2994 1703 1849 1052 1074 1070 1614 992

卩 1397 1991 1399 1980 1984 2199 1986

黄

34

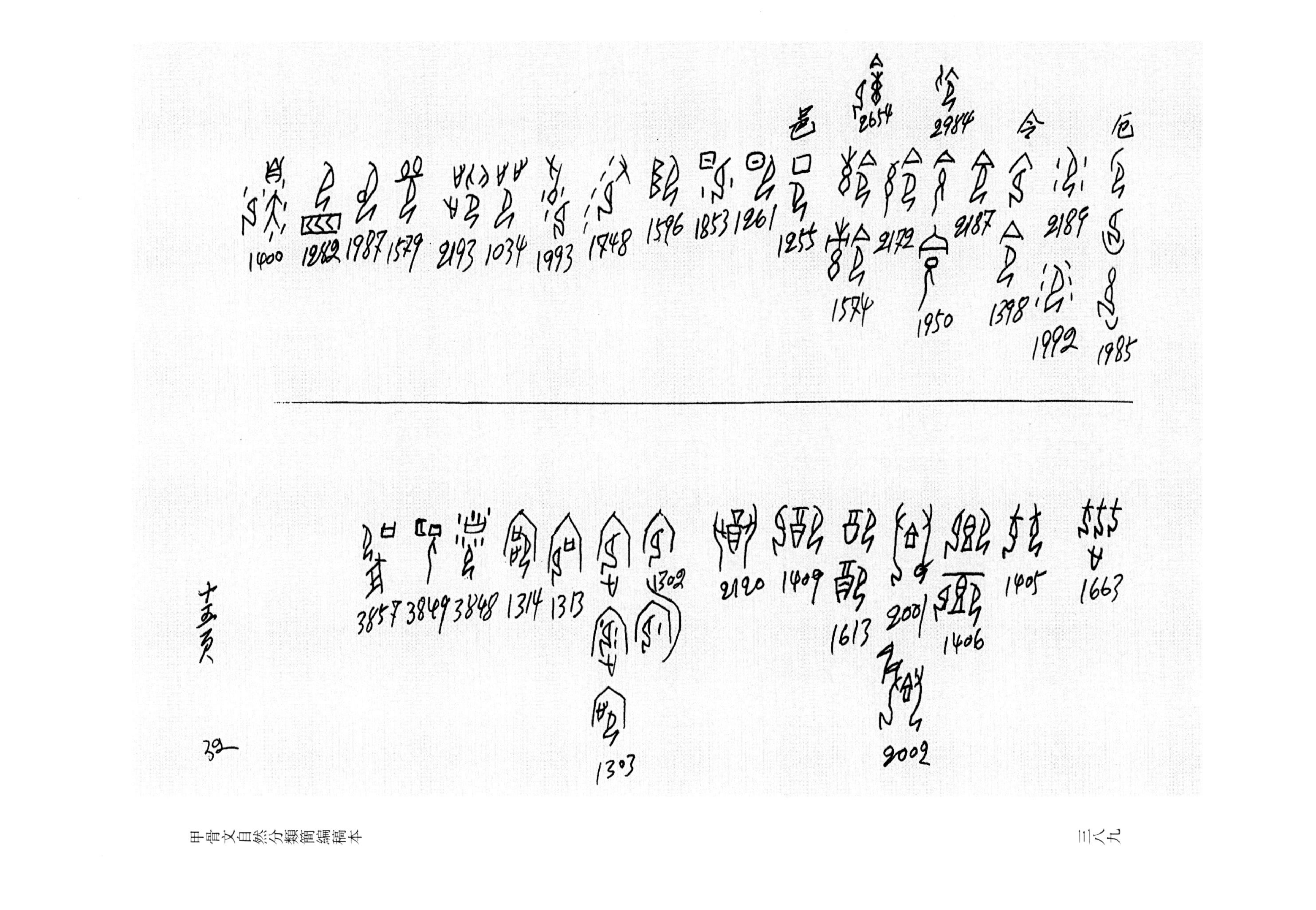

卮 1985 2189 1992 令 1398 2187 2984 1950 2172 2654 1574 邑 1255 1261 1853 1596 1848 1993 1034 2193 1579 1987 1882 1400

1663 1405 1406 2001 2002 1613 1409 2120 1302 1303 1313 1314 3848 3849 3857

十五頁

32

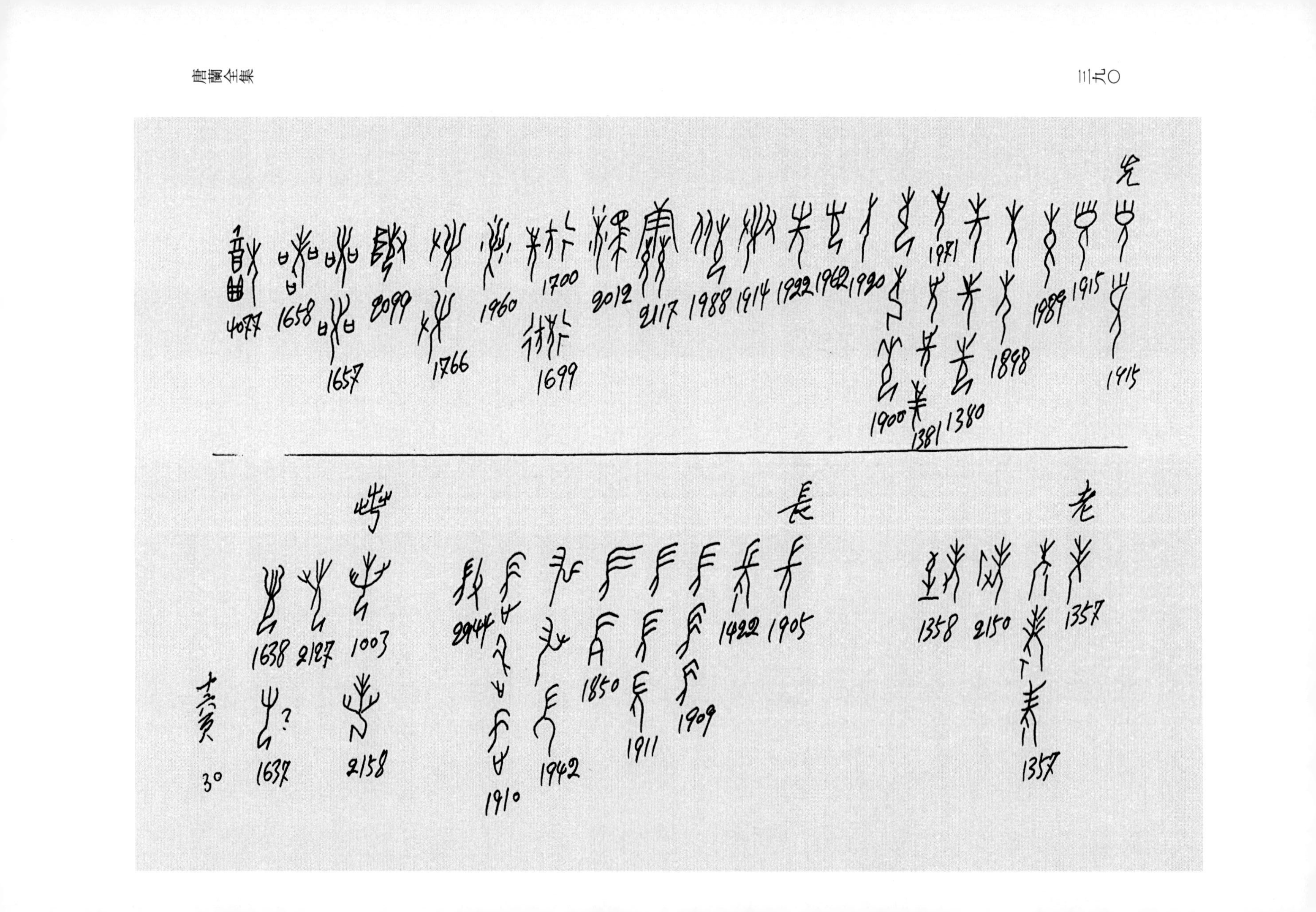

先

1415 1915 1989 1898 1971 1380 1381 1900 1990 1962 1922 1914 1988 2117 2012 1700 1699 1960 1766 2099 1657 1658 4077

老

1357 1357 2150 1358

長

1905 1422 1909 1911 1850 1942 2944 1910

𡴂

1003 2158 2127 1638 ? 1637

黄

30

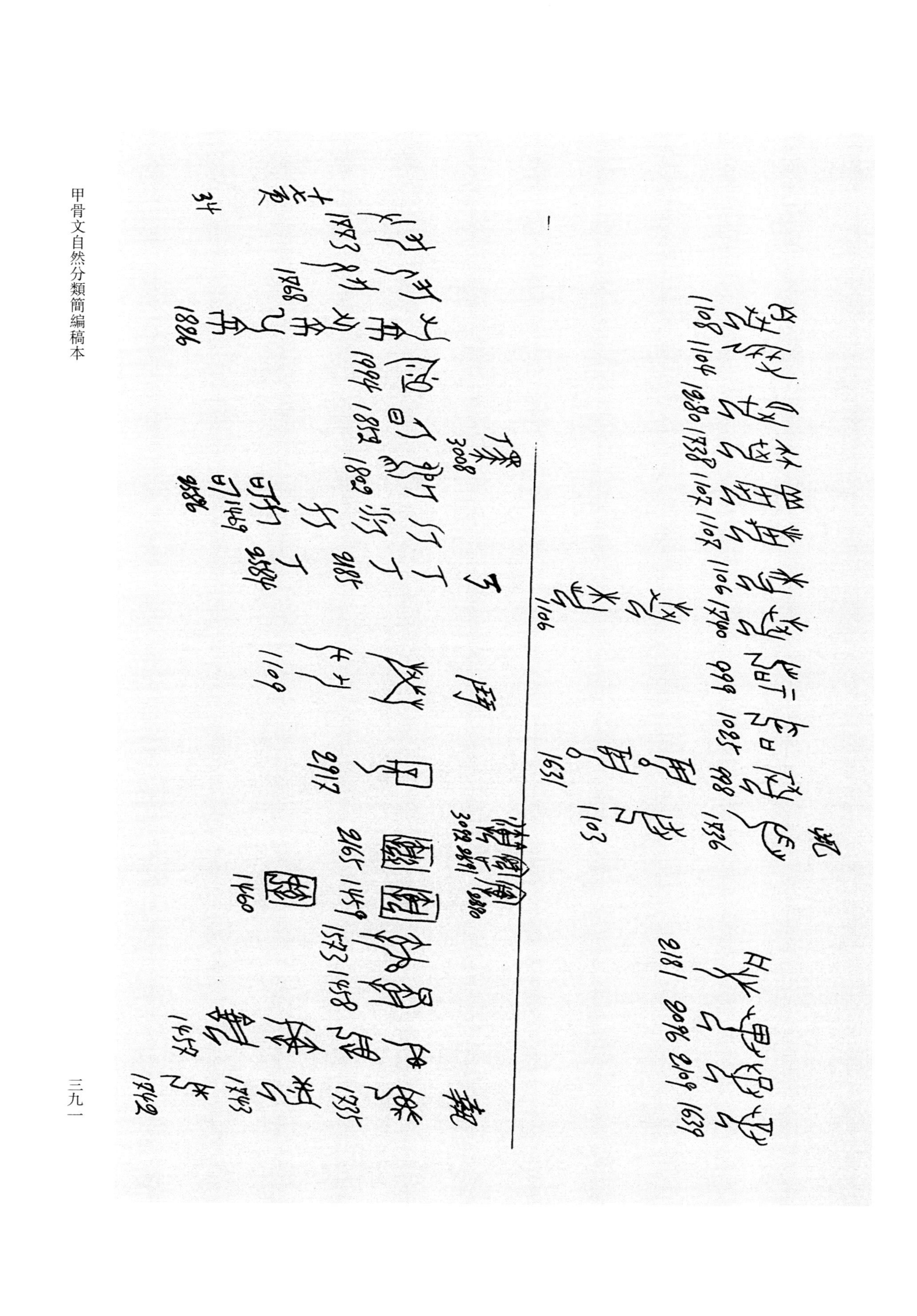

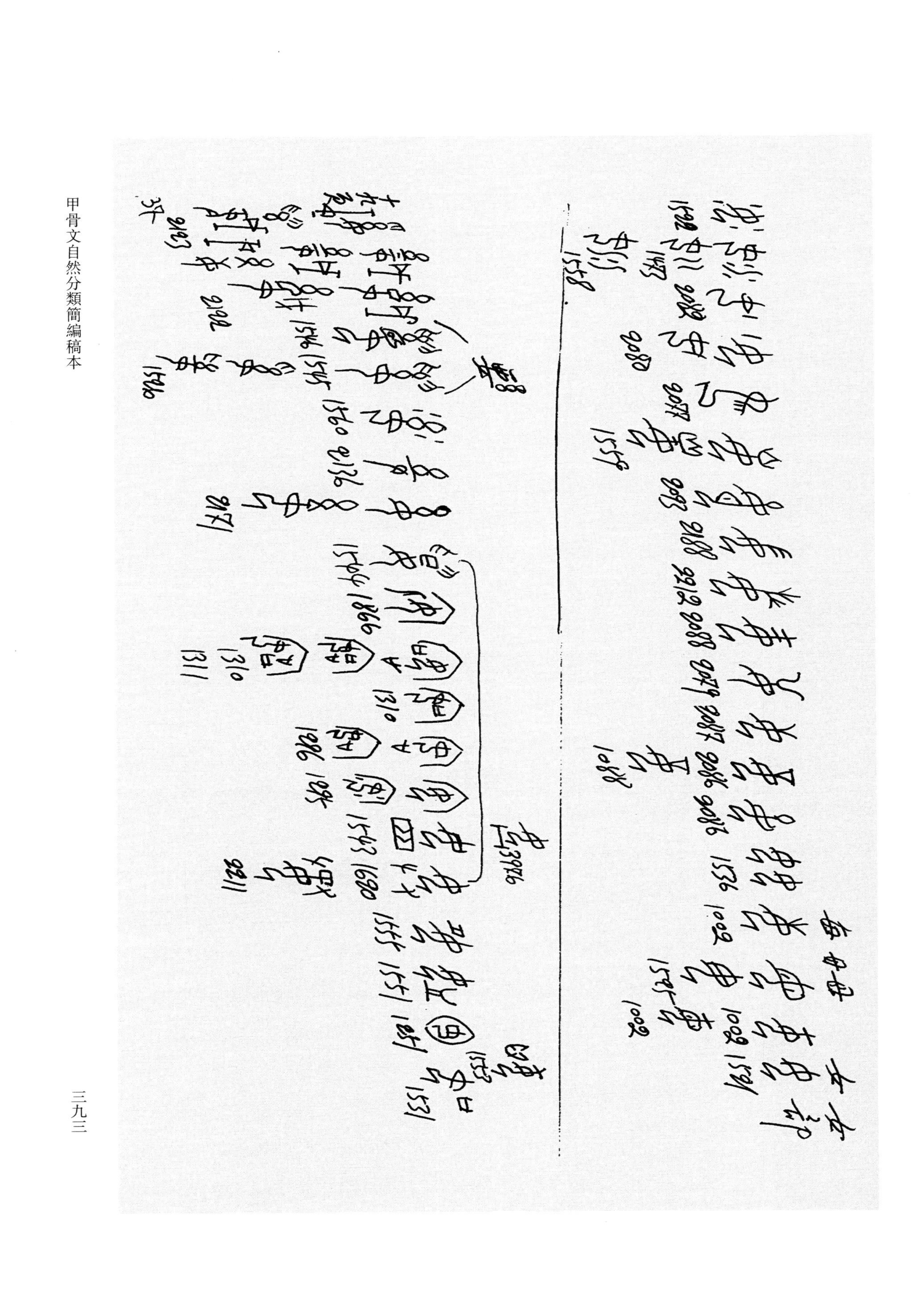

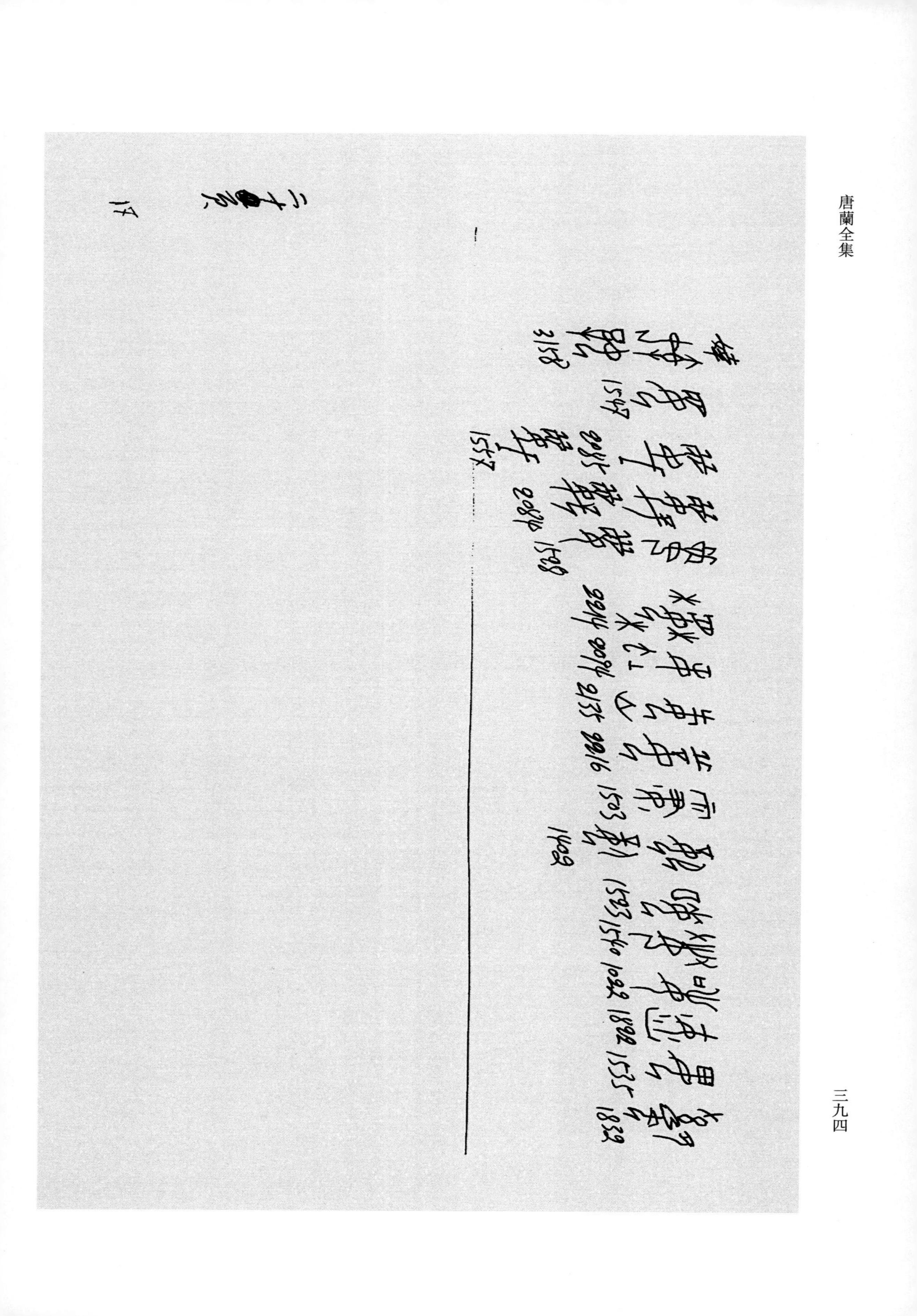

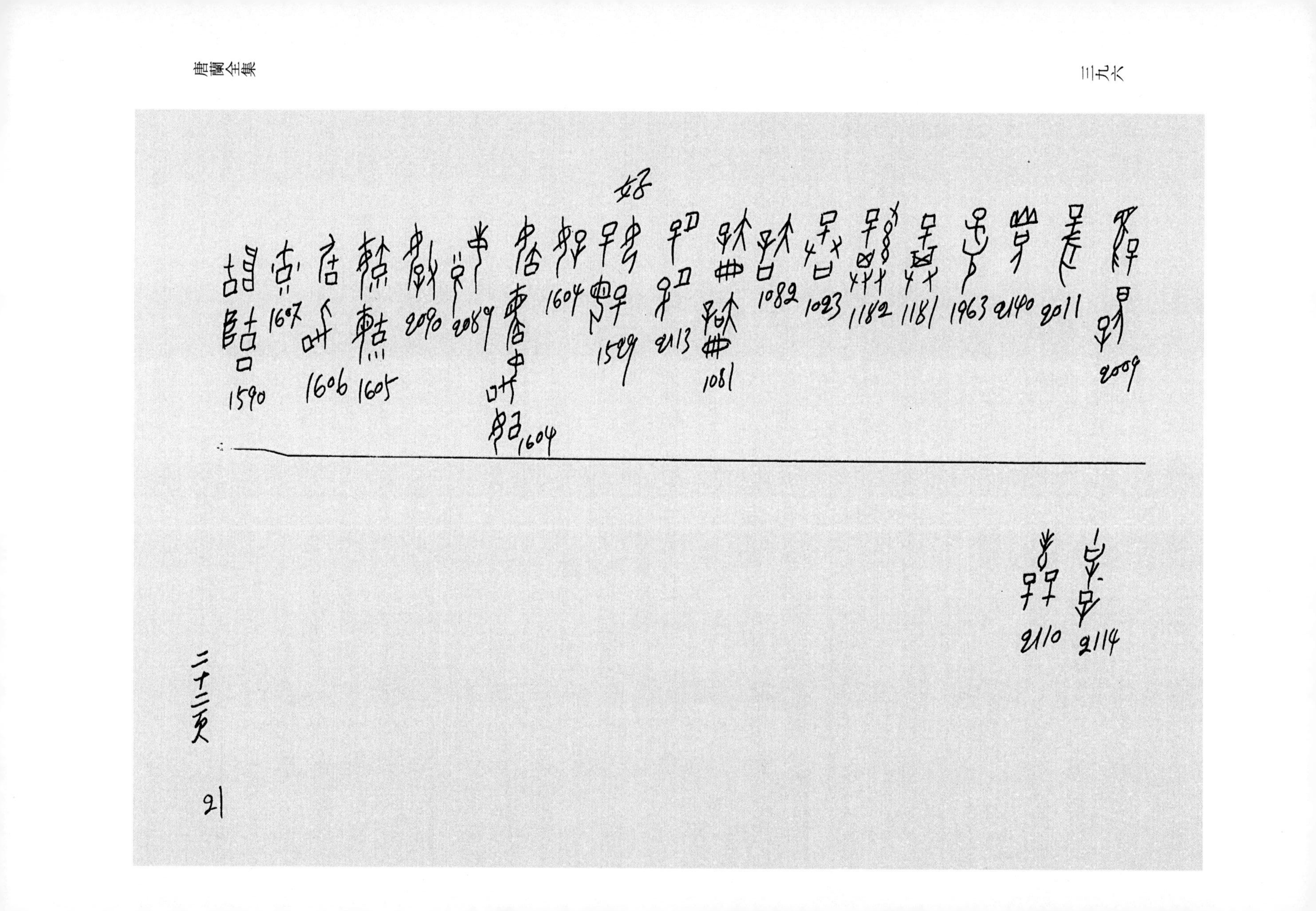

好

1590 1607 1606 1605 2090 2089 1604 1604 1529 2113 1081 1082 1023 1182 1181 1963 2140 2011 2009

2110 2114

二十二页

21

白部

白 1322

百 1173 1792

1229 1243 1401

由 1417 1480 2074

首部

首 2139

1803 1390 1829 1831 2133 2186

1833 2047 應与光一美

目部

目 1155 2129 1781 1784

眉 1168 1390 1163 1787 1888 1166 1164 1165

眔 1156

1045 1433 1554

直 1566 1055

徝 1686

二十三頁

30

眚

1159 1157 1162 1161 2060 1000 1001 1157 1783 ? 2154 1786 1237 1158 1153 2213 1020 1160 1782 2058 1847 1848

民

西

1785 2072 1434 2215 1366 1389 1804 1411 1851 2176

湄

1481 1480 1492 2054 1527 1824 1021 1791 1790 1775 1774

3859

39

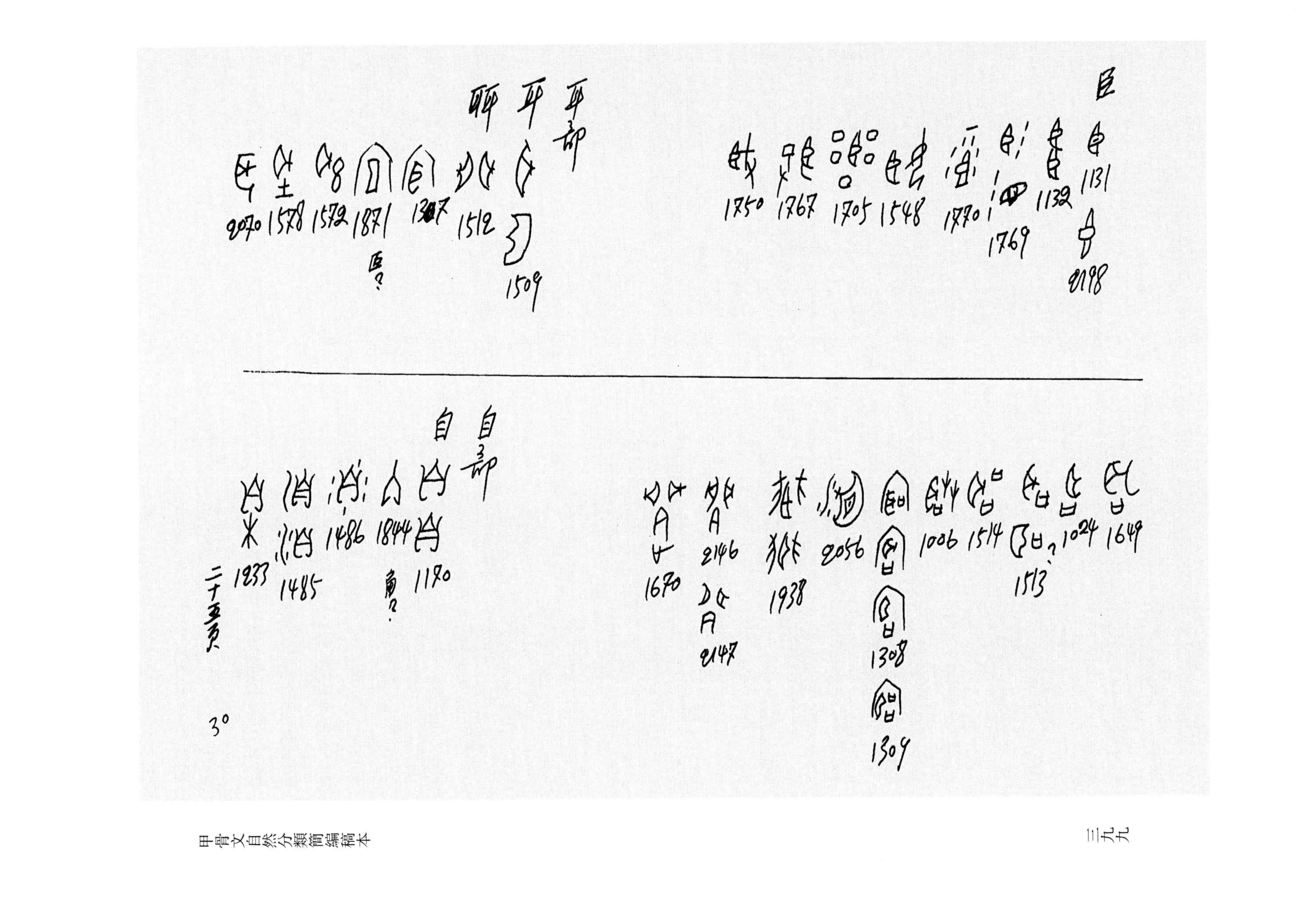

1131 2198 1132 1769 1770 1548 1705 1767 1750

耳部

耳

聑

1509 1512 1307 1871 ? 1572 1578 2070

自部

自

自

1180 ? 1844 1486 1485 1233

二十五頁

3°

1649 1024 1513 ? 1514 1006 1308 1304 2056 1938 2146 2147 1670

口部

口 启 問 古

1009 1014 1136 1013 1151 2198

丙

2126 2148 2147

1428 1552 1172 1171 1186 1494 1493 1495

舌部

舌

1648 1651 1655 2095

1655 1654 1710 3635

1085 2206 1011 1883 716

4202

圅部

1076 1077

二千六百

24

牙

1715 1728 1813

公

1008 2157 1008 3451

心部

1252 1843 1018 1239 1938 1475 2102

士

1629 1696 1814 1815 1823 3996

尝？

二五页、

90

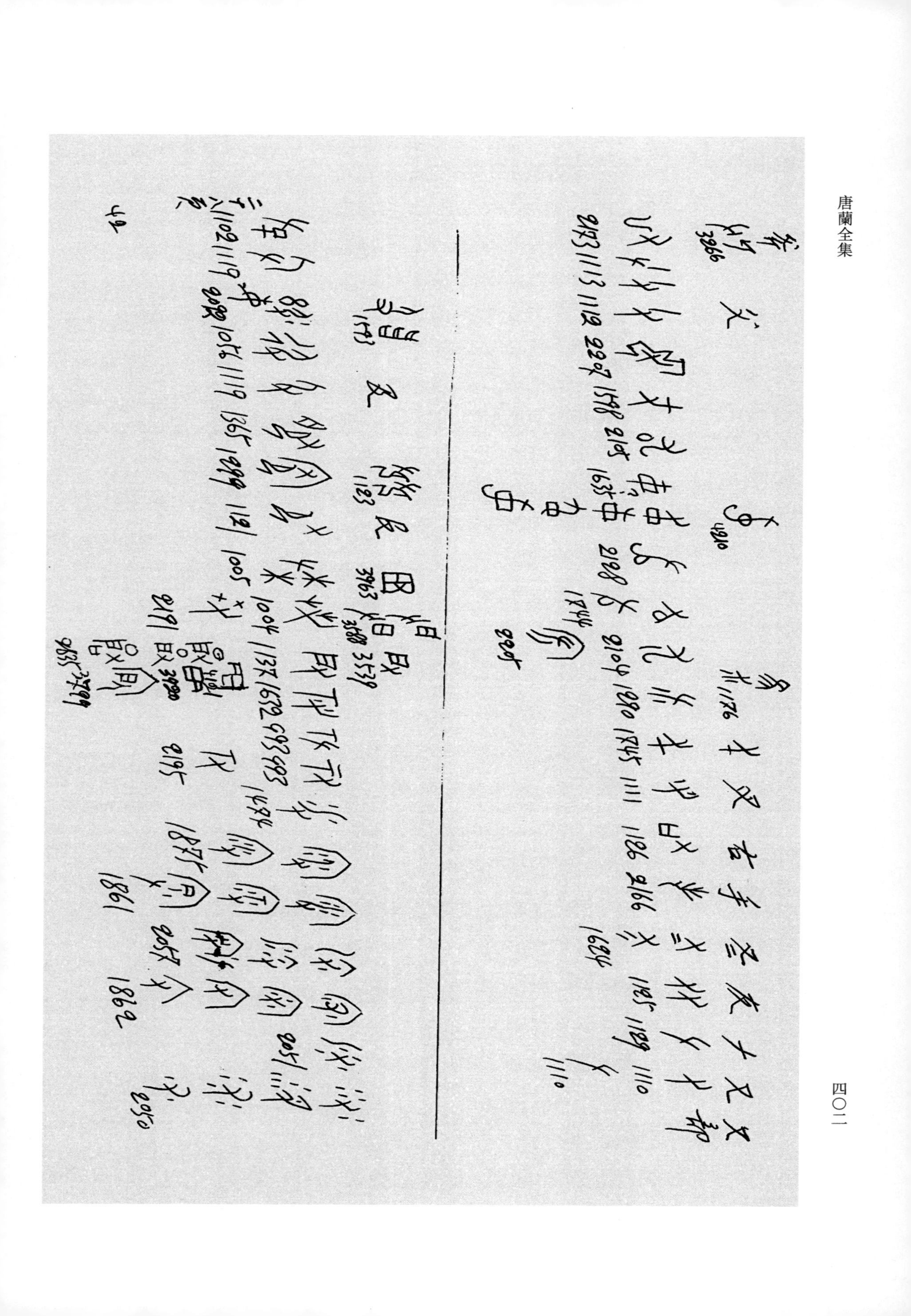

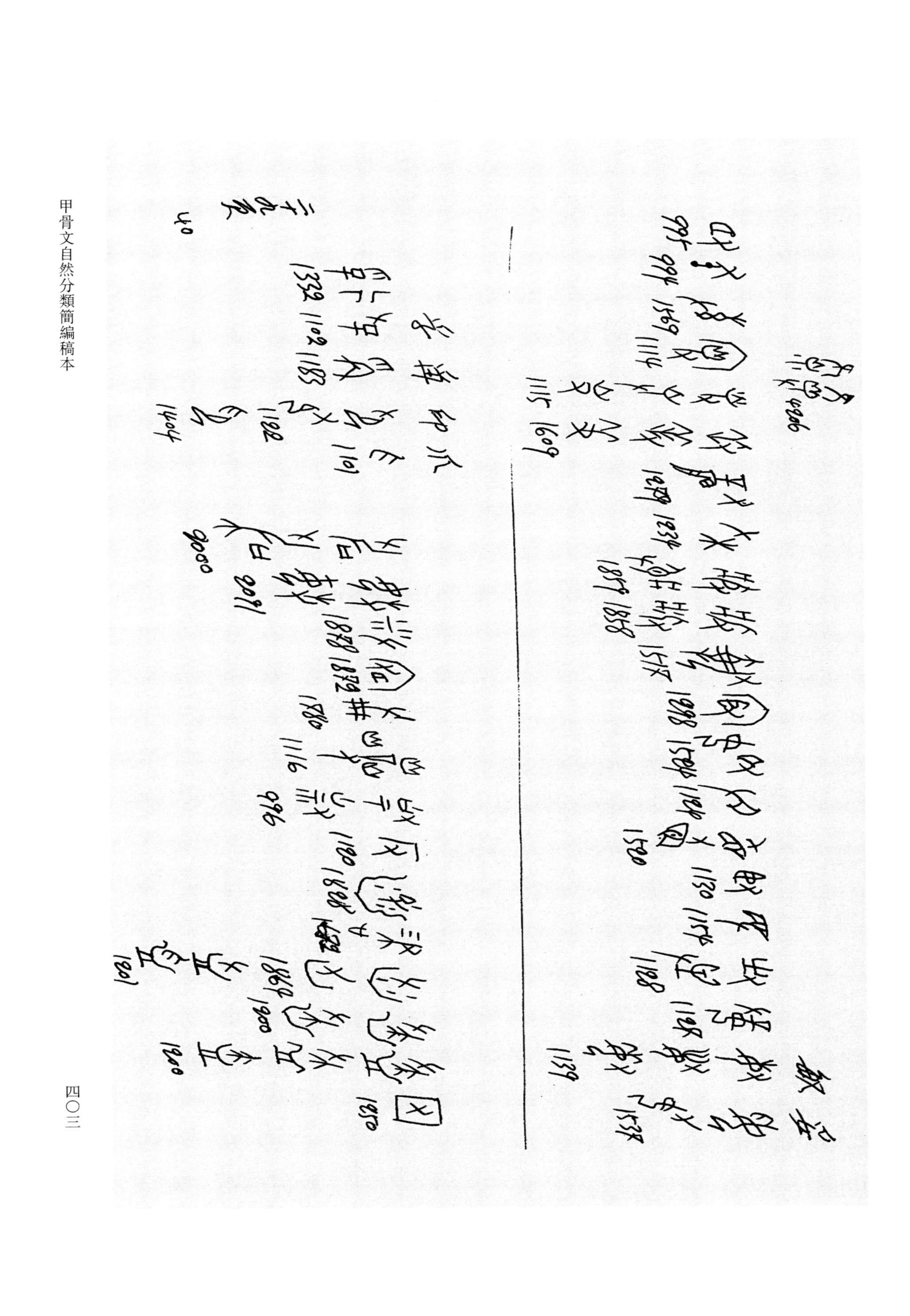

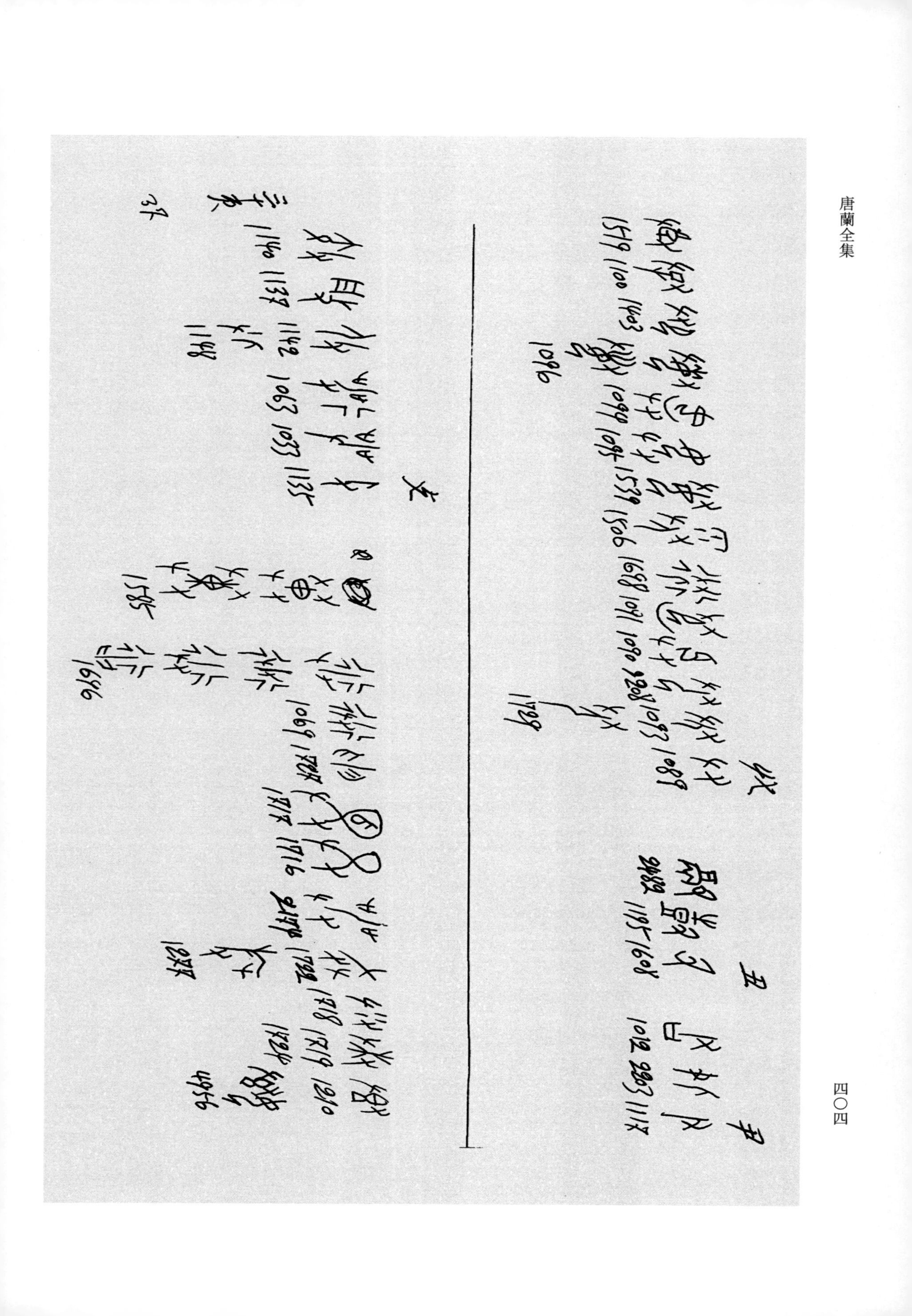

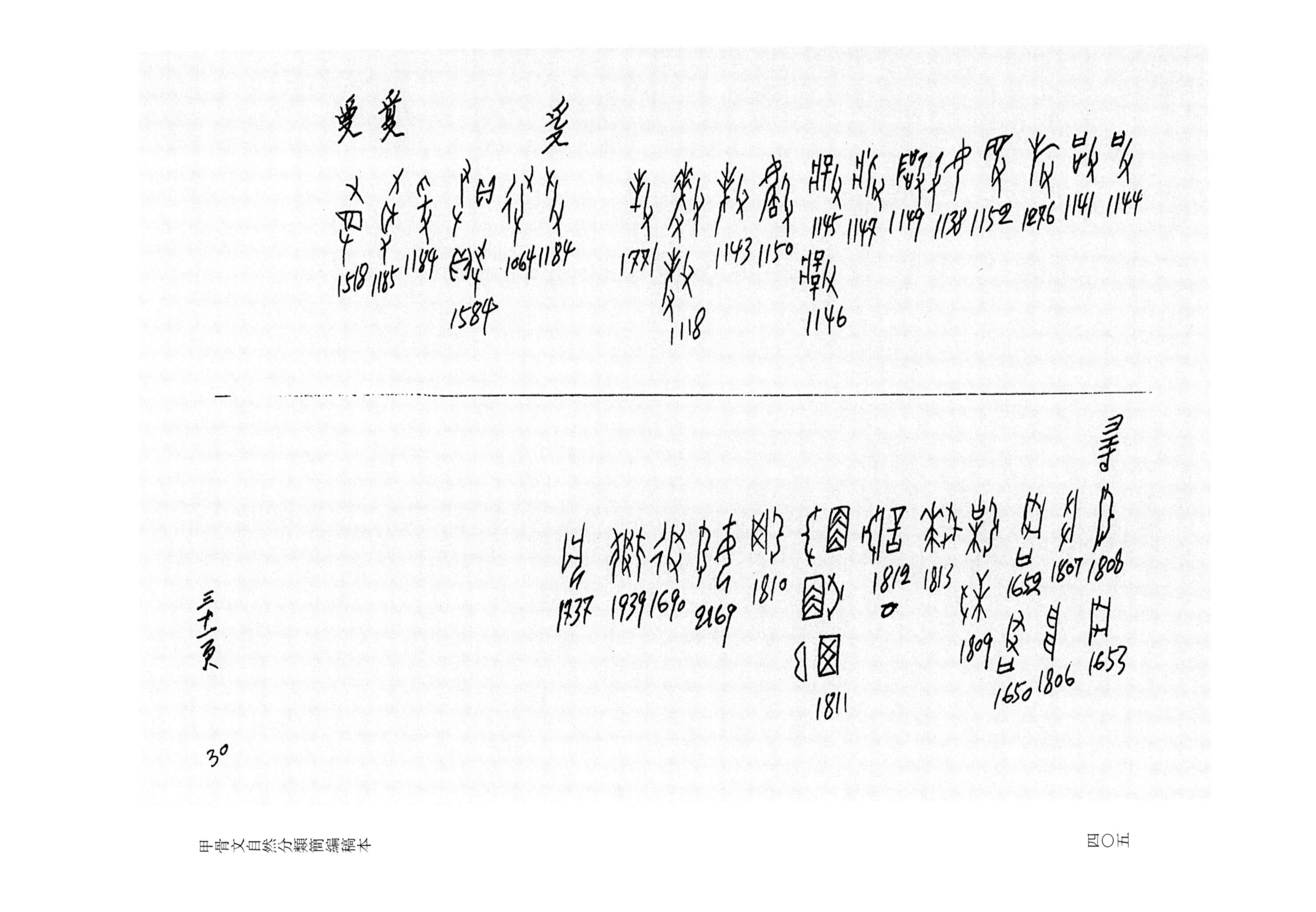

叟 叜

1518 1185 1184 1584 1064 1184

[illegible]

1771 1118 1143 1150 1145 1146 1147 1149 1138 1152 1276 1141 1144

手

1737 1939 1690 2169 1810 1811 1812 1813 1809 1652 1650 1807 1806 1808 1653

三十頁

30

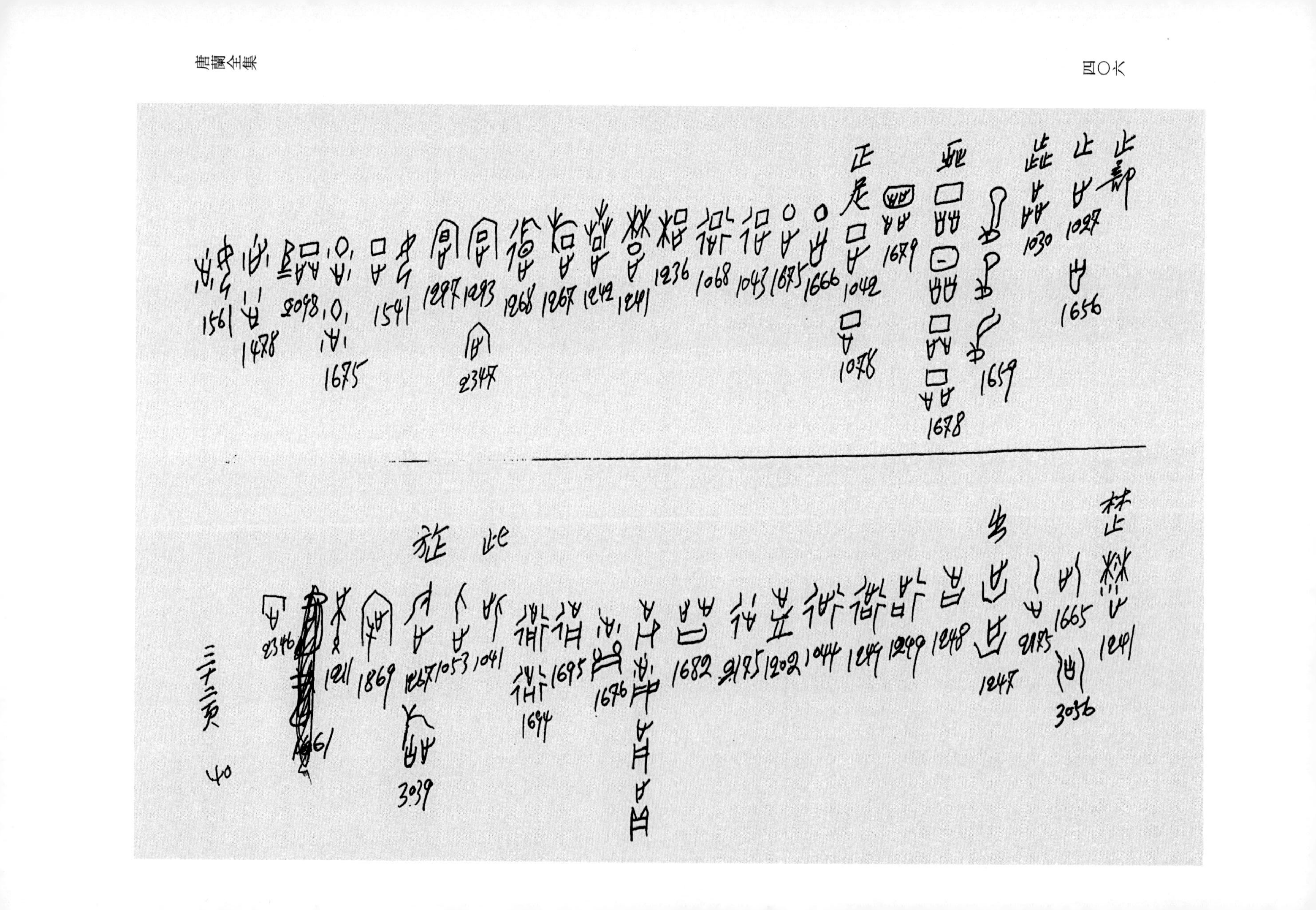

止部

止 1027 1656

1030

1659

1678

正

1679

1042 1078

1666

1675

1043

1068

1236

1241

1242

1267

1268

1293 2347

1297

1541

2098 1675

1478

1561

楚

1241

1665 3056

2175

1247

1248

1249

1244

1202

2175

1682

1676

1695 1694

此

1041

1053

旋

1057 3039

1869

1211

2346

1661

三十二頁

40

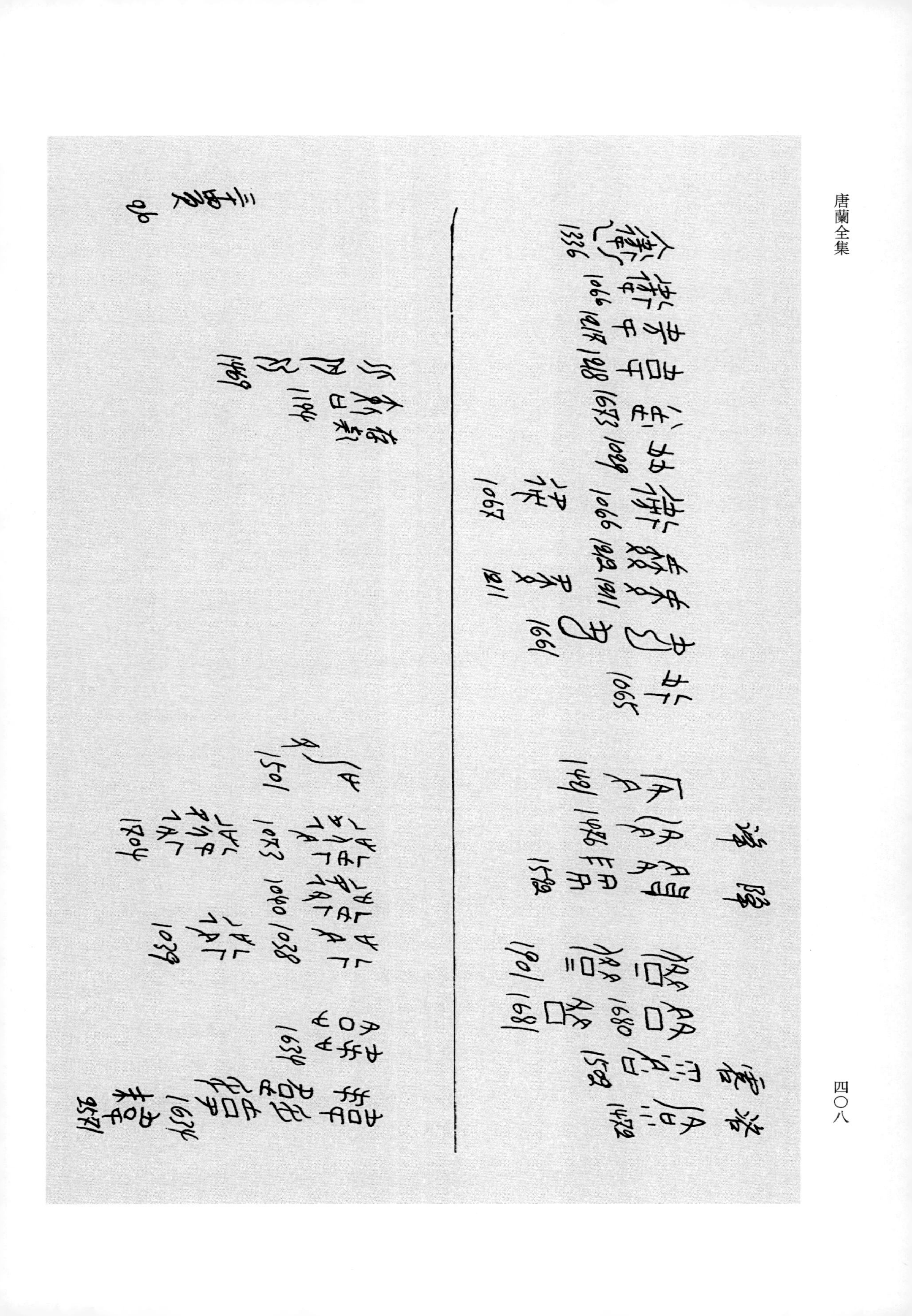

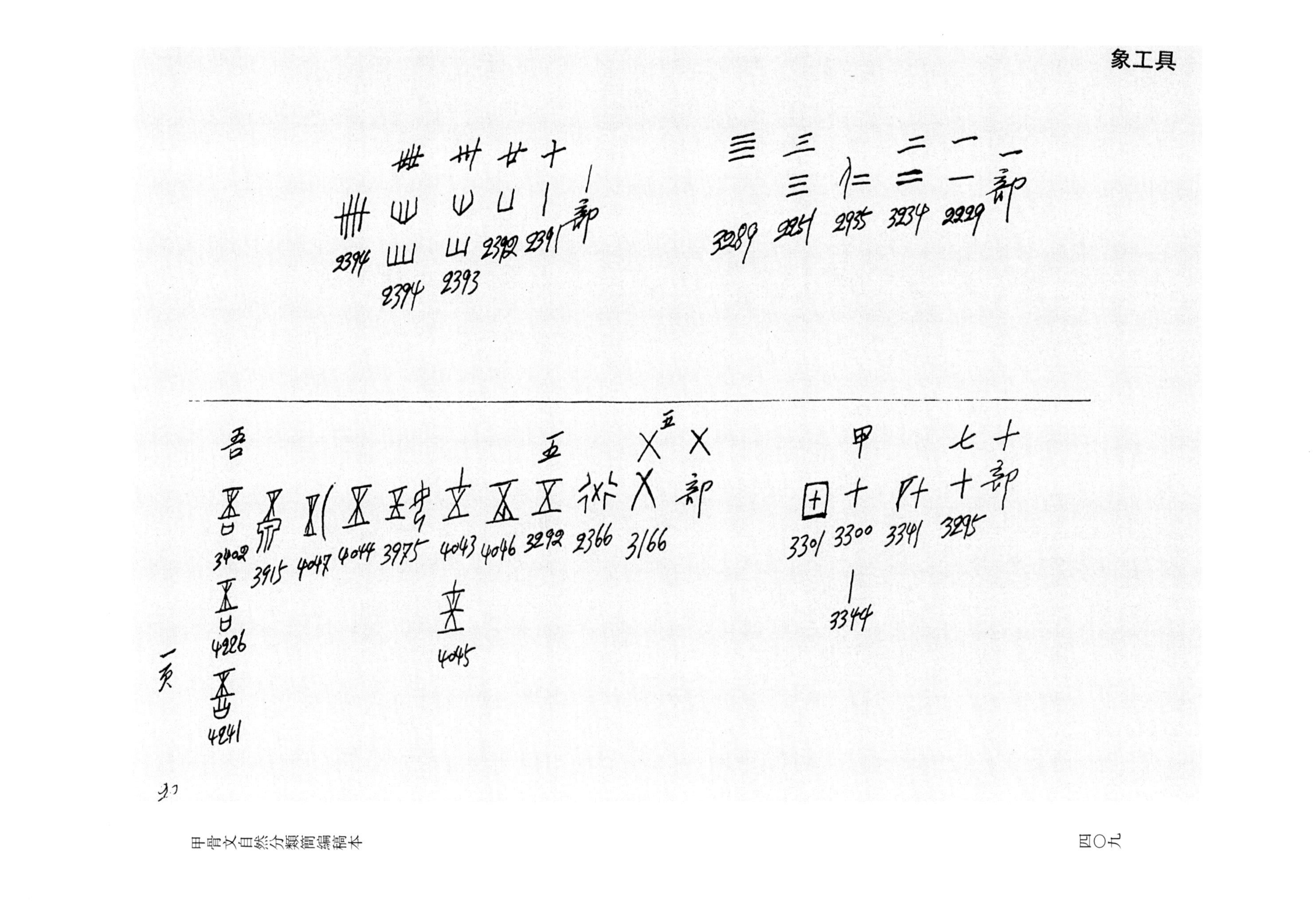

一部 2229 3234 2935 2251 3289

丨部 十 2391 廿 2392 卅 2393 卌 2394 2394

十部 七 3295 3341 甲 3300 3301 3344

乂部 五 3166 2366 五 3292 4046 4043 4045 3975 4044 4047 3915 吾 3402 4926 4241

一页

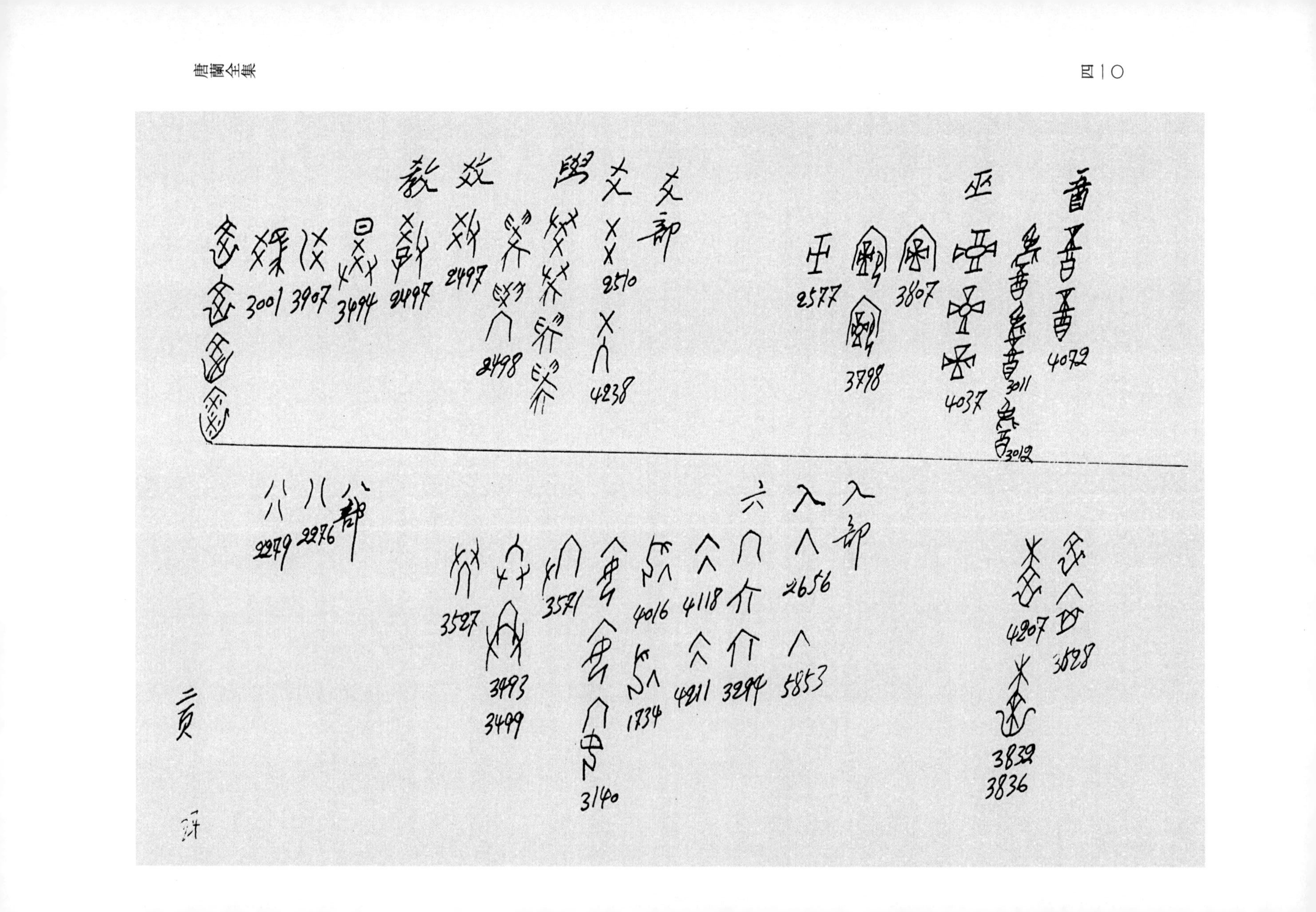

酉 4072 3011 3012

巫 4037

3807 3798 2577

爻部

爻 2510 4238

𤔔

效 2497 2498

教 2497

3494 3907 3001

入部

入 2656 5853

六 4118 3294 4211

4016 1734

3140

3571

3493 3499

3527

八部

八 2276

2279

4207 3828

3832 3836

二頁

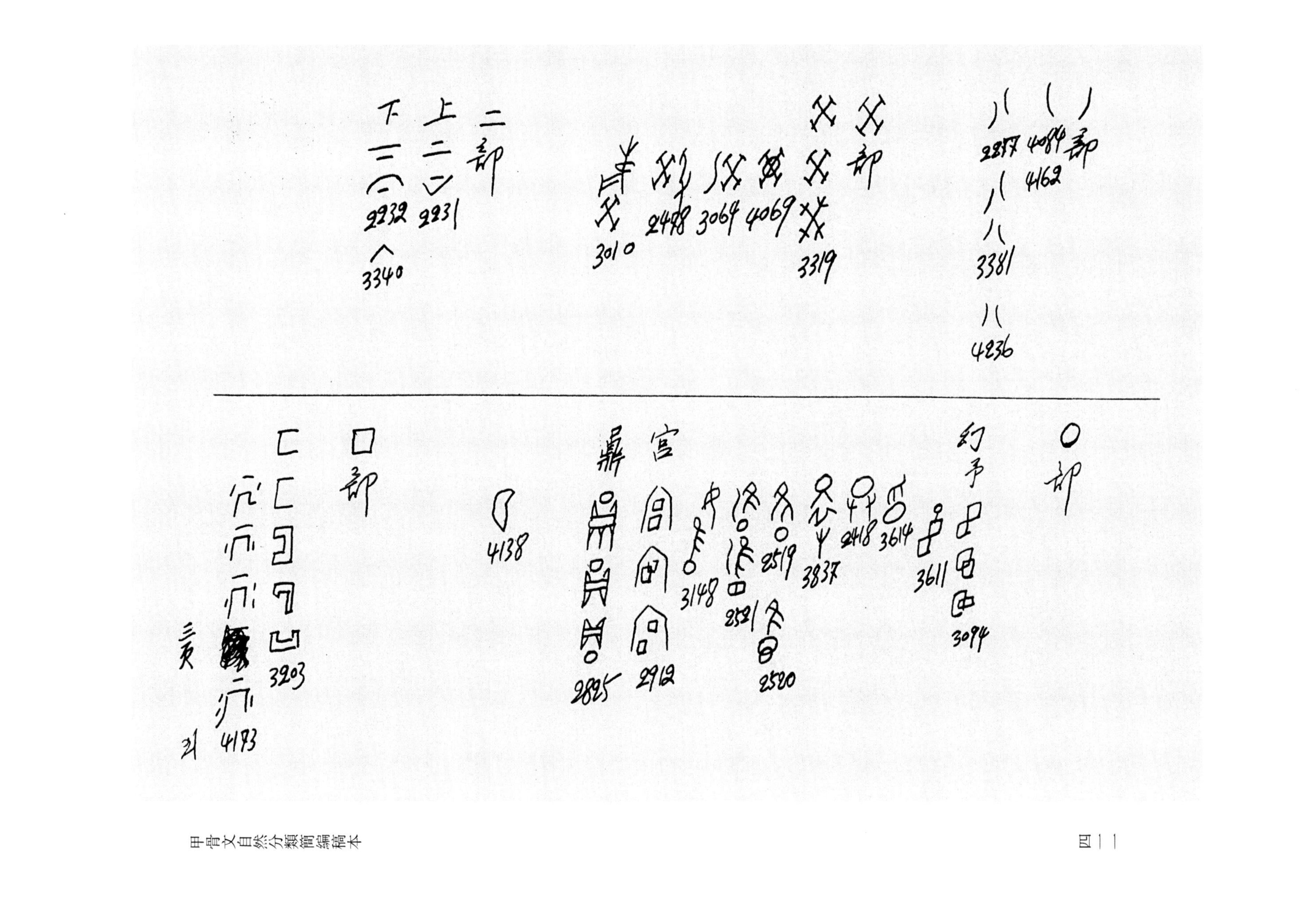

)(部
2837 4084
4162
3381
4236

部
3319 4069 3064 2448 3010

二部
上 2931
下 2932
3340

○部
幻予
3094 3611 3614 2418 3837 2519 2521 2520 3148
宫 2912
鼎 2825
4138

□部
匚 3203
4193
彔
弘

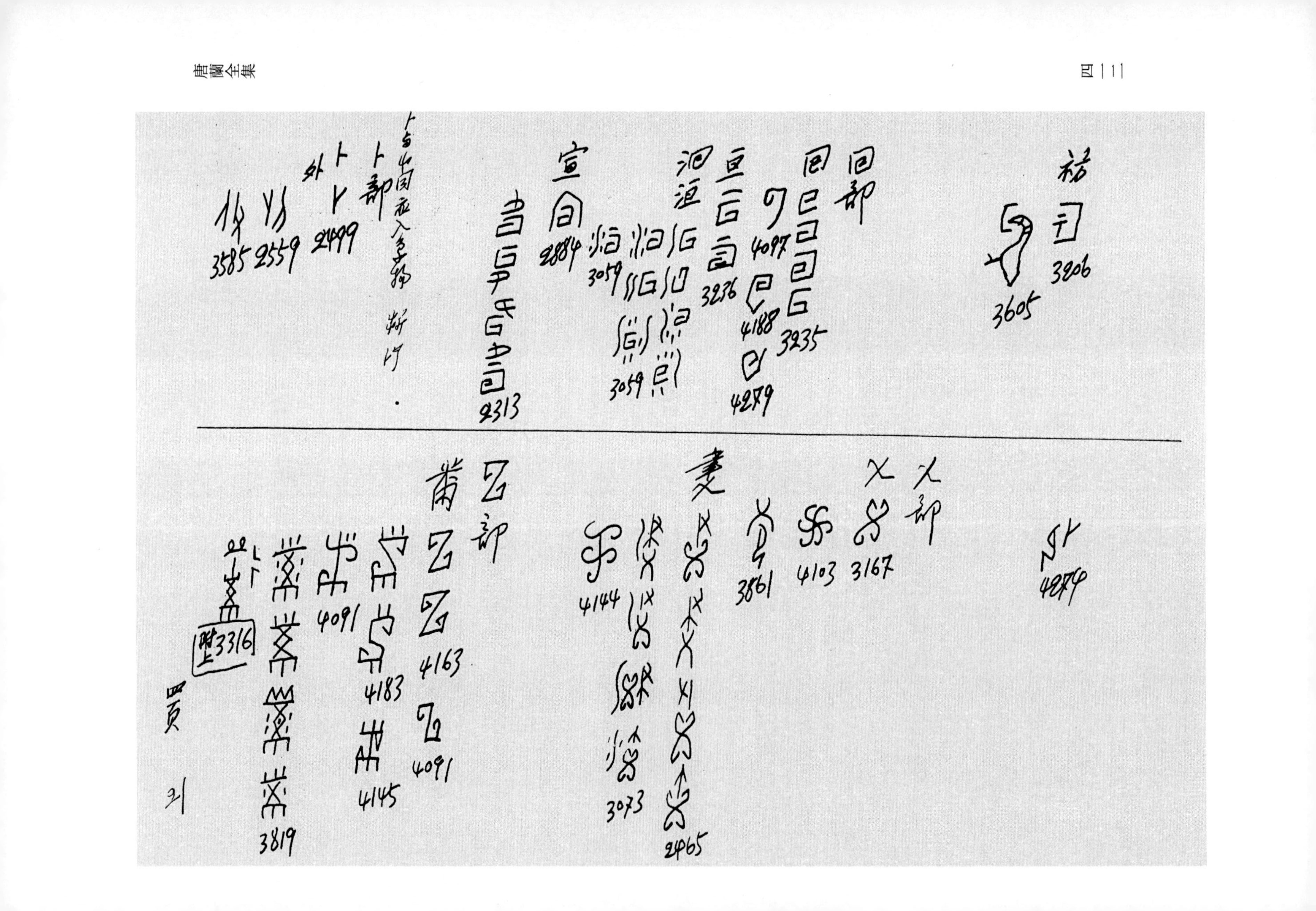

袺

3806 3605

回部

回 3235

4097 4188 4279

亘 3236

洹 3059 3059

宣 2884

4313

卜部 卜出……應入多部

外卜

2499 2559 3585

4274

文部

文 3167 4103 3861

妻 2465

3073 4144

乙部

乙 4163 4091

甫 4183 4145 4091 3819

附上3316

頁 21

弓部

弓 3208 4019

引 3909 3912 3913

弘 3211

弜 4024 3214 4148 3821

污 2946 2996 4021 3078 4181

矦 2661 4140 3676 4020

3855 4030

3615 2413

3390 2303 2302

弦 2302 3541 2492 2493 3343 3516

疆 3210

六頁

24

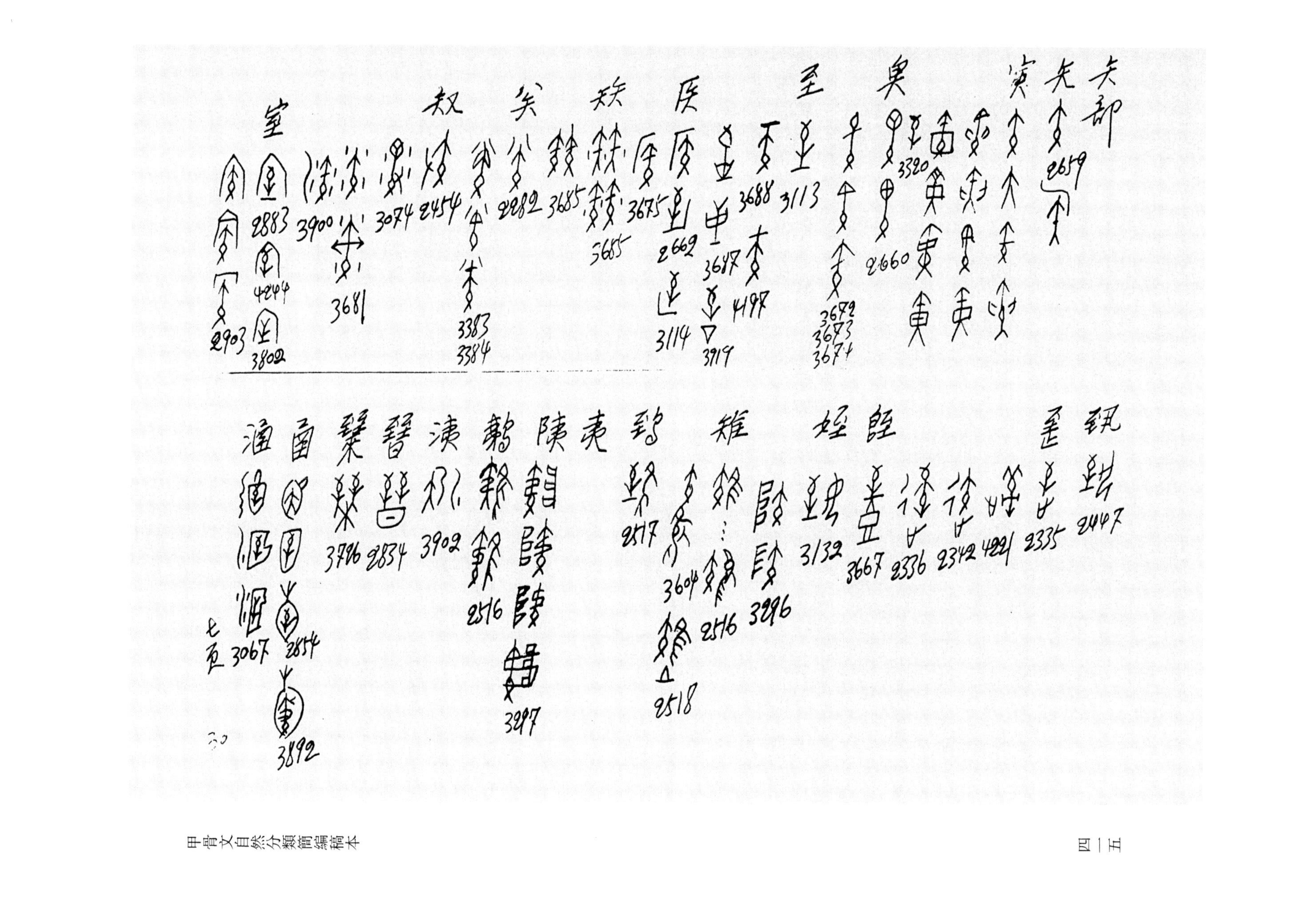

矢部

矢 2659

寅

臾 3320 2660

至 3113 3688 3687 4198 3719 3672 3673 3674

矦 2662 3114 3675

𥏻 3685 3685

矣 2282 3383 3384

叔 2454 3074 3900 3681

室 2883 4244 3802 2903

𢦏 2447

𡎺 2335 4221 2342 2336 3667

臸 3132 3296

雉 2517 3604 2516 2518

𨽸 3297

湅 3902 2516

晉 2834

棗 3796

畐 2854 3892

滷 3067

七頁

罢 4212 2466 4071 11592

族 1273 1273 1274 1275

臭 2511

溴 3075

3677 3678 3679 3686 3732 3683 3682 3684 3731

葡 2508 2509

薨 3040

3041

八頁

13

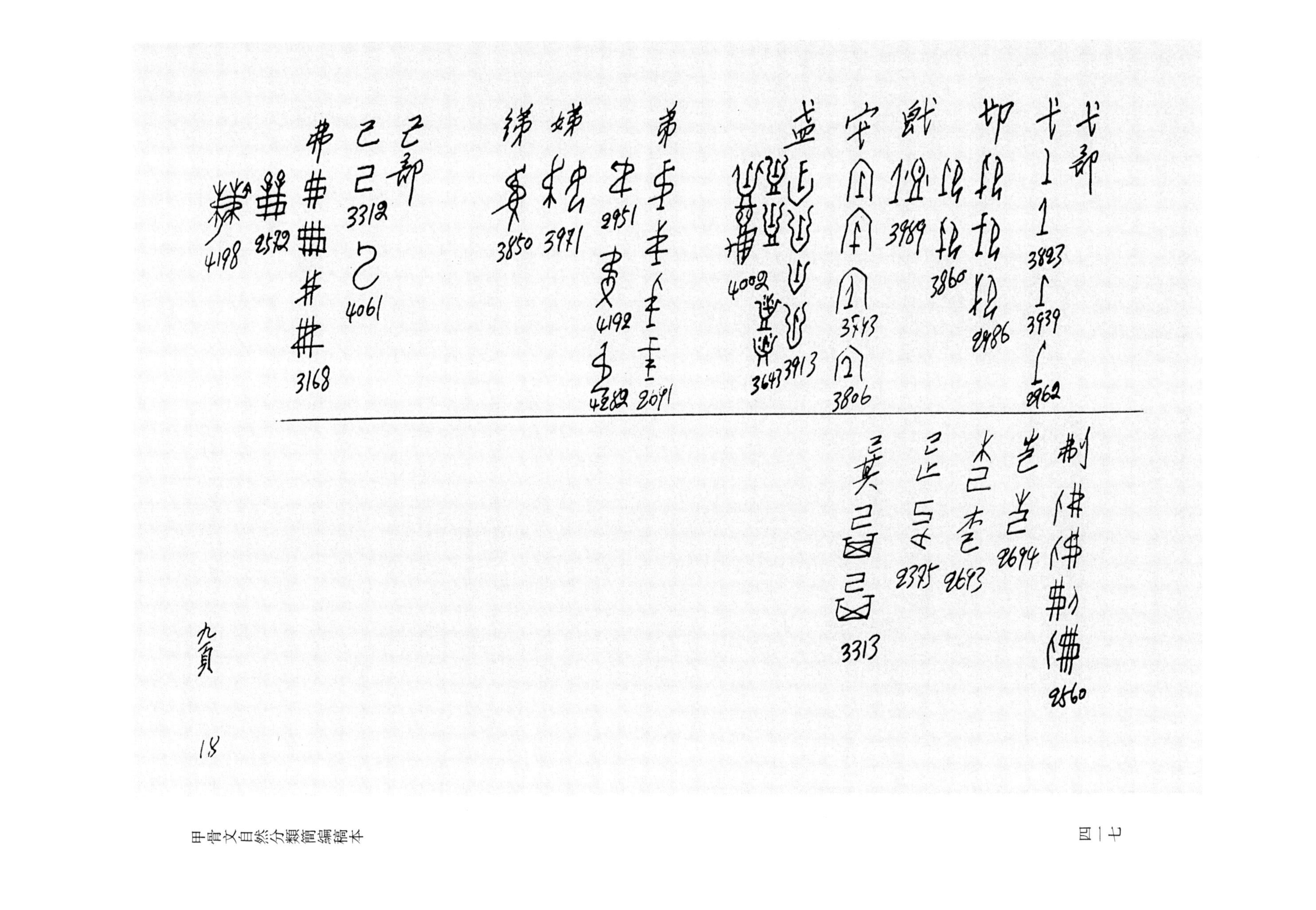

弋部

弋 3823 3939 2962

切 2486 3860

[illegible] 3989

宊 3543 3806

盄 3913 3643 4002

弟 2091 4282 2951 4192

娣 3971

[illegible] 3850

己部

己 3312 4061

弗 3168 2572 4198

制 2560

岂 2694

杞 2693

[illegible] 2375

㠱 3313

九頁

18

王部

王 2252

圭 2252 4278

全 2281

印 2979

御 2362

鈇 4230 3369 3560 3980

盛 2621

3093 4289

2992

3507

3953 3827

3945 3949

戊部

戊 3930

3191 3337

3191 3950

4205

3295

成 3310

咸 2291

咸 3311

戌部

3309 4901

2320

2321

2392

3191

3562

3345

十頁

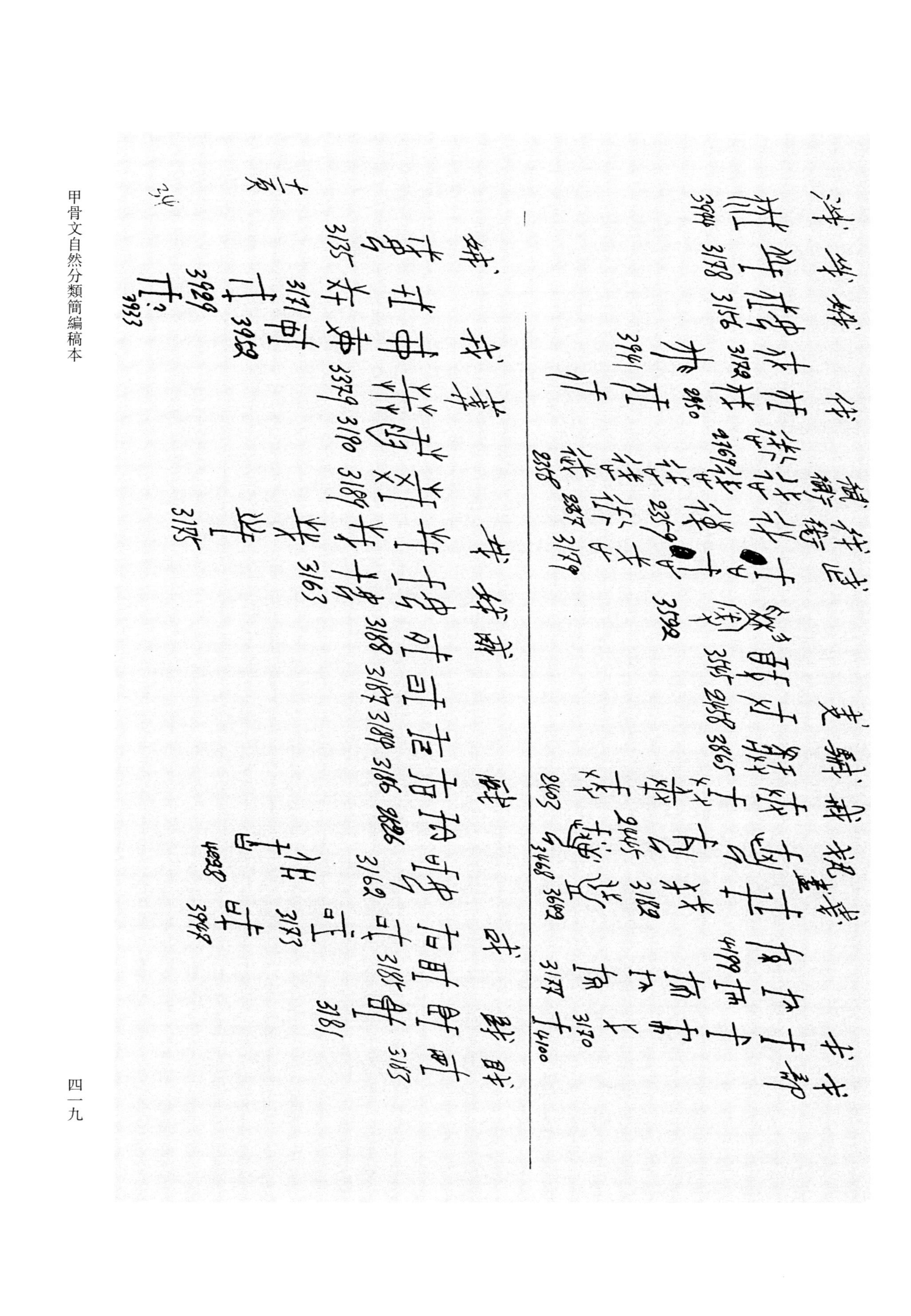

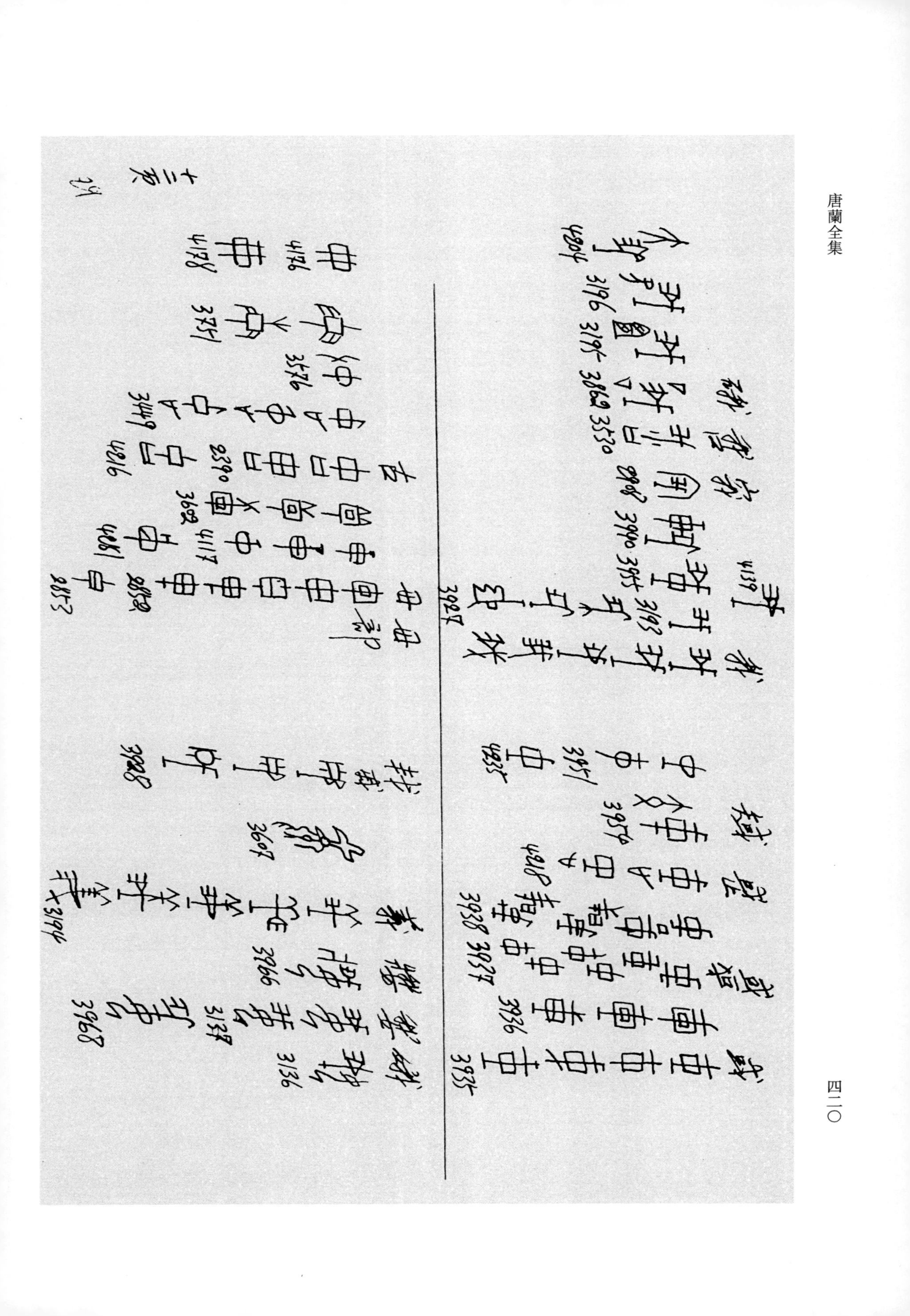

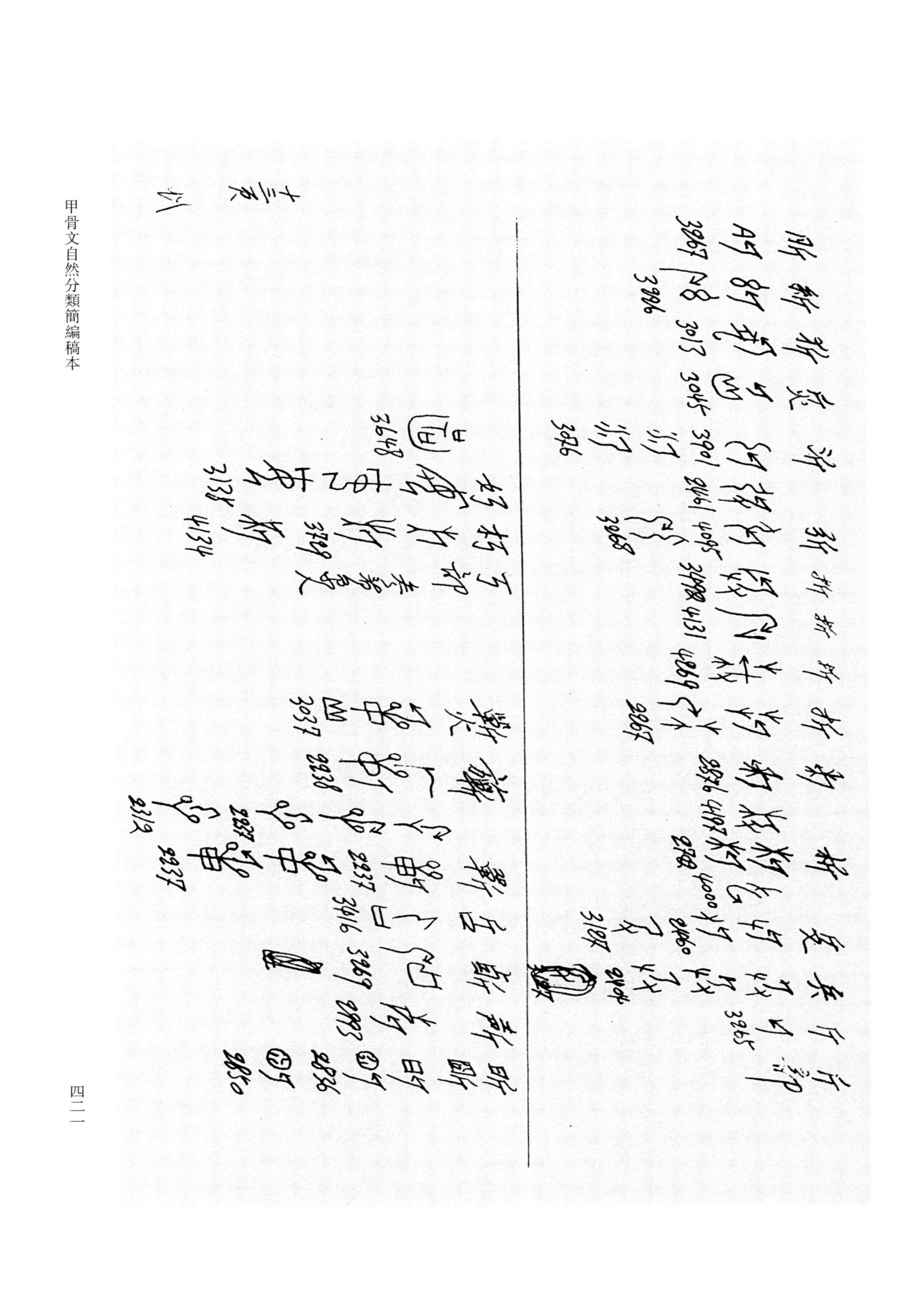

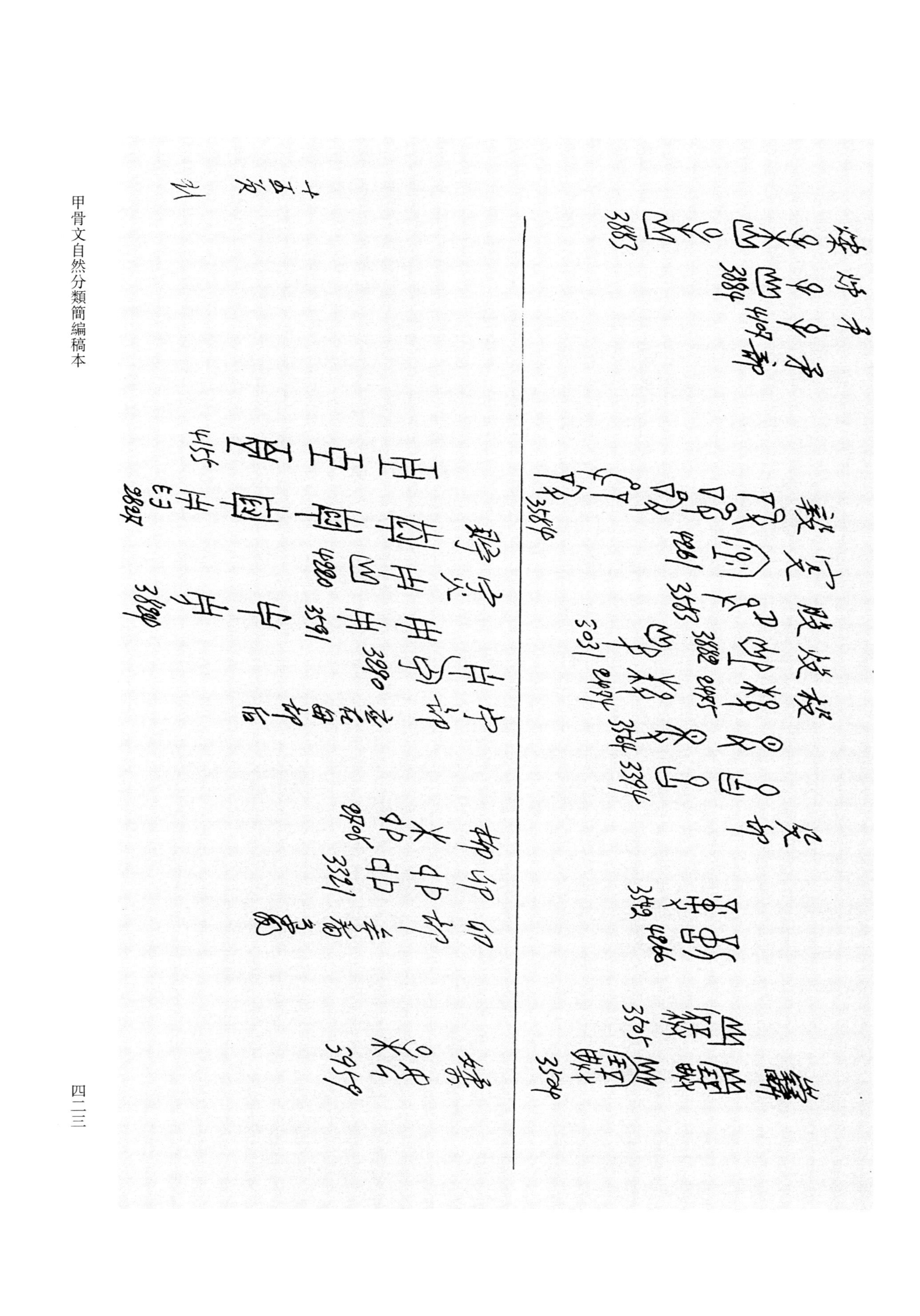

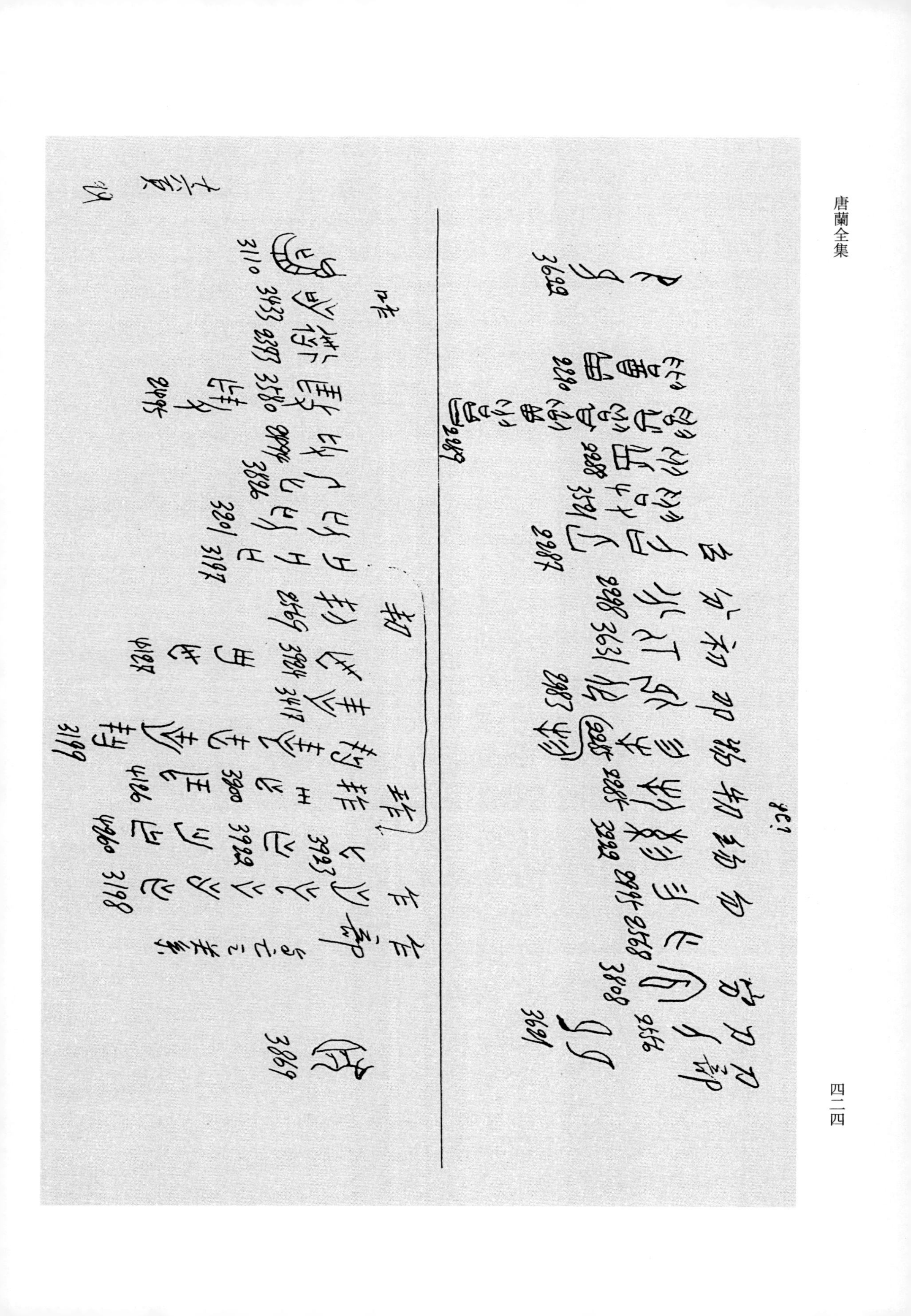

汏 414 413 3087 3575 3479

3477 3486 4191

才 才部 3600 3612 3432 3752 2807 4090

歸 2314 3484 3440 3897

追 4036

3029 3176 3446 3948 2443 2971 2444 3153 3382

4157 4158 4159 4160 4161 3969

午部

午　杵　御　衘　禦　宋　𢽾　徲　逽　衔　缶　宰　戎　春

3323　4105　2354　2355　2355　2239　2898　2655　2356　2357　3165　2374　2307　2910　3790　4265　2416　3488　3501　3412　3483　3489　3490　2879　3478

森　𣡕　光　朕

2871　3155　2406　2968　3521　5385

工部

工与壬有何区别

工　工　壬

4110　4253　2576　3318　3429　2453　2440　3512　2576　2304　3466　3573　3906　4247

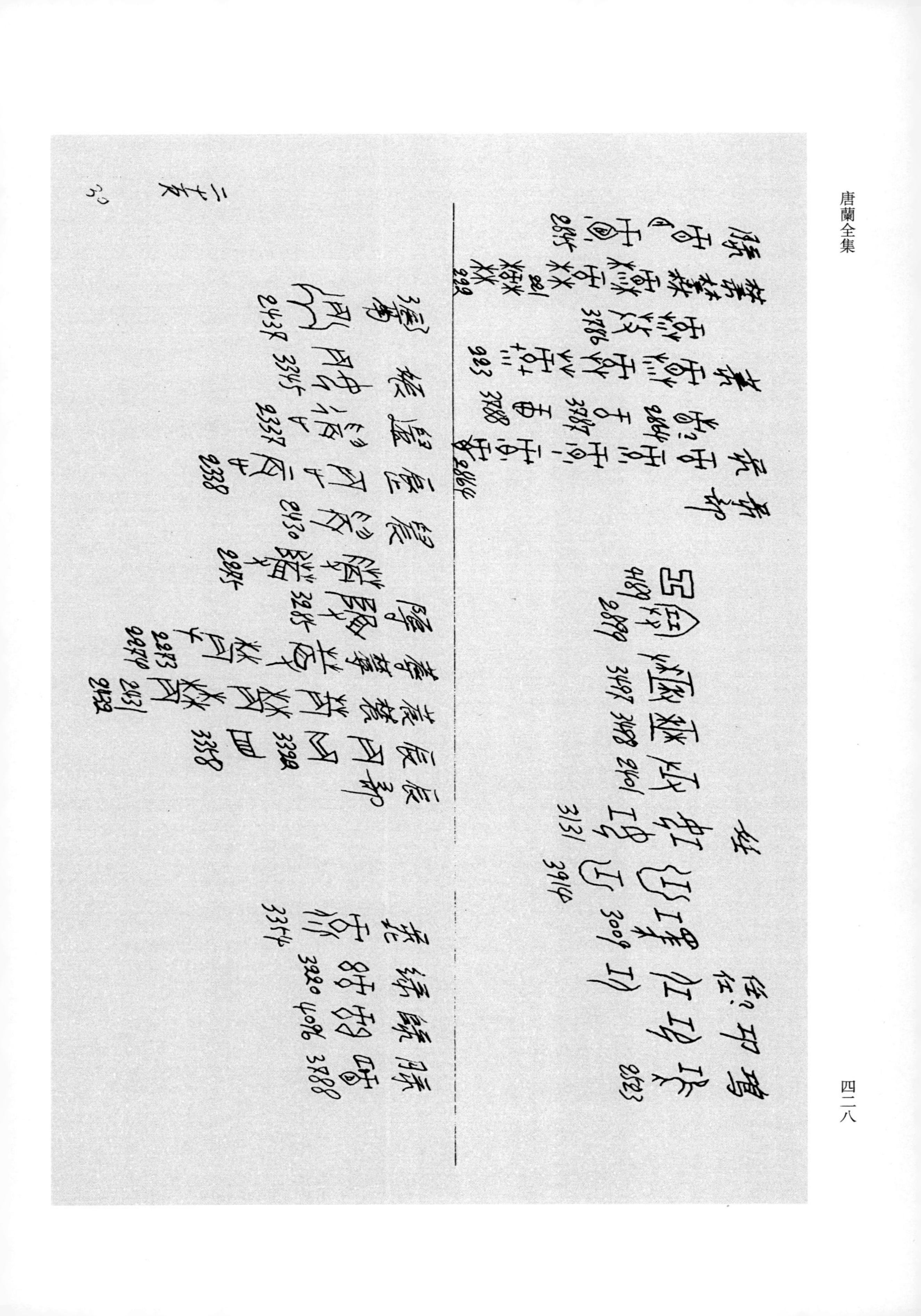

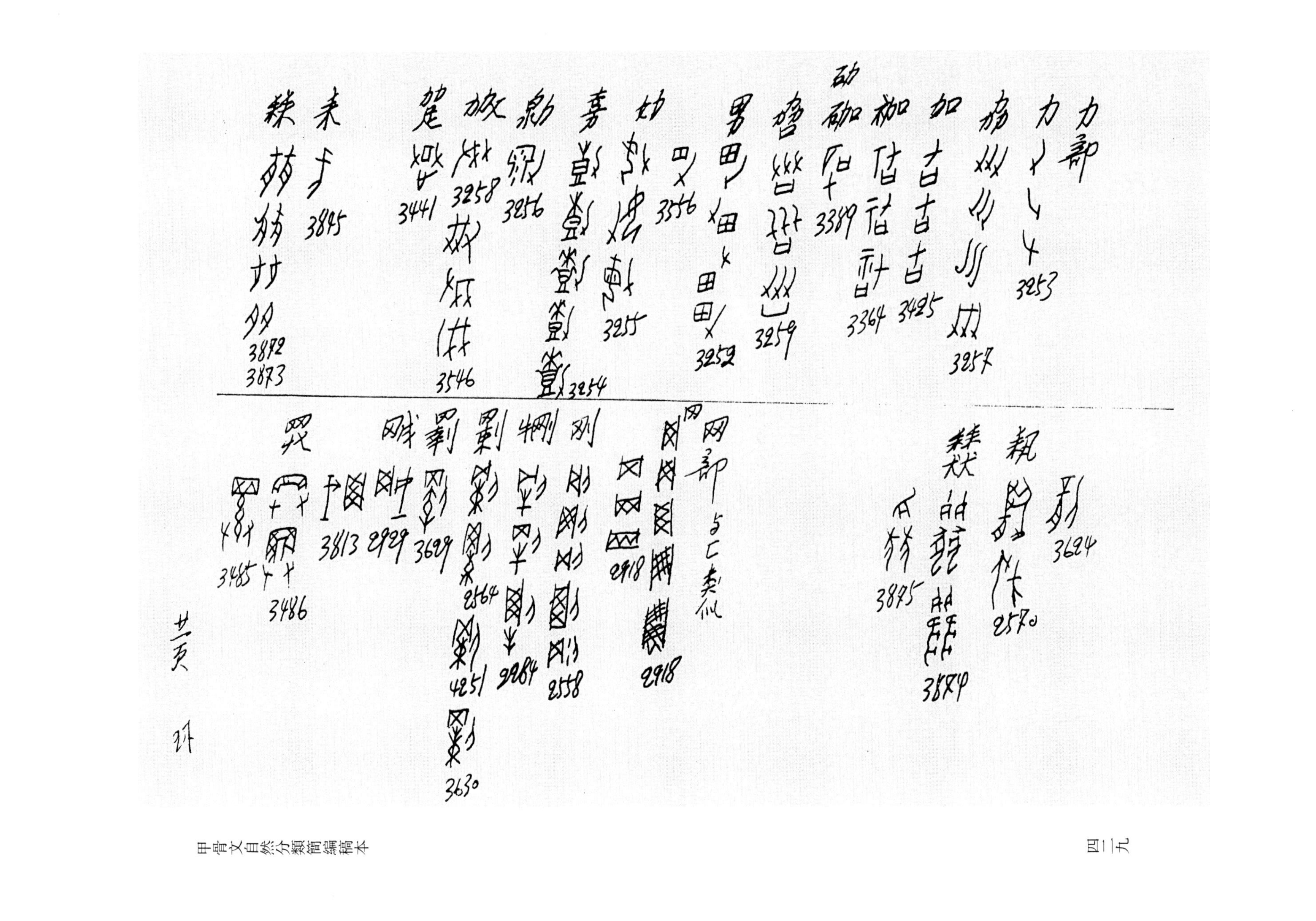

力部

网部 与匚类似

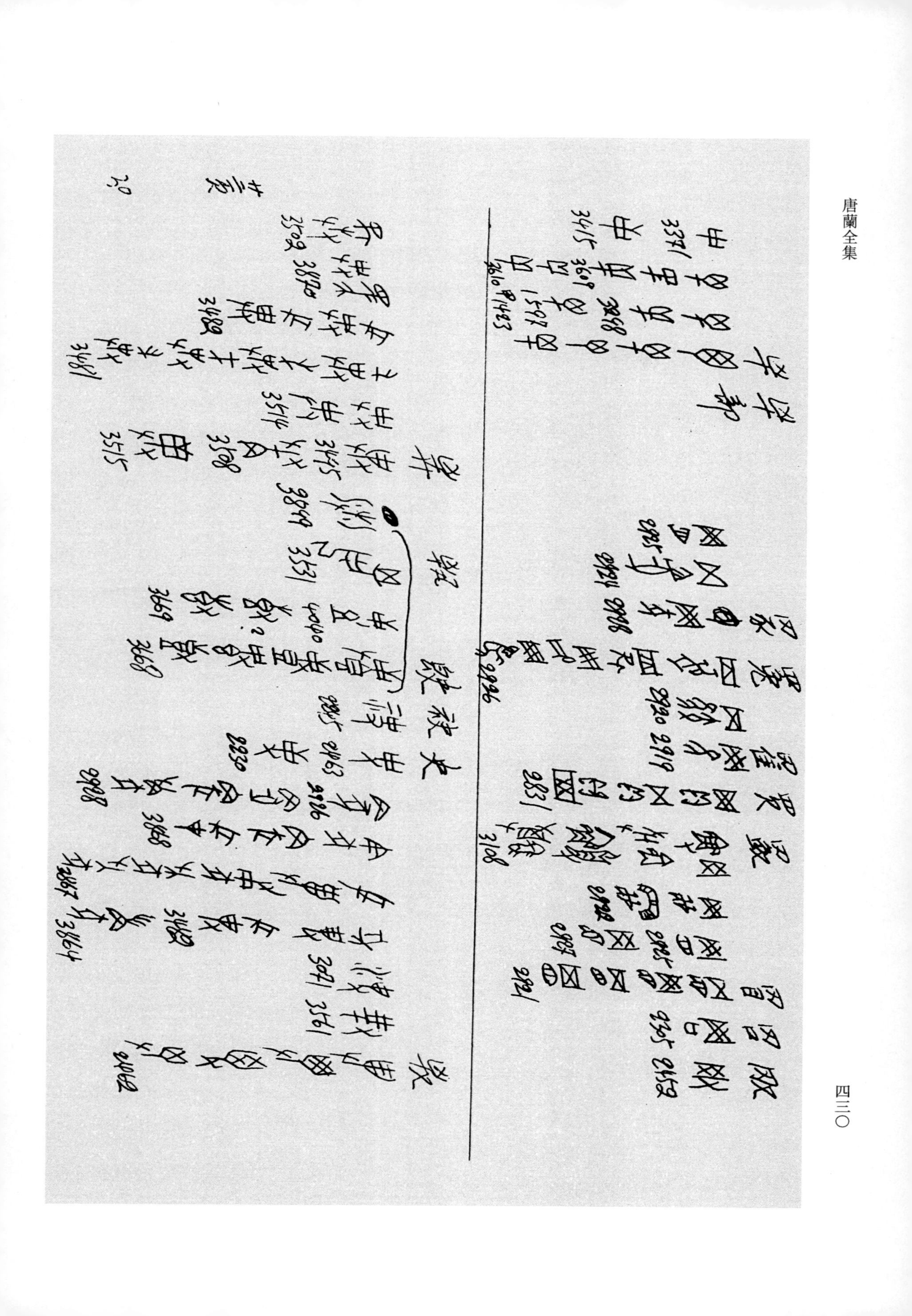

單干 3548 4223

2382 2310 2311

吾?

3396 3397 4041

戰 3558 3126

𤕦 3097

衛 3457 3398

獸 3299

櫢 2707

哭 3486 4243 3866 3546

舟部

舟 2967

3839

4263

4209

2296

凡从？

般 2969

盤 3572 4246 2698

受 2544

彤 3841 3844

印彡？

3088 3089

3091

3840

3812

3843

2915

2333

車部

車 4042 3274 3275 3276

行部

行 2364

16

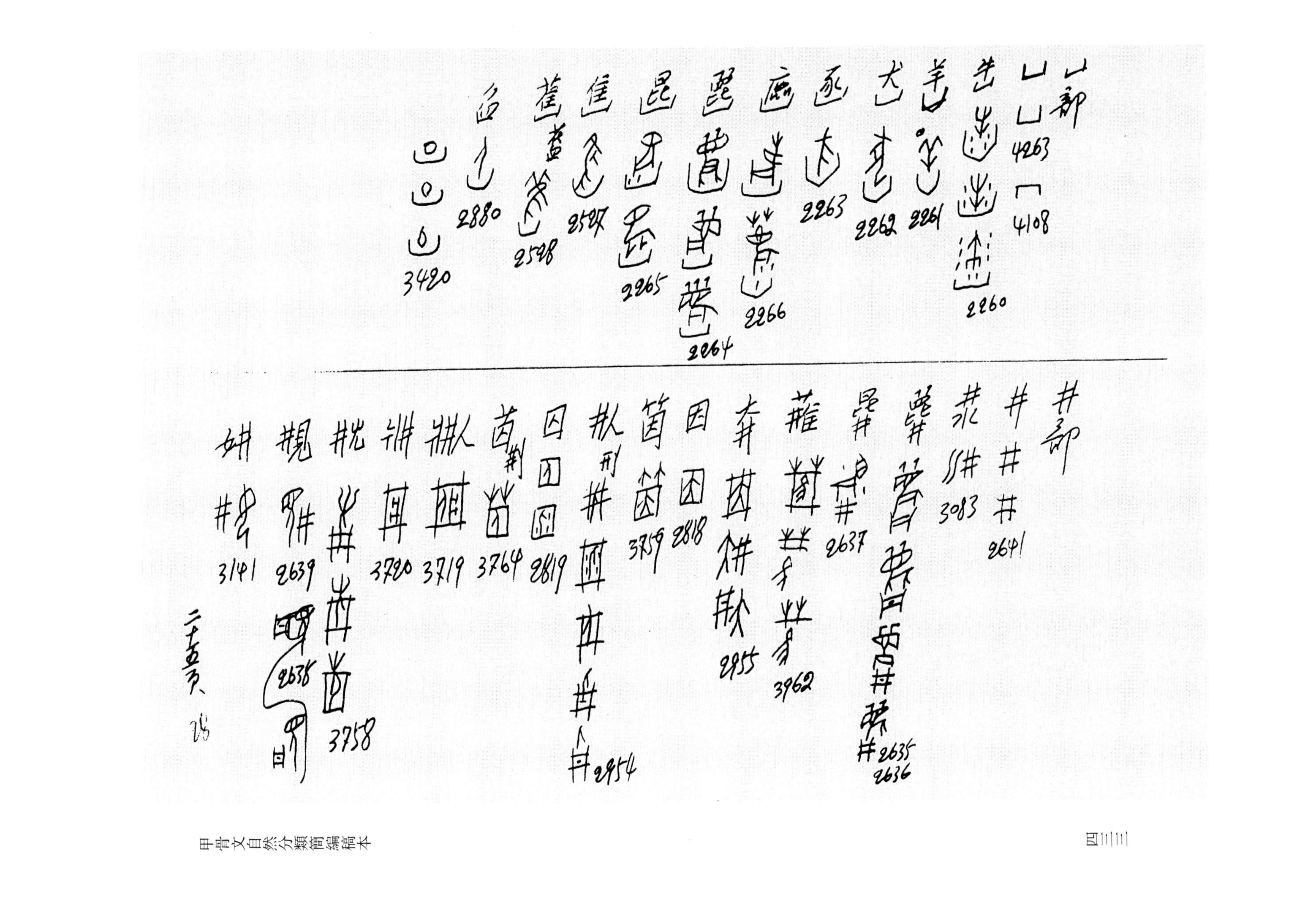

凵部

4263 4108 2260 2261 2262 2263 2266 2264 2265 2527 2528 2880 3420

井部

2641 3083 2635 2636 2637 3962 2955 2818 3759 2954 2819 3764 3719 3720 3758 2639 2638 3141

田部

4442 2640

3248 3995

3851

2293

4004 4027 3761

4098

4005

3547

2427

2400 4137

2298

4271

2485

2900

2526

2615

4237

4017

3455

3378

4006

2817 2816

金文有[illegible]字

二十六

甘部

甘 3388 2578 4250 4256

曰? 2579

品 2376

甘 3413

同 3409

㕣 2630

吉? 2658

姑 3151

咏 2286

區 3460

龠 3706

器 2889

霝 3095 3095 3101

靁 3016

合部

合 2650 3424 3693

3656 4130

3427

4227

2323

2324

2651

2652

昆 3334 3069 3249 4026 3250? 2340

4222

3623

星 2917

25

皿部

3566 2616 2617 3639 2631 2623 2623 2632 3646 3647 3652 2408 3641 3587 3586 3640 2689 3103 2627 2628 2673 3636 2633 2525

2886 2902 3655 4200 2632 2632 3082 3912 3081 2586 3065 3150 2624 3649 3650 2970 3000 4003 3570

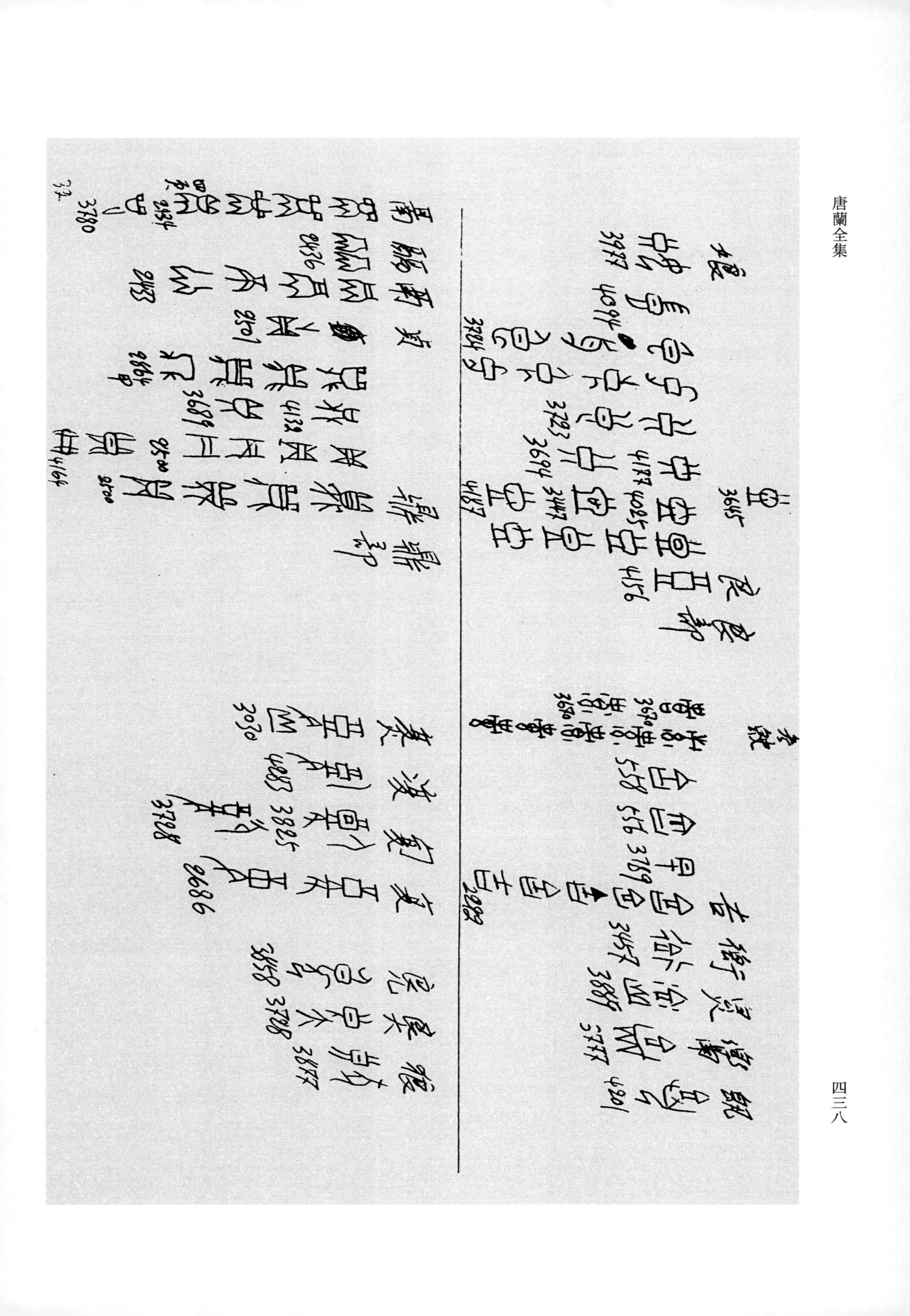

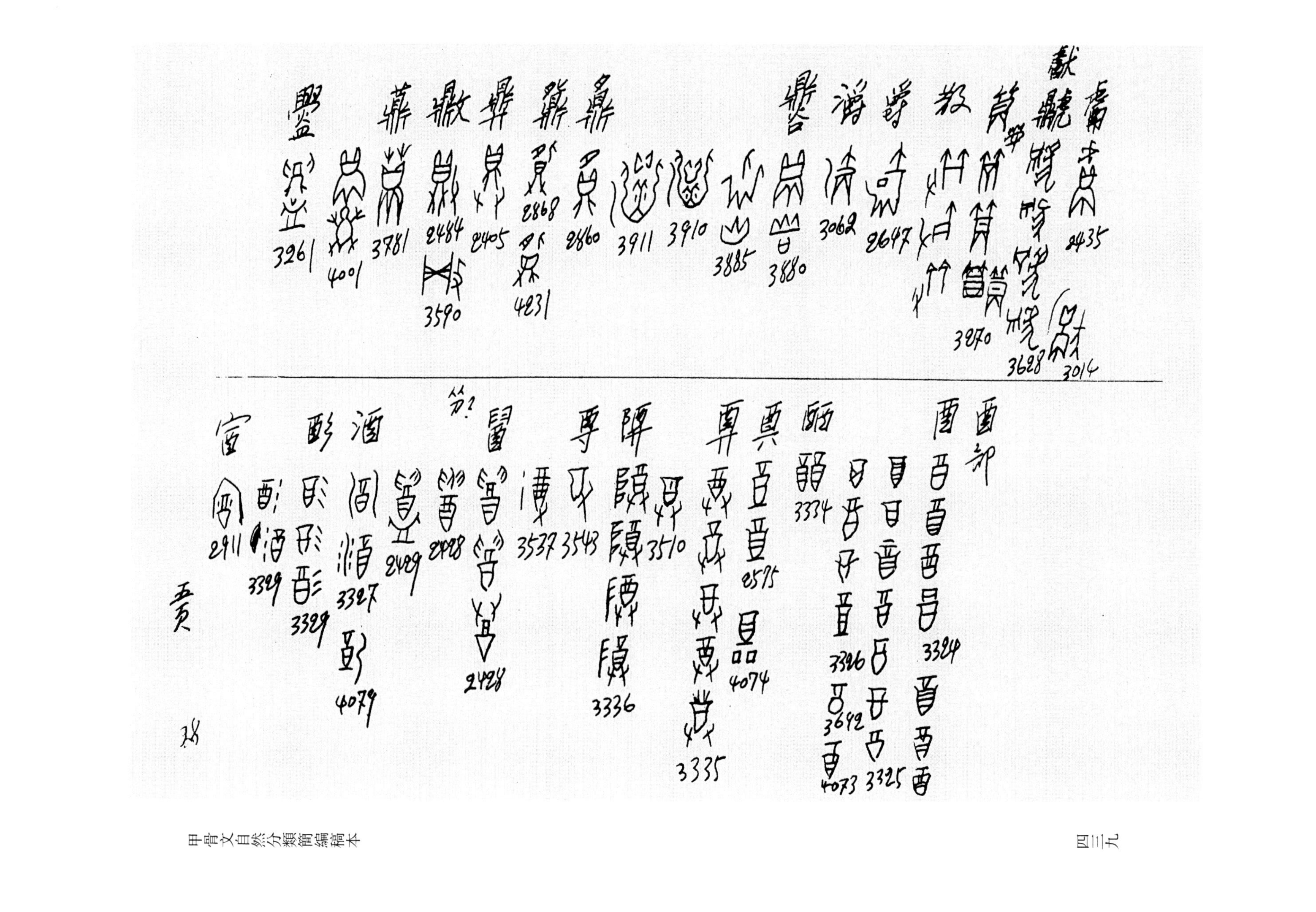

酉部

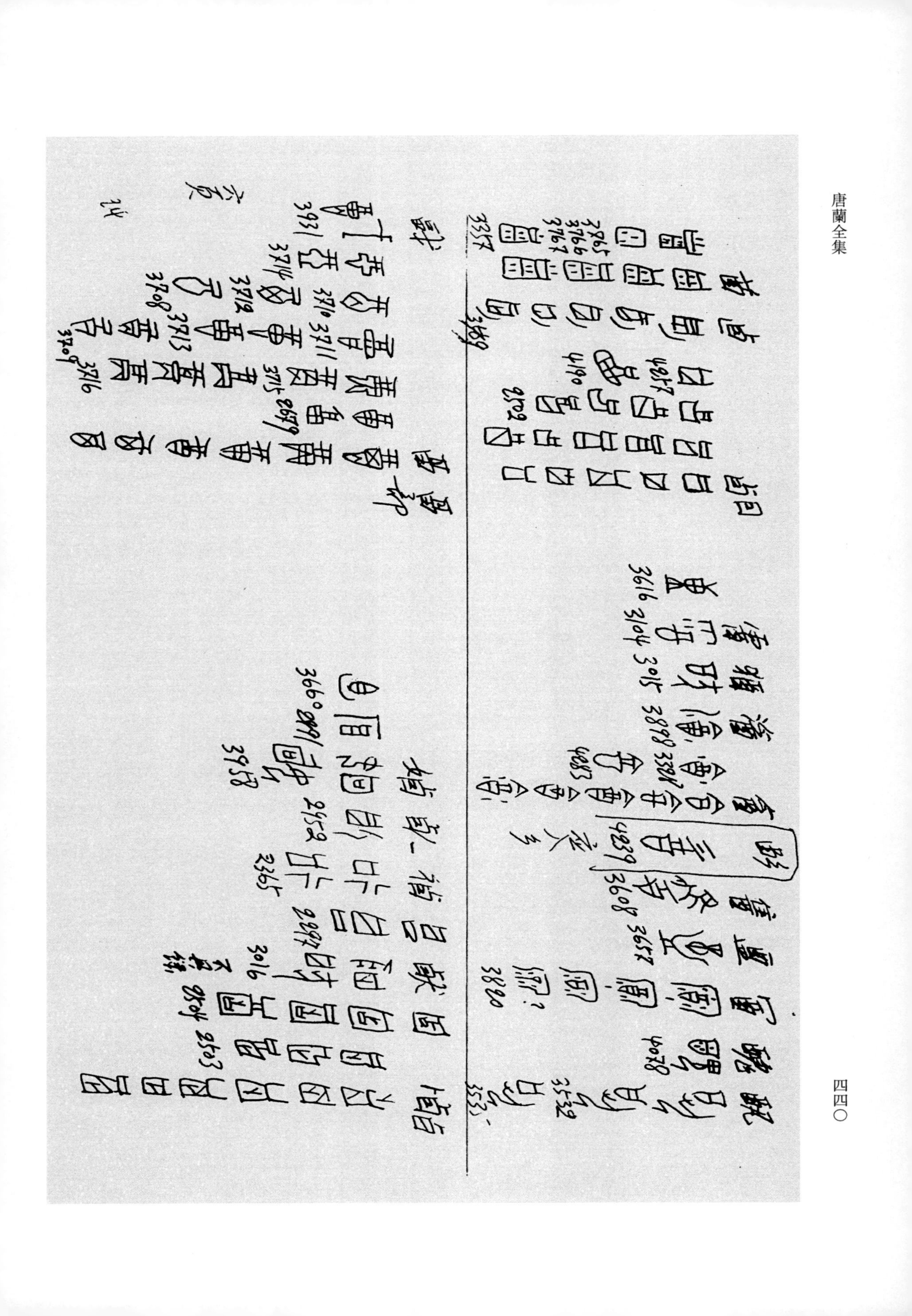

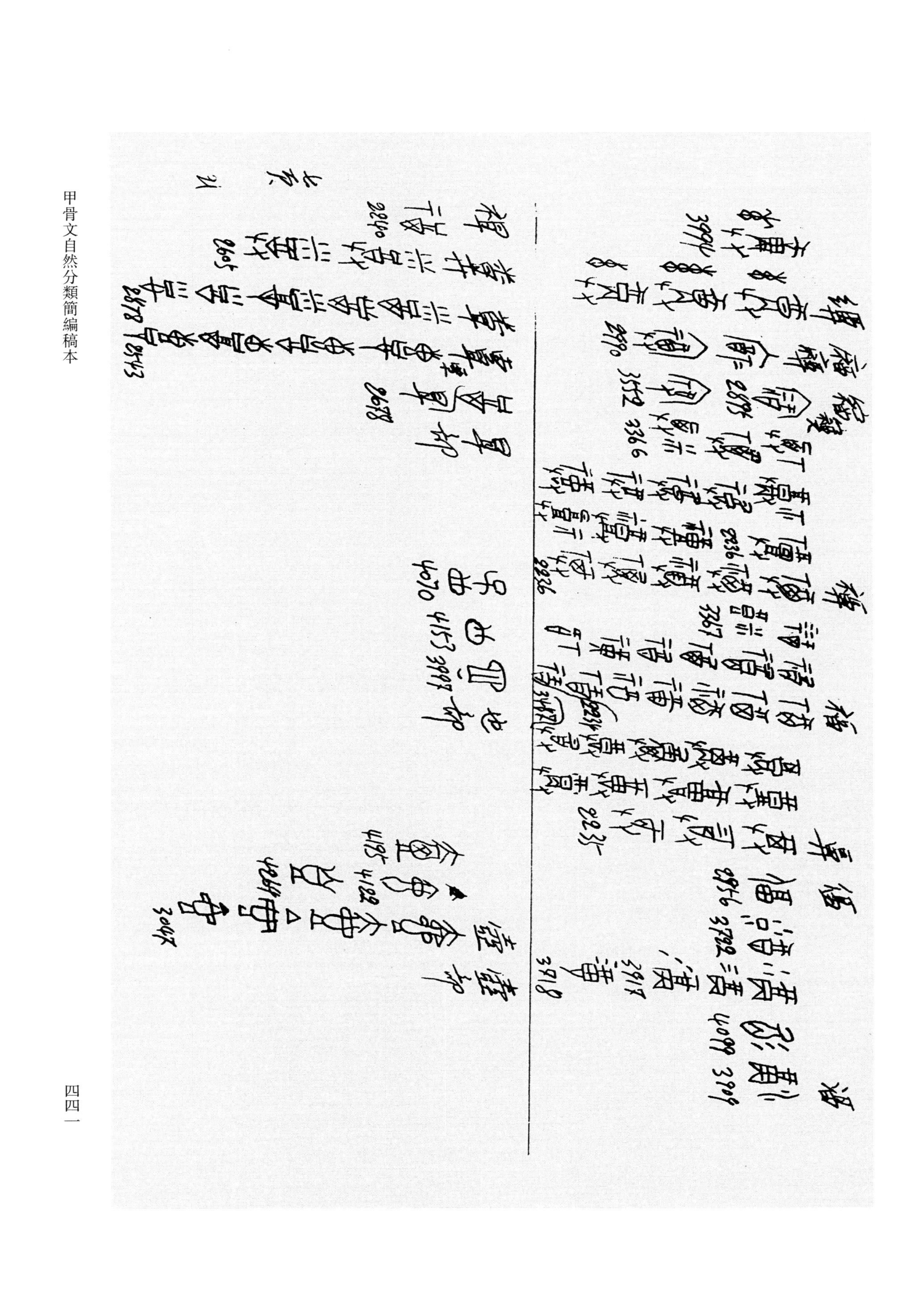

3086 2997 2998

且部 且 宜 俎

3262 3264 4135 3263 2565 2566

則 虘 2612 2448 2259

3054 3288 4039

甾部 4013 4048 4010 3405 4018 3895 3574

東部 4284? 3134 3283

斗部 斗 升

3169 4113 3273 4123 4124 3273 4151 4149 4152

貞

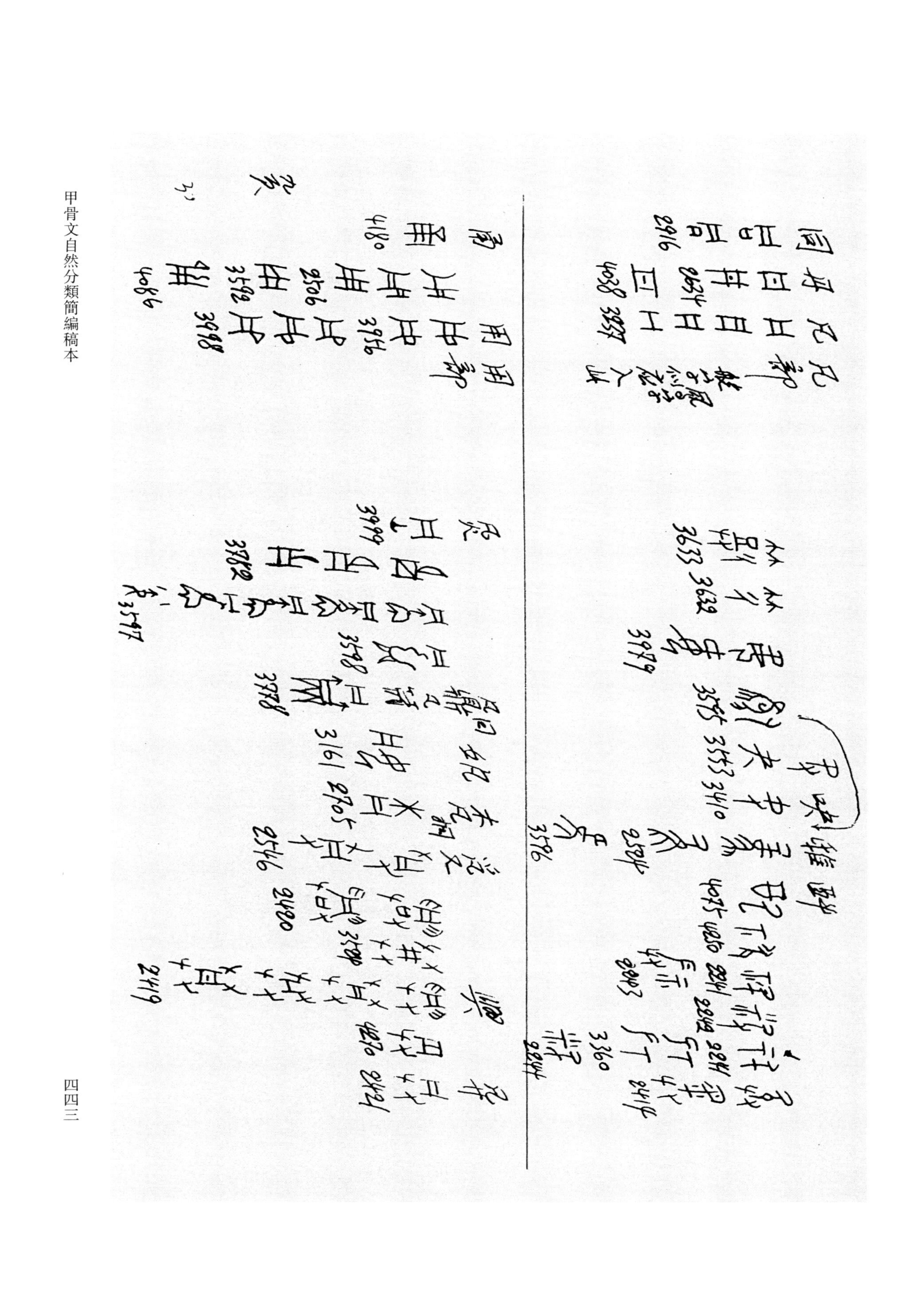

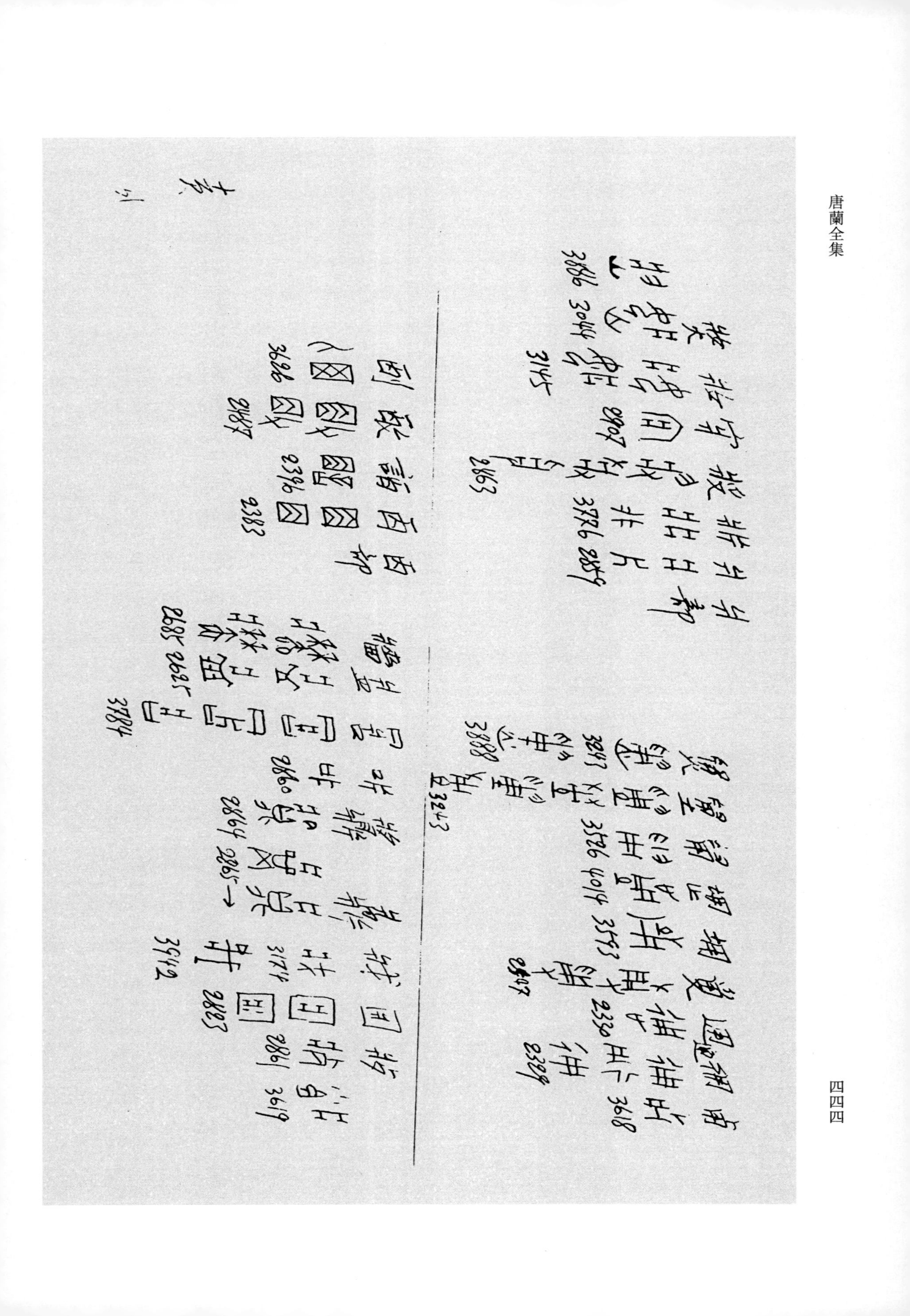

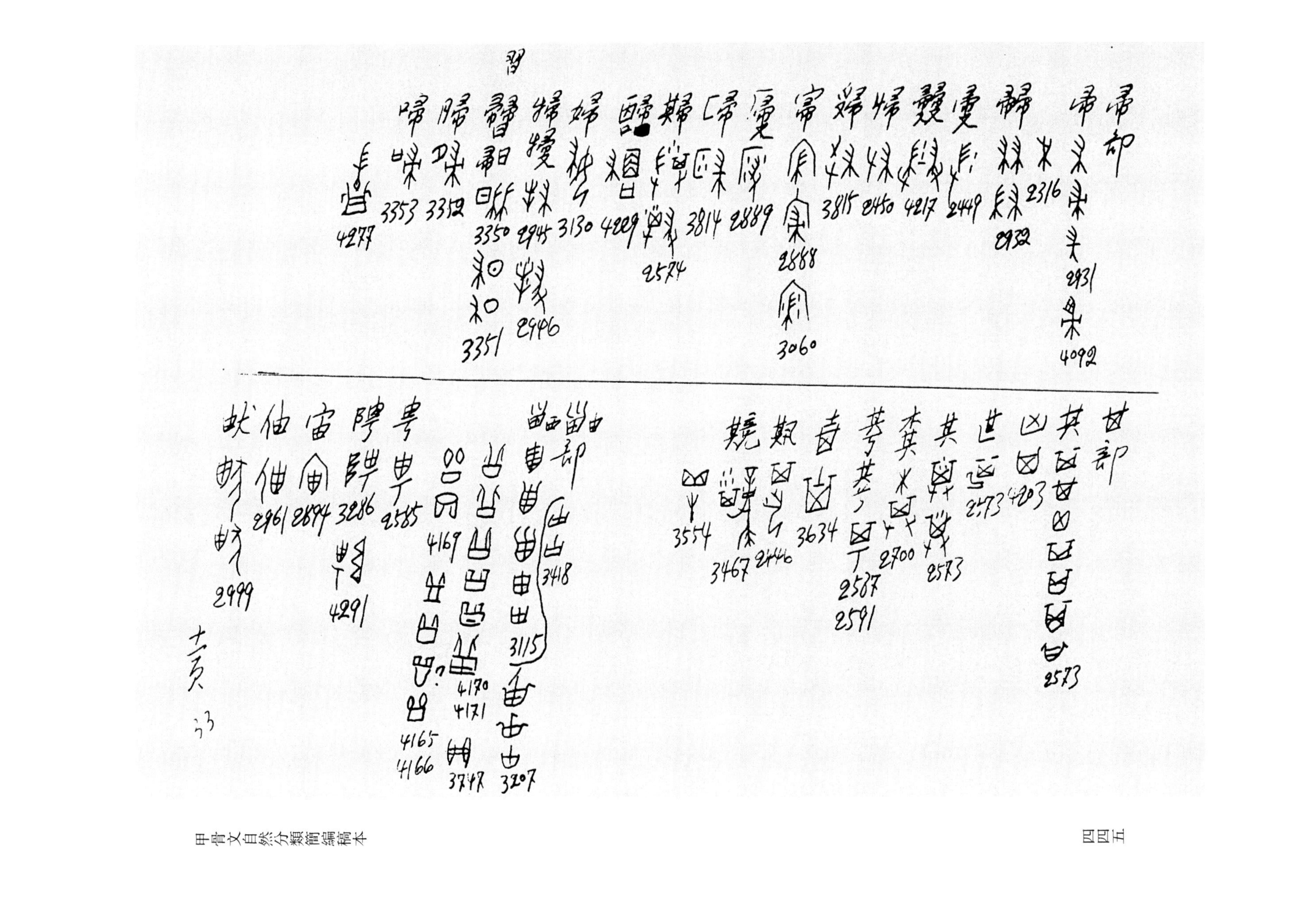

帚部

甘部

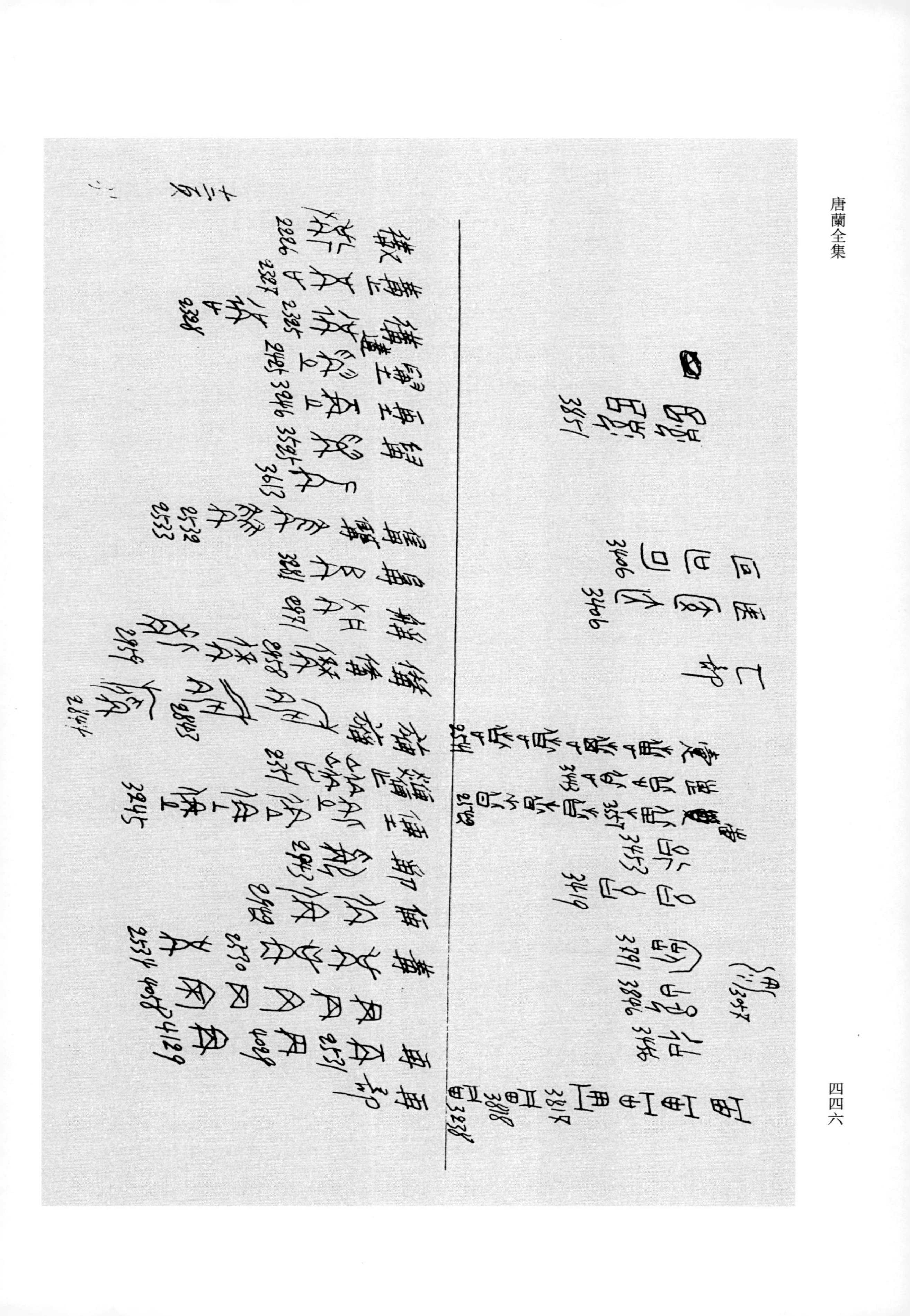

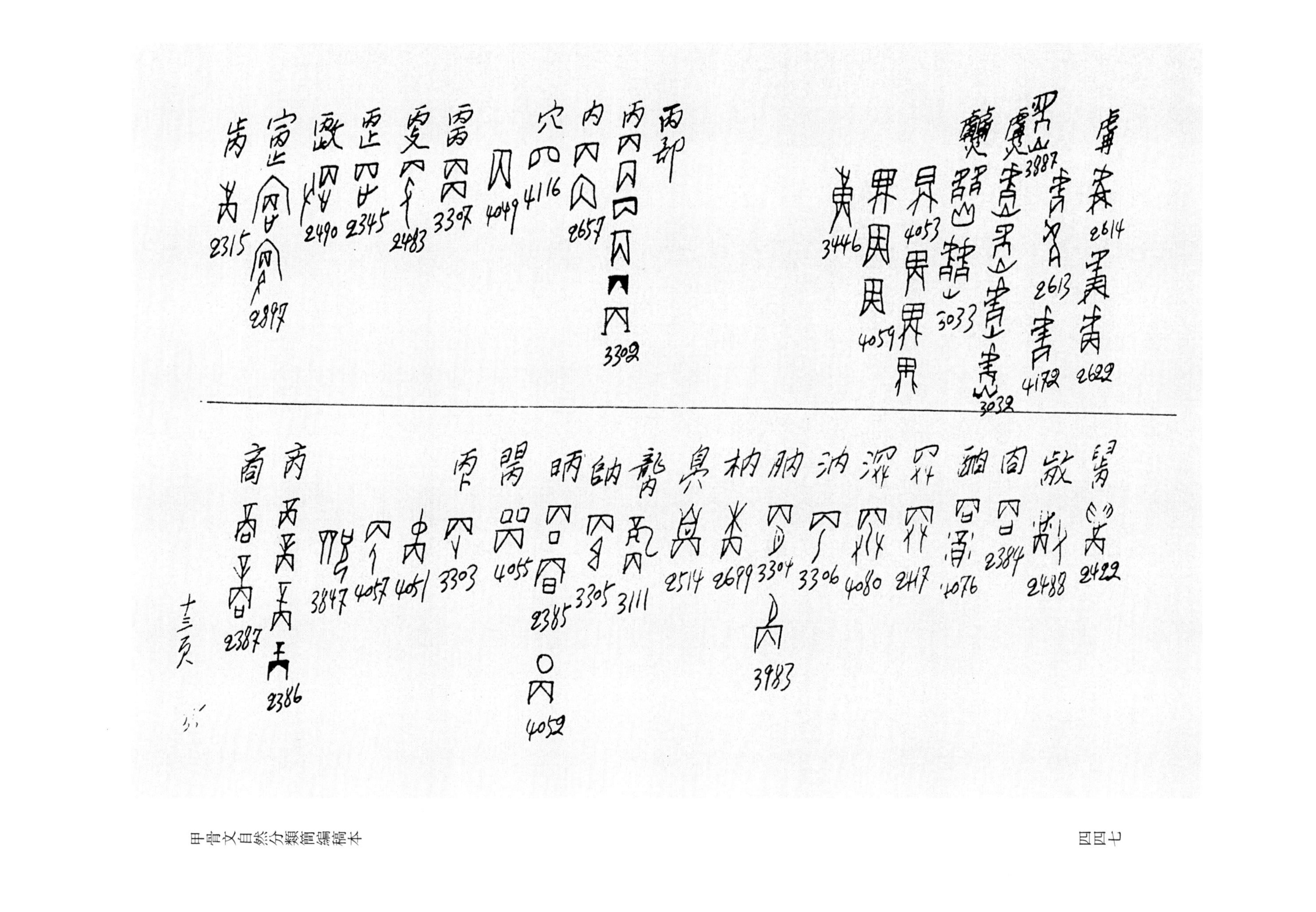

庸 2614 2622

3887 2613 4172

3033 3032

4053

界 4059

黄 3446

丙部

丙 3302

内 2657

穴 4116

4049

3307

2483

2345

2490

2897

2315

2422

2488

2384

4076

2417

4080

汭 3306

肭 3304

枘 2699

2514

3111

3305

昞 2385 4052

4055

3303

4051

4057

3847

丙 2386

商 2387

十三頁

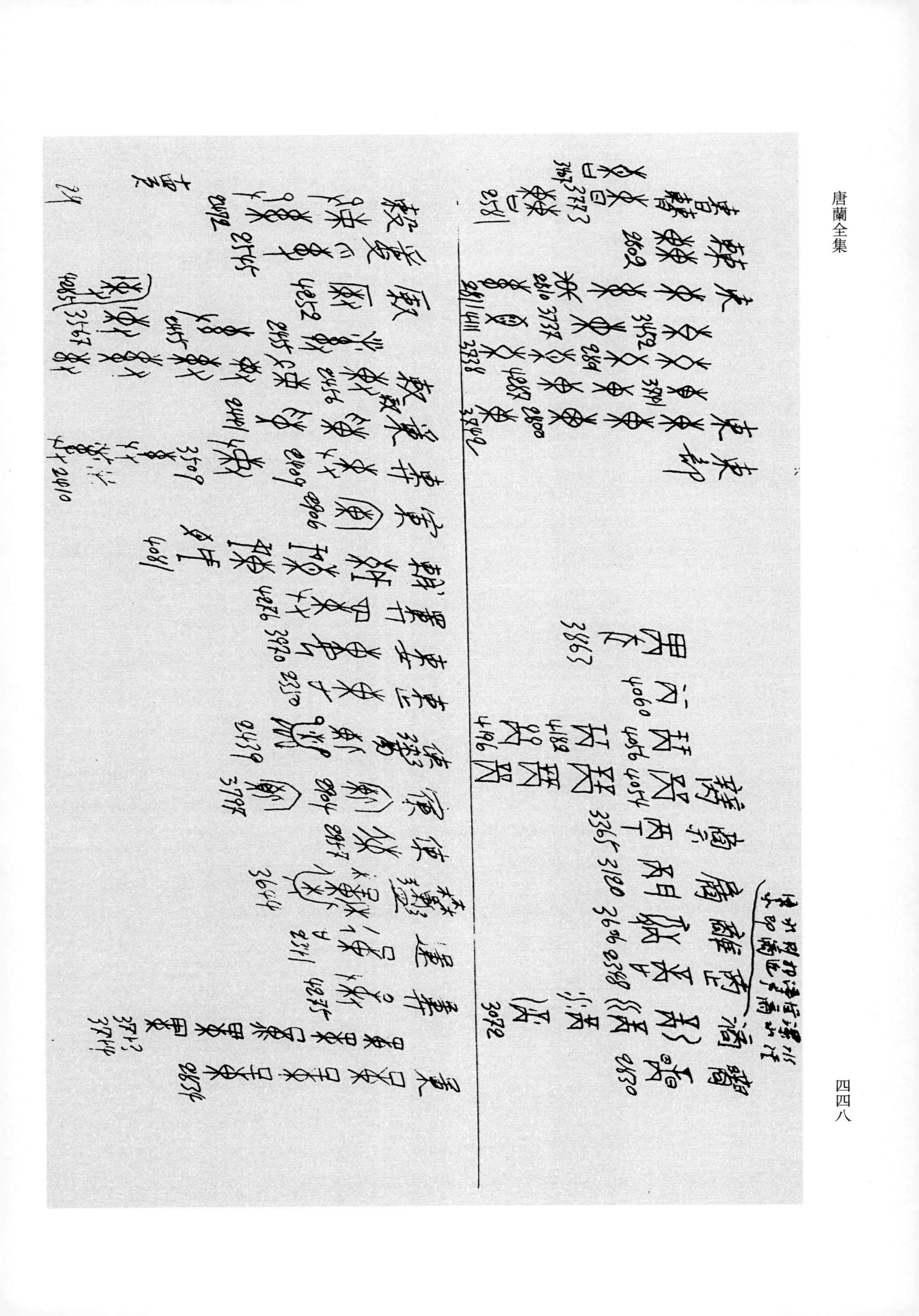

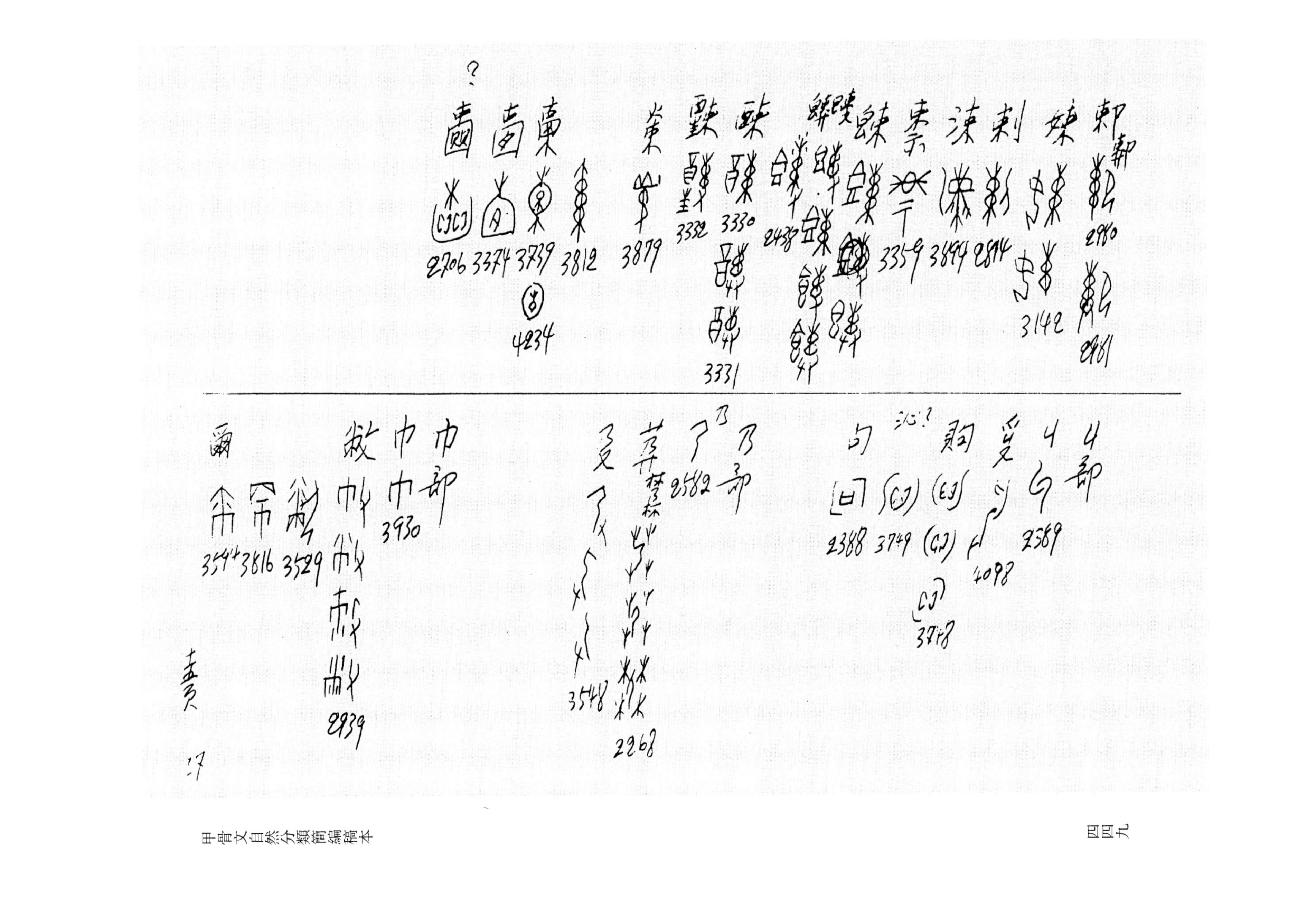

東部 2980 2981
煉 3142
剌 2814
涷 3894
[illegible] 3359
餗 2438
[illegible] 3330 3331
[illegible] 3332
[illegible] 3879
3812
[illegible] 3739
[illegible] 3374
[illegible]? 2706 4234

丩 丩部 2589
[illegible] 4098
[illegible] 3748
句 2388 3749
乃 乃部 2582
[illegible] 2268
[illegible] 3548
巾 巾部 3930
敝 2939
[illegible] 3529 3816 3544
責 17

帛 2513

芇 2317

2423

衣部

衣 2963

襄 3831 3833

3815

2966

3830

3025

2939

3139

3154

2457

3444

依 2361

2457

3601

初 2557 4035

幵部

2476

3109

余部

余 2280 3804 3801

敘 2486

3055

念 2828

2344

3448

2272

十六頁

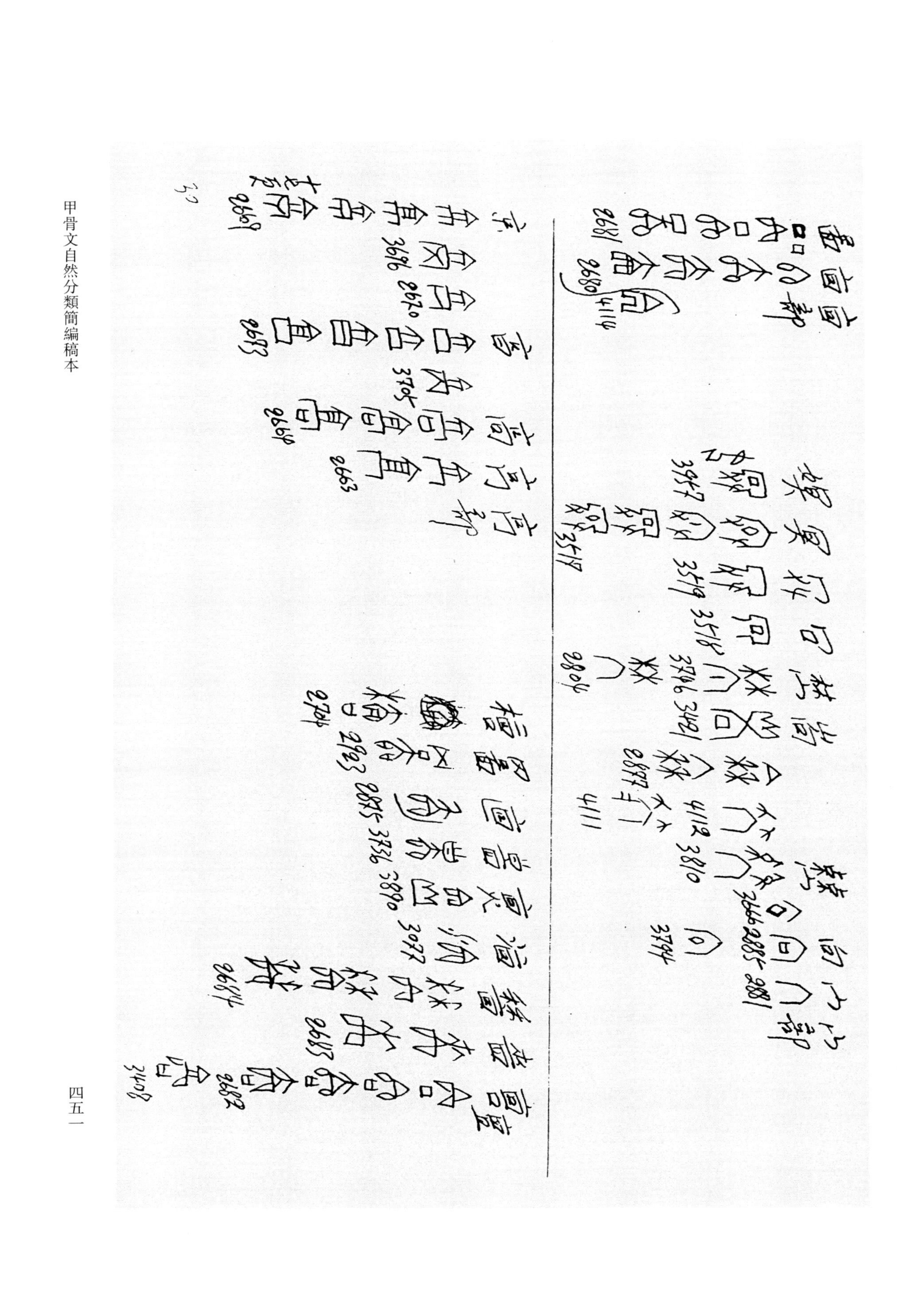

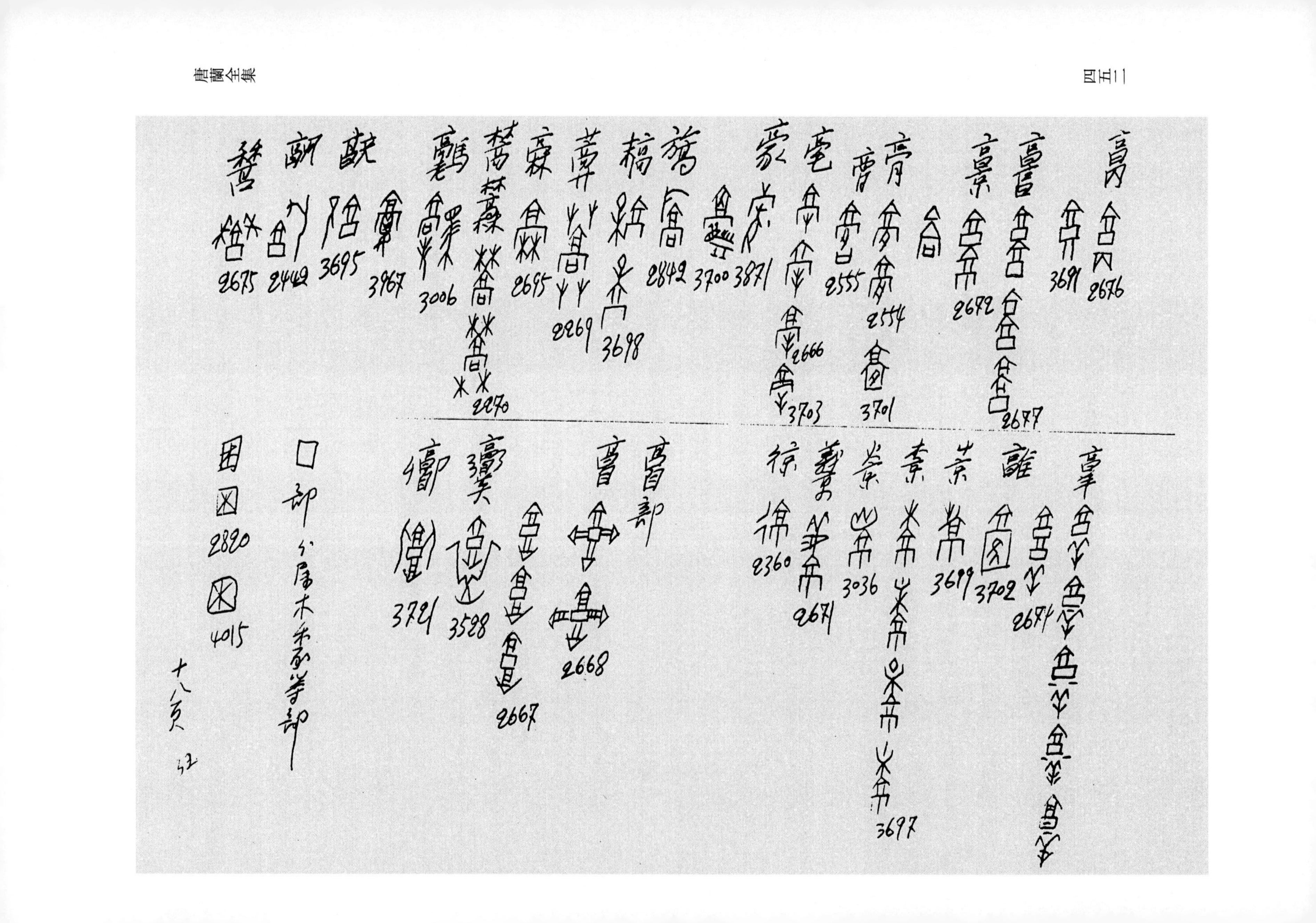

2676 3691 2677 2672 2554 3701 2555 2666 3703 3871 3700 2842 3698 2269 2695 2270 3006 3967 3695 2442 2675

2674 3702 3619 3697 3036 2671 2360

亯部

2668 2667 3528 3721

口部 以下木禾等部

2820 4015

十八頁

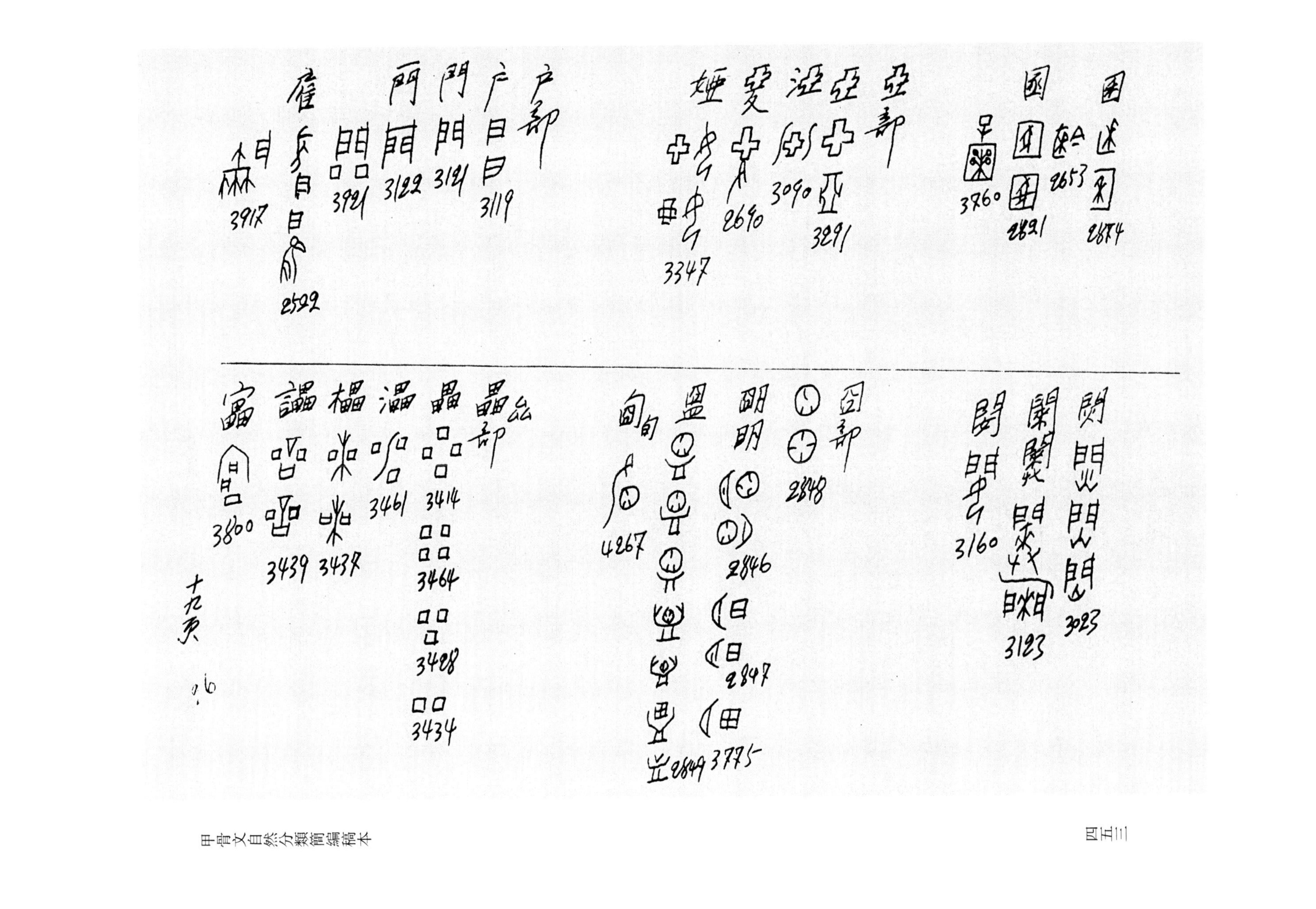

戶部
戶 3119
門 3121
門 3122
3921
3917
2522

亞部
亞 3291
3090
2690
3347

囧
2874
2653
2821
3760

囧部
2848
明 2846
盟 2847
2849 3775
4267

3023
3123
3160

品部
3414
3464
3428
3434
3461
3438
3439
3800

十九頁

.6

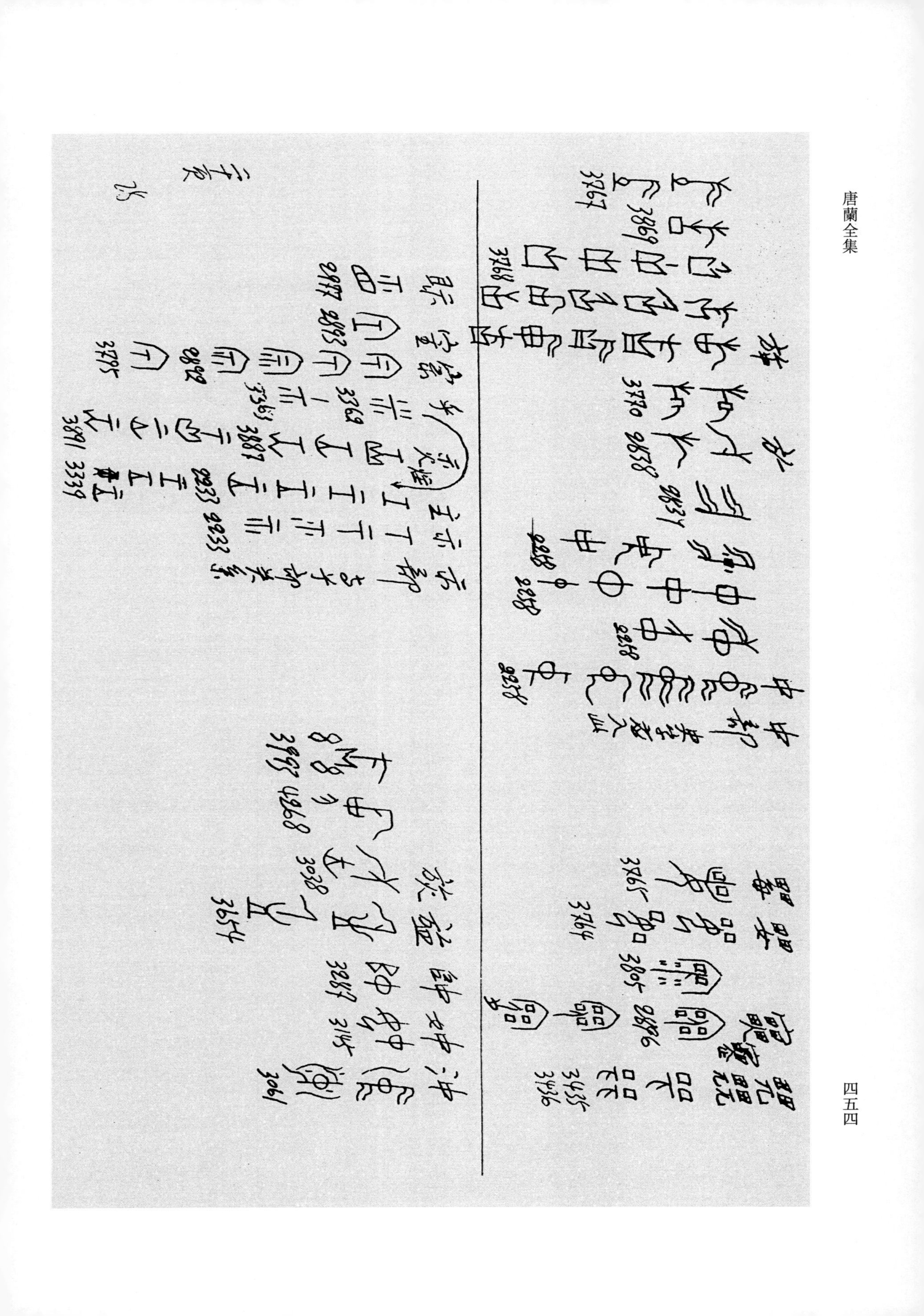

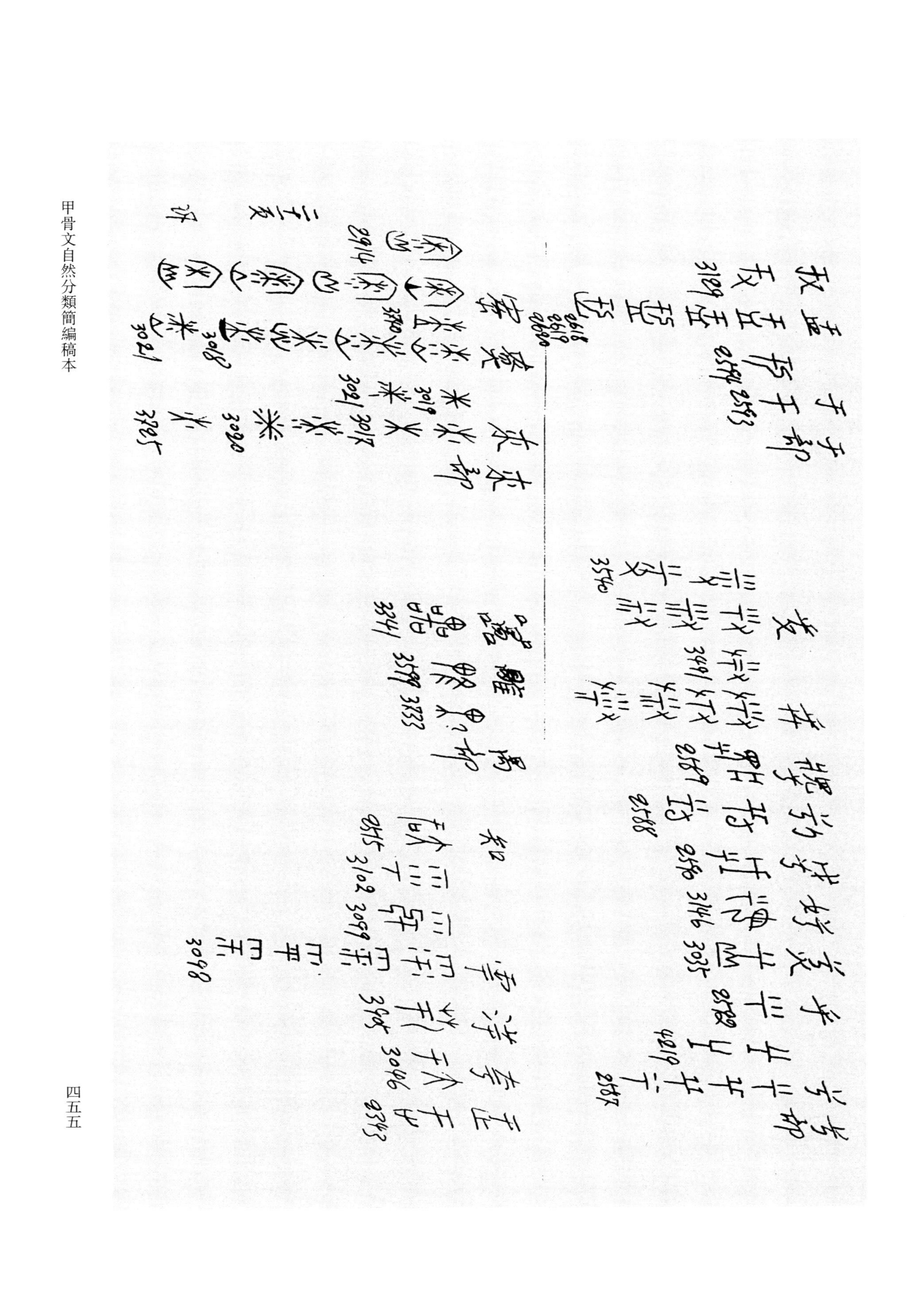

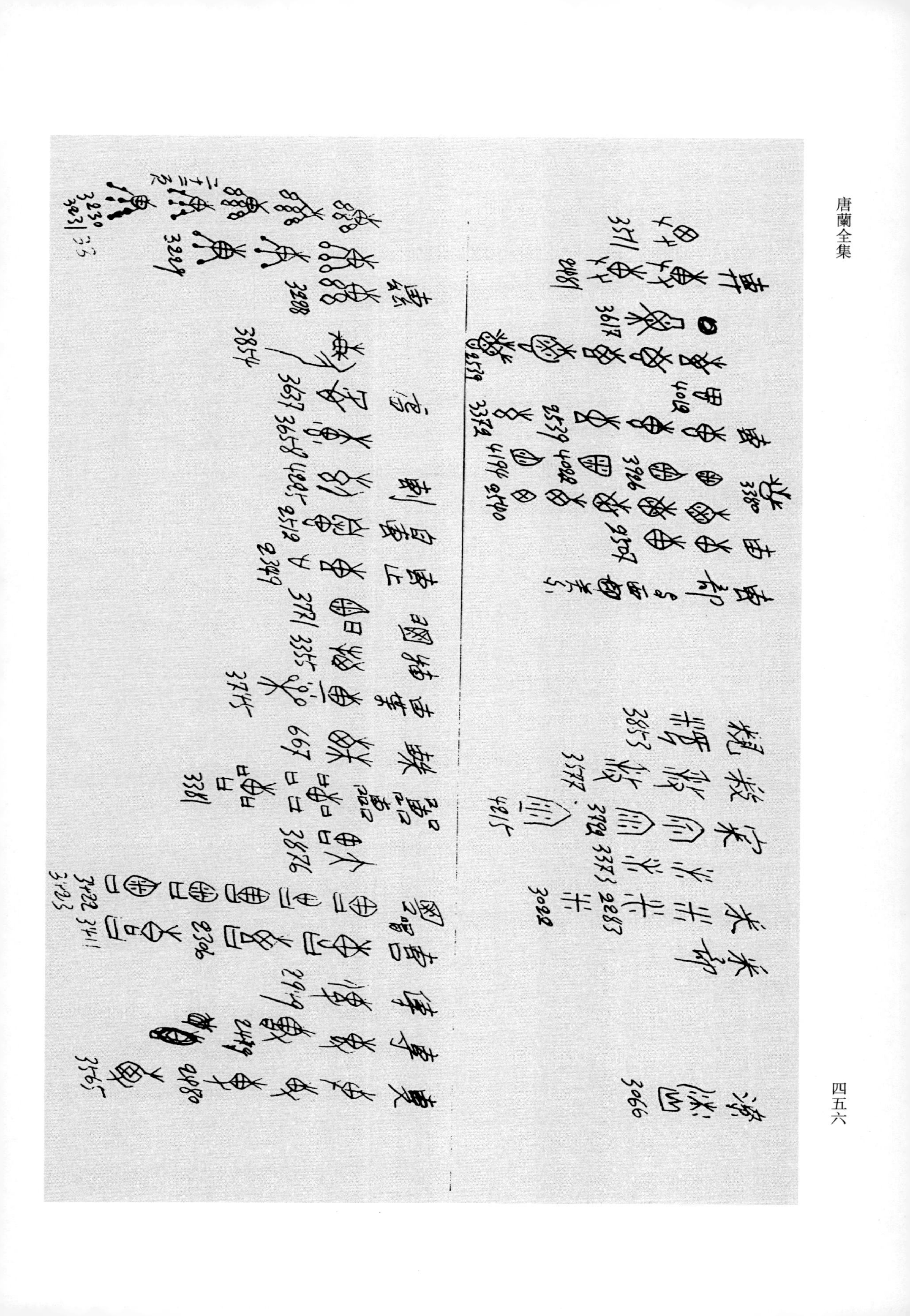

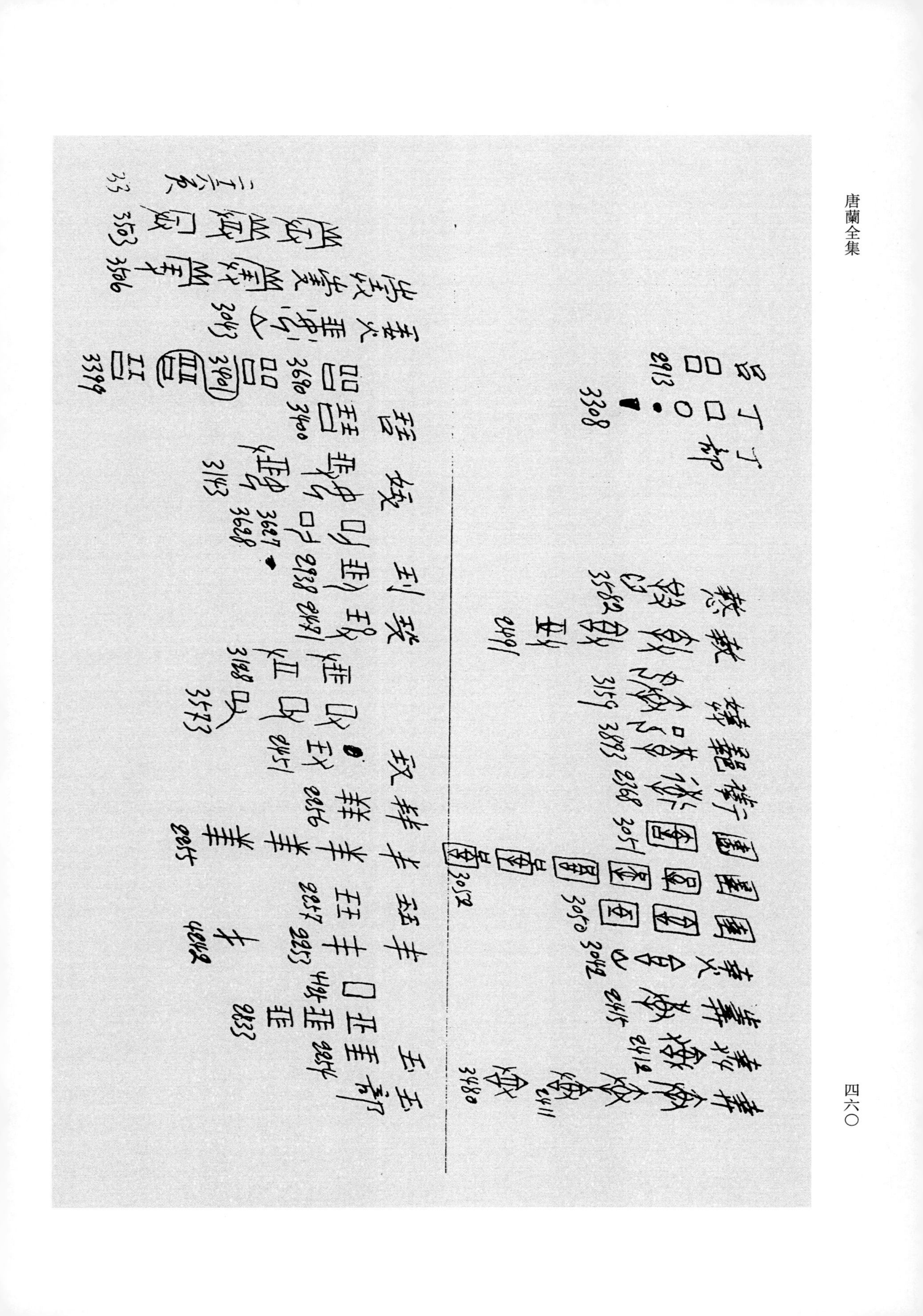

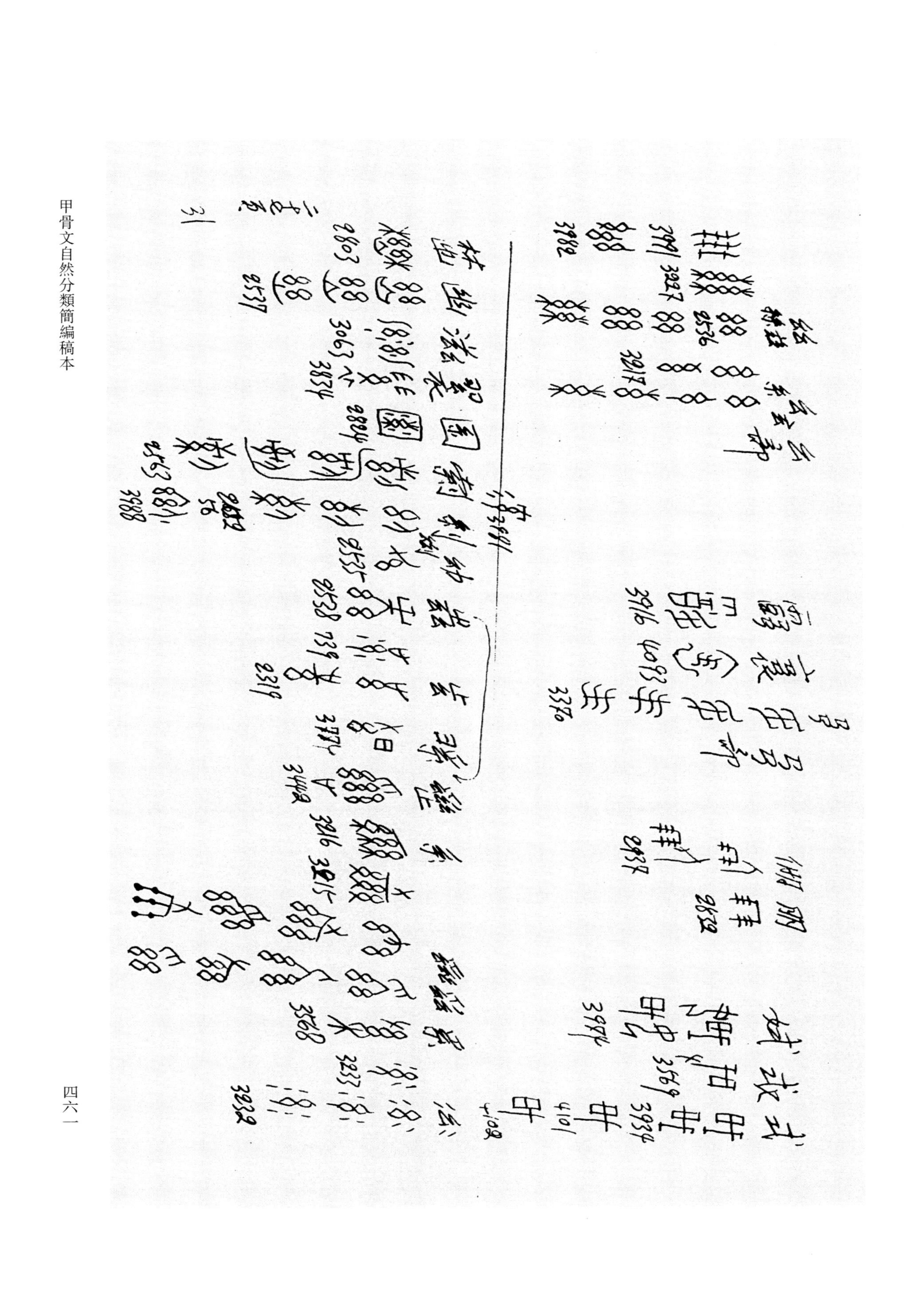

盛 [illegible] 3984 [illegible] 3983

[illegible] 3904

皇 [illegible] 3903

[illegible] 3903

[illegible] 3990

冬 [illegible] 3219

[illegible] 3992

[illegible] 415

[illegible] 4157

革 [illegible] 3404

肉部

肉 [illegible] 2553 [illegible] 4214

多 [illegible] 2851

刖 [illegible] 2561

[illegible] 2402

效 [illegible] 2489

盘 [illegible] 3651 參般

[illegible] 4174

[illegible] 3133

吗 [illegible] 2299

[illegible] 3727

2575 3972 3343 3361 3985 3986 3988 4150 4185 4 4255

二十九頁

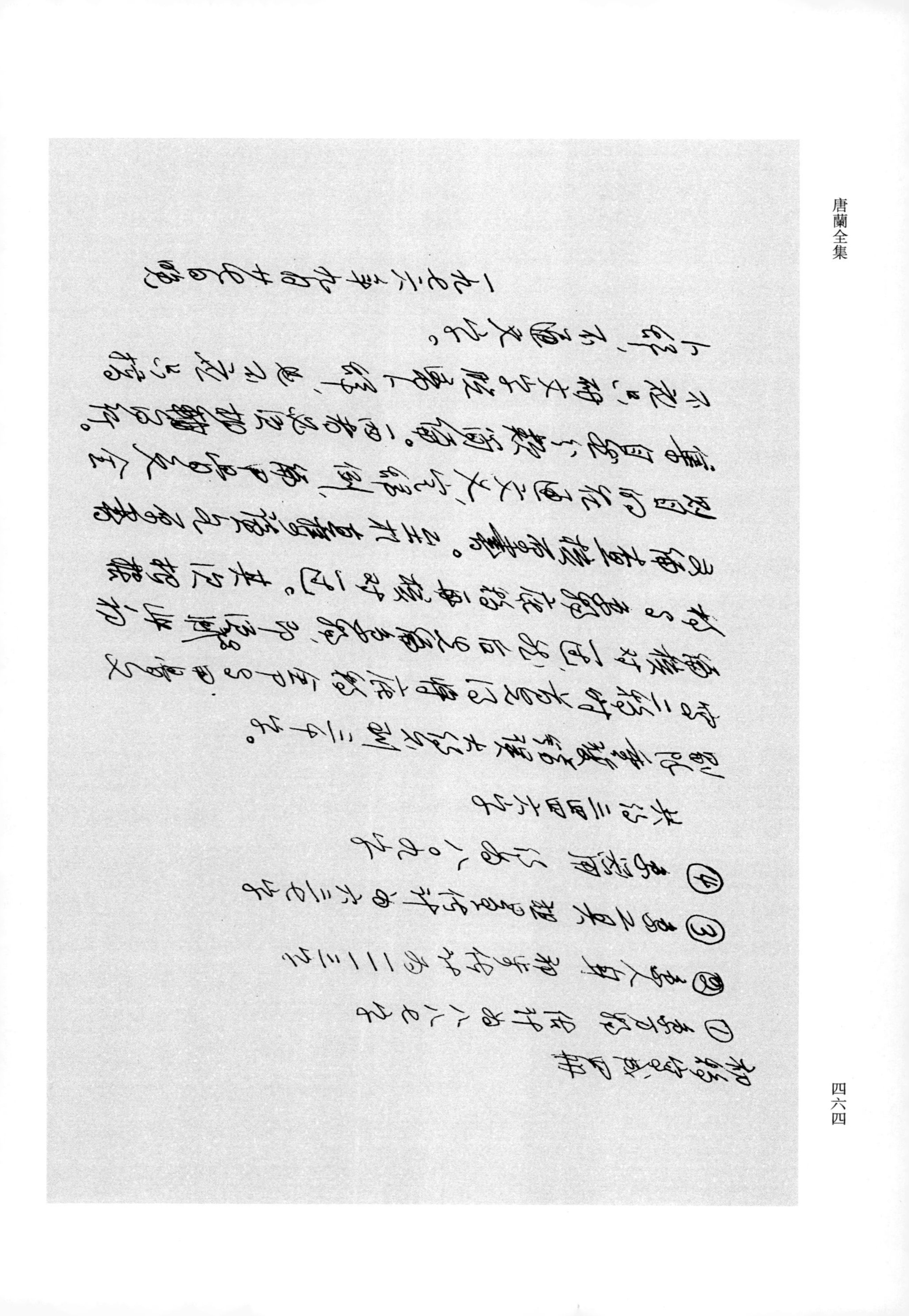

附：甲骨文自然分類簡編（唐復年整理本）

序 一

甲骨文字的研究在歷史學、考古學中是有其一定的地位的。甲骨文字的辨識，必須要形、音、義三者綜合考察，必須與古代社會經濟、風俗習慣等各方面結合起來，建立科學的古文字學的體系和研究方法，才能順利和正確地釋讀出來，足見辨識古文字確實不是一件輕而易舉的事。有時爲了弄通一條卜辭，即便是一名專家學者，也經常要用大量的時間，花費在翻檢尋找有關藉以論證的資料上，往往窮數日之力，始得供一朝之用，臨渴掘井，勞而鮮功。許多人年復一年地重復同樣的勞動，這是一個多麽大的人人力浪費：「工欲善其事，必先利其器」，由此也反映出人們對於這類「器」的工具書的迫切需要。因而像孫海波的《甲骨文編》、日人島邦男的《殷墟卜辭綜類》等書，幾乎成了學習甲骨文、殷商史者案頭必備的參考書。唐立厂（蘭）先生這部《甲骨文自然分類簡編》（以下簡稱《簡編》），也就是這類工具書之一。

《簡編》原稿是立厂先生生前於一九七六年唐山大地震期間寫成的一部遺稿。先生在原稿中自謂，一九七六年八月八日在寧夏西大灘開始撰寫，「萬里長征，此方舉步，雖在旅中，未廢筆札」。八月二十九日從寧夏返京後，一直到九月二十七日此書初稿寫畢，自稱「全書四卷，已略具規模。此爲草創，還有許多工作要做」①。可惜這一遺稿，他説的需要做的「工作」，在先生生前，一直未再動手，竟溘然長逝。現在我們見到的這部遺稿，是經過唐先生哲嗣唐復年先生整理，又經李連仲先生繕寫謄清之本。

復年先生對其父遺稿的整理，我們相信，確能做到保持手稿原意和忠實地反映立厂先生對甲骨文的獨立見解。因爲過去立厂先生遺稿，如一九八一年中華書局出版的《殷墟文字記》、一九八六年中華書局出版的《西周銅器銘文分代史徵》等書，都是經過复年先生之手整理發表的。從這些已發行的、經他整理過的書的表現上，完全可以證明复年先生對原稿整理的忠實可靠性。

立厂先生這部《簡編》是一部以每個甲骨文字爲單位，按一定次序編排的字典。這類古文字的工具書的編撰，過去學者大都依照許慎《説文解字》的五百四十部分類排列。《説文解字》是把一「小篆」字體依其「六書説」分的類，嚴格地説，《説文解字》分類法的本身，即有很多可議，所分的五百四十個部首，有人説是字原，以爲祇要認識這五百四十個基本字，就可以認識所有的字了。可是，部首中既有「屮」字，是初文（基本字），爲什麽又有從屮的「艸」部，還從艸的「茻」字也列爲部首？最無道理的是，部首中還有明明是形聲字的「蓐」字，也列爲部首。可見《説文解字》部首根本不是字原。還有些文字的隸屬也不當，例如「盩」字理應入「皿」部，而卻誤入「幸」部，這類例子也不少。《説文解字》對字的分類，是根據晚周的小篆形體劃分的，有些字也不够恰當，若移用作爲更古的殷商甲骨文字，必然更顯其方枘圓鑿了。比如甲骨文的「祖」字作「且」不從「示」，而必須列入示部；「妣」字作「匕」不從「女」，而必須列入女部，這是一個多麽不合理的「以類相從」？可是過去甲骨學者編撰的辭書，如利用率最高的《甲骨文編》、《續甲骨文編》，以及李孝定數百萬言的皇皇巨著《甲骨文字集釋》等書，其分別部居，無不悉從《説文解字》，致使之達不到簡便地檢核古文字的作用。

甲骨辭書中據我們所知，敢於打破《説文解字》始一終亥的分類體系的，祇有日人島邦男《殷墟卜辭綜類》和立厂先生這部《甲骨文自然分類簡編》兩書，是根據甲骨文字自身形體結構的特點來分類的。《殷墟卜辭綜類》分爲一百六十四部；《簡編》分爲二百三十一部，不可識之字或未成爲定論者另爲《待問編》以容之。把約三千多的甲骨文字，真正作到了以類相從。檢查任何一個甲骨文字，都可以按形追索，這在一定程度上，比舊辭書方便多了。盡管他們所分的部類，未必完全恰當或合理，但學術界對這種突破舊框框，重新分部的做法，肯定會取得一致的歡迎，這也構成了《簡編》的優點之一。順便應當再提一句，創造這種對甲骨文新的分類法，立厂先生是第一人（詳後），並不是模仿他人的。

另外本辭書的字序，在眉端首列隸定之楷書，次列甲骨文諸異體，然後加以按語或考釋，完以己意。說解取其簡，每字的詮釋大部份是依先生個人研究所得，有的也吸收他人成果，還有些易知的甲骨文，則直不加注，不欲其繁也。唐先生對古文字學鑽研多年，融會貫通，凡所折衷，悉有依據，滙爲《簡編》，既可爲初學治甲骨文者導其先路，亦可爲績學之士商榷之資，至其省檢索之勞又其次者也。

立厂先生在甲骨文字的研究上，雖然取得了輝煌成就，但他並不固執己見，遇到別人有較好的說法，善於吸收他人的長處，進一步改正自己的舊說。如關於他那部早已蜚聲甲骨學界的名著《殷墟文字記》，而於一九七七年本書跋中說：「此書第一字即錯，後曾改寫，惜已入造紙廠。思泊（即于省吾先生，字思泊）所說乇字固不誤，然乇豚固一字，思泊尚未達一聞耳。」在其致友人書中也說：「此是四十餘年舊作，當時自許真確，但開卷第一字便錯了。後來寫《中國文字學》第二卷時，曾作自我批判。在文化大革命中被收去送入造紙廠了。」② 從這些話里我們可以看到先生的治學，確實具有虛懷若谷、從善如流的品德。但是立厂先生對哪些甲骨文字認錯了，最後的看法、結論又是如何？由於「文化大革命」的破壞，有些遺稿蕩然無存，這不能不說是一個很大的遺憾。所幸這部《簡編》是立厂先生的晚年之作，也可以反映出立厂先生對甲骨文字最後的結論。

關於《簡編》我們還應說明，這是立厂先生一部尚未全部圓滿完工的初稿。一九七六年九月二十七日他在原稿上寫道：「初稿完成。全書四卷，已畧具規模。此爲草創，還有許多工作要做。但國慶（節）後擬治西周金文，不得不暫擱矣。」可惜從此之後，這一工程在先生生前，再未動手。因而這部書的發凡起例沒有說明，他如引書目録、甲骨文索引，均尚闕如。猶其是所舉之甲骨文下面尚未注出處。這些大概都是先生所說的「要做」的「許多工作」。所以，本書凡遇未能盡如人意之處，當以未完稿視之可也。

二

立厂先生是我國著名的古文字學家、歷史學家、對考古學、古文獻學以及書法、藝術等學科無不精通，他做過很多方面的研究工作。不過致力最久、貢獻最大的還是在古文字學方面。由於他對古文字學多年的刻苦鑽研，摸索出一套認識古文字必要的偏旁分析與歷史考證相結合的科學研究方法。因之，他對甲骨文字的辨認，頗多新的發現。其最著者如甲骨文中意爲時間解的「龝」即「秋」字；作爲扑伐解的「璞」，即「扑」，「璞周」即「扑周」③，早已爲中外學術界所公認爲很大貢獻。他也常自稱爲認識甲骨文字字數最多的人之一。

立厂先生對古文字學最大的貢獻，我們可以試舉以下三個方面：

第一，創通偏旁分析與歷史考證相結合的研究方法。過去研究古文字，因爲没有較好的理論和方法，長期以來，往往任意猜測。比如在甲骨文字研究的初期階段，甚至有些文字學大師有時也難避免，何況其他。用當時葉玉森的話説，辨認甲骨文如同「射覆」。於是，異説紛紜，幾乎没有什麽是非標準了。立厂先生爲了糾正這種不科學的研究學風，迺於一九三五年公開發表其科學的研究方法，把偏旁分析與歷史考證相結合。其言曰：

「偏旁分析方法研究横的部分，歷史考證法研究縱的部分。這兩種方法是古文字研究裏的最重要的部分。」④

所謂偏旁分析就是把已知和未知的字，分析成若干單體（偏旁），各單體認識了，再合起來認那個字，往往就可以解決問題。這就是偏旁分析及其作用。如果偏旁分析後，仍解决不了問題，再用歷史考證以濟其窮。因爲一個字的産生，是源遠流長的，其早期和晚期往往意義不同。文字是活的，其意義是不斷變的。在對一個字分析偏旁之後，還不能認識，就得去追求它的歷史。如「毓」（育）字本為生育之形，但在卜辭中必須讀為「后」，不從字的歷史上考察，就解決不了問題。可見這種偏旁分析與歷史考證，在古文字研究上其作用是明顯的。這兩種方法，過去學者，從漢的許慎到清代孫詒讓都曾運用過，猶其是孫詒讓，是最能用偏旁分析法的人。不過，作為研究古文字的原則，明確地提出兩種方法相結合，並能大量地加以運用，立厂先生卻是第一人。

第二，創立了古文字的「三書說」與「自然分類法」。前面我們已談到，過去甲骨文、金文等古文字的辭書、字滙，大都是依照《說文解字》不合理的分類法分類排列的，祇有日人島邦男的《殷墟卜辭綜類》一書，纔打破了長期以來按《說文解字》部首排列的舊框架，根據甲骨文自身形體結構特點，分成一百六十四部。這種新的自然分類的方向，是很正確的，也曾獲得同行專家們的贊許。但是，我們應當指出，這種大胆地敢於突破舊的分類體系而按古文字自身形體特點的自然分類法的發明者卻是唐立厂先生。

一九三五年，立厂先生在《古文字學導論》中曾說，過去對古文字的分類，向來没有精密的方法，除了用「義」或「音」類次之外，祇有《說文解字》以六書為基礎的分部，但用《說文解字》的分部來排比古文字，是很不妥當的，「既不能看出文字的發生和演變，又不能藉以作同類文字的比較研究，在最低限度內，也不能予一般人以檢查的便利」⑤。於是立厂先生纔提出他的「自然分類法」。時間比島邦男的《殷墟卜辭綜類》早三十多年，其言曰：

「在一九一八」慘變那一年（一九三一年）的春天，我在沈陽一家小旅館裏，創始用自然分類法來整理古文字。」「創立自然分類法的目的，是要把文字的整部的歷史用最合理的方法編次出來。因此，我決定完全根據文字的形式來分類，而放棄一切文字學者所用的勉强凑合的舊分類法。」「我們的新分類法和文字發生的理論是一貫的。」「編輯古文字字滙的合理的方法，當然祇有自然分類法了。」⑥

立厂先生這種「自然分類法」正式公布出來，是在一九三五年出版的《古文字學導論》上，也比島邦男的《殷墟卜辭綜類》早三十二年。

立厂先生這個「自然分類法」是建立在他的「三書説」的理論基礎上的。過去《説文解字》的分類是依據「六書」。但對「六書」的理解，各人有各人不同的説法，用「六書」分類，常常對一個字不能斷定應屬哪一類。所以，「六書説」亟須修正。立厂先生的「三書説」是廢棄「六書」而根據比《説文解字》更古的甲骨文、金文等古文字，重新構擬一種新説。他在《古文字學導論》中説道：

我把中國文字分析為三種，名為三書：第一是象形文字。第二是象意文字。……第三是形聲文字。……這三種文字的分類，可以包括盡一切中國文字，不歸於形，必歸於義（意），不歸於意，必歸於聲。⑦

三書中象形、象意、形聲，從發生、發展的先後説，象形最早，其次是象意，最後由象形、象意孳乳出形聲字。因為最早的文字與圖畫同源，所以凡是畫出像事物的形狀，就是象形。若除形外還包含某種意義，即成為象意字了。因而，最初單純的象形字很少，大部分多半成了象意文字。例如「人」字像人形，是象形字。而也像人形的「尸」、「身」兩字，一個像人蹲形，一個象人大腹形，這就成為象意字了。因而，象意字從性質上説，也屬象形一類。至於三書中的形聲字，則是复合體的字，是兩個形合在一起，一個形代表意，一個形代表聲。如「江」字，是水意，工聲；「河」字，是水意，可聲，這就是形聲字。這種形聲字是三書中最後發生的。

包有形、意、聲的三書，可以涵蓋所有中國漢字，這就是所謂「不歸於形，必歸於意，不歸於意，必歸於聲」。古文字是記録語言的符號，有固定的讀音。所以，古文字有表音的一方面；但古文字又是以圖像開始的，没有固定的圖像，就談不到固定的讀音。有圖像就必包有意、形，所以古文字又必包有表意的一方面，聲、意兩個方面，缺一不可。有的人認為甲骨文是一些符號記音的語言文字，是表音文字，不是表意文字。看來這種說法是不妥當的。

從古文字發生、發展上看，三書是統一的。象意、形聲兩類統統來自象形，若能真正把「象形」一掌握、精通了，對古文字即已提綱挈領，一以貫之矣。所以，立厂先生對古文字的自然分類，是以象形字作為部首來劃分的。最初分為三類：即第一，人形、人身；第二，是屬於自然界；第三是屬於工具和文化⑧。後來於一九四九年八月出版的《中國文字學》中，又把古文字改分為四類：

一、象身：即鄭樵所謂「人物之形」，《易．系辭》說：「近取諸身。」

二、象物：凡自然界的一切所能劃出的象形字。

三、象工：一切人類文明所製成的器物。

四、象事：凡是抽象的形態、數目等屬之。⑨

這個分類與本書《甲骨文自然分類簡編》的分類，除次序與用字不同外，內容基本上是相一致的。

甲骨文的自然分類法是以「三書說」為根據，構成了立厂先生在古文字學上一套新的理論貢獻。

第三，古文字學研究的目的在於今天的文字改革。現在研究古文化的人，堅持祇為了尊古或仿古，而致玩物喪志者，已經很少。大家都明白，研究「古」是為了「今」。但如何為今服務，每個人所走的道路，又各不相同。有的是把「古」的真實性，或古文化發展規律研究出來，以利今人借鑒或參考，這當然也是正確的。比如大多數研究古文字的人，往往一輩子局限在古文字范圍的研究中，樂而忘返。立厂先生則不同，他時時刻刻沒有忘記，研究古文字的最終目的是為創造一套合乎今天需要的新文字。他說：

「我們研究古的，要用以建設新的，我們希望能研究出最合理的文字，可用以建設偉大的新文化，因為這是文字學最後的目的。」⑩

這種研究古文字的目的性，從某種角度上看，要比一般人明確，也高尚多了。

文字是一個國家或民族的文化裏最重要的工具，中國的文字複雜、難寫、難識、難記。大家都承認中國文化不易普及，是和中國通用的文字難認有關。所以，中國文字改革的聲浪此起彼伏。自清末到民國時代，有識之士都在想法改革漢字，有的主張用「簡字」（勞乃宣），有的主張用「注音符號」（黎錦熙），有的主張用「國語羅馬字拼音文字」（錢玄同），還有一些人主張用拉丁化新文字。經過幾十年的提倡、實踐，可惜没有一種能代替現行的漢字。

立厂先生多年研究文字學，從中國文字的發展規律看，他覺得推翻漢字不如改革漢字，主張對漢字的優點要保留，而修正其弱點。他在一九三五年寫《古文字學導論》時，提出一個《新形聲文字方案》主張保留漢字的形式，改革漢字的聲符，保留一部分意符字，作爲基本文字，衹改動形聲文字，把舊聲符改爲新的拼音符。

立厂先生對中國文字的改革，隨着研究的深入，也經常在變動。一九七三年我到北京去看望先生，他交給我一份手寫的關於文字改革的一篇稿件，題目是《用毛澤東思想解決關於中國文字改革的幾個理論問題》。在這篇文章，他提出六個問題。其中有：文字必須改革；要走世界各國文字的拼音方向；要創造出科學的、民族的、大衆的新文字，關鍵在於民族形式。他主張漢字現代化應採取逐步過渡的方式；主張對原有漢字通過限制、利用和改造，使漢字獲得新的生命，目的在於從漢字内部孕育出拼音文字，走向拼音化的道路。

三

立厂先生名唐蘭，字立盦（立庵），浙江嘉興縣人。先生的大名我早在盧溝橋事變、中日戰爭之前，就已熟知。那時我是北京大學歷史系的學生，在開學選課期間，看到歷史系的選修課中，列有先生在中文系開的《古文字學導論》、《甲骨文字研究》和《鐘鼎文字研究》等課程。我雖然是學歷史的，但我學習的興趣在中國上古史，與這些古文字的課程大有關係，當時計劃在第二年一定要選修。可是誰料到過了一年，即一九三七年七月七日中日大戰爆發，京津淪陷，我跟隨學校南遷，先在長沙臨時大學，後到昆明西南聯合大學讀書。而立厂先生則遲至一九三九年夏，才從淪陷的北平，輾轉從海路經越南來到昆明。那我已經是本科四年級，祇選修了先生講的《甲骨文字研究》一科，就畢業了。

一九四〇年秋，我考入北京大學文科研究所作研究生，立厂先生是我的導師。先生當時已是我國古文字學界一代宗師，著名的甲骨文、金文專家，在學術上的造詣和成就，早已蜚聲海内外，爲世人所公認。我是學習先秦史的，立厂先生指導我利用甲骨文、金文等地下材料，指導我如何具體地與古文獻材料打成一片，耳提面命，受益良多。我在古文學方面也有一知半解的知識，這是與先生對我的親自授業、答疑分不開的。

先生爲人思想開朗，爲人處世，光明正大，不計較個人得失。而其對學生，誨人不倦，樂於提攜的高尚風格，更是爲人所樂道。其中有兩件事，使我終生難忘。

一件是發生在一九四〇年。由於過去我寫過一篇討論《莊子》的論文，曾引起了一場風波，在我的學習生活史上，劃了一道傷痕。我在北大文科研究所作研究生時，作爲我的導師的立厂先生第一次與我談話，他誠懇地告誡我説：「研究學問，正面的題目很多，還是以少寫批評别人的文章爲好，以免引起想象不到的麻煩。」先生是很同情我的，因爲先生很早就説過：「治學問至不敢明是非，還成什麽學問。」對先生的同情和勸告，我深受感動。

另一件是發生在一九四二年。那時我研究古史，牽涉到古漢字的讀音有没有复輔音問題。現代一些語言學家，由於看到印歐語系一般都有复輔音，於是遇到漢字一些不好理解的問題，他們就立刻想到用用复輔音去加以解釋。最早提出這一問題的是瑞典漢學家高本漢（B. Karlgren）和我國語言學林語堂先生。他們都主張中國古漢字有复輔音。但是他們所舉的例證並不充分。比如他們看到古漢字的一些諧聲字，「來紐」與「見紐」的字相通轉。⑪但在語言學上，來紐〔l〕與見紐〔k〕發音部位不同，一舌尖一舌根，一前一後距離很遠，是難以通轉的。遇到這個講不通的問題，他們纔想到用西方拼音文字的复輔音現象去解釋。認爲這些字的輔音，古讀〔kl〕變爲〔gl〕，濁紐〔g〕，在音韻史上易失落，故後來變成〔l〕。這一解釋好像通了，但是，繞這麼大彎、迂曲婉轉地說明古有复輔音，能有多大的說服力呢？不能不引起人們的疑慮。

我是不贊成古漢字有复輔音的。比如一般人常舉舌根音與邊音所組成的諧聲字爲复輔音的例證。我卻認爲古時「見紐」與「來紐」的通轉，完全可以不用复輔音的理論，而仍用音韻學的一般規律也可解釋清楚。因爲我發現現代漢語方言中，「來紐」的字有兩種讀音：一種是大部分漢語區讀〔l〕，可是還有另外一些漢語區方言讀〔ɫ〕。如山西大同、文水、平陽和甘肅的蘭州等地區，就讀〔ɫ〕⑫。〔ɫ〕在國際音標裏是〔l〕的濁音，發音部位是口齒邊音，同時舌背的後部高起來，等於波蘭文的〔ł〕字。國際音標即以此字定爲代表符號。在英語里的〔l〕字母也有兩讀：一般〔l〕與元音拼者讀〔l〕，後面不與元音相拼者，都讀爲〔ɫ〕⑬。我們可以推論，漢字上古音，屬於「來紐」的字，其聲母原來也有兩類：一爲〔l〕，一爲〔ɫ〕。而〔ɫ〕是加舌根作用的輔音，與舌根音「見紐」〔kl〕發音部位極相近，當然可以通轉，又何必用與漢語系統完全相悖的复輔音的理論去通其郵呢？一九四二年在昆明時，我曾以此請教過當時著名的古音韻學者羅常培、魏建功兩位先生，他們雖然對此也感到有道理，但由於這僅是一個方面，還有其他方面的問題解決不了，所以他們對有复輔音還是採取肯定的態度，對我的理論不予支持。後來我與立厂先生討論及此，他對我的古漢語無复輔音的見解，則極表贊成，屢次鼓勵我把文章寫出來，他說他還可以給我一些材料，證成我的說法。可惜我對這個問題，一直沒有再動手。

立厂先生這種提拔後進、願為人梯的精神品德，是值得我們好好學習的。

立厂先生在治學上，博覽群書，才華橫溢；在科學研究上，方面既廣，頭緒又多，自謂「往往削稿未半，已別肇端緒」，但這不利於集中精力，把幾十年研究古文字的成果，統統整理出來。據說，一九七七年已開始着手寫《殷墟文字綜述》和《西周青銅器銘文分代史徵》兩部大書。甲骨文、金文是先生一生致力最勤、貢獻最大的兩個方面。大概他是想在這兩部書中，對甲骨文、金文作最後的總結和定論。第一部書可能尚未及動筆，第二部書預計寫三卷二百萬字，上卷剛寫完初稿，不幸致疾竟不起，若天假以年，使其兩部大書順利完成，必有非常之觀。無奈大變猝作，賫志而歿，痛哉！惜哉！

現在先生的晚年遺著《甲骨文自然分類簡編》出版有日，這對先生既是一點安慰，也是對先生的一個很好的紀念。

王玉哲

於一九九八年七月十日

南開大學學不厭齋

注釋

① 一九七六年七月廿八日晨，唐山大地震，波及京津兩市。當時人心惶惶，大部分居民紛紛搬到防震棚居住。唐先生的第三子唐際年乃接其父母到寧夏暫住。唐先生赴寧夏時，一定攜帶有經他整理過的大批甲骨文的資料，所以纔能在旅居地也能從事這一課題的研究。

② 唐蘭：《殷墟文字記》，中華書局，一九八一年版，第一二〇頁說明中。

③ 均見唐蘭先生於一九三四年出版的《殷墟文字記》，亦見中華書局版，第六—十頁，第四五—四七頁。

④唐蘭：《古文字學導論》，齊魯書社，一九八一年版，第一九八頁。

⑤唐蘭：《古文字學導論》（下編），齊魯書社，一九八一年版，第二七八—二七九頁。

⑥唐蘭：《古文字學導論》（下編），齊魯書社，一九八一年版，第二七九—二八六頁。

⑦唐蘭：《古文字學導論》（下編），齊魯書社，一九八一年版，第四〇一—四〇三頁。

⑧唐蘭：《古文字學導論》（下編），齊魯書社，一九八一年版，第二八〇—二八三頁

⑨唐蘭：《中國文字學》，一九四九年版，開明書店，一九七九年上海古籍出版社重印版第八七—八八頁

⑩唐蘭：《古文字學導論》，齊魯書社，一九八一年版，第三〇〇頁。

⑪例如諧聲字中「各」〔kâk〕字：從各得聲的有「絡」〔lâk〕「略」〔liak〕「路」〔lwo〕等字；「柬」〔kan〕字：從柬得聲的有「闌」〔lân〕「煉」、「練」〔lian〕等字；「兼」〔kiem〕字：從兼得聲的有「廉」、「鐮」〔liäm〕等字。這些諧音字都是「見紐」與「來紐」構成的諧聲。高本漢（B. Karlgren）的《分析字典》（Analytic Dictionary of Chinese and Sino-Japanese）第一四一頁「各」字下與第一八六頁「路」字都説到「各」、「路」古讀复輔音〔kl-〕或〔gl-〕。

⑫高本漢：《中國音韻學研究》，趙元任等譯，商務印書館版，第一七五頁，第三四九頁。

⑬參看 Daniel Jones: An Outline of English Phonetics 中之 Examples of Historical Assimilation. Type V.

甲骨文自然分類簡編

唐兰

目録

弋部……一一五

己部……一一六

王部……一一六

戌部……一一七

戊部……一一八

戈部……一一八

毋部……一二一

宁部……一二二

斤部……一二二

丂部……一二三

辛部……一二三

殳部……一二五

矛部……一二五

卯部……一二五

刀部……一二五

乍部……一二六

俞部……一二七

巳部……一二七

午部……一二八

阜部……一二九

才部……一二九

工部……一三一

彔部……一三二

辰部……一三二

象物

(一)日部

日

日

日或爲丁？

旦

早 《說文》作㫗，晨也，从日在甲上，此以隸書作早爲是。本作早，此倒文，隸譌作皂，疑本作卓。變爲卓。

杳 甲疑爲早？

昜 按昜似當本作早，《說文》从日一勿非是。

陽

亘 《說文》晝字从此。明也。日之出入與夜爲界(介)，从日从晝省。以旁點爲界是錯的，疑仍是亘字。小篆作亘與古文字合，但隸書作亘。當亦有本，蓋是晅之本字，《易·說卦》曰以晅之與暵字音義並相近。《說文》「暵，乾也。耕暴田曰暵，从日，莫聲。易曰燥萬物者莫暵(熯)于離」。孫从葉釋一無根據。又作暄。《素問五運行大論》「其性爲暄」注「溫也」《集韻》晅，暅同「日氣也」。旁點象日氣形。

㫑 疑㫑？

毌？

卓 《說文》「卓高也，早上爲阜(卓)匕 爲卬，皆同義，㲋古文」。

淖 以此字推之卓即㫑字，《說文》白下古文作自即此字。則此字疑即泊字，古書常見《說文》作洦，「淺水也」。

皇

瞕 壬兇(子)卜王令雀瞕伐弄。(後二·一九·三)

……瞕伐弄(後二·二六·一一)

㫚

昌 《說文》「昌，美言也。从日从曰，一曰日光也，詩曰，東方昌矣。㫖籀文昌(雀)」，按卜辭从一日、一星，東方初明時，朝陽已出啟明星尚可見所以如此，星形與日不殊，有似兩日。《春秋元命苞》注就説：「兩日重見言明象」是錯的。星形作口變爲口，又轉爲日。于省吾釋昌誤。

佚四六八　于南門昌‖倡唱

倡(倡)　倡　《説文》：「倡，樂也，从人昌聲」

孫釋但誤。

𠦝　朝字从此，是否莫字待考。

杳

苜、替　查卜辭

莫(𦱤)

暮、⿱㚘隹　从隹莫聲？从日𦱤聲？从𦱤唯聲？

昰？(夏)　《集韻》夏有古文作昰，按古鉨夏作頣，如非正之異體，即是夏字。

當查卜辭。

旻

旻　孫誤入如。

⿰飠百、⿰飠佰　當从㠯佰聲。孫釋⿰飠斤非。

盪　《説文》「盪，滌器也」，从皿从湯亦聲，《方言五》「盪，桮也」，此字爲盪字，則昰字即晛，本書昜釋昜爲非，昜从人與佰等可相印證。後編一·七貞其盪。

(D)月部

月(夕)

夗‖夕　其夕允雨

𣍘‖捐　《説文》「捐，折也，从手月聲」。

明　《説文》(原缺)今補：「𦖋耳也，从耳月聲，魚厥切」。

𣎆　《廣韻》「𣎆，魚厥切，鞍𣎆」(卷五·十月韻)「五活切，去樹皮又拙𣎆柱頭木」(卷五·十三末韻)

汐　《抱朴子》「潮夕言汐者據夕至也」。

《廣韻》禪亦切。(據宋本卷五·廿二昔韻，應爲祥易切)

郭景純(璞)江賦：「或夕或朝」注：「《抱朴子》曰：麋氏云，朝者據朝來也，言夕者據夕至也」。

夕

亙＝恆　《說文》「恆，常也，从心从舟，在二之間上下，心以舟施，恆也。外 古文恆从月。詩曰：如月之恆」。外 古文月。

弦　从弓亙聲，當爲揯之本字。《說文》「揯，引急也」。指引弓弦，《淮南子·繆稱訓》「治國譬若張瑟，大弦揯則小弦絕矣」則指琴瑟弦。或省作揰。

（晶）晶　部

晶＝星

曐＝曑＝星

（川）仌　部

仌？

雨

（彡）丿　部

彡　羅釋彤，孫釋彡。《說文》：「彡毛飾畫文也，所銜切。與彤日異」。疑此爲注水形，彤日之彤本作易，彡與月形略相類因而誤爲　。

彡　戩一·八元「口彡戉丨甲彡」

彭

彡·嫪　《說文》：「嫪，婪也」。參从彡聲。又見　後一·一三·二（一四七二）

氤？彭？　參釋人三十七頁嫖

（土）土　部

土　後上十九·七片，己未貞叀元示又彡歲己未卜雩雨于土（社？相土？）戩一·九片。癸卯卜貞酌桒乙子自甲廿示一牛，二示羊土豕，三示彘牢四巫犬。

土？

土（士？）

尘＝坐　《集韻》與地同。集韻卷七（去聲上）·六至韻有坐，徒二切

圣＝圣　《說文》：「圣，汝潁之間謂致力於地曰圣。从土从又讀又若兔窟之窟」。

垚＝坌　疑爲坌字。《說文》「坌，埽除也，从土弁聲，讀若糞」。坌田即糞田。

郭釋丞未當。

㪟　金文𩫖白㪟毁作㪟可證L=厂，㔾即厄。此封土之封之本字。《周禮·封人》注：「聚土曰封」。

㭉

徛=徒　疑當从卉聲，而卉从土聲，或是徒之繁體，土與士的關係待考。

杜　土非物。

㞷

〔乙〕水部

乙

後十八·八片，乙未卜貞自？子入騂士之㘸

林二·廿六·七片。乙未卜貞舊騂其㘸不𣞤。

水

沓　《說文》：汩，治水也。水流皃。孫云說文所無誤。

《說文》卷十一上，水部有汩。于筆切。

駱=駱　《玉篇》：「駁駱，馬行皃」。《廣韻》：「徒合切」。

《玉篇》卷廿三。馬部第三五七。

《廣韻》卷五·廿七合韻。注同玉篇。

䢺=䢺=踏　《玉篇》有踏字。

《玉篇》他帀切，足著地·卷七足部第七十六。

巜

邕　=口邕　《說文》：邕，四方有水自邕城池者。从川从邑，籀文从。川=川。

呂=口。

巜=巜　《說文》：「巜，水流澮澮也」。象形。孫誤合川。

仍是水字？巜字？

𣲦　此非二水，而是水繁文。

巜　𣲦

即川

川　商書有。前四十二　古文。孫不録，查？

㕣　𠷎？《說文》水流也，于聿切

訓？《說文》說教也：从言川聲·也可能是𠷎之誤。查卜辭？

囘=困　《說文》淵，四水也，从水象形，左右岸也，中象水皃𣶒淵或有水。古文从口水。

囦　疑囦字，《說文》「淵，回水也，从水象形，左右岸也，中象水皃。古文作囦从囗水」。

州

衍‖巡行　《說文》：「巡，視行也，从辵川聲」。「衍，水朝宗于海皃也」。从水从行疑本一字。（指衍）

《說文解字注》（段玉裁）謂：「巡視行也」。

而今本《說文》作「延行皃」

今本《說文》「衍，水朝宗于海」。亦無皃字。

㳅‖衍　从水从行疑本一字。孫（海波）云存下五八五片，㳅用爲巛則似讀衍矣。

衍

（巛）巛巛部

巛　與水亂

巛巛

巛　與川亂。

巛

𢦏　疑是𢦏字異文。卜辭㞢巛或作㞢戈。則𢦏即哉。

昔

丘部

丘

出　《說文》「出，入山之深也，从山从入。闕。鉏箴切」。

出‖出　《說文》作出，入山之深也，从入从山，闕。後下二一·七片。上闕，疑非全字？

岸

（阜）阜部

𠂤‖阜

（谷）谷部

谷

俗‖伀‖伀　按古、公、谷、多通，衮袞、訟古文䜕、宂容、松寀、頌、額《說文》有伀字。《方言十》「征伀，遑遽也」。《廣雅》古書多作征伀。見《廣韻》。

（泉）泉部

泉

剝　疑非合文，應爲从泉从来之字，来亦聲。爲地名專字。後一·二五·三。癸亥卜貞，王旬亡𡆥，在六月，在𣓁𩞁(次)。

来　綴一八五。丁亥卜，在𣓁㓝(次)貞韋自……(賓)𥼶……　又𡆥王其令𡆥不𥼶……　王令？前二·二五·六。在𣓁𧾷𩞁＝次。

𣓁　原孫疑五十𡴀合文。現釋「五泉合文」如按前骨中似爲一字。金二一。戊寅卜(𠛱)貞王(……)……　囗……　丈干囗。前六·五二·一。癸巳卜，貞令……子……(……)……六月。

小部

小　合文待研究。如……，不一定是小淮，而可能是滙(見續三·二二·一〇)

少　少即小。

沙

仯、㑑、𡰷、……　《廣韻》卅六效，「仯，初教切，仯仯小子」。字典引《廣韻》作𩟴悚貌不知所出。又《集韻》弭沼切。

石部

厂＝石

石

𥐥

宕　《説文》从碭省聲非。

𡧏＝宕　《説文》从碭省聲非。

𡰥＝炭　厂＝𡵂《説文》：「炭燒木餘也，从火𡵂聲」。由卜辭知炭本是石炭即煤。木炭乃後起，炭字與木無關。灰字則从𠬝，不从厂。今本説文注依小徐本。

斫　《説文》：「斫，擊也，从斤石聲」。

斫

(厓)聲、硈、……　疑𡶕字(即聲)

𡹈＝磍　厂＝厈＝岸。(𡵂从厂聲)从吉石聲。《通俗文》緩脣謂之𡹈磍。《玉篇》音岸「厚也」。《集韻》「不恭也」。

砌

㝥　疑灾字，《説文》爲烖之或體。此或从火从宕；或从宀从𤆍。待更考。

火部

火

炎 《說文》「火光上也。从重火。于廉切」。卷十上火部 P二〇七上

焱 《說文》「火，華也，从三火。以冉切」。

焚 《說文》作㷋，「燒田也，从火楙，楙亦聲。附袁切」、卷十上火部 P二〇九上

後二·四·五。疑是烄（𤈦）字？查卜辭。卷十上火部 P二〇七上

芡 林＝艸

𬂪 是焚字从㸒或𡭗呢？還是栚𦄷字，
《說文》「栚，槌之横者也」。「𦄷，機持經者」。
𦄷字从𤐫。卷六上木部 P一二二下．P一二三上

𤎩

𤎩？

叜＝𡭗 《說文》：「叜，老也，从又从灾。闕，
𡠌籀文从寸从灾。傁。叜或从人从又从
灾。今本說文无第二从灾及第三从人叜从灾。

𤆍 𤆍

𤇩 此爲双足在火上取暖乎？抑
燒兩足乎？是否燈字？

𤐫 此應从目𤇩聲？還是从𠬞目火聲？

灾 《說文》烖的或體灾或从宀火。

𣪘＝餕 孫疑
𣪘非。《玉篇》：「餕，飯壞也」、《六書故》
引《字林》：「餕，飯傷熱濕也」。
《廣韻》「所鳩切」
戩四·一七。乙亥卜先𣪘迺又且辛，京津三
一二五（𣪘）□未卜……𣪘乙亥……用。粹
三七〇丙午卜𡆥叀𣪘□□𠇍（子）酒，癸卯
貞叀𣪘先于大示于父丁。

𣪘 如非筆誤則爲𣪘字。

（亼）今部

今

𤆎（金）？ 疑此即金字，本从火从今，
不从工。

雂 《說文》：「鴒鳥也……左昭
二十一年傳，公子苦雂」。孫云說文所無，
不知曾看過說文否。

㚞＝妗 《說文》：「㚞，妗也，从女沾聲」。
孫不識今字，遂謂說文所無可笑。

念 [甲骨文]

今丘、今山、山今 [甲骨文]

飮‖飲 [甲骨文] 《說文》：「飮，歠也，从欠酓聲。……[古文](㱃)古文飮从今水。[古文]、古文飮，从今食。[古文]古文。从水今聲。[古文]古文。从食今聲。

䳩‖䧵 [甲骨文] 《說文》：「䧵，鳥也，从隹今聲」。《廣韻》：「䳩，巨淹切，勾喙鳥」。按象形。

唫 [甲骨文] 《說文》：「唫，口急也，从口金聲」。

紟 [甲骨文] 《說文》：「紟，衣繫也，从糸今聲」。

(十)屮部

屮 [甲骨文] [甲骨文] 《說文》二下屮部 P一五上。 粹一九三是[甲骨文]的省略，此外應查。

𡳿‖卉 [甲骨文] 即卉字。

之 [甲骨文] [甲骨文] [甲骨文]之字究竟應从屮抑从止？與㞢的區別？《說文》六下㞢部 P一二七上

之 [甲骨文] 戊辰貞，彭羽之明辛巳。

•彸(待) [甲骨文] 《說文》待竢也，孫謂說文所無誤。[甲骨文]當[甲骨文]之誤

沚(滍) [甲骨文] 之㞢‖㞢之尤即蚩尤。《說文》：「滍水出南陽魯陽堯山東北入汝」。从水蚩聲。

生 [甲骨文] 多生(姓)？卒生(姓) [甲骨文](粹一一三一)今生一月疑當讀茲。生月疑之月。（陳夢家曰：「生月指來月，今生一月即二月」）。

姓 [甲骨文] 《說文》六下生部 P一二七下。 《說文》十二下女部 P二五八下。

曐‖曐‖星 [甲骨文] [甲骨文] [甲骨文] 《說文》七上晶部 P一四一上。

[女星]‖姓 [甲骨文] [甲骨文] 此星似爲單獨一字。《說文》十二下女部 P二五八或七上晶部 P一四一上。

[羊生] [甲骨文] [羊生]非牲，應是羊部字，有牲、[羊生]、𦍩，古代可製[羊生]字稱牲的所包極多。但大都有牛羊豕。

㞷 [甲骨文] [甲骨文] [甲骨文] 《說文》六下之部 P一二七上。

㞷 [甲骨文] [甲骨文] [甲骨文] [甲骨文] 《說文》：「㞷，草木妄生也，从㞢在土上，讀若皇」。但卜辭㞷字又似从止，或从止是由屮所變。《說文》六下之部 P一二七上。

杏 [甲骨文] [甲骨文] [甲骨文] 《說文》「杏，果也，从木可有聲」。按疑本是象形，象由杏核中萌芽形。《說文》六上木部 P一一四下。

㞢或與㞢一字
嵒 倒文
㚅？=抱 疑是包字，雹古文靁即𩃬或釋霄，
勹即勹，若然則㞢是苞矣。《說文》十二手部 P二五三上。
姓=媓 㞷=皇。《方言》六：「母謂
之媓」。邰王鼎諆，邰王盤諆。
𢽨 宋玉《高唐賦》：「𢽨兮若
松榯」注「𢽨茂貌」。《集韻》徒對切。粹四
九七片……𢽨……王受又。粹四九八片……
𢽨弜巳。粹四九九片。貞𠦪叀𢽨酌
𣅀？
𠦪=友 《說文》三下又部 P六五上。 《說文》友古文𠦪？方。
卜外 疑从卜氿分內外？
刂剁 《說文》：「剁，或从卜聲」。
攴卜 《說文》：「攴，小擊也」。
卬

（三）丰部

丰 《說文》生部六下 P一二七下。
丰
縫=紂 《說文》：「紂，枲履也，从糸封
聲」。《說文》十三上糸部 P二七七下。
妦 《方言》一：「凡好而輕者趙魏燕代之間
曰姝，或曰妦」。
邦=邦 《說文》六下邑部 P一三一下。 《說文》：「邦，國也。从邑丰聲」。
澌=澍 名伯簋𢽨揚。
𢓜 孫釋𢓜，按當是夆字，
屮形誤作屮耳。《說文》二下彳部 P四三上。《說文》：「夆，使也。从彳
夆聲。讀若螽」。
餅 粹一九二片，大甲餅叀大牢。九八九
片叀餅田眚不遘雨。

（四）朿部

市或朿 《說文》：「朿，止也，从朩盛而
一橫止之也」。
「市買賣所之也，市有垣从冂从乀，乀古
文及字，象物相及也之省聲」。
《說文》六下朿（朩）部 P一二七下。五下冂（冂）部 P一〇下。
市 朿
朿
朿？
師

餗

朿　疑爲𣎵之異文，《說文》：「𣎵，止也，从朩盛而一橫止之也」。《說文》六下朩部，P.一二七下。

（五）束部

束　《說文》七上束部 P.一四三上。

帝

賚＝責　《說文》六下貝部 P.一三〇下。
孫疑賚。

鰊、鯑或鰿　疑鯑字。《山海經·北山經》：「決決之水……多人魚，狀如鯑魚」注：「今亦呼鮎爲鯑。
「休水多鯑魚……」《廣韻》杜奚切。

餗

棗　《說文》：「棗，羊棗也，从重朿」。《說文》七上束部 P.一四三上。

帝

帝

帝　孫疑帝字。「癸巳卜其帝于巫」。

束、或帝　此當束字，然可能是帝字，查卜一八九乙五三七片。

束　此與帝字形近。如是束應在象物。

啻

涑、或滴　疑十帝合文，查卜辭。

㛑＝嫡　此當是矢鏑之專字。《說文》「鏑矢鏠也」。《釋名》：「矢又謂之鏑」。从矢帝聲。

㩠＝揥摘　《說文》：「摘，拓果樹實也」。《詩君子偕老》：「象之揥也」。《廣雅釋詁》一下「揥語也」。《廣雅·釋詁》二「揥：嬈也，戲也」。又見《文賦》。《文選》卷十七陸機《文賦》：「徘徊而不能揥」。注：「說文曰：揥，取也，他狄切，協韻，他帝切，或爲㨶，㨶猶去也」。

辛、或帝？

（六）不部

不

杯

杈　抔棓　《說文》「棓，地也」。

抔見禮記禮運、廣韻。《禮記·禮運》：「汙尊而抔飲」。注：「抔飲手掬之也」。《廣韻》上平聲十五灰韻：抔，披抔，芳杯切。下平聲十九侯韻「手掬物也，薄侯切」。

《說文》十二上手部P二五二下。

利 剖 《說文》作「剖 判也」剖。

《說文》四下刀部P九一下。

丕 趙踣 《說文》：「趙僵也」。「踣、僵也」

《說文》二上走部P三七下。二下足部P四七下。

登 衩即掊字，从止衩聲。

朸

栰 戈 孫云疑栰。

駓 《說文》有駓字。《廣韻》釋訓駓駓走也。《招魂》逐人駓駓些。注：走貌。

炋‖焙 《集韻》：「焙，蒲昧切，熇也」。《篇海》：「炋，音丕，火也」。

烄

焚‖㶣 孫作焚誤。

帀 是否从反之，與不字有無關係？

帀或木 疑不之異體，𣎳字从此，或

《說文》：「𣎳之古文木，从木無疑」。《說文》：「𣎳，(蘖)伐木餘也」。

師 當是从甾帀聲。疑與筬義近，帀夹音近，甾亦筐筬之類與？孫釋師可笑。

耑 《說文》：「耑，物之初生也，上象生形，下象其根也」。按此字尚有可疑。《說文》：「困，古文耑」。

《說文》七下耑部P一四九下。

(羽) 羽部

羽 此是慧之原形。《說文》：「彗尚从手，手持(羽)彗也」。此與帚、彗義近，孫海波據習證此為羽字，真以不狂為狂矣。孫誤並列羽甲為羽，可哂。

羽

𩁓‖雪 此當是「黍者所以雪桃」之雪的本字。《廣雅·釋詁》三「雪除也」。孫釋羽誤。

習 从日从羽即彗字，此六輪所謂日中必熭也。《說文》熭，暴乾也。此必从日無疑。𣇱即作習用的習，遂假熭爲之耳，實則習即㫺字。《説文》彗古文作篲，又返作从竹習聲的形聲字了。卜辭作習△卜。《説文》四上習部 P七四下。

雪＝雪＝䨮　孫誤霸。商代就不下雪了。《説文》十一下雨部 P二四一上。

雪　疑由[glyph]字後期變譌。或釋雩字，不確。

騽　《説文》：「騽，馬豪骭也，从馬習聲」。《説文》十上馬部 P九九上。

䮎　从馬彗聲。

（乇）乇　部

乇（力？）　《説文》：「乇，艸葉也，似垂（垂）穗上貫一，下有根象形」。粹一〇九片。……䀇彡乇自上甲」。郭釋力《説文》六下乇部 P一二七下。

乇

圫＝垞　《説文》「宅，所託也，从宀乇聲」。𡋯古文宅从冂土乇聲。《説文》七下宀部 P一五〇上。

[囗乇]

[宀乇口]　咤　《説文》有吒字。古書多作咤。孫云説文所無誤。但是否从宅？

宅　或从力

宅　《説文》七下宀部 P一五〇上。十二

亳　《説文》「亳从乇聲。乇艸葉也似𠌶穗上貫一，下有根象形」。按當是屮而微偏。亳土。

亳　《説文》「京兆杜陵亭也，从高省，乇聲」《説文》五下高部 P一一〇下。

（木）木　部

木

本　《説文》「木下曰本，从木一在其下」。《説文》六上木部 P一一八下。

末

末　疑與末爲一字。《説文》作末，疑由木變爲朿後上一五·二片…… 其田于末。地名。

朱

朱　孫疑未，當是朱字。

柔　《説文》「柔，木曲直也，从木矛聲」。《説文》六上木部 P一一九下。

極　此當爲極之本字。亙、亟、亟極、《説文》「極，棟也，从木亟聲」。《説文》六上木部 P一二〇上。

柰　《説文》在木部，从示聲

似誤。孫謂說文無誤。《說文》六上木部P.一二四下。

桒、栟

桒、粤？或寂　此从桒聲，不从丂。

槩　與𣏌是否一字？金文有此，見我鼎𣑊、或从敹。

𣏌

㯕=𣏌　後一·七·一二。㯕同槩。

杈　𣏌字从此？杈或即𣏌、棫。

枚

𣏌

休　待考。如彳亻相亂則是休字。

埶=埶　當是埶之別體

《說文》「埶，種也从坴丮。持而種之」。《說文》三下丮部P.六三下。

𣡦=㭉　不詳錄，當即金文㭉的繁文，从埶聲。

利　當即利字。

利

沐、𣆪？

妹=妹　疑是妹字。《廣韻》「莫撥切」未末多亂，午未字不作木。則妹非。

𥨍　疑即𥨍。木、𣎴

寐=寐　木=未。《說文》：「寐，臥也，从㝱省未聲」。《說文》七下㝱部P.一五三下。

喬

宋

㑊、𠈁、　疑㑊从人宋聲見《廣韻》五十三勘「僋㑊蘇紺切」。

羅釋寐似非。

𡨊？　如作爲从木宀聲。从屮宀聲，从木安聲。亦似未安。

婡　疑从女宋聲。

妹？　由此可見朱可變　變

𢧵　从戈从䜌，當即𢦏。《廣韻》「陟輸切列殊殺字从歹，又五割切」。𢦏上同。《博雅》𢦏，殺也。

後下三三·七片　癸亥卜其酌䖵于河。

粹三四二片　弜乚叀氐乚叀䖵乚其又凡辛叀牛王受又乚其牢王受又。

䖵　下缺

𣡕〓柵　此柵之原始字，《說文》「柵，編樹木也，从木冊聲」。編木之形有類於冊。《說文》六上木部 P一二一上

林

森

㭗、啉　《廣韻》二十二覃　酒巡匝曰啉，出酒律，亦作㭗　當與婪、惏同義。

𣦼　歷　从止秝聲。歷本作秝、秝與林混，隨誤作𣦼。《說文》二上止部 P三八上。

㪚　此即《說文》𣀔字。分離也，从攴从林。宋代出土𣀔季𣪘石鼓𢿱字，从艸中有飾點。《說文》誤爲从𣏟。清代散盤等散字均似从𣏟，則是艸作廾形而誤。从艸从林固可通用。《說文》七下𣏟部 P一四九上。

霖　《說文》十一下雨部 P二四一下。

婪　《說文》十二下女部 P二六四上。

楚歷？楚？

麓

殸　是否从杳待考。

苿

美　从羊聲？柳即苿。

未

末　《說文》「末，木上曰末，从木一在其上」。作者正象木上之末」。

後編上二九·十片丁子(巳)卜卜今未方其大出三月(四月)

粹編一二四三片壬寅卜，今末方其出。

按今末記時，末通歲，《左傳·莊公九年》、《管子·大匡》曹劌《齊策》《史記·刺客傳》作曹沫可證。

杳、味

後上三一·六一片丁酉卜㱿貞今杳五収人五千正。

戩一三·三片貞今杳王𢎗从𠤷𩵦乘伐下𠂤(𠇗)弗其受又　又四片貞今杳五𢎗伐下𠂤弗其……

粹一〇五三片……㱿貞今杳王出。一一〇五片……㱿……杳……土方……受㞢又十二月。

杳疑通歲《左傳莊公九年》曹劌，《史記·刺客傳》作曹沫，《史記》索隱：「亡葛反」，則从末似當从未，莫貝切。泰韻譏、噦、薉、鐬、濊等字均呼會切，則m轉h也。

制字从未而㓹㓹㓹𧜀𦢊𧶽等字征例切，𢪘字尺制切，猘字居例切並祭韻。而㓹字相銳切。㓹字居衛切。都可以證明㓹當通沬。从未《公羊襄廿七年傳》「眛雉彼視」注「眛，割也」。即是㓹字之義。

杏

夅　《說文》「啎也，从夊丰聲。讀若縫」。《說文》五下夊部 P二一四上。

夆　此或是𡕍之原始字，从夂从末。《廣雅·釋詁》二「𡕍，末也」。木杪也。《廣韻》「𢽬，容切木上」。或是格字，則以末爲木。

妹 　从女未聲。莫佩切。《說文》十二下女部 P二五九下。

敉‖抹 　《集韻》「抹，莫貝切，摸也」。又「莫佩切」。此似从味聲。

𣏟

𣏟　《說文》六上木部 P一二五上。

栗 　《說文》「栗木也。从木其實下垂，故从卤」（𣡌）古文从木从二卤从西。《說文》七上卤部 P一四三上。

𦿆‖喋　喋‖諜。《說文》爲間諜義佔去，《史記·匈奴傳》：「喋喋而佔」。《張釋之馮唐傳》嗇夫諜諜。《魏豹彭越傳》喋血乘勝。嘍喋。唼喋。《說文》三上言部 P五七下。

𣐈‖杳 　疑枼通木。即杳。《說文》「杳，冥也从日在木下」。《說文》六上木部 P一一九下。

㯿‖揲 　《說文》「揲，閱持也，从手枼聲」。孫誤與采并。《說文》十二上手部 P二五一下。

㒗　《說文》㒗，宋衛之間謂華㒗。㒗从人葉聲。《禮記·玉藻》「若祭謂己㒗卑」。《廣韻》「與涉切」。《說文》八上人部 P一六二上。

斳

媟 　《說文》十二下女部 P二六三上。

𩅦

㪿　疑是折之異文。

噩、咢　疑噩字《周禮·占夢》噩夢。《爾雅·釋天》作噩。《法言》「周書噩噩爾」。

桑 　《說文》六下叒部 P一二七上。

嗓、𠷎、𠹏、𡂤‖喪 　《从桑聲。可見桑字除外還作其他形狀。《說文》二上㗊部 P三五下。

𦤎＝香　疑香

本从桑聲不从黍。

㵾＝爽　《方言》十三：爽淨也　注　冷皃

也。金文昧爽字作。

朧　从月𡨦聲。金文以𦤎爲昧爽字，此

从月，疑當同昧爽。時月尚在，日將出也。

嫊

𠦪、𠦬＝𠦪　《說文》無𠦪字

有𠦪字。「疾也，从夲（本）卉聲，呼骨切」

按𠦪字當是从屮𠦪聲。金文𠦬字或作𠦪

字可證。《說文》㯻字𡴾（奏）字並从𠦪

《說文》均以爲从本从屮誤。《說文》十下本部 P二一五上。

𠦪

𡴾＝𠦪

𠦪

𠦪　此或𠦪之異文？

陴＝隫　管子地圓，若在陵在山在隫在衍，

集韻符分切，同墳。

渀＝濆　濆，《說文》：「水厓也，从水

賁聲」。《說文》十一上水部 P二三二上。

𠦪

𠦪

粹九四五片囗三一五卜在𥹉田龍𠦪洮突其…

戩三七·二一片叀商奏，叀𠦪奏，叀小美奏。

林二二六·一〇片己子（巳）卜貞，今日益𠦪不

雨。十一片己子（巳）卜（羽）庚午𩵋益𠦪之日

《說文》十下本部 P二一五上。

本　此當是𠦪之倒文。《說文》：「本，進取

也，从大从十，大十猶兼十人也，讀若滔」。

按金文𣠮作，可證𠦪即𠦪。

本與𠦪之關係四〇六、三九九。《說文》十下本部 P二一五上。

𠦪

𠦪

嫊

𠦪

𠧪＝栗　《說文》七上鹵部 P一四三上。

桒＝桒　《說文》：「桒，盛貌，从焱

在木上，讀若詩莘莘征夫，一曰役也」。按

《說文》誤。本不从焱，只形似耳。此即桒

之本字《說文》「桼、果木似梓實如小栗」。其實即榛字，此原象形。孫併入㮚誤。《說文》六上木部P一二五上。《說文》十下炎部P二一二下。

鄑　疑鄑之本字。《廣韻》「祥遵切，均也」。《詩·信南山》：「畇畇原隰」。《爾雅·釋訓》：「畇畇，田也」。《周禮·均人》注作鄑鄑从炏非聲。疑當从燊。戩四·十片……(口)乎……鄑于……自……。鐵二一四·一片：鄑于商。

燊　《說文》：燊，盛貌，从焱在木上，讀若詩莘莘征夫。一曰役也，此如㮚之即栗。《說文》十下炎部P二一二下

𤇾　疑燊？梟？

燮　或是燮邪？

亲　从亲。《說文》「果木似梓實如小栗」。从木辛聲。

煤　《玉篇》炱煤。《廣韻》：「莫杯切，炱煤灰集屋也」。《呂覽·任數》：「煤炱入甑中」。北京話炱灰，炱讀如塔。

東　《說文古籀補》云蒲坂幣作朿。但余所見甫反一釿幣實作朿。如實同字則爲穱之原始字。《廣雅·釋詁》四：「穱、穦也」。《廣韻》：「穱，芳無切，禾穦也」又「扶甫切」又「穱博孤切，刈禾治穱」又「扶雨切，禾穦積也」按《說文》訓穦爲穫刈。《廣韻》「穦在丸切，穱也，又刈禾積也」。後編下六·六片　王在雚」弜雚東」當指觀收穫。

朿　是否東字？

悚？　孫以朿爲東？以金文𠜾字例之，似可信，則此即速字耳。

𢿛=敕　朿、東、東。《說文》「東，从東从八」。《廣雅·釋詁》一：「揀，擇也」。《說文》「敕，誡也，从攴束聲」隸書敕常作勅。《說文》三下攴部P六八上。

敕

剌

敕　=朿　？

𩎓、業、　如是東則是速字乎？

𠧪　《說文》「𠧪，木垂華實，从木从乃，乃亦聲」。

者　《說文》者，別事詞也，从白𣎆聲。𣎆古文旅字。按𣎆爲楮之原始象形字。《說文》四上白部P七四上。

桀‖樂　《說文》六上木部 P一二四上。

𢿅　《廣雅·釋詁》三「𢿅，擊也」。《廣韻》「離灼切」《集韻》「𢿅，式灼切，𢿅𢿅不定貌」。

[樂/皿]　从皿樂聲。未詳。

濼

（辛）辛部

辛　《說文》十四下辛部 P三〇九上

新‖新‖䢅　《說文》十四上斤部 P三〇〇上。

[辛又]　疑對字，出于中[辛又]三牢甫一牛。

滓‖瀙　《說文》：「瀙水出南陽舞陽中陽山，入潁水，从水亲聲」。《說文》十一上水部 P二六六下。

屖　疑屖之異文。《說文》屖遟也，从尸辛聲，先稽切。《說文》八上尸部 P一七四下。

𡨦、寴　从宀新聲與新同，𡨦宗。《說文》有寴字，至也，从宀親聲。金文寴即親可證𡨦即新。《說文》七下宀部 P一五〇下。

𡥉（宰）

宰

漅　《廣韻》子小切，湖名。後漢明帝紀：「巢湖出黃金」

睡

委

宰　𡥉‖宰

（禾）禾部

禾　《說文》七上禾部 P一四四上。受禾即受年　或私邪？

禾　受禾合文

秝　《說文》七上秝部 P一四六下。

季　年與禾似一事不从人千，受年。《說文》七上禾部 P一四六上。

季　戩卅四、五片　疒卜年卜

秫　此是秫之象形字，後變爲秫《說文》：秫稷之黏者从禾朮象形朮秫或者禾，其作　者實　之誤耳。廣志秫有赤有白，所以卜辭言秫若黍則是今黃米就不會稱白黍了。羅以秫與黍混誤。

秶、秊秝　黍年、字等於秝，用等於年。

穋　《説文》「穋禾也，从禾㐱聲」。《説文》七上禾部 P一四四下。

秉　此與采（穗）字有何區别？《説文》三下又部 P六四下。

利　《説文》古文作𥝢。《説文》四下刀部 P九一上。

利　疑是利之異體？

龢＝龢　禾聲从龠不从龠　《説文》二下龠部 P四八下。

咊

姀、委、　疑不从禾而从禾。《説文》十二下女部．P二六一下。

𥞩、稰？稰．　此疑是稰之本字，《説文》「稰，祭具也」。字亦作糈。《離騷》「懷椒糈而要之」。注「精米所以享神也」。《淮南説山》巫之用糈。《南山經》凡䳡山之首糈用稌米。《史記．日者列傳》「不見奪糈」《索隱》「卜求神之米也」，字又作稰。《禮記．内則》「稰穛」注「熟獲曰稰，生獲曰穛」。《漢書．楊雄傳》：「費椒稰以要神兮」按卜辭象兩手奉禾祭神之意與𥞩畧同，似秊爲穫之本字，則此是穫禾之祭。參看椎。《説文》一上示部 P九上。

𤰈＝𥝢　从土利聲。𤰈＝利。按此當爲黎土之本字。《禹貢》「氐土青黎」《釋名》：土青曰黎，郭釋穗（采）似誤。《説文》七上黍部 P一四七上。

香　《説文》芳也，从黍从甘，《春秋》傳曰黍稷馨香。《説文》七上香部 P一四七上

委　《説文》委，隨也，从女从禾．（諧本禾聲）此从和。《説文》十二下女部 P二六一下。

洔、沬、黍。　年＝禾。此亦黍字乎，《玉篇》胡戈地水也，一曰水名。

𢓊　述？连？

𣀗＝𣀗　是否合文？

𤲗＝𤲗＝歷　此當是从田秝聲，金文歷字或从𤲗。羅釋嗇非是．𤲗＝𤲗。《説文》二上止部 P．三八上。

曆＝曆　《説文新附》曆，曆象也，从日厤聲．古書多有曆字。如尚書。《説文》七上日部新附 P一四〇上。

𣀻　疑是纚字《集韻》「郎敵切．音歷．繩爲界埒也」．或从秝𤔔。

⿱利馬、⿰馬黎、⿰馬犁、　从馬利聲。《廣雅·釋畜》駣⿰馬犁,見《玉篇》、《廣韻》。郎奚切,又作⿰馬黎。

《廣雅·釋嘼(畜)》:「駣⿰馬犁」王念孫疏證之:駣音陶,⿰馬犁亦作驪。集韻云「駣⿰馬犁,獸名,似馬」。《爾雅》云:小領盜驪。《穆天子傳》:「天子之駿盜驪」。郭璞注云:爲馬紐頸,驪黑色也。《玉篇》作桃⿰馬犁。

(來)來部

來　《說文》五下來部P一一一下。

麥　《說文》五下麥部P一一二上。

⿱來口‖唻　《玉篇》歌聲也。《廣韻》「賴諧切,唱歌聲又來改切」。

敕　此與敕字混,來有似于朿,敕與敕混。《說文》「勑,勞也」。《爾雅·釋詁》作勑。《說文》「敕,擊馬也」。字亦相近。由此可以看到來的異形。《說文》十三下力部P二九二上。《說文》三下攴部P六九下。

⿱敕口　此似即⿰吉攵之異文,犹⿱敕厂之作⿱敕厂。

婡　《集韻》郎才切。女字。又落盖切好皃。孫與委合,誤。

婡

⿱來目‖睞　《說文》四上目部P七三上。

⿱來示　朩‖示,或禁之異體。

⿰氵麥‖淶　麥‖來　《說文》「淶水起北地廣昌東入河从水來聲」。《說文》十一上水部P二二八下。

⿱敕厂‖敕　⿱敕厂从人敕聲。來形變如未,又如木,《說文》从未聲誤。又有斄字,庲字,彊曲毛可以著起衣。从𠩺省來聲更誤。《說文》三下攴部P六九上。

⿰來頁‖親　《說文》親,内視也,从見來聲。⿰來頁見《爾雅·釋詁》釋文。《玉篇》「⿰來頁力載切⿰來頁蒙也」。《說文》八下見部P一七八上。

⿱十來　來?朿?

⿰來隹　《爾雅》鷹鶆鳩。《廣韻》落哀切。

⿰來隹

(來)黍部

⿱來氺‖黍　此黍之象形字。

（卣）卣部

卣 《説文》：器形之卣與草木實之卤混。參看象物十八葉。《説文》七上卤部P一四三上。

⿰卤卤 ⿱卤⿰卤卤 《説文》卤籀文，此或粟之本字乎？《説文》粟籀文⿱⿰卤卤米。《説文》七上卤部P一四三上。

⿱⿰卤卤女 从女⿱卤⿰卤卤聲？或仍是娼字。查？摭拾續一四八。

⿰⿱卤⿰卤卤又‖粟 《説文》：粟嘉穀實也，从卤从米。古文从三卤，按象用手取穀粒形。⿱卤粟字从此。

稷 此疑即訓穫刈之穧，品與⿰卤卤混耳，在禾上取齊之形。商釋粟，按粟是米粒不應从禾，从⿱品女即㚇字。⿱品要字所从，㚇即穧字。《説文》七上禾部P一四五上

卣 《説文》五上乃部P.一〇〇下。

⿱卣皿 ⿱卣皿雨

（米）米部

米 《説文》七上米部P一四七上。

黍 《説文》七上黍部P一四六下。

黎 未詳。《説文》「履黏也，从黍古文利省聲」。按用刀割黍與用刀割禾同義。許説誤也。卜辭王伐黎即西伯勘黎之黎。孫海波釋剢（勘）而於注中釋剢，竟不識黍與𥝢之别，又不知黎在黍部，無識一至於此。《説文》七上黍部P一四七上。

（旅）旅部

旅‖齊 商釋粟，按粟是米粒不應从禾即㚇字⿱品要字所从，㚇即穧字 《説文》七上齊部P一四三上。

旅 乙五三三九反

亍 疑⿸旅禾稷之本字。

⿱雨旅‖霽 从雨旅聲 《説文》十一下雨部P二四二上。

⿱旅皿‖齍 《説文》「齍，黍稷在器以祀者，从皿齊聲」。《説文》五上皿部P一〇四上。

⿸旅禾 《説文》「稷也，从禾齊聲」。穧穫刈也，从禾齊聲，應以訓稷爲本義。孫誤爲粟。《説文》七上禾部P一四四下。

釆 疑是釆。查？

宷 十‖朱。盅‖𢿌。

虫部

虫(它)

巳 後上二八·六片，十宰希五宰巳示三宰八月。

它

蚰

敆敊 《說文》「敊數也」，《集韻》或作敆。朱駿聲謂當从它聲。

攺

改改 《說文》改，毅改、大剛卯以逐鬼魅也。从攴巳聲。讀若巳。

殴改 此與上是否一字當核 《說文》毅改大剛卯以逐鬼魅也从攴巳聲。

闕？

祀

祂 从示㐌聲，當是祭名。金文有餈

汜 祭或祀之異文。 《說文》水別復入水也。从水巳聲。詩曰江有汜，一曰窮瀆也。

⿱罒蚰 《說文》作蠶，任絲蟲也，从蚰朁聲。按當是从⿱罒蚰兓聲。罒即象蠶形，非目字，與⿱罒丂字同。《說文》說上四象⿱罒丂頭形，中象其身蜎蜎，非是蜀字的目也，象蠶形。◎是所吐絲形。蓋⿱罒丂是野蚕，而蠶則育蠶矣。罒字常變爲⊖，有似於目，篆文譌作ㄩ耳。商承祚疑亦蜀字，則由不知罒象蠶形而誤併矣。

妃

妵 《玉篇》她古文姐字《六書故》姐古文或从也聲作她，或从者聲作䞌。

妃、𨸏、

柁

𧈧、𧈢(𧈢) 疑是𧈢之異體。

芒、跎 《說文》「它，蟲也，从蟲而長，象寃曲垂尾形。上古艸居患它，故相向舞它乎」。《廣韻》七歌：「跎，徒何切，蹉跎」。《說文新附》「跎，蹉跎也」。徐鉉說：「案經史通差池，此亦後人所加」。按：池从也（匜）聲，跎从它聲，它也古多亂，然是兩字，徐誤也。跎字本義是蛇傷足，故卜辭作亡岜。《楚辭九懷》「驥垂兩耳（兮）中坂蹉跎」。

迱（㣥）　《廣韻》七歌，迱徒何切，逶迱行皃。

佗

杝

栿杝

⿰爿虫、痋　《說文》：「痋，動病也，从疒蟲省聲」。

蛊、盅

⿱䖵皿、蠱

⿱㠯巳、⿵門巳、⿱㠯巳？

目（以）

㠯（以）

佀（以）似佀（眉）？　《說文》㠯用也，从反巳。似象也，从人㠯聲。《廣雅．釋詁二》似，續也，詩裳裳者華：「是以似之」，斯干：「似續妣祖，卷阿似先公酋矣」。江漢：「召公是似」毛傳均訓嗣也。

居亦似，古㠯子巳孫釋侑大誤。

㚸

姒、㚸、始　查乙一〇五究是姒或是始？《說文》脫姒字，只有始字，「女之初也，从女台聲」。金文衛姒鬲弔向父簋弔簋並有姒字。孫誤釋始。

台

台　《說文》「說也，从口㠯聲」。

⿱㠯皿、⿱㠯豆　疑盒字《集韻》許亥切。器盛酒。

洦、治

⿱亼㠯、鉊　《說文》「枱，耒耑也，从木台聲，鈶或从金」。

盧（雨）

巸　《說文》：「巸，廣𦣝也，从𦣝巳聲」。粹五〇八B癸酉卜示十屯，巸

梠、枱、（梠枱）　《說文》「梠，臿也，从木㠯聲」。「枱，耒耑也，从木台聲」。

辝、辞　《說文》辤不受也，从辛从受，受辛宜辤之，籀文从辛台聲。

𧊒　《說文》「𧊒，

蟲也，从蟲之聲」。按此本象形字，蛇首較大後變爲之聲耳。《說文》尚有蚩字「从屮聲（今本作㞢）虫曳行也」。不知即ㄓ之變，抑或另有从屮之字，待考。羅誤合於㞢，非是。

㞢·蛘 《說文》：「蛘，搔蛘也，从蟲羊聲」。《風俗通》「恙，噬人蟲也。善食人心」。人每患苦之「噬蟲，善食人心」。按應爲「恙，噬蟲能食人心，古者草居多被此毒，故相問勞曰無恙」。

（罒）罒部

罒、蜀 《說文》：葵中蠶也。从蟲上目象蜀頭形，其身蜎蜎。詩曰：蜎蜎者蜀。

罒

𠰓 噣 《說文》：「噣，喙也，从口蜀聲」。孫云說文所無，知罒爲蜀，而不知𠰓爲噣怪哉！

𥊭·鐲 𠱠‖金 《說文》：「鐲，鉦也，从金蜀聲，軍法司馬執（兩）鐲」。

𥊭 疑蠲字。《說文》馬蠲也，从蟲益聲，

四勹象形。後下三六·三，壬午卜求于

𤰈 蟺 罒我 此夗蟺之蟺的象形字。《說文》「蟺，夗蟺也，从虫亶聲」。《玉篇》「蟺，蚯蚓也」。

𤰈·蟺 常見之物，疑即蠲。後下三八·二貞叀□尹令从𤰈由王事。貞叀多子族令从𤰈由王事。

（萬）萬部

萬 萬 𪆵？

𪆵 《說文》作𪆵「周成王時州靡國獻𪆵，人身反踵，自笑，笑即上唇掩其目，食人，北方謂之土螻，尔足云𪆵𪆵如人被髮，一名梟陽，从厹象形」。

濿 《說文》「砅，履石渡水也，从水从石。詩曰深則砅濿，砅或从厲」石鼓有濿字。

⿱萬女·⿰女萬

⿱子萬 从子萬聲？合文？

求 按此爲蛷之原

文。《說文》「蝨，多足蟲也。从䖵求聲。蛗蝨或从虫聲」。即蛷螋。《周禮·赤犮氏(秋官)》注：肌求即作求。後上二八·六片……不……十宰求五宰巳示三宰八月。粹八五六片，貞……求……來……

聑 蟬 粹一五三六叀癸用聑叀甲用聑。郭謂蟬形，當是。但从文字論，實與聑(苗)字同。金文有䎐(聑)聑二字，則聑單二字可能同音，後世遂改爲从蟬聲與？

(七)龍部

龍

⿱山夗 苑 疑从㔾龍。苑《說文》所以養禽獸(囿也)从艸夗聲。

龏

龐

⿸广龏

⿰女龍

⿰女龏

聾 孫誤入龍。《說文》「無聞也，从耳龍聲」。

瀧 《說文》雨瀧瀧皃，从水龍聲。

嚨 唬？ 《說文》嚨，喉也，从口龍聲。

(九)九部

九

九 後下三九·三

九 此無角爲虯也，孫誤入龍。

⿰九攴 疑从九。

⿱宀⿰九攴 宄 《說文》宄，姦也，外爲盜，內爲宄，从宀九聲。讀若軌。⿰九又，古文宄。⿱宄心亦古文宄。⿰九又古文从又九聲。⿱宄心古文从宀从心九聲。《玉篇》⿱宀⿰九又，古文。此即⿱宀⿰九又字。

勼 仇 《說文》「勼，聚也。从勹九聲。讀若鳩」。「仇，讎也，从人九聲」。此作 ，象人俯身當與勹字義同，應釋勼。

⿱九皿 簋匭杋 《說文》「簋，黍稷方器也，从竹从皿从皀」古文匭从匚从食九聲，古文杋从木九聲，則⿱九皿通簋，九皀古文匭見《玉篇》。

(十)勹部

力 旬勻 孫釋勹

力 旬勻 七 七 才

云 旬云一字須據卜辭分。

云

力

力 林二，二三，十七 庚子卜宂貞 粹一二六六……午貞……𣪊氏（此或只貞氏二字）

力 前六，五九，四片 林二十六，四 王固曰 粹一三三一片 貞婦好。

能 可與金文嬴字所从對照，然則能非熊也。後下六，一四 其兄 丝用，似同字。

力 此勹之繁體，孫誤合龍。

佝 《說文》：佝，疾也。「从人句聲」。

佝 戩二十一，五片，甲寅卜即貞王宂佝亩。

王國維誤作 孫从之。

⿱旬兮 《說文》「⿱旬兮，驚詞也，从兮旬聲，（或从恂聲）惸，⿱旬兮或从心」。由此可見兮本是器形。孫以爲从皿誤。

⿱旬兮 似此則兮亦皿類。

叼、哅 《廣雅·釋詁四》：「哅，吐也」《說文》有訇字。「駭言聲从言勻省聲。……訇，籀文不省」

灼、灼、燀

⿰耳勹、耺 《揚子·法言》：「𨘢豆不陳，玉帛不分，琴瑟不鏗，鐘鼓不耺（耺）（先知篇）」《廣韻廿文》干分切（王分切）「耳中聲」。

礿 疑从力（勻旬）孫疑祐。

号、旬？

⿱穴勹 不从夂吧？

灸‖灼

夋、抎 《說文》「抎，有所失也，从手云聲」。

(三)申部

申

𠭯、曳、軙 《說文》曳，引也，从又申聲。

𦥔古文申。

电、電 孫併入雷雲或○形為點當非，查卜辭語例，羅以雷電並釋電固非。

葉玉森釋雹尤謬。

雷、靁

𤳳 《說文》櫑，龜目酒尊，刻木作雲雷象，象施不窮也，从木畾省聲。罍或从缶，罍或从皿。籀文亦从缶畾省。

𢀴、蚰、虹 《說文》「虹，螮蝀也，狀似虫，从虫工聲。《明堂·月令》曰虹始見，籀文虹从申申電也」。

申亦兩首，此象虹形。橋曰杠亦象形。莊子䖳兩首（見《顏氏家訓·勉學篇》吾初讀……）韓非子（曰）蟲有䖳者一身兩口爭食相齕，遂相殺也。顏氏家訓據古今字譜說是虺字。

雷字亦从兩首，海外東經虹虹各有兩首在君子國北。

咼 虹蜺之蜺之本字。金文虹字。

蜺

妃

妃 孫摹，應作。

智 須查卜辭。

魚部

魚

魚 疑是魚字。

魯、魯 魯《說文》从白

䲆 凡此从八諸字是否與从小同？虎雀龍魚八月肖，如謂豕即豕，則八只是裝飾點如冂冋㒯㘝曾

魚 此當為大口魚，如魚女魮之當詳考。

盧 《周禮·天官·䱷人》䱷字 从盧聲。

盧

魚

魰

漁 佚九二六

㵣 《廣韻》卅三葉：「䲜䲜，魚惜切」。《玉篇》：魚盛。

魚、衡 疑衡字《說文》衡牛觸橫大木其

角，从角从大行聲。臭古文，从西从大，疑角爲魚之譌。臭爲臭之譌。

䲛 从巛？从皕？粹一五三五·己子貞其𡿪伐䲛方受又。

鼉

𡴆 《說文》菌𡴆地蕈叢生田中，从屮六聲。

陸 《說文》陸高平地从𨸏从坴坴亦聲。𨺻籀文陸从古文𨸏省从籀文𡴆

黽部

黽

黽 孫疑黽之異文。

黽

黽 金文有貝黽字或即此？

黾 疑誤多三筆。

黾

蠅 蠅 《管子·五行》「蠅婦不銷棄」。《揚子·太玄經沈次》：「好蠅惡粥」。 商釋蠅

蠅

鼂 《說文》：鼂，匽鼂也，讀若朝，楊雄說匽鼂蟲名，杜林以爲朝旦非是，从黽从旦。

鼂 疑即鼂而缺三直筆。後下癸酉卜𠦪年于鼂。

龜部

𪚴 龜 《說文》古文龜作𪚴。

龟 此特龟之異體，孫釋𪓰誤。

龜 應是𢿘龜兩字，孫合一。

龟

龜 應是盜龟兩字，且下面一字已見四八八。

龟 是 當是龜之簡體。

龟 此當是龟字而省去足形。後下一六·二庚戌卜爭貞王乞足河新龟允足。粹五二四丁卯卜爭貞王乞足河新龟允足。

龟

𪛆 从雨手奉龜當讀如𪚰
亦與𪇰、𪇊等同。
龟父合文？𪚦？
澠 本象龜在水中，轉
爲从水龜聲。讀與湫漁同。𪛉、𪚾、𪚺‖
秋、𪛔‖𪓝。
甲二七九 尞 一牛，此當讀醮樵，
《説文》冠娶禮祭，當是祭名。
𪚷 孫疑𪚷
𪛎 字書所無。《説文》：「𪚰，讀若焦」，
字書有𪛏字。《玉篇》有進字，子小切走
皃。
𪚻
𪛇 或是𪛇之異體，參象
工。
𪚿： 查陳一三二。
𪛊 疑𪛊省足
𪛊
𪛂 孫入𪚰下。
𪛃、𪛄 《廣雅·釋詁三》：「𪛄，縮
也」，《通俗文》「縮小曰𪛄皺」。

𪛌

（六）㐺部

冉

冉先 此冉先二字，孫誤併爲一。
後下二一·二，叀冉先用。
𡛔、姌
婁

（七）貝部

貝
𧴪、賵 《玉篇》有唄字，然似
後起字。此口似是盛貝器。
如釋爲賵，則㔾是冒字（參象人）
㝵、㝵
㝵 此與㝵當是一字。
得
緊 待考
𥸯 𠙵是否貝字？如是貝字應在象物。
敗 《説文》：敗，毀也，从攴貝，
敗、賊皆从貝。籀文𢿱从重貝。

貝

貝

敗、鼎 此如是敗則貝鼎商時已亂，然《玉篇》有損字，安知不是另一字呢？應查辭例。

⿱屮貝 《集韻》有⿱艹貝字（十四泰，博蓋切，⿱艹貝母，菂草）

寊、寶 見金文。

⿰女寊 从女寊聲。《集韻》有⿰女寊字，博蓋切，女名。

⿸厂貝、厚？ 《集韻》⿸厂貝，牛代切，石名（十九代去聲）；陟口切，義同（廿一麦入聲）。《玉篇》張幕也。旻导 厚碍。

狽 《玉篇》狽，狼狽也。《廣韻》博蓋切（十四泰）

⿰阝貝、埧 疑與埧通，《廣韻》必駕切（四十禡入聲）蜀人謂平川曰埧。

⿱𦍌貝、負 《說文》「負，恃也。从人守貝，有所恃也」。

（乙）隹部

隹

鳥 此類似是隹字。

隹

鳥？

烏

烏

罵、鴋 佚三二三，另一字作 知此爲鴞之象形（參見象工（八二頁）誤入象人五五頁）

雀

雀

集

隻

斗隹

敓、推 《說文》推，排也。有隹乎？从隹又聲乎？隻乎？是否隹？ 揣＝敪 此例恐尚多。

雔

⿰礻隹、集 疑即《說文》𥛗字。醮冠娶禮祭，𥛗或从示《廣雅·釋天》：「醮，祭也」。《高唐賦》：「醮諸神禮太一」。

⿰礻隻

⿰礻雔

禕 从倒示，孫摹誤。後上一九·一三，乙未卜貞王㝉武丁禕亡尤。

雧

隻、攫 《說文》「擊攫也，一曰握也」。小徐本「搤也」。古文字隻即蒦。隻＝攫。境＝撓

唯 此形聲字，本只作隹。（見甲四即作）

鳴、唯 此類無冠當是唯。《說文》：「唯，諾也」。此後起義另造一雟字以治切又羊水切「雌雉鳴也」。見《匏有苦葉》：有鷕雉鳴（《詩·邶風》）孫併入鳴誤。

蒦 此从三屮乎？權字乎？查河七四六

雚、萑、椎

䕼、葦

㑊 卜辭爲祭名，羅以爲樂名，定爲濩字。

淮 ?

濩 藏龜一六九 孫無此字，但此確類擭字。

隼、雗、離 離字作雗，似即此字而更增林（廿）旁，然从掇二一條卜辭逐兕雗允雗十兕，似卜辭誤爲隻。與下隻𢆉爲同字。从𢆉隹（隻）聲。

雗、雙

擊、離？

𨾴、雄 後編下六·二片，丁丑卜貞□□寅□□雄。

𨾴、雄

隻、趡、踓、進 《說文》有趡字。《玉篇》《廣韻》有踓字也可是進字。

靃、霍 《說文》从雔。

雘 此說明隹有隻音。

隹、鳲？鴋？

雧 羅釋雧（雧）字。或是雋（雋）字邪？《說文》以爲从弓，篆形不類。《玉篇》有鵰字。

雇、雇 《說文》雇，屋从上傾下也，从厂隹聲。孫誤合雇下。查京都二六四。

售 孫摹失，《說文》見新附。

鸞、鸞、鑊

从𦫳（隹）隻聲。隹‖隻

𤒻、焦、㸈　《說文》𤒻火所傷也，从火雥聲。焦或从雥省聲。孫云《說文》所無

𤰈　　𡿧　甾？

集　　　？　粹一五九一此似从燕从木？

集　从　　此似从燕从木。

雉

唯　　此或雒字？然鳥形頗似鷹或是鸛字？

雁字所从，孫與上合爲一字。

雕、鵰、雔？　　金文

褭　　《說文》有褭字，短衣也。《集韻》亦作䘔。

雈　　異形甚多，辭例？

萑

婎、嫸、嬳、　　《廣雅·釋詁一》「婎，嬳好也」。《集韻》嬳同婎。

雚　　　　按从丫其整體，廿變譌。由

雟、雀　　而　而雟，《說文》周燕也，从隹屮象其冠也，㕯聲。

按此是鷄的象形字，亦即雞聲之變，作燕誤。燕豈有冠乎？

雟、巂、雟　　　是否从又，當即雟之本字。

鳴　　凡有冠均是鳴。

𨾴

隼　　似从0與𨾴同字。《說文》鸓，鼠形，飛走且乳之鳥也。从鳥畾與此亦不合。

鳥　　　此何字？

鳥　　　與鳥字重出。

小隹、雀　　《說文》「雀，从小隹」。但爵下注象爵之形，……象爵者取其鳴節節足也。古書爵雀常通用，則爵（酒器）之象形字與雀形似，↑象爵柱。則雀亦从↑書，顧命說二人雀弁執惠，按　字或作　，可證雀即　而　字所戴即雀之異形也。鄭玄注：赤黑曰雀，以色言之，非是。↑此當是朱雀之雀。（參象二八二頁鳳字）↑象雀冠。

　　　有冠者，似仍是雟字。

此豈翟字邪？

雈　　　奇形太多不備錄。

凡有點何義？

雚

雀

觀

觀

飢、鳳

權、楓 《說文》「楓，木也，厚葉弱枝善搖一曰𣡽，从楓聲」。

巂 《說文》周燕也是錯的。此爲巂字的正面形，後改从𡿺聲。

巂 《說文》「周燕也，从隹屮象其冠也，冏聲」。按象鷄形。

鷹、蝠

雀 參看前六二一、三七二七。

此疑非雀，張口而較大。

後下一八、八片，乙未卜，晊貞，𠂤賓入赤駐其㓝不雀舌。

林二、二六、七，乙未卜，晊貞　子入騂土之㓝。

綴合　乙未卜晊貞𠂤弄入騂土其㓝不雀。

乙未卜，晊貞舊之左騂其㓝不雀。

燕 有翅枝尾而非籋口。

燕 燕字可以曣字爲證

林二、一六、一三 貞叀吉燕

一六、一五 燕囗允㞢

一六、二三 壬辰卜允貞，王燕叀吉。

貞王燕叀吉不冓雨。

燕 《說文》「燕，玄鳥也，籋口布翅枝尾，象形」。羅不誤，孫反疑之。

燕 粹二一二 甲午卜喜貞羽乙未酒卯王囗 。六月。

从乜？

曣、晵 《說文》「晵，星無云也，从日燕聲」。按《說文》：「燕，玄鳥也，籋口布翅枝尾象形」此象籋口布翅而無枝尾。

雀

萑

虎部

虎 異形甚多，張口可能是其特徵。

虎

虎 孫作 或誤摹。林二、二九、九，

虎 貞虎衝。

虎

虍

虘

虤 《說文》「虎怒也，从二虎，五閑切」。

虎 天壤閣似有象字。或與此同字，當核。

虒、俿、虎 此當是虒字。

[戈虎] 《說文》「兵也，从虘聲」。

淲 [氵戲] 《廣韻》「滹，許羈切，水名，在新豐」。（五支）

椃、[木號] 《說文》「[木號]，木也，从木唬聲」。（燉煌本）王仁煦切韻六豪作椃。《集韻》同。《說文》作椃。《類編》云或省作椃。

婋 《玉篇》「婋，女心俊慧也」。《集韻》靈交切，女字（五爻）

[女虤]

[虘攴]

[皿虎] [虍皿] 此疑是《說文》唬字之異構。

《說文》「唬，嗁聲也，一曰虎聲，从虎从口，呼到切」。又有諕字，「號也，从言从虎」「唬，呼也，从号从虎」。饕字籒文則作唬云从號省。

从口與从皿通，疑此有兩字，一為虎聲之唬从口，一為器从∪即皿。

唬、疒、瘧 或瘧字《說文》「熱寒休作，从疒从虐虐亦聲」。如是疒字𠃌‖乂，猶執‖執 當改象人。

[氵虤]

[虍兔]

[虍木] 當即椃字。

[虍皿]

淲 《說文》「淲，水流皃，从水彪省聲。詩曰，淲池北流」。

虐、唬 《說文》「虎聲也」孫云說文所無誤。此从虐（虐）？

[虤曰]、[虤曰]、[虤曰] 《說文》「兩虎爭聲。語矜切」。孫與虐合非。

[虤曰] 《說文》兩虎爭聲，从虤从曰，讀若憖（語巾切）

（象）象部

象

象　孫疑象

象　長鼻似象但捲尾？

象

象、爲

爲　《說文》「爲，母猴也，其爲禽好爪，爪母猴象也，下腹爲母猴形，王育曰爪象形也」。

（豕）豖部

豖　兕　孫疑豖，粹一五八　孫摹誤。

豖　大腹似豚或彖？

豖

豖　後下一三、一四，壬寅卜，貞羽癸卯王亦東彔出㞢豖。

兕　口部大而角小或豸？

兕　孫疑兕，狽？

兕

豖

況　一馮《玉篇》「莫拒切，水也」

或象字。

虤　疑當从虎㕚聲，臼（兕）　粹一五七三。

敹

（鹿）鹿部

鹿　石鼓即象兩角。

《說文》作𢊁，只象一角。

鹿

鹿

廘、鹿　鹿字之省猶虎之爲虍。《說文》「鹿𪋻字籀文作𪋻（𪋻）」即从廘。

𪊟

𪊟

麤　麤

麈　从止鹿聲，从鹿與从彔常通用，如麓篆林鹿麓，漉淥，則《說文》遂可作遽

「行謹逯逯也」《說文》又有趚字「趚趚也」《集韻》(一屋)《類編》有趚字。「趚，逨走皃」《玉篇》有䟾字「行皃」《類編》或作䟾。

衞、遯　从彳鹿聲。

麓

覼　當从見鹿聲。《廣韻一屋》「䚄䚄，睩眼淨也」。鹿、彔同音。麓‖禁，《說文》「覼，笑視也」，「睩，目睞謹也，讀若鹿」，又《說文》「䚄，求也，从貝㒳麗聲」。羅釋覽誤。

漉　《說文》「漉，浚也，从水鹿聲」。

麓、麓　孫疑麓之初文是對的。粹九五四　此麓乎薦乎？

㪉、㪉　此繁文，鹿作　《集韻》有㪉字。

唐　此疑象意字，𠱃唬咳嗚吠，呦之本字。或是嚛字，《玉篇》「嗚也」。音蒲褒或蒲交切。

鹿、麌、　麌之本字。《說文》作噳，麋鹿羣口相聚皃从口虞聲。詩曰「麀鹿噳噳」。(大雅．韓奕)作噳與說文同《爾雅．釋獸》「麕牡麌」。

　邺三下四〇·八

鹿、麌　从兩口即所謂「羣口」。

㪉　从麘，前已有麘字，此或仍讀鹿邪？鹿羣鳴邪？

㪉

麔

　疑从人

麠　麠　于省吾釋盧初文當是疑是祭名之薦的本字。象兩手奉薦置器上以祭，金文邵王簋作盧。

麓、麓　《說文》守山吏也，从林鹿聲，一曰林屬於山為麓，春秋傳曰沙麓崩，象山足大林中養鹿之處，引用為山足大林之稱更引申為山林之官吏，即苑囿之官。

驪　《說文》「馬深黑色，从馬麗聲」。

苗

㲋部

㲋　麋

䵹 [glyph] 與[glyph]是否一字，待考，查卜辭。

曹、曫？ [glyphs] 从㬎聲，或从㯻聲？卜辭漕字从此，疑當讀如霧，猶卯為麂𪊨聲，𡇗讀若冒，《說文》天氣下地不應曰霧。霧，晦也。从雨敄聲。《爾雅》作霿，音轉為蒙。《洪範》：曰雨曰霽曰蒙，偽孔傳，陰闇也，《史記》《漢書》作霧。《釋名·釋天》蒙者日光不明，蒙蒙然也。正因日光不明所以从日。

漕、㶕 [glyph] 當即漕字。

𢀜 [glyph] 似从𦣞

(𦣞)昆 部

𦣞、昆、㯻 [glyphs] 《說文》昆，同也从日从比。已不知即象㯻形。

昆、𦣞 [glyphs]

昆 [glyph] 戩四九·二片丙𠑽……昆……王誤佳

𣈤、棍 [glyphs] 按昆疕王鍾昆即此𦣞字。《說文》同也」。

𥟖、𥢴 [glyphs] 此似應从禾昆聲，後改為从鹿，又改為困聲。

䴥 [glyph] 从山？

(廌)廌 部

萈、廌 [glyphs] 《說文》廌𢊁解廌獸也，似山牛一角，古者決訟令觸不直象形，从豸按石鼓薦字，金文灋字諸偏旁均應作𢊁實兩角，中間首部作〇，或作[glyph]《說文》就誤作[glyph]形。

又按山牛當作山羊，《續漢書·與服志》「獬豸神羊」《□□與服志》「獬豸神羊也」《論衡》是應「觟䚦者一角之羊也」，可證。《神異經》說「如牛一角毛青四足似熊」不足信。《漢書·司馬相如傳》張揖注說：解廌似鹿一角則似小篆。隸書廌字與鹿相似之故 其實廌與萈為一字。《說文》：萈，山羊細角者，从兔足苜聲，讀若丸，寬字从此 萈的作萈與𧰼的作兔是一樣的。薦从廌聲，薦萈同韻，𧰼是野牛，廌(萈)是野羊。彘是野猪。

廌 [glyphs] 此疑廌豸字之人化者非萈字。

《說文》廌解廌獸也，似山牛一角，古者

麃　決訟令觸不直象形从豸省。

麌　當即麃之異體，與麤同義。

慶　《說文》慶，行賀人也，从心。吉禮以鹿皮爲贄，故从鹿省。

乙未卜行貞王其毋亡𡿧才二月才慶卜。

丙申卜行貞王其毋亡𡿧才慶。

[亻廌]　《集韻》[亻廌]，都買切，豪强皃，後魏時語莫[亻廌]獬。

[糸廌]、[糸廌]、韉　《說文新附》「韉，馬鞁具也」。義同羈韉聲近，《廣雅》羈韉，勒也。《急救篇》注羈，絡頭也。謂勒之無銜者，此象絡廌頭之形以革爲韉，以索即爲[糸廌]。廌〃薦《玉篇》[糸廌]即韉（子　切正作韉、韉，鞍韉也）野羊可以矢射，也可以用繩索套取。

[忄廌]、薦　《說文》「薦、廌」獸之所食草也，从廌从艸古者神人以廌遺黄帝：曰何食何處。曰食薦，夏處水澤，冬處松柏。

[虫廌]　从𠙹？《說文》「[瓦廌]，瓦器也，从瓦薦聲」。

[木廌]　从木薦　从木薦聲。

[廌廾]

（㒸）萈部

萈　《說文》山羊細角者，从苜从兔足，讀若丸

萈

萈

（㒸）豸部

豸　參

豸

豸

豸

豸

豸

豸

豸

龟　此尾雖上屈，然特長似非龟字。

[雨豸]、霾

[豸公]　余舊釋象誤，以[雨豸]字倒之，蓋从豕

豸告

石豸

氵豸

豸山、貍山　此當爲貍祭之專字，《周禮·大宗伯》以貍沈祭山林川澤，注　祭山林曰埋，川澤曰沈。埋即貍字卜辭豸即貍，霾即霾，由於祭山故作豸山字，等於埋是埋土中薶是埋（革）艸中（艸通林）《說文》只有薶字。後下二九·八片丙寅卜王一豸山來雨弍一

冢

氵豸　似與霾有關

（希）　希部

希　《爾雅》肆脩毫

狖　《說文》狖狖鼠屬養旋，从豸穴聲。《廣韻》余救切，（四九宥）則即鼬也。

希　疑木之本形。

希（殺）　異體甚多須詳考。希①殺古文杀②蔡③祟④（蔡）不从大

豸

希　後編下二四·一三丙兇卜今日只台

幸疑是大之異文[illegible]是否一字

絺　《絺、希屬，从二希，𧰨古文。孫誤釋貉云說文所無。

叔、絺　肆杸　省作[illegible]。

叔　叔？同字後上五、一二叔杸

叔　疑字少刻一筆。

□□卜即貞……于四月

敍·殺　參看〇二六（九八）綿敍注《說文》殺、殺、戮也。古文有殺者。

蒙·薶　或是芟？尾不類豸，首不類芟，待考。

氵希

炙·燹　从火从希《說文》所謂脩毫獸也

替、𣌭　《說文》替、曾也，从曰兟聲。古文字不从兟而从𧰨

緣

纖　徽　从纖聲，纖从綿聲，此豸非豸字而是杀形之省《說文》殺字，古文杀（大徐本）實即杀字，也作杀金文字从當是一字。《說文》殺字重文最多，古文

嬭 从女緜聲，金文有𡡈字　敄豈即微之誤邪？

[illegible] 从眉从尾，疑魅之異體。《說文》眔从目从隶，隶从尾省。然似非此。《說文》鬽籀文作，彖从希省尾省聲，鬽眉音近。

(甲)㲋部

㲋 《說文》㲋，獸也，似兔青色而大。丑侖切。

㲋 兔 㲋兔當是一字。

㲋

㲋 戩四二·三片 貞弓嚕　㲋來羌

㲋

㲋 似象但尾上翹似㲋

免

兔？ 粹一五三〇片……囗 三自兔

㲋 孫作 非

㲋

⿱㲋口 寃 寃甲即沃甲，羌甲即陽甲。卜辭羌甲及寃甲的位置與《史記》沃甲、陽甲的序次互倒，寃於袁反與沃烏酷反聲近得通。查寃字卜辭。

⿱㲋口 貞㞢于⿱㲋口 疑即魯與沃同韻部。

⿱㲋止 逸 尾上翹。？ 王逐鹿，似非逸。

⿱㲋丂

⿱㲋又 後下一三·二 丁酉卜㱿貞多君曰来氏⿱㲋丂王日幸其啚口王十月

⿱㲋泉 从泉㲋聲。

⿴囗豸 㲋？豸？从豸即⿴囗豸字？

(乙)夒部

夒

夒

夔

(丙)牛部

牛

告

牢

牢 倒文

牽、堅 《說文》堅，牛很不从引也，从牛从臤臤亦聲。堅通掔。《莊子·徐無鬼》「掔好惡」崔注引在也，司馬注牽也。《史記·鄭世家》「鄭襄公肉袒掔羊以迎」。《說文》牽，引前也，从牛(冂)，象引牛之縻也。玄聲。

⿰牛叙、掔

⿱爭牛 于釋爭，爭實从力。

吽 《玉篇》牛鳴也。《漢書·東方朔傳》注五侯反。

術、造 牛造疑是一字，則術即造字，汼即浩字。牢亦从告得聲也。

牧

徵、牧 此當，均是牧之繁文。

汼、浩 《說文》浩，澆也，从水告聲。虞書曰：洪水浩浩。

姅、嫴 《集韻》居號切、女名

嫴 「《集韻》 嫴，居號切，女名」

⿵冂告

⿱羊牛 《說文》「觲，用角抵仰便(利)也，从牛羊角。詩曰，觲觲角弓」按當是从角羊牛聲，又垟从土觲省聲。當是从土羊聲。《說文新附》騂，馬赤色也，當是从馬羊牛聲。《說文》脫羊牛字，按應訓赤牛。《小爾疋·廣詁》「牸，赤也作牸」。古書多借用騂字。

⿱羊牛、𤚩、牸

騂 从馬𡴆聲。

(三) 羊部

羊

羊

羊

大羊、芊

⿱羊羊

羴

⿱⿰羊羊⿰羊羊 羊

⿱宀羊 當即庠字。

⿰羊攵 《說文》「養，供養也，古文从攴作⿰羊攵」。

羅以牧⿰羊攵為一字誤。

徼　此亦敎繁文。

𢿌　此均敎之繁體無疑。

𢿌　亦敎的繁文。

逆、徉　孫作逹誤。

徉、徉

衎、衜、徉

羊止、逆　是否从㚖？

逆

羍、逆、䍧　《玉篇》䍧、趨行也，逆進退貌。从止羊聲。

羏　查卜辭。

恙　孫誤羨，因謂説文所無。恙，憂也。

羖　孫作豩，待考。牺牲名。

盖、𥁊　此从皿羊聲。《説文》作𥁊从央聲。又作㼂，如殃殍聲全同。《方言五》𥁊桮也，𥁊羊亦同聲，金文王子申𥁊盖舊誤釋盂。

姜

媄

洋

洋

洋　此即多爲地名人名與埋沈洋三宰　與洋、洋　用法是否相合？

洋、洋　《西京賦》㵳漻洋浪（張衡、平子）《集韻》洋浪驚擾貌。（陽平六豪）。

宰在此讀宰。

婞　此與姘或同字？

姘

羊廾　从羊？

甬　从用羊聲？从羊用聲？

羣、羼　《説文》羼，羊相厠也，从羊㚇在尸下，尸屋也。㚇亦聲，一曰相出前也。

用？

寠

䉺　《史記·張儀傳》而廝徒負養在其中矣。美‖養

臡、䑋　《説文》臡、羔、䉺羔、羹。廣雅釋器䑋謂之□字林䑋肉有□也。

羕

卝　《説文》丫羊角也象形，讀若乖。

垟　《廣韻》與京切土精也。

（豕）豕　部

豕

豕　孫疑豕

彩　《集韻》豕或作彩。勑六切。《說文》豬，豕而三毛叢居者。

㹣、豭

豩　《說文》二豕也，豳豩从此伯貧切。

豩豩　《說文》無豩豩有豩，《字彙》補豩豩與豩同。

彘

彘　按字誤摹。

彖　《說文》彖，豕也，从彑从豕，讀若弛。按彘之異體。孫合彘。

彘

彘

豕？　後上二一一三。癸卯貞，弜巳高祖王亥 叀朱？甲辰貞又甲寅又伐于上甲羌五卯牛一。乙卯貞酒彡于父丁叀

家　从豕　从交

㝟　家从兩豕，孫誤併圂。

㝉、家

㹝

剢　此與豗似不同，但須查卜辭。如非豗則是剢字。

剢

㒸、逐　逐與遂是否一字當查？

豩　一豕二豕或無别邪？如家㝟。

㒸、㳥　《集韻》「㳥，徐醉切，田間小溝也，與遂同」。《考工記》作遂，《廣雅·釋水》「㳥，坑也」。？㳥？孫釋㳥。

㳥　孫作　或　豕。

豖、豢　《說文》作豢。

？腹有子，豕腹如何有子或是孩字？

彝

彝　彝字似从収豕聲。

㳥、㳥　《廣雅·釋水》「㳥坑也」《考工記匠人》作遂。

衛　查卜辭遂逐。

豸　楚公冡？但此字似不从豕，豕應作豸、此似从犬或仍是拔字邪？

喙　一喙合文

椓、椓　《說文》椓，羅也，从木豕聲。

梼、椽？

緣、緣　《爾雅·釋詁》「縊，緩也」。《廣韻》徐醉切。《類編》或作緣。

闗（関）

豖？

豖

豖

豢　疑即豢字。

亥

亥

雉　或是王亥之專字。或从舊。

豥　疑戠是通毁。猶肇通肈，按此當是陔夏之陔的專字。《儀禮·燕禮》奏陔。注「陔夏樂章也，賓出奏陔夏以為行節也」。《大射禮》注「陔夏樂章也，其歌頌類也，以鐘鼓奏之，其篇今亡」。孫云疑即豥字。以聲咳附會耳。

豥

家、宊？

家　是寍？家？

豭

豚

乇

乇　孫引「□乇黃牡父兹□」云，以文義推之，知與乇非一字。按可見乇即朓。

乇

乇

乇　孫疑乇字。

乇

乇

乇

𣄠　此似與有誤。（佚三七九）是半乇合文乎？

彵

迒　《玉篇》《廣韻》以迒為乇遁之乇的異體，然卜辭「王其迒向亡戈」必為動詞，不能解為难也。疑當讀為循，乇盾聲近。乇豚一字，遯遁一字。

芼、䒞、莽、𦺽

䩸　孫疑芼，如是則通或从毛毦。

𣙙

𣚍

旾

嶜、嶜、蓁、春

椿、椿

刲 《楊子·太玄·元錯》嶜劊跙？或剢字作之省。又作嶜劊跙，一作劊，一作䂕劊，音鐓跙，才與切。先儒以爲劊跙，行不進也。以嶜先見，故其行如此。

罔？ 粹二九六片，其……于……于臺罔於其罔於才宰，于 按 其罔於 罔字作 爲屯則 即 與？

（亢）犬部

犬

犬 孫疑犬 犬庚。

犬 按孫摹誤 應作

犬

犬

犬

犾 《說文》兩犬相齧也，从二犬。《廣韻》語斤切（「犬相吠也」）孫併入豩。

犾

㹜、畎 疑即畎字，《說文》「〈水小流也，象形」。畎，「篆文从畎聲」。此从水旁兩犬是兩岸，犬聲相聞是小流也。粹一二八六□南㹜斿六人。

尨 《說文》「犬之多毛者，从犬从彡。詩曰無使尨也吠」

犾、㹞 此从大，孫併大豕誤。三體石經㹞古文戾。此象犬撲人狠戾意。

㹞、戾 見《三體石經》 𠭯甲一五一九。查？

䭾、騃 从馬戾聲。

犇、拔 宋代器有齊𠦪史鼎作 犬與犮是一字吠即从犮，《說文》犮走犬貌。

㹉、柭 《說文》柭棓也，犬‖犮猶吠从犬亦作哎。

肰 《說文》肰犬肉也，从肉从犬，讀若然，按此猶豚。

旇、旇？ 孫釋旇，疑从吠、犬‖犾。《說文》旇旌旗飛揚貌。

旇旇 當即旆字《說文》旆繼旐旐帛也，从㫃市聲。市（巿）音與吠（从犮聲）相近，旆蒲蓋切、肺芳廢切、吠符廢切。

旇

妭、吠？ 《說文》「妭，婦人美也，从女犮聲」。

宊、宊 [古文字] 《說文》宊犬从穴中暫出也，从犬从穴，宀＝穴。《切韻》宊宊出他骨反。宊觸骨實一字。

宊、宊 [古文字] [古文字] 此仍从犬不从穴，孫誤析爲二非。

宊、家？ [古文字]

浂 [古文字] 《爾雅·釋詁》「浂墜也」。注：「水落貌」《廣韻》姑泫切，户犬切。音泫。後下四三·九·才浂 《佩觿集》水名。

戭 [古文字] 孫疑戭

翇 《說文》翇樂舞執全羽以祀杜稷也。从羽犮聲。讀若黻。犬＝犮，卜辭犬豕形有時混。孫釋稷，云說文所無非。

犾、犾、狼 [古文字] 疑狼。

駄、駭 [古文字] 《玉篇》犮甫黄切，駭駭䮾蕃中馬也。《廣韻》蒲撥切。

（廿）馬部

馬 [古文字] [古文字] [古文字] [古文字] [古文字]

馬 [古文字] 孫疑馬？

虎？馬？ [古文字]

馬

馬 [古文字] 疑馬回顧？

馬 [古文字] 有枝尾但無鬣鼠。

寓 [古文字] [古文字] 當即𢉖《廣雅·釋宫》「𢉖，庵也」。

馵、馵 [古文字] 孫誤作 [古文字] 丁酉卜貞王宊馬中自上甲至于武乙衣亡尤

（廿一）冎部

冎、咼 [古文字] 《說文》「𦉢，惡驚詞也，从旡冎聲，讀若楚，人名多夥」。

煛、煱 [古文字] 應是从火冎（咼）聲，疑與檛同。

冎 [古文字] [古文字]

剐、别 [古文字]

（廿二）毛部

毛 [古文字]

（廿三）羽部

羽 [古文字] [古文字] [古文字] [古文字] [古文字]

詡、㴇 [古文字] 《說文》「詡，大言也」。孫云說文所無誤。

翯、翯 [古文字] [古文字] [古文字] 翜翯音近，疑翯即翯

之誤，其本義為翼。翌此應入象物。

㫥 [甲骨字形] 孫釋昱非。

翊 [甲骨字形]

習 [甲骨字形] 疑是一字。

(丙)角部

角 [甲骨字形]

角 [甲骨字形]

𧢼、捔 [甲骨字形]

𧤚、捔 [甲骨字形] 《廣雅》掎捔也（《西京賦》義蔟之所攙捔，捔助角切） 廣韻、集韻。

𧤗、觳 [甲骨字形] 《說文》「觳盛觵卮也」。（均在四覺、士角切、仕角切）

𧢼 [甲骨字形] 當即觷字，《說文》新修字義，「觷，治角也，从角學省聲」。《爾雅》角謂之觷。

犄、解？ [甲骨字形] 从牛从觷，《說文》新修字義，「觷，治角也，从角學省聲」。《爾雅》角謂之觷。商𦥑省从彡。彡省如亻非刀，待考？。莊十年釋文引《說文》有犄字犄䚢也。

桷 [甲骨字形] 是否縣字，抑懸字。

(丁)歺部

歺 [甲骨字形]

歺 [甲骨字形] 《說文》歺，骨之殘也，从半冎，讀若蘖岸之蘖。

歺 [甲骨字形]

淅 [甲骨字形]

㳙 [甲骨字形] 《說文》洌，水清也，从水列聲。𡿪水流𡿪𡿪也，从川歺省聲。

歺 [甲骨字形]

𣳫、洌 [甲骨字形] 《說文》「洌」水清也，从水列聲。陳邦懷釋𡿪水流𡿪𡿪也，从川歺省聲。

𠮱、殈 [甲骨字形] 《廣韻》兇古文殈，按《說文》凶惡也，象地穿交陷其中也。此从凵凹即㕣。

囦 [甲骨字形]

㶳、烈 [甲骨字形] 歺＝烈 《說文》烈，火猛也，从火列聲。

奴、𣦼 [甲骨字形] 《說文》奴，殘穿也，从又从歺，讀若殘。

𣦶 [甲骨字形]

佾、𧰼 疑是𣪊

𣪊

𣪊、𣪊 《說文》𣪊，深明也，通也，从𡿪从谷省从目。目=

貞 𩠆、𣪊等字所从。

𣪊、𣪊

𢆶 待考，查卜辭。

𩣡、𩣡 《說文》「𩣡，次第馳也，从馬列聲」。

𧊒 疑蛚之異體，《說文》「蛚，蛸、蛚也，从虫列聲」。

芀 己亥卜叀三(四)月令豕步口𠬝。

芀 後上二十、十三 癸未卜貞王𠣬亡畎才十月又二甲申芀酌祭上甲。後二一、三片，癸酉卜貞王𠣬亡畎才十月又二，甲戌工典其口其芀。癸巳卜貞王𠣬亡畎才十月……酌芀祭上甲。

(卅)卯部

𣪊、𣪊 據𣪊、𣪊、𣪊等例定爲𣪊字。見《廣韻》(一屋)「空谷切，卵也」。束晳《近遊賦》：「貫鷄𣪊于歲首」。《說文》「卵殷、卵不孚也」。

(工)士部

牡

羝 此當是羖的原始字。《爾雅·釋畜》：夏羊牝羖牡羭，今本誤爲牡羭牝羖。馬瑞辰說羯羊羖㹇也。可見羖是牡羊。《說文》羖牡从土聲，羝牡音近。《詩·賓之初筵》羖與語葉，《采菽》股與下(舒)紓予葉·《七月》股與羽，野字戶下鼠處葉可證。

𤘽 此爲豭字無疑，本爲象形字(六八)只作𡈼與土形近。

轉爲象意，但音仍與牡同，與後豭字重出。

麈 此恐只是麈字，如果作爲牡鹿，則是麚字與豭同音，但卜辭此處似不作牡鹿講。查前七、一七、四。

（三）匕部

牝　[甲骨字形]　此是牝無疑。[甲骨字形]　牝牡合文。

牂　卷二上五〇下。

疑即羒字。《說文》羒牂羊也。牂，牝羊也，前人多用爾雅，以羒為牡羊。待考。或即𤘘字。

豝　[甲骨字形]　《說文》「豝，牝豕也」。

犭匕　[甲骨字形]　疑與後牝為一字即狼，《爾雅》狼牡貛牝狼，狼與犬本難分，犬，或狼之馴養者。

馬匕　[甲骨字形]　匕而為此，猶雌字耳。《說文》有嗎字，馬名。《爾雅.釋畜》「牡曰騭，牝曰騇（今本作騇）注草馬名」。草與嗎音近。

麀　[甲骨字形]

虍匕？　[甲骨字形]　此不从虎，疑从死死？

麀？　[甲骨字形]　如从鹿則是麀，从麀則待考。

豸匕　豼　[甲骨字形]　此疑豼，猶妃即妣也。《說文》貔字重文，猛獸也。

存疑

本、梏　[甲骨字形]　疑是梏字。[甲骨字形]　[甲骨字形]　一字如　[甲骨字形]

宙　一字。按林二、十八、十片，似應作[甲骨字形]，存疑。入象物。

[甲骨字形]　乙二二一五、七。此似搴誤待查。

柱

炭　卜辭不見山字可怪，此或岳邪？或即炭字，說文作炭。

𥛠　與前𥛠似有關。

悺、悹、悺　𠂤‖官非阜，疑即悺字。《說文》悹忌也从官聲。如从𠂤則在象2如从心為主則在象人。

[甲骨字形]

婁　[甲骨字形]　帚？

妻、姝　[甲骨字形]似黿之原形。

[甲骨字形]

象人

(大)大部

大

大

仌

㚘　《說文》「比密也，二人爲从，反从爲比，古文㚘」。孫合於扶下誤。

伕

达　《說文》「達或作达」。

昊　《說文》「厢(昃)，日在西方時側也」。徐鍇本又有昊字，从日矢聲。孫但作昊，篆誤。

昊

⿱宀昊、⿸厂昊　⿸厂昊與仄同《玉篇》陋也，傾側也。孫隸定爲⿱宀昊誤。

族

宎　即宎字，見王刀柲。《篇海》宎，天古文。冂‖宀宜。

⿰大矢　疾　《說文》疾，病也，从疒矢聲。

疾　⿰大矢　粹一五六八片。……⿰大矢歸於宋。大字作　可見字从大，非即⿱大豕字。

⿱大豕、⿱大亥　《集韻》丘哀切，音開，大貌(也)。

乘　　木

夾

⿺夂大　後下廿八、十五其⿺夂大

⿺夂大、敎(撻)　《說文》作撻《鄉飲酒》罰不敬撻其背也，从手達聲，達羍羍从羊大聲，《說文》達或作达。《集韻》撻古作敎。

⿺夂大(⿺殳大)敎

弢、弦　象人持弓當是弦字，　與　混，《說文》弢況詞也，从矢引省聲，从矢取詞之所之如矢也，古書多作矧。《方言六》「弢，長也，東齊曰弢宋魯曰呂」按似當以長幼之長爲本義，弔(叔)爲幼。

⿰大弓　《說文》夷，平也，从大从弓，東方之人也，卜辭夷作　不从弓，此象人挎弓不知是否讀夷？按天問帝降夷羿，許慎以羿為䠶師，則𢼸或亦夷字。

位　《說文》列中廷之左右，謂之位，从人立。

弫　與㢬同字。

癸　此疑戣字異文，象斬首之形。參四七二六。

𨸏、隣　孫併入陵。

𡗜、契　當與（耤）耒同義，㚔當即𢼸，羅釋陵誤。

㚔、𡗜、乘　羅釋陵。疑乘之異體，乘本象人登木，古文从几。此則登階古阜作阝帚作𠂤與阝不同𢼸象有人扶之，當是階的形狀，《禮記·喪大記》「虞人設階」注：所乘以升屋者。《孟子·萬章上》「指階」注：「梯也」。

㚘

㚘　此疑與四七〇五同，而非奇（奇）夸。

𡘤

𩵋　疑少末筆。

𡗗　奓　《集韻》誇古作奓。

鮁　當从魚大聲，與魞同意。或通鮧，《廣韻》以知切。（六脂，以脂切）鮧鮧鹽藏魚腸也。（又魚名也）夷‖弟。《說文》鮷大鮎也。《本草》鮧魚即鯷也。今人皆呼慈音即是鮎魚。《爾雅·釋魚》注：鮎別名鯷。江東通呼鮎為鮧。

天　是否二大合文需查？

天癸　合文，𠀆？或二大合文。

美　粹十三片，□□美又於帝五臣又大雨。

𠆤、𡘙　比並　大‖立金文孫叔師父壺立宰即大宰，秦公簋，畯疐在天即在立（秦公鐘作在立）此特示一人與另一携手耳。金文𢦏尊有字疑即此字之譌變。

𡗝　原摹从夫似非。

矢

𡗛、𠩧　从矢與从大難別，姑从孫。《說文》：「仄，側傾也，从人在厂下，籀文从厂从夨」

厂‖山

吳　何承天云當从口下大故魚之大口者名吳胡化反，《玉篇》「大聲也」，《廣韻》「胡化切，大口也」。

奔 泰字从夲聲。

㦽

㚟 疑㚟之異體《說文》兜廱蔽也，从儿象左右皆蔽形。後下二五、六。庚寅卜㚟羽辛丑雨雀。

伏、位 疑位

𡗗 馬？

𡗗 似非一字？

𡗗

娞 疑非合文。《說文》𡚁，从三大三目誤。應从三𡗗，平祕切。金文有𡗗字，𡚁字、𡚁字。

𥼶 麐？ 疑即麐字。《說文》麐，牡者从鹿咎聲。夂 各 咎。若然則𡗗即鹿矣。

𤇾 不从屮，或𡙁之繁文，金文鼎銘有𤇾字。粹一〇二重在𤇾下。

臯、臯 《說文》臯、大白澤也。从大从白，古文以為澤字。按白為人貌上象髮形，猶子作𢀖，或是臯？

𡗗、黑 當即𡗗＝𡘇。《說文》「从炎上出囪」誤。

夫

㚘 《說文》「並行也，从二夫，輦字从此，讀若伴侶之伴」。

夫

夫 此如定為天則一非簪形而在頸。或是𡗗？

涘

絨、幾

奚 《說文》「奚，大腹也，从大𦃃省聲」。按从爪糸聲，奚象東北奚族頭上髮辮形，據說本東胡元魏時自號庫真奚，在灤平、平泉、承德、豐寧一帶待詳考。按：「䳏，水蟲也，濊貉之民食之。」似漢以前已有奚族。

雞 雞字本不从隹而从巂。

美

徾 从彳美聲。未詳？

虔 疑是虔字。《說文》「虎行貌，从虎文聲」。徾＝𧆛。

𧇖、虔

𢕼、𢕼、𧾷 《說文》：「𧾷、𧾷 行𧾷𧾷也」。

夬、央 凵Ⅱ冂猶冂Ⅱ冂《說文》「中央也，从大在冂內，大者人也，央旁同意。」口口之中也。

美 疑是竞之異體。

竟 爲大之異文。

戴、戴、戴 《說文》「戴，大也，从大𢦏聲」。此似即戈而加凵，孫合克，見不鼓戴。

蹊 後上十八.二片，己酉王卜貞，余正三豐方東蹊令邑弗每不乜口？口才大邑商，王卣曰大吉才九月遘甲五十牛，有泐文舊摹作似非 上一辭爲東戲令 則此似是人名。莫爲業字。《說文》業古文作，大字兩臂誤斷遂譌爲火耳。金文臤尊作，石鼓有字當即蔽盤戴字，秦公鐘保氏「」讀業。

陕

貴 人荷酉

奭、饁 此疑即《詩·七月甫田》「饁彼南畝」之饁。《說文》「餉，饟也」。《爾雅·釋詁下》：饁、饋也，象人戴皿之形。如此則仍是皿字。

奚

臾、與、與 冀？

斐

斐 匪篚 大一文見金文，人荷篚形。左傳有斐豹。《廣韻》「斐，敷尾切，大也，甫微切，姓也」。

䫏 《說文》䫏醜也，从頁其聲。今逐疫者有䫏頭，此字如何隸定？或應作奀。

夰 《說文》「夰，放也，从大而八分也，古老切」。

奀

汏、淡 《說文》「汏，淅𤂱也，从水大聲」。「淡，薄味也，从水炎聲」。㷋字黑字均从此，不从二火。羅釋炎非。

淡 从水淡聲。尖从大聲。

夾、浹 《說文》「夾，梾也，从大侠二人」。金文作此从北爲異文上有兩點豈浹字邪？夾夾輔，夾挾持。《說文新附》浹洽也徹也。《爾雅·釋言》浹徹也，古書常見。

夭 當即夭字與矢作同，

孫釋吳大誤。

夭

徒　走

𡗕

𢦒　當與秋同，象人持戌。

𢦏、𢦏、𢦔　此象人持戈當是𢦏或𢦔字。《說文》漢字古文从水从或从大當是从水𢦔聲。《字林》𢦏，大力貌，《廣雅·釋詁一》𢦏，方也。按金文常見字。一手持戈，一手持申（毋＝干）又一手持戌一手曳尸則即𢦏字（或本从干戈字），从而兼義也，孫併入伐字，不知伐之人字係被伐者而此大字係伐人者。此不足與論古文字。

（夾）、夾

夻、乘　《說文》乘，覆也，从入桀桀黠也，軍法曰乘（乘）。古文从舛从几。入舛＝

夰、航　與𦨶同意，舫變為航，《說文》「𦨶，方舟也」从方亢聲，禮天子造舟，諸侯維舟，大夫方舟，士特舟（庶人乘柎）古書都作航。《詩何廣》一葦杭之，假杭字航當為渡河，亢本作與八大常通用（參釋2洧字四三九。）後下四三·七片，粹一一七二片甲戌卜貞方其大舟于東九月。粹一一七三，己酉卜大舟見。

叕　《說文》叕，綴連也。

𡘮　叕　此當是叕字，孫與舞併。

衰　𡘯　《說文》衰艸，雨衣也，秦謂之草，从衣象形。𡘯古文衰。

亦

亦？　𡗢？　炎？

太、太、汏　《說文》汏，淅灡也，从水大聲　泰，滑也，从廾水大聲，古文从水有大聲

汏、液　按原摹似有誤。應作？

𡘽　𡘾、無、舞

𡙁

夾

夾作　作

夾、𡙇　似與爽有關。

𡙇　疑仍是　口＝口＝口。

無 《說文》無

（）豐也，从林𡘲是錯，此舞之原形，

但孫遂列舞下也是錯的。

舞

霖 此是雩舞的專字。《爾雅·釋訓》「舞號雩也」。注「雩之祭舞者呼號而請雨」。《說文》：夏祭樂於赤帝以祈甘雨也。从雨于聲。𩃲或从羽，雩羽舞也。《公羊·桓五年》注：「使童男女各八人，舞而呼雩，故謂之雩」。《論語·先進》「從遊於舞雩之下」。

亢 由此可見亢亢爲一字。

炕 《說文》「炕，乾也，从火亢聲」。

⿰馬亢

𡗜

亢

立

並

埜、柆 《說文》「柆折木也」。

⿰立馬、⿰馬立 从馬立聲。

⿴行舞、儛、⿺辶舞 ‖舞。《說文》「⿺辶舞，行難也，从辵舞聲」。儛或从人，按彳亻亂。

夲 大‖大

夲

𠀀

无

𠤕 《說文》「𠤕，未定也，人匕𠀀聲。𠀀古文矢字。語期切」。按𠀀𠤕一字

‖𠤕

⿰彳𠤕、疑 《說文》疑，惑也，从子止𠀀聲。

金文常見𨔦字。疑从子爲从牛之譌，彳‖辵。

黑 粹五四七 叀黑犬王受祐

莫 囗仔夾王吾 後下三一五。

𡏳、堇、熯

《說文》熯，乾貌，从火漢省聲。熯堇通，𡏳黏土也。从土从黄省會意，𡏳古文不省。

按莫黄不同字，熯堇均从莫聲。羅釋堇誤。

帝不其莫我䁥？鑵？《說文》脫此字。

莫 ？

異 《說文》从廾从𢀖是錯的。字在說文中只見虞字𩜁偏旁誤作𠀃見前畀字。甲一七三。可見是戴田，田是箕屬與同𢑚从甾，見於《說文》的有

異、冀、虡、虞。

冀、 龔、戴、龔、卜辭金文均有子異字。《詩·文王有聲》「以燕翼子」毛傳敬也是錯的。

鼎異 如非合文，當从鼎異聲，為六翮三翼之翼的專字《爾雅·釋器》鼎附耳外謂之釴金文有異鼎。

子異 與異形相混，而亡佚。

異、𥅽

戴 《說文》「戴，分物得增益曰戴，从異𢦏聲，籀文从代聲」。戈‖弋

罬 《說文》捕鳥覆車也。

雋罬 《說文》「罬，捕鳥覆車也，从网叕聲」。叕 𤕠。

𡎺 口㞢卜才𣪠田龍𡎺𡎺塞（𡎺）其四。

口 粹九四五片。

文

文？矢？

文、交？

文

交

交 从大疑與从文通

交 《說文》「越也，从夂从夫，夫高也」。金文交字偏旁如此。

吝 从口文聲。

紊 《說文》「亂也，从糸文聲」。

交 《集韻》「無分切愠也」。（廿文、作炆）

麐、麐

汶、汶 麐从文聲，《說文》汶，水也，出琅邪朱虛東泰山東入濰，从水文聲。桑欽說汶水出泰山萊蕪西南入泲（濟）？

東、黄 黄呂、黄奭、黄帝、黄尹、

京津六三七

寅、廣 《說文》「廣，殿之大屋也，从广黄聲」。

潢

纊、纊 廣从黄聲。《說文》纊，絮也，从糸廣聲。《禹貢》：「厥篚纖纊」。

闠、闠 《集韻》「枯光（黄）切，門關也」（十一唐）《玉篇》「叱終切」

廣 當即闠字，《玉篇》「叱終切」。《集韻》「枯光（黄）切，門關也」

穔、穔 疑黄之異體，黄本

交　[oracle bone forms]　𪓰之原始時巫𪓰燕舞故作[oracle bone form]，《説文》「穳，芒粟也，从禾𪓰聲」。

交　[oracle bone form]

交　[oracle bone form]

交、絞　[oracle bone forms]　《説文》「絞，縊也，从交从糸」。

烄　[oracle bone form]　孫誤爲烄　其烄于冏

烄　[oracle bone forms]　《説文》「交木然也，从火交聲」。《玉篇》交木然之以奈柴天也。據此異文則玉篇是矣。

㸧　[oracle bone form]　當从㶣（奈）交聲。

校　[oracle bone forms]　《方言四》小袴謂之校衧（楚通語也）

恔　[oracle bone forms]

胶　皎　[oracle bone form]　《説文》「皎，月之白也，从白交聲」。

屰　[oracle bone forms]

䢂　[oracle bone forms]

䢂　[oracle bone forms]

䢂　[oracle bone forms]　誤刻，據此則䢂是逆。

夅　屰　[oracle bone forms]　此只是屰字，倒書。

逆　[oracle bone forms]

後、逆　[oracle bone forms]　此是逆字而倒書耳，孫氏遂不誤。金文夅字，容庚亦不識。

衛　逆　[oracle bone forms]

㛘、婞？　[oracle bone form]

若　[oracle bone form]　《集韻》有㖿字（十九鐸逆各切）

㯻　[oracle bone form]

幸？　[oracle bone form]　疑从土？屰聲，屰＝㡿，《説文》：「㡿裂也从土」。

(五)兑　部

兑　[oracle bone forms]

兑　[oracle bone form]　兑＝子

兑　[oracle bone form]　孫云疑子字，壬子。按此或[oracle bone form]之變，與𢀛字異。參象ㄒ九五。

兑　[oracle bone form]　疑即兑之異文？

(三)㞢　部

㞢　[oracle bone forms]　[oracle bone form]疑是㞢之變體。

㞢　[oracle bone form]

㞢　[oracle bone form]　□□卜□貞勹亡吠□□□弘吉才三月甲申取小甲一　隹王来正盂方白㞢。後上一八、六。

蕭、鮪 《說文》「鮪，鮥也」。
龍、龍 《說文》「兼有也」。

（7）人部

人
人
人
尸
从
比 比庚
从 與比同字。
从 與人字同字。
勹 勹匕？
北 後下三七、八片。壬戌卜宄貞乎取□勹
北 森
化 《說文》教行也，从人匕亦聲。（林一誤爲林二）
化
匕 《說文》「殄盡也，从歹㐱聲 古文」。从倒人。
㔾

几、分？宄？
分
介 是行還是
介 介要查？
役 《說文》「役，戍邊也，古文从人」。孫云說文所無甚矣其不讀書也。
役 《方言十》「棄也，淮汝之間謂之役」。
伆 《說文》「沒也，从水从人」
汗 《說文》「汗，水也，从水千聲」。
休
休
圠、圩 《廣韻（一先）》「仟，倉先切」。《蒼頡篇》「三里田爲仟」。《集韻》俗古文作仟，是由从谷千聲的谷字所誤。孫以爲从人从土誤。
休 是否全是休字？
休 梳
伷 孫釋卹，按仍是伷
飲、飲 孫誤與即合。

即

即

㽵 王國維釋揤。

㶾 从即聲，从㳄待考。或又从水。

仄 《說文》仄側傾也，从人在厂下。後

上二、六片癸卯貞酌大俎于仄酉伐？

㑇 則

㑇、偵 鼎則。如是偵，或是則，則

从匕二刀，籒文鼎。

㑇、偵 《說文》偵，問也，禮記、

緇衣引易，恒其德偵。

臥、㕯

囚 《說文》「繫也，从人在囗中」。

按此當為泅本家，人在水池中，《說文》：

「泅，浮行水上也，从水从子，泅或从水囚

聲」。商釋勺誤。

放 參看象物方旌字下，伯晨鼎放弓

放矢。

放、旆、旅？

旅

旅

旌 此字舊釋鶾，从隹从放？从㫃从䧹？

放與族 相類或是族字，則是鷟？

商承祚以此當鶾。不知說文自有鶾字，

孫氏承之可笑。

旟、韓 《說文》韓，井垣也，从韋，取其

帀也，倝聲。放或仍讀㫃聲邪？

伊

㑊 象意字後轉形聲。

伋 《說文》人名，从人及聲。

伍

伍

疒 《說文》「疒，倚也，人有疾

病象倚着之形。女尼切」。 燕八六三象

工。

雩

佰 佰 《說文》殃古文作

佰 佰 宿字从此。

佰

宿 从宀佰聲。

㑆 死

死 按原摹似有誤，應作。

亙 亟 《說文》「亟，敏亟也，从人

从口从又从二、二天地也」。按毛公鼎亟

是从攴亙聲。班簋即作亙。

亟　从口从亙，《説文》「敏疾也，从人，从口、从又从二、二天地也」。

芍、苞、　當从艸包聲，勹＝包。《説文》「苞，艸也，南陽以爲麤履，从艸包聲」。

芍、苞

屎　《説文》「徙字古文屎」。佚？

梦、苞　蒟？苞？

莽、棼　从大人，疑即《説文》夰字大也，从大介聲，讀若蓋、金文用爲𣝗字。《説文》𣝗，木叢生也。从林𣝗省聲。此从夰聲，夰《廣韻》在怪轉爲物韻之𣝗，猶捧拜之與本讀許忽切。怪韻轉入聲物韻之例尚多。

嗂、　《説文》嗂，食也，从口𠳋聲。

痆、痍　疑是尸非弓。《説文》「痍，傷也，从疒夷聲」。

匃、苞

宊　疑

原與合爲。此當人蹈橐之形與

童　疑童之誤。

旃　是否一字，待考。與㯃別。

甬　俑　《説文》「俑，痛也，从人甬聲」。按此，疑俑之象形本象人足穿踊，《左·昭三年傳》「屨賤踊貴」。則足者穿踊，則踊是足上筒形屨。

佣　似非从用？

阝　隕　孫誤釋隊云此从倒人。按𠤎是《説文》殄之古文「殄，盡也，从歺㐱聲」。《論衡》「殄者死之比也」。其是从𠤎得聲。舊謂从變化之𠤎誤，那末阢是顛隕之顛的本字，象人从阜上倒下來。

䢃　象意字？形聲字？是否从？阦？

㣫、從、从　𢓊

昃　《玉篇》、《集韻》有㫬字。

電光、查卜辭。

㬎　此究从日、从目，日四、目亂，如旲、昊、𡗒。此似目省。

㬎　（按似異體）

㑒　侒　《説文》「侒，巧讇高材也，从女信省（鍇本仁聲）」井人妄鐘作妄。疑承

上人字重文。此爲二人夾女，當是佞之象
形字。
磔、磫、熧 《廣雅·釋器》磫、礭
礪也，通俗文細礪謂之磫礭。熧《玉篇》
火行。《廣韻》火行穴中。二字廣韻並即
容切。
穷 《說文》「貧，財分少也，从貝从
分，分亦聲。故从宀从分」。
䈒 東䈒令田。粹一二三四片。
穴、 穷
侐、 《說文》「侐，靜也，从人血聲」。
血皿多亂《詩·閟宮》有侐，傳：清淨也。
象人浴後清淨。羅釋浴，孫釋盆均誤。
洮、兆、洮 《說文》「兆，灼
龜坼也。从卜兆象形。兆故象形。兆誤
爲 、兆从兆聲。洮水出隴西臨洮
東北入河，从水兆聲。
洮 疑當从 ‖北？或是兆。
兀
万
万
万

万
兀
兀兀 疑仍是从字
从 疑从，孫疑兀兀
元
完、完
我方 （疑金文）
未完 商孫釋老，疑是未完二字。待查。
完、穴、宑 《說文》宑，宴合
也，从宀西聲，讀若周書若藥不（瞑）
眄眩。
宂、宂 《說文》宂，散也，
人宀人，人在屋下無田事。弜宂其每之。
完
安、侒、嬪、 王賓？《說文》有侒字，
「宴也，从人安聲」。嬪。
婉、㛗、婠、嬪
宼、完、完、趼（髕） 完可讀如髡
可轉爲賓。王宼通王賓（賓尸之禮）。
《說文》䟳，斷足之刑也，从足月聲，或从
兀聲。完‖兀，止‖足，䟳即刖，一稱

䯊，一稱刖。《莊子·德充符》魯有兀者。

甲二四三七或刻誤。

嫕

鄐

鄐、儐 參一三〇二字等。

、非 戩四二、一〇。非鳴 王釋豩。

粹一二五六片 非鳴 郭釋兀。

非？

化 疑是化而誤多一筆。

非 《說文》𨸚即陛。北‖非

金文有非字，于省吾謂排初文。後下

二三·八己子貞田。粹一一五七貞非佳。

粹一一五九貞非佳。粹一一五八貞非行用

戈不雉衆。

陫、陛 从阝非聲，金文非鼎有

非字，《說文》「陛，牢也，所以拘非人

也，从非，陛省聲」。按當从阝非聲。

後上十一、十四庚卜口陫貞口步一

伏 从豕？

尸

反 卷八、象字下有反。

芀 孫摹 似非，（多左下一點）

羌 後下二十九、十四

芀

芀

芀、羌

𦃃

𤎩 似是从火𤎩聲。从者下

象足。《玉篇》烊炙也。《廣韻》烊烊（十

陽）出陸善經《字林》《說文》煬炙燥

也。

羗 羊从 疑與羌為一字。

芫 芫、伊 林二…… 芫方受又

《說文》「死，澌也，人所離也，从歺从人，

古文死如此」按殂古文𣦸及殪故壺

均从𣦵《三體石經》薨字古文亦从𣦵。又

按《說文》伊下云古文伊，从古文死。

小徐作古文伊从死死亦聲）則卜辭方

當即伊方。

麥 年？

允

糸 係 从兖字來看，此與允為

一字。可讀爲係。《說文》係，絜束也，可作係繫講。

㣙　似从矢。

奚、係、傒　《說文》係，絜束也，从人从系系亦聲。《越語》係孥《孟子》係累其子弟。《淮南子·本經訓》傒人之子女，《周禮》奚，《說文》作嫨，女隸也，孫併奚下誤。

繆　《說文》「繆，枲之十絜也，一曰綢繆」，从糸翏聲」。

炯　疑炯之異體，查？虎？

係　《說文》係，絜束也，从人从系，按此爲繫縛。

係　按此爲繫縛人犯之象形字，《越語》係妻孥。《孟子》係累其子弟。

𢍏

千

千

幵从

幵、并

北　北？非？或并之異體。

旱、𣅀　《說文》「𣅀，望遠合也，从日匕，匕合也，讀若窈窕之窈。匕作千猶旨字作旨秂作秊。

戍　此或即戍字邪？

什、佐　《爾雅·釋詁二上》佐，助也。三下　佐覗也。《釋名·釋言語》「佐，左也，在左右也」。古書常見佐字，謂爲俗字，未必然也。

巴　粹一二三〇　壬申卜𡆥貞，令帚好从沚𢦏伐巴方受㞢（佑）郭釋爲說文古文奇字人。

杇　未Ⅱ术　丂？

伊

𦨶、服　《說文》「服，用也，一曰車右騑（騎）所以舟旋，从舟𠬝聲。𦨶古文服从人」。此與俑不同，俑爲从人舟聲。𦨶則象人駕舟。

字變爲舫，方與人通，服𦨶舫音近。《說文》舫，船師也，《禮·明堂月令》曰，舫人習水者，通榜。《漢書·司馬相如傳》「榜人歌」注「船長也」。

考、攷　《說文》「攷，攴也，从攴丂聲」。《玉篇》《集韻》（卅二晧）作拷（掠也）。

畏　疑畏之異體，　孫疑克字。

倰　《說文》「夋，老也，从又从灾，夋籀文从寸」。倰或从人。後下四一、一……良巳未倰龜𦉢坐自爻圉。

𢔜　《說文》「丮讀若戟，持也」。如仍讀揚則為逿字，《廣韻》「徒浪切（42宕）過也」《漢書·儒林傳》王式傳「陽醉逿地」《史記·倉公傳》「逿心」《張衡·思玄賦》「迭逿」。《說文》作踼。（《文選》卷十五：「爛漫麗靡藐以迭逿」）

㢨　《說文》㢨㢨㢨行不正，从彳左聲。

坐

身

身？　此似非一字？

身　疾身

孕　《說文》「孕，裹子也，从子从几」，按篆實人形，由於不知為象人懷子形，而徐鍇讀几為殊，《一切經音義》引作乃聲，並誤。此與身字形近，故稱為有身。與国之關係。

疒　疑仍是疒　人‖身。

殷

弔

弟　‖？

㐱　《說文》「㐱，稠髮也，从彡从人」，依說文則㐱㐱㐱㐱。《廣韻》同是章忍切（十六軫）然殄（飻）音他結切，沴郎計切（與戾同、戾又練結切）似當有兩音，頗疑㐱當為尾之本字。

㐱

居　疑居之象形字。《玉篇》「䐁谷切，俗豚字尾下竅也」。

衕　此疑从居。《玉篇》䐁谷切，俗豚字，尾下竅也，按呂覽觀表許鄗相脽注後竅也，讀如窮穹則應从○聲。○讀如宮躬也。《說文》作𡱂脽也，則指尾椎骨。

[彳屆]　《說文》「屆行不便也，从尸凷聲」。凷从土凵。

尾

尼　《說文》「尼，从后近之也，从尸匕聲」。

侃 象人距坐在另一人的背上，變爲 則似从几。《說文》凥、處也，从尸得几而止，孝經曰仲尼凥，凥謂閒凥如此，侃疑通遽聲相近，後世俗書遽多从處，或釋尼非是。

侃 佚五五三形从 則即處字之末从虍頭者，《說文》処，止也，得几而止，从几从止，處或又从虍聲。

秜 《說文》「稻，今年落，來年自生謂之秜，从禾尼聲」。

乳 疑乳之初文，《說文》「乳，人及鳥生子曰乳，獸曰產，从孚从乙，乙者玄鳥也，《禮·明堂月令》玄鳥至之日祠于高禖以請子故乳从乙，請子必以乙至之日者，乙春分來，秋分去，開生傒鳥（帝）少昊司分之官也」。

沕 當从水沕聲，梁粱並从此，金文陳公子甗、史免匡、梁字並作沕。

壬 《說文》善也，从人士，士事也，一曰象物，出地挺生也。李陽冰、徐鉉謂人在土上。

爻 企

陘 阩（谺）？陵？

儆 據此則 仍是矢。

儆 矢中人足 至土人。

冈高 疑亦就字， 或足？《說文》就高也，从京从尤，尤異於凡也。

盈 據此①人誤乃，② 爲夃非企。

罪 疑是罪

永 从人从彳

从

衍 永 石鼓衍作行字，用金文永 則泳字耳，或作 同。

衍、永， 孫併永字，似是衍字，見石鼓。

泳 《說文》泳，潛行水中也，从水永聲。

咏 《說文》詠的或體，孫謂說文所無誤。永與人有關。所以入象人。

夌 粹九〇一辛未貞不降夌，郭釋很、按及 下辭爲不受禾，可能與農業有關。

振 疑 （永）从人辰，作 兩者易混，《廣雅·釋》「振裂也」《集韻》「博厄切」，與擘音近。

彳廾、永廾 振、永辰是否一字？或

是𠂢，而𠂢𠂢是永、脈，脈、《廣雅·釋》「𧝒、裂也」。《集韻》博危切。《說文》𠂢反永。

𠂢兄　疑仍从兄。

𠂢兒

(乚)匕部

匕

匕

匕　(壬)辰卜、王貞、匕隹乍余囚。後下三〇·五

侒、奴、㑄、侮　《說文》「奴，奴婢，皆古之辠人也，从女从又女聲，古文从人女聲」又「侮，傷也，从人每聲，㑄、古文从母」。卜辭女，母常通用，孫入侮下，是不知說文尚有奴之古文耳。

妣

旨　似从口匕(甘)聲。後下一·四　似是召字。

叱　吡　《莊子·列御寇》「中德也者有以自好也，而吡其所不爲者也」。注訾也。《廣韻》匹婢切(四　)毗必切(五質)《玉篇》嗚吡吡。

旨

旨　疑是旨之異體。令？

〔彳旨〕　疑是詣之本字。《說文》「詣，候至也」。詣从言，如何有至義邪？旨字是否从匕，待考。

𥏫　疑是䏁之本字《廣雅·釋詁》「䏁，盛也」《釋訓》「䏁䏁，肥也」。《埤蒼》「䏁，肥大也」。《玉篇》矣爲矢字古文？

𨾅　雌　牛爲牝則鳥爲䳄，後變爲雌字耳。

𨾅　ㄅ如爲了則雎=鳭

魮　魮　《說文新附》「文魮魚名」。《廣韻》房脂切(六脂)《山海經·西山經》「鴽魮之魚其狀如覆銚鳥首而魚翼魚尾音如磬石之聲之聲是生珠玉」，《南越志》海中有文魮魚(見初學記)郭璞(景純)《江賦》文魮磬鳴以孕璆。

𩱙　乙弜𩱙附其雨　粹一五四六

𥜿、卨、卨　疑即禼，人變卜猶咎字隸變咎，《說文》禼，蟲也，从内象形，讀與偰同。甲二四二三

𨙶　見𨙶下又見三九二九，孫云𨙶

或从匕，《易震》不喪[illegible]，待考。

[illegible] 見卷五、孫云[illegible]或从匕蓋以卜辭斷之，而此以人名遂入附録、[illegible]蓋从匕从[illegible]，説文从匕所以報之義不誤，但以[illegible]下∪形，爲匕則誤。後下貞[illegible]吕衆㞢幸一一戩四八、六于辛卯王令[illegible]一粹八七，庚申貞王令[illegible]于中，于字不晰、郭釋「[illegible]中」殆是人名。[illegible]與[illegible]的關係。

它、庀 通庇、《説文》「庇，蔭也，从广比聲」。《周禮·地官·遂師》「庀其委積」，釋文「庀又作庇」。《小爾雅·廣詁》「庀，其也」《左傳·襄九年》官庀其司。《廣韻》匹婢切（四紙）

（乙）氏部

氏

氏

氏

氏、氐 疑氏之誤。查前六、四七、一

盜、盜、濫 《説文》「菧，菹也，从艸泜聲或从皿泜聲」。按當从永盜聲。

昏 《説文》「日冥也，从日从氐省」。

[illegible]盜 疑與盜爲一字。

柢 《説文》「柢，木根也，从木氐聲」。

（丁）允部

允 《説文》「允，信也，从人吕聲。當是象形字」。又作兄，與矣妄可能有關，實是係字，係轉爲允，脂真對轉（韻）。

吮 孫釋吮，但似既不从口，又不从兄，查卜辭。

[illegible]、畯

夋

朘

兊 兊變？兗省？

兗、沇、兗 《書，禹貢》「濟河悅州」。《説文》作「沇，沇水也，出河東王屋水東流爲泲」。按沇即兊，而允之上端變爲小即爲[illegible]故漢隸均作兗。从四點與卜辭同，其允變爲兗見前允兗兩字。

臽 《說文》「臽，小阱也，从人在臼上」。

皃 皃？ 《說文》 皃，頌儀也，从人白象人面形。

(鬼)鬼 部

鬼

鬼

鬽、𩲡 《說文》「鬽，老精物也，从鬼彡，彡鬼毛。魅或从未聲。(𩲡) 古文从鬼省，尾省聲」。

𩲃

畏 魄

畏？

視 《說文》「鬼古文視」

睍 睍？、佰 疑是日下稷之稷的本字，即佰字。兒=畟。卩=鬼。

䰡 《集韻》基位切，音媿(六至)《類篇》繪也。《周禮·春官巾車》朱總故書作䰡，鄭司農云䰡當爲總，釋文引劉昌宗音瀸，李兵廢反本或作緦，按䰡當即繐。《廣韻》爲快切，張敞《東宮舊事》六色罽繐。《玉篇》五色絲飾。《類篇》斷色絲兩紐中而紏之。《顏氏家訓》强以牛藻之著，讀若威附會爲說，而謂張敞因造絲旁畏非是。

(兄)兄 部

兄

兄

兄？ 如確是兄字，則是刻誤。

兄？

兄 據孫同字與異，須查卜辭。

兄 當是兄字。後上七·一三。王固曰，兄甲介。何以加冂？

祝

祝 此當祝所从兄寫法不同耳。如祠之亦是倒人。

祝 孫疑祝。

兌

況 非兄乙合文耶？

兌 皆？ 此疑从皆从卩，即偕字。《說文》「俱也，从人皆聲」。

�

佷　孫作　《字林》佷，勇壯貌

《莊子·天地》佷佷乎耕而不顧。

觀、飽　《廣韻》飌，户盲切（十二庚）

飌颵暴風。《玉篇》暴風也。颵飌飌韓

愈《城南聯句》注飌亦作飌。兄金文多

作䮙。㞷＝皇·䮙光＝黄

稅　積　稅？　《說文》「積，多小意

而止也，从禾从支只聲」。从禾乃𣎵與𣎵

實無別，支只皆聲，兄＝只。又按「柷，

樂木空也，所以止音爲節，从木祝省聲。

木＝禾，此或柷字。

克

克　《說文》「克，肩也，象屋下刻木

之形」。象人戴胄。

敖、敓

䨱

祝、迟　《說文》「迟，曲行也，

从辵只聲」。《廣雅·釋詁一》「迟，曲也」。

兄、伺

竟

敲、摬、鼓、剋　《說文》「摬，

中擊也，从手竟聲」。《爾雅·釋詁》「剋，

勝也，說文作勊」。

敲、摬　竟持攴，猶人持枝爲伊，疑

通摬。《說文》「中擊也，从手竟聲」。

《廣雅》擊也，一敬切，於丙切。依此則

爲竟字，前釋𢼸誤。

盨、沬、㴳、瀕、䫌　《說文》「沬，

洒面也，从水未聲，須、㴳，古文沬从頁

荒内切」。《書·顧命》王乃眺㴳水，《說

文》「䫌昧（沬）前也从頁㬎聲」。

𠾂　可能是滰之本字。《說文》滰，浚乾

漬米也，从水竟聲。

墇、摬　《說文》「摬，中擊也」。《廣雅·

釋詁三》「摬，擊也」。

競

兄、只　畫兩手。

㕘、參　《說文》曑、參商星也，从

晶㐱聲。曑或省。此象三人頭。

（𠤎）欠部

欠（𣢀）　羅併先下，此兩字須查卜辭，

核對文義，然偏旁可通用。

旡

旡　孫併欠下《說文》㒫，飲食氣屰不得息曰旡，从反欠。羅據石鼓文既字偏旁从是對的，但不知旡張口應在後。

次　疑是次字，待考，孫釋次，《說文》次不前不精从欠二聲。此作⺀非二，（王子嬰次盧次字確从二）《說文》次慕欲口液也，从欠从水，即涎，孫誤。

㕤　《說文》「㕤，𪑔也，从次厂聲，讀若移」。

次

次

次

旡、旡　此似非旡字，待考？

欠　以次字例之此即欠。

次　《說文》「次，慕欲口液也，从欠从水，侃水或从水侃聲」。𣶒籀文从欠从沝。

𦣞　疑頤之本字，猶見皃等字也。《說文》「𦣝，顄也，象形，頤篆文𦣝，籀文从首」或仍是頁字。

既

嗳？　疑嗳字，見《離騷》《晏子春秋》曖曖唵曖。《玉篇》愛从旡（謂說文作从先。

㱛　後下壬午卜㐫來于㖔㱛。

𢔶　㱛＝概？付？艮？＝

𢍰、摡　《說文》「摡，滌也，从手即聲」。

佽

佽　《說文》「佽，便利也，一曰遞也，从人次聲」。

𣤋　疑即《說文》𣤋，字毄鬲聲同。

既　寧滬一·一七。如果不錯可作兄，等於

𢨀、摡　一五·八于𢨀㚊。《說文》「摡，滌也，从手既聲」。

吹　？

吹、咨？　《說文》「吹，嘘也，从口从欠」。「咨，謀事也，从口次聲」。

盜

資　金文有資字。

𣵭、盜、𩓚

㳄　卯、𢀳？　《說文》卯，事之制也，从卩卪《廣韻》在十一薺，音濟，事之制也。

《說文》音卿，羅以卯為人相嚮之嚮是對的。此从兩欠與卩同，孫釋卲誤。金文自有𨜏字。

卿（饗） 孫釋鄉誤。

卿

卿？既

頪 孫摹誤。己子（巳）貞，欮……口邑……正。後下一八、六片。

欮 《說文》「瘚，逆氣也，从疒、从屰从欠」。欮或从欠屰，丫‖丫。

㳄？次？ ‖欠？

欠 疑亦欠之異體。

欠？次？

歙 从大或从人，疑是酉之

（ ）見部

見 說文八下見部一七七下 與見是否同字。須查。

艮？ 說文八上一六八下。

頁 說文十上頁部一八一下。

[巛/頁]

俔 說文八上一六五上。

寬 疑即寡。‖頁

監 《說文》「臨下也，从臥䘓省聲」。應从皿从見。說文八上一七〇上

監 疑是監，查？

寬 《說文》寬，突前也，从見冂。莫紅、亡沃二切。徐鍇本，在冃部又有冟字，犯而見也，从冃从見也，沒黑反。說文八下一七八上

俔 《說文》「俔，間見也，从人从見見亦聲」。說文八上一六五上

晛、瞢、晚、曉、夢、㝱。 从日曉聲。當是日瞢之專字。《周禮》眡祲六日瞢，司農注日月瞢無光也。《太玄·瞢》初一瞢睒天 注晦也。次六瞢瞢之離，注猶夢夢也。《說文》作夢，不从日而从夕。猶曟作寅。《說文》夢，不明也，㝱从夢聲。

暊、夏 此為夏日之專字，顯字从此，《玉篇》暊，孚武切音府明也。金文常見暊字，古鉥夏侯複姓作頣。

[頁戊]

後上二四、一片 貞—䖒—五牛。後上二四、九片□□卜其桒年于䖒釆二牛」䖒釆一牛。後下十四、九片 貞㞢—䖒—來—卯—。粹十四□□貞〔其告〕蘁□□□䖒□牛。粹十五其桒雨于䖒，𤆍九牢。粹十六其桒年于䖒叀□酌又大雨。

䖒 孫摹誤。應爲

㲹 桒年于㲹 孫疑叜。

濈 似有摹誤。

𧢄 象人持爐中餘燼形。《説文》「𤇹，火餘也，从火聿省聲，一曰薪也。盡，器中空也，从皿𤇹聲。」粹一一九四其𥚃𧢄□又夕（月）」弜𢔶𧢄自」其𢔶𧢄于」……𧢄……粹一一九五□及羌伐𧢄弗𢦏。

須

頁 《説文》「頁，頭也，从百从儿，古文䭫首如此，頁者䭫首也」。後上，丙寅貞叀丁卯酒于頁」後上二二、三丁卯貞于庚午酌于頁」丙寅貞于庚午酌釆于頁。又二二、四片與續四、二一、二片己巳貞庚午酌釆于貞。林一、己子（巳）卜貞來于頁。林二、□午卜……于頁。粹六九片己未貞來于頁十豕（豚）？此人當與岳、伊尹同祭。說文九上一八一下。

貲

頩 疑頩字。《楚辭·遠遊》「玉色頩以晚顏兮」，《神女賦》「頩薄怒以自持兮」。《廣雅·釋詁二》「頩頩色也」？《廣韻》普丁切（十五青）又匹迥切（四、迥、普冷切）粹五三四貲𤆍……酒又……粹一五四七其□于貲。粹一五四八于貲又雨。

頁 以此知 爲頁。

免

萈 瞢字的原形。

萈、瞢 从 蔑字从此，當是瞢、夢等所从。《説文》「瞢，目不明也，从苜，从旬，旬，目數搖也」。按當是从目萈聲，薨、瞢、夢等字，均从萈聲，而不从瞢省聲。說文四上苜部七七下。

萈

夢

㝱、覭 《説文》「夢，不明也，从夕瞢省聲」。「㝱，寐而有覺也，从宀从疒夢聲」。从爿萈聲。萈或作見，

但有時揚手，有時在手前多一筆，不知何

義？　說文七下疒部一五三下。

𢹂　此即　之省變。

𢹂　合文？文字？

蔑　莧變

𧄔　疑與蔑同字。

𧄔

莧　疑莧字的變體。

莧　𢹂字所从。

莧　莧的變體。

莧　粹四五〇片，莧𦍌剛于走酒。

（　）臣　部

臣、𦣠　《說文》朢，月滿

也，與日相望，以朝君，从臣，从月从壬，

壬朝廷也，按从月𦣠聲。　寧滬二·四八

說文八上臣部　人部一六九下

望

覞　覞　《說文》「覞，出目也，从目

見聲」。《廣雅·釋詁一》「覞，視也」。見

已訓視，更从目無義，蓋原為从兩目猶

䀠，為正面形，此為側面形。後世分離一

目遂為形聲字。

（　）耳　部

耳、㲋、耵　聽聖均从此，

《篇海》古文聽字，亢倉子耳。耵目耵、

注：耵古聽字。

𦕐、聖

取

聒、𦖞、聞　《說文》「聞，知聲

也，从耳門聲，䎽古文从昏聲」。

聑

（　）光　部

光

光　孫隸定為𤇾，疑為光之異文。

光

（　）允　部

允、㕤、㠯　後上一五、四片王其田于

允剿于河」弜剿」河剿一牛。林一、二三、十

六才

㕤

𢍰 䜌 《說文》「䜌，亂也，从爻工交吅」一曰窒䙴讀䙴，𡂎籀文从爻从𡂑工，从又。後上一五、五、辛……

瀼、霙、霙。 《說文新附》「瀼，露濃貌，从水襄聲」。《廣雅·釋訓》「霙霙，露也」。說文十一上，水部二三八上。

瀼、瀼 从 《詩·野有蔓草》「零露瀼瀼」《詩·蓼蕭》同。說文十一上，水部二三八上。

𨇂 䠥 躟 《廣雅·釋訓》「佐(𨈐)躟惶劇也」。《玉篇》「躟躟疾行貌」傅毅《舞賦》「擾躟就駕」注：埤蒼云，「躟疾行貌」《廣韻》汝陽切(十陽)如兩切(卅六養)

𡴰 躟

究 从

(方) 方部

方 以字言當是方字，或是犬字？須查卜辭。林一、一四、九貞𢎘彭 林一二三、十片……小……方……先。林一二六、二八。貞𢎘……卜……卜

說文八下 方部一七六下

方

方

方？ 疑是方之殘筆。

另 此似方之異構，仍是方字。可變一、亦可變口。

方 《說文》「方，併船也，象兩舟總頭形」。按方並不象併兩舟而似从刀形，方與㐬形易亂，方㐬，但方从不作㐬，可見不从人形。姑糸象工待更考。

方

汸 當是从水方聲。可能與滂為一字，《說文》方或从水。

滂、洛？ 方‖口 旁‖各 孫列在行旁中似誤。

迒 《說文》「徬，附行也，古書多作彷」，《玉篇》「迒，防罔切，急行也」。

芳、芳 ？ 粹九四九片口𣅀王其口東𢓊沼日亡卅𢆶又大豖。粹九五〇片涉滴至𢓊射又豖𢆶。

衍、彷

衞 此或从首衍聲邪？首與目通。如𥄕或从首，則此即眆字，《玉篇》與彷

佛字通。

⿱戠方 當从戠方聲。豈歌聲嘮喻之專字乎？孫讀合⿱戠亥字。

旁

〔卩〕卩部

卩

卩

卯 《說文》二卩也，巽从此。闕。

卯

卯

卯

卯

厄 《說文》「厄，科厄木節也，从卩厂聲。賈侍中以為厄裹也。一曰厄蓋也，五果切」。按說文另有戹字「隘也」，古書多混。《蒼頡篇》「厄，困也」。《玉篇》《廣韻》並於革切。 後下十六．二，甲辰……至戊(申)……厄人…… 同片郭忠恕《佩觿》集有此種厄之厄為困戹其順，非有如是者。後下一七．五貞𠬝弗其以易厄，粹四三二片叀之王厄王。粹五四○片，貞其作豐乎伊厄。

⿰氵卩

⿰氵卩 疑亦浥字。

令

令

邻 《玉篇》亭名在重安地。《廣韻》其今切。

或印？

紟

⿰令卯 ⿰金賴 《說文》「⿰金賴，利也。从金賴聲」A＝今 剌＝賴

⿰柬令 《廣韻》「郎丁切（十五青）緈絲一百升、又絮名」。《玉篇》緈絲繐，《類篇》緈絮，一曰絲細湅為紟布，細湅為繐也。金文有倫字。

邑 定？

⿰目卩 邑？

⿰目卩 疑即佰字？

阸、⿰阝邑 《集韻》乙及切，⿰阝邑，隔陝也，阨。

卬 何以加……？⿰氵卬？

役　从倒文

癶　癹的本字。《字林》「癹、床屬」。

此象踏在人背上升高的意義（如登車）。

楊恒《六書統》說癸是古文蹟字，義亦同，

但不知何本，乘為登木（桀）乘古文𠅨

𡍬

𡍬、尭　《說文》尭，高也，从垚在兀上，

高遠也，古文堯。

氏　壬寅卜貞吏氏子令畐？用？豕。

畐、啚、囷（席）　《說文》「席籍也

……从巾庶省」「囷古文席，从石省，此象

人籍地而坐因因乃簟之原文，西為名詞，

啚是動詞，按尸變厂猶屍變屄屄。

羅以當囷，孫以啚合於個，並非是。

鄭、䩢　疑非一字？

𨗇　選　《說文》「選，遣也，从辵巽遣

之巽，亦聲。一曰選擇也」。說文二下辵部 四〇下

卯

卿

卿　仍是人形，只一手　則双手。《說文》卿章

也，六卿天官冢宰，从卯皀聲。羅以卿與

鄉饗為一字是。

疑人之譌當查甲編。

酉

卿、配、　《說文》「配，酒色也，从卯从己

聲」。說文十四下酉部 三一二下

𩰫　配？醇（新附）酹以代丮？

後下二四．十二　貞帝弗其𩰫王。

宂、宂　《說文》「宂，

散也，从宀、人，人在屋下，無田事也，而

隴切」。但卜辭以為賓而此為人名，

待考。說文七下宀部 一五一上

宦　卜辭與王賓義同，如

為賓則此為儐為嬪矣。關於

由嬪字偏旁看則均是賓凡此

均當統一再研究。

宗、㗛？　此如从卩从向聲則是㗛字，

《說文》地名，古通用，鄉㗛，向見卅五頁。

如是从口从宗則應入象人。

𡨦　孫謂从宗从正，如是，从止从向

則在此，如是从口从宦則入象人。

浥　《說文》「浥，溼也，从水邑聲」。

肥　《集韻》「又業切，瀆肉也」。

哭 疑即狗字，狗吅也。後下二十、一片。
…… 三隻哭。

（先部）

先

先

先 《說文》「先，前進也，从儿从之」。
後下己卯卜王咸、戋先余曰雀 𠂤 𠂆 □伐
官……。

先

先

先

先

先 似是 拓本不晰 後下三六、六片
乙子（巳）卜叀先令。

先

先

⿱先廾 之異體。猶 冉 = 冉

姺 卹？

⿸广兟

駪

𢔊 另蓋𢔊⿰酉彡。

𢔊 侁 = 方？大？《廣韻》「侁，
所臻切，往來之貌」。

洗 《說文》「洗，洒足也，从水先聲」。

敖？ 疑从老《說文》「敖，
出游也，从出从放」。與敖字關係。參
看𢾂字（三五七二）及嗷字。

𠹈 《史記·商本紀》仲丁遷于𠹈通敖囂。

嚣 疑即𠹈字。《說文》嗷口愁也，
从口敖聲。从吅老聲。與買（囂）音
義均近。又疑噩字或即此字之譌。

嚣 耆？嗷？

酰 林二、辛卯，王□□小臣酰□□
其乍圉□□于東對□□王固大固

（老部）

老 《說文》老，考也，
从人毛匕言須髮變白也，孫謂說文所無
考字从此。商作 ？孫以為考字。

敖 姥？从老？

耋

（長部）

長

長

長　《說文》長，久遠也，从兀从匕，兀者高逸意也。久則變化亾聲𠂆者倒亡也，案此象長髮飄曳之形。

粹一〇八八　戕長

長

長　粹一二二五　令長

[長寸]　長‖髟　ㄐ‖左有

《說文》「鬌，髮隋也，从髟隋省聲」。

《廣雅·釋詁一》「𩬊，盡也」　作𩬊

[長止]　《方言》七：「䠆，𨁅立也，東齊海岱燕之郊跪謂之䠆𨁅」。《廣韻》「直良切」(十陽)《廣雅·釋詁》「䠆，拜也。」

〔　〕若部

敚

𦱊、叒

𦱊

若

𦱊　孫疑若

𦱊　先？

𦱊

若？

𦱊　疑即若字，後下三九·二片卜𦱊

[䍃若]

〔　〕[玉丮]部

丮　揚　孫誤合𢦏[玉丮]（丮）為一字。

[玉丮]　揚

[示丮]　是否有別？

一只手是否有別？

[示圭]、[示丮]　禓　《說文》「禓，道上祭，从示易聲」。

[口丮]　《說文》脫[玉丮]（　）字即揚。[口丮]‖暘

《說文》為唐之古文。

[示見]

[忄丮]　疑从屮，則是執字，似非从止。

[木丮]、[忄丮]、[米丮]、[坴丮]、[坴丮]

[火丮]、熱、藝　此可能本是一字，执火炬之形，而埶之本字，[坴丮]則是从土[火丮]聲。

[竹丮]　[玉丮]‖昜　《說文》「簜，大竹筩也」，

簜，大竹也。

歹孔

亂？ 此似另一字。

飢 此與劓（劓）似有關，自為割鼻，臬為置鼻於木以為準的。此例双手奉鼻以獻，應讀為臬。

絷 疑與執不同，執為上刑具，此則僅縛其兩手，猶馬之為馽，縛其足與絷為同字也，說文又有𨇨本亦是縛其足。

摯 粹一三〇五 辛子（巳）卜王另

摯 疑亦摯。

執、摯

執、執 此併首與手俱拘絷，與執實應有別。

絷 《說文》「馽，絆馬也，从馬〇其足，讀若輒，或从絲執，執亦聲」。按說文以絷為馽之重文。《左傳成九年》 南冠而絷者，誰也。注 拘執也 此絷字本義，後在假借為動物之絷耳。孫謂說文絷與此非一字。

圉 孫釋圉，疑是从口執聲。須查卜辭核對。

圉 教當即執字，然《說文》有𡟀字至也，从女執聲。讀若摯，一曰虞書雉𡟀。似是从執聲之誤。

圉

虣 當即執字而从虎頭，猶处處。

㝪 《說文》「屋傾下也，从宀執聲」。

𡫸、𡫹 从𡫹聲，《說文》「𨇨、𨇨足也，从足執聲」。

漐 《集韻》「漐，直立切，汗出貌，一曰漐漐小雨不輟也」。

校？枷？ 象荷校形。荆？

鬥 部

鬥

（丁）丂 部

丂

丂 丂是人形還是柯形，如𠀀當是柯形，如奇當是人形。

河？ 此當是从人丁聲，丁為柯之本字，《說文》「反柯也，讀若呵」卜辭𠀀、𠀀是否一字，（後上一五·四兩字

並出）待查？或均用作河字，或是形譌，
或是聲近通用。

汅、河　甲二八〇　燕一九六　佚九七二　此當是从人
丂聲，丂應是人形。

可

駉、駉　《說文》「駉，鵝也，从鳥可聲」。
據此則　仍是丂。

䮫、駁？

昅　昳？　參四一一六《說文新附》昳，日昃
也，古書常見疑　一字。

坷　丂＝可　《說文》　坷，坎坷也，从土
可聲。

就　象人登高之形，　或是丂
字？則就从丂聲。《說文》「就，高也，
从京从尤，尤異於凡也」。倞？

仍　孕字从乃即人，　疑
即乃字。如此則　為　矣。匄？　《說
文》「仍，因也，从人乃聲」。此當為扔
本字「引也」。

㭉？、攺？　疑即扔字。

何　此可能是仢何字。然須細校
卜辭乃能定？

砢　是否一字。

砢　疑是砢之異體。

河、菏　此是菏字，《說文》
作渮，从水苛聲。引禹貢浮于淮泗達于渮，
但禹貢石經作河。《五經文字》說：渮見夏
書，古本亦作菏，《史記》《漢書》《水經
注》均作菏，此从巾象人負荷形，《說
文》何，儋也，从人可聲。後世因用何為
何以，何有等辭。負荷字古書多作荷。《小
爾雅·廣言》荷，擔也，因改河為渮，說文
實从荷省，非从苛聲。《集韻》有寒歌切
一音（七歌）郭、孫等均不能分析何河之不
同。

昖　《玉篇》有昖字？

冘　此應是戍字。
《說文》戍字：邊也，从人持戈，會意。
當是象人荷戈形。又　冘冘、淫淫行貌，
从人出冂，戍與冘實是一字。冘讀若沈
从戍在心母。商釋冘字不誤。卜辭　或
為丂（河）字，而　為沈字，孫氏誤合
為一。遂定　為　字，大誤。

沈 《說文》沈，陵上滈水也，从水冘聲。沈與河亂？如何分？須查？

洐 林二、口酉卜｜貞……
涉洐 于庯。

（彐）彐部

彐 司 合文司戊

司、后 后 司癸當是后癸（鄴二下三九·二） 甲八二四。司辛當是后辛。

絧、𤔔 《廣雅·釋詁四》：「絧，補也，當與𤔔同字」《說文》𤔔，訟也，从𤔔、辛猶理辜也，𤔔，理也，籀文从𤔔从司，司亦聲。

辝、㓷 从辛（𢆉）彐（司）聲。《說文》辝，不受也，从辛从受，辤宜辤之籀文作辝从辛台聲。

詞 金文辭字或作辝，𤔔字或作䛐。

姛、始 《說文新附》姛，偶也。古書多有始字。孫以爲司毋合文非。

姛 疑即始字，孫謂司毋合文非。《說文新附》始，偶也，从女后聲。《易·姤卦》《管子·地員篇》「其人夷姤」注「好也」《文選·思玄賦》「洛姤嫮之難並兮」注「惡也」。注：「好也。」

朿 亡似是人。

匃、匄

曷 曷 《說文》曷，何也，从曰匃聲。後上十二·十一庚寅卜貞日𠄞華弗其隼亡？曷

（母）女部

女 母 說文十二下女部二五八下

毋 說文十二下女部二五九下 毋己、毋戊

母

毋 三毋 多毋 甲三五四
王以𢀛弗每（誨）甲五七三弗每（晦）

妓

毐 《說文》毐人無行也，从士从毋，賈侍中說秦始皇毋與嫪毐淫坐誅，故世罵淫曰嫪毐，讀若娭。

妾

奸 戩丙寅帚奸示五屯𡿦《說文》「奸，犯淫也，从女从干，干亦聲。

孃　以爲例，當是孃。《説文》「煩擾也，从女襄聲」。

毐

毐

安

娉　疑身傳之異文

𡜊、光　《集韻》「𡜊，姑黄切，女字」。《字典》引一曰女色，研麗，也不知何據。此當是光之異體，亦見金文。

女

㚢　汝？姣？牧？

安

汝　《女參看三七頁如《字。

如《　此仍是　見汝字下

汝　用作（女）母

如

㤢、恣、恕　，仁也，从心如聲，古文恕，从女，孫誤心爲貝因謂《説文》所無。

因　《集韻》與囡同，此不从口

㚶、盌？如　如之異體？《方言十三》「盂謂之榼，河濟之間謂之盌𥂣」。《廣雅》「盌𥂣、盂也」。

肗　从肉女聲。《廣韻》「人諸切，魚不鮮」。（八語）《玉篇》「魚敗」。《集韻》魚敗曰餒，肉敗曰肗（八語）《論語·鄉黨》「魚餒而肉敗」。《爾雅·釋器》「魚謂之餒」。《説文》亦無餒字。孫不識D爲肉字，而釋爲攸，不知夕自作D。

𡚸　𡚸通女。

要　㛏安？

妊　《説文》「妊，孕也，从女壬聲」。據此，壬爲休息之所。《説文》「恁，依几也」。

𡧍　與（肃？）同意。

安

㝚　孫引乙三二九七，癸未卜殻貞翌甲申王㝚上甲日王固曰吉，㝚允㝚，則似从女定聲。㝚即是賓矣。待更詳考。參看以爲賓。

安、𡧃　疑从宀如聲，亦安字。《集韻》有㚾字。金四七七。孫云𡧃或从止。但下則云㝚自爲矛盾。

㝚　从止𡧃聲？从口㝚聲？或即㝚字？女＝如。

侒 安 案 《說文》「侒，宴也，从人安聲」。

⿱臼妟 揠 从臼妟聲，疑揠字。《說文》「拔也，从手匽聲」。《廣雅·釋詁一》：揠出也。《小爾雅·廣物》拔心曰揠。《孟子·公孫丑上》揠苗。

妥

⿱爫⿱幺女 按此見後下廿二、十二。⿱爫⿱幺女 盥。參看後下三三、九。丁卯C貞⿱爫⿱幺女 白盥用于丁。

浽、溪 此疑妥之異文（或从水）非从率，孫釋⿰女率。

⿱𢆶女、㜎 《說文》㜎，女隸也。《周禮·春官序官》注「奚，女奴也」。

⿱爫⿱幺女、㜎

⿱臼⿱目女

⿰⿱幺女戊、幾

⿰⿱幺女戊 幾

⿰⿱爫⿱幺女巳 此或肥遺之本字？从⿱爫⿱幺女聲。

⿱田女、媿

盇 似⿱凶皿之異文。

呣 即誨字。口‖言

⿱每女 挴、敏 《天問》挴，《說文》「．敏疾也」。《詩·生民》履帝武敏釋訓。「敏拇也」。

晦 此字應从乙每聲，乙未詳。孫釋姫非是，卜辭非女姓。

郪 倿 與嬖字的關係。

⿱雨妻 《說文》霽，謂之⿱雨妻。从雨妻聲。

⿱艹⿱女乚

⿱妾火 从妾，郭釋兂，按粹四一七于⿱妾火巹。二四七片妾又且乙，⿱雨妾字从此。按从乛或从匚疑是笄（笄），則是姸字，但从火从雨。

⿱魄土 疑从土魄聲。後上，乙丑卜在⿱魄土貞今夕佳不⿱辰止才十月。

⿱林要

葽

⿰葽戈 蔑 《山海經》有女蔑（作⿱艹⿰女戈）

⿱葽戈

⿰葽戈 蔑 从戈葽聲。蔑之異文，孫釋孅。

⿱罒女 疑與⿱卝要爲一字。

⿰⿱幸女攴、𡠗 《說文》「𡠗，至也，从女執聲，讀若摯，一曰《虞書》雉𡠗」。按說文執埶多亂，此又誤从埶聲。摯字因从執也，《集韻》埶，脂利切。同贄，又之入切，音執。

子（呈）子部

子 此口子之子，誤為巳之故。說文十四下子部三〇九下

了 子？

子 辛丑貞王令吕子方奠于并，孫誤摹作，今按後下三六·三與此同辭，可證即子字。

子

子

子

孖 孨 仍是从兩子，子作，猶作，宋代出土的亞寠鼎（名夫鼎）孨字作可證。《說文》作孨，謹也，从三子，讀若翦。孫釋為兢，大誤。

仔 《說文》：「仔，克也，从人子聲」。《周頌·敬之》「佛時仔肩」。傳：「仔肩克也」。箋「任也」。

保 保 《說文》保，養也，从人从𤓽省。𤓽古文孚，𠈃古文保，㑹古文保不省。按：金文保字均作𠈃，然如大保爵，䚮卣等，俘字均从玉仔聲，則仔即保字。疑《詩》及《說文》仔肩字應作，後世無字，遂作仔字，與保混耳。容庚仔、保分列。

孚、孹 疑是文字非合文。

㷻 烰 《說文》作「烰烝也，从火孚聲」。詩曰「烝之烰烰」。《爾雅·釋訓》「烰烰烝也」。孫注：「炊之氣也」。《呂覽·本味》「令烰（庖）人養之」。《廣韻》縛謀切（十八尤）

伋 疑仔丘合文？或是㷻。

炛 烰

炛、烰？于釋呈非。應从火从子。疑是烰字。子與孚關係。《說文》仔、古文保，孚古文作𤓽。參看卷十㷻字。

炛 烰。

𡥄 迂。《說文》「游，古文」。孚即子。

𣏌 似从子冊聲。東丙𣏌用。東舊𣏌用，疑策之本字。从子聲是聲。詳象工移此。

𨘢 似从是冊聲。是可爲偏旁。𨘢从是聿聲。疑从是矣。

媞 《說文》「媞，妍黠也，从女是聲」。一曰江淮之間謂母爲媞。孫併入好下誤。

媞 倒媞字。《說文》「媞，妍黠也，一曰江淮之間謂母曰媞，从女是聲」。

斿

汙

汙 汙

汖

囝 《集韻》囝九件切（廿八獮）閩人呼兒曰囝，顧況有《哀囝詩》囝別郎罷別囝詩。孫併入孚下。查卜辭？

李

李 當是李之異體？

孫

狭 𨔵？ 疑是《說文》𨔵字。忿戾也，从至，至而復遜。遜，遁也。周書曰有夏氏之民叨𨔵，讀若摯。

狭 𨔵 《說文》「𨔵，忿戾也，从至，至而復遜，遜，遁也，周書曰有夏氏之民叨𨔵，𨔵讀若摯」。按此字與孫字相近。因而改爲从孫从至，至‖矣。子或有作了（）與巳字形近，十二辰所以改爲巳，商書遂列爲矩誤。

戎 金文有字，待考。或是孜字。

㦥 从戈孜聲？从子戕聲？

孜 勃？ 疑即勃字。《說文》「勃，排也，从力孛聲」。

孝 參考金文。

孛 孛？ 疑从孛聲。

逴 逴 《說文》「逴，遠也」。「逴遠也」「踔，踶也」《集韻》逴同趠。

犴 疑與字从此。

郢 鄃 疑即郢字。爲是。

觳？ 或合文。

字舟 从宀从子舟。子舟或即孟？

馵 騠 《說文》「騠，駃騠也，从馬是聲」。馬父驘母。

犴 猅 《玉篇》「犬也」。《集韻》田黎切（十二齊，犬名）

孚 㛦 待問三四。

仔 《說文》仔，克也，从人子聲。《詩周頌敬之》「佛時仔肩」。傳「仔肩克也」。箋

「任也」。朱駿聲《說文通訓定聲》克字下注：今蘇俗負小兒于背語兒云克在肩上。按子負於頂係負於背是其異也。

⿱子其　羅釋棄

⿰糸⿱子其

⿱子舌　从口弄聲。弄當是呆(孚、保)字。一切經音義二十引)《埤蒼》有呼字。咨氣聲也。似非此義。

⿱⿰子大日　叀舊⿱⿰子大日用。

⿱⿰子大冊　其用舊⿱⿰子大冊　⿱⿰子大冊當改从子聲。可以替代冊一也。是音與朿音相近。後來就改用策字二也。

育　後下卄七.九　貞子……育……　冥……

好

姑　毓　京津三二七八。應查，如確是妘，則可作子↓巳之證。

毓、好、毓　只子子

娀

毓　《說文》　育，養子使作善也，从云(肉)月聲，虞書曰：教育子，毓，育或从每。王國維釋此爲毓，像產子形是對的。但說例子在人後，故引伸爲先後之後則大謬。實則此即好字。呼皓切及呼到切。轉讀爲後耳。

孱

仔　王以爲亦毓字。需查卜辭語例。但此亦仔字。讀爲好音。亦得轉爲後矣。

㕦、㐬、流？　沄且丁，亦讀爲好。

阬、隄　从云疑仍是子。《說文》「隄，唐也，从阜是聲」。孫釋隊，如謂「象人由阜下隊」。何以从云，云有兩義，或讀云，讀弃。或讀汓流毓，無論如何古不能象人。懷抱之子不能自己上阜。

李　李？

㚢

鼠　《說文》鼠，毛鼠也，象髮在囟上及髮鼠之形。

巤、邋　《說文》「擸也，从辵巤聲」。《玉篇》躐，踐也，古書常見。又按，孫摹可疑。似應作？

(白)白 部

白

百

百

柏　柏

⿲木白木　柏

⿰白卩　伯　《說文》「伯，長也，从人白聲」。

甶　《說文》「鬼頭也，象形」

畏　《說文》「畏，古文[古文字形]」

⿰甶戈　或即⿰甶戈見盂鼎。

（三）首部

首　……王貞余……首于示疒？……我又？

或……王……首……我……？說文九上首部一八四下

首

皇　皇　《說文》皇，大也，从自，自始也。始王者三皇大君也，自讀若鼻，今俗始生子為鼻子。

縣　與皇字是否一字。

首　是否殘字。

悳

（四）目部

目

目

目

䀠？目

眉

苜　眉　《說文》「苜，目不正也，从𦍌从目，莧从此，讀若末」，孫釋𦍒，似誤。

苜　《說文》苜，目不正也，从𦍌从目，莧从此，讀若末。孫釋𦍒似誤。

⿱𦍌目　此羊頭也，轉化為象眉目之間，而變為从目羊聲。

着、眻　《玉篇》：眉間曰眻，去聲。《廣韻》美目也，平聲。此與《詩》美目揚兮（鄘風）子之清揚。借揚字。

⿱罒羊　从目羊聲。

眔　眔與洎為一字。

遝、還　从止眔聲。眔是洎。

㷀 還 从火還聲。

嬛 嬛。[illegible] 懁 从女睘聲。《廣韻》嬛，户乖切，安和也。

直

值、德 衜

徝、稙 《説文》「稙，早種也。从禾直聲。詩曰稙稚尗麥」。

眚

眚 此疑即眚字變屮（屮）為木，舊讀為相。

[目采] 从目采。

[曰香] 从目采，或从曰香。

[氵罒甾] 東[氵罒甾]曰戕从亡戕卒。

[玉罒香]、瓄 《説文》[玉來]瓄玉也。《玉篇》崑山出瓄玉也。《廣韻》。

[玉遺] [玉垂]

相 从目从户不分

看

相

相

[木臣] 相 疑散形，臣目通用，金文亦有，再考。《韻會》棖或作[木臣]。也見《類篇》（六上，之人切，「屋梠也，兩楹間謂之棖或从臣」）

[目木] 植 此當是《説文》直字古文之臬，也就是植字。這是立的柱子。[目木]相類，羅、孫誤與相混。

民 《説文》民，衆萌（萌）也，从古文之象。凡民之屬皆从民。彌鄰切。

古文民。孫誤與旻混。

民

昌 或是冒字則為䁅字矣，再考。或即目之繁體从口目聲。

[目止] 疑是眐字。《玉篇》旁征，獨視貌，正作與此類似。或瞬。僢兩足相向。見《周禮》典瑞疏。瞬、癸从兩足。

明 疑與晛同字。

泪 疑涓之或體。‖目

宦 《説文》「宦，仕也。从宀从臣」

宧？

盾？害？

戠

盾、視？、霄？

[目火]、[艹目火] 《説文》「[艹目火]，火不明也。从

艒 首从火首亦聲。《周書》曰布重莧席，纖蒻席也。讀與蔑同。莫結切。說文四上首部七七下

艒 艒《方言九》「艉謂之艒䑿」。《廣雅》「艒䑿，舟也」。《集韻》莫六切音目。艒《集韻》同艒。䑿

面

圓 疑面，孫釋目誤。

夓 應即夓字

書 疑目。

𥈅 𥈅人，孫疑㕚之異體。

𤈦 𤈦 ？㬥乎？

湄 㴋或是瀎《廣韻》《集韻》與湄同。

潜 湄，此或仍是湄字。

𣿸 林二、二六、十二片 戊辰卜貞今日王田𣿸湄日不遘雨。孫摹作

媚

蘪 卜辭有𡁩字疑

𡁩 疑即眉之繁體，从口眉聲。為湄也可能？是蘪之省。

堇 當是皇之異文。說文：大也从自，自始也，王者三皇。大君也自讀若鼻今俗謂始皇子為鼻子。

堇

叐 叐 說文無叐字，隆瘥均从叐為省字說文省視也，从眉。

不从屮，省从屮，此从即眉从屮金文子卣有此字。粹四二〇其叐太乙王受又，一五五九叐葬亡𢦏 一五六〇弜叐其 金文小子叐卣。

倩 倩 與省關係《說文》人字也，从人青聲。

（一）臣部

臣

臣 目？

𦣝 臣 𦣝疑即臣，仍作目用，从𦣝之字如𦣝子即䁍字。𨿽即䁍字。更考？

罒 泪

罒 泪 疑與上為一字。

姬 娶 臤从又臣聲。《說文》「娶，美也」

嚚 《說文》「嚚，語聲也，从品臣聲」。口↓口。也可能是堅之本字。从厽‖土。《說文》堅，剛也。

⿰臣攴 參一七六一，三五八七。

⿰臣戈 臧 ⿰臣戈象以戈刺目，臧之初字，後从爿聲。

（七）耳部

耳

聑

⿱宀臣 疑即宦字，《說文》宦，養也，室之東北隅食所居。从宀臣聲。耳與臣的關係。

宦 疑臣

聯 聯 《說文》「連也，从耳，耳連於頰也，从絲。絲連不絶也」。說文十二上耳部二四九下。

⿱耳土、堅 疑是堅字。《說文》「土積也，从土从聚省」

耴 《說文》耴，耳垂也，从耳下垂，象形。春秋傳曰秦公子耴者其耳下垂，故以爲名。如非筆誤當是耴字，《說文》篆作耴，其實下垂不應在上也。說文十二上耳部二四九下。

咡 《玉篇》「咡，吺多言也」。《廣韻》「丁惬切」（三十怗）據《說文》「吺注作囁」。

⿱耳口 已見葺，孫疑與⿰耳口一字誤。

咠 《說文》「咠，聶語也，从口附耳」。說文二上口部三二下。

⿰口咠 孫據魏石經古文以爲聽字誤。與聽字同的當是聖字。聽與聖均从耳人(𦔻)聲。《集韻》⿰口咠即入切，與咠同（廿六緝）

葺 孫釋葺口，謂《說文》所無誤。

⿱宀咠

⿰口⿱宀咠 从宀咠聲，當是葺之本字。《說文》「葺，茨也，从艸咠聲」。《考工記匠人》葺屋，所以从宀，《集韻》⿰口咠與咠同此从囁聲。（廿八緝）孫隶定宦，于省吾釋廷，庭均誤。

洱 《廣韻》而心切、水名，（六止、七志）《水經注，洱水》「出弘農郡盧氏縣之熊耳山」。《說文》「渳，飲也，从水弭聲」。

獄 《說文》「獄，（獄）司空也，从㹜臣聲，復說獄司空」。

⿱聑肉 ⿰肉聑 《廣韻》「而涉切，動貌」。（廿九葉）

躡、躡、躡、 从止躡聲。《説文》：

「躡，蹈也，从足聶聲」。

聵、

聲

（自）自部

自

自

洎

洎

臬

溴 从水臬聲。《集韻》倪結切，水名

（十六屑）

湟 洎 从水皇聲。疑仍是洎？或溴？

溋 从水盈聲。

劓、劓、劓

鼻 膞 《方言二》「膞，盛也」。《方言十三》「膞，息也」。《廣韻》「匹備切，平秘切，毗至切」（六至）《集韻》魚器切。

䲗？ 待考？以字論，當是从魚自聲。

娟 《集韻》疾二切，妒（妬）也。（六至）嫉之或體。

臬

（而）而部

而

而 《説文》「而，頰毛也，象毛之形」

而 後下三八、七片

……𠂤幸羌隻廿屮五而二。粹二六〇片

而于祖丁羌甲一羌，于祖丁一。

而？

（口）口部

口 説文上上口部三十下。

口

启

啟

問 此是从口的象意字。如作爲形聲字則在象工。

占

嗞 訊

宕

名？ D或)疑刀屬𠭴字或从。

名

害、客 夕刀？。

寀 [古文字] 从宀从广？

（[古文字]）舌 部

舌 [古文字] 戩甲辰卜古貞，疒舌隹有壱。王國維因龜裂紋誤作[古文字]，孫承其誤（應作[古文字]）《說文》「舌，在口所以言也。別味也。从干从口，言犯口而出，食犯口而入也」。

舌 [古文字] [古文字] [古文字] 粹五〇貞王弓……[古文字]河……弗其……

音？舌 [古文字]

[古文字] 舌？言？ [古文字] [古文字] [古文字] [古文字] 後上二四，十丙子卜殼貞。乎舌酒河來二豕三羊卯五牛。

舌 [古文字] 孫疑與[古文字]爲一字。言？[古文字]。

蟲 [古文字] [古文字] 《集韻》蛞同蛶。

（[古文字]）囟 部

齒 [古文字] [古文字] [古文字] [古文字] [古文字] [古文字] 不从止。

䶪 齲 [古文字] 《說文》「䶪，齒蠹也，从牙禹聲。或从齒」。此是象意字。聞（一多）釋䶪非。《集韻》「馬齒不正也」。（八

戈又九虞）引《篇海》更不當。

舁 [古文字] [古文字] 《說文》「舁，黨與也，从舁从与古文从廾从与」。

與 [古文字]

冈舁 [古文字] 《廣雅·釋器》「冈牙，兔罟也」。罡《說文》「罟也」

（[古文字]）公 部

公 [古文字] 公如果是㕣的本字。[古文字]，那就應在象人。[古文字] [古文字] 孫以爲與公一字，可能是對的。當查卜辭？衮字从公但也作衮。从谷，甚至从谷，如果這樣，那谷（谷）字也就是公字。再詳考。

公 [古文字]

㕣 [古文字] 《玉篇》「㕣，以喘切，行也」。

（[古文字]）心 部

心 [古文字] [古文字] [古文字] [古文字] [古文字] 孫誤與貝字合。查卜辭？

怱 [古文字] 《說文》「多遽怱怱也，从心囱聲」。（复按原摹似有誤，應作[古文字]）

㕣 [古文字] [古文字] [古文字] [古文字] 原作㕣疑是㕣見《玉篇》

又作𢗰。查卜辭？

忠　芯

柲　《爾雅·釋木》：「㮸樸心」。
《廣韻廿一侵》　柲木名其心黃　。孫誤
椇。

沁　《說文》　沁水出上黨穀遠羊頭
山東南入河，从水心聲　。孫誤浿。按沁
與殷虛近，浿水出樂浪，則遠矣。

[阝心]

（十）士　部

士　　孫疑士字不誤。《說文》　牡，从
土聲。按此本象意。但土與士當是一字。

吉　《說文》　吉，善也，从士口　。士與土
的關係。士當爲男陰，但金文吉从，與
在字所从土同。王攸田䣌乍父丁尊㳄
或即吉字。卜辭吉作是否變形？
抑从㠯

𠜊　　此當是劅之原始象形字。《說
文》作斀，去陰之刑也，从攴蜀聲。周書曰
刖劓斀黥。《尚書正義》卷二在虞書
標目下引賈、馬、鄭古文尚書作劓、刵、
劅、㓩、劅字見《玉篇》。按殷虛文字象用
刀割男子生殖器，象男子生殖器，實即
士字。《周禮司刑》宮罪注：「宮者丈夫則
割其勢，女子閉於宮中」。《白虎通·五刑》
「宮者女子淫，執置宮中不得出也，丈夫淫
割去其勢也」。士與勢音近，作劅者，蜀
爲蠶，男生殖器與蠶之象形字相似，
故腐刑稱爲下蠶室。與形似。

𠜊　　此或亦𠜊字？

士　　疑即所从？皿？𠙶？

也

（十一）又　部

又

ナ　左　　此只右中左字用之，一般仍作爲
又。可詳考？

叐

叏　　孫釋𠬞，疑是又足。
允不合文？

手

右　　孫云說文所無，可怪？

叉　叉

尤 [glyph] 又之倒文 [glyph]入待問

朮 [glyph] 《説文「秫，稷之黏省从禾朮象形」。朮秫或省禾。

椎、集 [glyph] 此字未詳，或隻字異體邪？朮喬聲近或即鷸字。

寸 肘 [glyph] 疑肘之本字。《説文》「肘，臂節也，从肉从寸寸手寸口」。

守 [glyph]

厷 [glyph] 《説文》「厷，臂上也，从又从乚乚古文象形。肱或从肉厷」。

厷 [glyph]

厷、厷？ [glyph]

厷 [glyph] 《説文》「厷，臂上也，从又从乚、乚古文象形肱或从肉厷」。按口指肱之部位，亦聲。

厷 [glyph] 後下二〇·一七，貞王不其隻厷

尤 [glyph]

囚 [glyph]

父 [glyph]

㸚 [glyph] 凡對稱者皆即本字，父。金文[glyph]或从此來？

厷 （复按似摹誤·[glyph]）

叉 [glyph]

汊、滏 [glyph] 《説文》「叉，手足甲也，从又象叉形」。誤當爲滏本字。《爾雅·釋訓》「滏滏淅也」。注：「淘米聲」。《詩·生民》釋之叟叟。《爾雅正義》引作滏。《廣雅·釋詁二》「滏，洒也」。此爲洗手義。

㝊 守 [glyph] 《説文》「守，官守也，从宀官府之事也。从寸，法度也」。當是㝊之異文。从又。參二·五七 四·七八五

浚 溲 [glyph] 參 一六六二 四一七五

安 [glyph] 粹一一六〇片。其口（日）毋安㠯 參 四八一〇 宋

㝊 [glyph] 參 一八六一 四一七四

汊 洧 [glyph]

衩、祐 [glyph] [glyph]與[glyph]似有别。手的方向不同應查。

衩、祐？ [glyph]

衩、衩？ [glyph] 如从又是祐字，或从叉？應查卜辭？

殳 [glyph] [glyph]前八·一三二 此疑𣪊字。

㕡 [glyph] 疑是殳

攴 [glyph]

攸

安 疑从攸聲。

攸 《説文》「敀，教也，从攴启聲」。按當从口攸聲。後下三五·二片：……未夕攸老。四〇·五片癸未卜，貞，口方允其口攸二月。

攸 疑从日从又

啓、暾

㪅 此可能是匎字。

匎

叔

艮

跟

官 及字的繁體？或是撰字？

服、報 从宀㞋聲。㞋與付如是一字，則是府。

及 甲二〇九是否及需查卜辭？戠三七六 或是反字。

彶

阪 《集韻》「訖立切，階等也，同級」。

嫛、㚶 《集韻》悉合切（廿七合）㚶㚶女字（一曰容也）

孚

妥 《説文》偏旁有。《詩·楚茨》「以妥以侑」。《爾雅·釋詁下》「妥止也」。「妥，安坐也」。《禮·郊特牲》「妥尸」《儀禮·士相見禮》「妥而後安」注古文妥爲綏。

敏

㪇、接？ 此字所从㞢似是異字之省，但無論爲異爲有再从又俱無徵。或誤爲㞢(之)與寺市有關邪？

叟 疑咒見伯线器，後下二七·二 疑是臤。

臤

旮、看 《説文》「看，睎也，从手下目，𣌭或从目，𠦝聲」。

取

娶、娵

㝡、寂 《説文》「㝡，積也，从冖从取，取亦聲」。漢隸作寂、査。《隸篇》「嵩山太室闕館仫气（㝡）寂純」朱駿聲引孔耽《神祠（君）碑》「君寂長」。

𢯱 摯

㽱 《說文》「㽱，顫也，从疒又聲」。

采 孫誤與棄并。

龓

羖

夋

婎

窔 从夋。

紂、紂 專？系？

夆 此與鋝字似有關？

奴？ 形，反是否祭字。是奔字非奴 肴《說文》有脊字，此是重文。疑只是後期？

因 囿 《說文》「囿，苑有垣也，从口有聲，一曰禽獸曰囿」。按說文口部還有因字。下取物縮藏之，从口从又，讀若聶。其字殆當作囚，與此異。

盡、盡（盡、盡） 《說文》血部「盡，氣液也，从血聿聲」。血部「盡，器中空也，从皿㶳聲」。（㶳从火聿省聲）當是一字所从。聿為筆飾，實即毛筆。孫云手持牛尾失之。

旨 字倒文？

盡 此皿省為凵之證。

𨒪、逮 《說文》「𨒪，自進極也，从彳聿聲」。「逮，至也」《廣韻》則前切（一先）

鬻、鬴 釜 《說文》「鬴，鍑屬，从鬲甫聲，釜或金父聲」。貞弓乎前鬻。

反 反

祭 是否祭字！疑只是後期。

燮 此从辛非兵器。

甫 金文諸甫字及偏旁可證。

脊、脊 當从有（肴）聲，《說文》無肴字，「隋，列肉也，从肉从陸省聲」。陸‖左。

粈 疑即粈字，羞字即从又，丑—又。《說文》「粈，雜飯也，从米丑聲」。

妓 後上十一、五 癸未卜，才妓？（似不全）貞王勹亡畎。

吸 《說文》「吸，內息也，从口及聲」。从倒及。後上九.五 貞出于吸。

（七）爪部

爪

印、抑　孫釋卩，當查辭例？

印、抑

𢓜

徲　从彳从孚聲，古从人从彳常亂，如役＝役

尹

伊

君　多君似即多尹，从口尹聲。發號施令，但尹還是从手的字。

丑

䵺、䵹？鼛？　疑即《說文》䵹字，「夜戒守鼓也，从壴蚤聲」。又與丑均幽部。

䵺、䵹、徹、徹

（𠬞）𠬞部

𠬞　𠬞人

𢍉　承字作　，此疑𢍉字，从人不从卩，

丞

𢑚

承　原列丞非，此承字原文，《說文》从手作

丞、拯、抍　《說文》「丞，翊也」。非是，此爲抍之本字。《說文》「上舉也」。此是人在坎窞中而拯之出。《左傳·宣十二年》「目於眢井而拯之」。注「出溺曰拯」。

衜　从行丞聲。

𩃬

𡜐　似與𢍉同義？或是捋字，《說文》将指也。《方言二》「捋，愧也，晉曰捋」。《廣雅·釋詁一》「捋慙也」。《釋詁二》「捋，貪也」。《天問》作捋。

𢌜　捋　《說文》「将指也」。

𢍭、扼　从𠬞𡚬聲。金文安字作𡚬字从此。按說文無𡚬，當與㔟字通，𡚬爲㔟字。𡚬爲妴字。《說文》「婐妴也，一曰孫也」。《廣雅·釋詁一》好也。《太玄·曹》「不宜焚且妴」。按扼《說文》爲㧖字或體作㧖，古書多作扼。

𢍮、拇　《玉篇》（莫改切，貪也）揚子《方言二》「拇，愧也」。《廣雅·釋詁一》「拇，慙也」。《釋詁二》「拇，貪也」。《天問》「穆王巧拇」。

𢍪、𠬛、丞、承？　孫云說文所無。

𦥯　學　當即學字，𪈙＝鷽、𦦶＝𧮨，或

爭之繁體？

掔　《說文》「掔，固也」。

𦉭　此字聲化，應爲从廾皿聲。不知與盟是否有關。

𩚵　當从皀廾聲。卜辭通𠬪，如果豢作𧰨𢍏，則此或即養字。《廣雅·釋天》：養，祭也。養俱願，古倦，九遠三切，與𠬪音相近。余前讀作饔，饔附會，食異字誤。

嬛、𡣕？

𣓌？桊　《說文》拲，兩手同械也，从手从共共亦聲。桊或从木。可能是𣓌字。

𠬪　𢍏？

𡕷　从又（ナ）从廾？

旃、旇、旒　疑與㫃（㫃、旇）同字，一手扶又疑从𠬪聲。《說文》𠬪，物落上下相付也，讀若詩摽有梅」。（摽）則與㵠字音義同。《說文》「㵠，旌旗飛揚貌」。

𢍰　或从𣥠㚇？

𢍏、桊？　此疑桊之本字。

《說文》「𦃃，臂繩也，从糸𢍏聲」。按當象兩手以繩捆束之形。《烈女傳》趙□女娟𢹂卷操檝。《淮南子》「短袂攘卷以便划舟」。《史記·淳于髡傳》「𢍏韝鞠𦢊」。徐廣曰「𢍏收衣袖也」。《玉篇》𦃃收衣袖桊。《廣雅》謂之𢹂。《說文》禾部「𥝩桊束也」。冂部「冠桊也」。所以桊髮。《廣韻》桊，束腰繩也，去願切、居倦切、俱願、居玉切，均泛指捆束。《說文》「捲收也」。

从卣？从鹵？後下二八·二「」人（入）是人名，然似从6不从6。

𠁥　𠁥、貴所从。

衛、送

衛、送　从辵倂省，籒文送从㑞不省」。《說文》「送，遣也，

𨌺　似从東不从車。

（𠬪）攴部

攴

登　《說文》「以足蹋夷草也」。即在此處，孫詒讓說文所無真未讀說文矣。說文解未是。以杖擊足撥正之義。

𢔁？𢕊、蹬　按此似非从涉，疑是𤼷

攸 之變形。一五所引佚存一片己作 待考。

攸 作 前六、九、三 此是攸字，還仍是役字。待查。金文有攸，又有攸，似非一字。

攺、批 《說文》作「攺，擊也」。古書多作批。匕‖比

效 交與矢混。

吙 扣 敂 《說文》「扣，牽馬也」。「敂，擊也。讀若扣」。此是扑責詰問之意。《說文》又有㕭字，讘㕭多言也，从口投省聲。

政

旇、旐 疑是旐字。按攸古文或作㫣。《說文》旌旗之旒也，从㫃攸聲。

䀹 《說文》「舉目使人也，呼律切」

妓、㚣 此疑㚣字非敏字。《說文》好也，从女殳聲。引詩靜女其㚣。蓋同姝。按此當是女手持𠂇。

㪕 《集韻》有抄字竹力切。音陟，打也。

（三十殲）

𢼉 疫 此疑即疫字。《說文》「民皆疾也，从疾役省聲」。查菁？

𢾭 當是孜之繁體。然是从爿孜聲？《說文》「孜，汲汲也」「仔，克也」。《詩·敬之》：佛時仔肩傳：仔肩克也。

𢽹 將異字似从將耳。《說文》有壯、妝而無將字。疑將亦壯大之義。

𢾈 疑从攴毓聲。毓與好，浮流等均音近。

𢻻 此應从人救聲。

𢼸 此字異體甚多。

𢻻 當是𣢗之殘字。

（𡕒）夊部

夊、夂 此是《說文》之夊（夂）字 攝也，从夊乙聲。（小徐本、大徐作从己）力輟切。《王仁煦切韻》十六薛有此字。蓋即據說文，這是一變。稍彎曲遂讀為乙字耳。《說文》又有夂字，五指持也。从夊一聲。讀若律，在唐韻六術呂恤反，捋取則是由變為夂形之解釋。今說文作夂是錯了。夊夂夂實是一字，兩音。撮即五指持與捋取義亦相近。

徉、跰　跰字出《字統》跳踉貌，見《玉篇》《廣韻》(十七薛)

貯　从貝爭聲。疑即責字。𧷢　漬

爭　此或爭字邪？

𡕒、振　于釋振讀爲騷，當是。

𤔔、爭、睖　孫釋𢆶(可能郭同)非。《說文》「𢆶，固也」與堅同義。象兩手引目之形。如何得固義？此字从目不从臣，當是爭字。《廣雅·釋詁四》「爭，循也」。又「爭，表也」。《詛楚文》亦應爭皇天上帝及不顯大神巫咸大沈久湫之幾靈德賜。《玉篇》須全切，修也。增手作搟。《字林》「搟，搟臂也」。《儀禮·士虞禮》注「鉤袒如今搟衣」，釋文「手發衣曰搟」。《玉篇》「先全切」《廣韻》須緣切(二仙)，按爭當爲睖觀等字之本字。《說文》「睖大目也」。「觀，大視也」。兩手引目，則目較大，所以大視」。

(□)尋部

𦣝　尋

㝷

𦣝　尋

帥字从此，然似與𠬝一字。

尋

尋

䋣　疑是㝷，从宋未？朿？

𢑱

𧩬　《集韻》有𧩬字。

𩰤　後上十二·十一。王于出𩰤。

𡮤　原漏一號，但似與𩰤一字。

㜦　𡟰

𢔶、得　《說文》得从彡(彡)聲，疑从彳尋聲之誤。

獄　當从犾𠬝聲。

尋　疑與𠬝爲一字。

(□)止部

止

止

𪜂　《婕爲楊君頌》𨕘路𪜂難。《玉篇》𪜂同澀。

疋　《說文》疋，足，上象腓腸，下从止，弟子職曰：問疋何止。古文亦以爲足字。

𧾷正

𨅝 疑亦正字。

正

足、足

足

足？似不从土。後上十六、二貞于庚午令足。後下八、十三己未卜，足疑眔一月。

征

衎、征、延

𣐿 楚 楚王歓肯盤楚作𣏟。古鉨有鄉𣏟。《方言五》俎、几也，蜀漢之郊曰杫，疑𣐿杫一字。孫誤柾。羅福頤《文字徵》亦誤柾。

楚

𣏟 蔬 《說文》蔬在新附，古書常見。

旋 旋

𣄚

定

定 卜辭除宊字外？無宀通冖之例，此或定之省，或是賓字？

宣 此或定之異文？是如是夏，則即夏矣。

㚴、妐 《易·咸》「其拇」，釋文「子夏傳作𨁂」。「𨁂，莫厚切（四五厚）」《玉篇》「𨁂，大𨁂指」。《廣韻》「㚴，諸盈切（十四清）女字」。正一之。《說文》「妐，婦人貌」。《廣雅·釋詁一》「妐，好也」。

㳂 未詳

沚

𡚁

楚

沚 《說文》「小渚曰沚，从水止聲」。

油、沚

沚 此與如何區別。

出

出 是否出字應查卜辭？

𢓸、衒 此疑仍是㞕（徙）或㚒字非𢓸。待考？

衍 㚒

盅 盈 《方言五》「盈桮也」。《廣雅·釋器》「盈杯也」。足止通

延

出

肯、蒋　湔之原文。《說文》湔，水也……一曰手瀚之。《一切經音義》十八行《三蒼》「濯也」。《廣雅·釋詁二》：「湔，洒也」。象在桶中洗足之形。變用爲月與舟類似。《說文》遂云不行而進。謂之前，从止在舟上。羅釋此爲洗。以字論則非，其義則是。後下二八·二貞肯其出凶粹四二七乎蒋光匄……。粹七七四貞其出蒋不若。　孫謂即上字　如然則前方即湔方。粹一二三貞戉受湔方又。

衛

備　此當是前進之前的專字。後下十一·十子衛。粹三八二于卜己知衛。

此　？應是企字。孫書卷八有企字。

㞢　當即此字。

㫃

㵊？　此是否从火？

㝛　疑蚁||拙　後下十四·一……宄貞……

㝛……

疾　致　《說文》「致，送詣也」。

「㪘，刺也」。此當是矢到傷足之義。商引《集韻》爲古族。不知彼是㪘譌。

疋、㽬

登　此似以人足爲獻　許說上車誤。

𦨕　《說文》登字籀文。如作爲豆的象意字則應列爲象工。𦨕、𦨕、𦨕應同義。肢解人體以爲獻，如頭、𥁕、䇺、登。

𦝁　似从肉又

徙　孫併入步內大誤。《說文》作𨑢。

𧾷　疑𡖲涉之誤。待查？

㞷　按當是㞷字的初文。與艸木生長的㞷不同。

㞢　止象足形。本作，此㞷則足乖戾不正。《說文》𠂢𢓊曲肱，而㞷㞷象戾足。由而發展爲、，遂與艸木生長之㞷相亂。

㞷

㞷

㞷、廷？往、進

《說文》㞷，艸木妄生也。似上从(㞢)之字爲草生，然卜辭大都从止，疑㞷即迋字。从止从王與迋往爲一字。《說文》「迋，往也，往之也。古文作進均即𨑒之繁體。再考？此如从土，則仍是从㞷。𡉚是否从王？查卜辭是否往？

泩 汪　　㞷—𡉚—皇

《說文》「汪，深廣也，从水㞷聲」。後上十九·六片。于畓泩（往）迺又彳王受又。

[束㞷]　　束聲？與速是否有關？

[㞷犬] 狂　　卜辭假爲往。

[馬㞷]

（步）步部

步　　查辭例是否相同。

[彳步亍]　　可能是徙之繁文。

陟

涉、瀕　　《說文》瀕水涯也，人所賓附。頻蹙不前而止，从頁从涉。按此當从頁涉聲。小篆涉旁作𣥠更誤。此爲旁水而行，爲水濱之義。金文效卣作𣲽與瀕字同。孫誤與涉合。

㵘　　《說文》「㵘，徒行厲水也。从林从步，篆文从水」。按林實即水之繁體非二水。

巛可變爲川，見金文朝字，則此爲在水中行。似與厲水之涉有別。待考。

𣥠 涉　　此爲由此岸涉至彼岸。金文又作𣴕，《說文》作涉誤。

涉　　孫誤摹作

𣦻、陟　　《說文》陟，登也，从𨸏从步，𨺅古文陟三體石經𨺅。按𣦻當作𣦻陟口（方）爲𣦻猶涉水爲𣦻。

𣥺　　疑當是陟的異體。《說文》陟，古文作𨺅，从日不可解。冂蓋口之省，所以可誤爲日。𡿧各、𠯑正、𡇟陟查？

（夊）夊部

夊

[夊皿]　　疑是各字。

各　　各不从口，是象意字。

出　　疑出之倒文。

[女夊]　　當即[女各]字。

[女各]　　疑是咎（佫）之異體。[女夊]。

夅、咎　　《說文》「咎，災也，

从人从各。咎惡也、過也、罪也。乙二一七四
辛亥妣己隹廿咎、辛亥妣庚隹廿人、己酉
妣丁隹廿人。此謂罪人。

㝄、㝅、佫、客 《客，寄也，从宀各聲。
此从夂人即佫（咎）仲義父鼎客字作

衙 ‖佫？

咎

夅 狢 此類短尾。《説文》作
貉，《玉篇》有狢字，與豕混。狐狢。

閣 从遂？从䢋？

雈、雒 《説文》「雒，鵋鶀也。从隹
各聲」。

夅 致

𢓊 此即致字

畣 畣 酪（彖、𢒼、籀）

䛖 以文字論是酪字。夂‖各 卣‖酉。
卜辭用爲䌛字的專字。《説文》在籀下
云 讀書也，春秋傳曰卜籀云。今左傳盡
作䌛。《書》格人玄龜作格。

絛、絡、絡 从絛卜辭常見。孫在附録
三九八七疑即格字。絡（絛）从格聲，即金
文佫字。見沈子它（也）簋及師虎簋爲
格「來也」的專字。《方言一》「佫，至也」。
又「佫，登也」。《方言二》「佫來也」。可
見《説文》所缺形聲字多矣。《説文》有
佫字？

絡 形聲字。

洛

零

各

咎 外？各？

佫、咎 口下从一从二？

降

洚

厗 磘 《山海經》葱聾之山多厗石？
（中次五經）《廣韻》「磘，户公切，磘
磅石隕聲」。

𢓊、徙、辵、延、延 此字最複雜。
《説文》「徙字或體𢓊」，一也；辵字乍行乍
止，从彳从止，作爲偏旁而此讀丑略切，
二也；延字安步延延也，从廴止聲三也；
延字長行也，从延丿聲，四也；延 延當是
一字。从丿無理。

𡳿？ 𡳿？𢓊？

⿱止矢　致

⿰⿱止矢⿱止矢　从兩矢似與一矢同。

衛、衛、衛　衛字本从四足从口，此省从兩足而以方代口後來又以帀代口，所以《說文》作衛帀。卜辭以方代口而且省兩只或三只脚。可證這種文字已經很晚了。

𧗿

㞷、癶　此有時寫爲㞷。

⿱癶止　⿱癶丑？

韋　此即韋字。孫不識。方＝口

韋　＝日、

＝止　足＝止

褘　褘　《說文》褘，蔽膝也，从衣韋聲。周禮曰王后之服褘衣謂畫袍。

韢　如此作　不似是从㚔？與　之關係？《說文》「韢，束也，从束韋聲」。

韓、韓　此不从来，當是韓字之誤。誤来。

律、偉（違）　孫列步下大誤。此爲韋背，違離的原始字。指背道而行，舛是兩足背向，人立時兩足均如此。所以从正面人形的大而有足必如舛字。韋則行路方向的不同。《說文》只有韋字（圍和衛的原始字）而脱韋字。所以違离之違就反从韋聲矣。《集韻》有律字。「兩鬼切，行貌」。

衛　此須參考圖形文字。

衛　孫書卷八有企字。庫不一定可靠，疑是　从方。

衛　衛　即方，金文常見衛字。

洚　此爲旁水面行爲水濱。說文：「水厓也，人所賓附。孫誤與涉合」非。

象工

(三)一部

一　一　一

二　=　=　=

仁　亻二　查是否一字？

三　☰　☰

三、四　≡　≡　☰

(丁)丨部

十　丨　丨

廿　U　U

卅　Ш　Ш　Ш

卌　Ш　Ш　Ш　乙九二一當查，如何

則U Ш Ш均經過改造。

(壬)十部

七　十　十

石甲？　斤　斤　斤　或是一字。矸‖砌

甲　十　十

毋甲　此或少一筆。

甲　田　田　田

(㐅)㐅部

㐅五　㐅　㐅　㐅　《説文》「五，五行也，从二，陰陽在天地間交午也，㐅古文五省」。

按㐅實是五字古文。此數籌交錯形。造此文字時已知數學。

衖、衙　㐅‖五

五　ㄨ

伍　由此知巫與五爲一字。筭从巫，此从卜，从五，當與筮通。

午　戊辰卜，行貞，今夕亡囚。在文才？

午

娪、娪　（《集韻》引）《埤蒼》「娪，美女也」。《釋名·釋長幼》「女青徐（州）曰娪……」《揚子方言》「吴人謂女曰娪」。又按（《方言二》吴、楚、衡、淮之間曰娃，美也）

五　粹二三一片，壬寅卜，㚔其伐歸叀北五用廿示一牛，二示羊氐三戈𢦏。後下五、九片，七甲丁……　五用……　父丁……。

浯　《說文》「浯水出瑯玡靈門壺山東北入淮，从水吾聲」。

吾

吾

吾

𠷓、吾　《說文》「吾，自稱也，从口吾聲」。

鼯、鼯、鼯、鼯　《說文》「鼯，獸名，从鼠吾聲」，讀若寫。

巫　巫五當是一字。

宝　參四一九九。

郚　疑五（㐅）之繁文。《說文》「㝓，寤也，从宀吾聲」。「郚，東海縣故紀侯之邑也。从邑吾聲」。參四二一五

巫

（㐅）爻部

爻

爻

學

效　教　《說文》教字古文。

斆　教　教者教㐅學者學如何處理㐅㐅數學。

昦、昳　《楚辭·九歌》「夜昳昳兮既明」。《說文》作皎。《廣韻》「古了切」（卅九篠）㸚＝㸚　粹一二八一其㸚，叀昦韓用。

汥、淆　《爾雅·釋水》注（十二、水中所渠并千七百川色黃）「泉水混淆。」《廣韻》（五肴）「淆，胡茅切，混淆，濁水」水名「土地名」河南陽城縣東北山淆水所出。《說文》「汥水出常山石邑，井陘東南入於泜」。

駁　从馬爻聲。

衮　補　黹辭之原始形。《說文》「黹，鍼衣也，从衣黹黹亦聲」。「黹，會五綵繒色，从黹綷有聲」。戩貞衮……粹一三二五片巳子（巳）卜争貞侯告爯冊王乎衮（𡧔）

衮

衮　从木从衣（補）

衮

（入）入部

入

入　六？

六　金文陸字从此。

宊

宊

𡘋、埶　後下四一、四片戊……王……屮……

𡘋。埶？

䊵、執　《說文》「執，種也，从坴从丮持而種之」。

妄　婈　如非六母合文。《廣韻》「陸，力竹切，女字」（一屋）孫合娕誤。

𡚬　叔

弁　奔　疑亦弁字，與《說文》合？也可能是弅？

弅　參弁字三三九。

㚒　奔　《說文》「弅，兩手盛也，从収六聲」。

（八）八部

八

（丿）丿部

半？片？　一片，宊？　後下三三、十帚㐭示七乇又

粹一五一六片己……示五乇

屮一丿　亘。粹一五一七……乇一丿　宊。

疑是半的原始字，與丿同。

八　疑此與八非一字，當爲半之原始字。《說文》半物中分也，从八从牛，牛爲物大可分也。「胖，半體肉也，从肉半聲，一曰廣肉」。《周禮·腊人》「膴胖」注「胖之言片也，析肉意也」。又《說文》「判，分也，从刀半聲」。《周禮》朝士凡有責者有判書注：半分而合者。卜辭一丿當爲一片。八爲半則爲兩片。

八

（㐅）㐅部

㐅

癸　从○？圈掉？

湀

𣪠 此字亦見金文，當是揆之異體。《說文》「揆，度也」。

麐 應是从鹿癸聲。《說文》有騤字「馬行盛儀也」。《文選·吳都賦》「狂趭獷猤」《廣韻》「揆，其季切，壯勇貌」（六至）

（三）二部

上 二 二 二

下 二 二 二 二

下乙、下己 合合文原釋入乙，應爲下乙。合應爲下己。

（四）○部

呂、予幻 此爲8字連環，予幻8字均從此出，宮雝等字由此得聲。孫列爲邕字非。

8 吕宮𠳋等所从 ？

○似象拱璧形。

卜辭雍己从口疑此讀擁、共从

共、拱璧、珙

袁 金文遠字、睘字作，師遽方彝睘字从，睘簋 伯睘卣作 从衣，从○均可證。《說文》「袁，長衣貌，从衣，叀省聲」，誤。

雝、雝 从隹○聲，○或作8爲圈與環之本字。聲轉如宮，宮字从此。《說文》「雝，渠也」。《爾雅·釋鳥》「䳭鴒，雝渠」。雝字實是𪆫字假爲鳥名。

雝

𪆫 《說文》「雝字上从巛，本即水形，因雝字借爲鳥名，又出灉字，河灉水也」，然古書實多作雍。

嫱 嫱 豈从女雝聲。女姓邪？

宮 从吕（吅）聲，非金屬之吕，而是雍所从之○8，船亦从吕。

鼎、員 《說文》「鼎是員的籀文」鼎、員多亂。孫不知卜辭貞即是鼎字而云「卜辭員字从貞」。

厶

（五）口部

曲 《說文》「受物之器，象形，讀若方匚籀文匡」。

汸 後上二五、七片丙中貞

射□□羌汸用自上甲。此或定位不从水。粹七九癸卯貞……𥎦九下示汸丨甲辰貞其大𠂤王自上甲𥃝用白𥎦九下示汸十。粹九九乙亥貞又勺伐自上甲汸至父丁于乙酉。此字或與報（匚）有關。

祊、祊 《説文》「鬃，門内祭先祖所以徬徨，从示彭聲」。孫云説文所無豈並不知匚之爲方邪？

鴋、鴋 从鳥方聲。《説文》「鳥方，澤虞也，从鳥方聲」。《爾雅·釋鳥》「鴋，澤虞」。注「今婟澤鳥似水鴞，蒼黑色，常在澤中，見人輒鳴喚不去。有象主守之官。因名云俗呼爲護田鳥」。

回部

回、亘 《説文》「回，轉也。从口中象回轉形。回古文亦象形」。案回即回文形。

回 回 回 亘 《説文》「求亘也，从二从回，回古文回象，亘回形上下所求物也」。

洄、洹 《説文》「洄，溯洄也，从水回回亦聲」。洹 後下三·二 《説文》「洹水在齊魯間，从水亘聲」。

宣、宣

豆、豈 趄、迴 應以釋迴爲正。《説文》有回，無迴。但經傳古書常見。《切韻》還也。

（乂）乂部

乂 此爲讀魚肺切之乂字，畫字从此，成兩回文交午。

乂 林二、二六、四片己未□□貞毌尹歸𠂤 𠕀師引歸乙丑子卜貞乂歸。應作 、孫誤作 。

𡉚 辟 疑辟乂之初文。《説文》「辟，治也，从辟乂聲，虞書曰：有能俾辟乂」。

畫 畫 此是畫字原始形無疑 即所畫。《説文》「𠂆，抴也，象抴引之形」。乀流也，从反𠂆，讀若移，𠂆即 ，乀即 ，兩字均在𠂆部。《説文》

从⺁⺂之字則全非矣。𢆶非幺字。後世
之畫則从田或用卽卽彫隶聲。容孫以此
爲幺字非。湊卽灢字。

湊、灢 [甲骨字形] 《廣韻》「胡卦切，
水名」。（十五卦）《水經注》「臨淄惟有灢
水西北入泲」。《前漢·功臣表》灢清侯參

黹？ [甲骨字形]

（乙）乙 部

黹 敝 [甲骨字形]

黹 [甲骨字形]

黹 [甲骨字形]

黹 [甲骨字形] 後下二四·八 丁卯卜囗貞來……黹
……黹，甲有缺。孫摹誤。

黹 [甲骨字形] 《說文》黹，鍼縷所紩衣，
从㡀丵省。象刺文也。《堯典·益稷》絺繡，
此从糸，可見與希的關系參《周禮·司服》
注。粹一二四三片囗卯卜帚黹㞢子，黹字
字中有一豎乃龜甲上坼文非筆畫。郭作
黹誤。

（弓）弓 部

弓 [甲骨字形]

弓 [甲骨字形]

引 [甲骨字形]

弜、彈 [甲骨字形]

弓、弘 [甲骨字形]

弘 [甲骨字形]

弘 [甲骨字形]

弱 [甲骨字形]

弱 [甲骨字形]

弱 [甲骨字形] 林二辛……弱……龟

彡、㣇、弓 [甲骨字形] 《說文》「彡，
新生羽而飛也，从几从彡」，又「㐱，稠髮也从彡
从人」。兩字並章忍切（廣韻十六軫）當由字形相
近而混，又弱字，訓橈也，上象橈曲，彡象毛氂橈
弱也，弱物并，故从二弓，但無弓字，觵字訓調弓也，
則又云从角弓省聲，今謂弱字應从兩㐱，所謂从
几觸則从弓聲。觵則从弓聲。《說文》㐱字弓
字實當从弓，卽弓。而弱字隸从弓，則卽卜辭
弓字，其字當象弓之有水，疑是瀰之本字。《詩·
采薇》釋文及正義引《說文》弭，弓戾也。《廣韻》
方结切（十六屑）而《考工記·弓人》：老牛之角珍
而昔。司農注：讀爲抮縛之抮。《孟子·告

子下》「紾兄之臂」。注「戾也」。《廣雅·釋詁二》「拎，捎也」。拎盭也（盭，說文弼戾也）《方言三》「軫戾也」。《廣雅·釋訓》軫軫轉戾也。《淮南·原道訓》注「拎軫弓戾也」。則拎、紾、軫等字也應从今，而从今之飻。（飻（餮））在廣韻十六屑，與（弊）弜、戾等字同韻。由齒音轉為唇音耳。卜辭用為否定辭，與弜相類，弜為弼字，今弓為弼戾、弊戾字，所以可通用。當再查卜辭語例，詳考。舊以為勿字則非。

汅、泓　《說文》「泓，下深貌从水弘聲」。

汅　泓　弓=弘。《說文》「泓，下深貌从水弘聲」。

泓

矧、敹

弤、射

弤

罥　金文有罥字。《廣韻》「眲，直引切，瞋怒目貌」。（十六軫）《類篇》「目之精也」。

𢿛、弞　《說文》「弞，笑不壞顏曰弞。从欠引有聲」。此从弤聲，弤即矧字，胡釋射。

弢　扔　引古作扔（集韻）

叏　《玉篇》有弘字，挽弓也，疑是弢之誤。《集韻》引古文扔，此引字最顯。

弙、扔　金文罥字从此。《集韻》引古文扔。《韻會》古作扔。

吕　哃　《廣雅·釋詁一》「哃，笑也」。《說文》作欥。後下一七·六似是卜人名。

引　即哃字《廣雅·釋詁一》嗔哃笑也，《說文》作欥。孫釋吕，謂說文所無。

弔　《說文》从引字常省从弓　弞弤。

叜　說文之叜豈此誤邪？

敀、㢽　扔　扔　見《集韻》《韻會》引古文。

孫書合文中有彈父須查是否人名？

是否文字，非彈父合文。

𢿛　此足證孫謂彈父合文之誤。孫摹似誤。

彊

（矢）矢部

矢 [oracle bone forms]

寅 [oracle bone forms]

臬 [oracle bone forms]

矢 [oracle bone form]

矢 [oracle bone form]

矢 [oracle bone forms]

至 [oracle bone form]

至 [oracle bone forms] 粹一五九○片貞矢𪈙 疑至字倒。

至 [oracle bone form]

至 [oracle bone form]

垁 [oracle bone form] 太玄有黄垁。此或[oracle bone form]之倒。或垤字？

⿸厂矢、矦 [oracle bone forms] 與交混。

至 [oracle bone form] 疑⿸厂矢之倒文。孫在⿸厂矢下已採兩文、此誤爲至。

⿸厂矢 [oracle bone form]

妷 臸 [oracle bone forms] 《說文》「臸到也，从二至，人質切」。朱駿聲多脫誤。後下三、二不臸衆、其臸衆。

⿱八矢 寅？[oracle bone forms] [oracle bone form]是否一字？

⿱八矢 寅 [oracle bone forms]

潩 潩 淠 [oracle bone form] 从八畀聲。當是《詩·棫樸》「淠彼涇舟」《采菽》「其旂淠淠」（傳，動也）《小弁》「蕉葦淠淠」（傳，衆也）《廣雅·釋訓》「淠淠，茂也」。與从乁（[oracle bone form]）之淠爲水名有別。《棫樸》之「傳舟行貌」。畀又當是擤字。《方言十三》擤，予也。今本擤誤爲埤非《集韻》擤必至切。與畀同相付予之也。

浂 演 [oracle bone form]

湀 [oracle bone form] 《說文》湀「湀辟深水處也，从水癸聲」

浂 演 [oracle bone form] 金文有此字，《說文》「演長流也，从水寅聲」。

室 [oracle bone form]

室 [oracle bone form]

室 [oracle bone form] 疑从至

宎 室 [oracle bone form]

⿰至丮 [oracle bone form] 此疑是挃字而非到字。

⿺辶至 逕 [oracle bone form] 《廣韻》「逕，處脂切，走貌」

（六脂）

⿰矢止 [oracle bone form]

迖 迗 當即迗字。

還 《說文》「還，近也，人質切」。《爾雅》馹本作還。金文有字。

銍 《史記·秦本紀》「百里傒曰：臣嘗遊困於齊，乞食銍人」。《類篇》陟栗切，與銍同，前人謂是銍之誤字非。

後下三四·一戊辰卜貞弓銍帚娘……巳(子)……對前四·一·六。

姪

陕 陝 《廣韻》「以脂切，陕陝險阻」。《玉篇》「地名」

雉

雉 弗雉王眾，从埃聲。《左傳·隱元年》「百雉」。《太玄》閑閑黃埃作埃。

雉 不雉眾。《玉篇》鵜同鳹《淮南·方畢術》。

陵 金文有陵字。

鵜 雉 不雉眾，隻雉。鵜，羅與雉。《說文》鵜胡汙澤也，又作鵜，雉亦作鵜。此說明夷不从大而从矢。

涘 涘 疑矣字。《說文》「涘，水涯也，从水矣聲。周書曰：王出涘」。

晉 (晉·晋)

穊 秷 秷＝至、来＝禾。《說文》「銍，穫禾短鐮也」。《小爾雅·廣物》「截穎謂之銍」。《說文》「挃，穫禾聲也」。《詩·良耜》「穫之挃挃」。《廣韻》「秷，陟栗切，刈禾聲」。

函

函 口午卜殼貞口戈函。郭釋衷。

涵

戭

眣 瞚 瞚 《說文》有瞚字。《公羊傳》作眣。《玉篇》《廣韻》有眣字均即瞬。

瞚 瞚 《說文》「瞚，開闔目數搖也」。孫釋瞚非，黃寅相亂。

殼 癸亥貞子殼亡囚。《說文》作戭。《集韻》有殼字。

族

旟 王族。

嗾 王嗾。《說文》「嗾使，犬聲，从口族聲」

鼻

濞 《說文》「水暴至聲也」。

寅 《說文》寅，髕也，正月陽氣动去黃泉欲上出陰尚彊，象宀不達髕寅於下也。按戊寅鼎作，由變為，而變為，即為寅字矣。存二七一四（干支）寅作。卜辭人名。林一・十四・二甲寅卜貞東又多寧二月。林二・二六・十三貞征有疒。

矢 疑與同。

矞 矞？ 似是矞字，然四七三。與此類似，或彼是僪狂之僪的本字耶？《說文》「矞，以錐有所穿也，从矞聲」。此象以矢穿穴。參三六八六 三九二三

矢 見三六七四 三九一五

癸？戣？

癸 戣 羅釋戣是謂三鋒矛也。實即癸、許作戣。林二・七・七片
……自新癸……

癸？戣？ 見金文

癸 戣

葡

晉 當即晉字晉。

黄 《方言七》「熯，火乾也」。凡以火而乾五穀之類。關西隴冀以往謂之熯。

熯 《集韻》「弼力切」（廿四職）又鼻墨切（廿五德）趙魏謂熬曰熯。

（9）弋部

弋 參二九六二 一〇三四

弋

弋 《說文》作弋。「橜也，象析木衺銳著形，从厂象物掛之也」。孫誤入壬下。

[弋卩]、𠨬 《說文》「[弋卩]，宰之也，从卪必聲」。孫云說文所無。

[弋卩] 𠨬 參二九八六 一〇九九

[食弋] 飶 飶 《說文》「飶，食之香也。从食必聲，詩曰有飶其香」。

[宀弋] 宓 《說文》「宓，安也，从宀必聲」。參三八〇六 四二一四

[宀弋] 宓 參三七九三 四一八二

[弋皿]、𥁕 粹一二三九丁亥卜己貞子商妾𥁕冥不其妨。參三六四三 三八五七

[弋皿]、𥁕 《說文》「械器也，

从皿必聲」。

鼉 鼈 心是盜龜兩字。

弟 从弋从己。

弟 《說文》「弟，韋束之次弟也，从古文之象，古文弟从古文韋省聲」。按从弋从乙（己）篆文作弟（古文）並同。孫誤與弔混。

夷

弟

娣

綈 弟作弔、此當即綈字。《說文》「綈，厚繒也，从糸弟聲」。

（己）己 部

己 己 己

己 己 己

弗

弗 羅釋第非是。

茀 笰

刜

芑、芑 《說文》「芑，白苗嘉穀」。羅與杞合誤。

杏 杞 商以爲跽。《說文》起，迟从巳，

跽 朱駿聲从《字鑑》从己似非。

巽

（王）王 部

王 兵器象形，似可信，當通訓故。王爲

王

全 似是金字所从。金、金从：金从八，矢彝有金？字。鈔、銷。《方言二》金小好也。如果是兵器，金字爲什麽从王。

印 《說文》有俇字，遠行也，从人狂聲。

往 迋 《說文》「迋，往也」。按王下說「天下所歸往也」。迋即歸往之往。《廣雅·釋詁一》「䢗，往也」。《小爾雅·廣言》「徨，往也」。迋、往、䢗、徨、遑均是一字。《玉篇》《集韻》有往字 怠行貌。《詩·殷武》「莫教不來王」。从孔即歸往之義，此从孔聲」。

玞

玫、廷？ 疑廷之異文，《說文》「廷，往也，从廴王聲」。

玫 《說文》「敱，放也，从攴𡉚聲」。

(張衡)《西京賦》「竿殳之所揘畢」。注謂「揰柲也」。《集韻》「渠王切，掃㩮亂貌」。

(十陽)

妻

(壬)戌部

戌

戚 金文作戚卜辭見前？

戊 非戊字，羅釋誤。

戌

戌

戌

成

咸 此當是从口戌聲的形聲字。

但聲韻均遠隔，待考？似非象意。

晠、晟 戌＝成。《說文新附》：「晟，明也，从日成聲」。《方言十三》「晠，䐯也」。「藴，晠也」。按《方言》六次說到晠，如「華荂晠也」。「焜爗晠也」。「晠，多也」等。《楚辭(九章懷沙)》「內厚質正兮大人所晟」。《九章思美人》「高辛之靈晟」。國差𦉜「國差立事歲咸，丁亥」咸舊釋咸誤。卜辭「告于上甲眔咸」。「自咸、大丁、大甲、祖乙」。「上甲、咸、大丁、大甲、大庚」。「𠦪上甲、咸、大丁、大甲、下乙」。陳夢家釋成，謂指成湯是對的。但認爲从戌从口(丁)則是錯了。成字自作𢦏，此則晟字耳：由此可證𢦏可讀成。

盛、盛 此咸之異構。者瀘鐘，瀘字从此，編鐘只一作減，可證盛咸一字。說明咸不从口而从U，史免簠盛作𥁒，則是誤省。孫釋盛非。

減 《集韻》「休必切、水流貌」。(五質)

減

㢡 碱

窢、宬

獄 狨 《說文新附》「狨，獸走貌」

伐 疑伐之異體。

𢧵 疑即威字。每字兩足。

威 女有二足。

117

鼛　疑戌與殳同是擊磬之物？又疑戌同咸，鼛猶磬。鼛＝大咸咸池磬九韶？又疑戌同成，簫韶九成之專字。

（壬）戌部

戌

戊　戍

戊　戉　戌即戉字，戊茂並莫候反、戉鉞並王伐切（十月）鉞即鐬、聲訓《釋名》「鉞，豁也」。「歲，越也」均可證。《說文》「鉞，車鑾聲也」。《詩·庭燎》《泮水》「鸞聲鉞鉞」。《唐韻十二泰》「鐬，呼會反，鈴聲」。按：詩作噦噦。《小雅·斯干》「噦噦其冥」。《唐韻十三末》奯、濊、泧，並呼括反，越户括反。《詩·碩人》施罛濊濊（薉薉）《說文》「奯，讀若詩，施罛泧泧」今音噦（千噦）與越同，《廣韻十月》噦於月切，又乙劣切，凡此可證戉之為歲。卜辭今歲字作戉（即戊）《說文》戉聲是錯的。

泧（鉞）　从：猶从金，此形聲字，卜辭借戉泧為歲月字。

歲　从步戉聲。此當是歲星之歲的專字，再由歲星而定一歲，即歲月之歲，推厤稱為步所以从步。歲星十二月一周，而移一宮，即一次，十二年而一周天（古代不知歲差）而有十二歲之名，如攝提格至赤奮若等，歲星的發現是我國厤法上的進一步發明。當在唐虞之際。

𢧵　歲

戉　當與戒為一字。《廣韻》古壞切，沙也。（十六怪）《集韻》擾也。

戝　威？　查卜辭是合文？還是文字？

（王）戈部

戈（或）　甲、東戈西戈南戈北戈。戈即或。

戈　戬甲午卜，有戈于且乙。王誤作𢦏，孫誤从。

𢦏　戈　羅釋戈不誤。孫釋為𢦏云　將𢦏之聲符屮字倒書　可笑。𢦏作𢦏者象意。屮非聲　是戈内垂旒，金文早期戈字均如此，作　　無不可。孫氏並不讀金文也。卜辭戈作動詞用。

戈 讀爲𢦔，猶載作戟，𢧢作戚。

戔 孫疑𢦔字。

盞 《方言五》「盞，木杯也」。《廣韻》阻限切（廿六産）

𡜮 讀若踝呢，還是讀揚。

嬈 當即𡜮字。

戒

𩦺 《周禮·大司馬》「鼓皆𩦺」注「疾雷擊鼓曰𩦺」。《莊子·外物》聖人之所以駭於天下（𩦺古駭字）張衡（平子）《西京賦》「燎京薪，𩦺雷鼓」。《廣韻》「下楷切」（十三駭）

𢦔 與戒似是一字。

酘 酞 《説文》「酞，酒色也，从酉弋聲」。

𤀍 晉侯雒盞，𢅜字亦从㒼。

武 武以戈爲主，猶旋之以㫃。

伐

衜 𢓕

𢓜 迖

衜

代

伐 孫釋戍疑仍是伐字。五族伐羌五族伐㞢，此不須戍然後二、四三、九代二千六百五十六人，似太多，但如是戍，何有畸零也。

伐 从乍

娥 是否伐＝𢦏。𡟓《説文》「鋭細也，从女𢧵聲」。

𢦏

濺 𢦏＝𢧵。《説文》「濺，漬也，从水𢦏聲」。

戝 𢦏 戈＝𢦔。《廣雅·釋詁一》「賊，瞭視也」。《廣韻》「倉才切，又祖才切」（十六咍）《玉篇》「𢦏同賊」。

戝 臧 《説文》「臧善也，从臣戕聲，籀文𡐨又从土」。按當从戝爿聲。戝本義當如戕，殘也，傷也，殺也。

戝 𢦏 疑即戝字。查後下二一、一。金文有。

或 咸 作或，㞢或。孫釋或，然國或从口不从口。《佩觿》有或字「格何切，地名」。

咸 或 戬甲兇（子）貞王从㞢或才才（十）月。拓本不晰，王誤釋哉孫誤从。

娍 娍 《廣雅·釋詁二》「娍，健也」。

《廣韻》「下斬切」（五三·豏）

瘠 癥

忒 《說文》「忒，更也」。

截 《說文》「截，酢漿也，从酉戋聲」。

戈＝戋

戕 金文有𢦏字，待考。或是考字。

戚 截 金文亦有戚字，舊釋戠，《說

文》「截，大鬵也」。

戋

戠 或

妝 妝 妝 《廣雅·釋詁三》「妝，

投也」。《說文》「妝，婦官也」。

戋

𢦔 从文戋聲？从戋文聲？

𢦔 忒 戋＝弋 截＝鳶 《說文》「忒，

更也，从心弋聲」。

芢 茷 似从从茻从戈。戈＝弋。《爾

雅·釋草》「萇楚銚弋。亦作芢。《說文》

有茷字。「草葉多也，从艸伐聲」。伐＝戈

或？

戎

戎 《說文》「戎，兵也，从戈从甲」。

戎？ 林二·三、九片 其截丝用（或𢧐殘字）

戬二十、七片 壬午卜行貞王賓□亡四。

戬二十、九片 戊辰卜即貞王賓□亡四。

粹五五片 庚辰貞日又□𢦔囚隹若 庚辰

貞日戠其告于河。庚辰貞日又□其于父丁

午九在□ 粹二一四片 戊午卜完貞王室

大戊□亡尤

娍

或 後下三七·二 癸

未卜貞旬亡囚。粹九一六，辛未王貞，隹

匜受其今未或」三日乙酉㞢來自東妻乎𠬝

告開方或。

或 《說文》「或，邦也，从口从

伐，以守一一地也」。

《說文》為「𧦝之籀

文从二或相對」。粹一四二六 癸丑貞勹七囚

才或。

此又从口

武 當是武之異體。

𢧢 𢧢＝㦽

或

毋

我 孫疑是我。粹一四六九郭謂我即鋸即鉏金御。

我 疑由字訛變。

或 从我。

⿰巾我 我疑與戈同。

⿱宀我 从宀我聲。

𢦓 哦 《說文》作「誐，嘉善也」。《說文新附》「哦，吟也」。後下二〇、一三辛酉貞，才大六哦(𢦓)其丮。辛酉貞，𢦓弜丮戠禾。

硪 孫摹 應爲二字。《說文》「硪，石巖，从石我聲」。

⿰且我

⿰豸我

⿰大我 孫疑陵字別構。

娥

⿱我女

娥 《說文》「帝堯之女，舜妻娥皇字也，秦晉謂曰娙娥，从女我聲」。

⿱⿰爿我女 應是从爿娥聲。

義

鳶 疑戈字？《爾雅·釋鳥》「鳶，烏醜其飛也翔」。《詩·四月》「匪鶉匪鳶」傳，「鶉鳶貪殘之鳥也」。《說文》只有雃字繳射飛鳥也，从隹弋聲。與此異。

⿰冊戈(戚) 《說文》「戚，鉞也，从戉尗聲」。金文作 隸作⿰冊戈此變爲戚。粹一五四六．乙弜弜美戚共雨。於丁亥奏戚不雨丁弜奏戚雨，其奏戚叀口

(毌)毋 部

毋 查庫？

申？章？

毋

干 此爲干戈之干，之本字。

复按(金文有此字)

古 冊？

古

乏 《說文》「乏，春秋傳曰反正爲乏。(見宣十五年傳)」按《儀禮·大射儀》「凡乏用革」。《鄉射禮》「容謂之乏所以爲獲者避矢也」。中爲盾形所以避矢。戩四五·八口卯卜宊貞王其乏(泛)

□乇十二月。

敃 擐 𢆶 《説文》「擐，習也，从手貫聲」。

毌？中？

𦥑 𦥑 擐 [illegible] 參三五七六 三六三一

中 中 中方、與毌（中）一字。弗＝串。

𤰈＝中

弗 弗

（宀）宁部

宁 [illegible]

宁、田？ [illegible] 戠 貞弜𢦔中。

宁 [illegible] 疑宀（宁）之異。

宎 [illegible]

實、貯 [illegible] 有時从冂，可能心貝已亂。

亞 [illegible]

（斤）斤部

斤 [illegible]

兵 [illegible]

𣂔 [illegible] 當即折字與[illegible]（斮）異

扔 [illegible] 《説文》「因也，从手乃聲」。𣬉？

𣬉 [illegible]

析 [illegible] 掇、東方曰析風曰𦎫[illegible]。

查？

柀

析、析 [illegible] 疑即析字。木＝朩

斮 折 [illegible]

斮、𣂔 [illegible]

忻 [illegible]

𢗋 [illegible] 金文折或从[illegible]

斨、折 [illegible] 金文折或从[illegible]

斪 [illegible] 癸亥卜、貞丁告斪□。（應爲[illegible]）

斪、哲 [illegible] 《玉篇》哲同𢍰。《廣韻》十六屑：「𢏚，弓戾或作哲，方結切」。《周禮》（秋官序官）哲蔟氏掌覆夭鳥之巢。疑或本作哲。

弢 哲 [illegible] 《玉篇》《廣韻》（十六屑）與𢍰同，弓末。

沂 [illegible] 《説文》「沂，水也，出東海費東，西入泗，从水斤聲。一曰沂水出泰山蓋青州浸」。

汈 [illegible] 疑仍是汚字，沂。

炘 [illegible] 《廣雅·釋詁二》「炘熱也」。揚雄（子云）《甘泉賦》垂景炎之炘炘」。注引《廣

雅》「熱也」。《漢書》注「光盛也」。又作焮。《左昭十八傳》「行火所焮」。注「焮，炙也」。《成十六年》釋文引《字林》「火氣也」。《小爾雅·廣言》「焮，睎也」。《玉篇》《廣韻》（廿一欣，許斤切，熱貌；廿四焮，香靳切，火氣）參三〇三七 二二一九

狾 《說文》「犬吠聲，从犬斤聲，語斤切」。

紤 紥 《說文》「扁緒也，一曰弩䋺鉤帶，从糸折聲」。（「編緒也，……弩腰鉤帶……」。）

肵 晰 《廣雅·釋器》「肵，脂也」。

昕 晰

斷 與昕重出，而此云說文所無亦可笑。

斯 殸 殸字或仍是斫字。斤‖殳疑殸之異體，殸。《說文》殸之籀文。或斫之異體。

齗

听 《說文》「听，笑貌，从口斤聲」。

斳

斳 參二二三七 〇〇一九七

𣂔

[illegible] 此當即炘字。參三〇四五 一二〇三二

（丂）丂部

析 孫疑析

析

[illegible] 妸

[illegible] 《方言五》「㭉，其大者謂之閜」。《說文》「大杯亦為閜」？傴？

（辛）辛部

辛

辛 辛

辛

啇 从口辛聲。《說文》「从口距辛」誤

啇 《說文》「語相訶歫也，从口歫辛，辛惡聲也，讀若櫱」。

滴

嫡

啇 戠。貞于啇于西，王國維只釋啇，孫摹作此，似骨有裂紋。應作

辭 此辭之未寫全的。孫云說文所無。

𦴱 薛 此即《説文》薛字，孫謂説文所無，《説文》薛，艸也，从艸辥聲。而薛从辛𠂤聲。實際薛字从𠂤辛聲。𠂤即𠂤字了。

梓 蘖 櫱 《説文》櫱，伐木餘也，从木獻聲，櫱或从木辥聲。古文从木無頭，㮆古文从木𡴎聲。

木＝禾，辥＝辛

㖢 𪗉 疑即齵字，辛言辛辥齵。《説文》作齞「吐而噍也」。

餑 辥

縴 綍 《説文》 繒帛也，从糸曾聲。綍籀文繒从宰省聲。揚雄以爲漢律祠宗廟丹書告神之帛如此作。

綍 疑與辭（辭）爲一字。

𪗉 壄 《説文》「壄，野字古文」。

胯 辟 刖 《説文》：刖，絶也，从卩月聲。 金文 𢍏、借爲滕，薛之薛。

㕜

言

言、音 後下四一、九 □壬？□□卜方？

音多𠀠，參看舌部。

𣪠 對 疑辛。

𢦏 戠 孫疑戠。後下二十、十三 辛酉貞才□六𢦏其𢦏。林二、三、九其戠兹用（或戠殘字）辛酉貞 𢦏弜𢦏戠

戠二十、七壬午卜、行貞，王賓戠亡囚。

戠二十、八戊辰卜，即貞，王賓戠亡囚。

粹五五 庚辰貞，日又戠，非囚隹若。

粹二一四 戊午卜完貞王空大戊戠亡囚。庚辰貞，日戠其告于河。庚辰貞日又戠其告于父丁。用牛九在𦎫。

戠

織 當从彳戠聲。

織 羅説不誤，牛作𠂹偶誤。

𡠣 《集韻》質力切，女字（廿四職）

𨸏辛

辟

嬖 孫作㚼云，説文所無。《説文》：「嬖，便嬖愛也，从女辟聲」。與㚼、倿等關係。

㣂

丵 疑丵之倒文，我字从此。《説文》「丵

叢生草也，象丵嶽相出之形，讀若浞」。

丵

濧 《廣雅·釋詁二》「濧，漬也，或从𡕒」，後下二一·一八……𢆶貞我……東濧……高𠦝。後下二七·四伐濧。

對 西對地名（甲）

嶭

𡽗 誤併三四一二《廣韻》有𡽗字（一屋）《篇海》有𡽗字，粹二一六一當是人名或國名。

剢

𡕒

殳部

吺 殳 《說文》「吺，讘吺多言也，从口投省聲」。

殳 或从矛？？

杸 此僅見戩，疑是杸字。木字中仿佛未必有一點？

𣏟 《說文》「杸，軍中士所持殳也」。

炈

炈 《廣雅·釋詁四》「炈，禁也」。《玉篇》「陶竈窗也」。《廣韻》「𡧢家塊竈，與坄、𡋯同」。

股 《說文》「股髀下也，从肉殳聲」。

𥨍

設 設 《說文》「設，施陳也，从言从殳」。粹五〇三□□卜□貞設六人。

矛部

矛

�

𤈦 从火矛聲。

煣 《說文》「煣，屈申木也，从火柔柔亦聲」。「柔木曲直也，从木柔聲」。

�

卯部

卯

柳 孫併柳，字不識而謂說文所無，可謂奇極。

刀部

刀

刃　《說文》「刃，刀堅也，象刀有刃之形」。

[宀刀]　似是倒刀形。

刃？

勿　《說文》作

㣟　總，《廣雅·釋詁四》「總，微也」。《廣韻》「呼骨切，微也」。（六月，入聲）《玉篇》「微，總也」。

物　戠六、六物？牝？孫云匕誤爲刀。查卜辭？如非牡牝之牝，則是物字？牝牡合文？

邵、卲　《說文》「邵，晉邑也，从邑召聲」。刀＝召、卩＝邑

初、招　《莊子》有巫咸招。《集韻》田聊切（三蕭）又市紹切（卅小）

名　疑爲刀在口中。（還是从口刀聲的形聲字？）

[字]　又一體入待向。

鍣　此爲最原始形，此刀當爲鉊，《說文》「大鐵也，鎌謂之鉊」。《方言五》「刈鉤江淮陳楚之間謂之鉊」。此字當是兩手舉盛鉊之𠙽。

此刀已作名行口形，此𠙽下又行口。

此應是从酉𠙽聲。此从𠙽、𠙽名聲。

刃？

[字]　虎？

（乍）乍部

乍　乍似是鑿之本字。乍象鑿器之刃，乍象鑿（孔）《說文》「乍，止也，一曰亡也，从亡从一」。

乍　似本乍字。後上十二·十一片　庚寅卜貞乍弗其隻乍（佚五七三與此同片）後上十八·二片　己酉王卜貞余正三豐方叀令邑弗每不乍自彝才大邑商，王卣曰，大吉，才九月遘甲十五牛。

乍

乍

[字]　王當是丰之變。

[字]

[丰乍]　[丰乍]㓞當是一字。《說文》「㓞，巧㓞也，从刀从丰，丰亦聲」。

刀

刃 《說文》「刃，刀堅也，象刀有刃之形」。

宆 似是倒刀形。

刃？

勿 《說文》作

㫚 總，《廣雅·釋詁四》「總，微也」。《廣韻》「呼骨切，微也」。（六月，入聲）《玉篇》「微，總也」。

物 戩六、六物？牝？孫云匕誤爲刀。查卜辭？如非牡牝之牝，則是物字？牝牡合文？

�

刀阝 卲 《說文》「卲，晉邑也，从邑名聲」。刀＝召、卩＝邑

初 柖 《莊子》有巫咸柖。《集韻》田聊切（三蕭）又市紹切（卅小）

名 疑爲刀在口中，（還是从口刀聲的形聲字？）

㓞 又一體入待向。

罶 鐂 此爲最原始形，此刀當爲鉊，《說文》「大鐵也，鎌謂之鉊」。《方言五》「刈鉤江淮陳楚之間謂之鉊」。此字當是兩手舉盛鉊之甾。

（俞）俞部

俞

俞 疑

榆 孫誤釋棙，《說文》「白枌」。（榆）

榆 疑 ＝

逾 踰 《說文》「逾，越進也」。「踰，越也」粹一九六丁未貞、王令卯俞𠙵方。

匬 《說文》「匬，器也，从匚俞聲」。＝俞。孫謂从余誤。

（已）巳部

吾 敢 疑銛之本字。《說文》「銛，鍤屬，从金舌聲。讀若棪。桑欽讀若鐮」。此象曲柄而銳刃。

吾 後下三十三、一丁未卜晛貞方𠬝萑新家，今藘王曰从。

吾 敢 敢字从此。

敢

吾 當亦古字。

𠬝

才
才
材
才　疑即才
才
𢦏　當是攙之本字，才即鑱，𢦏即攙。
𢦏　《說文新附》「攙，刺也」。鑱字當从此。
臿　千　臿　《說文》「臿，舂去麥皮也」。从臼干所以臿之，與舂同意。
杈
汥　𣲐　《字林》「𣲐水出蜀」。《說文》作𣲐，段玉裁訂爲𣲐，孫云疑𢦏字。當查卜辭？
巛
巛　《說文》「𢦏，害也，从一雝川，春秋傳曰川雝爲澤凶」。
𤆎　《說文》烖的古文「𤆎，古文从才」。
土
𢦏　孫云方名。𢦏𢦏（𢦏）方。蓋因兩個都是𢦏字而疑。

𢦏　才在上與在下相同。
𩚪　𩚪　則食（皀）可省爲θ。
大豐簋（朕簋）
𩚪　𩚪　𩚪　孫釋𩛩誤。《說文》「𩚪，設飪也，从丮食才聲」。
𩚪
𡜂　𡜂　中　古　《說文》「𡜂，疾言失次也，从女臿聲。讀若懾」。《廣雅·釋詁四》「𡜂，怯也」。
𥁋　𥁋　疑从皿𢦏聲。孫疑爲八在𢀚。
臿　臿
臿
𡜂　《說文》「疾言失次也」从女臿聲。讀若懾。

〔8〕午部

午
午
卸　？查卜辭？

忤　《說文》只有牾字。《史記·刺客傳》「不敢忤視」。後下十六、七　貞隹不隹小𡴄忤。

媨　疑即𩎓字，《說文》「𩎓，醜也。一曰老嫗也，从女酋聲」。讀若蹴。㚷？

（𠂤）阜部

阜

𠂤　𠂤　以甘酉等字倒之，仍是𠂤字。

㕧、追　疑與《玉篇》㕧同字。堆之或體从𠂤𠂤。

𦣞　書

𦣞　書　下从一似是彡飾無特殊意義？

此不从人。

𦣞、讉　从口𦣞聲。口‖言

㠯　𠂤　从甘（甘、日）𠂤聲。金文字或从𠂤？

䘳　未詳？从皿𠂤聲？

官、𥂝

𤰞　疑从甾𠂤聲，甾聲？

𩰫　疑當从𠂤聲。

𥝙　疑从禾𠂤聲。

官

寏　捾　《說文》「捾，搯捾也，一曰援也，从手官聲」。

𡛽　粹一三三七　口光卜㱿貞𡛽？冥。

婠　𠂤‖𠂤《集韻》婠、媓都回切。女（媓）或从追。

𠂤　追

婠　疑即婠字。體德好，从女官聲。讀若楚郤宛。

㱃　搥　《廣雅·釋詁四》「搥，擿也」。《後漢書·禰衡傳》注「搥及摑並擊鼓杖也」。揚子《法言》（卷四）

洎　《集韻》同堆。

洎　《集韻》洎同堆，《說文》「𠂤，小阜也，或作追、塠」。

𡶜　疑當从峕。《說文》「峕，危高也，从𠂤屮聲，讀若臬」。

嶭

歸　从帚𠂤聲，官也从𠂤聲。

（才）才部

才

午　才？　才字倒文？

鉚 鉚　《鉚，鉏鉚也。卸。

御　後下十二、九　衎

禦

寃　此當从宀卸聲。

徹　从彡。

遨

姳 妶 妶　《說文》「妶，有守也，
从女弦聲」。《集韻》妶同妶。胡田切。
（一先，胡千切）又胡涓切．女名。（《廣韻》
爲胡田切）。

衎 御 率？

缶 缶

宇 害　从宀午聲，《說文》作害。
「寤也，从宀吾聲」。午‖吾。《爾雅．釋
言》「遌，寤也」。釋文遌孫本作午。《說
文》有啎字，从午吾聲，實則从午聲之
字轉爲吾聲耳。《石鼓》以遻爲吾，則午
是古音，吾是較晚之音。

宇　或即宻字。林一 六．一貞ㄋ乍帚宀。

牢

𢍰　秦字舂字均从此，似即舂字。

𢍰　參看三三四六七六八，舂，舂，秦从此。

弁 坙？

𠷎 抽　（口字未刻橫畫）《說文》「搯，引
也，从手留聲」。抽或从由聲。

𨙸　疑从弁聲。弁字籀文作□，□爲○
之繁文．隸變作弁。厶即○。

𨙸　《玉篇》弁邑，皮變切，邑名。

覍　《說文》有覍（覛）字「視不明
也，一曰直視，非此義」。

春　參三三四八九 三四八二

舂

𦥯 舂　當即舂之異構。ㄩ‖ㄩ‖ㄩ
《說文》「舂，擣粟也」，从廾持杵，臨臼上，
午杵有也，古者雝父初作舂。

秦　《說文》「秦，伯益之後所封
國，地宜禾，从禾舂省，一曰秦禾名，𥠩，
籀文秦从秝」。

嫀　《類篇》慈鄰切，女字，又疏鄰
切。（又按《集韻》十七真慈鄰切，女
字，十九臻，疏臻切）

美 美　朕竹从

𣄣 朕

𢍰　金文象形字作𢍰，兩手舉杵，朕字从𢍰。瀆散之瀆（𢍰）亦當此。桊𢍰等同。

𣀃　𠂤疑𢍰。

（𠃋）工部

工

工

工

壬

工　四工（𠃋）孫疑示字，説卜辭有示示丁，示辛、示壬、示癸。

攻

攻　此與𠃋爲一字。

攻攻　孫原隸定𢻰非是。

𢍰

𢀜　不知是否祀字。查乙九〇七二　虹？

吾

訌　工？《説文》「訌，潰也，从言工聲」。

攴　□爲櫝林之形。（櫝，楸也，从木賣聲）

江　𠃋疑亦工字，與工不同是玉字分化。

江

𨛜　邛　《説文》「邛，地名在濟陰縣从邑工聲」。

任　仜《説文》别有仜字，然工字似當以工爲主。

𠛅？　《廣雅釋器》銍謂之𠛅，《廣韻》銍，穫也，古紅切。

𩡶　从馬壬聲。

壬　似从壬？

姙

弄　扛　《説文》「扛，橫關對舉也」。即是對舉，以作弄爲是。孫釋弄似非。

𥝢

𥝢、𥝢　《集韻》忍其切、禾弱也。《説文》作𥝢。「弱貌，从木任聲」。金文有𥝢字。

𡨚、𡨚　《説文》「𡨚，窒也，从𡈼、窒、室中𡈼猶齊也」。孫云説文所無此亦不讀説文。

壬？工？

(彔)彔部

彔

彔

菉

菉　敖　似爲菉敖二字

禁

[林彔]

睩　疑與睩同義。《廣韻》三燭，睩力玉切，日暗。日與夕多亂，晴姓，𣈤夤、瞢夢、睩、𡖧。

[月彔]　《玉篇》「肥也」。《集韻》「龍玉切，脂也」。

[食彔]　後下二、十六戊申……貞㞢……甲[食彔]

綠　疑是[食彔]字。查？

[彔北]　孫釋北彔。

(辰)辰部

長

帳　當是甲辰二字。孫云口(不識)甲。

㘥、烟(有因)

辳

莀

蓐

[林辰又]　[林辰又]可作爲蓐字，也可作爲辳字。

[阝辱]　陙　《說文》作「陙，水阜也，从阜辰聲」。《集韻》作「小阜也」。

[阝辱]　鄏　此當即鄏字。當查卜辭。

[𠃊辰]

[辶辰]　此當與[辰止]爲一字。

[辰止]　[足辰]　《說文》「[足辰]，動也」。與震義同，郭遂釋震，非是。

娠　《說文》娠，女妊身動也，从女辰聲。春秋傳曰後緡方娠，一曰官婢女隸，謂之娠。

[辰鬲]　[弜辰鬲]　見《玉篇》([弜辰鬲])《廣韻》(三燭)而蜀切。大鼎也。見《廣雅·釋器》。由此可見[弜辰鬲]是弜鬲而非鬲。

(力)力部

力

劦

召　戩四五·四弜去召於止……若。

粹一名且乙祝叀且丁用王受又。粹一五二羽日大乙其名且乙又羌。粹二三三貞名且乙口五牢。按二三三另一辭貞祫且丁叀魚至又足。見三〇一七。

衸 祫 [illegible] 祫 祫 [illegible] 此與名名爲同字。粹二三三上辭作貞祫且乙。下辭作貞召且乙可證。凡名(名)與[illegible](㕣)均同字，當即祫祭。《説文》「祫，大合祭先祖親疏遠近也。从示合聲，周禮三歲一祫」。《詩·江漢》「洽此四國」。《禮記》孔子閒居引作協可證。

砌 [illegible] 从石力聲。《説文》「塾，珍塾也，从玉勒聲」。《文選·司馬長卿子虛賦》「瑊玏玄厲作玏」。(司馬相如)按珍塾石之次玉可从石。玉石旁多亂。

劦 協 叶 旪 [illegible] 《説文》「協，衆之同和也，从劦从十，旪古文協」。

男 [illegible]

助 [illegible] 此或男之誤字。後下三二·三殘文無以定之。

妫 妿 [illegible] 《説文》「妿，女師也，从女加聲」。

㔜 嘉 [illegible] 《説文》「嘉，美也，从壴加聲」。力‖加。

[泉+力] [illegible] 从泉力聲，疑與泐字通。《説文》「泐，水石之理也，从水从阞」。《考工記·匠人》凡溝逆地阞謂之石行。注謂脉理。

㧺 拹 [illegible] 《説文》「拹，摺也，从手劦聲」。孫誤合劦下。

㧺 拹 [illegible] 《説文》「拹，摺也，一曰拉也，从手劦聲」。按本義爲協。

跲 𨁧 [illegible] 《集韻》「趨，虛火切，走貌」。

耒 [illegible] 《説文》「手耕曲木也，从木推耒，古者垂作耒耜以振民也」。

秝 (劦) [illegible]

㸚 [illegible] 後上二十、十口[illegible]三[illegible]。似非一字。

剒 [illegible] 疑[illegible]即[illegible]。

耜 耤 [illegible] 耤之初文。

㹜 㹜 猒 [illegible] 《説文》「猒，飽也，从甘从肰甘亦聲。猒或从𠮛从肰」。按[illegible]近於从𠮛則[illegible]即猒字。僅从兩犬爲異耳，粹九二七？厭協音近，秦公鐘「厭和萬邦」即協和萬邦。待查？見於後編和粹者大都爲田𦏵，地名。

（网）网 部

网

刚 刚

剐 掆

㓹 此是从网刺聲。《説文》有剌字，剌也。似从束从刚。參 四六二九 三八二六 三六三〇 三八二八

剌 此見後上十五.四同片另兩辭均是罬字，孫强生區别非也。罬疑亦罰字，从罘與罘同。

㓱 疑同罰罩當與𦋹同，《説文》𦋹从馬，馬中之或體作縶，即从幸。𦋹與罟音近。罰字从刀从罟，此从刀从罩。粹一二九七弜㓱于之若。

戌 此或與刚爲一字。刀=戌，或㦰？

罜 金文杕氏壺有罜字。

金文虢卜辭从此。

㓂 掆 刚=刚。《廣韻》古郎切、古朗切《字林》捎掆舁也。文字集畧相對，舉物曰掆。

罤 疑从罘。《説文》「緦，十五升布也，从糸思聲，古文从糸省思省聲」。按疑是編織之形罤緦。

网 掆 《字林》有掆字。《廣韻》（十一唐，古郎切，四十二、宕，古浪切）

罟 罟 从口=从言

罝 =猶㹞䑋。

罞 罤 王國維以爲罤可能是對的。此象意。然罝與瞃亦形近。《説文》小視也，或是兩字。《説文》有罷字「罣罷也」。似仍是罝。

𦋹 鰻 似非魚，从𠬝聲。《文字集略》相對舉物曰掆。

罝 似聲化爲网聲。

罹 《説文》「覆鳥令不飛走也，从网隹，讀若到，都教切」。孫誤作羅。此亦不讀《説文》之過。當亦羅？

羅 疑是羅字。兔爰雉離于羅，也可能仍是罹字。

罠 商認爲兔網之罝。

冢 《篇海》冢音蒙覆網也，則謂是冢。《爾雅》㲋罟謂之罬 參

考象工附

罷　或是罝之籀文罿？三三七〇 四五八五 三三七一 四五八六

罷　似仍是罝。

（乙）畢部

畢　畢　禽　疑是禽非畢。

畢

畢

畢　孫疑畢

中　事　中　中　《說文》「事職也，从史之省聲。𡱝古文之聲不省」。按孫云史字从此。戠四六·三爲由王中則中即事字。但尚須查其它卜辭？事（史）當从又持中中亦聲。

事

𢼄　捦扜　見《廣韻》（廿一侵巨金切）說文作捦。扜見《說文》。

𢼄

淠　从水𢆸聲。𢆸《說文》作「𢆸，傾覆也，从巢省从寸覆之，寸人手也」，杜林說以爲貶損之貶。（司馬相如）《上林賦》「而適足以𢆸君自損也」。注𢆸古貶字，疑𢆸即畢字異文。此或即滭字。《上林賦》「滭弗宓汨」。注：（司馬彪曰）滭弗，盛貌。《廣韻》壁吉切（五質）與觱觱同《詩·采菽》「觱沸檻泉」。《說文》作滭，「滭泼風寒也」小徐本說文沸下作滭沸濫泉也，大徐本作畢。

㹥

𤠎　𤠎

史　御史＝御事　出事、告事、其御有事王受祐，由朕事。

史　祓見二二四五 〇〇二四

祓

𩜴　《說文》作「𩜴，列也，从㱿吏聲。讀若迅」。

𢾺　此有似鼓，須核卜辭？後上八·十三片 丙申卜旅貞王㝎𩜴亡囚。

𢪚　𢪚＝單《說文》「僤，疾也」，「撣，提持也」。

浭　《廣韻》浭，疏吏切，水名，在河

㴻」。《集韻》作浭或作湕。

畢　畢、糞、棄均从此。

㚔　倒文。

㚔？

㚔　後下十八、八似是騁字偏旁。

纆　為畢。郘（黛）鐘畢公之孫，可見畢即畢。郑公華鐘畢龔威忌陳財簋作畢龔愧忌。參卷七冢和

四五八五．四五八六。

从糞棄並从此。

騁　孫誤从鼎林二、乙未卜貞舊ア又（ナ？）騁其𥜇不𣏟。

䰝

圀

術　中史事？

（干）單部

干　似已是單字了。

干　干與單為一字，卜辭獸作𤜵可證。《説文》「干，犯也，从反入从一」，非是。

單

吅？　𦋐？　《集韻》胡典切，又形甸切與哯同。《説文》有䀐字。吅　𤙶？

𦋐

扞　《説文》「扞，忮也，从手干聲」。

𢯷　《説文》撣，提持也，从手單聲，讀若行遲撣」。

燀　《説文》「燀，炊也从火單聲」。《字林》「燀，灼也」古書常見。孫云説文所無，不知為何本説文。

衎　衎　《説文》「衎，喜貌，从行干聲」。單＝干．迂，進也，讀若干

衢　金文作　盂鼎用遻从辵，與此同字。

狀戰、獸

獸　未詳，查粹是否𣕂字。

㗊　嚴　金文噩器均从此，按嚴字作　實亦从吅所變。疑此為𥳑嚴之初文。《説文》𥳑嚴，雉射者所蔽也。《廣雅·釋器》「𥳑嚴，翳也」《射雉賦》「爾乃𣂏攜柱翳」可見翳是臨時支起來的。這是用兩個卄支持起來的翳。卄就是畢。

吅

虠　《說文》「虠，虎貌，从虎乂聲」。

縈　《說文》「縈，收韏也，从糸熒省聲」。

舟部

舟

舟　林二、己未□□貞毋尹歸」卬舟帚（歸？）」引歸」乙丑子卜貞歸」……貞……至氶。

⿰舟凶

⿱宀⿰舟皿

⿱舟口　从舟口聲。即⿰言舟字。見《玉篇》猶咏之作詠。

般

般

般

⿱般凵　盤　从凵（非口，猶皿）《漢·侯成碑》「以禮般桓」。

⿱舟又　受

洀　《管子·小問》君乘駮馬而洀桓。即般桓。《說文》般，辟也，象舟之旋从舟从殳，殳所以旋也，此象舟在中流舟旋之意，舟旋即盤桓，引申為行。《廣雅·釋詁一》「般，行也」。粹八四三。辛未卜今日王洀不鳳（風）郭疑般之古字是對的。但謂～為殳非是。

肜　參四三九一 四三九二

洀　《管子·小問》「君乘駮馬而洀桓」注「洀，古盤字」。《集韻》「之由切，水文也」（十八尤）

⿰氵⿱舟皿

⿰氵⿱舟口　洀、舟‖⿱舟口　《侯成碑》「以禮盤桓」

肜　《說文》「肜，船行也，从舟彡聲。丑林切」。

縏　繫　《禮記·內則》「施縏袠」《廣韻》薄官切（廿四桓）

⿱今舟　疑从今舟聲。與錭同。《說文》「錭，鈍也，从金周聲」。也可能仍是俞字。查？

侜？伷？　《說文》「侜，有廱蔽也，从人舟聲」。又服古文𦨈。孫誤入疒下，查燕八六三。

似非書字或从攴？

車部

車

車

車

行

(廿)凵 部

凵 凵

冂 冂 冂

告 牿

善 㺧

犬 猶

豕 豨

醫 䵝

罒 䍐

麠 䴥

此諸字(包括二二六五 二二六六)羅釋蘊大誤。此諸字均从凵，凵即坎之本字。凵中有點則為血，(但非杵血之血)臽字即从亻在坎(凵)中，卜辭即作……，所以窞是坎中小坎也。古代用坎穽(坎)捕野獸所以麋鹿等也都从凵(坎)。至於作為祭名則為瘞字。《儀禮·覲禮》「祭地瘞」、《爾雅·釋天》「祭地曰瘞埋」。《禮記·祭法》「瘞埋於泰折，祭地也」。《禮記·禮運》注「埋牲曰瘞」。瘞从土瘞聲，瘞从夾聲，與坎臽均為談部字。故以事言之則坎窞，以動詞言則為瘞，若作霾則與字形與字音了無關涉矣。

售 地名，孫合舊下。

舊 舊臣、舊宗、舊歲。

臽

凶 金文㞢，从示凵聲。疑讀如旅。

(卅)井 部

井 井

汫 汬 《說文》「阱，陷也，从𨸏从井，井亦聲」。穽或从穴从井，汬，古文从水从井。孫謂說文所無(又不讀說文之過也)

䴢 丹，井形相亂，此疑麖字

䴢 《說文》「麠，鹿之絕有力者，从鹿幵聲」。《爾雅·釋獸》「鹿絕有力麖」。古文字井小篆每變為幵，如刑之為㓝，形彤井刑，㓝荊等可證。商釋阱比。孫釋䴢爲胜。

䍐

𤚩 幵聲與并聲相亂，并當

是屏蔽之形。《說文》「䧹，石鳥，一名雝鶏，一曰精列，从隹幵聲」。

丼　姘、因　《說文》「因，就也，从口从大」。按當从井，疑𠛬與思為對文。入井為𠛬，出井為思。江永謂因象茵褥之形，非是。茵褥之茵為㐁（囡）字之譌。

因

茵　《說文》作茵。見《集韻》（十八諄）《類篇》（卷五上）

併　𠛬　侀　倈　象人在井中（穽、汬）篆書人形誤為刀。《說文》在井部「㓝，罰辠也，从井从刀，易曰井法也，井亦聲」。卜辭亡併即亡刱（創）𠛬𠛬一字。為人受創之形。舊或釋死誤。孫不識人刀之誤。故云說文所無。併（刑）＝侀。猶侄（到）＝倒。《禮·王制》𠛬者侀也。見《廣韻》（十五青）

囚　𠛬　此當是𠛬字，囚字當作

荆　《說文》「荆，楚之木也，从艸刑聲」。

𠝗　疑是刱字，《說文》「刅，傷也，从刃从、，創或从刀倉聲」。「刱，造法刱業也，从井刅聲，讀若創」。亦即瘡之本字。

丰丰　後下二二、四片　己卯卜　後下二二、九片　庚子……貞𦉭刀……若。粹一二一三　乙亥卜爭貞叀邑並令𦉭我于㞢𠂤二月。

𦍋

規

靚　靚　疑即靚粧之靚。《說文》「名也，从青聲」。青从丹

姘

𡖊

𣅀　疑是井白合文。

（四）田部

田

田

畕

周　此當象琱刻字界畫之形，所以琱字畫字都从此。其从口者形聲字。卜辭周為國名。天壤閣以嵳𤕦周為族名。待考。

周

囲　孫疑周字，疑稠之本字《說文》「稠，

多也，从禾周聲」。

圈 戩三〇·一片 七子（巳）七圈 拓片不晰

王釋如此。

周 用 後下十五·二其亥于周。

く

畋 畋 《說文》畋，平田也，从攴田

田下兩點何義？

留 此與𤰈同，播鄭 䍃。

畀 畁？ 孫釋卑彈非，彼作箕。此與鄭字所从同，但似非从田，田非可遷之物。疑說文弁籀文即此字。是毌之變。《儀禮·士昏禮》婦執笲棗栗注竹器而衣者，當即笲之初文。可能是播字。田是籓大箕也，田下是米粒。查卜辭？播敿與遷一義，𢍏字或當作龔。

弁 疑从廾

㽞 此爲从口畀聲，畀即䍃。

𢄼 𢄼

畋

寀 審？ 如𢼸即弁＝播、敿，則此即審字。《說文》「宷，悉也。知宷諦也。从宀从釆，篆文从宀从番」。

瞿 奮 此是𧜟字所从。隹聲之字，應即讀奮。《說文》「奮，翬也，从奞在田上」。實誤。奮从衣隹聲，田非田，疑番之本字。

䖒 虪 《說文》「虪，白虎也，从虎冥省聲」。按日乃囧之譌，卜辭明字或作𡇒（孫四一三九）可證囧聲，可讀莫狄切，不必从冥省。《爾雅·釋獸》釋作虪，則是形誤。

甫

甫 當是圃之本字。《說文》「圃，種菜曰圃，从囗甫聲」。

𢔶 𢔶 𧻓 伏徒＝祓禮。當即《石鼓》之𧻓字。可見甾爲甫，由爲叀，專惠。金文有𨔝字，小臣𨔝鼎，新出𨔝盉。

苗 《說文》「苗，艸生於田者，从艸从田」。

苗 倒文。

畬 《說文》「畬，三歲治田也，从田余聲」。

《說文》籀文囿。

按屮＝朩（木）

象用

(口)甘(口)部

甘 口 後下三六·六 己巳(子)卜叀口令與乙卜叀先令，同例。孫云人名非口字。

甘 口

甘 口

甘 口

曰 口

品 口

泔 口 《説文》「周謂潘曰泔，从水甘聲」。

同 口 《説文》冂，邑外謂之郊，郊外謂之野，野外謂之林。林外謂之冂，象遠界也，同古文又从口象國邑。按金文同从口(口)。

去 口

缶 口 此與口如何區别。

姡 口 《廣韻》「姡，好色也，方九切」(四四有)《集韻》「一曰女儀也」。(四四有)

啄 口 《集韻》又鋪來切(六咍) 班交切(五爻) 孫引余説定爲啄，按金文似此爲豕就食形。啄?咳?口爲飼豕器非口舌。但尚當詳考。

區 口 孫疑區不誤。

吉、喆 口

嵒 口 《説文》「嵒，多言也，从品相連，讀若聶，春秋傳曰次于嵒北，尼輒切」。此非从山，孫釋爲从山之嵒(五咸切)是不知。《説文》嵒喦有别之誤。按嵒所从之品實爲山是器而非人口。此三器相連。

霝 口 《説文》雨零也，从雨㗊象零形，詩曰雨其濛，按㗊象承雨之器。

霝 口 此當即霝字另體，从口不从中，口中一直即雨字之最後一筆。孫釋霉誤。

霝 口 《集韻》郎丁切，黄霝龜龜名望山一號竹簡有黄霝龜。參霝。

雈、鱌 口 口‖口、隹‖鳥《説文》鱌，水鳥也，从鳥蒙聲。郭以爲冡字非。《洪範》乃命卜巫曰雨曰霽曰蒙。

剌?刖 口 口?

歔 口

嘼 口

㽬　《說文》𤲞，耕治之田也，从田，象耕屈之形（鍇本象田溝詰屈之形），或作㽬省。

㽬　犯？

[㽬止]（躊）　這是躊躇之躊。《說文》失録。《玉篇》《廣韻》等書並有其字。《類篇》或作[足㽬]。

[辶㽬]、[辶壽]

[氵㽬]、濤　《廣雅·釋水》「[氵㽬]，波也」。《說文新附》「濤，大波也」。

（㐄）合部

合

合

合

合

合

合

畣　《玉篇》「畣，古文會字」。《爾雅·釋言》「合、畣然也」。

[彳合]　《說文》會字古文。

[辵合]　《說文》「遝也，从辵合聲」。

畣、會、倉？　孫釋畣，說文所無。或會字

田‖日

倉

（五）皿部

皿

血？　此疑非皿，凵本掘地，然作器皿後可與皿形相近，然下𧆣字所从皿亦作[皿]再考？

皿

皿

血

益　疑非一字。《說文》「益，饒也，从水皿」。皿益之意也。「溢，器滿也，从水益聲」。

盟？　血室疑是盟室。

血　疑是血之省。

𧖬　後下三三、九片丁卯卜，貞，婁𠦪𧖬用于丁《說文》「𧖬，腫血也，从血農省聲」。

𧖬

[皿殳]

[皿殳]　孫疑[皿殳]字。

敽

畋

霊

盅　盅　《說文》「盅，艸也，从艸血聲」。

恤　恤　恤　《說文》「恤，憂也，从心血聲」。又收也。

彤　彤　孫疑彤。《說文》「彤，船行也，从舟彡聲」。按舟、盤、皿多亂，字當从皿。

黿　未詳，或是益黽合文。

衄　疑即售字。口省作凵，變从吅。《說文》無此字。見新附。前人硬說是讎的俗字。殊可不必。

宜？

寧　寧　寧漢隸或作寧，《廣韻》「寧，女耕切。(十三耕)困也，弱也」。本《切韻》孫釋寧誤。

念　恰　《太玄》「陰氣脅而念之」。注「念，合也」。《說文新附》「恰，用心也」。

甹

甹、甹、甹

甹　《說文》「甹，定息也，从血甹省聲，讀若亭」。應是从丂皿聲。孫誤合濘字並謂說文所無。

濘　濘　从水甹聲，《說文》「濘，滎濘也，从水寧聲」。「寧，願詞也，从丂寍聲」。非是。

濘　濘　《說文》「濘，滎濘也，从水寧聲」此从甹聲，說文作「甹，定息也，从血甹省聲，讀若亭」。非是。

寍

濘

嫇　嫇　《廣韻》「嫇，女耕切，(十三耕)嫇體」。《集韻》姘嫇女貌。(十三耕)一曰女態舒齊也。《集韻》「囊丁切，女字(十五青)

易　《說文》「益，饒也，从水皿，皿益之意也」。「溢，器滿也，从水益聲」。易之原始文字。

易

易

易

受　此即之倒文，也就是㚔字。

壆

此釁社之本字。《管子·小問》「桓公戰位令釁社塞禱」。注「殺牲以血澆落於社曰釁社」。《説文》「釁，血祭也，象祭竈也，从爨省，从酉，酉所以祭也，从分，分亦聲」。按釁爲釁之誤。本義爲釁浴，血祭之義應作壆。

（豆）豆部

豆 豆 豆

豛 豛

侸 侸 《説文》「立也，从人豆聲，讀若樹」。

𧯡 𧯡 孫釋叏疑當从豆作𧯡《説文》有逗字「止也」。又退字作復，古文从辵从夏，夏疑即𧯡之省，誤。《呂覽·仲夏》「退，止也」與逗義近。

𢍏 𢍏 𢍏 𢍏 𢍏 𦧲、䉍、𧯷等均从此。孫以爲弄字非。

𧯷 𧯷 𧯷 𧯷 此是烝祭之本字。《禮記·曲禮》年谷不登，冬祭曰烝、則奉穀也。與《説文》𧯷字無涉，𧯷是卷字，訓爲豆屬，是漢代語，《汗簡》米部𧯷字釋烝。

𥝩 𥝩 𥝩 𥝩 𥝩 𥝩 米與禾通。

䄨 䄨 䄨 䄨 䄨

𧯷？貝？𧯷 䉍

（皀）皀部

皀 皀 皀

𣵀 𣵀（合文）

皀 皀 吉字从此。

皀 皀

亩？ 亩

皀 皀

𩚏 𩚏

食 食 食 食 食 食 食

食 食 食 食 孫誤以食字併入壺

食 食

𣃔 斷 斷 《説文》「斷，𣃔（截）也，古文𠭱从皀（𠤎）皀聲。𢧢从刀皀聲」。按皀當是皀之誤，即皀字非聲。説文專字古文作𠭱非此字。《秦誓》𠭱𠭱猗無他技。《禮記·大學》作「斷斷兮」今本已作「斷斷」。

湌 湌 湌 《説文》「餐，吞也，从食奴聲，或从食从水」。

湌 飡 《說文》「餐，呑也，从食奴聲，或从食从水」。

皀 此穀粒之皀之專字。《說文》「皀，穀之馨香也，象嘉穀在裹中之形。匕所以扱之或說皀一粒也，又讀若香」。又「食，一米也，从皀亼聲，或說亼皀也」（鍇本有讀若粒三字）《顏氏家訓·勉學篇》（穷訪）「蜀士呼粒為逼，時莫之解」吾云《三倉》《說文》此字白下為匕，皆訓粒。《通俗文》音方力反「按《說文》粒糂也从米立聲，飸古文从食皀」。然則粮（粮）猶粒也。讀為力入切，即為粒，讀為方力反即為粮（粮）。

㿝 《說文》旋隻切，不對。

㿝？ 《說文》「飯剛柔不調相箸，从皀冂聲，讀若適，皀者，米不馨香也」。𩚩？金文 。

嫇、嫇 疑與嫇通。

媞

嬑 嬑 食＝皀＝簋。《說文》「嬑、竦身也，从女簋聲」。讀若詩糾糾葛屨。

嬑

飤 《說文》在食部「粮也，从人食」。飤字金文常見。孫云說文所無，此不讀說文也不懂金文。

飾 《說文》「飾，刷也，从巾从人食聲」。孫誤釋倞。

毀 㪁

餕 飲

夋 《說文》「後，遲也，古文逡均从夋聲」（原作从幺夂）按與复為一字。

８＝８。大豐簋 从 可證郭釋退，非是。

复 後

𩚨

餖

鬻 鬻

㿝 《說文》「熄、望火貌，从火㿝聲，讀若馰顙之馰，都歷切」。段、朱、苗等均謂是皀聲之誤，據卜辭可證其非。後下三七、四片，貞叀㿝令从嵒𡴘周。

衜 遐 《說文》「遐，恭謹行也。从辵殷聲，讀若九」。

吉 此應是象皀在凵中，凵

是盛器，皀字《說文》音香，是从饗字來的，食在之部，即既均在脂部。

吉　可能是吉字倒文。

吉　疑亦吉，與近？金文有，則似京字，見隮仲盘。

吉

索　《禮記·郊特牲》「索祭祝於祊」注「求神也」。《說文》「索，艸有莖葉可作繩索，从宋糸」松林說宋亦米芾字」。按此字似从叀，與𩛥是否一字？後上二十、十三癸亥卜貞王旬亡猷，才正月，甲𢓊(子)索……大甲，粹二〇四口口卜貞王(完止)且辛索。此俱第五期，則似一、二期之𩛥即此索矣。

(亞)良部

亞　复字从此。

良

峎　疑从止良聲，踉《莊子·秋水篇》「跳踉乎井榦之上」。《射雉賦》「踉蹌而徐來」《廣韻》呂張切(十陽)魯當切(十一唐)力讓切(四一、漾)。

良

⿱召皿

良　後下四一、一……良己未宊龝𣪘坐自爻圃。林二、十二、三己良。林二、十二、四……良𧊒……于毋……卯丁。

良　孫依王國維作𠩺，誤。按戩四五、二是骨白刻辭，帚良示十(屯)𡧊(作兑)王誤釋為「木𠩺七十𡧊」。

良　林一、帚良示十屯(?)又六屯。

良

良　上多𠂆或誤？

娘　《廣韻》「女良切，少女之號」。(十陽)

狼　《說文》「似犬銳頭白頰高前廣後，从犬良聲」。

⿱良大　良本作亞食。

⿱良儿　俍　《莊子·庚桑楚》「工乎天而俍乎人者佳全人能之」。《廣韻》盧當切，「俍傷長貌」(卅七蕩)。

复

復　《說文》「復，重也，从勹復聲」。复或从复聲。

𠣾　身=勹。《說文》「𠣾，重也，从勹復聲」。𠣾或从复聲。

𠣾

熄　疑與𤏶𤏶一字。《說文》「𤏶，以火乾肉也，从火福省聲。籀文不省」。《玉篇》「煏，火乾也」《集韻》弼力切音愎（廿四職）

輻=輹

（鼎）鼎　部

鼎　八六四鼎重出。異形甚多。

鼎

鼎　或从从从二？

鼎　孫疑鼎。

鼎

鼒　是合文，還是文字？

鬲

𩱧　《篇海》有此字云音歷去滓也。則《篇海》亦有可取矣。

䰝

鬲　印本不清。

膚

虢　孫疑虢字，誤。

獻

獻

斝

散

爵　金文𣪘即此字之譌。《說文》「爵，禮器也，象爵之形，中有鬯酒，又持之也」，象爵之形本不誤。但下又說「所以飲器象爵者取其鳴節節足足也」。就被人誤認爲是雀之象形字，其實非也。

爵

鼏　《說文》惟有鬻字所从弜𦍌，本由弜鬲字來。

𦍌

𩱧　从心？从貝？从？？

鼐

𪔂

𪔅

𪔈　具

敗　損　此如是敗，則貝鼎商時已亂，然《玉篇》有損字。安知不是另一字呢？應查辭例？

敽 敽

蓴 《爾雅·釋草》蓴鼒董(似蒲而細)説文
無。(説文「董，鼎董也」。)(龍合龍手鑑
云蘱草一名蓴董)。

龞 應是兩字。孫合一。

鑑 鑄。

(酉)酉部

酉

酉

酉 奠

畐 後下一八、四甲子卜貞叀氏子令畐用豕 □

醑

奠

奠

尊

尊 尊

隮

畋 酎

酎 《説文》「酎，三重醇酒也，从酉从時
省。《明堂月令》曰孟秋天子飲酎」。《六
書故》引蜀本時省聲。孟秋作孟夏，按當
从手持酉，酉聲。此與酒同字，當酎爲大
典禮。

醫 此或尊之異體，如秦作𢍵𥝌，
或是酋字。《説文》从廾乃𠬞之誤。當是畬
字。《説文》酒疾熟也。

𨣧 此與𨣧當是一字。

酒

酒 酌

富 寊 从宀酉聲，酉當讀如奠。楚
王酓章鐘及薛氏所謂商鐘？有寊字。

醜 僔 《説文》「僔，聚也，从人尊
聲」。東周器㮚似非配字。

醜 僔 粹四六四 示其眀羌。下一辭爲
示其先羌入六？

醜 《説文》「醜，可惡也，从鬼酉聲」。

醫 醊 《説文》「醊，籀生衣也，
从酉冢聲」。按冢从冖豕，此从冖酉。
後下十九·四片，戊子其富叀㭉用十月此或
假爲蒙邪？

？與泉混？

盨 商釋盦。

雋 疑从隹酉。

酓 小徐本説文「酓，酒味苦也，从酉今聲」。大徐本脱酓篆而以酒味苦移在醰下。孫謂説文酉部無酓字誤。

酓

湆 汵 《説文》「歙，歠也，从欠酓聲」。汵，古文，从水今聲，此从水酓聲」。

酞 猷 猶

⿱雨酉 或即《説文》⿱雨酸字「小雨也」。

酉 疑酉之異體。

（卣）卣部

卣 亡卣即亡咎器名？

卣

卣

逌

卣 編下九、五片……東卣……西 卣犬來白……幽……。卣如為色當通黝。

莤 後上二三、七片貞卽

卣 卣（莤）于父乙。戩四六、十二片 方出不隹卣口才田甘為卣中有米粒，當為莤。《説文》「莤，繹酒也，从酉，水半見於上」。禮有大莤，掌酒官也（《周禮·酒正》）《呂氏春秋》仲冬乃命大莤。注「主酒官也」。醞釀米麴使之化熟，故謂之莤。據此則中象米麴之形。猒即猷字。

⿱卣卣 二卣（合文）

⿰卜卣 从卜卣聲。

⿰占卣 占卣聲，王⿰占卣曰通繇。

⿰卣犬 猷

⿱卣口 卣 口是盛卣之器，倉？

⿰彳卣 逌 《説文》「卣，氣行貌，从乃省卣聲」。按中尊之卣作，後期變為，其从皿作⿱卣皿也變為則即逌字。至于氣行貌則當作逌。《玉篇》「逌，氣行貌」古書多有逌字。

⿰卣欠 歃 《説文》「⿰卣欠，言意也，从欠从卣，卣亦聲，讀若酉」。

⿰女卣 婚 《説文》「⿰酉鬼，醜也，一曰老嫗也。从女酉聲，讀若蹴」。

厚 㕟 孫釋㕟誤。

逌 ⿴

（畐）畐部

畐 ⿴ ⿴ ⿴ ⿴ ⿴ ⿴ ⿴ ⿴

畐 ⿴ ⿴

畐 ⿴⿴⿴⿴⿴ 下三八、八丙午卜𠃨畐（畐可能缺右旁）戬六、十三癸未卜父口畐伐人。

畐 ⿴

畐 ⿴⿴⿴

畐 畐 ⿴ ⿴

畐 ⿴

畐 ⿴

畐 ⿴

畐 ⿴ ⿴ ⿴ 壺 ⿴ 畐

𠟭 ⿴ 當是副之異體《說文》副，判也，从刀畐聲，周禮曰副辜祭。副籀文从𠟭。畐。

湢 ⿴

彭 湢 ⿴

湢 ⿴⿴⿴⿴⿴ 《禮記·內則》不共湢浴《廣韻》「彼側切」。（卄四職）郭釋禖。戬二三、七。丙午卜父丁湢夕戉三牢。戬四二、六丙……取湢……叀丁……戬四四、十二。……湢杏（眛）三牢。粹三二、乙未卜其𡎸父庚𠬝湢于宗丝用。

湢 ⿴

䮐 ⿴

偪 偪 偪字古書常見，人刀相亂。《說文》有副字。脱偪字。

𢍜 ⿴ ⿴ 孫疑

𢍜 ⿴⿴⿴⿴⿴ 畐之繁文不誤。从収持畐畐亦聲。《廣雅·釋詁三》「𢍜，擊也，非此義」《廣韻》「芳逼切，擊聲」。（卄四職）𢍜 𢍜

福 ⿴⿴⿴⿴⿴⿴⿴

福 ⿴⿴⿴⿴⿴⿴⿴⿴

𥜽 ⿴⿴⿴⿴⿴⿴ 疑从𡍮。

𥜽 ⿴⿴⿴⿴⿴⿴⿴⿴

富 ⿴ 福字繁文。金文有此。

富 ⿴ 查自形。

福 𥳑 畐 畗 [illegible]
轉 [illegible] 此行縢之幅之本字，取約束之義。

（壺）壺 部

壺 [illegible]
壺 [illegible]
壺 [illegible]
壺 [illegible]

（也）也 部

也 [illegible]
皿 [illegible] 良？
盂 [illegible] 孟、皿、皿、皿？後下十二、二合文？

（𣆪）𣆪 部

𣆪 [illegible]
𩫖 覃 [illegible] 或省作[illegible]，此即覃字無疑。金文[illegible]字常見。
粡 [illegible]、糟 [illegible]《說文》「糟，糜和也，从米覃聲」。
糞 糟 [illegible]《說文》「糟，糜和也」，誤。

此从廾、奉糟、糟即稻、孫與糞誤合一字。《汗簡》米部[illegible]字釋甘。

禫 禫 [illegible]
潭 潭 [illegible] 𣆪=覃。
𤢜 [illegible]《說文》只有騨字。《廣雅·釋獸》「𤢜，豕牝也」。覃、笡音近。
𦵹 [illegible]

（且）且 部

且 [illegible]
俎 宜 [illegible]
俎 宜 [illegible]
且 [illegible]
則 [illegible] 此當是俎的別體，从刀从俎。
劃 [illegible]
虘 [illegible]
觑 [illegible]
𧇖 [illegible] 从且得聲。
沮 [illegible]
隮 阻 [illegible]=担，从奴且聲。《說文》「担也，从手且聲」。

畢 當是且中或中且合文？

(甾) 甾部

甾 以金文䵴字例之，此即曾之本字。

甾

曾 《説文》「曾，詞之舒也，从八从日囱聲」。按當為甑之本字。《説文》「甑，甗也，从瓦曾聲」。

會 口‖一

䵴 譄 《説文》「譄，加也，从言曾聲」。

潧 孫摹作从，《説文》潧水出鄭國，从水曾聲。後上十一、四……玉其田才潧北……

䁅 瞶 疑臣仍是目字，據《金文編》則是字，《廣韻》「瞶，昨梦（夢）切，目小作態瞢瞶也」。（十七登）《類篇》「瞢瞶，目不明貌」。

叀部

甫

婢

辭 《説文》辟籀文

(斗) 斗部

氐 斗 久

斗

升

升

勺 後上二二、一片甲申貞，其又勺伐于伊，癸巳貞又勺伐于伊其又大乙彡。粹……又勺伐于口。

勺？

勺

汲 打

𢍏 搭 以稽推之，此當為栝字，《説文》絜也。矢栝與刁形相似。

栝 料 枘 非从升而从子，子即斗字亦即氐字。

柢 稽 《説文》「稽，祀也。从示昏聲」。

料？ 是料乎？還是栝？

䄮

𥛱 𥛱 于省吾釋𥛱非是。

祲

斟、 斟之本字。《說文》「斟，勺也」。《廣雅·釋詁四》斟酌也。林二、甲子□□貞羽乙丑，我斟衣亡𡆥三月。

䳒 鷺 鴮 《說文》「鴮，麋鴮也」《爾雅·釋鳥》「鶅、麋鴮」。《說文》又有鷺字，白鷺楊鳥也。鷹。

雈 雉 《說文》「鴂，寧鴂也，从鳥夬聲」。《集韻》雉同鴂。

䳒 鷖 疑从氐聲。

吷 《說文》「歠，飲也，从歙省叕聲」。吷或从口夬聲。《莊子·則陽》「吹劍首者吷而已矣」。注司馬彪曰「劍環頭小孔吹之吷之如風過也」。

夬 《說文》夬分決也，从又中象決形。

妜 《說文》「妜，鼻目間貌。从女夬聲，讀若烟火炔炔」。

笄

䔿

(冃)凡部

凡

丹 井？是否井字？

丹

同 《說文》「同，合會也，从冃从口按應从口冃聲」。

𢍏

𦥯、𢍶

𦦝、興

興 冃‖井

興

𢪆 挏 《說文》「挏，推引也」。

㧛 桐 《說文》「桐，榮也」。金文桐作。

㛚、姛 《說文》「姛，直項貌，从女同聲」。

爵 按當是从爵(斝)凡(同)聲。《顧命》上宗奉同瑁之同的專字。鄭注同為酒桮，《顧命》古文說「乃受同瑁三宿三祭三咤。上宗曰饗，太保受同，降盥以異同。秉璋以酢，授宗人同拜、王答拜。太保受同，祭嚌，宅授宗人同，拜，王答拜」。則同為酒器，不誤。由此可知，同為斝屬。

𪇰、鳳 （二字刻全） 此均雀形而从凡聲。朱雀亦鳳也。

⿱卜𠀤 此更从酒器之爵矣。

肙 《方言十二》侗，胴狀也，此或从月，不从肉。與《玉篇》訓大腸之胴別。

⿱用土、烔 月深筒即用。《廣雅·釋詁二》「烔爇也」。或烔《廣韻》徒紅切（一東）熱氣烔烔。出《字林》。

（卌）用部

用 孫疑女非。

用

用

用

用

甬 孫云或釋甬，貞人名。

用 《說文》用（用），可施行也，从卜从中，衛宏說，古文中作用。按當从卜用聲。（用即篇之古文）甬為卜用之專字。

⿰彳用

通、通 从用與甬通，勇又作戚。

⿱用大、捅 《廣韻》一捅，他孔切，進前也」。與挏義相近。

埇 《說文》「墉，城垣也，从土庸聲」。《廣韻》「埇，余隴切，地名在淮泗」。（三腫）

⿱止埇 从止用聲？《說文》「通，達也」，「踊，跳也」，「踊，喪辟踊也」。

⿱彐用

⿱彐埇 墉 《說文》「墉，城垣也，从土庸聲」。粹三二二己未卜其墉父庚舞涵于宗丝用。再查其它卜辭？

⿱彐埇 後下四一、一五弜墉弗受年。

（卌一）爿部

爿 《說文》無爿字，孫謂爿，片一字誤。

⿰爿片

將 《說文》「將，扶也，从手爿聲」。

⿱宀爿 《說文》㝱部十一字均从此，誤脫耳，應从宀爿聲。

妝

熧 熧 《集韻》（四一漾）《類篇》「側亮切，實米於甑也」。《篇海》火貌。

𡸟 𡸟 疑从狀？通㠤《說文》山㠩也，从山狀聲。

臧 臧 小臣‖臣，爿聲。此當為臧獲之臧。

𤖨 𤖨 《說文》「莊古文作𤖨」。

戕 戕 囝

戕 戕

䰞 䰞

䰞 䰞 《玉篇》「䰞，煮也」。亦作鬺。

𤕭 《說文》「鬺，煮也」。亦作鷊。

宮宮搶，从宮爿聲。《說文》「搶，鳥獸來食聲，从倉爿聲」；虞書曰：鳥獸搶搶，當讀如蔣、莊、臧等。戩一三、五辛子卜殼貞王亩宮伐㞢受……。前四、四四、六貞今口从宮戾虎伐㞢方，受㞢又。

盅 从皿爿聲。《說文》醬字，古文作㢡，爿聲，籀文作𤮺，从酉从皿爿聲，實从盂聲。

牆 牆 《說文》「牆，垣蔽也，从嗇爿聲」，籀文作牆。孫併入嗇下（不讀說文一至於此可笑）。

（酉）酉 部

酉

誯 譚 㽞即簟。

酓 撢 當即撢字。《說文》「探也」。

㓻 㓻

（帚）帚 部

帚

帚

帚 由歸字可證此即帚字。《說文》困字古文朿。參考耑字。

歸 疑亦彗字。

㚇

㛷 後二八、一三 疑當讀為己未卜㛷走眾㞢。

婦 此當是掃字與㚇非一字。

㛸 孫云唐艺謂即掃之異文。

寑、寑 《說文》「寑，卧也，从宀侵聲」，𡩛籀文侵省聲」。《集韻》寑古

作寑（四七侵）

濅 此或仍是寖字。

屢

㛜

𩣡 此疑亦糞字？《說文》「𡊄，掃除也，讀若糞」。糞弃除也。

謵

婦

騷

㛗 《說文》有騷字。馬行疾也，从馬侵省聲。

𡚱 疑即習字。孫釋帚日當查？

𣈆 疑亦習字，如是婦姓則曰當為旦一（妲）。

歸 孫誤為婦夕。

㛜

疊

（甘）甘部

其

凶 乙五四〇八、父乙降凶

甚 《說文》籀文

其 其上有點其糞字乎？

基 羅誤。

𠀠 其與甾通，當即㠯字。

𢌳 與𠀠似為一字。

𡎺 基 士土？戩四四、一五似是吉方。

期 與甚通。可變為𢽺。

䗁 後下二十、十䗁卜，通期，舊釋僕誤。

𢍰 當即說文𠙹字，象器曲受物之形，筐也。似與甾通，即𠀠？

（甾）甾部

甾 西 粹一二四四甲戌卜王𢓊令角帚由朕事。一五四五A戊寅貞由亡囚

由 甲三三三八𡗜由王事。後下十三、十二丙寅卜大貞叀由又仔自又尹十二日。

甾 後下二七、十七己巳……替……

甾

甾

甾

甾

凹 [甲骨字形] 疑鬲之上半 [甲骨字形]

凹 [甲骨字形]

甹 [甲骨字形]

陠 [甲骨字形] 當是从阜甹聲。

陓 [甲骨字形] 孫疑陠。

畗 [甲骨字形] 疑垔（煙古文）字，卜辭以畗爲西，《說文》垔字或作陻不从土，則畗畗等均是煙字。《玉篇》垔、古文煙字。孫釋畗誤。由作山

伷 偳 倛 由 由＝囟 《荀子·非相》「面如蒙倛」。《說文》作䫏。

猷 犾 犻 [甲骨字形] 从犬畗聲，當即犻字，才畗聲近。猶緇（䊷）作紂。《說文》作犻。狼屬狗聲。《玉篇》犻同豺。古書常作犻。犻似狗固應从犬。孫誤爲从豕。[甲骨字形]偶如此不足據。

畗 西 垔 垔 [甲骨字形] 《說文》「垔，塞也，从土西聲」。據煙字古文作垔从冂垔聲，則西即垔字，據此則由是畗（西）字。後下二五·一 丑卜丙我弗其戈西。

畗 畗

畚 畗 此从凡畗聲？抑从畗凡聲？當與畗字同。孫釋畗誤。

䌷 [甲骨字形]

邮 [甲骨字形] 《說文》「邮，左馮翊高陵，从邑由聲」。

淄 [甲骨字形] 孫併入油。

宙 [甲骨字形] 後下二七·一 其乍亞宗其宙㞢？《說文》「宙，舟輿所極覆也，从宀由聲」。

由 [甲骨字形] 戩四五·四 己丑矢貞王乎隹又由。四五·六 庚子……由

𢓈 [甲骨字形] 《說文》「𢓈，行𢓈𢓈也，从彳由聲」。「迪，道也，从辵由聲」。

叟 攎 [甲骨字形] 《說文》「攎，挐持也，从手盧聲」。

啚 [甲骨字形] 此與叀似有別，然仍有關。與前正叀字等當再詳核。

疐 [甲骨字形] 疑从㫃省，[甲骨字形]似同字。

疐 [甲骨字形] 从止叀聲。《說文》疐（疐）礙不行也，从叀引而止之也。蓋畗之𠔁誤爲几。

（匚）匸 部

医 [甲骨字形]

叵 [甲骨字形] 匚＝匸 《說文新附》「叵，不可也，从反可」。《三蒼》「叵不可也」。

郘 卬 《說文》「郘、河南閭喜鄉，从邑匡聲」。匚‖匡

(冓)再 部

再

冉 再？爯？

再

再

冓

𦍎 此疑只是冓之譌體，孤文不能為例。當查卜辭？

偁

偁 《說文》偁，揚也，从人爯聲。

𡍮 僓？《說文》蕢，艸器也，从艸貴聲，臾古文貴象形。《論語》曰：「有荷臾而過孔氏之門」。按臾不能象艸器，疑本作。若貴字則本作，與艸器之蕢無涉，由聲同而誤合耳。為何蕢之僓，（一三二四六 一五九五）為覆土之墳，亦覆土則與貴字相近。然與偁似有關，當再詳考。

爙 未詳，似偁字 似墳，為「貴」（臾）即盛土的籠。當再詳考？

旃 从㫃偁聲，未詳。

旃 爯聲。

偁 稱 从秝（禾）偁聲。《說文》作稱，銓也，从禾从爯，爯亦聲。爯‖偁（偁）。

偁 當是从舟爯聲。

艅

鳥

雋 鶬 《爾雅·釋鳥》鶬鶬軌，雉東方曰鶬，側持切，側束切，按虘說文从留，金文作虘，可證此即鶬字。

雙 當是繁體。

爯 ？

冓 黽？

堊

壘 墨 堊 壝 《說文》臾（臾）即蕢，草（艸）器也，《廣雅·釋器》「簣，籠也」。《論語·子罕》「未成一簣」。鄭注：「盛土籠也」。即臾、𡍮从臾土，即墳字，古書多作壝見《周禮·大司徒·封人》又《說文》注謂委土為壇壇所以祭也，此正象委土之形，字見《廣韻》以追切（六脂）以

水切（五旨）

備 見《六書統》。

遘 見《說文》。

畫

黴 从㪿即構字。

虘

虘

盧 《說文》「盧从甾虍聲，讀若盧同，篆文𥃲盧聲」。「𥃲从缶盧聲」。又皿部「盧，飯器也，从皿𥃲聲，籒文从皿𠧩省聲」。甾再相混，許書盧字从皿虘聲，而𥃲字又从缶盧聲，重複如此可笑，虘爲甾器，而前人因籒文遂認爲陶器誤矣。郭沫若釋盧是對的。但未確，孫因置皿部誤矣。

虐

虞 疑从虘。

虞 爐 《說文》作「鑪，方鑪也」。《聲類》「爐火所居也」。《玉篇》「火爐也」。

虩 （虞字繁體）

虜

虜

虜 界‖虘

虘

（冂）丙部

丙

内 内與丙似有别，内（冂）丙（冂）

穴

内 丙

𠓜 更字从此。

更

内 納 迺 处 《說文》退或作納，《玉篇》古文作迺。此可能是处字。詳二八九 〇九一六七

跂 趍 逞 《說文》迒，獸跡也，或从更聲，作逞。或是处，則从夂处。

㝎 宴、处？宎 《說文》处，止也，得几而止，从几从夊。内當即冂，此从宀处聲。參二三四五，〇八一五。处訓安訓定，在家稱处士，在室稱处女，則固當从宀。

帚 从金文婦字偏旁可證即帚字。

帚　帚　疑是埽字。《說文》作埽。

敀　敀？　芮如即帚則亦埽之異體。《集韻》敀，子鴆切。捜或从攴擊也（五‖沁）

冏　冏

醽　醽　《說文》「醽，醬也，从酉矞聲」。

𡨦　似是弇字古文與冥字亦相似。

溟　《說文》溟，小雨溟溟也，从水冥聲。

汭　汭　《說文》「水相入也，从水从内，内亦聲」。

肭　肭　《說文》肭，朔而月見東方，謂之縮肭，从月内聲。按此字舊音女六（切）反，今本《玉篇》及李善《文選·月賦》注遂誤爲朒，鈕樹玉段玉裁以下說文家遂均謂从内爲誤。然《萬象名義》引原本玉篇从内固不誤。内與肉篆書字形迥異，隸書乃相近，段玉裁等乃並篆而改之誤甚。朓有跳越意，肭有退（衲）縮意，若从肉則無義矣。

肭

柄　此柄？枘？

𡪞　此是說文𡪞字宀宀不見也，闕，此當是原形，後加方作𡪞。

龓　竉　《廣韻》「力董切，孔竉穴也」。（一董）

窅　疑从自内聲，孫作窅。

昞　弇字古文作

昺　《三蒼》「昺，著明也」。《廣雅·釋詁四》「昞，明也」。

疑與昺同，商字即从○○

丙卜　是否外丙合文？還是内字？内外合文？

査鄴三下四〇·四或續二·二·四。

内　疑即中之異文。

更　之省。

邴　後下二六·八叀邴田亡𢦏，孫从𠔁非，𠔁疑丙異文。《說文》「邴，宋下邑，从邑丙聲」。

丙

商

𠿟、𡇗、商　《說文》商字籀文作𠼪，當从晶（星）商聲。參商星之本字可改爲𧶜。孫釋𧶜誤。

滴　《集韻》尸羊切，水名（十陽）《列子·力命》鬱鬱芊芊若河滴滴。

壺　从止丙聲，未詳。

鷸　《廣韻》「鷸，鶙鳥也」。

啇

？　从商

𢍁　丙　王誤釋為丙。

𢍁　疑亦商字異體，後下十六、十四𢍁卯于……

𢍁

𢍁

尚　丙

彖　在遂字从此。

（東）東部

東

東　後下四三、七片　粹一一七二片。甲戌卜犬貞方其于東。孫誤摹為。

東

東

東？

東　橐　此當是橐字所从。

東　橐

東

柬　《說文》「柬，分別釋之也，从東从八，八分別也」。

柬

柬　東　柬與東當一字。

東

㯥

曺

𣍘

曺、曺、曺、𣍘

量、量　《說文》重部「量，稱輕重也，从重省，曏省聲」。宋代出土父乙甗及克鼎均有量字，量侯簋作，大梁鼎作。秦權等作。

量　查卜辭？

量

量　參四二七六　五八九二

還　吳大澂容庚以量為量待考。金文字所从量即東（橐）則還即速束東為一字。

記近燕金文有此字待考？

倲　倲　《廣韻》「倲，為五合切」。（一屋）「倲，德紅切」。（一東）

寏 从宀倲聲，參寏二九〇六 〇九三二

寏、寏 倲聲？

疑與前邍爲一字。

㛚 《集韻》「柱勇切，女字」。

罺 罺 參四二七五 五九一〇

䡶 䡶 孫疑䡶

寏 疑是㯕之本字，屋㯕。

桼 以㯕字言，或非桼。

桼 捒 此餗字偏旁可證，《唐韻·十遇》「捒，裝捒也，色句反又所據反」《玉篇》立部捒古文竦。《廣韻二腫》「悚息楊切，怖也」。（竦同悚）

㯕、捒 束作㯕，僅見玉篇。

疑是敕字，捒捒？捒？

敕、捒？敕？ 㯕从此。

專字乎？

漱 粹口申卜其漱䫜、郭釋漱。

㴰

廁

當與敕字同，敕《廣韻》、《集韻》、又有捒字。（十遇色句切、又所據切、五支、支爲移切） 一六二

敕 敕 此是否一字需查？應入敍下？

剌 《廣韻》有「倲、桑谷切」。（一屋）

涑 《說文》「澣也，从水束聲」。束有兩字一爲束即東橐，一爲捆束之束。

橐 金文我方鼎㯕字。

餗 餗、餗、餗、餗。

醲 醲、醩、糟 束=東 曹=醩

醻 《說文》「糟，酒滓也，从米曹聲。醩，籀文从酉，醩省聲」。《儀禮·士冠禮》注：「重醴清糟」。釋文劉本作莤酒，《集韻》引《廣雅》「莤，酒液也」。按：莤與莤同字。《說文》「莤，禮祭束茅加于裸圭，而灌鬯酒，是爲莤象神歆之也」。从酉从艸。《詩·伐木》「有酒湑我」傳「莤之也」釋文謂以茅泲之而去其糟也，王國維謂以醲爲即莤酒之莤不知即㯕醩

字。

雙 [?]

桊 [?] 苣（炬）之本字。《說文》「束葦燒从艸巨聲」。

[?] 此或矢東字邪？

橐 [?] [?] 後下二三、一四自[?] [?]？[?]？杏？

囟 [?]

畫 䑋 [?] 从肉[?]聲。[?]即囊字。《說文》「䑋，益州鄙言人盛諱其肥謂之䑋，从肉襄聲」。

[?] 賴（囊）《說文》「賴，盈也，从貝剌聲」。[?] 疑本當象貝在囊中，金文[?]貝，有底曰囊。[?]疑[?]誤。

（丩）丩 部

丩 [?] [?]

⿱丩又 [?] 于釋⿰扌丩，按說文作收。

[?] 此似筆誤。

[?] [?] 《玉篇》「廩，給也」。《廣韻》古侯切。後下三四、五片癸丑卜宂貞，叀⿰貝句令臣[?]亏林一、……⿰貝句卣一。

句 [?] 口與勹似非一字。

（乃）乃 部

乃 [?]

艿 [?] 从乃聲，乃似繩的原始字。攈續和京都似从人？

扔 [?] 此似从弓，當查。《說文》「扔，捆也，从手乃聲」。

（巾）巾 部

巾 [?]

敝 [?] [?]

帘 [?] 《廣韻》「力鹽切，青帘酒家望子」。

爾 [?]

[?] 幝、褌 [?] 《方言四》「無裥之袴謂之褌」。注：「即今犢鼻褌也」。按衣與巾常通用。《說文》幝字或體即从衣作褌。然此字原意或是以巾拭鼻涕，後世始發展為袴巾旁，兩點即象涕形。[?]鼻涕。帛。

帣 [?] 似非米，後文有[?]字。據《汗簡》《集韻》帣是會字古文。

帠 从帚或帚是會乎？鬠《廣韻》有檜字。「古外切，收也」。（十四泰）帶？帠見《莊子·應帝王》女（汝）又何帠（藝）以治天下感予之心焉。《集韻》「研計切，法也」。（十二霽）

衣部

衣

裹 疑仍是褠字。

裘（褠）？𧝎？ 《說文》「𧝎，丹縠衣也，从衣𧟰聲」。

裘 《說文》「裘，皮衣也，从衣求聲，一曰象形與衰同意」。按所說象形，即𧘝。所以說與衰同意。又卣𧘝字，又从𧘝。

裦、粹、綷、𥼶 《說文》綷，繡文如聚細米也，从糸从米，米亦聲。堯典作𥼶。

𤇰裘、裻、粹、焠 《說文》「粹，不雜也，从粹聲」。「焠，堅刀刃也，从卒聲」。後下二五·五丙辰卜旅貞、羽丁子 矢至 才𠂤裻。後下二五 二王才𠂤裻卜。粹一二一〇 己未卜王才𠂤裻卜。

裘 此字可疑。火卜辭不作火。

依

㛄

㛄 㛄 《說文》「㛄，女字也，从女衣聲，讀若依」。朱駿聲說漢婦官充依，只作依此後起字。

衩 捽 《說文》「捽，持頭髮也」。

夎 从止夊。衣＝捽？从又𧘝？

依 倅 《說文》有踤字，如徬與人旁相通，則古書常見的倅字。說文似在新附。

裻

綷 綷 《方言三》「綷，同也，宋衛之間曰綷」。《廣韻》𥼶，子對切，綷同上，五彩也。（十六對）《說文》作𥼶，會五彩繒色，从黹綷省聲。則說文本應有綷字。

初

初 後下四三·一戊戌卜，邑初于乃祀。

（幵）幵部

郉 兄＝邑《說文》「郉，周公子所封地，近河內懷，从邑幵聲」。按周公子實封井為邢字，此郉為別一地。井、幵常相混。

龕

（余）余部

余

余

余

叙 敘 《正字通》以叙為敘之俗字。

涂

悆 悇 《説文》「悆，喜也」。引《書·金縢》「王有疾不悆」。

途 途 于省吾釋途，似可信。《説文》只有徐字，途見《玉篇》《廣韻》（十一模，同都切）王耒途首雨，王途衆人，途虎方，王勿往途衆東陕令途禽。途若幺鬼。釋途＝義一、道途，二、屠殺非是。當考，或讀如舍。

箊 从止荼聲，途字古書常見。《説文》只有徐涂。

蓋 此即説文𢡱字。害从害得聲。孫謂説文所無誤。

（宀）宀部

宀

向

向 粹一四二大乙史王鄉于向。

㝉 㝉，或食之省。俞？

𡨄 當是來亩（嗇）之異文。《説文》牆字籀文作牆，又作牆。

竺

竺 竺 後下二八·十七己亥卜其竺若。孫摹微誤。

𥨊 疑是𥨊之異體。＝∧∧

峕 崖 疑是崖字異文。□＝圭

𡨿 …… 午

𡨿 宋？ 疑是宋之異體，从木从林通。《玉篇》有寐。力針切，室深也。也見《集韻》（廿一侵）𡨿。

冋 冋 或即《説文》冋字。「冂，邑外謂之郊，郊外謂之野，野外謂之林，林外謂之冋，象遠界也」。古文又从口象國邑或从土从冋。

𡧊

冥 冥 《説文》「冥，幽也，从日从六冖聲，日數十六日而月始虧幽也」。六當是𣎆之誤。

媜　《說文》「媜，嬰媜也，从女冥聲」。

亯部

亯　南亯可以是南廩，孫謂同南鄙待考？

亩、高？　後下二十、三片……用丝亩——我夲方……从雨

畐

亯　此當讀亯聲。孫併入畐，非是。

亯

来亩

𤲃　《說文》穡字籀文，从秝从亩。

湎　凜　《集韻》「力錦切凄清也」。（四七寑）古書多作凜。

㝘　《說文》作「𤏡，侵火也，从炎亩聲。讀若桑葚之葚」。

啚　㐭皇？

㐭　此似从乚稟聲，讀困？廩？須查。

圖　金文有此字，圖盧王玉哲讀如涂吾。

檩　稟　疑是稟字異文。禾‖木。《集韻》有檩字「屋上横木」（四七寑）檩字从亶似不同？

高部

高　高　此高本字。

高　此實从口高聲。後又加口作嗃。

高

亯

高　此似仍是高。

亭　亭　《說文》「亭，小堂也，从高省冂聲」。

京

亭　《說文》「亭，小堂也，从高省同聲」。‖、冂‖冂

京　《說文》京，人所為絶高丘也，从高省，丨象高形，按‖

亯　亯　與亯一字，𦎫別體从亯可證。

𦎧　《說文》就字籀文作𡲪云作重字。《爾雅·釋丘》絶高謂之京，此京之本字。由師兄篮看好象就讀就。

高 ‖

膏 膏 後从高聲作膏。

膏 《説文》「肥也，从肉高聲」。

嚆 嗃 嚆 謞 从口膏聲，即嗃字《説文》在新附。《易·家人》（家从嗃之悔厲吉）説文在新附。《爾雅·釋訓》「謞謞崇讒慝也」，見《詩》「多將謞謞」。又見《管子·侈靡》「鵬然若謞之靜」、《莊子·齊物論》「激者謞者」。嚆矢見《莊子·在宥》。商承祚以爲即膏字誤，不知高字《説文》不从口，也不應在膏下。

亳 《説文》亳从乇聲？乇艸葉也，似禾穗上貫一下有根象形。按當是屮而微偏盧土。

亳 此草形不偏或从屮則似蒿與亳字矣。

毫 《説文》無毫字，前人以豪字當之，非是，毫末喻纖細是比毛爲細。屮似屮？或屮之誤則是䓵。後下一四·十貞于毫（地名）。

豪 《説文》高部「豪豕鬣如筆管者，出南郡，从希高聲，豪，籀文从豕」。

豪 《説文》高希 豪豕鬣如筆管者出南郡，从希高聲，籀文从豕作豪。

旚 旚 疑即旚字，毫‖毛

槁 《説文》「槀，木枯也，从木高聲」。後下三九·五才。孫併爲一字。

蒿 蒿

槀 蒿 槀 此爲《説文》訓木枯之槀，抑蒿字？

蔾 蔾 槁？

驕 驕 从馬高耂聲，高耂《説文》蕎耂字（从老从蒿省聲）《玉篇》驕，「烏高切，馬行貌」。

嬌 从貝？《説文新附》嬌態（姿）也，女嬌，嬌極，嬌中。

䯨 从又，或倞？

䯨 敦 《説文》作䯨，然金文䯨似从女䯨聲。但此字尚可疑？从丮亯聲。䓵‖亯。

䭮 稕 从秝（與禾同）亯聲。《説文新附》稕東稈也，从禾䓵聲。《玉篇》「稕，之閏切，緣也，東稈也」。《廣韻》去聲二十二作稕。

䓵 熟也、孰也，

从啬从羊，當从羊啬聲，隸書作享即只从亯。

𩁟　雝　《說文》「雝，雝屬，从隹𩫖聲」。𩫖‖敦。

崇　或即椋字。後下三一·一七殘存此字，不知上面有缺筆否？

椋　《說文》椋，即來也，从木京聲。後下二五·一四貞王㞷于□。後下二八·九貞弓于□用。

𥦗？　此疑上不全，查卜辭，如□。

羲　此疑義京合文，非一字。

倞　待考？京與就喬等字的關係，如亻可通人則爲倞即亮字。

（𩫏）𩫏　部

應即亯之本字。

𩫏　《說文》「𩫏，度也，民所度居也。从回象城𩫏之重，兩城相對也，或但从口，大博切」。又「墉，城垣也，从土庸聲。古文作□」。又有𩫖，用也，从亯从自，三形一字，但郭墉未必通用。卜辭以

𩫏紀事，疑即曈曨，陸機（士衡）《文選·文賦》引《埤蒼》「曈曨欲明貌」。（情曈曨而彌鮮）

𩫖　《說文》融‖融，金文作𩫖。

𩫏　𩫏與土相通，𩫏‖埤，𩫏‖堵。𩫏‖城，𩫏‖墉，則𩫏‖坐。

（亞）亞　部

亞

𣳾　《集韻》𣳾與洼同，按詛楚文「亞駝」。《禮記·禮器》「必先有事於惡池」。《穆天子傳》作滹沱。

𡛷　未詳？

婭　《爾雅·釋親》「兩婿相謂曰亞」。釋文本作婭。

（戶）户　部

户　日

門　門

𨳿　《說文》「𨳿，登也，从門二，二古文下字，讀若軍陳之陳」。

閭

雇

雇 《爾雅·釋鳥》鳸鴳注今鴳雀。《說文》鴳，雇也。《晉語》「平公射鴳」。韋昭注「鴳扈小鳥也」。《呂覽·明理》高誘注「鴳一名冠雀」。鴳‖鷃 六禽之一。如雀而大，一種有毛角，然則𩁹為雀之原始形。《周禮·庖人》具之。《禮記·內則》以為庶羞。

閃 《說文》「火貌，从火𠕁省聲」。讀若粦」。按當从火門聲。

閑、閑、畾、畾 畾之異文，門是𠕁之省。

閔 當是从女鬥聲。未詳。《字彙》有閔字。丑禁切，从門出人也。不知有據否。然似是闖字之誤。馬作𡚾似女耳。

(四)囧部

囧

明 《說文》「朙，照也，从月从囧」 明古文明从日」。

明

朙

盥 囧‖田

甸 甸？

(五)畾部

厽 《說文》「厽，坺土為牆壁，象形」。粹…… 今藏厽黍(禾？)年。厽讀為絫，《說文》「増也」。《漢書·食貨志》「庶人之富者累鉅萬」。參 三四二八 三二一九

厽 厽

厽

厽 《漢書·敘傳》亦厽惠而助信。《漢·衡立碑》《孫根碑》鄰字並作吅《集韻》鄰古作厽(十七真)也可能仍是厽字？

㵟 厽‖畾。《說文》㶟水出雁門陰館累頭山東八海亦曰㵟水也，从水纍聲。又「灅，灅水也，出右北平浚靡東南入庚从水壘聲」。

樏 口或譌曰《說文》樏木實也，从木絫聲。或是杂字？

讄 《說文》「讄，禱也，絫功德以求福，从言纍有聲」。《論語》讄曰禱示於上下神祇，讄或从纍聲。《類篇》讄同讄。

室　參三八〇三 四二一〇

先　疑亦　字。《說文》「堯，古文从二
土二兀省」。

秫　若然則堯从垚不从土也。

𥨍　絫　按从宀絫聲。即絫字。《說文》
「垚，絫坺土爲牆壁象形，絫，增也，从
垚从絲，又纍綴得理也，从糸畾省聲，
實則絫纍一字。形音有變化」。遂强分耳。
《說文》「儡，相敗也」。儽(儽)「垂貌，一
曰懶懈」。其實儽即是絫。《廣雅·釋詁三》
絫，理也。《釋訓》「絫絫，疲也」。

儽　𡨼　《說文》　寱、窒也，从𦥯，
从収，室宀中𦥯猶齊也。《史記·高祖紀》
「小人以儽」。索隱「猶薄之義也」。

儽

妥　嫘　从=垚=畾，《史記·
五帝本紀》黃帝正妃嫘祖，《廣韻》力追
切。(五寘)

畚　从畾？疊、疊。

(金)中　部

中

中

中　此是中字誤入㫃下。

㫃

㫃　此仍是㫃。《說文》「㫃，旌旗之
游(流偃)蹇之貌」。象斿形。金文有
字則爲旒形。戈字作在內後也是垂旒。

旃

史、吏事字所
从　象旗幟在容器中，《說文》「史，
記事也，从又持中，中正也」。「吏，从一从
史，史亦聲」。「事，職也，从史之省聲」。
𠭥从史之省聲，並非。粹一三五二才旃，
後下，乙丑口丙其𠭥眔旃。

疑亦　字。

旃　旝　把旗插在土上當是旝之本字，
《說文》「旞，道車所以載全羽以爲允，允
進也。旞或遺從聲」。其實旝與旞非一字。
而當與壝爲一字。(說文無壝)《周禮·大司
徒》設其社稷之壝。《封人》「掌設王之社
壝」注均說是壇與埓垺也，《鬯人》「社壝
用大罍」注壝謂委土爲墠壇是也。那末，
委土爲墠壇爲壝，所插的旗幟爲旝。等於

沖 墠上插旗為墠(𠦝)旗字的象形字則為㫃。

姌 姌 所以似非中，待考？

帥 帥

旃

於 疑是旚之初文。《說文》「旚，旌旗旚繇也」。「㶾火飛也」。「熛，火飛也」。又《說文》旇，「旌旗飛揚貌」。《篇海》或作㶡，猶颻或作飆。(見《朱龜碑》)《文選·東京賦》「紛焱悠以容易」。注「焱，火花也，言旌旗如火花之飛起」。

事

旚 旚

(五)示部

示 主 示

主 示壬合文 示癸合文。

𧙃 此疑𧙃之繁文，後福字有作𧙃則丂與𧙃實从示不从丂。

𧙃

炷 《玉篇》「燈炷也」。《廣韻》云戍切(十遇)《說文》「主，燈中火主也」。徐鉉曰今别作炷。非是。

宝字从此。戠，貞才……炷羌……其𢦏。

後下二三、十其虜取炷又大雨。

宗

宗

宔

相、視 疑是𠱫之誤。查該卜辭。

(六)丂部

丂

丂

𠂔

𦬒 應是从火丂聲。

姱、好、嫮 《廣雅·釋詁一》「嫮姱也」。

《漢書·揚雄傳》「知衆嫮之嫉妬兮」注「美貌」。《楚辭·大招》嫮以姱只。《廣韻》胡誤切，美好也。(十一暮)《前漢郊祀歌》(漢書·禮樂志)「衆嫮並綷奇麗」(注引如淳美貌)張衡《思玄賦》「咨妒嫮(姤嫮)之難並(竝)兮」

㚤

粤　見《說文》。

[illegible]　此爲从攙亏聲。

𥻂、𥹸　此糈之初文，𥻂字本象米，在示上𥻂象兩手奉米以祭，《說文》糈，祭具也，从示胥聲。「糈，糧也」。《離騷·懷椒》「糈而要之」注「精米所以享神也」。《淮南》說山巫之用糈。《山海經·南山經》「凡䧿山之首，糈用稌米」。

敉

（于）于部

于

汙　此當爲汙字，大…爲洿字。

盂　此亦良作…之一證。皿可省作凵。

打

迂

夸

洿　應从水芓聲。（非芋字）通汙。《說文》「汙，藏也，一曰小池爲汙，从水于聲」。

雩

雩

雩　疑雩之異體。孫釋雩。

智　不知所从，姑置于此待考？

（禺）禺部

畁　疑…之異。

鸆、䧿　《廣韻》「遇俱切，鳥名」。《集韻》䧿同鸆（十虞）

[illegible]　喁　《說文》「喁，魚口上見，从口禺聲」。

（朩）朩部

朩　𡗝之初文，《說文》𡗝柴祭天也，从火从眘，眘古文慎字，祭天所以慎也，羅之省作木待查？

此可能是朩之繁文，則确不从木矣。

朩　查卜辭？

此是否朩字，如是則𡗝本不从木，而是堆積木柴之形。尚須細核卜辭。

此與米似一字，則…亦確是𡗝矣。

𡗝、尞　孫在尞下尞下均脱。

奎、𡗝　林二、東朩土牛……

寮 寮 《說文》作寮，古書都作寮，金文作寮。

燎

（采）采部

采通燔 商誤釋朿（寮）孫沿其誤，與卷二采字重出。按《說文》尞，祭天也，柴燒柴寮祭天也，槱積木燎之也，或作禉柴祭天神而《爾雅·釋天》祭天曰燔，柴是燔與寮有關（觀禮，祭天燔柴，祭法燔柴於泰壇祭天也）據《呂覽·季冬紀》「乃命四監收秩薪柴以供寢廟及百祀之薪燎」。注「燎者積原柴薪置璧與牲於上而燎之，升其煙氣」。《公羊·僖卅一傳》注「燎者取俎上七體與其珪寶在辨中置於柴上燒之」。按何注所謂辨當即采字。《說文》「采，古文作丮」。又「𢍏，摶飯也，从廾采聲，古文辨字，可證」。《堯典》「平章百姓」。《史記》作「便章」。《後漢劉愷傳》注作辨章，亦可證，采＝番。《說文》「籓，大箕也」。《說文》尞字作寮，中似从日。恐由金文寮字作寮而誤。金文實或从宮所以又作寮，其實尞字本只寮。至於采字从十或↓？當與《爾雅·釋器》「革中絕謂之辨，革中辨謂之韏」。有關似謂分成辨形？然則米非朿矣。集當即雝（鶅）。

采 疑即。

宷 《說文》「宷，悉也，知宷諦也，从宀从采」。

窔 粹唐午卜，窔匃示千……

敹 敹 《說文》「播，種也，从手番聲，𢿌古文从攴」。《汗簡》引古文𢿌。

頪 《說文》「䫰，難曉也，从頁从米，一曰鮮白貌从粉省」。或从采？顭？

（叀）叀部

叀 惠（唯）？甫？

胃，叀？ 此即胃字所从。《說文》作胃，金文胃。此更省隸書胃字从此。

菑 疑即叀之異文。

囷 叀？ 胃字从此。後上二三、一片己

未卜貞朿彡囷𠂤大甲。

叀 胃字从此。

囟？西？叀 粹丁酉卜𠀠匕辛𠂤凡涉於叀若。郭釋囟。

叀 《説文》叀專小謹也，从幺省屮財見也，屮亦聲，職緣切，古文作。按此字當讀惠，之本字。

叀 查卜辭？

叀 疑即叀。

叀 惠 《説文》惠字古文作金文常見字。

叀 之倒文。

𡕡 𡕡 此疑當即𡕡字，《説文》在𠂹部在从木𢌿聲是錯的。旁Ⅱ原作Ⅱ乃誤耳。《説文》草木𡕡孛之貌，經傳皆以㯻爲之，非專字，孫誤。

𢌿 弁

專

專 孫疑專字。

專

傳

𠷎 譓 从口从言

𠷎？喜？

𠷎 戠 辛卯…… 貞亡…… 于翌壬…… 叀雨

𠷎

𡍐 後上十、七片，癸未卜才𡍐貞王旬亡畎才五……

嚻 𡃦 𠂤聲，孫釋甫則是哺字嘷字。但似與叀同字，則是𠻣字與《説文》嘒𠻣字同，小聲也。《集韻》與嚖同，(十二齊)蔡侯嚻。

𣛭 檍 《説文》「檍，木也，从木惠聲」。

𣛭 疑叀桒二字。

㯻？

𡇽 暳 通嘒。《廣韻》呼慧切(十二霽)《玉篇》衆星貌。《詩·小星》「嘒彼小星」，作嘒。彗叀音通用。

𡋤 疑即𡋤字。

𪖐 𪖐 《玉篇》《説文》作嚏，鼻噴氣以从鼻爲是。

剸 剸 貞人名。

叀

虘

歖 《說文》歖且唾聲。一曰小笑，从欠㱿聲。疑即嚏字。粹一二六六癸卯卜……弗疾……□午貞□𣪊力 粹一二六七片癸未卜王弗疾歖。孫釋歆。筆畫不清晰，暫依孫。

𧖟

𧕼

轡 《說文》轡馬轡也，从絲从𨊥，與連同意。《詩曰》六轡如絲。孫云說文所無，此不讀說文，並不見金文與石鼓也。

囟？西？

西？囟？

洒

洒

𢍉 拪 《說文》「遷，古文作拪，从手西聲」。

西

𨑰、迺 《說文》只有迺字「驚聲也，从乃省，籀文𨑰聲」。古書多作迺，《玉篇》與乃同語詞也，《繁陽令，楊君碑》「迺共追録厥勳」。《宗俱碑》「迺陟司空」。

（三）壴 部

壴 與 有關。

叀

？ 此實非𡔷字，見戩但需核對其它同例卜辭？

𡕥？

𥜿、壴？ 是否禫字？《玉篇》有禫．𥜿上祭。

䨞 嘻 《篇海》同𪔂字。

畜 蓄 《說文》田畜也，淮南子曰玄田爲畜，魯郊禮文从𢆶从田。兹，益也，蓄積也，从艸畜聲。

畜 孫疑畜字，王畜馬才丝宋母戊王受祐《說文》「畜，田畜也，淮南子曰玄田爲畜」。

（四）聿 部

聿 尹事相亂。

隶 疑即𣏟。

𣏟

書 《說文》作𦘠、𦘠、𦘠，孫云說文所無誤。

㶳　《說文》「火餘也，从火聿聲。徐力切，疑是以一撥火示薪盡也」。

盡　　=聿。

盡　　=聿卜

律

[示聿]　　疑是褚字，聿猶書筆。

[示木]

[糸聿]　　《廣韻》[糸聿]，餘律切，[糸聿]長(六術)《玉篇》「長貌」。《說文》有繘字同音綆也。

掇一、四〇八　[糸聿]尹、孫疑伊尹。

[彳隶]

(冊)冊部

冊

[冊廾]　典　　之為典猶𢍏之為其，尊𡭴則分二字。

[冊又]　典　　此猶尊之為尊。

[冊曰]

[冊口]

𠕋　侖　　侖从亼𠕋《說文》从侖从品誤。𠕋疑亦𠕋。

侖

侖　　侖侖為一字。

[示冊]　　似是[冊曰]告字。

[示典]　　琠與瑱通此或禛字？

删　　《說文》「删，剟也，从刀从冊」。冊書也。

[水冊]　淟　　冊=典。《廣雅·釋詁三》淟涊垢濁也。《楚辭·遠游》「切淟涊之流俗」。

[水冊曰]　　从水[冊曰]聲，[冊曰]=曹《廣韻》他典切(廿七銑)　疑是澧字？

[糸冊]　綸　　冊=侖、𠕋=侖。《說文》「綸，青絲綬也，从糸侖聲」。金文有[糸冊]字。

[木冊]　栅　　《說文》「栅，編樹木也，从木从冊冊亦聲」。

[冊火]　串？　　《廣韻》「串楚限切，燔肉器」(廿六產)即貫串之串

[冊火]　[火侖]？

(㱿)㱿部

㱿

殸 磬 《說文》「磬，樂石也，从石，声象縣虡之形，殳擊之也，古者毋句氏作磬，殸籀文象形」。

疫 段

警

南(声)部

声、南 孫既入南下(卷六)又入声下(卷七)。

声 粹一二六八丁酉卜要帝声。

声 青 《說文》「東方色也，木生火从生丹，俗語謂信若丹青，言相生之理必然也」。

声 似是(摹誤)

爲？

声 南 青？

青 後下二四·一于青㠯。

殸

声、南、㱿、㱿 从人持声，隸變作㱿，猶倞爲亮。

㪇 㥾 《廣雅·釋詁三》「㥾，捽也」。

粹一五七五貞弓式口㪇。

(壴)壴部

壴

壴 倒文

壴

壴 似是鼖之本字。《說文》「大鼓謂之鼖」。丫爲飾，此三面裝飾以見其大，後世讀爲卉聲。與賁同。孫併壴爲一字非。

鼓 此名詞之鼓。

鼔 此動詞。《說文》擊鼓也，从攴从壴

鼓 此類寫法可證豆之爲卉，與鼓當一字。

鼓

𪔵 从宀鼓聲。

喜

喜？ 可能从壴省？査？

僖 僖 《說文》「僖，樂也，从人喜聲」。《玉篇》《廣韻》有僖字，《說文》作佶，「立也」。

娃 嬉 《說文》無嬉。

嬉 《方言十》「江沅之間戲或謂之嬉」。《蒼頡篇》「嬉，戲笑也」。《廣雅》「嬉，戲也」。古書常見《古今人表》末嬉，晉語作妹喜。

囏 《說文》「囏，土難治也，从堇艮聲。囏籀文囏从喜」。

喜 熹

澍 澍 《說文》「澍，時雨也，从水封聲」。封从壴从寸。

否 疑从不？壴？

豐 似从丰聲。从竝或丰之變。

豐 从林？

豊 比聲。此似均是豐字，非豊字。待考？

嬞 婞 《方言一》「好或曰婞，凡好而輕者趙魏燕代之間曰婞」。

（帝）庚 部

庚

庚

庚

庚 宋代出土的庚鼎 父庚觚。

康

康 《說文》穅，穀皮也，从禾从米庚聲，康穅或省，||爲米。康之庚似杵，爯與庸異。

慷 慷 《廣韻》「慷，慷慨竭誠也，苦朗切」。忼上同。《說文》作忼，羅誤釋慶。

唐 从口庚聲。庚蓋樂器，庸的本字。康字似本不从庚，或庸本从畚米工具而轉爲樂器乎。待考。

㪟 搪 搪 《方言十三》「搪，張也」。《廣雅·釋詁四》「搪，挨也」。

穅 穅 穅見《廣韻》（十一唐）及《文選·長門賦》《說文》作穅。

聃 聘 《說文》「聘，訪也，从耳甹聲」。

庸

作庚字用。

庸

章

（幸）幸 部

幸

幸　後下十八、十二 癸卯貞其王幸，孫云疑牢字。

幸　後下八・十三 己未卜㱿 眔 一月。

睪 睪　此本刑具的象形字作，上方匡是把頭枷在裏面的是梏手的，此誤的方匡為耳，方匡中有○形（　）因誤為目。《說文》「睪，司視也，从橫目从㚔」會意乃據《說文》為說耳。

㚔　此字待考。如是譌則是埶字，如是从足則是𩏩字（似非），也可能是之譌。

嚞　此當从口幸聲，是《說文》𧪨的原始形聲字。

𢍆 拲　按此即《說文》字之原文。《說文》「兩手同械也，从手从共共亦聲」。《周禮·掌囚》上罪梏拲而桎，本只作○，此字蓋原作遂誤。作共而又加手耳。

𢍆　當即譌。卜辭已殘損。

𢍆　此疑是䍜𢍆之原文，其義為釋，

𢍆　是束兩手，這是把拲解開了。

𢍆 燡　似即拲𢍆之異文。參二四一一 〇三〇七 幸‖睪。《小爾雅·廣詁》「燡，明也」。《魯靈光殿賦》「赫燡燡而爥坤」。注「燡燡光明貌」。《廣韻》「羊益切，火盛之貌」。（廿二昔）

圉　圉圉見象人，十中大三五

圛 圛　《說文》「圛，回行也，从囗睪聲，商（尚）書曰圛圛者升之半有半無，讀若驛」。孫并入圉下。

圄　疑是从口圉聲。《說文》圄守之也，从囗吾聲。古書常以圄為圉。孫入圉下。

衛　从行㚔聲，㚔字待考？

鞫 鞫　執？㔓見《九經字樣》《喪大記》「士與其執事則斂」。注「執或為㔓」。

婞　似从拲聲。

教　《說文》𢽥字所从，而脫教字。說从㚔攴見血也誤。

慹 慹　《說文》「慹，怖也，从心執聲」。𢽥从教。教‖執

（三）丁部

丁

吕 吕

（丯）玉部

玉？ 待查？

玉 是玉的初文。

厶

丯 《說文》讀若介，粹十二卜辭，庚午貞䰜於帝五丯臣，郭沫若釋丯不誤，五介臣即五個臣。孫釋玉誤。丯字之義當如朱俊聲說「介畫竹木爲識，刻之爲契」，上古未有書契刻齒於竹木以記事」。實則丯即契形。朱說未冞。

丯

珏

丯 玤 丯有兩字，為蒴之本字，丯爲玤之本字系璧。

𤥭 豐字从此，唐本說文有。

玖 琱 《說文》「琱，朽玉也」。如確从又聲當改爲象人。

𢍏 弄？ 挂？ 以㝨字爲證圭‖王，也許圭‖圭，挂孫釋掤。

玫 瑴 《說文》珏，兩玉相合爲一珏。或从玉㱿聲。

玒 玒？ 孫誤合倗。

玎 此或筆畫小異。《廣雅·釋器》「鋌謂之玎」。《廣韻》「古紅切，鋌穫也」。（一東）京津＃二五五六 似从人。

婈？ 婕？ 娃 孫釋嬰誤。《說文》「娃圜深睍或曰吳楚之間謂好曰娃」。

琶

琂 應爲 孫誤摹作 按原骨先上刻……寅貞弗其尃……曰其等辭後在其上刻卜人琂名，弗其兩字正被琂字所掩，王國維曾見原骨，其考釋只録原有卜辭，而不說明後加的琂字。孫遂把琂與弗其二字併成一字，而爲𠕋。這是他没有檢王氏考釋而造成的笑柄。按：原刻見戩三六·二五片

琂

𡜊 𡜊 烓 孫釋爲嬰誤，圭‖圭。《說文》「烓，行竈也，从火圭聲，讀若同」。此从娃聲。《說文》「圜深目貌，从女圭聲，吳楚之間謂好曰娃」。

嵩 𢀳 似从手與工異，金文或从此。

岸 𢀳疑笄之初文。口爲笄子，

（籌）形，然則最初之笄籌是玉石製成的。

式 《說文》式，法也，从工弋

聲。林一、六、一二…… 卑式。

式 後下二九·八片丙寅卜王……

雨式？（不全）。

𢦏 拭 《爾雅·釋詁》「拭，清也」。《禮記·

雜記》雍人拭羊，（注：靜也）《儀禮·聘

禮》（賈人北面坐）拭圭（注：清也）

娀

朋

倗

（弓）弓部

弓 《說文》艸木弓盛也，

从二弓。參看象人襲字。

柚 楢 《廣雅·釋器》「楢，柚也」。

靁 弓與靁音同，疑通靁。《說文》

「靁，久雨也，从雨靁聲」。

（8）幺部

糸 玄 （索）

茲

絲 茲

絲 孫疑糸字之殘？

丝 丝絲茲茲

率

率 查卜辭？

系 孫與系併爲一。

絲 綠 系

糸 綿

繼 蹊 《說文》「徯，待也，从彳奚聲」。

蹊或从足。

茲 如以出代又則是糸字。

㬎 㬎 《說文》「㬎，象微杪也，从日中

視絲，古文以爲顯字，或曰衆口貌讀若唫

唫或以爲繭繭者，絮中往往有小繭也」。

去 索 孫隸定爲𠂔大

誤。

㡭 達

幼

幺 㓜 剌 絶 《說文》絶，

㡭 𢇍 斷絲也，从糸从刀从卩。本但从刀从糸，古文作㡭實際應作𢇍也是从刀斷絲。

从卩。

法 《說文》「法，湝流也，从水立聲。上黨有法氏縣」。

剌 此从索與糸同意，商承祚原釋剌說與匕乙角同。孫改爲剌大誤。

囮 圝 疑是圝之本字，《說文》「囮，譯也，从口化聲，率鳥者繫生鳥以來之，讀若譌，从口䌛聲」。又「率，捕鳥畢也，象絲網上下其竿柄也」。

繂 《說文》「翠，青羽雀也，出鬱林，从羽卒聲」。䌋，幺繂省聲。但脫繂字，《方言三》「繂，同也，宋衛之曰繂，古書常見繂字」。

滋 滋

幽

𦸗

㼛 此溼字所从。

絲 㡭 《說文》「絕，斷絲也，从糸从刀从卩，㡭古文象不連體，絕二絲」。

𨇤 𨇤 《說文》𨇤，踐處也，从足斷省聲。

湆、溼、溼 《說文》溼，幽溼也，从水一所以覆也，覆土而有水故溼也，㬎省聲。後上十三·六片午戊——貞羽己——王步于𣳾从㼛聲。後下二七·十五片王其——溼——。

艦 當从舟𢆶聲。

冬 《說文》「終，絿絲也，𠔃古文終」。

𧕟

繼 《說文》繼，續也，从糸㡭，一曰反㡭爲繼，《易·象》傳注「謂不絕也」。

繼 繼明。

革？

（夕）肉部

肉

肉

多

𠜁 𠜁字从此，曾姬無卹壺𠜁字从此。

𢍏

股 股 [oracle form] 此當即《説文》股字「髀（下）也」。

盌 [oracle form] [oracle form] 當與將鼎通，猶𪔂或作盌。後下五·二片貞王宔盌亡尤。

肖 [oracle form] [oracle form] 汃 孫與汸併，泂？

肖 [oracle form] [oracle form] [oracle form] 《説文》骨肉相似也，从肉小聲。不似其先故曰不肖也。

𪏻 娋 [oracle form] 粹在娋卜《説文》「小小侵也，从女肖聲」。

姼 [oracle form]

名 [oracle form] 《説文》有哆字「張口也」。但此似是器内盛肉形。與魯（魯）同意。

𪏻 移 移 [oracle form] 來 禾，《説文》「移，禾相倚，移也，从禾多聲，一曰禾名」。按倚移示其多。後上二五·一貞㞢（有）告移豖乎豖止。

待問編

不知所从暫入此編

从心？

乇？

似或叀之異文

似是矛字　粹二九〇。　盂方當是動詞再查。

粹三一五　父己父庚叀　或即　字？

礿下四六、一五

甲四三六孫云从屮从　當是芒？新獲卜辭寫本誤□為之夕

戠或是卜人名

戠一、九壬戌卜貞王　□□

王國維疑之同合文之夕？

帚

自　八十地名

庫一八二六

掇一、四三〇

或亦厷

孫疑小臣合文

冢？

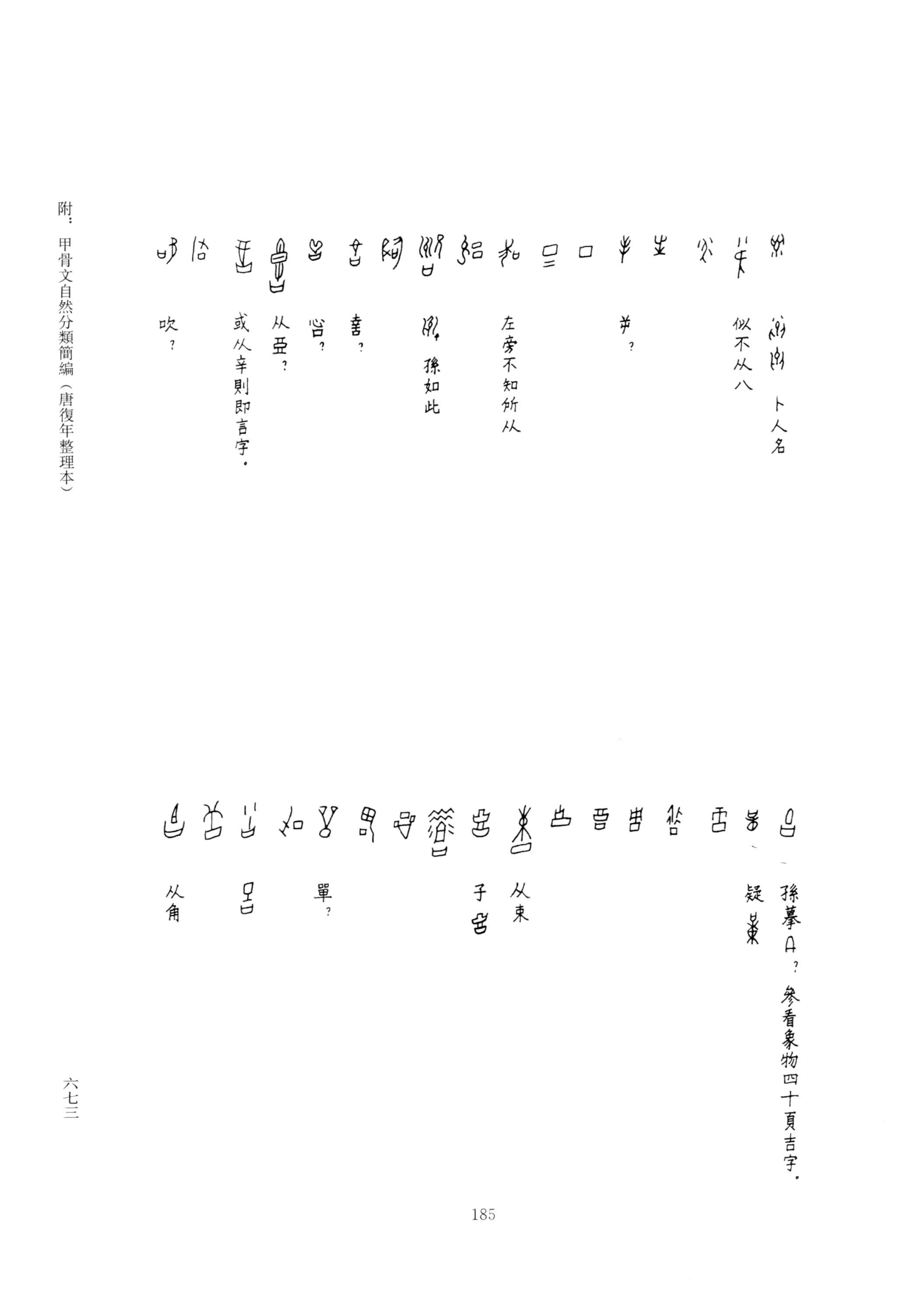

卜人名

似不从八

屰？

左旁不知所从

孫如此

害？

㕣？

从亞？

或从辛則即言字。

吹？

孫摹A？參看象物四十頁吉字。

疑

从東

子

單？

吕

从角

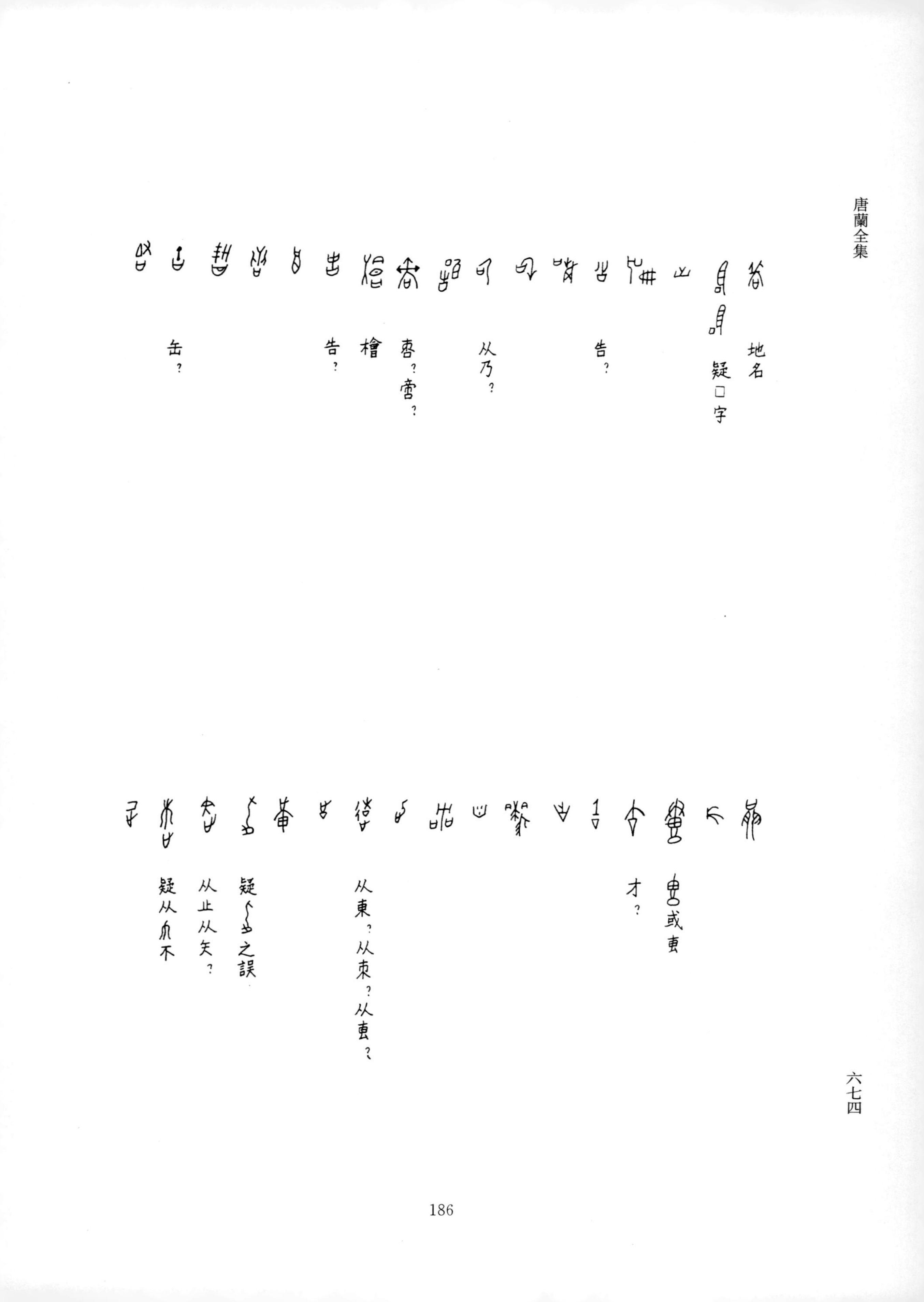

地名

疑□字

告？

从乃？

沓？霅？

檜

告？

缶？

叀或叀

才？

从東？从東？从叀？

疑□之誤

从止从矢？

疑从□不

下部殘泐 䍛？

粹一三二〇甲先貞大邑又入才 [illegible]

？

不知是否缺下半

孫疑□

卜？戩三八·二口卯王｜其卜留與？牙？

合文？

似是 [illegible] 字但胸後不知何象

似亦畱字但有類於𠷎？

从酉从 [illegible]？

𠙹？果？

或鼎之異文

孫與與合

是否魚之殘字？

筆画可□

下有缺筆

十力？从𨻰

右旁殘缺

從氏？

後上六·六殘辭難定·𢀿入𠑹五一頁

似从水流形

从𠮛𠬝？从𠬝𠮛？

疑从㡀

从及？从付？

从取？

後下四二、十三……不𠦪……其得……

今方？

後上七、九地名　筆畫不晰

从目殳从凶缺一筆 孫摹㞢 參三六九三
後下二、十三 庚子卜貞其[illegible]秉于—

从又持庚？

下半似从[illegible]

或是[illegible]字

後下十八、六 己子貞[illegible][illegible]？[illegible]呂趾
拓本不晰 孫摹恐有誤 此或从[illegible]

後下二、十二 癸亥……[illegible]……[illegible]……

或是[illegible]字

疑从[illegible]

从人从[illegible] 或即[illegible]

[illegible]巫？

不知與[illegible]是否一字。

右半殘泐

似从𠬞取？[illegible]夬？

或从攴又

或仍是[illegible]

疑𠂤字

从式

或鳥形

後下二、十六漫口孫摹不確。

孫疑𢼂？

與上似非一字

𦣞中？

𠤎或卣

𠙹其？

參三五五二

𦍋？𧆞

𧆞？

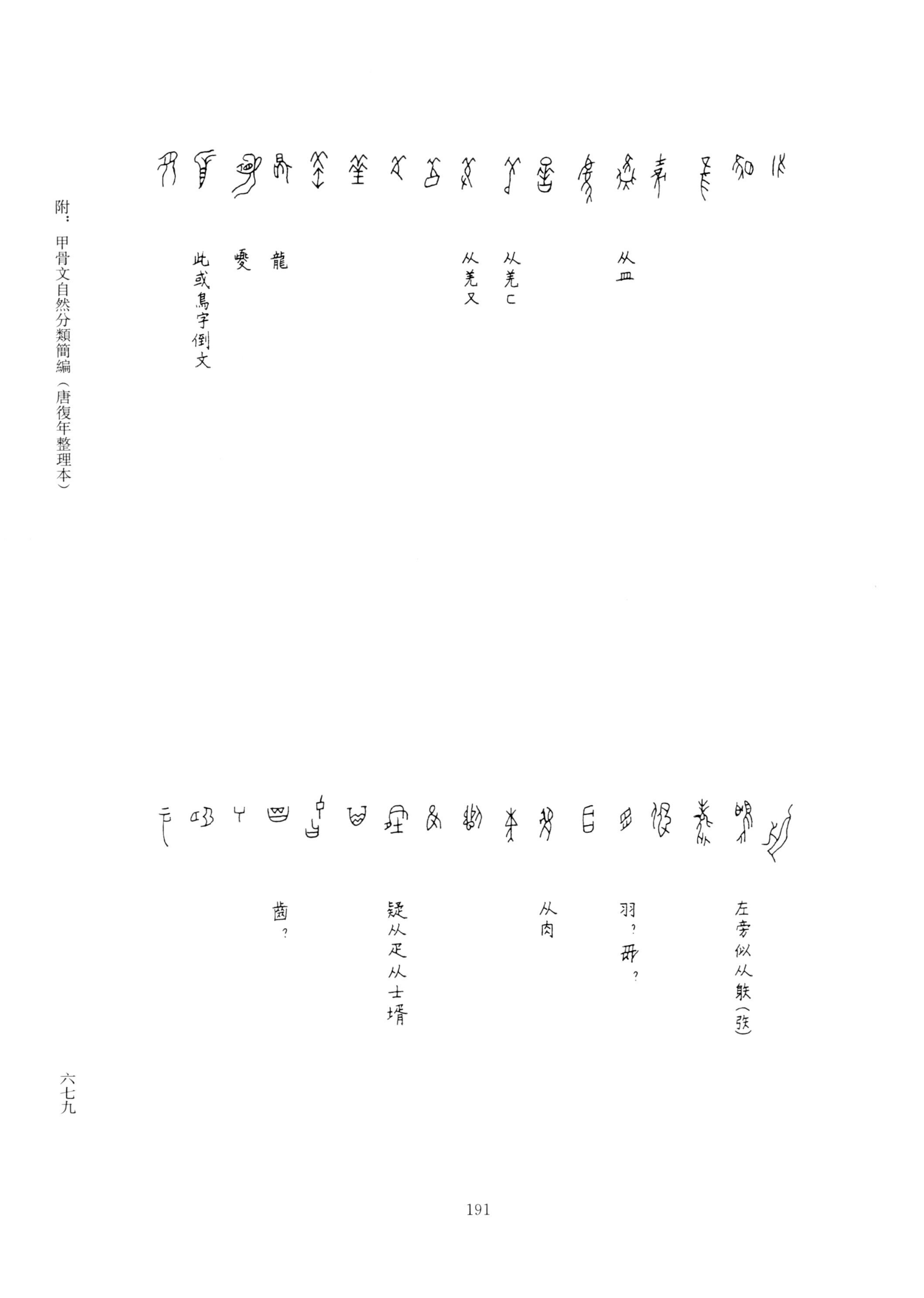

此或鳥字倒文
夒
龍
从羌又
从羌匚
从皿

齒？
疑从疋从士壻
从肉
羽？冊？
左旁似从躾（弦）

疑盟字

暜？

从皿？浗？

者？

从矢外不知何从

此字不全 林下二、十八

孫摹誤 粹一五七二 癸丑卜犾貞𢆶至叀祝

从爻

从弓文？

从桑？

枘？

从木？朱？ㄨ匕？刀？杜？

粹一三五二片地名孫摹作𣏟誤

桼？

屮之倒？

合 俞？

斬？

从朿从昇

㽕？ Ⅱ火？

从田从㫚或兩字？孫摹田中筆連下似非
後下三、十片叀田㫚不益隹之又書
後下十八、四片壬兇卜貞叀子令畐？用？豕
疑用字 孫摹似非

㔶？

疑旃？

孫與合為一

弓？人（佰）？昏？

从戈？

司？

𣅀？ 𧦝？

晅？ 㮣？

疑矛？

按林二、八、三片似先刻三月后刻月字掩其上非字

寧？

疑从配

?从宫?

用‖[illegible]?

占倒文?从冂从人?

?

从肉网?从网肉?

孫與上合為一字

臣?

箒

原與[illegible]字併為一字

祝?

率?係?

兜?

允?

倲

林一、二六、才ㄑ（地名）孫作不全

仕 仕?

虍匕? 能?

从屮从

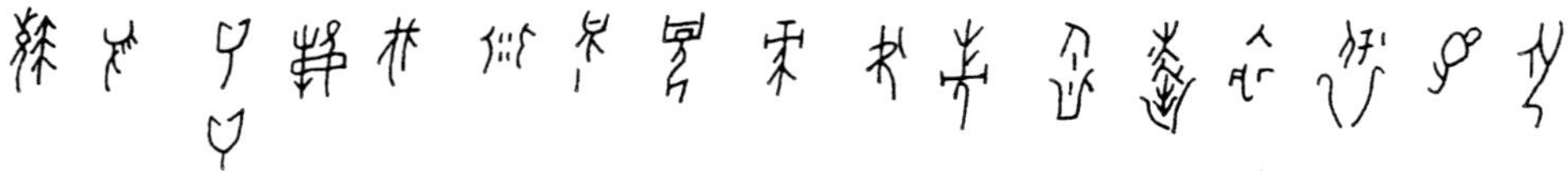

盂?

从屮? 兇?

疑

粥?

愧?

从先

从耆

䫻

朿？

从目从卩？或卯之誤。

㪙？

氾？孫引後二、十九、一片未見？

犀？

从豕？从交？

日户？卣？

答？

？

血？盟？或从卯？

孫

礦？

之異文？鳥形？鷹燕？

此或偶爾塗畫非文字？

乍
玝？

馬？

从象从匕？

參四五六六

孫疑冢殘

豕？

从豕

潒？

似豸而有枝足 或皀參四六二二

从冡

从豕？从有？

从壺？

从肉？

孫云有缺筆

宋？

文？

象人荷

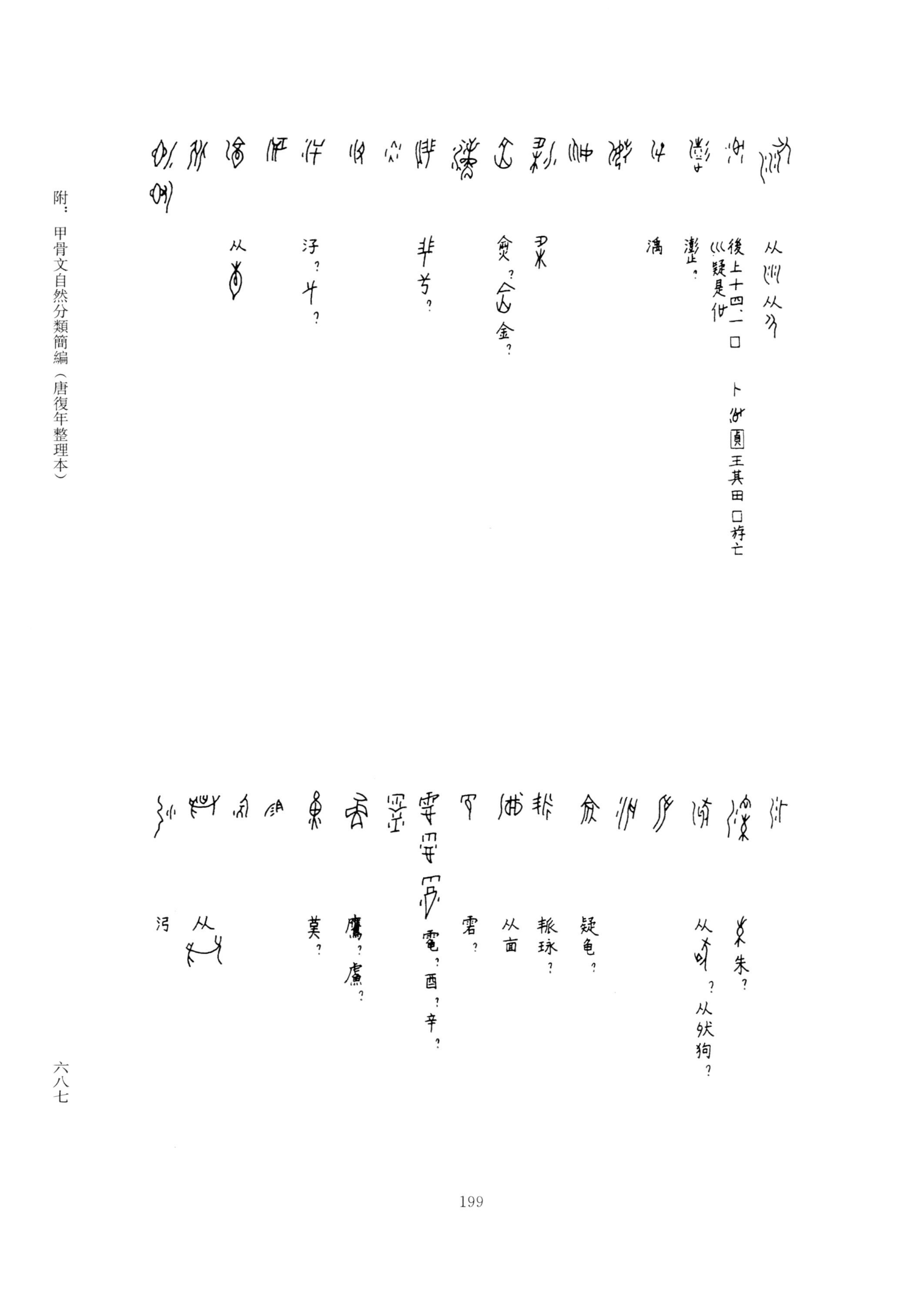

从𡿨从氵
後上十四.一〇 卜𣲐貞王其田亡𢦔
𡿨疑是𣲐
澎？
潙
果
灸？ 金？
非 𦬹？
汙？ 㸦？
从

莫？
鷹？ 盧？
雹？ 酉？ 辛？
霜？
从面
㭉 球？
疑龟？
从 ？ 从犬狗？
朱？
从
汚

孫疑雨

工？壬？

戩四六、四片似是攸孫摹

从門

从弓从又作？从孜从作？馊

合文？

蔑？

从戈

从力从戊？或是？

成

蔑？

孫云疑覢字殘

此兩字見後下二、五片 壬辰卜口令……莫

戊……毋陕丨口辰卜王令口口舊友……希……

戊…… 戊巳似。

粹三九八片　壬申卜[illegible]　郭□如

从隹

从車？婁？

粹二四七[illegible]又祖乙

戩二八于大乙且乙[illegible]年王受□

粹五三八[illegible]又其[illegible]于

燕示王受又

从戌？

後上九、一　[illegible]卜貞？冥

此字似當作[illegible]，待查核

从[illegible]？从血？从[illegible]？

[illegible]？

給？

商謂[illegible]合文

从[illegible]从[illegible]

从[illegible]从[illegible]？

工？王？

从舌？言？从女？

希？

按此誤 後下五、十四甲兇卜犬至且乙？—禩馬

孫誤以禩字的示旁與右旁乙？合

似是壬㕣兩字 戩四七、四片

與[illegible]是否一字。

㐬？

矢？交[illegible]？

方？

市？

後下二十、十五戊辰貞彡翊之明辛子[illegible][illegible]雨

疑光 戩三六、十二 貞立䍃事

从旅？

攺？殹

此狀字上缺 孫誤摹

从

玨

戩四四、十 弓子于自

从宀从周？

从勹

从允

俞？

从夒

郭釋䓂？粹八五二片其來年𢆶叀用祝

籴

隋

从卣

从卣

壺

林二、二十癸酉卜才叀早貞王勹亡猷才十月又二才才？孫誤為一字。

从厶？林二、十二、七片辛亥卜王 出

丑甲

粹 賁其方又大雨

林一、二十、三片丙申卜貞羽丁酉用子 戠于丁 丁上骨有裂紋，孫誤摹作

此是骨上裂紋非文字 林一、二七、四片口亥卜貞王定劢自上甲至于多毓衣亡尤裂紋在劢字下 孫誤摹。

口

二

日

龟

蚜？蟊

當是[illegible]何動物？後下兩片當均地名

亞？

从囱

从犬？从豕？

橐？

火？百？

屯？百

金文𣂔从此

後上十五、十二癸卯王卜貞旬亡畎才

𢆶師 按癸巳在𢆶師癸卯—癸丑在

齊師

後下三七、七□丑卜㱿貞□今來羌—

用千—[illegible]？

[illegible]？

後下廿八、四片 庚申帚𡆥示 屯小㱿？

象

尤？

汚？

戩八、十一甲子卜行貞王宓𫐄甲彡□亡囚

當是𢦏

乙？

从又持𢦏

魚？

力

鏃杒？

礼？

8？

从來？从口

允？

受？

冓？

屰方

米

冓

从巛

从宁

日?甘

从女从㗊？

从衣从？

有缺筆

有缺筆

象人持丈？

孫疑餐未刻全

血

𢍉

虞？虔

佶

家

粹一四二片大乙史王鄉于宀？郭釋宕孫摹ㄠ向

从𣪊

弜？

右旁殘泐

从女从龟　　再丘　　从止介

禺　　甬　疾

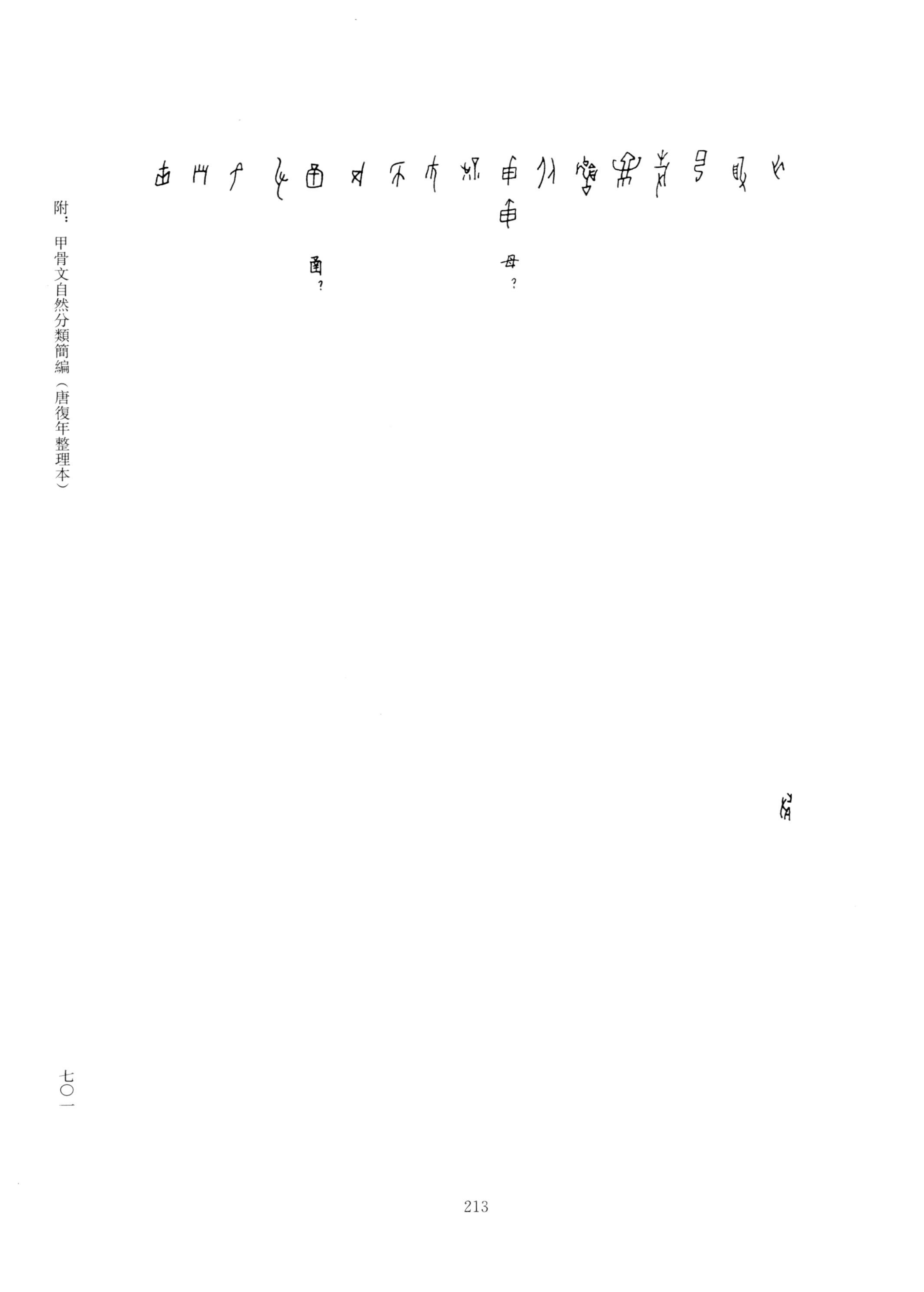

？

？

後 記

本書系先父於1976年唐山地震期間所寫，前後歷經數月，於寧夏西大灘完成初稿，後因病久治不愈而仙逝，華年柒拾有玖，經數年子自黑龍江調京，整理先父遺稿，克服多種困難，終使遺稿重見天日，成書於今。

本書經李連仲先生幫助繕寫，又經山西教育出版社協助出版。

唐復年 一九九八年二月

整理說明

《甲骨文自然分類簡編》（以下稱《簡編》）① 是唐蘭先生按照他所創立的「自然分類法」來整理古文字材料的一次實踐，也是他晚年關於甲骨文的最後一部著述。

所謂「自然分類法」，以甲骨文爲例，就是摒棄《説文解字》、《康熙字典》等書所採用的古人爲漢字設立的各種部首系統，而完全依據甲骨文自身的構形特點，歸納出若干象形字作爲部首，並按照文字孳乳的規律把所有甲骨文單字分別歸入所屬各部。② 這項工作唐先生在二十世紀三十年代就已經開始在做了，比如在《古文字學導論・下編・應用古文字學》中列有《古文字的分類——自然分類法和古文字字彙的編輯》一章，敘述了這一分類法。在《天壤閣甲骨文存並考釋》中有《檢字》一章，即按自然分類法次序排列。其文末云：「右卜辭百八片中所見文字，二百五十有一，以自然分類法次之惜材料太少耳。」但是由於種種原因，並没有持續下去。後來島邦男先生編著的《殷墟卜辭綜類》和姚孝遂、肖丁先生主編的《殷墟甲骨刻辭類纂》，可以説就是唐先生這種編纂思想的具體實踐。關於這種「自然分類法」的學術價值，王玉哲先生在爲山西教育出版社一九九九年出版的《簡編》所寫的序言中有詳細深入的闡述，此不贅言。

但是，從唐先生的幾部手稿來看，他生前實際上並没有最終完成《簡編》的編纂，而只是作了一些準備工作。下面我們就對手稿的情況作一介紹。

---

① 必須在此提前説明的是，「《甲骨文自然分類簡編》」這個書名是山西教育出版社一九九九年出版此書時整理者所定，説詳下文。我們下文采用「《簡編》」這個書名，只是爲了稱説方便。我們實際指的是唐先生所欲編成而並未編成的符合其「自然分類法」的一部甲骨文字典，我們其實並不確定他原來想起什麽書名。

② 參看唐蘭：《古文字學導論》二七九～二八五頁，齊魯書社，一九八一年一月。

一、手稿情況介紹

手稿分三種，我們稱之爲「手稿一」、「手稿二」、「手稿三」。

（一）「手稿一」

這是唐先生爲編纂《簡編》所摘編出來的材料。具體做法是：把孫海波先生的《甲骨文編》通讀一遍，在讀的過程中隨手就把每一個字頭分別歸入自己按照「自然分類法」所劃分的四大類。字頭下摘録部分特徵性字形，或多或少，不求一律。字形下是唐先生自己對該字的考釋意見，或有或無，或長或短，也不求一律。四大類依次是：「象物」、「象人」、「象工」、「待問」。所謂「待問」，唐先生自己注明是「不知所从，暫入此編」。各類手稿在形式上有以下一些特點：

1. 每類各自獨立編排頁碼，用漢字「第×頁」的形式（或無「第」字，或無「頁」字，或這兩字均無）注於每頁左下角。象物類是从「第一頁」到「六九」（這里的頁碼指手稿影印中保留的原頁碼），象人類是从「第一頁」到「八四頁」，象工類是从「第一頁」到「一二七」，待問編是从「一」到「四六」。

2. 每頁左邊欄處都標明有本頁所屬類名「象物」、「象人」、「象工」、「待問」。其中象工類一一二頁的類名誤書爲「象物」，第七頁、第十頁、第十四頁、五十二頁的類名誤書爲「釋工」。

3. 象物、象人、象工三類在每頁類名的右側還注明該頁各字頭在《甲骨文編》中所屬的卷次，即「《甲骨文編》卷×」、「合文」、「附録」，便於查驗。

4. 全部四類每個字頭下面所摹甲骨文字形的下面都標明該字形在《甲骨文編》中的編號，便於查驗。

5. 象物、象人、象工三類的字頭統一連續編號，按照象物、象人、象工的次序，自1編至4291，寫在字頭上面。這種編號是爲了將來編纂《簡編》時方便查找字頭用的。从編號和字頭之間的位置來看，編號應該是在這三類全部摘編完成後才統一加上去的。待問編的字頭上面沒有編號。

王玉哲先生在山西本的序言中説：「《簡編》原稿是立厂先生生前於一九七六年唐山大地震期間寫成的一部遺稿。」从「手稿一」來看，這個説法並不確切。在象物類三十七頁、象人類四十二頁、象工類六十三頁，屬於《甲骨文編》「正編」的最後一字的後面都記有這樣一行字：

正編初完。一九七六，五，二七。

从這行字我們可以知道，《簡編》的編纂工作早在唐山大地震前就已經開始了。而且在大地震前的一九七六年五月二十七日這天，「正編」的摘編工作就已經完成。等到《甲骨文編》「正編」、「合文」、「附録」全部讀完、摘録、編次結束時，已經是大地震發生後的一九七六年八月七日了。在「待問編」最後一頁最後一個字頭後面記有這樣一段話：

讀《甲骨文編》一遍完，計「象物」六九頁，「象人」八四頁，「象工」一二七頁，「待問」四六頁，共三百二十六頁。

一九七六年八月七日十二時四十分竣。離大震十一日，今日大雨滂沱。

這就是《簡編》的第一項工作——材料準備——初步完成的時間。

（二）「手稿二」

這部分手稿只有三頁，是唐先生爲編纂《簡編》所設立的四大類部首的代表字形，即按照「自然分類法」的構想，根據甲骨文自身的形體特點，从「手稿一」摘抄出來的甲骨文字頭中選取一些所謂「象形字」作爲《簡編》的部首，「手稿二」抄寫的就是這些作爲部首的甲骨文字形。每一大類前分别注明類名，依次是「象物」、「象人」、「象工」、「象用」。象物、象人都是「手稿一」原來就有的大類，象用則是从「手稿一」的象工類裏劃分出來的。「手稿一」之所以没有象用這一類，大概當時唐先生關於象用的分類（即哪一些字可以劃歸象用？哪一些字應該劃歸象工？）還没有考慮成熟。每類部首後面都注明了本類部首總數，分别是：象物 87 部，象人 56 部，象工 55 部，象用 71 部。象用最後又注明了總部首數「269」。這部分手稿只有部首，各部首下面没有列出所屬之字，爲了稱説方便，以下我們稱之爲「簡目」。

（三）「手稿三」

這部分手稿是唐先生爲編纂《簡編》所編製的「細目」，即按照「自然分類法」的構想，把手稿一中摘編出來的四千多個甲骨文字頭重新分類編排在所劃分出來的二百多個部首下面，讓每一部首下面統屬若干字頭，做成「細目」。各部首下面所屬字頭的編排順序，按照唐先生自己的説法，首先是由此「象形字分化出來的單體象意字」，然後是「由原始象形字或單體象意字所分化出來的復合體象意字」，最後是「由象形、象意（包括單體、復體）孳乳出來的形聲字」。① 這樣，就對全部甲骨文做到了「分別部居，不相雜厠」。

象物、象人、象工、象用四類細目每頁都是分上下兩欄抄寫，只抄字頭（用甲骨文字形），字頭下注明「手稿一」中各字頭上面的編號，便於正式編纂時的查找。跟「手稿一」一樣，細目各類也是獨立編排頁碼，用漢字注於每頁左下方。象物類从「一頁」到「三十一頁」，象人類从「一頁」到「三十四頁」，象工類从「一頁」到「二十六頁」，象用類从「一頁」到「二十九頁」。

需要指出的是，細目與簡目的部首設立並不是完全相同的，似乎其編製有先有後。結合細目中一些部首旁邊的小字注語，我們可以看出唐先生在一些部首設立上的遊移和改變。細目象物類「辛部」後面隔一竪綫收有三字，首字下注「从丵？」（十一頁），説明唐先生懷疑此三字可能是从「丵」作的，而簡目中「辛部」後面就設有「丵部」。細目象人類「尹部」在「爪部」和「丑部」之間（三十頁），而簡目則在「攴部」和「𠬪部」之間。从字形來看，「尹」字像用手執物，與「攴」、「𠬪」相類，簡目的排列似更符合「自然分類法」按照字形本身以類相从的原則。由這兩例來看，似乎簡目對細目有所調整，其編製應在細目之後。但是象工類細目「卜部」旁注「卜與屮同，應入象物」（四頁），簡目卻仍在象工。象工類細目「宁部」下注「應在毌部後」（十五頁），簡目也並没有調至「毌部」之後。由這兩例來看，似乎又不能説明簡目的編製是在細目之後。不過上述後兩例的注語寫在簡目編成以後的可能性也不是不存在的。

「手稿三」的細目原來是抄寫在幾個筆記本上的，在抄寫象人的筆記本的封面上唐先生記有這樣一段話：

八月二十九日由寧夏回京，隨後編「象人」，九月十二日晨寫畢初稿。國家多難，巨星頻隕。昨晚瞻仰遺容，誓

① 參看唐蘭：《古文字學導論》279～285頁，齊魯書社，1981年1月。

化悲痛爲力量，竭我餘生，傾筐倒篋，爲我國古代史與古代社會的研究作一些貢獻。

可知編寫象人類細目的結束時間是一九七六年九月十二日，象物類細目的編製大概在八月二十九日回北京之前就已完成。在象用類細目最後一頁的後面還有一頁，上面寫着這樣一段話：

初稿寫成四册

①象萬物　估計爲八八七字

②象人身　初步估計爲一一一三字

③象工具　粗略估計爲六三七字

④象器用　約爲八〇九字

共約三四四六字

剔除重複、錯誤，大約不到三千字。

寫二稿時，首先得將底稿全部與《甲骨文編》核對一過，然後先編「象物」。即須先用此初稿與「象物」底稿再核對一過。其次根據《文編》查核原書。至於直接讀各原書，則目的在通文義，定辭例，編「甲骨文全集自然分類簡編」。兩者必須相輔而行。不應只研文字，脱離卜辭；也不應只搞卜辭，不通文字。

一九七六年九月廿七日晚

由此可知唐先生最終完成《簡編》全部細目初稿的時間是一九七六年九月二十七日。所説「初稿」，應該就是指「手稿三」細目；所説「二稿」，應該是指未來的修訂後的細目；所説「首先得將底稿全部與《甲骨文編》核對一過」之「底稿」，根據下文「『象物』底稿」之語，應該就是指「手稿一」。根據這段話，我們可以知道唐先生編寫此書的打算，在「手稿三」之後需要做的工作是：1. 將「手稿一」全部與《甲骨文編》核對一過；2. 先編「象物」，用「手稿三」中的象物類細目與「手稿一」中的象物類核對一過，編定象物類細目；3. 根據《文編》查核各甲骨文著録原書。從「至於直接讀各原書，則目的在通文義，定辭例，編『甲骨文全集自然分類簡編』」一段話來看，似乎唐先生準備編寫的是一部帶辭例的「甲骨文全集自然分類簡編」。因爲研究古文字的人都知道，文字考釋與辭例通讀是不可分割的，唐先生説得很明白：「不應只研文字，脱離卜辭；也不應只搞卜辭，不通文字。」上面提到的《殷墟卜辭綜類》和《殷墟甲骨刻辭類纂》，可以説在一定程度上就是唐先生想要編寫的這種帶辭例的「甲骨文全集自然分類簡編」，只是每個字頭下面並没有對該字的考釋説明。

以上介紹了唐先生編纂《簡編》所留下的三部分手稿。由於唐先生後來工作重點的轉移，他没有繼續完成《簡編》的編纂；即按照「手稿三」的細目把「手稿一」四册中的甲骨文字頭重新編排成一部能够體現其「自然分類法」的甲骨文字典。

據朱德熙先生《紀念唐立厂先生》所説「一九七七年夏，先生告訴我他已開始着手寫《殷虚文字綜述》和《西周青銅器銘文分代史徵》兩部大書」（《唐蘭先生金文論集》五三二頁，紫禁城出版社，一九九五年十月）。而據唐復年先生爲後來出版的《西周青銅器銘文分代史徵》所寫「整理後記」所説「現僅據一九七六年至七八年所寫的初稿予以整理發表」（五一八頁，中華書局，一九八六年十二月），可以推知唐先生在編完上面説過的《簡編》的「手稿三」之後就已經開始了《西周青銅器銘文分代史徵》的寫作，从而中斷了《簡編》的編寫工作。从《西周青銅器銘文分代史徵》的内容和篇幅來看，唐先生在寫作此書的時候恐怕不大可能還有精力同時編寫「甲骨文全集自然分類簡編」。上面介紹的三份手稿，應該就是唐先生遺留下來的關於用「自然分類法」編寫甲骨文字典的全部工作成果。

唐先生去世後，山西教育出版社於一九九九年三月影印出版了由唐復年先生整理、李連仲先生抄寫的《甲骨文自然分類簡編》（以下簡稱「山西本」即本書中的唐復年整理本）。跟上述手稿相對照，山西本應該就是按照「手稿二」的簡目和「手稿三」的細目，把「手稿一」四册中的甲骨文字頭重新編排抄録而成的。「手稿一」象物、象人、象工三册字頭的次序按照簡目、細目重新編排，待問編則整體照原樣抄在最後。原有的考釋文字也都抄在各字頭下面。

由於唐先生生前並没有自己編出一部符合其「自然分類法」的甲骨文字典的「成品」，所以我們並不知道他會給這個字典起什麽書名。山西本整理者之所以定下《甲骨文自然分類簡編》這個書名，想必是根據上引「手稿三」最後一頁唐先生提到要編一部「甲骨文全集自然分類簡編」。从唐先生原話中的「通文義，定辭例」來看，這個「甲骨文全集自然分類簡編」中各字頭下面是要附上相關辭例的。然而由於唐先生生前並没有在「手稿一」中各字頭下統一都附上相關辭例，所以山西本去其「全集」二字，只保留「甲骨文自然分類簡編」，作爲書名。

由於上述原因，我們很難嚴格地説山西本到底在多大程度上反映了唐先生心目中所欲編出的字典的面貌。但是山西本按照「手稿三」的四大類細目，把「手稿一」中的各字頭重新編排，至少可以説基本上還是實現了唐先生對《簡編》的構想，使我們能够在一定程度上看到按照唐先生「自然分類法」編出的甲骨文字典的整體面貌，對唐先生的「自然分類法」能够有一個系統直觀的認識。而且字頭下面抄録了唐先生原有的考釋，不但能使讀者了解到唐先生晚年對很多甲骨文字的具體考釋意見，同時也加深了對其所創「自然分類法」的認識。

但是山西本同時也存在很多問題，是讀者在使用時需要特别注意的。下面我們就概括性地談一談山西本存在的主要問題。

二、山西本同上述手稿存在的問題

通過把山西本同上述手稿相對照，我們可以把山西本存在的問題分四部分來談：（一）部首方面的問題；（二）山西本與手稿共有的部分所存在的問題；（三）手稿中有而山西本漏抄的部分；（四）手稿中没有而山西本增多的部分。爲了表述清楚，手稿的頁碼用漢字數字表示，而山西本的頁碼則用阿拉伯數字表示，以便區别（此處山西本的頁碼指底部正中保留的原書頁碼）。

（一）部首方面的問題

山西本部首目録表面上與手稿簡目、細目基本相同，但其中有很多部首用「（）」括了起來。這些部首包括：象物類的「雨、辰、未、枼、桒、秉、[illegible]、乇、求、[illegible]、虹、蜺、夗、[illegible]、鳶、[illegible]、亥、豚、屯」，象人類的「兄、冘、亡、由、牙、丑、尹、丩」，象工類的「[illegible]、我、宁、午、壬、叜、行」，象用類的「冃（誤抄爲『口』）、丏、口、西、畜、朋、冬、革」。

這些括起來的部首有兩個是涉及位置調整的。象工類的「宁部」本在「卯部」後面，山西本把「宁部」移置於「毌部」後面。查手稿細目象工類「宁部」下有小字注云「應在毌部後」（十五頁），可見山西本對「宁部」的處理是有根據的。另一個位置調整是「午部」。在手稿簡目、細目象工類中，「午部」都是在「𠂤」、「才」二部之後（細目十九頁），而山西本卻把「午部」排在「𠂤」、「才」二部之前（7頁）。查看正文也是如此（128頁）。實際上正文128、129兩頁順序顛倒了，129頁當接在127

頁之後，128頁當與130頁相接。山西本目録大概是在正文抄寫完成並編好頁碼之後做出來的，所以承襲而誤。

其他用「()」號括起來的部首，通過與山西本正文對照，可以知道都是取消了的。有些部首的取消是有根據的。如山西本取消了「囗部」。查手稿象用類細目「囗部」下小字注云「分屬木、禾、豕等部」(十八～十九頁)，可知山西本的處理是有根據的(但是原「囗部」諸字「困」、「囷」、「圂」等並不見於山西本「木部」、「禾部」、「豕部」，當屬失收)。還有一個山西本取消了的部首不見於目録，大概是漏抄了，即象工類的「卜部」。山西本取消了「卜部」，把原「卜部」諸字收在象物「中部」的末尾(9頁)。查象工類細目「卜部」旁邊有小字注云「卜與中同，應入象物」(四頁)，可見這樣處理也是有根據的。

以上這些改動有的有唐先生自己明確的意見爲根據，但是有些改動似乎並沒有確定的根據。例如簡目、細目象物類都有「𠂢部」(細目三頁)，但山西本取消了「𠂢部」，原「𠂢部」諸字都收在象人類「人部」中从「永」諸字後面(65～66頁)。查手稿細目「𠂢部」下注有「象人永」三字，這大概是山西本取消「𠂢部」的根據。按，手稿一象物類417號「[illegible]」字字頭雖然寫爲「永」(三十頁)，但是在419號「衍」字後面唐先生記有這樣一段話：

永與𠂢的關係很難辨别。疑𠂢作[illegible]，是象川流分派形，不从人。而永爲[illegible]字之省，是人在路中。[illegible]則是从彡、[illegible]聲，是泳字。

手稿一象人類2063號「振」字(七四頁)下云：

疑[illegible]（永）从人，𠂢作[illegible]、[illegible]，兩者易混。

手稿一象工類第十三頁「𣴎」字下云：

永、𠂢是否一字？或[illegible]是𠂢，而[illegible]是永。

由此可見唐先生不但沒有排除「永」、「𠂢」是不同的兩個字的可能性，而且傾向於依據形體把「永」、「𠂢」區分爲兩字。如上文所述，簡目、細目成於手稿一之後，其中都把「𠂢」作爲單獨一部列在象物類，而把「永」字歸在象人「人部」之中，與上引419號「彸」字、2063號「㶁」字下的意見相同，可以看出唐先生後來還是傾向於把「永」、「𠂢」當作兩個不同的字去處理的。山西本把「𠂢」、「永」又合二爲一，可以説並沒有把握住唐先生的意思。那麼唐先生在細目「𠂢部」下何以加注「象人永」三字呢？我們注意到在手稿細目中，唐先生有時會在某些部名下面或旁邊注上一行小字，其目的多是提醒所應注意的問題，並不見得都是涉及部首調整。如象工「丂部」下注「參看象人」（十三頁），這是在提醒象人類也有「丂部」。「辛部」下注「參象物辛部」（十四頁），這是在提醒「辛」與象物類的「辛」形近，當注意二者關係。「工部」下注「工與壬有何區別？」（十九頁），這是提醒「工」、「壬」形近，當思考二者關係。象用「示部」下注「與兮部關係」（二十頁），這是提醒「示」、「兮」形近，當思考二者關係。同樣，唐先生在「𠂢部」下加注「象人永」三字，應該也是提醒「𠂢」、「永」形近，當思考二者關係，這並不等於説他已經取消了「𠂢部」。同類的現象還有象用類的「西部」。簡目、細目中本有「西部」，在「叀部」後面（細目二十三頁）。「叀部」下注「與西關係」四字（二十二頁），這也只是因爲「叀」、「西」形體有相似之處，提醒當思考它們之間是否有關係。而山西本卻取消了「西部」，把原「西部」諸字收在「叀部」末尾（175頁）。這種處理的不當，與「𠂢部」相同。

還有幾個括起來的部首可能是誤解了唐先生手稿的原意而造成的，如象物類的「雨」、象工類的「[glyph]」。簡目、細目中都只有部首「[glyph]部」，並無「雨部」，「雨」字是屬於「[glyph]部」的一個字。查手稿簡目「[glyph]」的右下方注了一個「雨」字，唐先生的意思可能是懷疑「[glyph]」就是「雨」字的異體（省去上横）。象工類「乂部」簡目用的字形是「[glyph]」，細目部首字形用「乂」，第一個字是「[glyph]」（四頁），「[glyph]」、「乂」是異體關係，並非兩部。

手稿細目、簡目象人類皆有「兄部」（細目十四頁），山西本取消了「兄部」，原「兄部」諸字收在「兒部」下（73頁），而原「兒部」諸字卻都收在「見部」的「𧴪」字後面（72頁）。這樣處理大概是因爲與「兒」部諸字同屬《甲骨文編》1060號的「[glyph]」字，在手稿細目中被收在「𧴪」字後面（十三頁）。查唐先生所釋「𧴪」字有作「[glyph]」形的，其下注云「以此知[glyph]、[glyph]爲頁」（手稿一象人類八十一頁）。所以唐先生把學者通常都釋爲「兒」的字形（即《甲骨文編》1060號）分成了兩類，上部裏面兩筆作「八」字形的「[glyph]」還是「兒」字，歸入「兒部」（細目十四頁）；而作「\/」形的「[glyph]」則改釋爲「頁」字異體，收在「𧴪」字後面。山西本的整理者大概沒有把唐先生的意思弄清楚，所以出現了這樣的錯誤。另外，雖然山西本把「兒」部諸字收在

「□」字後，而唐先生專門从「兒」部區別出來的「□」卻没有摹出，可謂錯中出錯。

有些被「（）」括起來的部首其實並未取消，如象物類的「鷹部」和象工類的「午部」。山西本目録中標爲「鷹」的「□」字在手稿中是獨立的一部，在山西本正文中收在「鷹部」前面的「罷部」末尾，同時又作爲「鷹部」的代表字形（37頁），這是很奇怪的。手稿簡目中「午部」的代表字形是「□」，細目中也以「□」爲「午部」的第一種字形（十九頁）。山西本以「□」爲「午部」代表字形，而又括注了「□」，其實「□」、「□」本是一字異體，如何能分開呢？

其他被括起來的三十多個部首在手稿簡目中明確列出，細目中也都單獨排列在一起，與前後部首隔開，而山西本正文中都被取消，不知道根據的是什麼。這些部首取消之後，所屬之字就等於列在前面的部首中去了，這樣就擾亂了據形分部的體系，也混淆了字形從屬的本來面貌。如「求」、「□」兩字列在了「萬部」（24～25頁），从「由」諸字列在了「白部」（87頁），从「畜」諸字列在了「邕部」（175頁），从「□」諸字列在了「辛部」（而且插在「宰」字的異體中間，尤不可解）（18頁），从「匕」的一個字列在了「米部」（22頁），从「亡」諸字列在了「行部」。至於取消了「行部」，則「行」字就列在了「車部」（138頁）；取消了「牙」部，則「與」、「舁」等字就列在了「齒部」（92頁），諸如此類，更是讓人感到莫名其妙。有些部首取消以後，唐先生對甲骨文的「自然分類法」的一些意見就泯而不彰了。如「日」爲倒「日」，「凸」爲倒「皿」，簡目中皆單立一部。又如象工類「戍部」、「戊部」、「戈部」本以援刃部形狀的不同而各立一部，山西本取消了「我部」，則从「我」諸字就都列在了「戈部」（121頁）。又如「□」、「□」兩種字形《甲骨文編》皆釋爲「河」（1266號），「□」字釋爲「丂」（0589號）。唐蘭先生則認爲「□」是「河」，「□」是「沈」，「□」是「冘」字（「手稿一」象人類十三頁，山西本80頁）。所以把「冘」單獨立爲一部，置於「丂部」之後，「沈」字屬之。山西本取消了「冘部」，則「□」、「□」與「□」等於又歸於一部了，違反了唐先生的看法。

除了上述這些取消了的部首，山西本還有多出來的部首。从簡目看，象人類並無「步部」，細目「步」字列在「止部」（三十三頁）。而山西本在象人「止部」後卻設有「步部」（103頁），不知何據。

上述山西本對手稿部首的處理情況，破壞了唐先生關於甲骨文自然分類法的系統，使讀者不能對唐先生的相關見解得到全面而準確的認識。

另外，山西本部首還存在一些誤字。山西本目録象工類有「罕部」（8頁）。查手稿細目，應是「單部」。唐蘭先生認爲

「單」、「干」古本一字(參看山西本136頁上倒4行),所以在象工類細目部名「單」字旁邊注了一個「干」字(廿三頁)。山西本誤把「單」、「干」抄成一個字了。又如山西本目録象用類「卑部」的甲骨文字形作「[illegible]」(9頁)。查手稿細目,只作「甶」(八頁)。唐先生認爲此字是「卑」字異體,所以在簡目「甶」字旁注了一個「卑」字,山西本也誤抄成一個字了。

另外,象工類「𠂤」部,山西本目録及正文的字頭都誤寫爲「阜」(目録7頁,正文129頁)。

(二)山西本正文與「手稿一」共有的部分所存在的問題

這部分所談的内容是山西本正文與「手稿一」共有的,其中所存在的問題可以分以下幾方面來談。

1. 誤字問題

山西本正文中的誤字現象是很嚴重的,下面分類加以介紹。

部首字抄錯的,如「𠂤」誤爲「阜」(129頁上),已見上文。字頭抄錯的有二十餘例,如9頁上「姓」當作「娃」,16頁下「本」當作「夲」,36頁上「鹿」當作「麡」,61頁上「穷」當作「穷」,53頁下「奔」當作「夰」,55頁下「无」當作「兲」,76頁下「西」當作「卣」,82頁上「安」當作「妛」,105頁下「洚」當作「湰」,124頁下「織」當作「𢧐」,126頁上「彻」當作「紉」,128頁上「材」當作「杍」,129頁上「阜」當作「𠂤」,172頁上「咢」當作「咢」,等等。字頭下面的甲骨文字形也有摹錯的,如4頁下倒8行,25頁上倒9行,62頁上3行,105頁下4行、5行,119頁下倒2行,127頁下7行,135頁下倒5行,145頁上2行,161頁上6行,165頁下8行,等等。

説解中的誤字數量最多,其中一字誤爲另一字的情況最多見,在400例以上。如「頭」誤爲「疑」(11頁下1行),「蒸」誤爲「甘」(151頁下2行),「之」誤爲「旐」(45頁下倒5行),等等。絶大多數誤字是形近造成的,如:「匕」誤爲「上」(1頁下9行),「祥」誤爲「禪」(2頁下倒6行),「片」誤爲「亢」(3頁下1行),又誤爲「斤」(211頁下2行),「回」誤爲「四」(4頁下倒2行),「擊」誤爲「繫」(6頁下11行),「把」誤爲「地」(10頁下倒1行),「樊」誤爲「焚」(7頁上4行),「哀」誤爲「衷」(20頁下倒5行),「申」誤爲「用」(36頁下倒6行),又誤爲「中」(109頁下倒1行),「輿」誤爲「與」(37頁下8行),「例」誤爲「倒」(38頁下倒1行),「象」誤爲「象」(同上),「倒」誤爲「例」(86頁下1行),「善」誤爲「養」(39頁上倒8行),「低」誤爲「抵」(41頁上倒1行),「牝」誤爲「牡」(52頁上倒10行),「持」誤爲「棕」(53頁下倒6行),「弋」誤爲「代」(56頁上11行),「刖」誤爲「則」(60頁下6行),「木」誤爲「术」(63頁下11行),「具」誤爲「其」(67頁上倒10行),「欠」誤爲「次」(70頁上7行),

「既」誤爲「即」(70 頁下 6 行),「欶」誤爲「頼」(75 頁下 11、12 行),「殳」誤爲「文」(76 頁上 1 行),「世」誤爲「在」(79 頁上倒 5 行),「守」誤爲「字」(80 頁下倒 6 行),「洎」誤爲「泊」(91 頁上倒 9 行),「者」誤爲「省」(94 頁上 2 行),「皿」誤爲「血」(96 頁上倒 3 行),「米」誤爲「未」(96 頁下倒 7 行),「朱」誤爲「米」(146 頁上 10 行),「杜」誤爲「松」(同上),「脛」誤爲「肱」(102 頁下倒 8 行),「而」誤爲「面」(105 頁下倒 2 行),「紾」誤爲「珍」(111 頁下倒 2 行),「俏」誤爲「揹」(112 頁上 2 行),「目」誤爲「日」(114 頁下倒 9 行),「敢」誤爲「教」(116 頁下倒 3 行),「革」誤爲「草」(121 頁下倒 3 行),「閒」誤爲「聞」(133 頁上 10 行),「施」誤爲「旋」(145 頁上倒 9 行),「篇」誤爲「篇」(154 頁上倒 3 行),「滴」誤爲「滴」(160 頁下倒 1 行),「孰」誤爲「敦」(167 頁下倒 8 行),「門」誤爲「門」(169 頁上 11 行),「尔」誤爲「示」(169 頁下倒 2 行),「之」誤爲「云」(171 頁下 1 行),「庚」誤爲「唐」(173 頁下 10 行),「王」誤爲「子」(175 頁下倒 6、10 行),「刃」誤爲「力」(176 頁上 1 行),「衆微」誤爲「象徵」(181 頁下倒 8 行),「玄」誤爲「立」(182 頁上 4 行),「毌」誤爲「母」(213 頁上 8 行),等等。

有些誤字是多次出現的,如「夲」誤爲「本」(16 頁上 10、13 行,下 11、14 行),《説文》「从某省」之「省」誤爲「有」(如 4 頁下倒 1 行,8 頁下倒 2 行,107 頁下倒 5 行,130 頁下倒 9 行,169 頁下倒 3 行),《類篇》之「篇」誤爲「編」(34 頁上倒 7 行,36 頁上 2、3 行,44 頁上 3 行),徐鍇之「鍇」誤爲「諧」(19 頁下 9 行,50 頁上倒 9 行)。

有些誤字與誤認繁簡體有關,如「叶」誤爲「葉」(48 頁下倒 7、8 行),「虫」誤爲「蟲」(如 22 頁下倒 4 行,24 頁上 1 行,倒 1、9 行等),「云」誤爲「雲」(27 頁上 3 行),「条」誤爲「條」(104 頁上倒 3 行),「于」誤爲「於」(51 頁下 8 行,121 頁下 7 行),「宁」誤爲「寧」(如 115 頁上 6 行,193 頁下倒 1 行),「后」誤爲「後」(132 頁下倒 9 行),等等。又如「层」誤爲「層」(86 頁下 4 行),是先把「层」誤認爲「层」所致;「紩」誤爲「鐵」(107 頁下倒 7 行),是先把「紩」誤認爲「铁」所致;「丯」誤爲「豐」(53 頁上 10 行,126 頁下倒 9 行),是先把「丯」誤認爲「丰」所致,等等。

説解中也有把古文字字形摹錯的現象,如 37 頁上 3 行「猶」下面一字,下 6 行第一個字,50 頁上 7 行「古文」下一字,105 頁下 6 行「是」下一字,109 頁上倒 1 行「簋」下一字,同頁下 1 行第一個字,115 頁上 8 行「與」下一字,136 頁下倒 6 行「作」下兩字,151 頁下 2 行「部」下一字,等等。

有把符號誤認爲文字的現象。如「以—撥火」(176 頁上 2 行),「—」指棍棒狀物,山西本誤認爲數字「一」。又如把「=」(等號)誤認爲數字「二」(59 頁上 9 行)。

還有把文字誤爲符號的現象。如「𢇍」字下引《説文》「絶」字説解「𢇍，古文象不連體絶二絲」，山西本把「絶二絲」之「二」抄成了「=」（等號）（182頁上倒2行），意思就變成「絶」字等於「絲」字了。42頁下倒9行「即」字亦誤爲「=」。

還有兩字誤抄成一字的現象。如「日眉」誤爲「⿰日眉」（37頁上2行），「田犬」誤爲「畎」（45頁上倒1行），「古文」誤爲「故」（61頁上8行、15行，62頁下倒八行），「从卜」誤爲「⿰从卜」（61頁上16行），「匕鬯」誤爲「⿰匕鬯」（67頁上1行），「受辛」誤爲「辤」（81頁上倒7行），「耳連」誤爲「聯」（90頁上倒8行），「攴蜀」誤爲「斀」（93頁上倒3行），「口耳」誤爲「咠」（143頁上10行），「米卒」誤爲「粹」（164頁上倒5行），「彳旁」誤爲「徬」（164頁下9行）。

與上一種情況相反，還有一字誤抄成兩字的現象。如「⿱八月」誤爲「八月」（27頁下10行），「瞂」字誤爲「卯段」（48頁下5行），「𦨶」誤爲「大舟」（54頁下4、5行），「夰」誤爲「大人」（60頁上10行），「𣲋」誤爲「侃水」（70頁上倒5行），「⿰匽子」誤爲「匽子」（89頁下倒6行），「萉」誤爲「茸口」（90頁下9行），「処」誤爲「夂人」（104頁上5行），「鴋」誤爲「鳥方」（110頁上9行），「𣪊」誤爲「畀又」（113頁下8行），「釥」誤爲「金小」（116頁下10行），「桮」誤爲「木否」（119頁上4行），「⿰金御」誤爲「金御」（121頁上4行），「䑛」誤爲「弁邑」（130頁下7行），「𨤲」誤爲「自叀」（157頁下倒9行）。

還有些字手稿中本來是有的，山西本不知爲何卻當成不識字抄作空格「□」。如37頁下9行「□□」實爲「董巴」（「手稿一」象物類廿四頁），42頁下倒7行「□」實爲「涪」（同上象工類七七頁），53頁上倒7行「□」實爲「秦」（同上象人類四十九頁），84頁上5行「□」實爲「辰」（同上象人類四十二頁），98頁上倒1行「□」實爲「津」（同上象物類四十一頁），120頁下5、6、7行四個「□」實分別爲「戠」、「戠」、「⿱林大」、「戠」（同上象工類一〇七頁），184頁上倒4行「□」實爲「摹」（同上待問編一頁），186頁上2行「□」實爲「翊」（同上四頁），187頁上倒1行「□」實爲「𥁕」（同上六頁），190頁上8行「□」實爲「滮」（同上十頁），201頁上1行「□」實爲「釋」（同上廿七頁）。

2. 標點的問題

手稿中已經加標點的地方，山西本一般都照抄。但是也有不一致的地方，如不知何故手稿中的問號有很多被抄成句號，而句號又有很多被抄成問號。

手稿中多數文字是不加標點的，山西本加的標點存在兩方面的問題。一方面是體例不一，即同一種情況下標點不一致，如引文或加引號，或不加；書名或加書名號，或不加，例子很多，不繁列舉。另一方面是標點錯誤，這種錯誤通常都會引起對文義的誤解，甚至造成文義不通。如22頁下「蝨」字條：

《説文》説上四 象罒頭形，中象其身蜎蜎，非是蜀字的目也，象蠶形[illegible]是所吐絲形。

按，手稿「罒」作「蜀」，這段話應該標點爲：

《説文》説上四 象蜀頭形，中象其身蜎蜎，非是。蜀字的目也象蠶形，[illegible]是所吐絲形。

又如34頁上「椃」字條，原文誤把「（燉煌本） 王仁煦切韻六豪作椃」也括在了所引《説文》的文字中。其下一段話山西本作：

《集韻》同。《説文》作椃。《類編》云或省作椃。

按，「《説文》作椃」之「椃」，手稿作「號」，「《類編》」手稿作「《類篇》」。這段話應該標點爲：

《集韻》同《説文》作䝞，《類篇》云或省作椃。

又如45頁上「㶣（畎）」字條：

《説文》「く水小流也，象形」。畎，「篆文从畎聲」。此从水旁兩犬是兩岸，犬聲相聞是小流也。

按，「篆文从畎聲」之「畎」，手稿作「田犬」二字。這段話應該標點爲：

《説文》「く，水小流也」，象形。畎，篆文从田犬聲。此从水旁兩犬，是兩岸犬聲相聞，是小流也。

又如48頁下「垟」字條：

《詩・賓之初筵》殺與魚葉，《采菽》股與下（舒）紓予葉。《七月》股與羽，野宇户下鼠處葉可證。

按，手稿諸「葉」字俱作「叶」。這段話應該標點爲：

《詩・賓之初筵》殺與魚叶，《采菽》股與下、舒、紓、予叶，《七月》股與羽、野、宇、户、下、鼠、處叶，可證。

又如134頁上倒1行：

文字集略相對。舉物曰掆。

按，「文字集略」是書名，這段話應該標點爲：

《文字集略》「相對舉物曰掆」。

又如145頁上「臮」字條：

《顔氏家訓・勉學篇》（穷訪）「蜀士呼粒爲逼，時莫之解」吾云《三蒼》《説文》此字白下爲匕，皆訓粒。《通俗文》音方力反「按《説文》……

按，手稿無「穷訪」二字。這段話應該標點爲：

《顔氏家訓·勉學篇》「蜀士呼粒爲逼，時莫之解。吾云：《三蒼》、《説文》此字白下爲匕，皆訓粒。《通俗文》音方力反」。按《説文》……

有時把書名中字誤括在書名號外，如「《字彙》補」(43 頁上 7 行)，應作「《字彙補》」；「《詩·閟宫》有侐」(61 頁上 12 行)，應作「《詩·閟宫有侐》」。

有時又把非書名中字誤括在書名號内，如「《離騷·懷椒》『糈而要之』」(172 頁上 6 行)，應作「《離騷》『懷椒糈而要之』」。

3. 位置顛倒錯亂與重複

頁序的錯亂。如 128、129 兩頁内容應該對調，已見上文。

欄次的錯亂。如 21 頁上欄、下欄應該對調。

部首及字頭順序的錯亂。在「手稿三」細目中，各部首之間以及部首下各字頭之間的順序是唐先生按照自己對甲骨文字形的理解及文字孳乳的規律精心安排的，一旦改動，就有可能失掉了原意。如按照象物類細目，「黽、鼉、屮、陸」四字因爲與「黽」形體有關，列在「黽部」之後(十八頁)；按照簡目，其中「鼉、屮、陸」三字是另屬「𣎆部」的。但是在山西本中此四字卻錯置於「黽部」之前(28 頁上)。5 頁上倒 5 行「灥」字就是部首之字，手稿象物類細目列爲「灥部」第一字(三頁)，山西本錯置爲第二字。又如 7 頁 6 行、7 行、8 行三個字頭順序應顛倒過來，並且一起移置 4 行字頭之前；12 頁上 10 行的字頭應移置 8 行字頭之前；12 頁上倒 1 行的字頭應移置同頁下 1 行字頭之後；78 頁上倒 6 行的「散」字被誤置於「若部」第一字，當移至同頁上「長」字之後；163 頁上倒 4 行的内容手稿中本在「畇」字之後，山西本則放在「畇」字之前，等等。

不同字頭下的字形位置之間的錯亂。如 44 頁上倒 1 行「豚」字下面的字形與下 1 行「屯」字下面的字形應互换；74 頁下倒 6 行「岃」字下的字形實屬倒 8 行的「迈」字；105 頁下 4 行「衛」字下的字形實屬 6 行的「衞」字；134 頁下 7 行「冒」字下兩個字形應屬於 8 行的「罞(罞)」字；145 頁上 2 行的字形誤摹爲 144 頁下倒 1 行的字形，等等。

同一字頭下字形順序的錯亂。「手稿一」中各字頭下的字形如果有多個，其順序是根據形近原則安排的，並且把唐先生理解的正體放在前面，別體或訛形放在後面，山西本在摹寫時也有一些改動。如3頁下倒6行第一、二兩個字形的位置應該對調，同樣的情況還有9頁上7行第二、三兩個字形應該對調，9頁下7行第一、二兩個字形和第三、四兩個字形應該對調。還有字形本身摹寫顛倒的現象，如178頁上9行「湆」字下的兩個字形都上下顛倒了。另外，還有字形本身摹寫顛倒和位置錯亂兼而有之的現象，如11頁下6行第三個字形本身上下顛倒了，而且應該移置第二位，原最後一個字形當移置第三位，原第二個字形當移置最後一位。

説解位置的錯亂。如56頁上2行「龏、戴」至4行「是錯的」一段，應接在1行「虡、虞」下面；63頁上倒9行、倒8行「人犯之象形字，《越語》係妻孥。《孟子》係累其子弟」，這段話應該接在倒10行「按此爲繫縛」之下；89頁下6行「省从屮」至9行「卣」字一段，當接在5行「眉」字下，屬於「沯」字的説解；156頁上10行「帰」字下的説解當屬9行「㨮」字；169頁上6行「《周禮・庖人》具之，《禮記・内則》以爲庶羞。」，這一段説解當接在4行「六禽之一」下，等等。

還有字頭、字形、説解三者全部位置錯亂的。如29頁上倒4行字頭應改爲「鼀」，原字頭「蘡」應移至倒3行。倒3行原字頭應改爲「瘦」，和其下的「瘀」一起移在倒1行。倒1行字頭下第一個字形當移至倒3行。倒3行至倒2行的説解當移至倒1行，倒4行的説解當移至倒3行，倒6行的説解當移至倒5行。

重複的現象有以下幾種情況。

有把某字頭的説解錯誤地重複抄在另一字頭下面的現象。如21頁下10行「商釋栗」到12行的「字」一段，本是21頁上「稷」字的説解；105頁下5行「孫書卷八有企字」，這是102頁上「此」字的説解，等等。

有字頭重複的。如157頁上1、2行兩個字頭(第一個漏摹字形）和156頁下倒1、2行兩個字頭是重複的。

甚至還有整欄内容重複的。如127頁上的内容與126頁上完全相同(參看下文談山西本漏缺原稿部分)。

4. **對手稿的改動**

這種改動有時不影響原來的文義，但是不知道山西本爲何改動了手稿的原文。如74頁上7行到8行的文字本來作「《詩・野有蔓草》與《蓼蕭》並云『零露瀼瀼』」，山西本改作「《詩・野有蔓草》『零露瀼瀼』，《詩・蓼蕭》同」。134頁上2行「協和萬邦」下手稿原文是「金文當再詳查」六字，而山西本卻改成了「待查」。146頁下倒1行「復」字的字形本在字頭下面，山西本卻放在了説解後面(147頁上1行)。173頁上5行「采」字下「通燔」二字本屬於字形下面的説解，山西本卻抄在了字頭下面。而87頁上4行「柏」字本在字頭下面，山西本卻抄在了字形下面的説解位置。

5．其他

山西本中有一個很突出的問題，就是「手稿一」中很多只是針對手稿情況而言的話，也被抄入山西本正文。由於山西本沒有和「手稿一」一起印出，這些話就難免使讀者感到莫明其妙。大致有以下幾種情況。

「手稿一」説解中稱某字頭的「前」「後」，是按照「手稿一」中字頭之間的次序而言的。而山西本是按照「手稿三」細目重排過的，字頭次序已變，卻仍把這一類話抄入。如32頁上「睢」字條説「孫誤與上合爲一字」。按，唐先生把同屬《甲骨文編》4117號的字形分別釋爲「矔」、「睢」，在「手稿一」象物類中分別編爲704號、705號。所謂「誤與上合爲一字」之「上」，指704號「矔」字。而山西本「睢」、「矔」兩字位置已變(「矔」在33頁下)，不再上下相連。又如48頁下「豜」字條最後説「與後猳字重」。按，「手稿一」象物類中「猳」在「豜」後，故云「後」，但山西本中「猳」實在「豜」前(43頁上)。又如49頁上「犯」字條説「疑與後犯(引按，誤抄作牝)爲一字，即狼」。按，「手稿一」象物類中「犯」字爲39號(第三頁)，其後354號還有一「犯(犯)」字，唐先生疑爲「狼」字，故云「後犯」，而山西本中354號「犯(犯)」字實在39號「犯」字之前(46頁上)。又如69頁下5行「敫」字條説「依此則[glyph]、[glyph]爲竟字，前釋㰱，誤」。按，「敫」字在「手稿一」象人類中爲2078號，而「㰱」字則分屬1978號和2013號，都在「敫」字之前，所以説「前釋㰱」，而山西本中「㰱」字實在「敫」字之後(71頁上)。又如157頁下「畜」字條最後説「與前畺(引按，誤抄爲『正叀』二字)字等當再詳核」。按，「手稿一」象工類中「畺」字是2512號，「畜」字是2542號，所以稱「前畺字」，而山西本中「畺」字實在「畜」字之後(174頁下)。

手稿一中説某字「應入某類」，是針對手稿中的該字的歸類而作的調整。山西本已經按照提示對該字頭的歸類作了調整，卻仍把這些話抄入。如29頁下倒3行「杲」字下説「如是貝字，應在象物」。按，「手稿一」中「杲」字在象工類(第一頁)，故云，山西本則已經歸在象物類。又如47頁上第一行「此應入象物」。按，「手稿一」中此字在象人類(第三頁)，故云，山西本則已經歸在象物類。又如49頁下「夲」字條最後一行「入象物」。按，「手稿一」中「夲」字在象工類(第四頁)，故云，山西本則已歸在象物類。又如74頁下9行「方」字條「故系象工，待考」。按，「手稿一」中此「方」字在象工類(四十一頁)，故云，山西本則已經歸在象人類。又如76頁下倒5行「帀」字條最後説「如是从口从帀，則應入象人」。按，「帀」字在「手稿一」中屬於象工類(卅七頁)，故云，山西本則已歸在象人類。同頁下「㔫」字條「如是从口从㝉，則入象人」，情況相同。

「手稿一」中注明所需要參看的某類頁碼是唐先生給「手稿一」編的頁碼，也被山西本抄入。如 30 頁下 8 行「參看象工(八二頁)誤入象人五五頁」，此分別指「手稿一」象工、象人頁碼。32 頁下倒 6 行「參象工(引按，工誤抄爲二)八二頁鳳字」，57 頁下倒 8 行「參象工九五」，此二例都是指「手稿一」象工類頁碼。76 頁下倒 6 行「向見卅五頁」，82 頁上倒 10 行「參看三七頁奻字」，此二例都是指「手稿一」象人類頁碼。85 頁下倒 3 行「待問三四」，此指「手稿一」待問編頁碼。除了上述指「手稿一」頁碼的數字，還有指「手稿一」字頭上面編號的數字，如 62 頁上 5 行「參一三〇二……」，就是指「手稿一」1302 號字頭。

「手稿一」中所言需要參看的編號很多是指《甲骨文編》的編號，山西本也抄入正文，而又未加注明。如 51 頁上 5 行「參四七二六」，54 頁下 2 行「參釋工(引按，工誤抄爲二) 淂字四三九〇」，66 頁下倒 1 行「又見三九二九」，80 頁上 10 行「參四一一六」，107 頁上倒 6 行「參四二一五」，108 頁上倒 5 行「三三九〇」，125 頁上 8 行「誤併三四一二」，134 頁下倒 1 行「參考象工附録(引按，録字誤脱) 三三七〇、三三七一、四五八五、四五八六」，147 頁上 11 行「八六四鼎重出」，等等。以上這些數字其實都是指《甲骨文編》中的編號。除此之外，還有指《甲骨文編》卷次的，如 62 頁上倒 2 行「卷八衆字……」，就是指《甲骨文編》第八卷。

「手稿一」中所言需要參看的編號，經常會同時出現兩個，前一個指「手稿一」字頭上面的編號，後一個指該字頭在《甲骨文編》的編號，山西本也都抄入。如 90 頁上 4 行「參一七六一、三五八七」，94 頁下 9 行「參二〇五七、四七八五」，10 行「參一八六二、四一七五」，13 行「參一八六一、四一七四」，115 頁上 12 行「參三六八六、三九二三」，13 行「見三六七四、三九一五」，115 頁下 6 行「參二九六二、一〇三四」，倒 9 行「參二九八六、一〇九九」，倒 5 行「參三八〇六、四二一四」，倒 4 行「參三七九三、四一八二」，倒 2 行「參三六四三、三八五七」，122 頁上 4 行「參三五七六、三六三一」，159 頁下倒 3 行「參二三四五、〇八一五」，等等。

山西本還有其他一些情況。如 65 頁上倒 7 行「身」字下説「此似非一字」。按，「手稿一」中此句是指該字形和《甲骨文編》中同編爲 4259 號的其他字形似非一字(「手稿一」象人類六一頁)。

（三）手稿中有而山西本漏抄的部分

整个字条漏抄。

山西本127頁上的内容与126頁上完全相同，而本该處在這個位置的「乍部」最後八个字头（「亡」、「匄」等，見手稿細目象工類十六頁）及其字形、説解則完全漏抄。另外，手稿細目象物、象人、象用三類最後各有一些標爲「存疑」的字（象物類三十一頁、象人類三十四頁、象用類二十九頁），山西本只抄録了象物類「存疑」（49頁），卻漏抄了象人、象用兩類的「存疑」約十餘個字頭。

除了以上這些整個字頭漏抄的例子，還有一些字頭下面存在字形漏抄或説解漏抄現象。

有近七十個字頭下面的甲骨文字形完全漏抄，如28頁上倒2行、倒5行，28頁下10行，29頁上1行，32頁下4行，33頁上1行、8行、10行，49頁下3行、6行、9行，倒2行、倒3行，79頁上倒1行，124頁下12行，140頁上6行、下倒5行，177頁上4行、5行，等等。還有一些字頭下面漏抄部分字形，如6頁上倒3行，130頁上1行，138頁上倒7行，147頁上倒10行，158頁下6行，177頁上倒3行，等等。按，唐先生在摘編「手稿一」的時候，各字頭下面選取哪些字形是有考慮的，一般是形體有明顯不同的就録入，否則就盡量少録。山西本漏抄了一些手稿本已録入的字形，就不能完整體現唐先生對該字形體的理解。

字頭下面的説解全部漏抄的有十餘例，如30頁上2行漏抄説解「此當是得字」；87頁上倒7行漏抄説解「疑首字」；111頁下5行漏抄説解「疑是丸」。105頁下倒2行所抄文字實爲103頁上「涉」字的部分説解，字頭亦誤爲「洚」，實際應是「漨（湋）」，説解云：

> 《説文》「湋，回也」。《廣雅·釋水》「湋，淵也」。孫誤與涉合。

有些漏抄的説解字數相當多，如44頁上倒2行「⿱穴豥」字説解共57字，云：

> 從豥。《爾雅·釋獸》「豕四豴皆白，豥」。《詩·漸漸之石》音義引《説文》有此字。由此可見亥爲豕屬。但此

或非形聲字，而示豕亥均備於屋下，則孫疑家字有理。

除了以上整條説解漏抄的現象，説解中漏抄部分文字的現象就更多了。即便不把手稿中引用甲骨文著録書某片的「片」字在山西本中大量漏抄的情況計算在内，其他各種漏抄文字的現象也有200處左右（並非字數）。有些漏抄文字的情況並不影響文義的理解，如《後編》或缺「編」字（手稿中《後編》有時就省作《後》），《廣雅・釋詁三》缺「三」字，等等。但是很多情況下漏抄文字往往會影響對文義的理解，甚至經常造成句意不全。如1頁下2行「孫从葉釋一無根據」，「釋」下漏抄「量」字；2頁下1行「从皿從湯亦聲」，「亦」上漏抄「湯」字；13頁下2行「則妹非」，「非」下漏抄「妹」字；121頁上倒3行「秦晉謂曰娙娥」，「謂」下漏抄「好」字；131頁上3行「亦當此」，「此」上漏抄「从」字；182頁上倒9行「宋衛之曰綷」，「之」下漏抄「間」字；174頁下倒7行「彗叀音通用」，「音」下漏抄「同」字；40頁下5行「疑即魯與沃同韻部」，「魯」下漏抄「甲魯」二字，「甲」字讀斷；24頁下6行「常見之物」上漏抄「此即壇之本字，似在倉稟」10字，等等。

有些漏抄内容涉及唐先生對一些字形的理解，如9頁下9行漏抄「也可能从狢，備再考」；92頁下3行最後漏抄「与、牙實一字，《説文》与从一、勺，非」12字；102頁下倒8行「曲肱（引按，此誤抄，手稿作脛）」下漏抄《説文》13字，「而尵㞢象戾足」上漏抄「實際上尢象曲脛」7字；154頁下6行「从止⿱用土聲？」下漏抄「从土甫聲？」，等等。

（四）手稿中没有而山西本增多的部分

1. 字頭下增補字形

山西本各字頭下面的甲骨文字形常常比手稿中要多，但是也有比手稿少的（參看上文介紹漏抄部分）。

2. 增補説解

山西本對手稿的增補主要在説解部分，可以分爲以下幾種情況來談。

山西本在有些字頭後面注上該字在《説文》中的部首卷次，及其在中華書局影印大徐本《説文》（一九六三年版）中的頁碼和欄次。如9頁上「丰」字下注「《説文》生部六下P一二七下」，20頁下「睞」字下注「《説文》四上目部P七三上」，12頁下「亳」字下注「《説文》五下高部P一一〇下」，等等。但是多數見於《説文》的字頭下面並没有上述加注，顯得體例不一。

由於手稿寫作較爲隨意，引用書證時格式不求一律，如引書的作者或有或無，書名或用全名，或用簡稱（如《後漢書》

或稱《後漢》)，一段引文或全引，或節引，等等。山西本在這些引用書證的地方對手稿改動最多，主要可分爲以下幾種情況。

在篇名上補出作者。如《江賦》上補「郭璞（景純）」(66 頁下倒 7 行)，《西京賦》上補「張衡（平子）」(119 頁上 11 行)，《甘泉賦》上補「楊雄（子雲）」(122 頁下倒 2 行)，《上林賦》上補「司馬相如」(135 頁上倒 1 行)，等等。

在引文上補出人名。如 135 頁下 3 行「滭弗，盛貌」上補「司馬彪曰」。或在引文下補注出處，如 149 頁下 4 行「掌酒官也」下括注「《周禮・酒正》」。或在引文上補注出處，如 87 頁下倒 4 行「子之清揚」上括注「鄘風」。

在篇名上補出書名。如《喪大記》上補「禮記」(51 頁上倒 10 行)，《生民》上補「詩」(83 頁下 2 行)，《思玄賦》上補「文選」(81 頁下 2 行)，《士相見禮》上補「儀禮」(95 頁下 4 行)。這種情況也有補錯的，如有幾處《明堂月令》上補「禮」(63 頁下倒 5 行，65 頁上 13 行)，其實這兩處都是引的《説文》，原文就没有「禮」字。

篇名上既補作者，又補書名。如《子虛賦》上補「《文選》司馬長卿」(133 頁上倒 10 行)。

書名下補篇名。如《孟子》下補 「告子下」(111 頁下倒一行)，《釋名》下補「釋言語」(63 頁下 5 行)，《爾雅》下補「釋草」(148 頁上 2 行)，《廣雅》下補「釋詁二」(72 頁下 6 行)，《史記》下補「商本紀」(77 頁下 7 行)，《論語》下補「鄉黨」(82 頁下 3 行)，《楚辭》下補「九章懷沙」(117 頁下 2 行)，《周禮》下補「秋官序官」(122 頁下倒 10 行)，等等。

這種增補也有補錯之例。如 111 頁上倒 6 行引《堯典》「絺繡」(引按，手稿即如此，實際爲《皋陶謨》文)，山西本《堯典》下補「益稷」，則是以《益稷》爲《堯典》之一部分。實際上《益稷》是僞古文《尚書》从《皋陶謨》中分出來的一篇，並不屬於《堯典》。又如 144 頁下「剆(斷)」字條引「《秦誓》曰『詔詔猗無他技』」，山西本補注云「今本已作『斷斷』」。按，手稿所引《秦誓》其實就是《説文》「斷」字條所引的《周書》，並非今本《秦誓》。

《廣韻》、《集韻》下則多增補韻次韻名，有時還帶上反切。如《廣韻》下補「卷五・十月韻」(2 頁下 11 行)，「廿一侵巨金切」(135 頁上倒 6 行)、「廿四桓」(137 頁下倒 9 行)、「十五青」(139 頁上倒 6 行) 等，《集韻》下補「卅二晧」(63 頁下倒一行)、「廿四職」(124 頁下倒 8 行)、「三蕭」「卅小」(126 頁上倒 8 行)、「一先」(130 頁上 10 行) 等。其他字書則增補卷數，如《類篇》下補「卷五上」(139 頁上 9 行)，《方言》下補「十」(58 頁下 8 行)，等等。

有時在引書後面增補考證性質的話。如 2 頁下「沴」字條説解引《廣韻》祥亦切(引按，誤爲「禪亦切」)，山西本在後面括注「據宋本卷五・廿二昔韻。應爲祥易切」。5頁上「衕」字條説解引《説文》「巡，視行也」，「衍，水朝宗於海皃也」，山西本在後面注明引文「巡」字的説解實出自段玉裁注，今本《説文》「巡」字下作「延行皃」，而今本《説文》「衍」字下亦無「皃」字。8頁下「生」字條手稿引卜辭「今生一月」，云「生月疑之月」，山西本在後面括注「陳夢家曰：『生月指來月，今生一月即二月』」。20頁上「駕」字條手稿説解但云「《廣雅・釋畜》駣騬」，山西本在後面把《廣雅・釋畜》「駣騬」下王念孫作的疏證補出。148頁上「薡」字條手稿説解只説「《爾雅》（引按，山西本補『釋草』） 薡董。《説文》無」，而山西本在「薡董」下括注「似草而細」（引按，此郭璞注文），「《説文》無」下又補引「《説文》『董，鼎董也』。《龍龕手鑑》云蘱草一名薡董」。

這類增補有些似乎不必。如7頁上「叜」字條引《説文》「叜」字籀文，云「籀文从寸从災」，又引「叜」字古文，云「叜或从人从又从災」。山西本補注云「今本《説文》無第二『从災』及第三『从人从又从災』」。按，因爲手稿徵引《説文》等字書皆憑記憶，文字上多有與原文不能盡合處，而常常以唐先生自己的語言出之。如5頁上「囦」字條引《説文》「淵」字，云「古文作囦，从口水」，而《説文》原文作「囦，古文，从口水」。這種情況在手稿中很多見，似乎不必一一都拿「今本」來做校勘。

上文説過，手稿中有很多未完之語。有時手稿只注明參看書籍，並無引文，山西本則補出引文。如4頁下「㣣」字條説解但云「《玉篇》有踏字」，山西本把《玉篇》「踏」字條補出。10頁下「𢍰」字條最後説「（揥） 又見《文賦》」，山西本把《文選・文賦》有關「揥」字的文字及注文補出。10頁下「杈」字條説解説「抔見《禮記・禮運》、《廣韻》」，山西本把《禮運》、《廣韻》有關「抔」的文字及注文補出。12頁上「驓」字條只記下《説文》書名，山西本則把《説文》「驓」字條補出。

有時手稿只是節引，而山西本把其餘部分補足。如5頁上「囦」字條引《説文》「淵」字「淵，回水也」，而山西本補出了「回水也」以下的「从水，象形，左右岸也，中象水貌」。又如64頁上9行至10行引張衡《思玄賦》「迭逿」，山西本增補「《文選》卷十五『爛漫麗靡藐以迭逿』」。

有時手稿所引文字並非本書，而是他書所引的佚文，山西本會注出原來的出處。如2頁下「汐」字説解引《抱朴子》，山西本在後面注明引文出自郭璞《江賦》注。27頁上倒8行引《莊子》「魄兩首」，山西本括注「見《顔氏家訓・勉學篇》吾初讀……」」。86頁上7行引《埤倉》，山西本括注「《一切經音義》二十引」。106頁下倒8行引《埤倉》，山西本括注「《集韻》引」。這種情況也有增補錯誤的，如168頁下1行引《埤倉》，山西本增注「陸機（士衡）《文選・文賦》引」。按，實際並非《文賦》所引，而是李善注引。

有些增補屬於對所摹甲骨文字形的校勘。如54頁下倒7行「按原摹似有誤，應作……」；59頁下倒3行「按原摹似有誤，應作……」；92頁下倒2行括注「復按原摹似有誤，應作……」；94頁上倒1行括注「復按似摹誤」。

還有增補新見材料的。如140頁下倒7行增補「金文有遱字，小臣遱鼎，新出遱盂」。

以上這些增補的內容，除了增《説文》卷次頁碼這一類用小字雙行注的形式抄寫，其他都用和正文一樣的字號抄寫，甚至直接補到唐先生的原話之中，讓讀者無法分辨哪些是唐先生的原話，哪些是整理者的話。對於整理他人的遺稿來説，這樣做無疑是不合適的。

綜上所述，山西本有其一定的學術價值。加上已經出版多年，在學術界也有一定影響，所以我們建議仍應該把山西本附在唐先生的手稿後面，以供參考。但是由於山西本存在上述種種問題，讀者在使用時，一定要和唐先生的手稿相對照，才能保證準確了解原意。山西本各字頭的順序大致與「手稿三」細目相同，而細目各字頭下面的編號就是「手稿一」各字頭上面的編號，所以讀者只需按照細目中該字頭下面的編號，就可以在「手稿一」中找到該字頭的原文。不過「手稿三」細目中字頭下面的編號有一些抄錯的，爲了便於讀者查找手稿，我們把錯誤的編號及對應的正確編號列爲一表如下：

「手稿三」字頭下編號正誤表

象物類

頁碼	欄次	錯誤編號	正確編號
一	上	274	294
一	上	457	456
一	下	704	709
三	上	299	297
三	上	306	506
九	上	3254	3244
九	下	427	426
十	下	第二個 657	658
十	下	3933	3973
十二	上	第二個 600	604
十三	上	188	187
十三	上	939	937
十三	下	584	589
十五	上	477	476
十八	上	27	29
十八	上	855	845
十八	上	第二個 893	892

續表

頁碼	欄次	錯誤編號	正確編號
二十	上	515	514
二十二	下	第一個 329	330
二十三	下	985	986
二十四	上	326	336
二十四	上	327	337
二十四	上	328	338
二十六	下	625	630
二十七	上	624	629
二十七	上	629	624
二十九	上	321	331

象人類

頁碼	欄次	錯誤編號	正確編號
一	上	2152	2132
一	上	1449	1447
一	上	2029	2028
二	下	1440	1439
三	上	2131	2134

續表

頁碼	欄次	錯誤編號	正確編號
三	上	2038	2036
三	下	1214	1244
四	上	1999	1099
四	上	1774	1794
六	上	1343	1323
六	下	1287	1281
七	上	2324	2329
十四	上	1472	1432
十四	下	2982	2972
十四	下	2993	2973
十四	下	2994	2974
十八	上	第二個 1189	1187
十九	下	1295	1294
二十六	下	1803	1863
二十八	下	3963	3763
三十三	上	1539	1589
三十四	上	1336	1356

頁碼	欄次	錯誤編號	正確編號
二	下	5853	4259
十	上	3295	3925
十	下	4901	3943
十	下	3191	3192
十三	上	4197	4193
十四	上	4932	4232
十四	下	3485	3465
十八	下	3446	3946
二十	上	两个 2864	2869
二十	下	3788	3785
二十	下	3345	3346
廿三	上	3548	3458
廿三	上	3546	3555
廿四	上	4263	4262
二十五	下	3962	3762

頁碼	欄次	錯誤編號	正確編號
一	上	3016	3106
三	下	3912	3962
四	下	第一個 3728	3772
五	上	3628	3638
五	上	2860	2866
五	下	3543	3544
六	上	4283	4083
八	下	4048	4018
八	下	4018	4068
九	上	4250	4280
十	上	3145	3144
十二	上	第一個 3406	3202
十三	上	3887	3881
十三	下	3983	3783
十四	下	2834	2837
十五	上	3812	2812
十五	下	3930	2930

續表

頁碼	欄次	錯誤編號	正確編號
十五	下	2939	2934
十六	上	3815	3835
十七	上	4111	4141
二十	上	3764	3964
二十	上	3765	3965
二十	上	3869	3769
二十三	上	3345	3375
二十八	上	415	4115
二十八	上	4159	4154

（宋華强）